# LE LIVRE
# DE LA PRIÈRE
# COMMUNE

DE L'ADMINISTRATION DES SACREMENTS
ET DES AUTRES RITES
ET CÉRÉMONIES DE L'ÉGLISE

AVEC LES PSAUMES DE DAVID OU PSAUTIER
SELON L'USAGE DE L'ÉGLISE ÉPISCOPALE

CHURCH
PUBLISHING
INCORPORATED

## Certificat

Je certifie que la présente édition française du Livre de la prière commune est une traduction conforme du texte officiel du Book of Common Prayer, auquel elle a été comparée comme l'exigent les canons.

J. Neil Alexander
*Dépositaire de l'original du Livre de la prière commune*
1 novembre 2022
Toussaint

Textes bibliques tirés de la Bible Nouvelle Française courant
© Societé biblique française – Bibli'O, 2019
Avec autorisation.
La responsabilité de la Societé biblique française – Bibli'O est engagée uniquement sur les textes bibliques cités dans cette publication.
www.alliancebiblique.fr

The Church Pension Fund
19 East 34th Street
New York, NY 10016

# Table des matières

**Le Livre de la prière commune**  1
Table des matières  3
Préface  7
Introduction aux offices de l'Église  11
Calendrier liturgique annuel  13

**Les Offices quotidiens**  33

Prière du matin : Rite I  35
Prière du soir : Rite I  56
Prière du matin : Rite II  68
Prière du midi  93
Rite pour la fin du jour  98
Prière du soir : Rite II  103
Office des complies  114
Dévotions pour un usage individuel ou familial  121
Suggestions de cantiques  129

**La grande litanie**  131

La grande litanie  132

**Collectes pour l'année liturgique**  139

Collectes : version traditionnelle  141
Sanctoral  165
Commun des saints et saintes  175

Collectes : version moderne   190
Sanctoral   214
Commun des saints et saintes   223

**Liturgies propres**   239

Mercredi des Cendres   240
Dimanche de la Passion : dimanche des Rameaux   246
Jeudi saint   249
Vendredi saint   251
Samedi saint   258
Grande Vigile de Pâques   261

**Le Saint Baptême**   271

Le Saint Baptême   274

**La Sainte Eucharistie**   289

Sainte Eucharistie : Rite I   298
Sainte Eucharistie : Rite II   325
Célébration de la Sainte Eucharistie   366

**Offices pastoraux**   377

Confirmation   379
Formule d'engagement au service du Christ   385
Célébration et bénédiction d'un mariage   388
Bénédiction d'un mariage civil   397
Déroulement d'un mariage   399
Action de grâces pour la naissance ou l'adoption d'enfants   403
Réconciliation des pénitents et pénitentes   411
Ministère des malades   416
Ministère à l'heure de la mort   425
Inhumation des morts : Rite I   431

Inhumation des morts : Rite II   450
Rite de l'inhumation   463


**Offices épiscopaux**   465

Ordination des évêques   469
Ordination des prêtres   480
Ordination des diacres   491
Litanie des ordinations   500
Célébration d'un nouveau ministère   510
Dédicace et consécration d'une église   518


**Psaumes de David ou Psautier**   531


**Prières et actions de grâces**   739

Prières et actions de grâces   743


**Exposé de la foi**   771

Exposé de la foi communément appelé le Catéchisme   773


**Documents historiques de l'Église**   793


**Tables pour déterminer la date de Pâques
et des jours saints**   819


**Lectionnaire commun révisé**   827

Lectionnaire commun révisé   830


**Lectionnaire des offices quotidiens**   869

# Ratification du Livre de la prière commune (1789)

Par les évêques, le clergé et les laïques de l'Église protestante épiscopale des États-Unis d'Amérique, réunis en Convention, ce seizième jour d'octobre de l'an de notre Seigneur 1789.

Cette Convention, ayant, pendant sa présente Session, publié un Livre de la prière commune, de l'Administration des Sacrements et des autres Rites et Cérémonies de l'Église, confirme ledit Livre par les présentes : elle l'annonce comme étant la Liturgie de l'Église protestante épiscopale, et enjoint à tous ses membres de le recevoir comme tel. L'usage de ce Livre commencera le premier jour d'octobre de l'an de notre Seigneur 1790.

# Préface

L'un des avantages précieux de la sainte « liberté pour laquelle le Christ nous a libérés » tient à ce que l'on peut autoriser, sans préjudice dans le culte, différentes formes et différents usages, pourvu que la substance de la foi demeure intacte ; l'on doit, dans chaque église, rapporter à la discipline tout ce qui n'est pas clairement déterminé comme relevant de la doctrine ; en conséquence, il est permis, d'un commun accord et de l'aveu de tous, d'apporter les changements, les suppressions, les ajouts, les amendements et les arrangements que l'on juge les plus propres à l'édification du peuple, « selon les diverses exigences des temps et des circonstances ».

L'Église d'Angleterre, à laquelle, après Dieu, l'Église protestante épiscopale des États-Unis est redevable de sa première institution et d'une longue continuité de soins et de protection maternelle, a établi comme règle, dans la Préface de son Livre de la prière commune, que « les formes particulières, les rites et les cérémonies admis dans le culte divin, étant, par leur nature, indifférents et altérables, et reconnus comme tels, c'est agir conformément à la raison que de permettre à ceux qui sont revêtus de l'autorité d'y apporter, de temps à autre, après sérieuse et grave considération, tous les changements qu'ils jugeront nécessaires ou utiles, selon les diverses exigences des temps et des circonstances ».

Ce n'est pas seulement dans sa Préface que l'Église d'Angleterre a déclaré qu'il était nécessaire et avantageux de faire, au besoin, des changements et des amendements dans ses formes de culte public ; elle l'a encore déclaré dans ses Articles et dans ses Homélies. En conséquence, elle s'est évertuée à tenir un juste milieu entre trop de rigueur à refuser et trop de facilité à permettre des variations dans les choses qui furent autrefois sagement instituées. Sous le règne de plusieurs princes, depuis le premier recueil de sa Liturgie sous Édouard VI, de justes et importantes considérations l'ont amenée à consentir que l'on fît, en plusieurs points, tels changements que les temps rendaient opportuns. Toutefois, le corps et ses parties essentielles (tant dans ses éléments constitutifs que dans sa forme et son ordre) sont demeurés fermes et inébranlables.

Le but principal qu'elle s'est donné, dans ces différentes révisions et dans ces différents changements, a été, comme elle le déclare dans ladite Préface, « de faire ce qui, dans son esprit, serait le plus favorable à la conservation de la paix et de l'unité de l'Église ; d'inspirer toujours plus de révérence, de piété et de dévotion dans le culte rendu à Dieu ; et enfin, de ne point permettre à ceux qui en cherchent les occasions de blâmer à tort sa Liturgie ». Certes, selon elle, « cette Liturgie ne renferme rien qui soit contraire, soit à la Parole de Dieu, soit à la saine doctrine, rien dont un homme pieux, en toute conscience, ne puisse faire usage et à quoi il ne puisse se soumettre sans blesser sa conscience, rien qu'on ne puisse défendre avec raison, pourvu qu'on lui donne une interprétation juste et favorable, telle que celle que l'on doit, conformément à l'équité, accorder à tous les écrits humains ». Cependant, d'après les principes que l'on a déjà posés, on devait bien penser que le temps rendrait opportuns de nouveaux changements. En conséquence, en 1689, on nomma une commission pour réviser la Liturgie. Mais ce grand et salutaire ouvrage ne fut point achevé alors ; et l'Autorité civile n'a pas jugé à propos, depuis, d'en nommer une autre.

Mais lorsque, selon les desseins de la Providence divine, les États-Unis d'Amérique se furent rendus indépendants quant au gouvernement civil, leur indépendance ecclésiastique s'ensuivit nécessairement ; et les différentes dénominations chrétiennes qui existaient dans ces États eurent également l'entière liberté d'organiser leurs Églises respectives et d'établir les formes du culte et de la discipline de la manière qu'elles jugeaient la plus favorable à leur prospérité future, sans porter préjudice à la Constitution et aux lois de leur pays.

Les premiers changements dont s'occupa l'Église protestante épiscopale furent ceux que la Révolution avait rendus indispensables, dans les prières que l'on faisait pour nos magistrats civils. Et son principal soin, à cet égard, fut de les faire tendre au vrai but que doivent avoir de telles prières, à savoir, « que les Magistrats obtiennent la grâce, la sagesse et la science d'exercer la justice et de maintenir la vérité » et que le Peuple « mène une vie tranquille et paisible, consacrée à la piété et à la vertu ».

Mais, tandis que la Convention était occupée à la révision de ces changements, se voyant dégagée de toute espèce d'influence et de contrainte de la part des autorités humaines, elle ne put s'empêcher, en témoignant sa reconnaissance à Dieu, de saisir l'heureuse occasion qui se présentait de réviser de nouveau le culte public, et d'y apporter ci et là les autres changements et amendements qu'elle croyait nécessaires.

Il paraît inutile de détailler ici tous les changements et tous les amendements qui ont eu lieu. On pourra les découvrir aisément, ainsi que les raisons qui les ont fait adopter, dans la comparaison que l'on fera de ce Livre avec celui de la Prière commune de l'Église d'Angleterre. On verra, de même, que l'Église protestante épiscopale ne cherche point à s'écarter des points essentiels de doctrine, de discipline ou de culte admis par celle d'Angleterre ; et qu'elle ne s'en écartera que dans la mesure où des circonstances locales l'exigeront.

À présent que cet important ouvrage est achevé, il faut espérer que chaque vrai membre de notre Église et tout véritable chrétien le recevront et l'examineront, dans son entier, avec un esprit de douceur, de candeur et de charité ; sans préjugé ni prévention ; en considérant sérieusement ce qu'est le christianisme et ce que sont les vérités de l'Évangile ; et en suppliant sincèrement le Dieu tout-puissant de bénir les efforts qui seront faits pour les propager à l'humanité entière, de la manière la plus claire, la plus simple, la plus poignante et la plus imposante ; pour l'amour de Jésus Christ, notre divin Seigneur et Sauveur.

*Philadelphie, octobre 1789.*

# Introduction aux offices de l'Église

Les célébrations ordinaires prescrites pour le culte public de l'Église épiscopale sont la sainte Eucharistie (principal acte du culte chrétien le dimanche, jour du Seigneur, et à l'occasion des grandes fêtes) et les Prières quotidiennes du matin et du soir, telles qu'elles sont présentées dans ce Livre.

À ces offices et aux autres rites contenus dans ces pages peuvent s'ajouter d'autres formes établies par l'autorité ecclésiale compétente. Il est possible également, avec l'autorisation de l'évêque, d'employer des dévotions particulières que l'on puisera dans ce Livre ou dans les Saintes Écritures, selon les besoins de la congrégation.

De même, à l'occasion, lorsque ce Livre ne prévoit ni rite ni prière pour un jour de jeûne ou d'action de grâces ordonné par l'autorité civile ou religieuse, l'évêque peut établir des formes de prière adaptées aux circonstances.

L'assemblée chrétienne tout entière participe aux célébrations, de manière à ce que chaque ordre de l'Église (laïques, évêques, prêtres et diacres) remplisse les fonctions qui lui sont propres, et qui sont exposées dans les rubriques de chaque célébration.

Il revient habituellement aux évêques ou aux prêtres de diriger les célébrations des assemblées chrétiennes. Les diacres ne peuvent pas, en vertu de leur ordre, présider un office. Cependant, comme toute personne laïque, ils ou elles peuvent célébrer la Liturgie de la Parole soit sous la forme indiquée dans les Offices quotidiens, soit (en l'absence d'évêque ou de prêtre) sous la forme prescrite pour l'Eucharistie. Et dans des circonstances exceptionnelles, quand il n'y a pas de prêtre disponible, l'évêque peut, à sa discrétion, autoriser des diacres à présider d'autres rites. Les consignes relatives à chaque célébration précisent alors les limites de cette présidence.

Dans les liturgies particulières et les autres offices de ce Livre célébrés selon le Rite I, le texte contemporain peut être adapté aux usages traditionnels.

Les hymnes auxquels se réfèrent les rubriques sont ceux autorisés par l'Église épiscopale. Les paroles des cantiques doivent être tirées des Saintes Écritures, de ce Livre ou de textes qui participent du même esprit.

À l'occasion, et selon les circonstances, les hymnes ou les cantiques peuvent être remplacés par de la musique instrumentale.

Lorsque les rubriques indiquent qu'une partie de la liturgie doit être « dite » ou « récitée », il faut comprendre qu'elle peut aussi être « chantée », et inversement.

Pour des raisons d'ordre musical, il est possible d'employer des textes liturgiques autorisés par le passé à la place de ceux qui leur correspondent dans ce Livre.

Les citations bibliques sont tirées de la *Bible Nouvelle Français courant*, dont elles suivent la numérotation.

# Calendrier liturgique annuel

L'année liturgique est composée de deux cycles de fêtes et de jours saints : le premier dépend de la date mobile du dimanche de la Résurrection, ou jour de Pâques ; l'autre, de la date fixe de la Nativité de notre Seigneur, ou jour de Noël, le 25 décembre.

Le jour de Pâques est toujours fixé au premier dimanche après la pleine lune qui tombe le 21 mars ou peu après. Cette fête ne peut pas avoir lieu avant le 22 mars ni après le 25 avril.

La suite des dimanches de l'année liturgique dépend de la date de Pâques. Mais les dimanches de l'Avent correspondent toujours aux quatre dimanches qui précèdent le jour de Noël, que celui-ci tombe un dimanche ou un jour de semaine. La date de Pâques détermine également celle du mercredi des Cendres qui ouvre le Carême, et celle de la fête de l'Ascension qui a lieu un jeudi, quarante jours après Pâques.

## 1. Les fêtes principales

Les principales fêtes célébrées dans l'Église épiscopale sont les suivantes :

| | |
|---|---|
| Dimanche de Pâques | Toussaint, *1er novembre* |
| Jeudi de l'Ascension | Noël, *25 décembre* |
| Pentecôte | Épiphanie, *6 janvier* |
| Dimanche de la Trinité | |

Ces fêtes priment sur toute autre commémoration ou célébration. Outre sa date fixe, la Toussaint peut être célébrée le dimanche qui suit le 1er novembre.

## 2. Les dimanches

Tous les dimanches de l'année sont des fêtes de notre Seigneur Jésus Christ. En plus des fêtes mentionnées ci-dessus, seules les fêtes à date fixe suivantes priment sur la célébration d'un dimanche :

Saint Nom de Jésus
Présentation au Temple
Transfiguration

La fête de la dédicace d'une église, ou sa fête patronale ou titulaire, peut être célébrée le jour même ou décalée à un dimanche, sauf pendant les temps de l'Avent, du Carême ou de Pâques.

Lorsqu'elles tombent un dimanche, les autres fêtes de notre Seigneur et les autres grandes fêtes à date fixe sont habituellement reportées à un autre jour libre de la semaine. On peut cependant, si on le désire, remplacer la collecte, la préface et une ou plusieurs lectures du dimanche par celles de la fête. Cependant, aucun échange n'est permis durant la période qui va du dernier dimanche après la Pentecôte au premier dimanche après l'Épiphanie, et du dernier dimanche après l'Épiphanie au dimanche de la Trinité.

Le cas échéant, d'autres occasions particulières pourront être célébrées un dimanche, avec l'autorisation expresse de l'évêque, et pour des raisons urgentes et suffisantes.

## 3. Les jours saints

Les jours saints suivants sont célébrés normalement pendant l'année liturgique. Sauf dispositions contraires dans les règles ci-dessus concernant les dimanches, les jours saints priment sur les autres jours de commémoration ou de célébration particulière :

*Autres fêtes de notre Seigneur*

Saint Nom de Jésus
Présentation au Temple
Annonciation
Visitation

Saint Jean-Baptiste
Transfiguration
Fête de la Sainte-Croix

## Autres grandes fêtes

Toutes les fêtes des apôtres
Toutes les fêtes des évangélistes
Saint Étienne
Saints Innocents
Saint Joseph
Sainte Marie-Madeleine

Sainte Vierge Marie
Saint Michel et tous les anges
Saint Jacques de Jérusalem
Fête nationale
Jour de l'Action de grâces

### Jeûnes

Mercredi des Cendres

Vendredi saint

On ne célèbre pas les fêtes à date fixe pendant la Semaine sainte ou la semaine de Pâques. Les grandes fêtes qui tombent au cours de cette période sont reportées à la semaine qui suit le deuxième dimanche de Pâques, dans l'ordre dans lequel elles tombent.

Les fêtes à date fixe ne priment pas sur le mercredi des Cendres.

Les fêtes de notre Seigneur et les autres grandes fêtes à date fixe qui tombent un jour de semaine ou qui sont décalées à un jour de semaine peuvent être célébrées n'importe quel jour de la semaine. Noël, l'Épiphanie et la Toussaint ne sont pas concernés par cette disposition.

## 4. Les jours de dévotions particulières

On pratique des actes particuliers de discipline et de renoncement :

le mercredi des Cendres et les jours de semaine pendant le Carême et la Semaine sainte, sauf pour la fête de l'Annonciation ; le Vendredi saint et tous les vendredis de l'année (en mémoire de la crucifixion du Seigneur), sauf pendant les temps de Noël et de Pâques ou lorsqu'une fête de notre Seigneur tombe un vendredi.

## 5. Les jours de célébration facultative

Sous réserve des règles de primauté régissant les grandes fêtes, les dimanches et les jours saints, on peut marquer les jours suivants en utilisant les collectes, les psaumes et les leçons dûment autorisés par l'Église épiscopale :

Commémorations indiquées dans le calendrier
Autres commémorations, en suivant le Commun des saints
et saintes
Jours des Quatre-Temps, traditionnellement célébrés le mercredi,
le vendredi et le samedi qui suivent le premier dimanche du
Carême, la Pentecôte, la fête de la Sainte-Croix et le 13 décembre
Jours des Rogations, traditionnellement célébrés le lundi, le mardi
et le mercredi qui précèdent l'Ascension
Occasions diverses

Il faut toutefois noter que l'Eucharistie ne doit pas être célébrée
pour de telles occasions le mercredi des Cendres, le Jeudi saint, le
Vendredi saint et le Samedi saint ; et que les propres indiqués pour
des occasions diverses ne peuvent en aucun cas être utilisés pour
compléter ou remplacer celui d'une fête principale.

## Janvier

| | | |
|---|---|---|
| 1 | A | **Saint Nom de notre Seigneur Jésus Christ** |
| 2 | b | |
| 3 | c | |
| 4 | d | |
| 5 | e | |
| 6 | f | **Épiphanie de notre Seigneur Jésus Christ** |
| 7 | g | |
| 8 | A | |
| 9 | b | |
| 10 | c | William Laud, archevêque de Cantorbéry, 1645 |
| 11 | d | |
| 12 | e | Ælred, abbé de Rievaulx, 1167 |
| 13 | f | Hilaire, évêque de Poitiers, 367 |
| 14 | g | |
| 15 | A | |
| 16 | b | |
| 17 | c | Antoine, abbé en Égypte, 356 |
| 18 | d | **Confession de saint Pierre, apôtre** |
| 19 | e | Wulfstan, évêque de Worcester, 1095 |
| 20 | f | Fabien, évêque et martyr de Rome, 250 |
| 21 | g | Agnès, martyre à Rome, 304 |
| 22 | A | Vincent, diacre de Saragosse et martyr, 304 |
| 23 | b | Phillips Brooks, évêque du Massachusetts, 1893 |
| 24 | c | |
| 25 | d | **Conversion de saint Paul, apôtre** |
| 26 | e | Timothée et Tite, compagnons de saint Paul |
| 27 | f | Jean Chrysostome, évêque de Constantinople, 407 |
| 28 | g | Thomas d'Aquin, prêtre et moine, 1274 |
| 29 | A | |
| 30 | b | |
| 31 | c | |

## Février

| | | |
|---|---|---|
| 1 | d | Brigitte (Bride), 523 |
| 2 | e | **Présentation au Temple de notre Seigneur Jésus Christ** |
| 3 | f | Anskar, archevêque de Hambourg, missionnaire au Danemark et en Suède, 865 |
| 4 | g | Corneille le centurion |
| 5 | A | Martyrs du Japon, 1597 |
| 6 | b | |
| 7 | c | |
| 8 | d | |
| 9 | e | |
| 10 | f | |
| 11 | g | |
| 12 | A | |
| 13 | b | Absalom Jones, prêtre, 1818 |
| 14 | c | Cyrille, moine, et Méthode, évêque, missionnaires chez les Slaves, 869, 885 |
| 15 | d | Thomas Bray, prêtre et missionnaire, 1730 |
| 16 | e | |
| 17 | f | |
| 18 | g | |
| 19 | A | |
| 20 | b | |
| 21 | c | |
| 22 | d | |
| 23 | e | Polycarpe, évêque et martyr de Smyrne, 156 |
| 24 | f | **Saint Matthias, apôtre** |
| 25 | g | |
| 26 | A | |
| 27 | b | George Herbert, prêtre, 1633 |
| 28 | c | |
| 29 | | |

## Mars

|    | 1  | d | David, évêque de Ménevie au pays de Galles, vers 544 |
|----|----|---|------|
|    | 2  | e | Chad, évêque de Lichfield, 672 |
|    | 3  | f | John et Charles Wesley, prêtres, 1791, 1788 |
|    | 4  | g |      |
|    | 5  | A |      |
|    | 6  | b |      |
|    | 7  | c | Perpétue et ses compagnons, martyrs à Carthage, 202 |
|    | 8  | d |      |
|    | 9  | e | Grégoire de Nysse, vers 394 |
|    | 10 | f |      |
|    | 11 | g |      |
|    | 12 | A | Grégoire le Grand, évêque de Rome, 604 |
|    | 13 | b |      |
|    | 14 | c |      |
|    | 15 | d |      |
|    | 16 | e |      |
|    | 17 | f | Patrick, évêque et missionnaire d'Irlande, 461 |
|    | 18 | g | Cyrille, évêque de Jérusalem, 386 |
|    | 19 | A | **Saint Joseph** |
|    | 20 | b | Cuthbert, évêque de Lindisfarne, 687 |
|    | 21 | c | Thomas Ken, évêque de Bath et Wells, 1711 |
| 14 | 22 | d | James De Koven, prêtre, 1879 |
| 3  | 23 | e | Grégoire l'Illuminateur, évêque et missionnaire d'Arménie, vers 332 |
|    | 24 | f |      |
| 11 | 25 | g | **Annonciation de notre Seigneur Jésus Christ à la bienheureuse Vierge Marie** |
|    | 26 | A |      |
| 19 | 27 | b | Charles Henry Brent, évêque des Philippines et de l'ouest de l'État de New York, 1929 |
| 8  | 28 | c |      |
|    | 29 | d | John Keble, prêtre, 1866 |
| 16 | 30 | e |      |
| 5  | 31 | f | John Donne, prêtre, 1631 |

# Avril

| | | | |
|---|---|---|---|
| | 1 | g | Frederick Denison Maurice, prêtre, 1872 |
| 13 | 2 | A | James Lloyd Breck, prêtre, 1876 |
| 2 | 3 | b | Richard, évêque de Chichester, 1253 |
| | 4 | c | Martin Luther King, 1968 |
| 10 | 5 | d | |
| | 6 | e | |
| 18 | 7 | f | |
| 7 | 8 | g | William Augustus Muhlenberg, prêtre, 1877 |
| | 9 | A | William Law, prêtre, 1761 |
| 15 | 10 | b | |
| 4 | 11 | c | George Augustus Selwyn, évêque de Nouvelle-Zélande et de Lichfield, 1878 |
| | 12 | d | |
| 12 | 13 | e | |
| 1 | 14 | f | |
| | 15 | g | |
| 9 | 16 | A | |
| 17 | 17 | b | |
| 6 | 18 | c | |
| | 19 | d | Alphège, archevêque de Cantorbéry et martyr, 1012 |
| | 20 | e | |
| | 21 | f | Anselme, archevêque de Cantorbéry, 1109 |
| | 22 | g | |
| | 23 | A | |
| | 24 | b | |
| | 25 | c | **Saint Marc, évangéliste** |
| | 26 | d | |
| | 27 | e | |
| | 28 | f | |
| | 29 | g | Catherine de Sienne, 1380 |
| | 30 | A | |

## Mai

| | | |
|---|---|---|
| 1 | b | **Saint Philippe et saint Jacques, apôtres** |
| 2 | c | Athanase, évêque d'Alexandrie, 373 |
| 3 | d | |
| 4 | e | Monique, mère d'Augustin d'Hippone, 387 |
| 5 | f | |
| 6 | g | |
| 7 | A | |
| 8 | b | Dame Julienne de Norwich, vers 1417 |
| 9 | c | Grégoire de Nazianze, évêque de Constantinople, 389 |
| 10 | d | |
| 11 | e | |
| 12 | f | |
| 13 | g | |
| 14 | A | |
| 15 | b | |
| 16 | c | |
| 17 | d | |
| 18 | e | |
| 19 | f | Dunstan, archevêque de Cantorbéry, 988 |
| 20 | g | Alcuin, diacre et abbé de Tours, 804 |
| 21 | A | |
| 22 | b | |
| 23 | c | |
| 24 | d | Jackson Kemper, premier évêque missionnaire aux États-Unis, 1870 |
| 25 | e | Bède le Vénérable, prêtre et moine de Jarrow, 735 |
| 26 | f | Augustin, premier archevêque de Cantorbéry, 605 |
| 27 | g | |
| 28 | A | |
| 29 | b | |
| 30 | c | |
| 31 | d | **Visitation de la bienheureuse Vierge Marie** |

*Il convient de célébrer le premier Livre de la prière commune
(1549) un jour de la semaine qui suit le jour de la Pentecôte.*

# Juin

| | | |
|---|---|---|
| 1 | e | Justin, martyr à Rome, vers 167 |
| 2 | f | Martyrs de Lyon, 177 |
| 3 | g | Martyrs d'Ouganda, 1886 |
| 4 | A | |
| 5 | b | Boniface, archevêque de Mayence, missionnaire en Allemagne et martyr, 754 |
| 6 | c | |
| 7 | d | |
| 8 | e | |
| 9 | f | Colomba, abbé d'Iona, 597 |
| 10 | g | Éphrem d'Édesse en Syrie, diacre, 373 |
| 11 | A | **Saint Barnabé, apôtre** |
| 12 | b | |
| 13 | c | |
| 14 | d | Basile le Grand, évêque de Césarée, 379 |
| 15 | e | Evelyn Underhill, 1941 |
| 16 | f | Joseph Butler, évêque de Durham, 1752 |
| 17 | g | |
| 18 | A | Bernard Mizeki, catéchiste et martyr en Rhodésie, 1896 |
| 19 | b | |
| 20 | c | |
| 21 | d | |
| 22 | e | Alban, premier martyr de Bretagne, vers 304 |
| 23 | f | |
| 24 | g | **Nativité de saint Jean-Baptiste** |
| 25 | A | |
| 26 | b | |
| 27 | c | |
| 28 | d | Irénée, évêque de Lyon, vers 202 |
| 29 | e | **Saint Pierre et saint Paul, apôtres** |
| 30 | f | |

# Juillet

| | | |
|---|---|---|
| 1 | g | |
| 2 | A | |
| 3 | b | |
| 4 | c | Fête nationale |
| 5 | d | |
| 6 | e | |
| 7 | f | |
| 8 | g | |
| 9 | A | |
| 10 | b | |
| 11 | c | Benoît de Nursie, abbé du Mont-Cassin, vers 540 |
| 12 | d | |
| 13 | e | |
| 14 | f | |
| 15 | g | |
| 16 | A | |
| 17 | b | William White, évêque de Pennsylvanie, 1836 |
| 18 | c | |
| 19 | d | |
| 20 | e | |
| 21 | f | |
| 22 | g | **Sainte Marie-Madeleine** |
| 23 | A | |
| 24 | b | Thomas a Kempis, prêtre, 1471 |
| 25 | c | **Saint Jacques, apôtre** |
| 26 | d | Parents de la bienheureuse Vierge Marie |
| 27 | e | William Reed Huntington, prêtre, 1909 |
| 28 | f | |
| 29 | g | Marie et Marthe de Béthanie |
| 30 | A | William Wilberforce, 1833 |
| 31 | b | Joseph d'Arimathie |

# Août

| | | |
|---|---|---|
| 1 | c | |
| 2 | d | |
| 3 | e | |
| 4 | f | |
| 5 | g | |
| 6 | A | **Transfiguration de notre Seigneur Jésus Christ** |
| 7 | b | John Mason Neale, prêtre, 1866 |
| 8 | c | Dominique, prêtre et moine, 1221 |
| 9 | d | |
| 10 | e | Laurent, diacre et martyr à Rome, 258 |
| 11 | f | Claire, abbesse d'Assise, 1253 |
| 12 | g | |
| 13 | A | Jeremy Taylor, évêque de Down, Connor et Dromore, 1667 |
| 14 | b | |
| 15 | c | **Sainte Vierge Marie, mère de notre Seigneur Jésus Christ** |
| 16 | d | |
| 17 | e | |
| 18 | f | |
| 19 | g | |
| 20 | A | Bernard, abbé de Clairvaux, 1153 |
| 21 | b | |
| 22 | c | |
| 23 | d | |
| 24 | e | **Saint Barthélemy, apôtre** |
| 25 | f | Louis, roi de France, 1270 |
| 26 | g | |
| 27 | A | Thomas Gallaudet, 1902, et Henry Winter Syle, 1890 |
| 28 | b | Augustin, évêque d'Hippone, 430 |
| 29 | c | |
| 30 | d | |
| 31 | e | Aidan, évêque de Lindisfarne, 651 |

## Septembre

| | | |
|---|---|---|
| 1 | f | David Pendleton Oakerhater, diacre et missionnaire, 1931 |
| 2 | g | Martyrs de Nouvelle-Guinée, 1942 |
| 3 | A | |
| 4 | b | |
| 5 | c | |
| 6 | d | |
| 7 | e | |
| 8 | f | |
| 9 | g | Constance, religieuse, et ses compagnons, 1878 |
| 10 | A | |
| 11 | b | |
| 12 | c | John Henry Hobart, évêque de New York, 1830 |
| 13 | d | Cyprien, évêque et martyr de Carthage, 258 |
| 14 | e | **Fête de la Sainte-Croix** |
| 15 | f | |
| 16 | g | Ninian, évêque de Galloway, vers 430 |
| 17 | A | |
| 18 | b | Edward Bouverie Pusey, prêtre, 1882 |
| 19 | c | Théodore de Tarse, archevêque de Cantorbéry, 690 |
| 20 | d | John Coleridge Patteson, évêque de Mélanésie, et ses compagnons, martyrs, 1871 |
| 21 | e | **Saint Matthieu, apôtre et évangéliste** |
| 22 | f | |
| 23 | g | |
| 24 | A | |
| 25 | b | Serge, abbé de la Sainte-Trinité, Moscou, 1392 |
| 26 | c | Lancelot Andrewes, évêque de Winchester, 1626 |
| 27 | d | |
| 28 | e | |
| 29 | f | **Saint Michel et tous les anges** |
| 30 | g | Jérôme, prêtre et moine à Bethléem, 420 |

## Octobre

| | | |
|---|---|---|
| 1 | A | Rémi, évêque de Reims, vers 530 |
| 2 | b | |
| 3 | c | |
| 4 | d | François d'Assise, moine, 1226 |
| 5 | e | |
| 6 | f | William Tyndale, prêtre, 1536 |
| 7 | g | |
| 8 | A | |
| 9 | b | Robert Grossetête, évêque de Lincoln, 1253 |
| 10 | c | |
| 11 | d | |
| 12 | e | |
| 13 | f | |
| 14 | g | Samuel Isaac Joseph Schereschewsky, évêque de Shanghai, 1906 |
| 15 | A | Thérèse d'Avila, religieuse |
| 16 | b | Hugh Latimer et Nicholas Ridley, évêques, 1555, et Thomas Cranmer, archevêque de Cantorbéry, 1556 |
| 17 | c | Ignace, évêque d'Antioche et martyr, vers 115 |
| 18 | d | **Saint Luc, évangéliste** |
| 19 | e | Henry Martyn, prêtre et missionnaire en Inde et en Perse, 1812 |
| 20 | f | |
| 21 | g | |
| 22 | A | |
| 23 | b | **Saint Jacques de Jérusalem, frère de notre Seigneur Jésus Christ et martyr, vers 62** |
| 24 | c | |
| 25 | d | |
| 26 | e | Alfred le Grand, roi de Wessex, 899 |
| 27 | f | |
| 28 | g | **Saint Simon et saint Jude, apôtres** |
| 29 | A | James Hannington, évêque d'Afrique équatoriale orientale, et ses compagnons, martyrs, 1885 |
| 30 | b | |
| 31 | c | |

## Novembre

| | | |
|---|---|---|
| 1 | d | **Toussaint** |
| 2 | e | Commémoration des fidèles défunts |
| 3 | f | Richard Hooker, prêtre, 1600 |
| 4 | g | |
| 5 | A | |
| 6 | b | |
| 7 | c | Willibrord, archevêque d'Utrecht, missionnaire en Frise, 739 |
| 8 | d | |
| 9 | e | |
| 10 | f | Léon le Grand, évêque de Rome, 461 |
| 11 | g | Martin, évêque de Tours, 397 |
| 12 | A | Charles Simeon, prêtre, 1836 |
| 13 | b | |
| 14 | c | Consécration de Samuel Seabury, premier évêque américain, 1784 |
| 15 | d | |
| 16 | e | Marguerite, reine d'Écosse, 1093 |
| 17 | f | Hugues, évêque de Lincoln, 1200 |
| 18 | g | Hilda, abbesse de Whitby, 680 |
| 19 | A | Élisabeth, princesse de Hongrie, 1231 |
| 20 | b | Edmond, roi d'East Anglia, 870 |
| 21 | c | |
| 22 | d | |
| 23 | e | Clément, évêque de Rome, vers 100 |
| 24 | f | |
| 25 | g | James Otis Sargent Huntington, prêtre et moine, 1935 |
| 26 | A | |
| 27 | b | |
| 28 | c | Kamehameha et Emma, roi et reine d'Hawaï, 1864, 1865 |
| 29 | d | |
| 30 | e | **Saint André, apôtre** |

*Le jour de l'Action de grâces (*Thanksgiving*) est fêté le quatrième jeudi de novembre.*

## Décembre

| | | |
|---|---|---|
| 1 | f | Nicholas Ferrar, diacre, 1637 |
| 2 | g | Channing Moore Williams, évêque missionnaire en Chine et au Japon, 1910 |
| 3 | A | |
| 4 | b | Jean Damascène (ou de Damas), prêtre, vers 760 |
| 5 | c | Clément d'Alexandrie, prêtre, vers 210 |
| 6 | d | Nicolas, évêque de Myre, vers 342 |
| 7 | e | Ambroise, évêque de Milan, 397 |
| 8 | f | |
| 9 | g | |
| 10 | A | |
| 11 | b | |
| 12 | c | |
| 13 | d | |
| 14 | e | |
| 15 | f | |
| 16 | g | |
| 17 | A | |
| 18 | b | |
| 19 | c | |
| 20 | d | |
| 21 | e | **Saint Thomas, apôtre** |
| 22 | f | |
| 23 | g | |
| 24 | A | |
| 25 | b | **Nativité de notre Seigneur Jésus Christ** |
| 26 | c | **Saint Étienne, diacre et martyr** |
| 27 | d | **Saint Jean, apôtre et évangéliste** |
| 28 | e | **Saints Innocents** |
| 29 | f | |
| 30 | g | |
| 31 | A | |

**Intitulés des temps liturgiques,
des dimanches et des principaux jours saints
célébrés par l'Église épiscopale au cours de l'année**

*Temps de l'Avent*

Premier dimanche de l'Avent
Deuxième dimanche de l'Avent
Troisième dimanche de l'Avent
Quatrième dimanche de l'Avent

*Temps de Noël*

Nativité de notre Seigneur Jésus Christ : jour de Noël, *25 décembre*
Premier dimanche après Noël
Saint Nom de notre Seigneur Jésus Christ, *1er janvier*
Deuxième dimanche après Noël

*Temps de l'Épiphanie*

Épiphanie, ou Manifestation du Christ à toutes les nations,
    *6 janvier*
Premier dimanche après l'Épiphanie : Baptême de notre Seigneur
    Jésus Christ
Du deuxième au huitième dimanche après l'Épiphanie
Dernier dimanche après l'Épiphanie

*Temps du Carême*

Premier jour de Carême, ou mercredi des Cendres
Premier dimanche de Carême
Deuxième dimanche de Carême
Troisième dimanche de Carême
Quatrième dimanche de Carême
Cinquième dimanche de Carême

*Semaine sainte*

Dimanche de la Passion : dimanche des Rameaux
Lundi saint
Mardi saint

Mercredi saint
Jeudi saint
Vendredi saint
Samedi saint

*Temps de Pâques*

Nuit de Pâques
Dimanche de la Résurrection, ou jour de Pâques
Lundi de Pâques
Mardi de Pâques
Mercredi de Pâques
Jeudi de Pâques
Vendredi de Pâques
Samedi de Pâques
Deuxième dimanche de Pâques
Troisième dimanche de Pâques
Quatrième dimanche de Pâques
Cinquième dimanche de Pâques
Sixième dimanche de Pâques
Jeudi de l'Ascension
Septième dimanche de Pâques : dimanche de l'Ascension
Dimanche de la Pentecôte

*Temps ordinaire*

Premier dimanche après la Pentecôte : dimanche de la Trinité
Du deuxième au vingt-septième dimanche après la Pentecôte
Dernier dimanche après la Pentecôte

*Sanctoral*

Saint André, apôtre, *30 novembre*
Saint Thomas, apôtre, *21 décembre*
Saint Étienne, diacre et martyr, *26 décembre*
Saint Jean, apôtre et évangéliste, *27 décembre*
Saints Innocents, *28 décembre*
Confession de saint Pierre, apôtre, *18 janvier*
Conversion de saint Paul, apôtre, *25 janvier*

Présentation au Temple de notre Seigneur Jésus Christ, appelée aussi Purification de la bienheureuse Vierge Marie, *2 février*
Saint Matthias, apôtre, *24 février*
Saint Joseph, *19 mars*
Annonciation de notre Seigneur Jésus Christ à la bienheureuse Vierge Marie, *25 mars*
Saint Marc, évangéliste, *25 avril*
Saint Philippe et saint Jacques, apôtres, *1er mai*
Visitation de la bienheureuse Vierge Marie, *31 mai*
Saint Barnabé, apôtre, *11 juin*
Nativité de saint Jean-Baptiste, *24 juin*
Saint Pierre et saint Paul, apôtres, *29 juin*
Sainte Marie-Madeleine, *22 juillet*
Saint Jacques, apôtre, *25 juillet*
Transfiguration de notre Seigneur Jésus Christ, *6 août*
Sainte Vierge Marie, mère de notre Seigneur Jésus Christ, *15 août*
Saint Barthélemy, apôtre, *24 août*
Fête de la Sainte-Croix, *14 septembre*
Saint Matthieu, apôtre et évangéliste, *21 septembre*
Saint Michel et tous les anges, *29 septembre*
Saint Luc, évangéliste, *18 octobre*
Saint Jacques de Jérusalem, frère de notre Seigneur Jésus Christ et martyr, *23 octobre*
Saint Simon et saint Jude, apôtres, *28 octobre*
Toussaint, *1er novembre*

*Fêtes civiles*

Fête nationale, *4 juillet*
Jour de l'Action de grâces *(Thanksgiving)*

# Les Offices
# quotidiens

# Introduction à l'office

Dans les offices quotidiens, le terme « officiant·e » ou « personne qui officie » est utilisé pour désigner la personne, clerc ou laïque, qui préside l'office.

Il est bon de confier à d'autres personnes le soin de lire les Leçons et de conduire les parties de l'office qui ne reviennent pas à l'officiant·e. Il est d'usage que l'évêque (le cas échéant) termine l'office par une bénédiction.

Lors des célébrations de la sainte Eucharistie, l'office des Prières du matin ou du soir peut être utilisé à la place de tout ce qui précède l'offertoire.

Des consignes complémentaires sont fournies à la page [126].

# Prière du matin : Rite I

*La personne qui officie commence l'office par un ou plusieurs de ces passages de l'Écriture, ou par le verset « Seigneur, ouvre nos lèvres » à la page [121].*

*Avent*

Veillez donc, car vous ne savez pas quand le maître de la maison viendra : le soir, ou à minuit, ou au chant du coq, ou le matin. S'il revient à l'improviste, il ne faut pas qu'il vous trouve endormis. *Marc 13.35-36*

Dans le désert, ouvrez le chemin au Seigneur ; dans cet espace aride, frayez une route pour notre Dieu. *Ésaïe 40.3*

La gloire du Seigneur va être dévoilée, et tout le monde verra que la bouche du Seigneur a parlé. *Ésaïe 40.5*

*Noël*

Je vous annonce une bonne nouvelle qui réjouira beaucoup tout le peuple : cette nuit, dans la ville de David, est né, pour vous, un sauveur ; c'est le Christ, le Seigneur ! *Luc 2.10-11*

Voici, la demeure de Dieu est parmi les êtres humains ! Il demeurera avec eux et ils seront ses peuples. Dieu lui-même sera avec eux, il sera leur Dieu. *Apocalypse 21.3*

*Épiphanie*

Alors des peuples marcheront vers la lumière dont tu rayonnes, des rois seront attirés par l'éclat dont tu te mettras à briller. *Ésaïe 60.3*

Je fais de toi la lumière du monde, pour que mon salut s'étende jusqu'au bout de la terre. *Ésaïe 49.6b*

Du lieu où le soleil se lève jusqu'au lieu où il se couche, des gens de tous pays reconnaissent ma grandeur. Partout on brûle du parfum en mon honneur et l'on m'apporte des offrandes dignes de moi. Oui, les autres peuples reconnaissent ma grandeur, je le déclare, moi, le Seigneur de l'univers. *Malachie 1.11*

## Carême

Si nous prétendons être sans péché, nous nous trompons nous-mêmes et la vérité n'est pas en nous. Mais si nous reconnaissons nos péchés, nous pouvons avoir confiance en Dieu, car il est juste : il pardonnera nos péchés et nous purifiera de tout mal. *1 Jean 1.8-9*

Il ne suffit pas de déchirer vos vêtements, c'est votre cœur qu'il faut changer ! Oui, revenez au Seigneur, votre Dieu : il est bienveillant et plein de tendresse, lent à la colère et d'une immense bonté, toujours prêt à renoncer à ses menaces. *Joël 2.13*

Je veux repartir chez mon père et je lui dirai : Père, j'ai péché contre Dieu et contre toi, je ne suis plus digne que tu m'appelles ton fils. *Luc 15.18-19*

Mais toi, Seigneur notre Dieu, dans ta bienveillance, tu nous pardonnes, bien que nous nous soyons révoltés contre toi. Nous n'avons pas écouté tes paroles, nous n'avons pas suivi tes enseignements que tu nous donnais par tes serviteurs les prophètes. *Daniel 9.9-10*

Jésus a dit : Si quelqu'un veut me suivre, qu'il s'abandonne lui-même, qu'il prenne sa croix et qu'il me suive. *Marc 8.34*

## Semaine sainte

Nous errions tous çà et là comme un troupeau éparpillé, c'était chacun pour soi. Mais le Seigneur lui a fait subir les conséquences de nos fautes à tous. *Ésaïe 53.6*

Vous tous qui passez sur la route, regardez et voyez s'il est une douleur pareille à ma douleur, celle qui m'est infligée, celle dont le Seigneur m'accable au jour de son ardente colère. *Lamentations 1.12*

*Temps de Pâques, y compris les jours de l'Ascension
et de la Pentecôte :*

Alléluia ! Le Christ est ressuscité.
*Il est vraiment ressuscité. Alléluia !*

Ce jour de fête est l'œuvre du Seigneur ; crions notre joie, soyons dans l'allégresse ! *Psaume 118.24*

Remercions Dieu, lui qui nous donne la victoire par notre Seigneur Jésus Christ ! *1 Corinthiens 15.57*

Puisque vous avez été ramenés de la mort à la vie avec le Christ, recherchez alors les choses qui sont au ciel, là où le Christ siège à la droite de Dieu. *Colossiens 3.1*

Le Christ n'est pas entré dans un sanctuaire construit par des mains humaines, qui ne serait qu'une copie du véritable. Il est entré dans les cieux mêmes, où il se présente maintenant devant Dieu pour nous. *Hébreux 9.24*

Vous recevrez une force quand l'Esprit saint descendra sur vous. Vous serez alors mes témoins à Jérusalem, dans toute la Judée et la Samarie, et jusqu'au bout du monde. *Actes 1.8*

## Dimanche de la Trinité

Saint, saint, saint est le Seigneur Dieu souverain, qui était, qui est et qui vient. *Apocalypse 4.8*

## Toussaint et fêtes de grands saints et grandes saintes

Remerciez avec joie Dieu le Père : il vous a rendus capables d'avoir part aux biens qu'il réserve aux personnes qui lui appartiennent, pour vivre dans la lumière. *Colossiens 1.12*

Vous n'êtes plus des étrangers, des immigrés ; mais vous êtes maintenant citoyens à part entière avec ceux qui appartiennent à Dieu, vous appartenez à la famille de Dieu, à sa maison. *Éphésiens 2.19*

Leur message parcourt la terre entière, leur langage est perçu jusqu'au bout du monde. *Psaume 19.5*

## Occasions d'action de grâces

Louez le Seigneur, dites bien haut qui est Dieu, annoncez aux autres peuples ses exploits. *Psaume 105.1*

### En tout temps

Que Dieu notre Père et le Seigneur Jésus Christ vous donnent la grâce et la paix ! *Philippiens 1.2*

Quelle joie, quand on m'a dit : « Nous allons à la maison du Seigneur ! » *Psaume 122.1*

Ce que j'ai dit, ce que j'ai médité devant toi, j'espère que cela te sera agréable, Seigneur, mon rocher, mon défenseur ! *Psaume 19.15*

Fais-moi voir ta lumière et ta fidélité. Qu'elles me guident vers la montagne qui t'appartient, qu'elles me conduisent à ta demeure ! *Psaume 43.3*

Le Seigneur se tient dans le temple qui lui appartient. Que toute la terre fasse silence devant lui. *Habacuc 2.20*

L'heure vient, et elle est même déjà là, où les vrais adorateurs adoreront le Père par l'Esprit qui conduit à la vérité ; car ce sont de tels adorateurs que le Père recherche. *Jean 4.23*

Voici ce que déclare celui qui est plus haut que tout, dont la demeure est éternelle et dont le nom est saint : « Moi, je suis vraiment Dieu, j'habite là-haut, mais je suis aussi avec ceux qui se trouvent accablés et humiliés, pour rendre la vie aux humiliés, pour rendre la vie aux accablés. » *Ésaïe 57.15*

*La Confession des péchés peut être dite ensuite. On peut aussi continuer par « Seigneur, ouvre nos lèvres ».*

## Confession des péchés

*La personne qui officie dit à l'assemblée :*

Bien-aimés frères et sœurs, nous nous sommes réunis en présence de Dieu tout-puissant, notre Père céleste, pour rendre grâces pour les grands bienfaits que nous avons reçus de Ses mains, chanter Ses louanges, écouter Sa sainte Parole et demander, pour nous et pour les autres, tout ce qui est nécessaire à notre vie et à notre salut. Pour préparer nos cœurs et nos esprits à adorer le Seigneur, mettons-nous à genoux en silence et confessons nos péchés d'un cœur pénitent et obéissant afin que, dans Sa bonté et Sa miséricorde infinies, Il puisse nous accorder Son pardon.

*ou ceci :*

Confessons humblement nos péchés au Dieu tout-puissant.

*Il peut y avoir un temps de silence.*

*Officiant·e et assemblée ensemble, à genoux :*

Père tout-puissant et très miséricordieux,
Nous nous sommes éloignés de Tes sentiers, nous égarant comme
    des brebis perdues.
Nous avons trop suivi les dispositions et les désirs de nos propres
    cœurs.
Nous avons transgressé Tes saints commandements.
Nous n'avons pas fait les choses que nous aurions dû faire ;
Et nous avons fait celles que nous n'aurions pas dû faire ;
Mais Toi, ô Seigneur, aie pitié de nous.
Pardonne à ceux qui confessent leurs fautes.
Rétablis ceux qui se repentent ;
Selon Tes promesses annoncées à l'humanité en Jésus Christ notre
    Seigneur.
Et pour l'amour de Lui, accorde-nous, ô Père très miséricordieux,
De pouvoir à l'avenir vivre dans la piété, la justice et la tempérance,
À la gloire de Ton saint Nom. *Amen.*

*La ou le prêtre se lève et déclare :*

Que le Seigneur tout-puissant et miséricordieux vous accorde l'absolution et la rémission de tous vos péchés, une vraie repentance, l'amendement de votre vie, et la grâce et la consolation de Son Saint-Esprit. *Amen.*

*Les diacres ou les laïques qui utilisent la formule précédente restent à genoux et remplacent « vous » par « nous » et « vos » par « nos ».*

## Invitation et psaumes

*Tout le monde se lève.*

*Officiant·e*        Seigneur, ouvre nos lèvres.

*Assemblée*        Et nous te louerons.

*Officiant·e et assemblée*

Gloire au Père et au Fils et au Saint-Esprit, comme il était au commencement, maintenant et à jamais. *Amen.*

*On peut ajouter « Alléluia ! », sauf pendant le Carême.*

*Vient ensuite un des psaumes d'invitation (95 ou 100).*

*L'une des antiennes suivantes peut être chantée ou dite avec le psaume d'invitation.*

*Pendant l'Avent :*

Notre Roi et Sauveur s'approche à présent. Venez, adorons-Le !

*Pendant les douze jours de Noël :*

Alléluia ! Un Enfant nous est né. Venez, adorons-Le ! Alléluia !

*De l'Épiphanie jusqu'au Baptême du Christ, et pour les fêtes de la Transfiguration et de la Sainte-Croix :*

Le Seigneur a manifesté Sa gloire. Venez, adorons-Le !

*Pendant le Carême :*

Le Seigneur est plein de compassion et de bonté. Venez, adorons-Le !

*Du dimanche de Pâques jusqu'au jeudi de l'Ascension :*

Alléluia ! En vérité, le Seigneur est ressuscité. Venez, adorons-Le ! Alléluia !

*Du jeudi de l'Ascension au dimanche de la Pentecôte :*

Alléluia ! Le Christ, le Seigneur, est monté aux cieux. Venez, adorons-Le ! Alléluia !

*Le dimanche de la Pentecôte :*

Alléluia ! L'Esprit du Seigneur renouvelle la surface de la Terre. Venez, adorons-Le ! Alléluia !

*Le dimanche de la Trinité :*

Le Père, le Fils et le Saint-Esprit, un seul Dieu. Venez, adorons-Le !

*Les autres dimanches et les jours de la semaine :*

La Terre est au Seigneur puisqu'Il l'a faite. Venez, adorons-Le !

*ou ceci :*

Adorez l'Éternel dans la beauté de la sainteté. Venez, adorons-Le !

*ou ceci :*

La bonté du Seigneur est éternelle. Venez, adorons-Le !

*Les Alléluias des antiennes suivantes ne sont dits que pendant le temps de Pâques.*

*Pour les fêtes de l'Incarnation :*

[Alléluia !] La Parole est devenue homme et Il a habité parmi nous. Venez, adorons-Le ! [Alléluia !]

*Pour la Toussaint et les fêtes de grands saints et saintes :*

[Alléluia !] Le Seigneur est glorifié par ceux et celles qui Lui appartiennent. Venez, adorons-Le ! [Alléluia !]

## Psaume 95

*Psaume 95.1-7 ; 96.9,13*

Venez, crions au Seigneur notre joie,*
    acclamons notre rocher, notre sauveur.
Présentons-nous devant lui avec reconnaissance,*
    acclamons-le en musique !
Car le Seigneur est un grand Dieu,*
    un grand roi qui domine tous les dieux.
Il tient dans sa main les profondeurs de la terre,*
    et les sommets des montagnes sont à lui.
À lui aussi la mer, puisqu'il l'a faite,*
    et la terre, qu'il a façonnée de ses mains.
Entrez, courbons-nous, prosternons-nous,*
    mettons-nous à genoux devant le Seigneur, notre créateur.

Car notre Dieu, c'est lui,*
　nous sommes le peuple dont il est le berger,
le troupeau que sa main conduit.*
　Adorez l'Éternel dans la beauté de la sainteté
Tremblez devant lui, terre entière !*
　Car il vient, il vient pour rendre la justice sur la terre.
Il jugera le monde avec justice,*
　il sera un arbitre sûr pour les peuples.

*ou Psaume 95 (page [74])*

## Psaume 100

Gens du monde entier, acclamez le Seigneur !*
　Servez le Seigneur avec joie,
présentez-vous à lui avec des cris joyeux !*
　Reconnaissez que c'est le Seigneur qui est Dieu,
c'est lui qui nous a faits, et nous sommes à lui*.
　Nous sommes son peuple,
le troupeau dont il est le berger.*
　Entrez dans son temple avec reconnaissance,
dans la cour intérieure, exprimez vos louanges.*
　Louez le Seigneur ! Bénissez son nom.
Oui, le Seigneur est bon, et son amour dure toujours ;*
　de génération en génération, il reste fidèle.

*Pendant la semaine de Pâques, au lieu du psaume d'invitation, on peut chanter ou réciter ce qui suit. L'hymne peut aussi être utilisé tous les jours jusqu'au dimanche de la Pentecôte.*

## Le Christ, notre agneau pascal

*1 Corinthiens 5.7-8 ; Romains 6.9-11 ; 1 Corinthiens 15.20-22*

Alléluia !
Notre agneau pascal a été immolé : c'est le Christ.*
　Ainsi, célébrons la Fête, non pas avec de vieux ferments,
non pas avec ceux de la perversité et du vice,*
　mais avec du pain non fermenté,
　celui de la droiture et de la vérité. Alléluia !

Ressuscité d'entre les morts, le Christ ne meurt plus ;*
   la mort n'a plus de pouvoir sur lui.
Car lui qui est mort, c'est au péché qu'il est mort une fois pour
toutes ;*
   lui qui est vivant, c'est pour Dieu qu'il est vivant.
De même, vous aussi, pensez que vous êtes morts au péché,*
   mais vivants pour Dieu en Jésus Christ. Alléluia !

Le Christ est ressuscité d'entre les morts,*
   lui, premier ressuscité parmi ceux qui se sont endormis.
Car, la mort étant venue par un homme,*
   c'est par un homme aussi que vient la résurrection des morts.
En effet, de même que tous les hommes meurent en Adam,*
   de même c'est dans le Christ que tous recevront la vie. Alléluia !

*Viennent ensuite :*

## Le ou les psaumes indiqués

*À la fin des psaumes, on chante ou proclame :*

Gloire au Père et au Fils et au Saint-Esprit,*
   comme il était au commencement, maintenant et à jamais. *Amen.*

## Leçons

*Les lectures indiquées (une ou deux) sont lues. Avant de
commencer, la personne qui lit annonce :*

Lecture (leçon) de_____.

*Il est possible de préciser le chapitre et les versets qui sont lus.*

*Après chaque leçon, la personne qui lit peut dire :*

               Parole du Seigneur.
*Assemblée*     Nous rendons grâces à Dieu.

*On peut également dire :* Ainsi se termine la leçon (la lecture).

*Il peut y avoir un temps de silence après chaque lecture. L'un des
cantiques suivants, ou l'un de ceux proposés aux pages [44] à [48]*

*(cantiques 8-21), est lu ou chanté après chaque lecture. Si l'on utilise trois leçons, la leçon de l'Évangile est lue après le deuxième cantique.*

## 1. Cantique de la Création

*Cantique des trois jeunes gens, 35-65*

*Il est possible d'abréger le cantique en laissant de côté les parties II et III.*

### I. Invocation

Toutes les œuvres du Seigneur, bénissez le Seigneur :*
 Célébrez-le, proclamez pour toujours sa grandeur !
Acclamez le Seigneur sous la puissante voûte des cieux !*
 Célébrez-le, proclamez pour toujours sa grandeur !

### II. L'ordre cosmique

Bénissez le Seigneur, vous, ses anges et toutes les puissances célestes,*
 les cieux et les eaux accumulées dans les cieux.
Célébrez-le, proclamez pour toujours sa grandeur !*
 Vous, le soleil, la lune et les étoiles, bénissez le Seigneur.
Bénissez le Seigneur, vous, toutes les pluies et la rosée,*
 tous les vents, le feu et la chaleur.
Célébrez-le, proclamez pour toujours sa grandeur !*
 Bénissez le Seigneur, vous, l'hiver et l'été !
Bénissez le Seigneur, vous, le froid et le chaud,*
 la rosée et les flocons !
Bénissez le Seigneur, vous, le gel et le froid, le givre et la neige !*
 Bénissez le Seigneur, vous, les nuits et les jours, la lumière et les ténèbres.
Bénissez le Seigneur, vous, les éclairs et les nuages !*
 Célébrez-le, proclamez pour toujours sa grandeur !

### III. La terre et ses créatures

Que la terre aussi bénisse le Seigneur !*
 Bénissez le Seigneur, vous, les montagnes et les collines,

et toutes les plantes de la terre !*
   Célébrez-le, proclamez pour toujours sa grandeur !
Bénissez le Seigneur, vous, les sources, les mers et les rivières,*
   les poissons, grands ou petits,
les oiseaux, bénissez le Seigneur !*
   Célébrez-le, proclamez pour toujours sa grandeur !
Bénissez le Seigneur, vous, les animaux,*
   sauvages ou domestiques !
Bénissez le Seigneur, vous, les êtres humains !*
   Célébrez-le, proclamez pour toujours sa grandeur !

## IV. *Le Peuple de Dieu*

Que les Israélites aussi bénissent le Seigneur,*
   qu'ils le célèbrent et proclament pour toujours sa grandeur !
Bénissez le Seigneur, vous, ses prêtres et ses serviteurs !*
   Célébrez-le, proclamez pour toujours sa grandeur !
Bénissez le Seigneur de tout votre cœur, vous qui êtes justes !*
   Célébrez-le, proclamez pour toujours sa grandeur !
Bénissez le Seigneur, vous, les humbles de cœur !*
   Célébrez-le, proclamez pour toujours sa grandeur !
Bénissons le Seigneur, Père, Fils et Saint-Esprit.*
   Célébrons-le, proclamons pour toujours sa grandeur !

## 2. Cantique de louange

*Cantique des trois jeunes gens, 29-34*

Béni sois-tu, Seigneur, Dieu de nos ancêtres !*
   Tu es digne qu'on te loue et qu'on proclame pour toujours ta
   grandeur.
Béni soit ton nom saint et glorieux !*
   Nous te louerons et proclamerons pour toujours ta grandeur.
Béni sois-tu, dans ton sanctuaire saint et glorieux !*
   Béni sois-tu, sur ton trône royal !
Béni sois-tu, qui sièges au-dessus des chérubins !*
   Nous te louerons et proclamerons pour toujours ta grandeur.

Béni sois-tu, qui plonges ton regard jusqu'au fond des abîmes !*
   Béni sois-tu, qui domines la voûte céleste !
Gloire à toi, Père, Fils et Saint-Esprit !*
   Nous te louerons et proclamerons pour toujours ta grandeur.

## 3. Cantique de Marie

*Luc 1.46-55*

De tout mon être je dirai la grandeur du Seigneur,*
   mon cœur déborde de joie à cause de Dieu, mon sauveur !
Car il a porté son regard sur l'abaissement de sa servante.*
   Oui, dès maintenant et en tous les temps,
les humains me diront bienheureuse,*
   car celui qui est puissant a fait pour moi des choses magnifiques.
Il est le Dieu saint, il est plein de bonté de génération en génération*
   pour ceux qui reconnaissent son autorité.
Il a montré son pouvoir en déployant sa force :*
   il a mis en déroute ceux qui ont le cœur orgueilleux,
il a renversé les puissants de leurs trônes*
   et il a élevé les humiliés au premier rang.
Il a comblé de biens ceux qui avaient faim,*
   et il a renvoyé les riches les mains vides.
Il est venu en aide à Israël, le peuple qui le sert :*
   il n'a pas oublié de manifester sa bonté
envers Abraham et ses descendants, pour toujours,*
   comme il l'avait promis à nos ancêtres.

Gloire au Père et au Fils et au Saint-Esprit,*
   comme il était au commencement, maintenant et à jamais. *Amen.*

## 4. Cantique de Zacharie

*Luc 1.68-79*

Béni soit le Seigneur, le Dieu du peuple d'Israël,*
   parce qu'il est venu secourir son peuple et l'a délivré !
Il a fait lever pour nous une force qui nous sauve,*
   parmi les descendants du roi David, son serviteur.

C'est ce qu'il avait annoncé depuis longtemps par les prophètes de
Dieu :
il avait promis qu'il nous délivrerait de nos ennemis*
    et du pouvoir de tous ceux qui nous veulent du mal.
Il a manifesté sa bonté envers nos ancêtres*
    et il s'est souvenu de son alliance qui est sainte.
En effet, Dieu avait fait serment à Abraham, notre ancêtre,*
    de nous libérer du pouvoir des ennemis
et de nous permettre ainsi de le servir sans peur,*
    en vivant tous les jours d'une façon digne de lui,
    accordée à sa volonté et sous son regard.
Et toi, petit enfant, tu seras appelé prophète du Dieu très-haut,*
    car tu marcheras devant le Seigneur pour préparer ses chemins
et pour faire savoir à son peuple qu'il vient le sauver*
    en pardonnant ses péchés.
Notre Dieu est plein de tendresse et de bonté :*
    il fera briller sur nous une lumière d'en haut, semblable à celle
    du soleil levant,
pour éclairer ceux qui se trouvent dans la nuit et dans l'ombre de
la mort,*
    pour diriger nos pas sur le chemin de la paix.

Gloire au Père et au Fils et au Saint-Esprit,*
    comme il était au commencement, maintenant et à jamais. *Amen.*

## 5. Cantique de Siméon

*Luc 2.29-32*

Maintenant, ô maître, tu as réalisé ta promesse :*
    tu peux laisser ton serviteur aller en paix.
Car j'ai vu de mes propres yeux ton salut,*
    ce salut que tu as préparé devant tous les peuples :
c'est la lumière qui te fera connaître aux populations*
    et qui sera la gloire d'Israël, ton peuple.

Gloire au Père et au Fils et au Saint-Esprit,*
    comme il était au commencement, maintenant et à jamais. *Amen.*

## 6. Gloire à Dieu

Gloire à Dieu au plus haut des cieux
   et paix à son peuple sur la terre.
Seigneur Dieu, Roi du ciel, Dieu le Père tout-puissant,
   nous t'adorons,
   nous te rendons grâces,
   nous te louons pour ton immense gloire.
Seigneur Jésus Christ, Fils unique du Père,
Seigneur Dieu, Agneau de Dieu,
toi qui enlèves les péchés du monde,
   prends pitié de nous ;
toi qui enlèves les péchés du monde,
   prends pitié de nous ;
toi qui es assis à la droite du Père,
   reçois notre prière.
Car toi seul es Saint,
toi seul es le Seigneur,
toi seul es le Très-Haut,
   Jésus Christ,
   avec le Saint-Esprit,
dans la gloire de Dieu le Père. *Amen.*

## 7. À toi, Dieu

À toi Dieu, notre louange !
Nous t'acclamons, tu es Seigneur !
À toi Père éternel,
L'hymne de l'univers.
Devant toi se prosternent les archanges,
les anges et les esprits des cieux ;
ils te rendent grâce ;
ils adorent et ils chantent :
   Saint, Saint, Saint, le Seigneur, Dieu de l'univers ;
   le ciel et la terre sont remplis de ta gloire.
C'est toi que les Apôtres glorifient,
toi que proclament les prophètes,

toi dont témoignent les martyrs ;
c'est toi que par le monde entier
l'Église annonce et reconnaît.
   Dieu, nous t'adorons :
   Père infiniment saint,
   Fils éternel et bien-aimé,
   Esprit de puissance et de paix.
Christ, le Fils du Dieu vivant, le Seigneur de la gloire,
tu n'as pas craint de prendre chair dans le corps d'une vierge
pour libérer l'humanité captive.
Par ta victoire sur la mort,
tu as ouvert à tout croyant
les portes du Royaume ;
tu règnes à la droite du Père ;
tu viendras pour le jugement.
Montre-toi le défenseur et l'ami
   des hommes sauvés par ton sang :
   prends-les avec tous les saints
   dans ta joie et dans ta lumière.

## Symbole des apôtres

*Officiant·e et assemblée ensemble, debout :*

Je crois en Dieu, le Père tout-puissant,
   Créateur du ciel et de la terre.
Je crois en Jésus Christ, son Fils unique, notre Seigneur.
Il a été conçu du Saint-Esprit,
   est né de la Vierge Marie,
   a souffert sous Ponce Pilate,
   a été crucifié, est mort et a été mis au tombeau.
Il est descendu aux enfers,
   il est ressuscité le troisième jour,
   il est monté aux cieux,
   il siège à la droite du Père,
   il reviendra juger les vivants et les morts.
Je crois en l'Esprit saint,
   à la sainte Église catholique,

à la communion des saints,
au pardon des péchés,
à la résurrection des corps
et à la vie éternelle. *Amen.*

## Prières

*L'assemblée reste debout ou s'agenouille.*

| | |
|---|---|
| *Officiant·e* | Le Seigneur soit avec vous. |
| *Assemblée* | Et avec ton esprit. |
| *Officiant·e* | Prions. |

*Officiant·e et assemblée*

Notre Père, qui es aux cieux,
    que Ton nom soit sanctifié ;
    que Ton règne vienne ;
    que Ta volonté soit faite
    sur la terre comme au ciel.
Donne-nous aujourd'hui notre pain de ce jour.
Pardonne-nous nos offenses,
    comme nous pardonnons aussi
    à ceux qui nous ont offensés.
Et ne nous laisse pas entrer en tentation,
    mais délivre-nous du mal.
Car c'est à Toi qu'appartiennent le règne,
    la puissance et la gloire,
    pour les siècles des siècles. *Amen.*

*Vient ensuite l'une des séries de supplications suivantes :*

## A

V.   Seigneur, fais-nous voir Ta bonté.
R.   Accorde-nous Ton secours.
V.   Que Tes prêtres soient revêtus de justice.
R.   Et que ceux qui Te sont fidèles crient leur joie !
V.   Seigneur, donne la paix au monde.
R.   Car Toi seul nous fais vivre en sécurité.

V. Seigneur, garde ce pays sous Ta protection.
R. Et guide-nous sur le chemin de la justice et de la vérité.
V. Fais savoir sur la terre comment Tu interviens.
R. On saura parmi toutes les contrées que Tu es le sauveur.
V. Seigneur, que jamais les pauvres ne soient oubliés.
R. Et que jamais les malheureux ne perdent espoir.
V. Ô Dieu, crée en nous un cœur pur.
R. Que Ton Saint-Esprit généreux nous soutienne.

## B

V. Seigneur, sauve Ton peuple et bénis Ton héritage.
R. Dirige-les et prends-les en charge pour toujours.
V. Jour après jour nous Te bénissons.
R. Nous adorons Ton Nom pour toujours.
V. Seigneur, garde-nous de tout péché aujourd'hui.
R. Prends pitié de nous, Seigneur, prends pitié.
V. Seigneur, fais-nous voir Ton amour et Ta bonté.
R. Car nous avons foi en Toi.
V. En Toi, Seigneur, nous mettons notre espérance.
R. Et nous n'espérerons jamais en vain.

*La personne qui officie dit l'une ou plusieurs des collectes suivantes :*

*Collecte du jour*

*Collecte des dimanches*

Seigneur, Tu nous remplis de joie quand nous rappelons chaque semaine la glorieuse résurrection de Ton Fils, notre Seigneur : accorde-nous en ce jour une telle bénédiction dans notre adoration de Toi que nous passerions les jours à venir dans Ta bienveillance, par Jésus Christ, notre Seigneur. *Amen.*

*Collecte des vendredis*

Dieu tout-puissant, Toi dont le Fils bien-aimé n'est monté vers la joie qu'après avoir souffert, et n'est entré dans la gloire qu'après avoir été crucifié : dans Ta bonté, accorde-nous qu'en suivant le chemin de la croix, nous n'y trouvions rien d'autre que le chemin de la vie et de la paix, par Jésus Christ, Ton Fils, notre Seigneur. *Amen.*

*Collecte des samedis*

Dieu tout-puissant, Toi qui T'es reposé de toutes Tes œuvres après la création du monde et qui as sanctifié un jour de repos pour toutes Tes créatures : accorde-nous de nous préparer à servir dignement dans Ton sanctuaire en déposant tous les soucis de ce monde, et que notre repos ici-bas soit une préparation au repos éternel promis à Ton peuple dans les cieux, par Jésus Christ, notre Seigneur. *Amen.*

*Collecte pour une vie renouvelée*

Ô Dieu, Roi éternel, Toi dont la lumière sépare le jour de la nuit et change l'ombre de la mort en matin : éloigne de nous tout désir mauvais, incline notre cœur à garder Ta loi et guide nos pas sur le chemin de la paix ; afin que, ayant accompli joyeusement Ta volonté durant le jour, nous puissions la nuit venue nous réjouir de Te rendre grâces, par Jésus Christ, notre Seigneur. *Amen.*

*Collecte pour la paix*

Ô Dieu, Auteur de la paix, Toi qui aimes la concorde, Te connaître est vie éternelle et Te servir liberté parfaite : défends-nous, nous qui Te servons humblement, face aux agressions de nos ennemis ; afin que, sûrs de Ta protection, nous ne redoutions la force d'aucun adversaire, par la puissance de Jésus Christ, notre Seigneur. *Amen.*

*Collecte pour obtenir la grâce*

Seigneur, notre Père céleste, Dieu éternel et tout-puissant, Tu nous as conduits en sécurité jusqu'au commencement de ce jour : préserve-nous aujourd'hui par Ta puissance éclatante, afin que nous ne tombions pas dans le péché et que nous ne courions aucun danger, mais que, sous Ta gouvernance, nous accomplissions toujours ce qui est juste à Tes yeux, par Jésus Christ, notre Seigneur. *Amen.*

*Collecte pour obtenir des conseils*

Père céleste, Toi en qui nous avons la vie, le mouvement et l'être : nous Te prions humblement de nous guider et de nous gouverner par Ton Esprit saint, de sorte que, dans tous nos soucis et toutes les occupations de notre vie, nous puissions ne pas T'oublier, mais nous souvenir que nous marchons toujours sous Ton regard, par Jésus Christ, notre Seigneur. *Amen.*

*Ensuite, s'il n'est pas prévu d'Eucharistie ou de formule d'intercession générale, on ajoute l'une des prières suivantes pour la mission :*

Dieu éternel et tout-puissant, Toi dont l'Esprit gouverne et sanctifie le corps tout entier de Tes fidèles : reçois les prières et les supplications que nous Te présentons pour tous les membres de Ta sainte Église, afin qu'ils puissent Te servir en vérité et avec dévotion dans leurs vocations et ministères, par notre Seigneur et Sauveur Jésus Christ. *Amen.*

*ou ceci :*

Ô Dieu, Toi qui as créé du même sang tous les peuples de la terre et qui as envoyé Ton Fils bien-aimé annoncer la paix à ceux qui étaient loin et la paix à ceux qui étaient proches : accorde au monde entier de pouvoir Te chercher et Te trouver ; rassemble les nations dans Ton giron ; répands Ton Esprit sur toute chair ; et hâte l'heure de la venue de Ton Royaume, par Jésus Christ, notre Seigneur. *Amen.*

*ou ceci :*

Seigneur Jésus Christ, Toi qui as étendu Tes bras aimants sur le bois rugueux de la croix pour que tout le monde puisse s'approcher de Ton étreinte salvatrice : revêts-nous de Ton Esprit pour que, tendant nos mains avec amour, nous puissions Te faire connaître et aimer de qui ne Te connaît pas, pour l'honneur de Ton Nom. *Amen.*

*Ici, il est possible de chanter un hymne ou un cantique.*

*Les intercessions et les actions de grâces autorisées peuvent venir ensuite.*

*Avant de terminer l'office, on peut utiliser les prières suivantes,
séparément ou ensemble.*

*Action de grâces générale*

*Officiant·e et assemblée*

Dieu tout-puissant, Père de toute miséricorde,
nous qui ne sommes pas dignes de Te servir,
nous Te rendons humblement et sincèrement grâces
pour Ta bienveillance et Ta tendresse envers nous et toutes Tes
créatures.
Nous Te bénissons pour notre création, notre préservation
et toutes les bénédictions de cette vie ;
mais surtout pour Ton amour inestimable
et pour la rédemption du monde par notre Seigneur Jésus Christ ;
pour les moyens de la grâce et pour l'espérance de la gloire.
Nous T'en prions, fais-nous prendre la mesure de Tes bontés,
pour que notre cœur exulte de reconnaissance,
et que nous puissions chanter Tes louanges
non seulement avec nos lèvres, mais aussi dans nos vies,
nous oubliant nous-mêmes à Ton service
et avançant en sainteté et en droiture
tous nos jours devant Toi ;
par Jésus Christ, notre Seigneur.
Car c'est à Lui, à Toi et au Saint-Esprit
que reviennent tout honneur et toute gloire pour l'éternité. *Amen.*

*Prière de saint Jean Chrysostome*

Dieu tout-puissant, Tu nous as accordé la grâce aujourd'hui
de Te présenter nos supplications d'une seule et même voix, et
Tu as promis par Ton Fils bien-aimé que lorsque deux ou trois
s'assembleraient en Son Nom Tu serais au milieu d'eux : Seigneur,
réponds aux désirs et aux requêtes de Tes serviteurs selon ce
qui est le mieux pour nous, en nous donnant dans ce monde de
connaître Ta vérité et, dans le monde à venir, de connaître la vie
éternelle. *Amen.*

*Ensuite, on peut dire :*

Bénissons le Seigneur.
*Nous rendons grâces à Dieu.*

*Du dimanche de Pâques jusqu'au dimanche de la Pentecôte, on peut ajouter « Alléluia, alléluia ! » au verset et à la réponse.*

*La personne qui officie peut alors terminer par l'une des formules suivantes :*

Que la grâce du Seigneur Jésus Christ, l'amour de Dieu
et la communion de l'Esprit saint soient avec nous tous !
*Amen. 2 Corinthiens 13.13*

Que Dieu, la source de l'espérance, nous remplisse d'une joie
et d'une paix parfaites par notre foi en lui, afin que nous
soyons riches d'espérance par la puissance de l'Esprit saint.
*Amen. Romains 15.13*

À Dieu qui a le pouvoir de faire infiniment plus que tout ce que
nous demandons ou même imaginons, par la puissance qui agit en
nous. À lui soit la gloire dans l'Église et par Jésus Christ, dans tous
les temps et pour toujours ! *Amen. Éphésiens 3.20-21*

# Prière du soir : Rite I

*La personne qui officie commence l'office par un ou plusieurs de ces passages de l'Écriture, ou par ceux proposés aux pages [35] à [38] ;*

*ou par le Rite de la lumière, aux pages [98] à [102], en poursuivant par la psalmodie indiquée ;*

*ou par le verset « Ô Dieu, viens vite nous sauver », page [58].*

Que ma prière monte tout droit vers toi, comme la fumée de l'encens, que mes mains levées soient comme l'offrande du soir. *Psaume 141.2*

Que Dieu notre Père et le Seigneur Jésus Christ vous donnent la grâce et la paix ! *Philippiens 1.2*

Adorez l'Éternel dans la beauté de sa sainteté, tremblez devant lui, toute la terre. *Psaume 96.9*

Le jour t'appartient, la nuit aussi, toi qui as créé la lune et le soleil. Tu as fixé toutes les limites de la terre, c'est toi qui as formé l'été et l'hiver. *Psaume 74.16-17*

Je bénis le Seigneur, qui me conseille : même la nuit, ma conscience m'avertit. Je ne perds pas de vue le Seigneur, je ne risque pas d'être ébranlé, puisqu'il est à mes côtés. *Psaume 16.7-8*

Il a fait les constellations, les Pléiades et Orion. Il change l'obscurité en lumière du matin ; il obscurcit le jour pour faire venir la nuit. Il convoque les eaux de la mer et les répand sur la terre. Son nom est le Seigneur. *Amos 5.8*

Si je dis : « Que l'obscurité m'engloutisse, qu'autour de moi le jour se fasse nuit ! » Pour toi, même l'obscurité n'est pas obscure, la nuit est claire comme le jour, les ténèbres sont comme la lumière ! *Psaume 139.11-12*

Jésus a dit : « Moi je suis la lumière du monde. Celui qui me suit ne marchera pas dans l'obscurité, mais il aura la lumière de la vie. » *Jean 8.12*

*La Confession des péchés peut être dite ensuite. On peut aussi continuer par « Seigneur, ouvre nos lèvres ».*

## Confession des péchés

*La personne qui officie dit à l'assemblée :*

Chers amis en Christ, en présence de Dieu tout-puissant, mettons-nous à genoux en silence et confessons nos péchés d'un cœur pénitent et obéissant, pour qu'Il puisse nous accorder Son pardon dans Sa bonté et Sa miséricorde infinies.

*ou ceci :*

Confessons humblement nos péchés au Dieu tout-puissant.

*Il peut y avoir un temps de silence.*

*Officiant·e et assemblée ensemble, à genoux :*

Père tout-puissant et très miséricordieux,
Nous nous sommes éloignés de Tes sentiers, nous égarant comme des brebis perdues.
Nous avons trop suivi les dispositions et les désirs de nos propres cœurs.
Nous avons transgressé Tes saints commandements.
Nous n'avons pas fait les choses que nous aurions dû faire ;
Et nous avons fait celles que nous n'aurions pas dû faire ;
Mais Toi, ô Seigneur, aie pitié de nous.
Pardonne à ceux qui confessent leurs fautes.
Rétablis ceux qui se repentent ;
Selon Tes promesses annoncées à l'humanité en Jésus Christ notre Seigneur.
Et pour Son amour, accorde-nous, ô Père très miséricordieux,
De pouvoir à l'avenir vivre dans la piété, la justice et la tempérance,
À la gloire de Ton saint Nom. *Amen.*

*La ou le prêtre se lève et déclare :*

Que le Seigneur tout-puissant et miséricordieux vous accorde l'absolution et la rémission de tous vos péchés, une vraie repentance, l'amendement de votre vie, et la grâce et la consolation de Son Saint-Esprit. *Amen.*

*Les diacres ou les laïques qui utilisent la formule précédente restent à genoux et remplacent « vous » par « nous » et « vos » par « nos ».*

## Invitation et psaumes

*Tout le monde se lève.*

*Officiant·e*     Ô Dieu, viens vite nous sauver.

*Assemblée*     Seigneur, viens vite nous aider.

*Officiant·e et assemblée*

Gloire au Père et au Fils et au Saint-Esprit, comme il était au commencement, maintenant et à jamais. *Amen.*

*On peut ajouter « Alléluia ! », sauf pendant le Carême.*

*On peut chanter ou réciter un hymne approprié comme celui-ci, ou un psaume d'invitation :*

## Joyeuse lumière

Joyeuse lumière de la sainte gloire du Père immortel, céleste, saint et bienheureux, ô Jésus Christ.

Parvenus au coucher du soleil,
voyant la lumière du soir,
nous chantons Dieu ; Père, Fils et Saint-Esprit.

Il est digne dans tous les temps
de Te célébrer avec des voix saintes,
ô Fils de Dieu qui donne la vie,
aussi le monde Te glorifie.

*Viennent ensuite :*

## Le ou les psaumes indiqués

*À la fin des psaumes, on chante ou proclame :*

Gloire au Père et au Fils et au Saint-Esprit,*
comme il était au commencement, maintenant et à jamais. *Amen.*

## Leçons

*Les lectures indiquées (une ou deux) sont lues. Avant de commencer,
la personne qui lit annonce :*

Lecture (leçon) de_____.

*Il est possible de préciser le chapitre et les versets qui sont lus.*

*Après chaque leçon, la personne qui lit peut dire :*

          Parole du Seigneur.

*Assemblée*      Nous rendons grâces à Dieu.

*On peut également dire :* Ainsi se termine la leçon (la lecture).

*Il peut y avoir un temps de silence après chaque lecture. L'un des
cantiques suivants, ou l'un de ceux proposés aux pages [44] à [48]
ou [76] à [86], est lu ou chanté après chaque lecture. Si l'on utilise
trois leçons, la leçon de l'Évangile est lue après le deuxième cantique.*

## Cantique de Marie

*Luc 1.46-55*

De tout mon être je dirai la grandeur du Seigneur,*
    mon cœur déborde de joie à cause de Dieu, mon sauveur !
Car il a porté son regard sur l'abaissement de sa servante.*
    Oui, dès maintenant et en tous les temps,
les humains me diront bienheureuse,*
    car celui qui est puissant a fait pour moi des choses magnifiques.
Il est le Dieu saint, il est plein de bonté de génération en génération*
    pour ceux qui reconnaissent son autorité.
Il a montré son pouvoir en déployant sa force :*
    il a mis en déroute ceux qui ont le cœur orgueilleux,
il a renversé les puissants de leurs trônes*
    et il a élevé les humiliés au premier rang.

Il a comblé de biens ceux qui avaient faim,*
   et il a renvoyé les riches les mains vides.
Il est venu en aide à Israël, le peuple qui le sert :*
   il n'a pas oublié de manifester sa bonté
envers Abraham et ses descendants, pour toujours,*
   comme il l'avait promis à nos ancêtres.

Gloire au Père et au Fils et au Saint-Esprit,*
   comme il était au commencement, maintenant et à jamais. *Amen.*

## Cantique de Siméon

*Luc 2.29-32*

Maintenant, ô maître, tu as réalisé ta promesse :*
   tu peux laisser ton serviteur aller en paix.
Car j'ai vu de mes propres yeux ton salut,*
   ce salut que tu as préparé devant tous les peuples :
c'est la lumière qui te fera connaître aux populations*
   et qui sera la gloire d'Israël, ton peuple.

Gloire au Père et au Fils et au Saint-Esprit,*
   comme il était au commencement, maintenant et à jamais. *Amen.*

## Symbole des apôtres

*Officiant·e et assemblée ensemble, debout :*

Je crois en Dieu, le Père tout-puissant,
   Créateur du ciel et de la terre.
Je crois en Jésus Christ, son Fils unique, notre Seigneur.
Il a été conçu du Saint-Esprit,
   est né de la Vierge Marie,
   a souffert sous Ponce Pilate,
   a été crucifié, est mort et a été mis au tombeau.
Il est descendu aux enfers,
   il est ressuscité le troisième jour,
   il est monté aux cieux,
   il siège à la droite du Père,
   il reviendra juger les vivants et les morts.

Je crois en l'Esprit saint,
    à la sainte Église catholique,
    à la communion des saints,
    au pardon des péchés,
    à la résurrection des corps
    et à la vie éternelle. *Amen.*

## Prières

*L'assemblée reste debout ou s'agenouille.*

| | |
|---|---|
| *Officiant·e* | Le Seigneur soit avec vous. |
| *Assemblée* | Et avec ton esprit. |
| *Officiant·e* | Prions. |

*Officiant·e et assemblée*

Notre Père, qui es aux cieux,
    que Ton nom soit sanctifié ;
    que Ton règne vienne ;
    que Ta volonté soit faite
    sur la terre comme au ciel.
Donne-nous aujourd'hui notre pain de ce jour.
Pardonne-nous nos offenses,
    comme nous pardonnons aussi
    à ceux qui nous ont offensés.
Et ne nous laisse pas entrer en tentation,
    mais délivre-nous du mal.
Car c'est à Toi qu'appartiennent le règne,
    la puissance et la gloire,
    pour les siècles des siècles. *Amen.*

*Vient ensuite l'une des séries de supplications suivantes :*

# A

**V.**    Seigneur, fais-nous voir Ta bonté.

**R.**    Accorde-nous Ton secours.

**V.**    Que Tes prêtres soient revêtus de justice.

**R.**    Et que ceux qui Te sont fidèles crient leur joie !

| V. | Seigneur, donne la paix au monde. |
|---|---|
| R. | Car Toi seul nous fais vivre en sécurité. |
| V. | Seigneur, garde ce pays sous Ta protection. |
| R. | Et guide-nous sur le chemin de la justice et de la vérité. |
| V. | Fais savoir sur la terre comment Tu interviens. |
| R. | On saura parmi toutes les contrées que Tu es le sauveur. |
| V. | Seigneur, que jamais les pauvres ne soient oubliés. |
| R. | Et que jamais les malheureux ne perdent espoir. |
| V. | Ô Dieu, crée en nous un cœur pur. |
| R. | Que Ton Saint-Esprit généreux nous soutienne. |

## B

Que cette soirée soit sainte, douce et paisible,
*Nous T'en supplions, Seigneur.*

Que Tes saints anges nous conduisent sur des chemins de paix et de bonne volonté,
*Nous T'en supplions, Seigneur.*

Que nos péchés et nos torts nous soient pardonnés,
*Nous T'en supplions, Seigneur.*

Que la paix règne dans Ton Église et dans le monde entier,
*Nous T'en supplions, Seigneur.*

Que nous puissions quitter ce monde dans la foi, sachant que Tu es Dieu, sans être condamnés devant le redoutable tribunal du Christ,
*Nous T'en supplions, Seigneur.*

Que nous soyons associés par Ton Esprit saint à la communion [de _____ et] de tous ceux qui T'appartiennent, nous confiant les uns les autres et toute notre vie au Christ,
*Nous T'en supplions, Seigneur.*

*La personne qui officie dit l'une ou plusieurs des collectes suivantes :*

*Collecte du jour*

*Collecte des dimanches*

Seigneur Dieu, Ton Fils, notre Sauveur Jésus Christ, a triomphé
des forces de la mort et nous a préparé une place dans la nouvelle
Jérusalem : accorde-nous, à nous qui avons rendu grâces aujourd'hui
pour Sa résurrection, de Te louer dans la Cité dont Il est la lumière et
où Il vit et règne à jamais. *Amen.*

*Collecte des vendredis*

Seigneur Jésus Christ, Toi qui par Ta mort as vaincu l'aiguillon
de la mort : accorde aux serviteurs que nous sommes de suivre
avec foi le chemin que Tu as ouvert, pour qu'à la fin nous nous
endormions en paix en Toi et que nous nous réveillions à Ton
image, au nom de Ta tendre miséricorde. *Amen.*

*Collecte des samedis*

Ô Dieu, Toi qui es la source de la lumière éternelle : fais resplendir
Ton jour sans fin sur nous qui Te cherchons, afin que nos lèvres
puissent Te louer, nos vies Te bénir et notre adoration demain Te
rendre gloire, par Jésus Christ, notre Seigneur. *Amen.*

*Collecte pour la paix*

Ô Dieu, Toi dont procèdent tout désir pieux, tout conseil avisé
et toute œuvre juste : accorde à Tes serviteurs la paix qui ne peut
venir de ce monde, pour que nos cœurs s'attachent à obéir à Tes
commandements et pour que, libérés de la crainte de tout ennemi,
nous vivions dans le calme et le repos, par les mérites de Jésus
Christ, notre Sauveur. *Amen.*

*Collecte pour obtenir de l'aide face aux dangers*

Éclaire nos ténèbres, Seigneur, nous T'en supplions. Et, dans Ta
grande miséricorde, protège-nous des périls et des dangers de cette
nuit, pour l'amour de Ton Fils unique, notre Sauveur Jésus Christ.
*Amen.*

*Collecte pour obtenir une protection*

Ô Dieu, Toi qui fais vivre tout ce qui vit et qui es la lumière des
fidèles, la force de ceux qui peinent et le repos des défunts : nous

Te rendons grâces pour les bénédictions du jour qui s'achève et nous Te demandons humblement, dans Ta miséricorde, de nous protéger cette nuit. Abrite-nous jusqu'aux heures du matin, par Celui qui est mort et ressuscité pour nous, Ton Fils, notre Sauveur Jésus Christ. *Amen.*

*Collecte pour obtenir la présence du Christ*

Seigneur Jésus, reste avec nous, car le soir est proche et le jour est passé. Sois notre compagnon sur la route, attise la flamme de nos cœurs et ravive notre espérance, pour que nous Te reconnaissions tel que Tu Te révèles dans les Écritures et le partage du pain. Accorde-le-nous au nom de Ton amour. *Amen.*

*Ensuite, s'il n'est pas prévu d'Eucharistie ou de formule d'intercession générale, on ajoute l'une des prières suivantes pour la mission :*

Ô Dieu et Père de toute l'humanité, Toi que tous les cieux adorent : puisse la terre entière T'adorer avec eux, toutes les nations T'obéir, toutes les langues Te confesser et Te bénir, et le monde entier T'aimer et Te servir dans la paix, par Jésus Christ, notre Seigneur. *Amen.*

*ou ceci :*

Seigneur bien-aimé, veille avec les personnes qui travaillent, qui veillent ou qui pleurent cette nuit, et donne l'ordre à Tes anges de garder ceux qui dorment. Prends soin des malades, Christ Seigneur ; accorde le repos à qui est fatigué, bénis qui est sur le point de mourir, console qui souffre, prends pitié de qui est dans la détresse et protège qui connaît la joie, et tout cela au nom de Ton amour. *Amen.*

*ou ceci :*

Ô Dieu, Tu manifestes les signes de Ta présence dans Tes serviteurs, envoie sur nous Ton Esprit d'amour, pour que l'abondance de Tes grâces puisse croître parmi nous dans nos relations mutuelles, par Jésus Christ, notre Seigneur. *Amen.*

*Ici, il est possible de chanter un hymne ou un cantique.*

*Les intercessions et les actions de grâces autorisées peuvent venir ensuite.*

*Avant de terminer l'office, on peut utiliser les prières suivantes,
séparément ou ensemble.*

*Action de grâces générale*

*Officiant·e et assemblée*
Dieu tout-puissant, Père de toute miséricorde,
nous qui ne sommes pas dignes de Te servir,
nous Te rendons humblement et sincèrement grâces pour Ta
bienveillance
et Ta tendresse envers nous et toutes Tes créatures.
Nous Te bénissons pour notre création, notre préservation
et toutes les bénédictions de cette vie ;
mais surtout pour Ton amour inestimable
et pour la rédemption du monde par notre Seigneur Jésus Christ ;
pour les moyens de la grâce et pour l'espérance de la gloire.
Nous T'en prions, fais-nous prendre la mesure de Tes bontés,
pour que notre cœur exulte de reconnaissance,
et que nous puissions chanter Tes louanges
non seulement avec nos lèvres, mais aussi dans nos vies,
nous oubliant nous-mêmes à Ton service
et avançant en sainteté et en droiture
tous nos jours devant Toi ;
par Jésus Christ, notre Seigneur.
Car c'est à lui, à Toi et au Saint-Esprit
que reviennent tout honneur et toute gloire pour l'éternité. *Amen.*

*Prière de saint Jean Chrysostome*
Dieu tout-puissant, Tu nous as accordé la grâce aujourd'hui
de Te présenter nos supplications d'une seule et même voix, et
Tu as promis par Ton Fils bien-aimé que lorsque deux ou trois
s'assembleraient en Son Nom Tu serais au milieu d'eux : Seigneur,
réponds aux désirs et aux requêtes de Tes serviteurs selon ce
qui est le mieux pour nous, en nous donnant dans ce monde de
connaître Ta vérité et, dans le monde à venir, de connaître la vie
éternelle. *Amen.*

*Ensuite, on peut dire :*

Bénissons le Seigneur.

*Nous rendons grâces à Dieu.*

*Du dimanche de Pâques jusqu'au dimanche de la Pentecôte, on peut ajouter « Alléluia, alléluia ! » au verset et à la réponse.*

*La personne qui officie peut alors terminer par l'une des formules suivantes :*

Que la grâce du Seigneur Jésus Christ, l'amour de Dieu et la communion de l'Esprit saint soient avec nous tous ! *Amen. 2 Corinthiens 13.13*

Que Dieu, la source de l'espérance, nous remplisse d'une joie et d'une paix parfaites par notre foi en lui, afin que nous soyons riches d'espérance par la puissance de l'Esprit saint. *Amen. Romains 15.13*

À Dieu qui a le pouvoir de faire infiniment plus que tout ce que nous demandons ou même imaginons, par la puissance qui agit en nous. À lui soit la gloire dans l'Église et par Jésus Christ, dans tous les temps et pour toujours ! *Amen. Éphésiens 3.20-21*

# Introduction à l'office

Dans les offices quotidiens, le terme « officiant·e » ou « personne qui officie » est utilisé pour désigner la personne, clerc ou laïque, qui dirige l'office.

Il est bon de confier à d'autres personnes le soin de lire les Leçons et de conduire les parties de l'office qui ne reviennent pas à l'officiant·e. Il est d'usage que l'évêque (le cas échéant) termine l'office par une bénédiction.

Lors des célébrations de la sainte Eucharistie, l'office des Prières du matin ou du soir peut être utilisé à la place de tout ce qui précède l'offertoire.

Des consignes complémentaires sont fournies à la page [126].

# Prière du matin : Rite II

*La personne qui officie commence l'office par un ou plusieurs de ces passages de l'Écriture, ou par le verset « Seigneur, ouvre nos lèvres » à la page [72].*

*Avent*

Veillez donc, car vous ne savez pas quand le maître de la maison viendra : le soir, ou à minuit, ou au chant du coq, ou le matin. S'il revient à l'improviste, il ne faut pas qu'il vous trouve endormis. *Marc 13.35-36*

Dans le désert, ouvrez le chemin au Seigneur ; dans cet espace aride, frayez une route pour notre Dieu. *Ésaïe 40.3*

La gloire du Seigneur va être dévoilée, et tout le monde verra que la bouche du Seigneur a parlé. *Ésaïe 40.5*

*Noël*

Je vous annonce une bonne nouvelle qui réjouira beaucoup tout le peuple : cette nuit, dans la ville de David, est né, pour vous, un sauveur ; c'est le Christ, le Seigneur ! *Luc 2.10-11*

Voici, la demeure de Dieu est parmi les êtres humains ! Il demeurera avec eux et ils seront ses peuples. Dieu lui-même sera avec eux, il sera leur Dieu. *Apocalypse 21.3*

*Épiphanie*

Des peuples marcheront vers la lumière dont tu rayonnes, des rois seront attirés par l'éclat dont tu te mettras à briller. *Ésaïe 60.3*

Je fais de toi la lumière du monde, pour que mon salut s'étende jusqu'au bout de la terre. *Ésaïe 49.6b*

Du lieu où le soleil se lève jusqu'au lieu où il se couche, des gens de tous pays reconnaissent ma grandeur. Partout on brûle du parfum en mon honneur et l'on m'apporte des offrandes dignes de moi. Oui, les autres peuples reconnaissent ma grandeur, je le déclare, moi, le Seigneur de l'univers. *Malachie 1.11*

## Carême

Si nous prétendons être sans péché, nous nous trompons nous-mêmes et la vérité n'est pas en nous. Mais si nous reconnaissons nos péchés, nous pouvons avoir confiance en Dieu, car il est juste : il pardonnera nos péchés et nous purifiera de tout mal. *1 Jean 1.8-9*

Il ne suffit pas de déchirer vos vêtements, c'est votre cœur qu'il faut changer ! Oui, revenez au Seigneur, votre Dieu : il est bienveillant et plein de tendresse, lent à la colère et d'une immense bonté, toujours prêt à renoncer à ses menaces. *Joël 2.13*

Je veux repartir chez mon père et je lui dirai : Père, j'ai péché contre Dieu et contre toi, je ne suis plus digne que tu m'appelles ton fils. *Luc 15.18-19*

Mais toi, Seigneur notre Dieu, dans ta bienveillance, tu nous pardonnes, bien que nous nous soyons révoltés contre toi. Nous n'avons pas écouté tes paroles, nous n'avons pas suivi tes enseignements que tu nous donnais par tes serviteurs les prophètes. *Daniel 9.9-10*

Jésus a dit : « Si quelqu'un veut me suivre, qu'il s'abandonne lui-même, qu'il prenne sa croix et qu'il me suive. » *Marc 8.34*

## Semaine sainte

Nous errions tous çà et là comme un troupeau éparpillé, c'était chacun pour soi. Mais le Seigneur lui a fait subir les conséquences de nos fautes à tous. *Ésaïe 53.6*

Vous tous qui passez sur la route, regardez et voyez s'il est une douleur pareille à ma douleur, celle qui m'est infligée, celle dont le Seigneur m'accable au jour de son ardente colère. *Lamentations 1.12*

*Temps de Pâques, y compris les jours de l'Ascension et de la Pentecôte :*

Alléluia ! Le Christ est ressuscité.
*Il est vraiment ressuscité. Alléluia !*

Ce jour de fête est l'œuvre du Seigneur ; crions notre joie, soyons dans l'allégresse ! *Psaume 118.24*

Remercions Dieu, lui qui nous donne la victoire par notre Seigneur Jésus Christ ! *1 Corinthiens 15.57*

Puisque vous avez été ramenés de la mort à la vie avec le Christ, recherchez alors les choses qui sont au ciel, là où le Christ siège à la droite de Dieu. *Colossiens 3.1*

Le Christ n'est pas entré dans un sanctuaire construit par des mains humaines, qui ne serait qu'une copie du véritable. Il est entré dans les cieux mêmes, où il se présente maintenant devant Dieu pour nous. *Hébreux 9.24*

Vous recevrez une force quand l'Esprit saint descendra sur vous. Vous serez alors mes témoins à Jérusalem, dans toute la Judée et la Samarie, et jusqu'au bout du monde. *Actes 1.8*

*Dimanche de la Trinité*

Saint, saint, saint est le Seigneur Dieu souverain, qui était, qui est et qui vient. *Apocalypse 4.8*

*Toussaint et fêtes de grands saints et saintes*

Remerciez avec joie Dieu le Père : il vous a rendus capables d'avoir part aux biens qu'il réserve aux personnes qui lui appartiennent, pour vivre dans la lumière. *Colossiens 1.12*

Vous n'êtes plus des étrangers, des immigrés ; mais vous êtes maintenant citoyens à part entière avec ceux qui appartiennent à Dieu, vous appartenez à la famille de Dieu, à sa maison. *Éphésiens 2.19*

Leur message parcourt la terre entière, leur langage est perçu jusqu'au bout du monde. *Psaume 19.5*

*Occasions d'action de grâces*

Louez le Seigneur, dites bien haut qui est Dieu, annoncez aux autres peuples ses exploits. *Psaume 105.1*

*En tout temps*

Que Dieu notre Père et le Seigneur Jésus Christ vous donnent la grâce et la paix ! *Philippiens 1.2*

Quelle joie, quand on m'a dit : « Nous allons à la maison du Seigneur ! » *Psaume 122.1*

Ce que j'ai dit, ce que j'ai médité devant toi, j'espère que cela te sera agréable, Seigneur, mon rocher, mon défenseur ! *Psaume 19.15*

Fais-moi voir ta lumière et ta fidélité. Qu'elles me guident vers la montagne qui t'appartient, qu'elles me conduisent à ta demeure ! *Psaume 43.3*

Le Seigneur se tient dans le temple qui lui appartient. Que toute la terre fasse silence devant lui. *Habacuc 2.20*

L'heure vient, et elle est même déjà là, où les vrais adorateurs adoreront le Père par l'Esprit qui conduit à la vérité ; car ce sont de tels adorateurs que le Père recherche. *Jean 4.23*

Voici ce que déclare celui qui est plus haut que tout, dont la demeure est éternelle et dont le nom est saint : « Moi, je suis vraiment Dieu, j'habite là-haut, mais je suis aussi avec ceux qui se trouvent accablés et humiliés, pour rendre la vie aux humiliés, pour rendre la vie aux accablés. » *Ésaïe 57.15*

*La Confession des péchés peut être dite ensuite. On peut aussi continuer par « Seigneur, ouvre nos lèvres ».*

## Confession des péchés

*La personne qui officie dit à l'assemblée :*

Bien-aimés frères et sœurs, nous nous sommes réunis en présence de Dieu tout-puissant, notre Père céleste, pour chanter ses louanges, écouter sa sainte Parole et demander, pour nous et pour les autres, tout ce qui est nécessaire à notre vie et à notre salut. Pour préparer nos cœurs et nos esprits à adorer le Seigneur, mettons-nous à genoux en silence et confessons nos péchés d'un cœur pénitent et obéissant afin que, dans sa bonté et sa miséricorde infinies, il puisse nous accorder son pardon.

*ou ceci :*

Reconnaissons nos péchés envers Dieu et notre prochain.

*Il peut y avoir un temps de silence.*

*Officiant·e et assemblée ensemble, à genoux :*

Dieu plein de miséricorde,
Nous reconnaissons que nous avons péché contre toi
en pensées, en paroles et en actes,
par ce que nous avons fait
et ce que nous avons omis de faire.
Nous ne t'avons pas aimé de tout notre cœur.
Nous n'avons pas aimé nos prochains comme nous-mêmes.
Nous le regrettons profondément,
et nous nous en repentons humblement.
Pour l'amour de ton Fils Jésus Christ,
prends pitié de nous et pardonne-nous,
afin que nous puissions nous réjouir de faire ta volonté
et suivre tes chemins
pour la gloire de ton Nom. *Amen.*

*La ou le prêtre se lève et déclare :*

Que le Dieu tout-puissant vous fasse miséricorde, vous pardonne tous vos péchés par notre Seigneur Jésus Christ, vous apporte la force de sa bonté et, par la puissance du Saint-Esprit, vous garde dans la vie éternelle. *Amen.*

*Les diacres ou les laïques qui utilisent la formule précédente restent à genoux et remplacent « vous » par « nous » et « vos » par « nos ».*

## Invitation et psaumes

*Tout le monde se lève.*

| Officiant·e | Seigneur, ouvre nos lèvres. |
| Assemblée | Et nous te louerons. |

*Officiant·e et assemblée*

Gloire au Père et au Fils et au Saint-Esprit, comme il était au commencement, maintenant et à jamais. *Amen.*

*On peut ajouter « Alléluia ! », sauf pendant le Carême.*

*Vient ensuite un des psaumes d'invitation (95 ou 100).*

*L'une des antiennes suivantes peut être chantée ou dite avec le psaume d'invitation.*

*Pendant l'Avent :*

Notre Roi et Sauveur s'approche à présent. Venez, adorons-le !

*Pendant les douze jours de Noël :*

Alléluia ! Un enfant nous est né. Venez, adorons-le ! Alléluia !

*De l'Épiphanie jusqu'au Baptême du Christ, et pour les fêtes de la Transfiguration et de la Sainte-Croix :*

Le Seigneur a manifesté sa gloire. Venez, adorons-le !

*Pendant le Carême :*

Le Seigneur est plein de compassion et de bonté. Venez, adorons-le !

*Du dimanche de Pâques jusqu'au jeudi de l'Ascension :*

Alléluia ! En vérité, le Seigneur est ressuscité. Venez, adorons-le ! Alléluia !

*Du jeudi de l'Ascension au dimanche de la Pentecôte :*

Alléluia ! Le Christ, le Seigneur, est monté aux cieux. Venez, adorons-le ! Alléluia !

*Le dimanche de la Pentecôte :*

Alléluia ! L'Esprit du Seigneur renouvelle la surface de la Terre. Venez, adorons-le ! Alléluia !

*Le dimanche de la Trinité :*

Le Père, le Fils et le Saint-Esprit, un seul Dieu. Venez, adorons-le !

*Les autres dimanches et les jours de la semaine :*

La terre est au Seigneur puisqu'il l'a faite. Venez, adorons-le !

*ou ceci :*

Adorez l'Éternel dans la beauté de la sainteté. Venez, adorons-le !

*ou ceci :*

La bonté du Seigneur est éternelle. Venez, adorons-le !

*Les Alléluias des antiennes suivantes ne sont dits que pendant le temps de Pâques.*

*Pour les fêtes de l'Incarnation :*

[Alléluia !] La Parole est devenue homme et il a habité parmi nous. Venez, adorons-le ! [Alléluia !]

*Pour la Toussaint et les fêtes de grands saints et saintes :*

[Alléluia !] Le Seigneur est honoré et admiré par ceux et celles qui lui appartiennent. Venez, adorons-le ! [Alléluia !]

## Psaume 95

*Psaume 95.1,7*

Venez, crions au Seigneur notre joie,*
    acclamons notre rocher, notre sauveur.
Présentons-nous devant lui avec reconnaissance,*
    acclamons-le en musique !
Car le Seigneur est un grand Dieu,*
    un grand roi qui domine tous les dieux.
Il tient dans sa main les profondeurs de la terre,*
    et les sommets des montagnes sont à lui.
À lui aussi la mer, puisqu'il l'a faite,*
    et la terre, qu'il a façonnée de ses mains.
Entrez, courbons-nous, prosternons-nous,*
    mettons-nous à genoux devant le Seigneur, notre créateur.
Car notre Dieu, c'est lui,*
    nous sommes le peuple dont il est le berger,
le troupeau que sa main conduit.*
    Aujourd'hui, puissiez-vous entendre ce qu'il dit.

*ou Psaume 95, page 41*

**Psaume 100**

Gens du monde entier, acclamez le Seigneur !*
  Servez le Seigneur avec joie,
présentez-vous à lui avec des cris joyeux !*
  Reconnaissez que c'est le Seigneur qui est Dieu,
c'est lui qui nous a faits, et nous sommes à lui*.
  Nous sommes son peuple,
le troupeau dont il est le berger.*
  Entrez dans son temple avec reconnaissance,
dans la cour intérieure, exprimez vos louanges.*
  Louez le Seigneur ! Bénissez son nom.
Oui, le Seigneur est bon, et son amour dure toujours ;*
  de génération en génération, il reste fidèle.

*Pendant la semaine de Pâques, au lieu du psaume d'invitation, on peut chanter ou réciter ce qui suit. L'hymne peut aussi être utilisé tous les jours jusqu'au dimanche de la Pentecôte.*

## Le Christ notre agneau pascal

*1 Corinthiens 5.7-8 ; Romains 6.9-11 ; 1 Corinthiens 15.20-22*

Alléluia !
Notre agneau pascal a été immolé : c'est le Christ.*
  Ainsi, célébrons la Fête, non pas avec de vieux ferments,
non pas avec ceux de la perversité et du vice,*
mais avec du pain non fermenté,
  celui de la droiture et de la vérité. Alléluia !
Ressuscité d'entre les morts, le Christ ne meurt plus ;*
  la mort n'a plus de pouvoir sur lui.
Car lui qui est mort, c'est au péché qu'il est mort une fois pour
toutes ;*
  lui qui est vivant, c'est pour Dieu qu'il est vivant.
De même, vous aussi, pensez que vous êtes morts au péché,*
  mais vivants pour Dieu en Jésus Christ. Alléluia !
Le Christ est ressuscité d'entre les morts,*
  lui, premier ressuscité parmi ceux qui se sont endormis.

Car, la mort étant venue par un homme,*
  c'est par un homme aussi que vient la résurrection des morts.
En effet, de même que tous les hommes meurent en Adam,*
  de même c'est dans le Christ que tous recevront la vie. Alléluia !

*Viennent ensuite :*

## Le ou les psaumes indiqués

*À la fin des psaumes, on chante ou proclame :*

Gloire au Père et au Fils et au Saint-Esprit,*
  comme il était au commencement, maintenant et à jamais. *Amen.*

## Leçons

*Les lectures indiquées (une ou deux) sont lues. Avant de commencer, la personne qui lit annonce :*

Lecture (leçon) de_____.

*Il est possible de préciser le chapitre et les versets qui sont lus.*

*Après chaque leçon, la personne qui lit peut dire :*

           Parole du Seigneur.
*Réponse*    Nous rendons grâces à Dieu.

*On peut également dire :* Ainsi se termine la leçon (la lecture).

*Il peut y avoir un temps de silence après chaque lecture. L'un des cantiques suivants, ou l'un de ceux proposés aux pages [44] à [48] (cantiques 1-7), est lu ou chanté après chaque lecture. Si l'on utilise trois leçons, la leçon de l'Évangile est lue après le deuxième cantique.*

## 8. Cantique de Moïse

*Exode 15.1-6 ; 15.11-13 ; 15.17-18*

*Particulièrement indiqué pendant le temps de Pâques.*

Je chanterai pour le Seigneur ! Éclatante est sa gloire :*
  il a jeté dans la mer cheval et cavalier !
Ma force et mon chant, c'est le Seigneur :*
  il est pour moi le salut.

Il est mon Dieu, je le célèbre ;*
  j'exalte le Dieu de mon père.
Le Seigneur est le guerrier des combats ;*
  son nom est « Le Seigneur ».
Les chars du Pharaon et ses armées, il les lance dans la mer.*
  L'élite de leurs chefs a sombré dans la mer Rouge.
L'abîme les recouvre :*
  ils descendent, comme la pierre, au fond des eaux.
Ta droite, Seigneur, magnifique en sa force,*
  ta droite, Seigneur, écrase l'ennemi.
Qui est comme toi parmi les dieux, Seigneur ?*
  Qui est comme toi, magnifique en sainteté,
terrible en ses exploits, auteur de prodiges ?*
  Tu étends ta main droite : la terre les avale.
Par ta fidélité tu conduis ce peuple que tu as racheté ;*
  tu les guides par ta force vers ta sainte demeure.
Tu les amènes, tu les plantes sur la montagne,*
  ton héritage, le lieu que tu as fait, Seigneur, pour l'habiter,
le sanctuaire, Seigneur, fondé par tes mains.*
  Le Seigneur régnera pour les siècles des siècles.
Gloire au Père et au Fils et au Saint-Esprit,*
  comme il était au commencement, maintenant et à jamais. *Amen.*

## 9. Premier cantique d'Ésaïe

*Ésaïe 12.2-6*

Voici le Dieu qui me sauve :*
  j'ai confiance, je n'ai plus de crainte.
Ma force et mon chant, c'est le Seigneur ;*
  il est pour moi le salut.
Exultant de joie, vous puiserez les eaux*
  aux sources du salut.
Ce jour-là, vous direz :*
  « Rendez grâce au Seigneur, proclamez son nom,
annoncez parmi les peuples ses hauts faits ! »*
  Redites-le : « Sublime est son nom ! »

Jouez pour le Seigneur, il montre sa magnificence,*
   et toute la terre le sait.
Jubilez, criez de joie, habitants de Sion,*
   car il est grand au milieu de toi, le Saint d'Israël !
Gloire au Père et au Fils et au Saint-Esprit,*
   comme il était au commencement, maintenant et à jamais. *Amen.*

## 10. Deuxième cantique d'Ésaïe

*Ésaïe 55.6-11*

Cherchez le Seigneur tant qu'il se laisse trouver ;*
   invoquez-le tant qu'il est proche.
Que le méchant abandonne son chemin,*
   et l'homme perfide, ses pensées !
Qu'il revienne vers le Seigneur qui lui montrera sa miséricorde,*
   vers notre Dieu qui est riche en pardon.
Car mes pensées ne sont pas vos pensées,*
   et vos chemins ne sont pas mes chemins,
– oracle du Seigneur.*
   Autant le ciel est élevé au-dessus de la terre,
autant mes chemins sont élevés au-dessus de vos chemins,*
   et mes pensées, au-dessus de vos pensées.
La pluie et la neige qui descendent des cieux*
   n'y retournent pas sans avoir abreuvé la terre,
sans l'avoir fécondée et l'avoir fait germer,*
   donnant la semence au semeur et le pain à celui qui doit manger ;
ainsi ma parole, qui sort de ma bouche,*
   ne me reviendra pas sans résultat, sans avoir fait ce qui me plaît,*
   sans avoir accompli sa mission.
Gloire au Père et au Fils et au Saint-Esprit,*
   comme il était au commencement, maintenant et à jamais. *Amen.*

## 11. Troisième cantique d'Ésaïe

*Ésaïe 60.1-3, 11a, 14c, 18-19*

Debout, Jérusalem, resplendis ! Elle est venue, ta lumière,*
   et la gloire du Seigneur s'est levée sur toi.

Voici que les ténèbres couvrent la terre,*
   et la nuée obscure couvre les peuples.
Mais sur toi se lève le Seigneur,*
   sur toi sa gloire apparaît.
Les nations marcheront vers ta lumière,*
   et les rois, vers la clarté de ton aurore.
On tiendra toujours tes portes ouvertes,*
   elles ne seront jamais fermées, ni de jour ni de nuit,
Ils t'appelleront « Ville du Seigneur »,*
   « Sion du Saint d'Israël ».
On n'entendra plus parler de violence dans ton pays,*
   de ravages ni de ruines dans tes frontières.
Tu appelleras tes remparts « Salut »,*
   et tes portes « Louange ».
Le jour, tu n'auras plus le soleil comme lumière,*
   et la clarté de la lune ne t'illuminera plus :
le Seigneur sera pour toi lumière éternelle,*
   ton Dieu sera ta splendeur.
Gloire au Père et au Fils et au Saint-Esprit,*
   comme il était au commencement, maintenant et à jamais. *Amen.*

## 12. Cantique de la Création

*Cantique des trois jeunes gens, 35-65*

*Il est possible d'utiliser une ou plusieurs parties de ce cantique.*
*Quelles que soient les parties choisies, elles commencent par*
*l'invocation et se terminent par la doxologie.*

*Invocation*

Toutes les œuvres du Seigneur, bénissez le Seigneur :*
   Célébrez-le, proclamez pour toujours sa grandeur !
Acclamez le Seigneur sous la puissante voûte des cieux !*
   Célébrez-le, proclamez pour toujours sa grandeur !

## I. L'ordre cosmique

Bénissez le Seigneur, vous, ses anges et toutes les puissances
célestes,*
    les cieux et les eaux accumulées dans les cieux.
Vous, le soleil, la lune et les étoiles, bénissez le Seigneur.*
    Célébrez-le, proclamez pour toujours sa grandeur !
Bénissez le Seigneur, vous, toutes les pluies et la rosée,*
    tous les vents, le feu et la chaleur.
Célébrez-le, proclamez pour toujours sa grandeur !*
    Bénissez le Seigneur, vous, l'hiver et l'été !
Bénissez le Seigneur, vous, le froid et le chaud,*
    la rosée et les flocons !
Bénissez le Seigneur, vous, le gel et le froid, le givre et la neige !*
    Bénissez le Seigneur, vous, les nuits et les jours, la lumière et les
    ténèbres.
Bénissez le Seigneur, vous, les éclairs et les nuages !*
    Célébrez-le, proclamez pour toujours sa grandeur !

## II. La terre et ses créatures

Que la terre aussi bénisse le Seigneur !*
    Qu'elle le célèbre, qu'elle proclame pour toujours sa grandeur !
Bénissez le Seigneur, vous, les montagnes et les collines, et toutes
les plantes de la terre !*
    Célébrez-le, proclamez pour toujours sa grandeur !
Bénissez le Seigneur, vous, les sources, les mers et les rivières,*
    les poissons, grands ou petits,
les oiseaux, bénissez le Seigneur !*
    Célébrez-le, proclamez pour toujours sa grandeur !
Bénissez le Seigneur, vous, les animaux,*
    sauvages ou domestiques !
Bénissez le Seigneur, vous, les êtres humains !*
    Célébrez-le, proclamez pour toujours sa grandeur !

## III. Le Peuple de Dieu

Que les Israélites aussi bénissent le Seigneur,*
    qu'ils le célèbrent et proclament pour toujours sa grandeur !

Bénissez le Seigneur, vous, ses prêtres et ses serviteurs !*
    Célébrez-le, proclamez pour toujours sa grandeur !
Bénissez le Seigneur de tout votre cœur, vous qui êtes justes !*
    Célébrez-le, proclamez pour toujours sa grandeur !
Bénissez le Seigneur, vous, les humbles de cœur !*
    Célébrez-le, proclamez pour toujours sa grandeur !

## Doxologie

Bénissons le Seigneur, Père, Fils et Saint-Esprit.*
    Célébrons-le, proclamons pour toujours sa grandeur !
Acclamons le Seigneur sous la puissante voûte des cieux !*
    Célébrons-le, proclamons pour toujours sa grandeur !

## 13. Cantique de louange

*Cantique des trois jeunes gens, 29-34*

Béni sois-tu, Seigneur, Dieu de nos ancêtres !*
    Tu es digne qu'on te loue et qu'on proclame pour toujours ta grandeur.
Béni soit ton nom saint et glorieux !*
    Nous te louerons et proclamerons pour toujours ta grandeur.
Béni sois-tu, dans ton sanctuaire saint et glorieux !*
    Béni sois-tu, sur ton trône royal !
Béni sois-tu, qui sièges au-dessus des chérubins !*
    Nous te louerons et proclamerons pour toujours ta grandeur.
Béni sois-tu, qui plonges tes regards jusqu'au fond des abîmes !*
    Béni sois-tu, qui domines la voûte céleste !
Gloire à toi, Père, Fils et Saint-Esprit !*
    Nous te louerons et nous proclamerons pour toujours ta grandeur.

## 14. Cantique de pénitence

*Prière de Manassé, 1-2, 4, 6-7, 11-15*

*Particulièrement indiqué pendant le Carême et les autres occasions de pénitence.*

Seigneur tout-puissant, Dieu de nos pères,*
   Dieu d'Abraham, d'Isaac et de Jacob et de leur juste descendance,
toi qui as fait le ciel et la terre et toute leur splendeur.*
   Devant toi tout frémit et tremble face à ta puissance !
Mais infinie et insondable est la miséricorde de ta promesse.*
   Car c'est toi le Seigneur Très-Haut,
compatissant, lent à la colère et plein de miséricorde,*
   qui se repent des maux qui frappent les hommes.
Dans ta grande bonté, Seigneur, tu as promis le pardon aux
pécheurs,*
   pour qu'ils puissent se repentir de leur péché et être sauvés.
Mais maintenant je plie le genou de mon cœur, en implorant ta
bonté :*
   j'ai péché, Seigneur, j'ai péché, et mes transgressions, moi je les
   connais.
Je te supplie et je t'implore :*
   pardonne-moi, Seigneur, pardonne-moi,
ne m'anéantis pas à cause de mes transgressions,*
   ne me condamne pas jusque dans les profondeurs de la terre !
Car tu es, Seigneur, le Dieu de ceux qui se repentent*
   et en moi tu montreras ta bonté.
Car, tout indigne que je sois, tu me sauveras dans ta grande
miséricorde,*
   et je te louerai sans cesse tous les jours de ma vie.
Car toute la puissance des cieux te loue*
   et la gloire t'appartient pour les siècles des siècles. *Amen.*

## 15. Cantique de Marie

*Luc 1.46-55*

De tout mon être je dirai la grandeur du Seigneur,*
   mon cœur déborde de joie à cause de Dieu, mon sauveur !
Car il a porté son regard sur l'abaissement de sa servante.*
   Oui, dès maintenant et en tous les temps,
les humains me diront bienheureuse,*
   car celui qui est puissant a fait pour moi des choses magnifiques.

Il est le Dieu saint, il est plein de bonté de génération en génération *
  pour ceux qui reconnaissent son autorité.
Il a montré son pouvoir en déployant sa force :*
  il a mis en déroute ceux qui ont le cœur orgueilleux,
il a renversé les puissants de leurs trônes *
  et il a élevé les humiliés au premier rang.
Il a comblé de biens ceux qui avaient faim,*
  et il a renvoyé les riches les mains vides.
Il est venu en aide à Israël, le peuple qui le sert :*
  il n'a pas oublié de manifester sa bonté
envers Abraham et ses descendants, pour toujours,*
  comme il l'avait promis à nos ancêtres.

Gloire au Père et au Fils et au Saint-Esprit,*
  comme il était au commencement, maintenant et à jamais. *Amen.*

## 16. Cantique de Zacharie

*Luc 1.68-79*

Béni soit le Seigneur, le Dieu du peuple d'Israël,*
  parce qu'il est venu secourir son peuple et l'a délivré !
Il a fait lever pour nous une force qui nous sauve,*
  parmi les descendants du roi David, son serviteur.
C'est ce qu'il avait annoncé depuis longtemps par les prophètes de
Dieu :
il avait promis qu'il nous délivrerait de nos ennemis *
  et du pouvoir de tous ceux qui nous veulent du mal.
Il a manifesté sa bonté envers nos ancêtres *
  et il s'est souvenu de son alliance qui est sainte.
En effet, Dieu avait fait serment à Abraham, notre ancêtre,*
  de nous libérer du pouvoir des ennemis
et de nous permettre ainsi de le servir sans peur,*
  en vivant tous les jours d'une façon digne de lui,
  accordée à sa volonté et sous son regard.
Et toi, petit enfant, tu seras appelé prophète du Dieu très-haut,*
  car tu marcheras devant le Seigneur pour préparer ses chemins

et pour faire savoir à son peuple qu'il vient le sauver*
    en pardonnant ses péchés.
Notre Dieu est plein de tendresse et de bonté :*
    il fera briller sur nous une lumière d'en haut, semblable à celle
    du soleil levant,
pour éclairer ceux qui se trouvent dans la nuit et dans l'ombre de
la mort,*
    pour diriger nos pas sur le chemin de la paix.

Gloire au Père et au Fils et au Saint-Esprit,*
    comme il était au commencement, maintenant et à jamais. *Amen.*

## 17. Cantique de Siméon

*Luc 2.29-32*

Maintenant, ô maître, tu as réalisé ta promesse :*
    tu peux laisser ton serviteur aller en paix.
Car j'ai vu de mes propres yeux ton salut,*
    ce salut que tu as préparé devant tous les peuples :
c'est la lumière qui te fera connaître aux populations*
    et qui sera la gloire d'Israël, ton peuple.

Gloire au Père et au Fils et au Saint-Esprit,*
comme il était au commencement, maintenant et à jamais. *Amen.*

## 18. Cantique de l'Agneau

*Apocalypse 4.11 ; 5.9-10,13*

Tu es digne, Seigneur notre Dieu,*
    de recevoir la gloire, l'honneur et la puissance.
C'est toi qui créas l'univers ;*
    tu as voulu qu'il soit : il fut créé.
Tu fus immolé, rachetant pour Dieu, par ton sang,*
    des gens de toute tribu, langue, peuple et nation.
Pour notre Dieu, tu en as fait un royaume et des prêtres.*
    À celui qui siège sur le Trône, et à l'Agneau,
la louange et l'honneur, la gloire et la souveraineté*
    pour les siècles des siècles.

## 19. Cantique des rachetés

*Apocalypse 15.3-4*

Grandes, merveilleuses, tes œuvres,*
    Seigneur Dieu, Souverain de l'univers !
Ils sont justes, ils sont vrais, tes chemins, Roi des nations.*
    Qui ne te craindrait, Seigneur ?*
À ton nom, qui ne rendrait gloire ?*
    Oui, toi seul es saint !
Oui, toutes les nations viendront et se prosterneront devant toi ;*
    oui, ils sont manifestés, tes jugements.

Gloire au Père et au Fils et au Saint-Esprit,*
    comme il était au commencement, maintenant et à jamais. *Amen.*

## 20. Gloire à Dieu

Gloire à Dieu au plus haut des cieux
    et paix à son peuple sur la terre.
Seigneur Dieu, Roi du ciel, Dieu le Père tout-puissant,
    nous t'adorons,
    nous te rendons grâces,
    nous te louons pour ton immense gloire.
Seigneur Jésus Christ, Fils unique du Père,
Seigneur Dieu, Agneau de Dieu,
toi qui enlèves le péché du monde,
    prends pitié de nous ;
toi qui enlèves le péché du monde,
    prends pitié de nous ;
toi qui es assis à la droite du Père,
    reçois notre prière.
Car toi seul es Saint,
toi seul es le Seigneur,
toi seul es le Très-Haut,
    Jésus Christ,
    avec le Saint-Esprit,
    dans la gloire de Dieu le Père. *Amen.*

## 21. À toi, Dieu

À toi, Dieu, notre louange !
Nous t'acclamons, tu es Seigneur !
À toi Père éternel,
L'hymne de l'univers.
Devant toi se prosternent les archanges,
les anges et les esprits des cieux ;
ils te rendent grâce ;
ils adorent et ils chantent :
    Saint, Saint, Saint, le Seigneur, Dieu de l'univers ;
    le ciel et la terre sont remplis de ta gloire.
C'est toi que les Apôtres glorifient, toi que proclament les prophètes,
toi dont témoignent les martyrs ;
c'est toi que par le monde entier
l'Église annonce et reconnaît.
    Dieu, nous t'adorons :
    Père infiniment saint,
    Fils éternel et bien-aimé,
    Esprit de puissance et de paix.
Christ, le Fils du Dieu vivant, le Seigneur de la gloire,
tu n'as pas craint de prendre chair dans le corps d'une vierge
pour libérer l'humanité captive.
Par ta victoire sur la mort,
tu as ouvert à tout croyant
les portes du Royaume ;
tu règnes à la droite du Père ;
tu viendras pour le jugement.
Montre-toi le défenseur et l'ami
    des hommes sauvés par ton sang :
    prends-les avec tous les saints
    dans ta joie et dans ta lumière.

## Symbole des apôtres

*Officiant·e et assemblée ensemble, debout :*

Je crois en Dieu, le Père tout-puissant,
    Créateur du ciel et de la terre.

Je crois en Jésus Christ, son Fils unique, notre Seigneur.
Il a été conçu du Saint-Esprit,
    est né de la Vierge Marie,
    a souffert sous Ponce Pilate,
    a été crucifié, est mort et a été mis au tombeau.
Il est descendu aux enfers,
    il est ressuscité le troisième jour,
    il est monté aux cieux,
    il siège à la droite du Père,
    il reviendra juger les vivants et les morts.
Je crois en l'Esprit saint,
    à la sainte Église catholique,
    à la communion des saints,
    au pardon des péchés,
    à la résurrection des corps
    et à la vie éternelle. *Amen.*

## Prières

*L'assemblée reste debout ou s'agenouille.*

| *Officiant·e* | Le Seigneur soit avec vous. |
| *Assemblée* | Et avec toi aussi. |
| *Officiant·e* | Prions. |

*Officiant·e et assemblée*

Notre Père, qui es aux cieux,
    que ton nom soit sanctifié ;
    que ton règne vienne ;
    que ta volonté soit faite
    sur la terre comme au ciel.
Donne-nous aujourd'hui notre pain de ce jour.
Pardonne-nous nos offenses,
    comme nous pardonnons aussi
    à ceux qui nous ont offensés.
Et ne nous laisse pas entrer en tentation,
    mais délivre-nous du mal.

Car c'est à toi qu'appartiennent le règne,
  la puissance et la gloire,
    pour les siècles des siècles. *Amen.*

*Vient ensuite l'une des séries de supplications suivantes :*


**A**

V.   Seigneur, fais-nous voir ta bonté.
R.   Accorde-nous ton secours.
V.   Que tes prêtres soient revêtus de justice.
R.   Et que celles et ceux qui te sont fidèles crient leur joie !
V.   Seigneur, donne la paix au monde.
R.   Car toi seul nous fais vivre en sécurité.
V.   Seigneur, garde ce pays sous ta protection.
R.   Et guide-nous sur le chemin de la justice et de la vérité.
V.   Fais savoir sur la terre comment tu interviens.
R.   On saura parmi toutes les contrées que tu es le sauveur.
V.   Seigneur, que jamais les pauvres ne soient oubliés.
R.   Et que jamais les malheureux ne perdent espoir.
V.   Ô Dieu, crée en nous un cœur pur.
R.   Que ton Saint-Esprit généreux nous soutienne.


**B**

V.   Seigneur, sauve ton peuple et bénis ton héritage.
R.   Dirige-le et prends-le en charge pour toujours.
V.   Jour après jour nous te bénissons.
R.   Nous adorons ton Nom pour toujours.
V.   Seigneur, garde-nous de tout péché aujourd'hui.
R.   Prends pitié de nous, Seigneur, prends pitié.
V.   Seigneur, fais-nous voir ton amour et ta bonté.
R.   Car nous avons foi en toi.
V.   En toi, Seigneur, nous mettons notre espérance.
R.   Et nous n'espérerons jamais en vain.

*La personne qui officie dit une ou plusieurs des collectes suivantes :*

*Collecte du jour*

*Collecte des dimanches*

Seigneur, tu nous remplis de joie quand nous rappelons chaque semaine la glorieuse résurrection de ton Fils, notre Seigneur : bénis-nous en ce jour où nous t'adorons pour que nous passions la semaine à venir à te plaire, par Jésus Christ, notre Seigneur. *Amen.*

*Collecte des vendredis*

Dieu tout-puissant, toi dont le Fils bien-aimé n'est monté vers la joie qu'après avoir souffert, et n'est entré dans la gloire qu'après avoir été crucifié : dans ta bonté, accorde-nous qu'en suivant le chemin de la croix, nous n'y trouvions rien d'autre que le chemin de la vie et de la paix, par Jésus Christ, notre Seigneur. *Amen.*

*Collecte des samedis*

Dieu tout-puissant, toi qui t'es reposé de toutes tes œuvres après la création du monde et qui as sanctifié un jour de repos pour toutes tes créatures : accorde-nous de nous préparer à servir dignement dans ton sanctuaire en déposant tous les soucis de ce monde, et que notre repos ici sur terre soit une préparation au repos éternel promis à ton peuple dans les cieux, par Jésus Christ, notre Seigneur. *Amen.*

*Collecte pour une vie renouvelée*

Ô Dieu, Roi éternel, toi dont la lumière sépare le jour de la nuit et change l'ombre de la mort en matin : éloigne de nous tout désir mauvais, incline notre cœur à garder ta loi et guide nos pas sur le chemin de la paix ; afin que, ayant accompli joyeusement ta volonté durant le jour, nous puissions la nuit venue nous réjouir de te rendre grâces, par Jésus Christ, notre Seigneur. *Amen.*

*Collecte pour la paix*

Ô Dieu, Auteur de la paix, toi qui aimes la concorde, te connaître est vie éternelle et te servir liberté parfaite : défends-nous, nous qui te servons humblement, face aux agressions de nos ennemis ; afin que, sûrs de ta protection, nous ne redoutions la force d'aucun adversaire, par la puissance de Jésus Christ, notre Seigneur. *Amen.*

*Collecte pour obtenir la grâce*

Seigneur Dieu, Père éternel et tout-puissant, toi qui nous as conduits en sécurité jusqu'à ce jour nouveau : préserve-nous par ta puissance éclatante afin que nous ne tombions pas dans le péché et que nous ne soyons pas vaincus par l'adversité ; et conduis-nous à accomplir ta volonté dans tous nos actes, par Jésus Christ, notre Seigneur. *Amen.*

*Collecte pour obtenir des conseils*

Père céleste, toi en qui nous avons la vie, le mouvement et l'être : nous te prions humblement de nous guider et de nous gouverner par ton Esprit saint, pour que dans tous nos soucis et toutes les occupations de notre vie nous puissions ne pas t'oublier, mais nous souvenir que nous marchons toujours sous ton regard, par Jésus Christ, notre Seigneur. *Amen.*

*Ensuite, s'il n'est pas prévu d'Eucharistie ou de formule d'intercession générale, on ajoute l'une des prières suivantes pour la mission :*

Dieu éternel et tout-puissant, toi dont l'Esprit gouverne et sanctifie le corps tout entier de tes fidèles : reçois les prières et les supplications que nous te présentons pour tous les membres de ta sainte Église, afin que nous puissions te servir en vérité et avec dévotion dans nos vocations et ministères, par notre Seigneur et Sauveur Jésus Christ. *Amen.*

*ou ceci :*

Ô Dieu, toi qui as créé du même sang tous les peuples de la terre et qui as envoyé ton Fils bien-aimé annoncer la paix à celles et ceux qui étaient loin et la paix à ceux et celles qui étaient proches : accorde au monde entier de pouvoir te chercher et te trouver ; rassemble les nations autour de toi ; répands ton Esprit sur toute chair ; et hâte l'heure de la venue de ton royaume, par Jésus Christ, notre Seigneur. *Amen.*

*ou ceci :*

Seigneur Jésus Christ, toi qui as étendu tes bras aimants sur le bois rugueux de la croix pour que tout le monde puisse s'approcher de ton étreinte salvatrice : revêts-nous de ton Esprit pour que, tendant nos mains avec amour, nous puissions te faire connaître et aimer de qui ne te connaît pas, pour l'honneur de ton Nom. *Amen.*

*Ici, il est possible de chanter un hymne ou un cantique.*

*Les intercessions et les actions de grâces autorisées peuvent venir ensuite.*

*Avant de terminer l'office, on peut utiliser les prières suivantes, séparément ou ensemble.*

*Action de grâces générale*

*Officiant·e et assemblée*

Dieu tout-puissant, Père de toute miséricorde,
nous qui ne sommes pas dignes de te servir,
nous te rendons humblement grâces pour ta bienveillance
et ta tendresse envers nous et toutes tes créatures.
Nous te bénissons pour notre création, notre préservation
et toutes les bénédictions de cette vie ;
mais surtout pour ton amour inestimable
et pour la rédemption du monde par notre Seigneur Jésus Christ ;
pour les moyens de la grâce et pour l'espérance de la gloire.
Nous t'en prions, fais-nous prendre conscience de tes bontés,
pour que nous puissions chanter tes louanges
d'un cœur vraiment reconnaissant,
non seulement avec nos lèvres, mais aussi dans nos vies,
en nous oubliant nous-mêmes à ton service
et en avançant en sainteté et en droiture
tous nos jours devant toi ;
par Jésus Christ, notre Seigneur.
Car c'est à lui, à toi et au Saint-Esprit
que reviennent l'honneur et la gloire pour l'éternité. *Amen.*

*Prière de saint Jean Chrysostome*

Dieu tout-puissant, tu nous as accordé la grâce aujourd'hui
de te présenter nos supplications d'une seule et même voix, et
tu as promis par ton Fils bien-aimé que lorsque deux ou trois

s'assembleraient en son Nom tu serais au milieu d'eux : Seigneur, réponds à nos désirs et à nos demandes selon ce qui est le mieux pour nous, en nous donnant dans ce monde de connaître ta vérité et, dans le monde à venir, de connaître la vie éternelle. *Amen.*

*Ensuite, on peut dire :*

Bénissons le Seigneur.

*Nous rendons grâces à Dieu.*

*Du dimanche de Pâques jusqu'au dimanche de la Pentecôte, on peut ajouter « Alléluia, alléluia ! » au verset et à la réponse.*

*La personne qui officie peut alors terminer par l'une des formules suivantes :*

Que la grâce du Seigneur Jésus Christ, l'amour de Dieu et la communion de l'Esprit saint soient avec nous tous ! *Amen. 2 Corinthiens 13.13*

Que Dieu, la source de l'espérance, nous remplisse d'une joie et d'une paix parfaites par notre foi en lui, afin que nous soyons riches d'espérance par la puissance de l'Esprit saint. *Amen. Romains 15.13*

À Dieu qui a le pouvoir de faire infiniment plus que tout ce que nous demandons ou même imaginons, par la puissance qui agit en nous. À lui soit la gloire dans l'Église et par Jésus Christ, dans tous les temps et pour toujours ! *Amen. Éphésiens 3.20-21*

# Prière du midi

Officiant·e          Ô Dieu, viens vite nous sauver.
Assemblée            Seigneur, viens vite nous aider.

*Officiant·e et assemblée*

Gloire au Père et au Fils et au Saint-Esprit, comme il était au commencement, maintenant et à jamais. *Amen.*

*On peut ajouter « Alléluia ! », sauf pendant le Carême.*

*Il est possible de chanter un hymne approprié.*

*On chante ou récite ensuite au moins l'un des psaumes suivants. Parmi les autres passages appropriés figurent le psaume 19 ou 67, une ou plusieurs parties du psaume 119 ou un psaume choisi parmi les psaumes 120 à 133.*

## Psaume 119

105 Ta parole est une lampe devant mes pas,\*
   une lumière qui éclaire mon sentier.
106 Je tiendrai la promesse que je t'ai faite\*
   d'appliquer tes justes décisions.
107 J'ai été profondément accablé ;\*
   Seigneur, rends-moi la vie, comme tu l'as promis !
108 Reçois ma prière en offrande, Seigneur,\*
   enseigne-moi ce que tu as décidé.
109 Ma vie est sans cesse exposée au danger,\*
   mais je n'oublie pas ton enseignement.
110 Malgré les pièges que m'ont tendus les méchants,\*
   je ne me suis pas écarté de ce que tu exiges.

[111] Tes ordres sont mon héritage pour toujours,*
  ils réjouissent mon cœur.
[112] Je m'applique à faire ta volonté,*
  c'est ma récompense pour toujours.

## Psaume 121

[1] Je regarde vers les montagnes :*
  Qui viendra me secourir ?
[2] Pour moi, le secours vient du Seigneur,*
  qui a fait les cieux et la terre.
[3] Qu'il te préserve des faux pas,*
  qu'il te garde sans se relâcher !
[4] Voici, il ne somnole pas, il ne dort pas,*
  celui qui garde Israël.
[5] Le Seigneur est celui qui te garde,*
  le Seigneur est une ombre protectrice à tes côtés.
[6] Pendant le jour, le soleil ne te frappera pas,*
  ni la lune pendant la nuit.
[7] Le Seigneur préservera ta vie,*
  il te gardera de tout mal !
[8] Oui, le Seigneur te gardera de ton départ jusqu'à ton retour,*
  dès maintenant et toujours !

## Psaume 126

[1] Quand le Seigneur a rétabli Sion,*
  nous pensions rêver.
[2] Nous ne cessions de rire et de lancer des cris de joie !*
  Chez les autres peuples on disait :
« Le Seigneur a fait de grandes choses pour eux ! »*
  [3] Oui, le Seigneur a fait de grandes choses pour nous,
et nous étions tout heureux !*
  [4] Seigneur, rétablis notre situation,
comme tu ranimes les ruisseaux asséchés.*
  [5] Celui qui a semé dans les larmes moissonne dans la joie.
[6] Il part dans les pleurs, en portant le sac de semences ;*
  il revient dans la joie, en portant ses gerbes de blé.

*À la fin des psaumes, on chante ou proclame :*

Gloire au Père et au Fils et au Saint-Esprit,*
  comme il était au commencement, maintenant et à jamais. Amen.

*On lit un des passages suivants, ou un autre passage approprié des Écritures.*

Dieu a répandu son amour dans nos cœurs par l'Esprit saint qu'il nous a donné. *Romains 5.5*

*Assemblée*          Nous rendons grâces à Dieu.

*ou ceci :*

Si quelqu'un est uni au Christ, il est une nouvelle création : ce qui est ancien a disparu, une réalité nouvelle est là. Tout cela vient de Dieu, qui nous a réconciliés avec lui par le Christ, et qui nous a confié la tâche d'en amener d'autres à la réconciliation avec lui. *2 Corinthiens 5.17-18*

*Assemblée*          Nous rendons grâces à Dieu.

*ou ceci :*

Du lieu où le soleil se lève jusqu'au lieu où il se couche, des gens de tous pays reconnaissent ma grandeur. Partout on brûle du parfum en mon honneur et l'on m'apporte des offrandes dignes de moi. Oui, les autres peuples reconnaissent ma grandeur, je le déclare, moi, le Seigneur de l'univers. *Malachie 1.11*

*Assemblée*          Nous rendons grâces à Dieu.

*Il peut y avoir ensuite une méditation, silencieuse ou à voix haute.*

*La personne qui officie commence ensuite les prières :*

Seigneur, prends pitié.
*Christ, prends pitié.*
Seigneur, prends pitié.

*Officiant·e et assemblée*

Notre Père, qui es aux cieux,
   que ton nom soit sanctifié ;
   que ton règne vienne ;
   que ta volonté soit faite
   sur la terre comme au ciel.

Donne-nous aujourd'hui notre pain de ce jour.

Pardonne-nous nos offenses,
    comme nous pardonnons aussi
    à ceux qui nous ont offensés.

Et ne nous laisse pas entrer en tentation,
    mais délivre-nous du mal.

| | |
|---|---|
| *Officiant·e* | Seigneur, écoute notre prière. |
| *Assemblée* | Que notre appel parvienne jusqu'à toi ! |
| *Officiant·e* | Prions. |

*La personne qui officie dit ensuite l'une des collectes suivantes. Il est possible d'utiliser la collecte du jour si on le souhaite.*

Père céleste, envoie ton Esprit saint dans nos cœurs pour nous guider et nous diriger selon ta volonté, nous consoler de toutes nos peines, nous protéger de toute erreur et nous conduire à toute vérité ; par Jésus Christ, notre Seigneur. *Amen.*

Saint Sauveur, toi qui étais suspendu à la croix à cette heure, étendant tes bras aimants, accorde à tous les peuples de la terre de se tourner vers toi et d'être sauvés, au nom de ta tendre miséricorde. *Amen.*

Sauveur tout-puissant, toi qui à midi as appelé ton serviteur saint Paul à être l'apôtre des nations : nous te prions d'illuminer le monde de l'éclat de ta gloire pour que toutes les nations viennent t'adorer, car tu vis et règnes pour les siècles des siècles. *Amen.*

Seigneur Jésus Christ, tu as dit à tes apôtres : « C'est la paix que je vous laisse, c'est ma paix que je vous donne. » Ne regarde pas nos péchés, mais la foi de ton Église, et accorde-nous la paix et l'unité de la Cité céleste où tu vis et règnes avec le Père et le Saint-Esprit pour les siècles des siècles. *Amen.*

*Il est possible d'offrir des intercessions libres.*

*L'office se termine ainsi :*

| | |
|---|---|
| *Officiant·e* | Bénissons le Seigneur. |
| *Assemblée* | Nous rendons grâces à Dieu. |

# Introduction à l'office

Cet office offre un modèle de rite pour la fin du jour ou pour les vêpres que l'on peut utiliser pour des occasions appropriées en fin d'après-midi ou le soir. Il peut être utilisé comme un rite complet en lieu et place de la Prière du soir, ou comme introduction à celle-ci ou à un autre office, ou comme prélude à un repas du soir ou à une autre activité. Il est également indiqué pour un usage à la maison.

Cet office peut être dirigé entièrement ou en partie par des laïques. Les prêtres ou diacres qui président cet office doivent lire la prière pour la lumière et la bénédiction ou le renvoi à la fin. Il revient à l'évêque (le cas échéant) de donner la bénédiction.

Pendant la Semaine sainte, l'office ne doit être utilisé ni le lundi, ni le mardi, ni le mercredi, ni le Vendredi saint. La veille de Pâques, un modèle particulier est prévu pour allumer le cierge pascal.

Pour la leçon courte au début de l'office, l'un ou l'autre de ces passages peut également convenir, en particulier durant les temps suggérés :

| | |
|---|---|
| Ésaïe 60.19-20 (Avent) | Apocalypse 21.10,22-24 (Pâques) |
| Luc 12.35-37 (Avent) | Psaume 36.6-10 (Ascension) |
| Jean 1.1-5 (Noël) | Joël 2.28-30 (Pentecôte) |
| Ésaïe 60.1-3 (Épiphanie) | Colossiens 1.9,11-14 (fêtes de saints et saintes) |
| 1 Jean 1.5-7 (Carême) | 1 Pierre 2.9 (fêtes de saintes et saints) |
| Jean 12.35-36 (Carême) | Apocalypse 22.1,4-5 (fêtes de saints et saintes) |

Chaque prière en version moderne peut être adaptée à un usage traditionnel.

Des consignes complémentaires sont fournies à la page [127].

# Rite pour la fin du jour

*L'église est plongée dans la pénombre, au moins en partie, lorsque l'office commence.*

*Tout le monde se lève, et la personne qui officie accueille les fidèles par ces mots :*

|  | Lumière et paix, par Jésus Christ, notre Seigneur. |
| --- | --- |
| *Assemblée* | Nous rendons grâces à Dieu. |

*Du dimanche de Pâques jusqu'au dimanche de la Pentecôte, on remplace ce qui précède par :*

| *Officiant·e* | Alléluia ! Le Christ est ressuscité. |
| --- | --- |
| *Assemblée* | Il est vraiment ressuscité. Alléluia ! |

*Pendant le Carême et en d'autres occasions de pénitence :*

| *Officiant·e* | Bénissons le Seigneur qui pardonne tous nos péchés. |
| --- | --- |
| *Assemblée* | Sa bonté est éternelle. |

*On peut lire ensuite l'une des leçons suivantes, ou une autre leçon courte des Écritures adaptée à l'occasion ou au temps liturgique.*

Jésus a dit : « C'est vous qui êtes la lumière du monde. Une ville construite sur une hauteur ne peut pas être cachée. On n'allume pas une lampe pour la mettre sous un seau. Au contraire, on la place sur le porte-lampe, d'où elle brille pour tous ceux qui sont dans la maison. C'est ainsi que votre lumière doit briller aux yeux de tous, afin que chacun voie le bien que vous faites et qu'ils louent votre Père qui est dans les cieux. » *Matthieu 5.14-16*

Dans notre prédication, ce n'est pas nous-mêmes que nous annonçons, mais c'est Jésus Christ comme Seigneur ; et nous, nous déclarons être vos serviteurs à cause de Jésus. Dieu a dit autrefois :

« La lumière brillera du milieu de l'obscurité ! » Eh bien, c'est lui aussi qui a fait briller sa lumière dans nos cœurs, pour nous donner la connaissance lumineuse de sa gloire qui resplendit sur le visage de Jésus Christ. *2 Corinthiens 4.5-6*

Si je dis : « Que l'obscurité m'engloutisse, qu'autour de moi le jour se fasse nuit ! » Pour toi, même l'obscurité n'est pas obscure, la nuit est claire comme le jour, les ténèbres sont comme la lumière ! *Psaume 139.11-12*

*La personne qui officie dit ensuite la prière pour la lumière en utilisant l'une des prières suivantes ou une autre prière indiquée, en commençant par :*

Prions.

Dieu tout-puissant, nous te rendons grâces pour la lumière vespérale dont tu nous entoures alors que le jour décline, et nous implorons ta grande bonté pour que, de même que tu nous enveloppes de l'éclat de cette lumière, tu illumines également notre cœur de la clarté de ton Esprit saint, par Jésus Christ, notre Seigneur. *Amen.*

Seigneur, donne-nous la lampe de la charité qui ne s'éteint jamais, pour qu'elle brille en nous et rejaillisse sur les personnes qui nous entourent, et qu'à sa lueur nous puissions apercevoir la Cité céleste où demeure la Lumière véritable et indéfectible, Jésus Christ, notre Seigneur. *Amen.*

Seigneur Dieu tout-puissant, toi qui nous as appris que le crépuscule, l'aube et le midi forment une même journée, et qui as fait connaître au soleil son coucher : dissipe les ténèbres de notre cœur, pour que nous puissions savoir à ton éclat que tu es le vrai Dieu et la Lumière éternelle, qui vit et règne à jamais. *Amen.*

Éclaire nos ténèbres, Seigneur, nous t'en supplions. Et, dans ta grande miséricorde, protège-nous des périls et des dangers de cette nuit, pour l'amour de ton Fils unique, notre Sauveur Jésus Christ. *Amen.*

*Avent*

*Collecte du premier dimanche de l'Avent*

*Noël, Épiphanie et autres fêtes de l'Incarnation*

*Collecte du premier dimanche après Noël*

*Carême et autres temps de pénitence*

Dieu miséricordieux et tout-puissant, attise en nous le feu de l'amour, pour que, par sa flamme ardente, nous puissions être purifiés de tous nos péchés et rendus dignes de t'adorer en esprit et en vérité, par Jésus Christ, notre Seigneur. *Amen.*

*Temps de Pâques*

Dieu éternel, toi qui as guidé ton peuple d'autrefois vers la liberté au moyen d'une colonne de nuée le jour et d'une colonne de feu la nuit, accorde-nous de nous réjouir de la liberté des enfants de Dieu, nous qui marchons dans la lumière de ta présence, par Jésus Christ, notre Seigneur. *Amen.*

*Fêtes de saint·e*

Christ Seigneur, toi à qui appartenaient les femmes et les hommes qui ont été la lumière du monde à chaque génération, accorde-nous, à nous qui suivons leurs traces, d'être rendus dignes d'entrer nous aussi dans cette contrée céleste où tu vis et règnes pour les siècles des siècles. *Amen.*

*On allume à présent les cierges de l'autel, ainsi que d'autres cierges et lampes si nécessaire.*

*Il est possible de garder le silence ou de chanter un cantique ou un psaume approprié pendant que l'on allume les cierges.*

*On chante ensuite l'hymne suivant, ou une version métrique de celui-ci, ou un autre hymne.*

## Joyeuse lumière

Joyeuse lumière de la sainte gloire du Père immortel,
céleste, saint et bienheureux, ô Jésus Christ.

Parvenus au coucher du soleil,
voyant la lumière du soir,
nous chantons Dieu ; Père, Fils et Saint-Esprit.

Il est digne dans tous les temps
de te célébrer avec des voix saintes,

ô Fils de Dieu qui donne la vie,
aussi le monde te glorifie.

*L'office peut ensuite continuer de différentes manières :*

*Par la Prière du soir, en commençant par les Psaumes ; ou par un autre office ou une autre dévotion ;*

*Par la célébration de la sainte Eucharistie, en commençant par l'accueil et la collecte du jour.*

*L'office peut aussi être suivi d'un repas ou d'une autre activité. Dans ce cas,* Joyeuse lumière *peut être suivi du « Notre Père », puis des grâces ou d'une bénédiction.*

*Ou il peut se poursuivre par un office du soir complet, comprenant les éléments suivants :*

**Sélection du Psautier.** Un silence ou une collecte appropriée, ou les deux, peuvent suivre la psalmodie.

**Lecture de la Bible.** Une prédication ou homélie, un passage d'un texte chrétien ou un bref silence peuvent suivre la lecture.

**Cantique.** Le Cantique de Marie, un autre cantique ou un autre hymne de louange.

**Prières.** Une litanie ou d'autres dévotions appropriées, complétées par le « Notre Père ».

**Bénédiction ou congé,** ou les deux. On peut ensuite échanger le geste de paix.

*Les jours de fête ou pour de grandes occasions, la collecte du jour ou une prière propre au temps liturgique peut précéder la bénédiction ou le congé. Les autres jours, on peut également utiliser l'une des formules suivantes ou l'une des collectes de la Prière du soir ou des Complies.*

Béni es-tu, Seigneur, Dieu de nos ancêtres, toi qui as créé l'alternance du jour et de la nuit pour donner du repos à ceux et celles qui souffrent de la fatigue, pour régénérer les forces des personnes qui peinent, et qui nous offres des occasions de chanter à la fin du jour. Toi qui nous as protégés durant la journée qui s'achève, reste avec nous pendant la nuit qui vient. Garde-nous de tout péché, de tout mal et de toute crainte ; car tu es notre lumière et notre salut, et la force de notre vie, et c'est à toi que revient la gloire pour les siècles des siècles. *Amen.*

Dieu éternel et tout-puissant, que notre prière monte vers toi comme la fumée de l'encens, et que nos mains levées soient comme l'offrande du soir. Accorde-nous la grâce de te contempler, toi qui es présent dans ta Parole et tes Sacrements, et de te reconnaître dans la vie des personnes qui nous entourent. Attise en nous la flamme de cet amour qui brûlait dans le cœur de ton Fils au moment où il souffrait sa Passion, pour qu'il brûle en nous jusque dans la vie éternelle et pour les siècles des siècles. *Amen.*

*Les évêques ou les prêtres peuvent utiliser des grâces ou une bénédiction comme celle-ci :*

Que le Seigneur vous bénisse et vous protège. *Amen.*
Que le Seigneur fasse briller sur vous la lumière de sa face
    et vous manifeste sa grâce. *Amen.*
Que le Seigneur vous montre sa bienveillance
    et vous accorde la paix. *Amen.*

*Les diacres ou les laïques qui utilisent cette bénédiction remplacent « vous » par « nous ».*

*Un congé peut être utilisé (en ajoutant « Alléluia, alléluia ! » pendant le temps de Pâques).*

*L'assemblée répond :*

Nous rendons grâces à Dieu.

*Pendant le temps de Pâques, l'assemblée répond :*

Nous rendons grâces à Dieu. Alléluia, alléluia !

# Prière du soir : Rite II

*La personne qui officie commence l'office par l'un ou plusieurs de ces passages de l'Écriture, ou par ceux proposés aux pages [68] à [71] ;*

*ou par le Rite de la lumière, aux pages [98] à [102], en poursuivant par la psalmodie indiquée ;*

*ou par le verset « Ô Dieu, viens vite nous sauver », page [105].*

Que ma prière monte tout droit vers toi, comme la fumée de l'encens, que mes mains levées soient comme l'offrande du soir. *Psaume 141.2*

Que Dieu notre Père et le Seigneur Jésus Christ vous donnent la grâce et la paix ! *Philippiens 1.2*

Adorez l'Éternel dans la beauté de la sainteté, tremblez devant lui, toute la terre. *Psaume 96.9*

Le jour t'appartient, la nuit aussi, toi qui as créé la lune et le soleil. Tu as fixé toutes les limites de la terre, c'est toi qui as formé l'été et l'hiver. *Psaume 74.16-17*

Je bénis le Seigneur, qui me conseille : même la nuit, ma conscience m'avertit. Je ne perds pas de vue le Seigneur, je ne risque pas d'être ébranlé, puisqu'il est à mes côtés. *Psaume 16.7-8*

Il a fait les constellations, les Pléiades et Orion. Il change l'obscurité en lumière du matin ; il obscurcit le jour pour faire venir la nuit. Il convoque les eaux de la mer et les répand sur la terre. Son nom est le Seigneur. *Amos 5.8*

Si je dis : « Que l'obscurité m'engloutisse, qu'autour de moi le jour se fasse nuit ! » Pour toi, même l'obscurité n'est pas obscure, la nuit est claire comme le jour, les ténèbres sont comme la lumière ! *Psaume 139.11-12*

Jésus a dit : « Moi je suis la lumière du monde. Celui qui me suit ne marchera pas dans l'obscurité, mais il aura la lumière de la vie. » *Jean 8.12*

*La Confession des péchés peut être dite ensuite. On peut aussi continuer par « Ô Dieu, viens vite nous sauver ».*

## Confession des péchés

*La personne qui officie dit à l'assemblée :*

Chers amis en Christ, en présence de Dieu tout-puissant, mettons-nous à genoux en silence et, le cœur repentant et obéissant, confessons nos péchés afin de pouvoir obtenir son pardon dans sa bonté et sa miséricorde infinies.

*ou ceci :*

Reconnaissons nos péchés envers Dieu et notre prochain.

*Il peut y avoir un temps de silence.*

*Officiant·e et assemblée ensemble, à genoux :*

Dieu plein de miséricorde,
Nous reconnaissons que nous avons péché contre toi
en pensées, en paroles et en actes,
par ce que nous avons fait
et ce que nous avons omis de faire.
Nous ne t'avons pas aimé de tout notre cœur.
Nous n'avons pas aimé nos prochains comme nous-mêmes.
Nous le regrettons profondément,
et nous nous en repentons humblement.
Pour l'amour de ton Fils Jésus Christ,
prends pitié de nous et pardonne-nous,
afin que nous puissions nous réjouir de faire ta volonté
et suivre tes chemins
pour la gloire de ton Nom. *Amen.*

*La ou le prêtre se lève et déclare :*

Que le Dieu tout-puissant vous fasse miséricorde, vous pardonne tous vos péchés par notre Seigneur Jésus Christ, vous apporte la force de sa bonté et, par la puissance du Saint-Esprit, vous garde dans la vie éternelle. *Amen.*

*Les diacres ou les laïques qui utilisent la formule précédente restent à genoux et remplacent « vous » par « nous » et « vos » par « nos ».*

## Invitation et psaumes

*Tout le monde se lève.*

| | |
|---|---|
| *Officiant·e* | Ô Dieu, viens vite nous sauver. |
| *Assemblée* | Seigneur, viens vite nous aider. |

*Officiant·e et assemblée*

Gloire au Père et au Fils et au Saint-Esprit, comme il était au commencement, maintenant et à jamais. *Amen.*

*On peut ajouter « Alléluia ! », sauf pendant le Carême.*

*On peut chanter ou réciter un hymne approprié comme celui-ci, ou un psaume d'invitation :*

## Joyeuse lumière

Joyeuse lumière de la sainte gloire du Père immortel,
céleste, saint et bienheureux, ô Jésus Christ.

Parvenus au coucher du soleil,
voyant la lumière du soir,
nous chantons Dieu ; Père, Fils et Saint-Esprit.

Il est digne dans tous les temps
de te célébrer avec des voix saintes,
ô Fils de Dieu qui donne la vie,
aussi le monde te glorifie.

*Viennent ensuite :*

## Le ou les psaumes indiqués

*À la fin des psaumes, on chante ou proclame :*

Gloire au Père et au Fils et au Saint-Esprit,*
 comme il était au commencement, maintenant et à jamais. *Amen.*

## Leçons

*Les lectures indiquées (une ou deux) sont lues. Avant de commencer, la personne qui lit annonce :*

Lecture (leçon) de _____.

*Il est possible de préciser le chapitre et les versets qui sont lus.*

*Après chaque leçon, la personne qui lit peut dire :*

|  | Parole du Seigneur. |
|---|---|
| *Réponse* | Nous rendons grâces à Dieu. |

*On peut également dire :* Ainsi se termine la leçon (la lecture).

*Il peut y avoir un temps de silence après chaque lecture. L'un des cantiques suivants, ou l'un de ceux proposés aux pages [44] à [48] ou [76] à [86], est lu ou chanté après chaque lecture. Si l'on utilise trois leçons, la leçon de l'Évangile est lue après le deuxième cantique.*

## Cantique de Marie

*Luc 1.46-55*

De tout mon être je dirai la grandeur du Seigneur,*
 mon cœur déborde de joie à cause de Dieu, mon sauveur !
Car il a porté son regard sur l'abaissement de sa servante.*
 Oui, dès maintenant et en tous les temps,
les humains me diront bienheureuse,*
 car celui qui est puissant a fait pour moi des choses magnifiques.
Il est le Dieu saint, il est plein de bonté de génération en génération*
 pour ceux qui reconnaissent son autorité.
Il a montré son pouvoir en déployant sa force :*
 il a mis en déroute ceux qui ont le cœur orgueilleux,
il a renversé les puissants de leurs trônes*
 et il a élevé les humiliés au premier rang.

Il a comblé de biens ceux qui avaient faim,*
   et il a renvoyé les riches les mains vides.
Il est venu en aide à Israël, le peuple qui le sert :*
   il n'a pas oublié de manifester sa bonté
envers Abraham et ses descendants, pour toujours,*
   comme il l'avait promis à nos ancêtres.

Gloire au Père et au Fils et au Saint-Esprit,*
   comme il était au commencement, maintenant et à jamais. *Amen.*

## Cantique de Siméon

*Luc 2.29-32*

Maintenant, ô maître, tu as réalisé ta promesse :*
   tu peux laisser ton serviteur aller en paix.
Car j'ai vu de mes propres yeux ton salut,*
   ce salut que tu as préparé devant tous les peuples :
c'est la lumière qui te fera connaître aux populations*
   et qui sera la gloire d'Israël, ton peuple.

Gloire au Père et au Fils et au Saint-Esprit,*
   comme il était au commencement, maintenant et à jamais. *Amen.*

## Symbole des apôtres

*Officiant·e et assemblée ensemble, debout :*

Je crois en Dieu, le Père tout-puissant,
   Créateur du ciel et de la terre.
Je crois en Jésus Christ, son Fils unique, notre Seigneur.
Il a été conçu du Saint-Esprit,
   est né de la Vierge Marie,
   a souffert sous Ponce Pilate,
   a été crucifié, est mort et a été mis au tombeau.
Il est descendu aux enfers,
   il est ressuscité le troisième jour,
   il est monté aux cieux,
   il siège à la droite du Père,
   il reviendra juger les vivants et les morts.

Je crois en l'Esprit saint,
   à la sainte Église catholique,
   à la communion des saints,
   au pardon des péchés,
   à la résurrection des corps
   et à la vie éternelle. *Amen.*

## Prières

*L'assemblée reste debout ou s'agenouille.*

| | |
|---|---|
| *Officiant·e* | Le Seigneur soit avec vous. |
| *Assemblée* | Et avec toi aussi. |
| *Officiant·e* | Prions. |

*Officiant·e et assemblée*

Notre Père, qui es aux cieux,
   que ton nom soit sanctifié ;
   que ton règne vienne ;
   que ta volonté soit faite
   sur la terre comme au ciel.
Donne-nous aujourd'hui notre pain de ce jour.
Pardonne-nous nos offenses,
   comme nous pardonnons aussi
   à ceux qui nous ont offensés.
Et ne nous laisse pas entrer en tentation,
   mais délivre-nous du mal.
Car c'est à toi qu'appartiennent le règne,
   la puissance et la gloire,
   pour les siècles des siècles. *Amen.*

## A

**V.**  Seigneur, fais-nous voir ta bonté.
**R.**  Accorde-nous ton secours.
**V.**  Que tes prêtres soient revêtus de justice.
**R.**  Et que celles et ceux qui te sont fidèles crient leur joie !
**V.**  Seigneur, donne la paix au monde.

R.  Car toi seul nous fais vivre en sécurité.

V.  Seigneur, garde ce pays sous ta protection.

R.  Et guide-nous sur le chemin de la justice et de la vérité.

V.  Fais savoir sur la terre comment tu interviens.

R.  On saura parmi toutes les contrées que tu es le sauveur.

V.  Seigneur, que jamais les pauvres ne soient oubliés.

R.  Et que jamais les malheureux ne perdent espoir.

V.  Ô Dieu, crée en nous un cœur pur.

R.  Que ton Saint-Esprit généreux nous soutienne.

## B

Que cette soirée soit sainte, douce et paisible,
*Nous t'en supplions, Seigneur.*

Que tes saints anges nous conduisent sur des chemins de paix et de
bonne volonté,
*Nous t'en supplions, Seigneur.*

Que nos péchés et nos torts nous soient pardonnés,
*Nous t'en supplions, Seigneur.*

Que la paix règne dans ton Église et dans le monde entier,
*Nous t'en supplions, Seigneur.*

Que nous puissions quitter ce monde dans la foi, sachant que tu es
Dieu, sans être condamnés devant le redoutable tribunal du Christ,
*Nous t'en supplions, Seigneur.*

Que nous soyons associés par ton Esprit saint à la communion
[de _____ et] de tous ceux et toutes celles qui t'appartiennent,
nous confiant les uns les autres et toute notre vie au Christ,
*Nous t'en supplions, Seigneur.*

*La personne qui officie dit une ou plusieurs des collectes
suivantes :*

*Collecte du jour*

*Collecte des dimanches*

Seigneur Dieu, toi dont le Fils, notre Sauveur Jésus Christ, a
triomphé des forces de la mort et nous a préparé une place dans la

nouvelle Jérusalem : accorde-nous, à nous qui avons rendu grâces aujourd'hui pour sa résurrection, de te louer dans la Cité dont il est la lumière et où il vit et règne à jamais. *Amen.*

*Collecte des vendredis*

Seigneur Jésus Christ, toi qui par ta mort as vaincu le pouvoir de la mort : accorde-nous, à nous qui sommes à ton service, de suivre avec foi le chemin que tu as ouvert, pour qu'à la longue nous nous endormions en paix en toi et que nous nous réveillions à ton image, au nom de ta tendre miséricorde. *Amen.*

*Collecte des samedis*

Ô Dieu, toi qui es la source de la lumière éternelle : fais resplendir ton jour sans fin sur nous qui te cherchons, afin que nos lèvres puissent te louer, nos vies te bénir et notre adoration demain te rendre gloire, par Jésus Christ, notre Seigneur. *Amen.*

*Collecte pour la paix*

Dieu très saint, toi qui es la source de tout désir juste, de toute décision sage et de toute œuvre bonne : accorde-nous, à nous qui sommes à ton service, la paix qui ne peut venir de ce monde, pour que nos esprits s'attachent à accomplir ta volonté et pour que, libres de la crainte de tout ennemi, nous vivions dans la paix et la tranquillité, par les miséricordes du Christ Jésus, notre Sauveur. *Amen.*

*Collecte pour obtenir de l'aide face aux dangers*

Sois la lumière qui éclaire nos ténèbres, Seigneur, et, dans ta grande bonté, protège-nous des périls et des dangers de cette nuit, pour l'amour de ton Fils unique, notre Sauveur Jésus Christ. *Amen.*

*Collecte pour obtenir une protection*

Ô Dieu, toi qui fais vivre tout ce qui vit et qui es la lumière des fidèles, la force des travailleurs et travailleuses et le repos des défunts et défuntes : nous te remercions pour les bénédictions du jour qui s'achève et nous te demandons humblement ta protection pour la nuit qui vient. Abrite-nous jusqu'aux heures du matin, par celui qui est mort et ressuscité pour nous, ton Fils, notre Sauveur Jésus Christ. *Amen.*

*Collecte pour obtenir la présence du Christ*

Seigneur Jésus, reste avec nous, car le soir est proche et le jour est passé. Sois notre compagnon sur la route, attise la flamme de nos cœurs et ravive notre espérance, pour que nous te reconnaissions tel que tu te révèles dans les Écritures et le partage du pain. Accorde-le-nous au nom de ton amour. *Amen.*

*Ensuite, s'il n'est pas prévu d'Eucharistie ou de formule d'intercession générale, on ajoute l'une des prières suivantes pour la mission :*

Ô Dieu et Père de toute l'humanité, toi que tous les cieux adorent : puisse la terre entière t'adorer avec eux, toutes les nations t'obéir, toutes les langues te confesser et te bénir, et le monde entier t'aimer et te servir dans la paix, par Jésus Christ, notre Seigneur. *Amen.*

*ou ceci :*

Seigneur bien-aimé, veille avec les personnes qui travaillent, qui veillent ou qui pleurent cette nuit, et donne l'ordre à tes anges de garder celles et ceux qui dorment. Prends soin des malades, Christ Seigneur ; accorde le repos à qui est fatigué, bénis qui est sur le point de mourir, console qui souffre, prends pitié de qui est dans la détresse et protège qui connaît la joie, et tout cela au nom de ton amour. *Amen.*

*ou ceci :*

Ô Dieu, toi qui manifestes les signes de ta présence dans ceux et celles qui te servent : envoie sur nous ton Esprit d'amour pour que l'abondance de tes grâces puisse croître parmi nous dans nos relations mutuelles, par Jésus Christ, notre Seigneur. *Amen.*

*Ici, il est possible de chanter un hymne ou un cantique.*

*Les prières d'intercession et les actions de grâces autorisées peuvent venir ensuite.*

*Avant de terminer l'office, on peut utiliser les prières suivantes, séparément ou ensemble.*

*Action de grâces générale*
*Officiant·e et assemblée*

Dieu tout-puissant, Père de toute miséricorde,
nous qui ne sommes pas dignes de te servir,
nous te rendons humblement grâces pour ta bienveillance
et ta tendresse envers nous et toutes tes créatures.
Nous te bénissons pour notre création, notre préservation
et toutes les bénédictions de cette vie ;
mais surtout pour ton amour inestimable
et pour la rédemption du monde par notre Seigneur Jésus Christ ;
pour les moyens de la grâce et pour l'espérance de la gloire.
Nous t'en prions, fais-nous prendre conscience de tes bontés,
pour que nous puissions chanter tes louanges
d'un cœur vraiment reconnaissant,
non seulement avec nos lèvres, mais aussi dans nos vies,
en nous oubliant nous-mêmes à ton service
et en avançant en sainteté et en droiture
tous nos jours devant toi ;
par Jésus Christ, notre Seigneur.
Car c'est à lui, à toi et au Saint-Esprit
que reviennent l'honneur et la gloire pour l'éternité. *Amen.*

## Prière de saint Jean Chrysostome

Dieu tout-puissant, tu nous as accordé la grâce aujourd'hui
de te présenter nos supplications d'une seule et même voix, et
tu as promis par ton Fils bien-aimé que lorsque deux ou trois
s'assembleraient en ton Nom tu serais au milieu d'eux : Seigneur,
réponds à nos désirs et à nos demandes selon ce qui est le mieux
pour nous, en nous donnant dans ce monde de connaître ta
vérité et, dans le monde à venir, de connaître la vie éternelle.
*Amen.*

*Ensuite, on peut dire :*

Bénissons le Seigneur.
*Nous rendons grâces à Dieu.*

*Du dimanche de Pâques jusqu'au dimanche de la Pentecôte, on peut ajouter « Alléluia, alléluia ! » au verset et à la réponse.*

*La personne qui officie peut alors terminer par l'une des formules suivantes :*

Que la grâce du Seigneur Jésus Christ, l'amour de Dieu
et la communion de l'Esprit saint soient avec nous tous !
*Amen. 2 Corinthiens 13.13*

Que Dieu, la source de l'espérance, nous remplisse d'une joie
et d'une paix parfaites par notre foi en lui, afin que nous
soyons riches d'espérance par la puissance de l'Esprit saint.
*Amen. Romains 15.13*

À Dieu qui a le pouvoir de faire infiniment plus que tout ce que
nous demandons ou même imaginons, par la puissance qui agit en
nous. À lui soit la gloire dans l'Église et par Jésus Christ, dans tous
les temps et pour toujours ! *Amen. Éphésiens 3.20-21*

# Office des complies

*La personne qui officie commence ainsi :*

Que le Seigneur tout-puissant nous accorde une nuit paisible et une fin parfaite. *Amen.*

*Officiant·e*      Notre secours vient du Seigneur lui-même.
*Assemblée*      Qui a fait les cieux et la terre !

*La personne qui officie peut dire ensuite :*

Confessons à Dieu nos péchés.

*Officiant·e et assemblée*

Dieu tout-puissant, notre Père céleste,
Nous avons péché contre toi,
par notre propre faute,
en pensées, en paroles et en actes,
et par ce que nous avons omis de faire.
Pour l'amour de ton Fils, notre Seigneur Jésus Christ,
pardonne-nous tous nos torts
et accorde-nous de te servir
dans une vie nouvelle
pour la gloire de ton Nom. *Amen.*

*Officiant·e*

Que le Dieu tout-puissant nous pardonne tous nos péchés et nous accorde la grâce et la consolation de l'Esprit saint. *Amen.*

*La personne qui officie déclare ensuite :*

      Ô Dieu, viens vite nous sauver.
*Assemblée*      Seigneur, viens vite nous aider.

Gloire au Père et au Fils et au Saint-Esprit, comme il était au commencement, maintenant et à jamais. *Amen.*

*On peut ajouter « Alléluia ! », sauf pendant le Carême.*

*On chante ou récite ensuite au moins l'un des psaumes suivants. Il est possible de les remplacer par d'autres passages appropriés.*

## Psaume 4

2 Quand je t'appelle au secours, mon Dieu,*
   réponds-moi, toi qui rétablis mon droit.
Quand j'étais dans la détresse, tu m'as rendu la liberté.*
   Accorde ta grâce, écoute ma prière !
3 Vous autres, jusqu'à quand salirez-vous mon honneur,*
   vous qui aimez accuser pour rien, et qui cherchez à me calomnier ?
4 Apprenez que le Seigneur distingue celui qui est fidèle :*
   il m'écoute quand je l'appelle au secours.
5 Quand vous êtes fâchés, ne vous mettez pas en tort,*
   réfléchissez pendant la nuit, mais gardez le silence.
6 Offrez des sacrifices qui sont justes*
   et faites confiance à la décision du Seigneur.
7 Beaucoup se plaignent : « Comme nous aimerions voir le bonheur !*
   Seigneur, fais briller sur nous la lumière de ta face ! »
8 Dans mon cœur tu mets plus de joie*
   que ces gens n'en trouvent quand leur blé et leur vin abondent.
9 Aussitôt couché, je m'endors en paix,*
   car toi seul, Seigneur, tu me fais vivre en sécurité.

## Psaume 31

2 Seigneur, c'est en toi que je trouve refuge ; ne me laisse jamais déçu !*
   Toi qui es juste, mets-moi en lieu sûr.
3 Tends vers moi une oreille attentive et viens vite me délivrer.*
   Sois pour moi un rocher fortifié, une forteresse où je trouve le salut.
4 Oui, tu es bien mon rocher fortifié.*
   Par fidélité à toi-même, sois mon guide et mon berger.

⁵ Fais-moi échapper au piège qu'on m'a tendu,*
   car c'est toi qui es ma sécurité.
⁶ Je me remets entre tes mains, Seigneur,*
   toi qui m'as délivré, Dieu fidèle.

## Psaume 91

¹ Celui qui se place à l'abri auprès du Dieu très-haut*
   et se met sous la protection du Dieu souverain,
² celui-là dit au Seigneur :*
   « Tu es mon refuge et ma forteresse,
tu es mon Dieu, j'ai confiance en toi. »*
      ³ C'est le Seigneur qui te délivre
des pièges que l'on tend devant toi*
   et de la peste meurtrière.
⁴ Il te protégera, tu trouveras chez lui un refuge,*
   comme un poussin sous les ailes de sa mère.
Sa fidélité est un bouclier protecteur, une armure.*
      ⁵ Tu n'auras rien à redouter :
ni les dangers terrifiants de la nuit,*
   ni la flèche qui vole pendant le jour,
⁶ ni la peste qui rôde dans l'obscurité,*
   ni l'épidémie qui frappe en plein midi.
⁷ Oui, même si mille personnes tombent près de toi*
   et dix mille encore à ta droite, il ne t'arrivera rien.
⁸ Ouvre seulement les yeux et tu verras*
   comment sont payés les méchants.
⁹ Oui, Seigneur, tu es mon refuge.*
   Si tu as fait du Très-Haut ton abri,
¹⁰ Aucun mal ne t'atteindra,*
   aucun malheur n'approchera de chez toi.
¹¹ Car le Seigneur donnera l'ordre à ses anges*
   de te garder où que tu ailles.
¹² Ils te porteront sur leurs mains*
   pour que ton pied ne heurte pas de pierre.
¹³ Tu marcheras sans risque sur le lion ou la vipère,*
   tu piétineras le fauve ou le serpent.

<sup>14</sup> « Il est attaché à moi, dit le Seigneur,*
  je le mettrai à l'abri ;
je le protégerai, parce qu'il sait qui je suis.*
  <sup>15</sup> Il m'appellera au secours et je lui répondrai.
Je serai à ses côtés dans la détresse,*
  je le délivrerai, je lui rendrai son honneur.
<sup>16</sup> Je lui donnerai une vie longue et pleine,*
  et je lui ferai voir que je suis son sauveur. »

## Psaume 134

<sup>1</sup> Oui, bénissez le Seigneur, vous tous qui le servez,*
  qui vous tenez dans sa maison pendant les heures de la nuit !
<sup>2</sup> Élevez vos mains vers le lieu saint,*
  bénissez le Seigneur !
<sup>3</sup> Oui, que depuis Sion, le Seigneur vous bénisse,*
  lui qui a fait les cieux et la terre !

*À la fin des psaumes, on chante ou proclame :*

Gloire au Père et au Fils et au Saint-Esprit,*
  comme il était au commencement, maintenant et à jamais. *Amen.*

*On lit l'un des passages suivants, ou un autre passage approprié des Écritures.*

Tu es parmi nous, Seigneur, c'est ton nom que nous portons, ne nous laisse pas tomber, Seigneur notre Dieu. *Jérémie 14.9,22*

*Assemblée*        Nous rendons grâces à Dieu.

*ou ceci :*

Venez à moi vous tous qui êtes fatigués de porter un lourd fardeau et je vous donnerai le repos. Prenez sur vous mon joug et laissez-moi vous instruire, car je suis doux et humble de cœur, et vous trouverez le repos pour tout votre être. Le joug que je vous invite à prendre est bienfaisant et le fardeau que je vous propose est léger. *Matthieu 11.28-30*

*Assemblée*        Nous rendons grâces à Dieu.

*ou ceci :*

Dieu, source de la paix, a ramené d'entre les morts notre Seigneur Jésus, devenu le grand berger des moutons grâce à son sang, qui garantit l'alliance éternelle. Que ce Dieu vous rende capables de pratiquer tout ce qui est bien, pour que vous fassiez sa volonté ; qu'il réalise en nous ce qui lui est agréable, par Jésus Christ, à qui soit la gloire pour toujours. *Hébreux 13.20-21*

*Assemblée*          Nous rendons grâces à Dieu.

*ou ceci :*

Soyez lucides, veillez ! Car votre ennemi, le diable, rôde comme un lion rugissant, cherchant quelqu'un à dévorer. Résistez-lui en demeurant fermes dans la foi. *1 Pierre 5.8-9a*

*Assemblée*          Nous rendons grâces à Dieu.

*Il est possible de chanter un hymne convenant pour le soir.*

*Viennent ensuite :*

**V.**   Je me remets entre tes mains, Seigneur.
**R.**   Toi qui m'as délivré, Dieu fidèle.
**V.**   Garde-moi comme la prunelle de ton œil.
**R.**   Cache-moi, protège-moi sous tes ailes.

Seigneur, prends pitié.
*Christ, prends pitié.*
Seigneur, prends pitié.

*Officiant·e et assemblée*

Notre Père, qui es aux cieux,
   que ton nom soit sanctifié ;
   que ton règne vienne ;
   que ta volonté soit faite
   sur la terre comme au ciel.
Donne-nous aujourd'hui notre pain de ce jour.
Pardonne-nous nos offenses,
   comme nous pardonnons aussi
   à ceux qui nous ont offensés.
Et ne nous laisse pas entrer en tentation,
   mais délivre-nous du mal.

| Officiant·e | Seigneur, écoute notre prière. |
| Assemblée | Que notre appel parvienne jusqu'à toi ! |
| Officiant·e | Prions. |

*La personne qui officie dit ensuite l'une des collectes suivantes :*

Sois la lumière qui éclaire nos ténèbres, Seigneur, et, dans ta grande bonté, protège-nous des périls et des dangers de cette nuit, pour l'amour de ton Fils unique, notre Sauveur Jésus Christ. *Amen.*

Dieu très bon, sois présent et protège-nous durant les heures de la nuit, pour que nous qui sommes fatigués des tours et des détours de la vie puissions trouver le repos dans ta constance éternelle, par Jésus Christ, notre Seigneur. *Amen.*

Seigneur, abaisse ton regard depuis ton trône céleste, et illumine cette nuit de ton éclat divin, pour que de nuit comme de jour ton peuple puisse glorifier ton saint Nom, par Jésus Christ, notre Seigneur. *Amen.*

Viens visiter ce lieu, Seigneur, et éloigne de lui tous les pièges de l'Ennemi ; fais demeurer tes saints anges parmi nous pour nous garder dans la paix ; et accorde-nous ta bénédiction pour toujours, par Jésus Christ, notre Seigneur. *Amen.*

*Collecte des samedis*

Nous te rendons grâces, ô Dieu, toi qui nous as révélé ton Fils Jésus Christ par la lumière de sa résurrection ; de même que nous chantons ta gloire au soir de ce jour, accorde-nous une joie sans mélange au matin quand nous célébrerons le mystère de la Pâque, par Jésus Christ, notre Seigneur. *Amen.*

*Il est possible d'ajouter une des prières suivantes :*

Seigneur bien-aimé, veille avec les personnes qui travaillent, qui veillent ou qui pleurent cette nuit, et donne l'ordre à tes anges de garder ceux et celles qui dorment. Prends soin des malades, Christ Seigneur ; accorde le repos à qui est fatigué, bénis qui est sur le point de mourir, console qui souffre, prends pitié de qui est dans la détresse et protège qui connaît la joie, et tout cela au nom de ton amour. *Amen.*

*ou ceci :*

Ô Dieu, ton inépuisable providence soutient le monde dans lequel nous vivons et l'existence que nous menons ; veille sur les hommes et les femmes qui, de jour comme de nuit, travaillent pendant que d'autres dorment, et accorde-nous de ne jamais oublier que notre vie commune dépend du labeur des uns et des autres ; par Jésus Christ, notre Seigneur. *Amen.*

*Il est possible de faire silence ou d'offrir des prières d'intercession et des actions de grâces libres.*

*L'office se termine par le Cantique de Siméon, accompagné de cette antienne, qui est chantée ou récitée par toute l'assemblée :*

Guide-nous quand nous sommes éveillés, Seigneur, et protège-nous quand nous sommes endormis, afin que nous puissions veiller avec le Christ au réveil et reposer en paix dans le sommeil.

*Pendant le temps de Pâques, on ajoute :* Alléluia, alléluia, alléluia !

Maintenant, ô maître, tu as réalisé ta promesse :*
    tu peux laisser ton serviteur aller en paix.
Car j'ai vu de mes propres yeux ton salut,*
    ce salut que tu as préparé devant tous les peuples :
c'est la lumière qui te fera connaître aux populations*
    et qui sera la gloire d'Israël, ton peuple.

Gloire au Père et au Fils et au Saint-Esprit,*
    comme il était au commencement, maintenant et à jamais. *Amen.*

*Tout le monde répète l'antienne :*

Guide-nous quand nous sommes éveillés, Seigneur, et protège-nous quand nous sommes endormis, afin que nous puissions veiller avec le Christ au réveil et reposer en paix dans le sommeil.

*Pendant le temps de Pâques, on ajoute :* Alléluia, alléluia, alléluia !

| *Officiant·e* | Bénissons le Seigneur. |
| *Assemblée* | Nous rendons grâces à Dieu. |

*La personne qui officie termine ainsi :*

Que le Dieu tout-puissant et très bon, Père, Fils et Saint-Esprit, nous bénisse et nous garde. *Amen.*

# Dévotions pour un usage individuel ou familial

Ces dévotions suivent la structure de base des offices quotidiens de l'Église.

Si plusieurs personnes sont présentes, l'une d'elles lit la lecture et la collecte, et les autres parties sont dites à l'unisson ou d'une autre façon pratique. (Pour des suggestions concernant les psaumes à lire, voir à la page [582].)

À toutes fins utiles, il est proposé des psaumes, des lectures et des collectes appropriées pour chaque office. Cependant, si on le souhaite, il est possible d'utiliser à la place la collecte du jour ou une autre des collectes indiquées dans les offices quotidiens.

Les psaumes et les lectures peuvent être remplacés par ce qui est indiqué dans :

a)  le lectionnaire des dimanches, des fêtes, du commun des saints et saintes et de diverses occasions, à la page [624] ;

b)  le lectionnaire des offices quotidiens, à la page [665] ;

c)  un autre guide de dévotions proposant des textes quotidiens pour l'année liturgique.

## Au matin

*Extrait du psaume 51*

Seigneur, ouvre mes lèvres,*
    et je te louerai.
Mon Dieu, crée en moi un cœur pur ;*
    renouvelle et affermis mon esprit.

Ne me rejette pas loin de toi,*
  ne me prive pas de ton Esprit saint.
Rends-moi la joie d'être sauvé,*
  que ton esprit généreux me soutienne.
Gloire au Père et au Fils et au Saint-Esprit,*
  comme il était au commencement, maintenant et à jamais. *Amen.*

*Lecture*

Bénissons Dieu, le Père de notre Seigneur Jésus Christ ! Dans
sa grande bonté, il nous a fait naître à une vie nouvelle, en
ressuscitant Jésus Christ d'entre les morts.  *1 Pierre 1.3*

*Il peut y avoir un temps de silence.*

*Il est possible d'utiliser un hymne ou un cantique, puis de réciter le
« Symbole des apôtres ».*

*Des prières peuvent être offertes pour soi et pour les autres.*

*Notre Père*

*Collecte*

Seigneur Dieu, Père éternel et tout-puissant, toi qui nous as conduits
en sécurité jusqu'à ce jour nouveau : préserve-nous par ta puissance
éclatante afin que nous ne tombions pas dans le péché et que nous ne
soyons pas vaincus par l'adversité ; et conduis-nous à accomplir ta
volonté dans tous nos actes, par Jésus Christ, notre Seigneur. *Amen.*

## En milieu de journée

*Extrait du psaume 113*

Vous qui êtes les serviteurs du Seigneur,*
  acclamez le Seigneur, acclamez son nom !
Que le nom du Seigneur soit béni*
  dès maintenant et pour toujours !
Du lieu où le soleil se lève jusqu'au lieu où il se couche,*
  que tous acclament le nom du Seigneur !
Le Seigneur est au-dessus de tous les peuples,*
  sa gloire monte plus haut que les cieux.

*Lecture*

D'une ferme intention, toi, Seigneur, tu nous gardes en paix.
Nous ne serons sauvés qu'en revenant à toi et en restant paisibles.
Notre seule force, c'est de garder notre calme et de te faire
confiance. *Ésaïe 26.3 ; 30.15*

*Des prières peuvent être offertes pour soi et pour les autres.*

*Notre Père*

*Collecte*

Saint Sauveur, toi qui étais suspendu à la croix à cette heure,
étendant tes bras aimants, accorde à tous les peuples de la terre
de se tourner vers toi et d'être sauvés, au nom de ta miséricorde.
*Amen.*

*ou ceci :*

Seigneur Jésus Christ, tu as dit à tes apôtres : « C'est la paix que je
vous laisse, c'est ma paix que je vous donne. » Ne regarde pas nos
péchés, mais la foi de ton Église, et accorde-nous la paix et l'unité
de la Cité céleste où tu vis et règnes avec le Père et le Saint-Esprit
pour les siècles des siècles. *Amen.*

## En début de soirée

*Cette dévotion peut être utilisée avant ou après le repas du soir.*

*Il est possible de la remplacer par le Rite pour la fin du jour, à la
page [98].*

Joyeuse lumière de la sainte gloire du Père immortel,
céleste, saint et bienheureux, ô Jésus Christ.

Parvenus au coucher du soleil,
voyant la lumière du soir,
nous chantons Dieu ; Père, Fils et Saint-Esprit.

Il est digne dans tous les temps
de te célébrer avec des voix saintes,
ô Fils de Dieu qui donne la vie,
aussi le monde te glorifie.

*Lecture*

Dans notre prédication, ce n'est pas nous-mêmes que nous annonçons, mais c'est Jésus Christ comme Seigneur ; et nous, nous déclarons être vos serviteurs à cause de Jésus. Dieu a dit autrefois : « La lumière brillera du milieu de l'obscurité ! » Eh bien, c'est lui aussi qui a fait briller sa lumière dans nos cœurs, pour nous donner la connaissance lumineuse de sa gloire qui resplendit sur le visage de Jésus Christ. *2 Corinthiens 4.5-6*

*Des prières peuvent être offertes pour soi et pour les autres.*

*Notre Père*

*Collecte*

Seigneur Jésus, reste avec nous, car le soir est proche et le jour est passé. Sois notre compagnon sur la route, attise la flamme de nos cœurs et ravive notre espérance, pour que nous te reconnaissions tel que tu te révèles dans les Écritures et le partage du pain. Accorde-le-nous au nom de ton amour. *Amen.*

## À la nuit tombée

*Psaume 134*

Oui, bénissez le Seigneur, vous tous qui le servez,*
    qui vous tenez dans sa maison pendant les heures de la nuit !
Élevez vos mains vers le lieu saint,*
    bénissez le Seigneur !
Oui, que depuis Sion, le Seigneur vous bénisse,*
    lui qui a fait les cieux et la terre !

*Lecture*

Tu es parmi nous, Seigneur, c'est ton nom que nous portons, ne nous laisse pas tomber, Seigneur notre Dieu. *Jérémie 14.9, 22*

*Il est possible de réciter :*

Maintenant, ô maître, tu as réalisé ta promesse :*
    tu peux laisser ton serviteur aller en paix.
Car j'ai vu de mes propres yeux ton salut,*

ce salut que tu as préparé devant tous les peuples :
c'est la lumière qui te fera connaître aux populations*
   et qui sera la gloire d'Israël, ton peuple.

*On peut dire ensuite des prières pour soi et pour les autres. Il est bon d'y ajouter des prières d'action de grâces pour les bénédictions de la journée ainsi qu'une pénitence pour nos péchés.*

*Notre Père*

*Collecte*

Viens visiter ce lieu, Seigneur, et éloigne de lui tous les pièges de l'Ennemi ; fais demeurer tes saints anges parmi nous pour nous garder dans la paix ; et accorde-nous ta bénédiction pour toujours, par Jésus Christ, notre Seigneur. *Amen.*

Que le Dieu tout-puissant et très bon, Père, Fils et Saint-Esprit, nous bénisse et nous garde. *Amen.*

# Consignes complémentaires

## Prière du matin et du soir

Quelle que soit la saison, on peut utiliser l'un des passages bibliques d'introduction, y compris ceux proposés pour une journée ou un temps liturgique spécifique. La décision est laissée à la discrétion de la personne qui officie.

Les antiennes indiquées aux pages [40] à [41] et [73] à [74] peuvent servir de refrain à l'un ou l'autre des psaumes d'invitation.

Avec les psaumes et les cantiques bibliques, il est possible d'utiliser des antiennes tirées des psaumes eux-mêmes, des versets d'introduction proposés dans les offices ou d'autres passages des Écritures.

Le « Gloire au Père » est toujours chanté ou récité à la fin du ou des psaumes. Il peut aussi être utilisé après le psaume d'invitation, après le cantique « Le Christ, notre agneau pascal », après chaque psaume, ou après chaque partie du psaume 119.

Il n'est pas obligatoire de dire le « Gloire au Père » imprimé à la fin de certains cantiques.

Le « Gloire au Père » peut également être rythmé ainsi :

Gloire au Père et au Fils,*
   et au Saint-Esprit,
comme il était au commencement,*
   maintenant et à jamais. *Amen.*

Il est possible d'utiliser des versions métriques des psaumes d'invitation et des cantiques après les lectures.

Dans certaines circonstances, un cantique peut être remplacé par un hymne.

Le « Symbole des apôtres » ne doit pas être récité durant l'office lorsqu'une Eucharistie est prévue. En effet, l'Eucharistie comprend déjà sa propre confession de foi. On peut aussi l'omettre durant l'un des offices en semaine.

Le « Notre Père » n'est pas récité durant l'office lorsque la litanie ou l'Eucharistie est prévue juste après.

Pour les prières d'intercession et les actions de grâces, on peut donner aux membres de la congrégation la possibilité d'exprimer des intentions ou des sujets de prière et d'action de grâces, soit sur invitation, soit pendant le déroulement de la prière. On peut également donner la possibilité de prier en silence.

Une prédication peut avoir lieu après l'office ou, si elle se déroule pendant l'office, après les lectures ou au moment de l'hymne ou du cantique qui suit les collectes.

À l'occasion, à la discrétion de la personne qui officie, il est possible de faire suivre les lectures bibliques d'un texte chrétien non biblique.

Des offrandes peuvent être reçues et présentées pendant l'office.

*Lorsqu'il y a la Communion*

Lorsque la Prière du matin ou du soir est utilisée comme liturgie de la Parole pendant l'Eucharistie, le « Symbole de Nicée » peut remplacer le « Symbole des apôtres », et la personne qui officie peut passer directement de l'accueil (« Le Seigneur soit avec vous » et sa réponse) à la collecte du jour. Il doit toujours y avoir une leçon tirée de l'Évangile.

Les prières d'intercession doivent alors être conformes aux consignes fournies à la page [328].

L'office continue ensuite avec [le geste de paix et] l'offertoire.

*Rite pour la fin du jour*

Avant cet office, il doit y avoir aussi peu de lumière artificielle que possible dans l'église. Il convient d'éviter les préludes musicaux et les processions.

Lorsque les membres du clergé entrent, il est possible de les précéder en portant un ou deux cierges allumés qui fourniront la lumière nécessaire pour lire la courte leçon d'introduction et la Prière pour la lumière. Du dimanche de Pâques jusqu'au dimanche de la Pentecôte, si l'on utilise le cierge pascal, celui-ci doit brûler à sa place habituelle avant que les fidèles se rassemblent. La personne qui officie vient alors s'installer à côté pour pouvoir commencer l'office à sa lueur.

Les leçons courtes peuvent être lues dans n'importe quelle version des Écritures autorisées pour le culte public par l'Église épiscopale, et elles doivent être lues sans annonce ni conclusion. Lorsque d'autres lectures bibliques sont prévues par la suite, on peut omettre la leçon courte.

Pendant le temps de Pâques, les cierges sur l'autel et dans l'église peuvent être allumés à la flamme du cierge pascal. Le reste de l'année, le ou les cierges apportés au début de l'office peuvent être posés sur l'autel ou à côté, et ils pourront servir à allumer les autres cierges. Pendant l'Avent, la couronne de l'Avent peut être allumée après la Prière pour la lumière. Pour des occasions particulières, des cierges allumés peuvent être distribués aux membres de la congrégation.

Lorsque ce rite est utilisé à domicile, des cierges peuvent être allumés sur la table de la salle à manger ou dans un autre lieu adapté.

Si l'on fait brûler de l'encens, il faut l'utiliser après que les cierges ont été allumés ou pendant que l'on chante l'hymne « Joyeuse lumière ».

Lorsque le rite est suivi d'un office complet, il est possible d'utiliser les psaumes et les leçons du lectionnaire des offices ou du propre du jour, ou d'autres indiqués pour la saison ou pour l'occasion. Parmi les psaumes qui conviennent habituellement pour le soir figurent les psaumes 8, 23, 27, 36, 84, 93, 113, 114, 117, 121, 134, 139, 141 et 143. Il est possible de lire plusieurs leçons si on le souhaite, en intercalant un temps de silence ou un chant entre les lectures.

Si l'on souhaite ajouter un hymne, il peut être chanté juste avant la bénédiction ou le congé.

Si un repas est prévu ensuite, une bénédiction de la nourriture peut tenir lieu de conclusion à cette forme d'office.

# Suggestions de cantiques

## Suggestions de cantiques pour la Prière du matin

|  | *Après la lecture de l'Ancien Testament* | *Après la lecture du Nouveau Testament* |
|---|---|---|
| **Dim.** | 4. ou 16. Cantique de Zacharie<br>*Avent :* 11. Troisième cantique d'Ésaïe<br>*Carême :* 14. Cantique de pénitence<br>*Pâques :* 8. Cantique de Moïse | 7. ou 21. À toi, Dieu<br>*Avent et carême :*<br>4. ou 16. Cantique de Zacharie |
| **Lun.** | 9. Premier cantique d'Ésaïe | 19. Cantique des rachetés |
| **Mar.** | 2. ou 13. Cantique de louange | 18. Cantique de l'Agneau |
| **Mer.** | *Avent :* 11. Troisième cantique d'Ésaïe<br>*Carême :* 14. Cantique de pénitence | 4. ou 16. Cantique de Zacharie |
| **Jeu.** | 8. Cantique de Moïse | 6. ou 20. Gloire à Dieu<br>*Avent et carême :*<br>19. Cantique des rachetés |
| **Ven.** | 10. Deuxième cantique d'Ésaïe<br>*Carême :* 14. Cantique de pénitence | 18. Cantique de l'Agneau |
| **Sam.** | 1. ou 12. Cantique de la création | 19. Cantique des rachetés |

*Pour les fêtes de notre Seigneur et les autres grandes fêtes*

|  |  |  |
|---|---|---|
|  | 4. ou 16. Cantique de Zacharie | 7. ou 21. À toi, Dieu |

## Suggestions de cantiques pour la Prière du soir

|  | *Après la lecture de l'Ancien Testament* | *Après la lecture du Nouveau Testament* |
|---|---|---|
| **Dim.** | Cantique de Marie | Cantique de Siméon* |
| **Lun.** | 8. Cantique de Moïse<br>*Carême :* 14. Cantique de pénitence | Cantique de Siméon |
| **Mar.** | 10. Deuxième cantique d'Ésaïe | Cantique de Marie |
| **Mer.** | 1. ou 12. Cantique de la création | Cantique de Siméon |
| **Jeu.** | 11. Troisième cantique d'Ésaïe | Cantique de Marie |
| **Ven.** | 2. ou 13. Cantique de louange | Cantique de Siméon |
| **Sam.** | 9. Premier cantique d'Ésaïe | Cantique de Marie |

*Pour les fêtes de notre Seigneur et les autres grandes fêtes*

|  |  |  |
|---|---|---|
|  | Cantique de Marie | Cantique de Siméon* |

---

\* *Si l'on s'en tient à une seule lecture, le cantique suggéré est le Cantique de Marie.*

# La grande litanie

# La grande litanie

*À réciter ou psalmodier à genoux, debout ou en procession ; avant l'Eucharistie ou après les collectes de la Prière du matin ou du soir, ou séparément. Particulièrement indiquée pendant le Carême et les jours des Rogations.*

Ô Dieu le Père, Créateur du ciel et de la terre,
*Prends pitié de nous.*

Ô Dieu le Fils, Rédempteur du monde,
*Prends pitié de nous.*

Ô Dieu le Saint-Esprit, Sanctificateur des fidèles,
*Prends pitié de nous.*

Ô sainte, glorieuse et bienheureuse Trinité, un seul Dieu,
*Prends pitié de nous.*

Christ Seigneur, ne garde pas mémoire de nos offenses ni des offenses de nos ancêtres, et ne nous rétribue pas selon nos péchés. Épargne-nous, ô Seigneur ; épargne ton peuple que tu as racheté par ton sang très précieux ; et par ta miséricorde, préserve-nous à jamais.
*Épargne-nous, ô bon Seigneur.*

De tout mal et de toute méchanceté, du péché, des ruses et des assauts du diable, de la damnation éternelle,
*Ô bon Seigneur, délivre-nous.*

De tout aveuglement du cœur ; de l'orgueil, de la vanité et de l'hypocrisie ; de l'envie, de la haine et de la malveillance ; de tout manque de charité,
*Ô bon Seigneur, délivre-nous.*

De toute affection démesurée et pécheresse ; de toutes les tromperies du monde, de la chair et du diable,
*Ô bon Seigneur, délivre-nous.*

De toute fausse doctrine, hérésie ou schisme ; de la dureté de cœur, du mépris de ta Parole et de ton commandement,
*Ô bon Seigneur, délivre-nous.*

De la foudre et de la tempête ; des tremblements de terre, des incendies et des inondations ; de la peste, des épidémies et de la famine,
*Ô bon Seigneur, délivre-nous.*

De toute oppression, conspiration et rébellion ; de la violence, des combats et du meurtre ; d'une mort soudaine et sans préparation,
*Ô bon Seigneur, délivre-nous.*

Par le mystère de ta sainte Incarnation ; par ta sainte Nativité et ta soumission à la Loi ; par ton Baptême, ton jeûne et ta tentation,
*Ô bon Seigneur, délivre-nous.*

Par ton agonie et le sang de ta sueur ; par ta Croix et ta Passion ; par ta mort précieuse et ton ensevelissement ; par ta glorieuse Résurrection et ton Ascension ; par la venue du Saint-Esprit,
*Ô bon Seigneur, délivre-nous.*

À chaque instant de nos tribulations, à chaque instant de notre prospérité, à l'heure de notre mort et au jour du jugement,
*Ô bon Seigneur, délivre-nous.*

Les pécheurs et pécheresses que nous sommes te supplient de les exaucer, ô Seigneur Dieu ; daigne gouverner ta sainte Église universelle et la guider sur le droit chemin.
*Nous t'en supplions, exauce-nous, ô Seigneur.*

Daigne éclairer l'ensemble des évêques, des prêtres et des diacres, leur accordant une connaissance et une intelligence véritables de ta Parole, pour qu'ils et elles les manifestent et les expriment dans leur prédication et dans leur vie.
*Nous t'en supplions, exauce-nous, ô Seigneur.*

Daigne bénir et garder tout ton peuple.
*Nous t'en supplions, exauce-nous, ô Seigneur.*

Daigne envoyer des ouvriers et ouvrières pour ta moisson, et attirer toute l'humanité dans ton Royaume.
*Nous t'en supplions, exauce-nous, ô Seigneur.*

Daigne accorder à tous les peuples un surcroît de grâce pour qu'ils entendent et reçoivent ta Parole et qu'ils produisent les fruits de l'Esprit.
*Nous t'en supplions, exauce-nous, ô Seigneur.*

Daigne ramener sur le chemin de la vérité toutes celles et tous ceux qui s'égarent et tombent dans l'erreur.
*Nous t'en supplions, exauce-nous, ô Seigneur.*

Daigne nous accorder un cœur qui t'aime et te respecte, et qui vit sans répit selon tes commandements.
*Nous t'en supplions, exauce-nous, ô Seigneur.*

Daigne régir le cœur de celles et ceux qui te servent, *(du Président) (de la Présidente)* des États-Unis *(ou* de ce pays), et de celles et ceux qui détiennent l'autorité, afin qu'ils et elles puissent rendre la justice, aimer la miséricorde et marcher sur les chemins de la vérité.
*Nous t'en supplions, exauce-nous, ô Seigneur.*

Daigne faire cesser les guerres partout dans le monde, octroyer l'unité, la paix et la concorde à toutes les nations, et accorder la liberté à tous les peuples.
*Nous t'en supplions, exauce-nous, ô Seigneur.*

Daigne manifester ta pitié à l'égard de toutes les personnes incarcérées ou captives, sans-abri ou affamées, et de toutes les personnes désespérées ou opprimées.
*Nous t'en supplions, exauce-nous, ô Seigneur.*

Daigne nous accorder et préserver pour notre usage l'abondance des fruits de la terre, afin que nous puissions tous et toutes en profiter en temps opportun.
*Nous t'en supplions, exauce-nous, ô Seigneur.*

Daigne nous inspirer d'accomplir d'un seul cœur le travail que tu nous confies, dans nos diverses vocations, nous mettant à ton service pour le bien commun.
*Nous t'en supplions, exauce-nous, ô Seigneur.*

Daigne préserver toutes les personnes que leur travail ou leurs voyages exposent au danger.
*Nous t'en supplions, exauce-nous, ô Seigneur.*

Daigne protéger, en pourvoyant à leurs besoins, toutes les femmes en couches, les jeunes enfants, les orphelins et les orphelines, les veuves et les veufs, et toutes les personnes dont le foyer est brisé ou déchiré par des conflits.
*Nous t'en supplions, exauce-nous, ô Seigneur.*

Daigne visiter les personnes esseulées ; fortifier celles qui souffrent dans leur esprit, leur corps et leur âme ; et réconforter par ta présence celles qui connaissent l'affaiblissement et l'infirmité.
*Nous t'en supplions, exauce-nous, ô Seigneur.*

Daigne soutenir, aider et réconforter toutes les personnes en danger, en difficulté ou dans la tourmente.
*Nous t'en supplions, exauce-nous, ô Seigneur.*

Daigne faire miséricorde à toute l'humanité.
*Nous t'en supplions, exauce-nous, ô Seigneur.*

Daigne nous accorder une vraie repentance ; nous pardonner nos péchés, nos négligences et nos ignorances ; et nous permettre, par la grâce de ton Esprit saint, d'amender notre vie selon ta sainte Parole.
*Nous t'en supplions, exauce-nous, ô Seigneur.*

Daigne pardonner à nos ennemis, aux personnes qui nous persécutent ou qui nous calomnient ; et convertir leurs cœurs.
*Nous t'en supplions, exauce-nous, ô Seigneur.*

Daigne fortifier les hommes et les femmes debout, réconforter et aider les faibles, relever ceux et celles qui tombent et finalement écraser Satan sous nos pieds.
*Nous t'en supplions, exauce-nous, ô Seigneur.*

Daigne accorder la paix et la vie éternelles aux fidèles qui nous ont quittés.
*Nous t'en supplions, exauce-nous, ô Seigneur.*

Daigne nous accorder d'atteindre ton royaume céleste en communion avec [_____ et] tous tes saints et saintes.
*Nous t'en supplions, exauce-nous, ô Seigneur.*

Ô Fils de Dieu, nous t'implorons de nous exaucer.
*Ô Fils de Dieu, nous t'implorons de nous exaucer.*

Agneau de Dieu, toi qui enlèves les péchés du monde,
*Prends pitié de nous.*

Agneau de Dieu, toi qui enlèves les péchés du monde,
*Prends pitié de nous.*

Agneau de Dieu, toi qui enlèves les péchés du monde,
*Donne-nous ta paix.*

Ô Christ, exauce-nous.
*Ô Christ, exauce-nous.*

| | | |
|---|---|---|
| Seigneur, prends pitié de nous. | | Kyrie eleison. |
| *Christ, prends pitié de nous.* | *ou* | *Christe eleison.* |
| Seigneur, prends pitié de nous. | | Kyrie eleison. |

*Lorsqu'elle est chantée ou récitée juste avant l'Eucharistie, la litanie se termine ici et l'Eucharistie commence par l'accueil et la collecte du jour.*

*En toute autre occasion, l'officiant·e et l'assemblée disent ensemble :*

Notre Père, qui es aux cieux,
    que ton nom soit sanctifié ;
    que ton règne vienne ;
    que ta volonté soit faite
    sur la terre comme au ciel.
Donne-nous aujourd'hui notre pain de ce jour.
Pardonne-nous nos offenses,
    comme nous pardonnons aussi
    à ceux qui nous ont offensés.
Et ne nous laisse pas entrer en tentation,
    mais délivre-nous du mal. *Amen.*

**V.**   Que ta fidélité, Seigneur, soit sur nous,
**R.**   Comme notre espoir est en toi !

*La personne qui officie termine par une collecte comme celle-ci :*
Prions.

Dieu tout-puissant, tu as promis d'exaucer les requêtes qui te seraient présentées au nom de ton Fils : nous t'implorons, dans ta miséricorde, de prêter l'oreille aux prières et aux supplications que nous venons de t'adresser. Accorde-nous de recevoir ce que nous te demandons avec foi, selon ta volonté, afin que la satisfaction de nos besoins contribue à manifester ta gloire, par Jésus Christ, notre Seigneur. *Amen.*

*L'officiant·e peut ajouter d'autres prières et terminer la litanie en disant :*

Que la grâce du Seigneur Jésus Christ, l'amour de Dieu et la communion de l'Esprit saint soient avec nous tous ! *Amen.*

## Supplication

*À utiliser pendant la litanie à la place du verset et de la collecte qui suivent le « Notre Père » ; ou à la fin de la Prière du matin ou du soir ; ou en dévotion séparée. Particulièrement indiquée en période de guerre, de crise nationale ou de catastrophe naturelle.*

Seigneur, interviens, secours-nous,
*Délivre-nous au nom de ta bonté !*

Dieu, nous avons entendu de nos propres oreilles, et nos ancêtres nous ont raconté, les nobles œuvres que tu as réalisées de leur vivant et longtemps avant eux.

*Seigneur, interviens, secours-nous,*
*Délivre-nous au nom de ta bonté !*

Gloire au Père et au Fils et au Saint-Esprit, comme il était au commencement, maintenant et toujours, pour les siècles des siècles. *Amen.*

*Seigneur, interviens, secours-nous,*
*Délivre-nous au nom de ta bonté !*

V.   Ô Christ, défends-nous contre nos ennemis.
R.    Dans ta grâce, pose ton regard sur nos afflictions.
V.   Dans ta grâce, baisse les yeux sur le chagrin de nos cœurs.
R.   Dans ta miséricorde, remets les péchés de ton peuple.

**V.** Dans ta miséricorde, prête une oreille favorable à nos prières.

**R.** Ô Fils de David, prends pitié de nous.

**V.** Daigne nous exaucer maintenant et toujours, ô Christ.

**R.** Dans ta bonté, exauce-nous, ô Christ. Exauce-nous dans ta bonté, Christ Seigneur.

*La personne qui officie termine ainsi :*

Prions.

Nous t'en supplions humblement, ô Père : pose un regard plein de bonté sur nos infirmités et, pour la gloire de ton Nom, garde-nous de tous les maux que nous méritons en toute justice ; accorde-nous, dans nos tourments, de placer entièrement notre confiance dans ta miséricorde et, dorénavant, de te servir par la sainteté et la pureté de nos vies, en ton honneur et pour ta gloire. Par notre seul Médiateur et Intercesseur, Jésus Christ, notre Seigneur. *Amen.*

# Collectes pour l'année liturgique

# Introduction au Propre
# de l'année liturgique

Le Propre de l'année liturgique comporte les collectes prescrites, les préfaces propres (au sujet desquelles vous trouverez des consignes dans les pages suivantes) et les psaumes et leçons indiqués, présentés dans des tables à partir de la page [616].

Le propre indiqué pour un dimanche est repris pour les célébrations de l'Eucharistie durant la semaine qui suit, sauf lorsque d'autres propres sont prescrits pour de grandes fêtes ou d'autres occasions.

Le propre indiqué pour chaque dimanche après la Pentecôte (à l'exception du dimanche de la Trinité) est déterminé par la date du dimanche en question. Ainsi, chaque année, le propre du dimanche qui suit le dimanche de la Trinité (soit le deuxième dimanche après la Pentecôte) correspond au propre numéroté (de 3 à 8) dont la date tombe ce dimanche-là, ou dont elle se rapproche le plus. Les propres sont ensuite utilisés dans l'ordre. Par exemple, si le dimanche suivant le dimanche de la Trinité tombe le 26 mai, la suite commence par le propre n° 3 (les propres n°s 1 et 2 sont utilisés les jours de semaine pendant les semaines de la Pentecôte et de la Trinité). Si le dimanche suivant le dimanche de la Trinité tombe le 13 juin, la suite commence par le propre n° 6 (les propres n°s 1 à 3 sont omis cette année-là, et les propres n°s 4 et 5 sont utilisés lors des semaines de la Pentecôte et de la Trinité). Voir également les tables aux pages [620] et [621].

La collecte indiquée pour un dimanche ou une autre fête peut être utilisée la veille pendant l'office du soir.

Les consignes concernant le commun des saints et saintes et les offices pour diverses occasions se trouvent aux pages [175], [179], [223] et [227].

# Collectes : version traditionnelle

**Premier dimanche de l'Avent**

Dieu tout-puissant, accorde-nous la grâce de rejeter les œuvres des ténèbres et de revêtir les armes de la lumière pendant cette vie mortelle durant laquelle Ton Fils Jésus Christ est venu nous rendre visite avec une grande humilité ; afin qu'au dernier jour, lorsqu'Il reviendra dans sa glorieuse majesté pour juger les vivants et les morts, nous ressuscitions à la vie immortelle, par Celui qui vit et règne avec Toi et le Saint-Esprit, un seul Dieu, pour les siècles des siècles. *Amen.*

*Préface de l'Avent*

**Deuxième dimanche de l'Avent**

Ô Dieu de miséricorde, Toi qui as envoyé tes messagers les prophètes prêcher le repentir et préparer le chemin de notre salut, accorde-nous la grâce d'entendre leurs mises en garde et de renoncer à nos péchés, afin que nous puissions accueillir avec joie la venue de notre Rédempteur Jésus Christ, qui vit et règne avec Toi et le Saint-Esprit, un seul Dieu, pour les siècles des siècles. *Amen.*

*Préface de l'Avent*

**Troisième dimanche de l'Avent**

Seigneur, réveille Ta puissance et viens parmi nous dans Ta gloire ; et, puisque le fardeau de nos péchés nous entrave, envoie l'abondance de Ta grâce et de Ta miséricorde nous aider et nous délivrer rapidement, par Jésus Christ, notre Seigneur, à qui reviennent l'honneur et la gloire, avec Toi et le Saint-Esprit, pour les siècles des siècles. *Amen.*

*Préface de l'Avent*

*Le mercredi, le vendredi et le samedi de cette semaine correspondent traditionnellement aux jours des Quatre-Temps d'hiver.*

## Quatrième dimanche de l'Avent

Dieu tout-puissant, nous T'implorons de purifier notre conscience par Ta visite quotidienne, afin que Ton Fils Jésus Christ, à Sa venue, trouve en nous une demeure préparée pour Lui, qui vit et règne avec Toi, dans l'unité du Saint-Esprit, un seul Dieu, pour les siècles des siècles. *Amen.*

*Préface de l'Avent*

## Nativité de notre Seigneur : jour de Noël   *25 décembre*

Ô Dieu, Toi qui nous réjouis par l'anniversaire de la naissance de Ton Fils unique Jésus Christ : nous qui Le recevons avec joie comme notre Rédempteur, accorde-nous de L'accueillir avec assurance lorsqu'Il viendra nous juger, Lui qui vit et règne avec Toi et le Saint-Esprit, un seul Dieu, pour les siècles des siècles. *Amen.*

*ou ceci :*

Ô Dieu, en cette nuit sainte, Tu fais briller la Lumière véritable : à nous qui connaissons le mystère de cette Lumière sur la terre, accorde-nous également d'en profiter parfaitement au ciel, où Il vit et règne avec Toi et le Saint-Esprit, un seul Dieu, dans la gloire éternelle. *Amen.*

*ou ceci :*

Dieu tout-puissant, Tu as donné ton Fils unique pour qu'Il prenne notre nature sur Lui et qu'Il naisse [en ce jour] d'une vierge pure : nous qui avons recouvré la vie et qui sommes devenus tes enfants par adoption et par grâce, accorde-nous d'être renouvelés chaque jour par Ton Esprit saint, par notre Seigneur Jésus Christ, qui vit et règne à jamais avec Toi et ce même Esprit, un seul Dieu, pour les siècles des siècles. *Amen.*

*Préface de l'Incarnation*

*La collecte qui précède et tous les ensembles de leçons propres au jour de Noël servent pour tous les jours de la semaine entre la fête des Saints Innocents et le premier dimanche après Noël.*

## Premier dimanche après Noël

*Ce dimanche a la priorité sur les trois jours saints qui suivent Noël. Le cas échéant, on reportera d'une journée l'observance des jours concernés.*

Dieu tout-puissant, Toi qui as déversé sur nous la lumière nouvelle de Ton Verbe incarné : fais que cette lumière, attisée dans nos cœurs, resplendisse dans nos vies ; par Jésus Christ, notre Seigneur, qui vit et règne avec Toi, dans l'unité du Saint-Esprit, un seul Dieu, pour les siècles des siècles. *Amen.*

*Préface de l'Incarnation*

## Saint Nom de Jésus     *1ᵉʳ janvier*

Père éternel, Toi qui as donné à Ton Fils incarné le Saint Nom de Jésus pour qu'Il soit le signe de notre salut : nous T'en prions, fais germer dans tous les cœurs l'amour de Celui qui est le Sauveur du monde, notre Seigneur Jésus Christ, qui vit et règne avec Toi et le Saint-Esprit, un seul Dieu, dans la gloire éternelle. *Amen.*

*Préface de l'Incarnation*

## Deuxième dimanche après Noël

Ô Dieu, Toi qui as merveilleusement créé, et encore plus merveilleusement restauré, la dignité de la nature humaine : accorde-nous d'avoir part à la vie divine de Celui qui s'est humilié pour partager notre humanité, Ton Fils Jésus Christ, Lui qui vit et règne avec Toi, dans l'unité du Saint-Esprit, un seul Dieu, pour les siècles des siècles. *Amen.*

*Préface de l'Incarnation*

## Épiphanie   6 janvier

Ô Dieu, par la direction d'une étoile, Tu as manifesté Ton
Fils unique aux peuples de la terre : nous qui Te connaissons
maintenant par la foi, conduis-nous en Ta présence pour que nous
puissions contempler Ta gloire face à face ; par Jésus Christ, notre
Seigneur, qui vit et règne avec Toi et le Saint-Esprit, un seul Dieu,
pour les siècles des siècles. *Amen.*

*Préface de l'Épiphanie*

*La collecte précédente, avec le psaume et les leçons de l'Épiphanie,
ou avec le psaume et les leçons du deuxième dimanche après Noël,
est utilisée pendant les jours de la semaine qui séparent l'Épiphanie
du dimanche suivant. On utilise la Préface de l'Épiphanie.*

## Premier dimanche après l'Épiphanie :
## Baptême de notre Seigneur

Père céleste, Tu as proclamé au baptême de Jésus dans le
Jourdain qu'Il était Ton Fils bien-aimé et Tu lui as donné
l'onction du Saint-Esprit : accorde à toutes les personnes
baptisées en Son Nom de garder l'alliance qu'elles ont conclue
et de Le confesser hardiment comme Seigneur et Sauveur, Lui
qui vit et règne avec Toi et le Saint-Esprit, un seul Dieu, dans la
gloire éternelle. *Amen.*

*Préface de l'Épiphanie*

## Deuxième dimanche après l'Épiphanie

Dieu tout-puissant, Ton Fils, notre Sauveur Jésus Christ, est
la lumière du monde : accorde à Ton peuple, illuminé par Ta
Parole et Tes Sacrements, de rayonner de la gloire du Christ,
afin qu'Il soit connu, adoré et obéi jusqu'aux extrémités de la
terre ; par Jésus Christ, notre Seigneur, qui vit et règne avec
Toi et le Saint-Esprit, un seul Dieu, pour les siècles des siècles.
*Amen.*

*Préface de l'Épiphanie ou du jour du Seigneur*

### Troisième dimanche après l'Épiphanie

Seigneur, donne-nous la grâce de répondre avec empressement
à l'appel de notre Sauveur Jésus Christ et d'annoncer à tous
les peuples la Bonne Nouvelle de Son salut, afin que nous
puissions percevoir avec le monde entier la gloire de Ses œuvres
merveilleuses ; Lui qui vit et règne avec Toi et le Saint-Esprit,
un seul Dieu, pour les siècles des siècles. *Amen.*

*Préface de l'Épiphanie ou du jour du Seigneur*

### Quatrième dimanche après l'Épiphanie

Dieu éternel et tout-puissant, Tu gouvernes toutes choses au ciel
et sur la terre : dans Ta miséricorde, exauce les supplications de
Ton peuple, et accorde-nous Ta paix durant notre vie ; par Jésus
Christ, notre Seigneur, qui vit et règne avec Toi et le Saint-Esprit,
un seul Dieu, pour les siècles des siècles. *Amen.*

*Préface de l'Épiphanie ou du jour du Seigneur*

### Cinquième dimanche après l'Épiphanie

Ô Dieu, libère-nous de l'esclavage de nos péchés et, nous t'en
supplions, accorde-nous la liberté de vivre dans l'abondance que
Tu nous as fait connaître par Ton Fils, notre Sauveur Jésus Christ,
Lui qui vit et règne avec Toi, dans l'unité du Saint-Esprit, un seul
Dieu, pour les siècles des siècles. *Amen.*

*Préface de l'Épiphanie ou du jour du Seigneur*

### Sixième dimanche après l'Épiphanie

Ô Dieu, Toi qui es la force de ceux qui espèrent en Toi, accueille
nos prières dans Ta miséricorde ; et comme, à cause de la faiblesse
de notre nature mortelle, nous ne pouvons rien faire de bon sans
Toi, accorde-nous le secours de Ta grâce, pour qu'en gardant Tes
commandements nous Te soyons agréables par notre volonté et dans
nos actes ; par Jésus Christ, notre Seigneur, qui vit et règne avec Toi
et le Saint-Esprit, un seul Dieu, pour les siècles des siècles. *Amen.*

*Préface de l'Épiphanie ou du jour du Seigneur*

### Septième dimanche après l'Épiphanie

Seigneur, Toi qui nous as enseigné qu'aucun de nos actes n'a de valeur sans charité : envoie Ton Esprit saint répandre en nos cœurs le don excellent de la charité, qui est le lien même de la paix et de toute vertu, sans lequel tout être vivant est considéré comme mort à Tes yeux ; accorde-le-nous pour l'amour de Ton Fils unique Jésus Christ, qui vit et règne avec Toi et le Saint-Esprit, un seul Dieu, pour les siècles des siècles. *Amen.*

*Préface de l'Épiphanie ou du jour du Seigneur*

### Huitième dimanche après l'Épiphanie

Père très aimant, Toi dont la volonté est que nous rendions grâces pour toutes choses, que nous ne redoutions rien d'autre que de Te perdre, et que nous ne nous soucions que de Toi qui veilles sur nous : préserve-nous des peurs incrédules et des angoisses profanes, afin qu'aucun nuage de cette vie mortelle ne puisse nous cacher la lumière de l'amour immortel que Tu nous as manifesté en Ton Fils Jésus Christ, notre Seigneur, qui vit et règne avec Toi, dans l'unité du Saint-Esprit, un seul Dieu, pour les siècles des siècles. *Amen.*

*Préface de l'Épiphanie ou du jour du Seigneur*

### Dernier dimanche après l'Épiphanie

*Ce propre est toujours utilisé le dimanche précédant le mercredi des Cendres.*

Ô Dieu, Toi qui as révélé Ta gloire sur la montagne sainte avant la passion de Ton Fils unique : accorde-nous, en contemplant la lumière de Son visage avec les yeux de la foi, d'être fortifiés pour porter notre croix et d'être changés à sa ressemblance de gloire en gloire, par Jésus Christ, notre Seigneur, qui vit et règne avec Toi et le Saint-Esprit, un seul Dieu, pour les siècles des siècles. *Amen.*

*Préface de l'Épiphanie*

## Mercredi des Cendres

*La liturgie propre à cette journée se trouve à la page [244].*

Dieu éternel et tout-puissant, Toi qui ne détestes rien de ce que Tu as créé et qui pardonnes les péchés de tous ceux qui se repentent : crée en nous un cœur nouveau et contrit, afin que, déplorant nos péchés et reconnaissant notre misère comme nous le devons, nous puissions obtenir de Toi, le Dieu de toute miséricorde, un pardon et une rémission parfaite, par Jésus Christ, notre Seigneur, qui vit et règne avec Toi et le Saint-Esprit, un seul Dieu, pour les siècles des siècles. *Amen.*

*Préface du Carême*

*Cette collecte, avec le psaume et les leçons correspondants, est également utilisée pendant les jours de la semaine qui suivent, sauf indication contraire.*

## Premier dimanche de Carême

Dieu tout-puissant, Toi dont le Fils bien-aimé, guidé par l'Esprit, a été tenté par Satan : viens vite au secours de Tes serviteurs assaillis par de multiples tentations ; et, comme Tu connais chacune de leurs faiblesses, accorde-leur de trouver en Toi la puissance qui sauve ; par Ton Fils Jésus Christ, notre Seigneur, qui vit et règne avec Toi et le Saint-Esprit, un seul Dieu, pour les siècles des siècles. *Amen.*

*Préface du Carême*

*Le mercredi, le vendredi et le samedi de cette semaine correspondent traditionnellement aux jours des Quatre-Temps de printemps.*

## Deuxième dimanche de Carême

Ô Dieu, Toi dont la gloire est de toujours prendre pitié : fais grâce à toutes les personnes qui se sont écartées de Tes voies, afin qu'elles reviennent avec un cœur pénitent et une foi inébranlable s'attacher à la vérité immuable de Ta Parole, Ton Fils Jésus Christ, qui vit et règne avec Toi et le Saint-Esprit, un seul Dieu, pour les siècles des siècles. *Amen.*

*Préface du Carême*

### Troisième dimanche de Carême

Dieu tout-puissant, Toi qui vois que nous n'avons aucun pouvoir en nous-mêmes pour nous aider : garde-nous extérieurement dans nos corps et intérieurement dans nos âmes, afin que nous soyons protégés de toute adversité qui pourrait atteindre notre corps et de toute mauvaise pensée qui pourrait assaillir et blesser notre âme ; par Jésus Christ, notre Seigneur, qui vit et règne avec Toi et le Saint-Esprit, un seul Dieu, pour les siècles des siècles. *Amen.*

*Préface du Carême*

### Quatrième dimanche de Carême

Père très bon, Toi dont le Fils bien-aimé Jésus Christ est descendu du ciel pour être le Pain véritable qui donne la vie au monde : donne-nous toujours plus de ce Pain, afin qu'il vive en nous et que nous vivions en Lui qui vit et règne avec Toi et le Saint-Esprit, un seul Dieu, pour les siècles des siècles. *Amen.*

*Préface du Carême*

### Cinquième dimanche de Carême

Dieu tout-puissant, Toi seul peux mettre de l'ordre dans les volontés et les affections indisciplinées des pécheurs : accorde à Ton peuple la grâce d'aimer ce que Tu ordonnes et de désirer ce que Tu promets, afin que, lors des changements brusques et variés de ce monde, nos cœurs puissent se fixer là où se trouvent les joies véritables, par Jésus Christ, notre Seigneur, qui vit et règne avec Toi et le Saint-Esprit, un seul Dieu, pour les siècles des siècles. *Amen.*

*Préface du Carême*

### Dimanche de la Passion : dimanche des Rameaux

*La liturgie propre à cette journée se trouve à la page [250].*

Dieu éternel et tout-puissant, dans Ta tendresse pour le genre humain, Tu as envoyé Ton Fils, notre Sauveur Jésus Christ, assumer notre chair et souffrir la mort sur la croix, pour que l'humanité puisse suivre l'exemple de Sa grande humilité : dans Ta bonté, accorde-nous de prendre exemple sur Sa patience et d'avoir également part à Sa résurrection ; par ce même Jésus Christ, notre Seigneur, qui vit et règne avec Toi et le Saint-Esprit, un seul Dieu, pour les siècles des siècles. *Amen.*

*Préface de la Semaine sainte*

## Lundi saint

Dieu tout-puissant, Toi dont le Fils bien-aimé n'est monté vers la joie qu'après avoir souffert, et n'est entré dans la gloire qu'après avoir été crucifié : dans Ta bonté, accorde-nous qu'en suivant le chemin de la croix, nous n'y trouvions rien d'autre que le chemin de la vie et de la paix, par Jésus Christ, Ton Fils, notre Seigneur, qui vit et règne avec Toi et le Saint-Esprit, un seul Dieu, pour les siècles des siècles. *Amen.*

*Préface de la Semaine sainte*

## Mardi saint

Ô Dieu, par la passion de Ton Fils bien-aimé, Tu as fait d'un instrument de mort infamante un moyen de vivre : accorde-nous de trouver tant de gloire dans la croix du Christ que nous subirions avec joie la honte et la perte, pour l'amour de Ton Fils, notre Sauveur Jésus Christ, qui vit et règne avec Toi et le Saint-Esprit, un seul Dieu, pour les siècles des siècles. *Amen.*

*Préface de la Semaine sainte*

## Mercredi saint

Seigneur Dieu, Toi dont le Fils bien-aimé, notre Sauveur, a livré Son dos aux fouets et n'a pas dérobé Son visage aux insultes : donne-nous la grâce d'accepter avec joie les souffrances du temps présent, dans l'assurance que la gloire sera révélée ; par ce même Jésus Christ, Ton Fils, notre Seigneur, qui vit et règne avec Toi et le Saint-Esprit, un seul Dieu, pour les siècles des siècles. *Amen.*

*Préface de la Semaine sainte*

## Jeudi saint

*La liturgie propre à cette journée se trouve à la page [249].*

Père tout-puissant, Toi dont le Fils bien-aimé, la nuit où Il devait souffrir, institua le Sacrement de Son Corps et de Son Sang : dans Ta bonté, accorde-nous de le recevoir avec reconnaissance, en mémoire de Celui qui, par ces saints mystères, nous promet la vie éternelle, Jésus Christ, notre Seigneur, qui vit et règne désormais avec Toi et le Saint-Esprit, un seul Dieu, pour les siècles des siècles. *Amen.*

*Préface de la Semaine sainte*

## Vendredi saint

*La liturgie propre à cette journée se trouve à la page [251].*

Dieu tout-puissant, nous T'implorons de bien vouloir regarder cette famille qui est la Tienne, pour laquelle notre Seigneur Jésus Christ a accepté d'être trahi, livré aux mains des pécheurs et de subir la mort sur la croix ; Lui qui vit et règne désormais avec Toi et le Saint-Esprit, un seul Dieu, pour les siècles des siècles. *Amen.*

## Samedi saint

*La liturgie propre à cette journée se trouve à la page [258].*

Ô Dieu, Créateur du ciel et de la terre : de même que le corps crucifié de Ton Fils bien-aimé a été mis au tombeau et a reposé en ce jour saint du sabbat, accorde-nous d'attendre avec Lui l'avènement du troisième jour et de ressusciter avec Lui à une vie nouvelle ; Lui qui vit et règne désormais avec Toi et le Saint-Esprit, un seul Dieu, pour les siècles des siècles. *Amen.*

## Dimanche de Pâques

*La liturgie de la Vigile pascale se trouve à la page [261].*

Ô Dieu, Toi qui as livré Ton Fils unique à la mort sur la croix pour notre rédemption, et qui nous a délivrés de l'emprise de notre ennemi par Sa glorieuse résurrection : accorde-nous de mourir chaque jour au péché, afin que nous puissions vivre avec Lui à jamais dans la joie de Sa résurrection ; par Jésus Christ, Ton Fils, notre Seigneur, qui vit et règne avec Toi et le Saint-Esprit, un seul Dieu, pour les siècles des siècles. *Amen.*

*ou ceci :*

Ô Dieu, Toi qui en cette nuit très sainte fais briller la gloire de la résurrection du Seigneur : éveille en Ton Église l'Esprit d'adoption qui nous est donné par le baptême, afin que, régénérés dans nos corps et nos esprits, nous T'adorions en vérité et en toute sincérité ; par Jésus Christ, notre Seigneur, qui vit et règne avec Toi, dans l'unité du Saint-Esprit, un seul Dieu, pour les siècles des siècles. *Amen.*

*ou ceci :*

Dieu tout-puissant, par Ton Fils unique Jésus Christ Tu as vaincu la mort et Tu nous as ouvert la porte de la vie éternelle : nous qui célébrons dans la joie le jour de la résurrection du Seigneur, accorde-nous d'être relevés de la mort du péché par Ton Esprit vivifiant ; par Jésus Christ, notre Seigneur, qui vit et règne avec Toi et le Saint-Esprit, un seul Dieu, pour les siècles des siècles. *Amen.*

*Préface de Pâques*

## Lundi de Pâques

Dieu tout-puissant, nous T'en supplions : nous qui célébrons avec révérence la fête de la Pâque, accorde-nous d'être jugés dignes d'accéder aux joies éternelles ; par Jésus Christ, notre Seigneur, qui vit et règne avec Toi et le Saint-Esprit, un seul Dieu, pour les siècles des siècles. *Amen.*

*Préface de Pâques*

## Mardi de Pâques

Ô Dieu, Toi qui as détruit la mort et amené la vie et l'immortalité à la lumière par la glorieuse résurrection de Ton Fils Jésus Christ : accorde-nous, à nous qui avons été ressuscités avec Lui, de demeurer en Sa présence et de nous réjouir dans l'espérance de la gloire éternelle ; par Jésus Christ, notre Seigneur, à qui, avec Toi et le Saint-Esprit, appartiennent la louange et la souveraineté pour les siècles des siècles. *Amen.*

*Préface de Pâques*

## Mercredi de Pâques

Ô Dieu, Toi dont le Fils bien-aimé S'est fait connaître à Ses disciples en partageant le pain : ouvre les yeux de notre foi, nous T'en prions, afin que nous puissions Le contempler dans toute Son œuvre rédemptrice, par ce même Jésus Christ, Ton Fils, notre Seigneur, qui vit et règne avec Toi, dans l'unité du Saint-Esprit, un seul Dieu, pour les siècles des siècles. *Amen.*

*Préface de Pâques*

## Jeudi de Pâques

Dieu éternel et tout-puissant, Toi qui as établi la nouvelle alliance de la réconciliation dans le mystère de la Pâque : accorde à toutes les personnes qui ont vécu une nouvelle naissance dans la communion du Corps du Christ de manifester dans leur vie ce qu'elles professent par leur foi ; par Jésus Christ, notre Seigneur, qui vit et règne avec Toi et le Saint-Esprit, un seul Dieu, pour les siècles des siècles. *Amen.*

*Préface de Pâques*

## Vendredi de Pâques

Père tout-puissant, Toi qui as donné Ton Fils unique pour qu'Il meure pour nos péchés et qu'Il ressuscite pour notre justification, donne-nous la grâce de jeter le levain de la perversité et de la méchanceté, afin que nous puissions toujours Te servir en vérité par la pureté de nos vies ; par Jésus Christ, Ton Fils, notre Seigneur, qui vit et règne avec Toi et le Saint-Esprit, un seul Dieu, pour les siècles des siècles. *Amen.*

*Préface de Pâques*

## Samedi de Pâques

Père céleste, nous Te rendons grâces de nous avoir délivrés de l'emprise du péché et de la mort et de nous avoir fait entrer dans le royaume de Ton Fils ; puisque, par Sa mort, Il nous a rappelés à la vie, nous prions pour que, par Son amour, Il nous élève aux joies éternelles ; Lui qui vit et règne avec Toi, dans l'unité du Saint-Esprit, un seul Dieu, pour les siècles des siècles. *Amen.*

*Préface de Pâques*

## Deuxième dimanche de Pâques

Dieu éternel et tout-puissant, Toi qui as établi la nouvelle alliance de la réconciliation dans le mystère de la Pâque : accorde à toutes les personnes qui ont vécu une nouvelle naissance dans la communion du Corps du Christ de manifester dans leur vie ce qu'elles professent par leur foi ; par Jésus Christ, notre Seigneur, qui vit et règne avec Toi et le Saint-Esprit, un seul Dieu, pour les siècles des siècles. *Amen.*

*Préface de Pâques*

## Troisième dimanche de Pâques

Ô Dieu, Toi dont le Fils bien-aimé S'est fait connaître à Ses disciples en partageant le pain : ouvre les yeux de notre foi, nous T'en prions, afin que nous puissions Le contempler dans toute Son œuvre rédemptrice, par ce même Jésus Christ, Ton Fils, notre Seigneur, qui vit et règne avec Toi, dans l'unité du Saint-Esprit, un seul Dieu, pour les siècles des siècles. *Amen.*

*Préface de Pâques*

## Quatrième dimanche de Pâques

Ô Dieu, Toi dont le Fils Jésus est le bon pasteur de Ton peuple : accorde-nous, en entendant Sa voix, de connaître Celui qui nous appelle chacun par notre nom, et de Le suivre là où Il nous conduits ; Lui qui vit et règne avec Toi et le Saint-Esprit, un seul Dieu, pour les siècles des siècles. *Amen.*

*Préface de Pâques*

## Cinquième dimanche de Pâques

Dieu tout-puissant, Te connaître en vérité est la vie éternelle :
accorde-nous de connaître si parfaitement Ton Fils Jésus Christ,
qui est le chemin, la vérité et la vie, que nous pourrons marcher
résolument à Sa suite sur le chemin qui mène à la vie éternelle ; par
ce même Jésus Christ, Ton Fils, notre Seigneur, qui vit et règne avec
Toi, dans l'unité du Saint-Esprit, un seul Dieu, pour les siècles des
siècles. *Amen.*

*Préface de Pâques*

## Sixième dimanche de Pâques

Ô Dieu, Toi qui as préparé pour ceux qui T'aiment des biens qui
dépassent notre entendement : répands dans nos cœurs un tel amour
pour Toi afin que, nous qui T'aimons en toutes choses et par-dessus
tout, nous puissions obtenir Tes promesses, qui surpassent tout ce
que nous pouvons désirer ; par Jésus Christ, notre Seigneur, qui vit
et règne avec Toi et le Saint-Esprit, un seul Dieu, pour les siècles des
siècles. *Amen.*

*Préface de Pâques*

*Le lundi, le mardi et le mercredi de cette semaine correspondent
traditionnellement aux jours des Rogations.*

## Jeudi de l'Ascension

Dieu tout-puissant, Toi dont le Fils bien-aimé, notre Sauveur
Jésus Christ, est monté au plus haut des cieux afin de remplir tout
l'univers : dans Ta miséricorde, accorde-nous la foi de percevoir,
comme Il l'a promis, qu'Il demeure sur terre avec Son Église
jusqu'à la fin des temps ; par ce même Jésus Christ, notre Seigneur,
qui vit et règne avec Toi et le Saint-Esprit, un seul Dieu, pour les
siècles des siècles. *Amen.*

*ou ceci :*

Dieu tout-puissant, nous T'en supplions : accorde-nous de croire
que, de même que Ton Fils unique, notre Seigneur Jésus Christ,

est monté au ciel, nous pouvons nous aussi y monter par le cœur et par l'esprit, et demeurer continuellement avec Lui, qui vit et règne avec Toi et le Saint-Esprit, un seul Dieu, pour les siècles des siècles. *Amen.*

*Préface de l'Ascension*

*L'une des collectes précédentes, avec le psaume et les leçons propres au jour de l'Ascension, est également utilisée pendant les jours de la semaine qui suivent, sauf indication contraire.*

## Septième dimanche de Pâques : dimanche de l'Ascension

Ô Dieu, Roi de gloire, Tu as élevé Ton Fils unique Jésus Christ en grand triomphe dans Ton royaume céleste : ne nous laisse pas inconsolables, nous T'en supplions, et envoie-nous Ton Esprit saint pour nous fortifier et nous élever là où le Christ notre Sauveur est allé avant nous ; Lui qui vit et règne avec Toi et ce même Saint-Esprit, un seul Dieu, pour les siècles des siècles. *Amen.*

*Préface de l'Ascension*

## Dimanche de la Pentecôte

*Lorsque l'on observe une veillée de Pentecôte, elle commence par le Rite de la lumière à la page [58] (en remplaçant, si on le souhaite, le « Joyeuse lumière » par le « Gloire à Dieu »), et continue avec l'accueil et la collecte du jour. On lit trois des leçons indiquées, ou plus, avant l'Évangile, chacune étant suivie d'un psaume, d'un cantique ou d'un hymne. Après le sermon vient le saint Baptême, la Confirmation (à partir de la présentation des candidats et candidates) ou le Renouvellement des vœux de baptême, à la page [267].*

Dieu tout-puissant, Toi qui as ouvert en ce jour le chemin de la vie éternelle à toutes les races et nations par le don annoncé de Ton Esprit saint : répands ce don dans le monde entier par la prédication de l'Évangile, afin qu'il atteigne les extrémités de la terre ; par Jésus Christ, notre Seigneur, qui vit et règne avec Toi, dans l'unité de ce même Esprit, un seul Dieu, pour les siècles des siècles. *Amen.*

*ou ceci :*

Ô Dieu, en ce jour Tu as instruit le cœur de Tes fidèles en leur envoyant la lumière de Ton Esprit saint : accorde-nous, par le même Esprit, de juger toute chose avec sagesse et de toujours nous réjouir de Sa sainte consolation ; par les mérites du Christ Jésus, notre Sauveur, qui vit et règne avec Toi, dans l'unité du même Esprit, un seul Dieu, pour les siècles des siècles. *Amen.*

*Préface de la Pentecôte*

*Pendant les jours de semaine qui suivent, on utilise le propre numéroté le plus proche de la date de la Pentecôte pour l'année en question. Voir page [140].*

*Le mercredi, le vendredi et le samedi de cette semaine correspondent traditionnellement aux jours des Quatre-Temps d'été.*

## Premier dimanche après la Pentecôte : dimanche de la Trinité

Dieu éternel et tout-puissant, Toi qui as donné aux serviteurs que nous sommes la grâce de reconnaître la gloire de la Trinité éternelle par la confession d'une foi véritable, et d'adorer l'Unité dans la puissance de Ta divine Majesté : nous T'en supplions, affermis-nous dans cette foi et cette adoration, et permets-nous enfin de Te voir dans Ta gloire unique et éternelle, ô Père, Toi qui vis et règnes avec le Fils et le Saint-Esprit, un seul Dieu, pour les siècles des siècles. *Amen.*

*Préface du dimanche de la Trinité*

*Pendant les jours de semaine qui suivent, on utilise le propre numéroté le plus proche de la date du dimanche de la Trinité pour l'année en question.*

## Temps ordinaire

*Les consignes relatives à l'utilisation des propres qui suivent se trouvent à la page [140].*

**Propre n° 1**   *Semaine du dimanche le plus proche du 11 mai*

Seigneur, souviens-Toi de ce que Tu as semé en nous et non de ce que nous méritons ; et, de même que Tu nous as appelés à Ton service, rends-nous dignes de cet appel ; par Jésus Christ, notre Seigneur, qui vit et règne avec Toi et le Saint-Esprit, un seul Dieu, pour les siècles des siècles. *Amen.*

*Pas de préface propre.*

**Propre n° 2**   *Semaine du dimanche le plus proche du 18 mai*

Dieu tout-puissant et très miséricordieux, nous T'en supplions : dans Ta bonté, garde-nous de tout ce qui pourrait nous blesser, afin que nous puissions accomplir d'un cœur libre ce que Tu désires, puisque nos corps et nos esprits sont prêts ; par Jésus Christ, notre Seigneur, qui vit et règne avec Toi et le Saint-Esprit, un seul Dieu, pour les siècles des siècles. *Amen.*

*Pas de préface propre.*

**Propre n° 3**   *Dimanche le plus proche du 25 mai*

Seigneur, nous T'en prions, fais que Ta providence préside en paix aux affaires de ce monde ; et que Ton Église Te serve joyeusement, dans la confiance et la sérénité ; par Jésus Christ, notre Seigneur, qui vit et règne avec Toi et le Saint-Esprit, un seul Dieu, pour les siècles des siècles. *Amen.*

*Préface du jour du Seigneur*

**Propre n° 4**   *Dimanche le plus proche du 1ᵉʳ juin*

Ô Dieu, Ta constante providence règle toute chose sur la terre comme au ciel : nous T'implorons humblement, éloigne de nous tout ce qui pourrait nous blesser, et donne-nous ce qui nous est utile ; par Jésus Christ, notre Seigneur, qui vit et règne avec Toi et le Saint-Esprit, un seul Dieu, pour les siècles des siècles. *Amen.*

*Préface du jour du Seigneur*

**Propre n° 5**   *Dimanche le plus proche du 8 juin*

Ô Dieu, Toi dont procède tout bien : accorde-nous, sous Ton inspiration, d'avoir des pensées justes et de faire le bien, guidés par ta bonté ; par Jésus Christ, notre Seigneur, qui vit et règne avec Toi et le Saint-Esprit, un seul Dieu, pour les siècles des siècles. *Amen.*

*Préface du jour du Seigneur*

**Propre n° 6**   *Dimanche le plus proche du 15 juin*

Seigneur, nous T'en prions, garde Ta maison, l'Église, dans Ta foi et Ton amour inébranlables, afin que, par Ta grâce, nous puissions annoncer Ta vérité avec audace et exercer Ta justice avec compassion ; pour l'amour de notre Sauveur Jésus Christ, qui vit et règne avec Toi et le Saint-Esprit, un seul Dieu, pour les siècles des siècles. *Amen.*

*Préface du jour du Seigneur*

**Propre n° 7**   *Dimanche le plus proche du 22 juin*

Seigneur, nous T'en prions, accorde-nous une crainte et un amour perpétuels pour Ton saint Nom, car Tu ne manques jamais d'aider et de guider ceux que Tu as placés sur la fondation solide de Ta bonté aimante ; par Jésus Christ, notre Seigneur, qui vit et règne avec Toi et le Saint-Esprit, un seul Dieu, pour les siècles des siècles. *Amen.*

*Préface du jour du Seigneur*

**Propre n° 8**   *Dimanche le plus proche du 29 juin*

Dieu tout-puissant, Tu as bâti Ton Église sur la fondation des apôtres et des prophètes, et Jésus Christ Lui-même en est la pierre d'angle : accorde-nous d'être unis dans un même esprit par leur doctrine afin que nous devenions un temple saint qui Te soit agréable ; par ce même Jésus Christ, notre Seigneur, qui vit et règne avec Toi, dans l'unité du Saint-Esprit, un seul Dieu, pour les siècles des siècles. *Amen.*

*Préface du jour du Seigneur*

**Propre n° 9**  *Dimanche le plus proche du 6 juillet*

Seigneur, Tu nous as appris à garder tous Tes commandements en T'aimant et en aimant notre prochain : accorde-nous la grâce de Ton Esprit saint, afin que nous Te soyons dévoués de tout notre cœur, et que nous soyons unis les uns aux autres par une sincère affection ; par Jésus Christ, notre Seigneur, qui vit et règne avec Toi et le Saint-Esprit, un seul Dieu, pour les siècles des siècles. *Amen.*

*Préface du jour du Seigneur*

**Propre n° 10**  *Dimanche le plus proche du 13 juillet*

Seigneur, nous T'en prions, accueille avec miséricorde les prières de Ton peuple qui T'invoque ; accorde-lui de percevoir et de comprendre ce qu'il doit faire, et d'avoir la grâce et la force de l'accomplir fidèlement ; par Jésus Christ, notre Seigneur, qui vit et règne avec Toi et le Saint-Esprit, un seul Dieu, pour les siècles des siècles. *Amen.*

*Préface du jour du Seigneur*

**Propre n° 11**  *Dimanche le plus proche du 20 juillet*

Dieu tout-puissant, fontaine de toute sagesse, Tu sais ce dont nous avons besoin avant que nous le demandions, et Tu connais l'ignorance de nos demandes : prends pitié de notre faiblesse, nous T'en supplions, et, dans Ta miséricorde, accorde-nous ce que notre indignité ou notre aveuglement nous empêchent de te demander ; par les mérites de Ton Fils Jésus Christ, notre Seigneur, qui vit et règne avec Toi et le Saint-Esprit, un seul Dieu, pour les siècles des siècles. *Amen.*

*Préface du jour du Seigneur*

**Propre n° 12**  *Dimanche le plus proche du 27 juillet*

Ô Dieu, Toi qui protèges ceux qui espèrent en toi, et sans qui rien n'est fort, rien n'est saint : accrois et multiplie Tes bontés envers nous, afin que nous puissions, avec Toi pour guide et pour maître, traverser le monde temporel sans perdre l'éternel ; par Jésus Christ, notre Seigneur, qui vit et règne avec Toi et le Saint-Esprit, un seul Dieu, pour les siècles des siècles. *Amen.*

*Préface du jour du Seigneur*

**Propre n° 13**   *Dimanche le plus proche du 3 août*

Ô Seigneur, nous T'en prions, que Ta miséricorde incessante purifie et protège Ton Église ; et, parce qu'elle ne peut avancer en sécurité sans Ton secours, aide-la et préserve-la à jamais dans Ta bonté ; par Jésus Christ, notre Seigneur, qui vit et règne avec Toi et le Saint-Esprit, un seul Dieu, pour les siècles des siècles. *Amen.*

*Préface du jour du Seigneur*

**Propre n° 14**   *Dimanche le plus proche du 10 août*

Seigneur, nous T'en prions : accorde à nos esprits de toujours penser et faire ce qui est juste, afin que nous recevions de Toi, nous qui ne pouvons exister sans Toi, la capacité de vivre selon Ta volonté ; par Jésus Christ, notre Seigneur, qui vit et règne avec Toi et le Saint-Esprit, un seul Dieu, pour les siècles des siècles. *Amen.*

*Préface du jour du Seigneur*

**Propre n° 15**   *Dimanche le plus proche du 17 août*

Dieu tout-puissant, Toi qui as donné Ton Fils unique pour qu'Il soit pour nous et un sacrifice pour le péché et un exemple de vie pieuse : donne-nous la grâce de toujours recevoir avec reconnaissance ce bienfait inestimable et de nous évertuer chaque jour à marcher sur les traces bénies de Sa très sainte vie ; par ce même Jésus Christ, ton Fils, notre Seigneur, qui vit et règne avec Toi et le Saint-Esprit, un seul Dieu, pour les siècles des siècles. *Amen.*

*Préface du jour du Seigneur*

**Propre n° 16**   *Dimanche le plus proche du 24 août*

Dieu de miséricorde, nous T'en supplions, accorde à Ton Église, rassemblée dans l'unité par Ton Esprit saint, de manifester Ta puissance à tous les peuples, à la gloire de Ton Nom ; par Jésus Christ, notre Seigneur, qui vit et règne avec Toi et le Saint-Esprit, un seul Dieu, pour les siècles des siècles. *Amen.*

*Préface du jour du Seigneur*

**Propre n° 17**   *Dimanche le plus proche du 31 août*

Seigneur de puissance et de gloire, Toi qui crées et prodigues tout bien : greffe dans nos cœurs l'amour de Ton Nom ; fais grandir en nous la vraie religion ; nourris-nous de toute bonté ; et manifeste en nous le fruit des œuvres bonnes ; par Jésus Christ, notre Seigneur, qui vit et règne avec Toi et le Saint-Esprit, un seul Dieu, pour les siècles des siècles. *Amen.*

*Préface du jour du Seigneur*

**Propre n° 18**   *Dimanche le plus proche du 7 septembre*

Seigneur, nous T'en prions, accorde-nous d'espérer en Toi de tout notre cœur ; car, si Tu résistes toujours aux orgueilleux qui se fient à leurs propres forces, Tu n'abandonnes jamais ceux qui se glorifient de Ta miséricorde ; par Jésus Christ, notre Seigneur, qui vit et règne avec Toi et le Saint-Esprit, un seul Dieu, pour les siècles des siècles. *Amen.*

*Préface du jour du Seigneur*

**Propre n° 19**   *Dimanche le plus proche du 14 septembre*

Ô Dieu, puisque sans Toi il nous est impossible de Te plaire, accepte, dans Ta bonté, que Ton Esprit saint dirige et gouverne nos cœurs en toutes choses ; par Jésus Christ, notre Seigneur, qui vit et règne avec Toi et le Saint-Esprit, un seul Dieu, pour les siècles des siècles. *Amen.*

*Préface du jour du Seigneur*

*Le mercredi, le vendredi et le samedi qui suivent le 14 septembre correspondent traditionnellement aux jours des Quatre-Temps d'automne.*

**Propre n° 20**   *Dimanche le plus proche du 21 septembre*

Seigneur, accorde-nous de ne pas nous soucier des choses de ce monde, mais d'aimer celles du ciel, et accorde-nous, à nous qui sommes dans des réalités vouées à disparaître, de nous attacher dès maintenant à celles qui demeureront ; par Jésus Christ, notre Seigneur, qui vit et règne avec Toi et le Saint-Esprit, un seul Dieu, pour les siècles des siècles. *Amen.*

*Préface du jour du Seigneur*

**Propre n° 21**   *Dimanche le plus proche du 28 septembre*

Ô Dieu, Toi qui proclames Ta toute-puissance surtout en manifestant miséricorde et pitié : dans Ta bonté, accorde-nous une telle mesure de Ta grâce que, courant pour obtenir Tes promesses, nous puissions avoir part à Ton trésor céleste ; par Jésus Christ, notre Seigneur, qui vit et règne avec Toi et le Saint-Esprit, un seul Dieu, pour les siècles des siècles. *Amen.*

*Préface du jour du Seigneur*

**Propre n° 22**   *Dimanche le plus proche du 5 octobre*

Dieu éternel et tout-puissant, Toi qui es toujours plus prompt à écouter que nous à prier, et à nous accorder davantage que ce que nous désirons ou méritons : répands sur nous l'abondance de Ta miséricorde, nous pardonnant ce qui trouble notre conscience, et nous accordant les biens que nous ne sommes pas dignes de demander, sinon par les mérites et la médiation de Jésus Christ, Ton Fils, notre Seigneur, qui vit et règne avec Toi et le Saint-Esprit, un seul Dieu, pour les siècles des siècles. *Amen.*

*Préface du jour du Seigneur*

**Propre n° 23** *Dimanche le plus proche du 12 octobre*

Seigneur, nous prions pour que Ta grâce nous précède et nous suive toujours, afin que nous ne cessions de nous consacrer aux œuvres bonnes ; par Jésus Christ, notre Seigneur, qui vit et règne avec Toi et le Saint-Esprit, un seul Dieu, pour les siècles des siècles. *Amen.*

*Préface du jour du Seigneur*

**Propre n° 24** *Dimanche le plus proche du 19 octobre*

Dieu éternel et tout-puissant, Toi qui as révélé en Christ Ta gloire aux nations : préserve l'œuvre de Ta miséricorde, afin que Ton Église persévère dans le monde entier avec une foi inébranlable dans la confession de Ton Nom ; par ce même Jésus Christ, notre Seigneur, qui vit et règne avec Toi et le Saint-Esprit, un seul Dieu, pour les siècles des siècles. *Amen.*

*Préface du jour du Seigneur*

**Propre n° 25** *Dimanche le plus proche du 26 octobre*

Dieu éternel et tout-puissant, accorde-nous un surcroît de foi, d'espérance et de charité ; et, afin que nous puissions obtenir ce que Tu promets, fais-nous aimer ce que Tu ordonnes ; par Jésus Christ, notre Seigneur, qui vit et règne avec Toi et le Saint-Esprit, un seul Dieu, pour les siècles des siècles. *Amen.*

*Préface du jour du Seigneur*

**Propre n° 26** *Dimanche le plus proche du 2 novembre*

Dieu tout-puissant et miséricordieux, c'est uniquement parce que Tu le leur accordes que Tes fidèles peuvent T'offrir un service vrai et louable : nous T'en supplions, accorde-nous de courir sans trébucher pour obtenir Tes promesses célestes ; par Jésus Christ, notre Seigneur, qui vit et règne avec Toi et le Saint-Esprit, un seul Dieu, pour les siècles des siècles. *Amen.*

*Préface du jour du Seigneur*

**Propre nº 27**   *Dimanche le plus proche du 9 novembre*

Ô Dieu, Toi dont le Fils bien-aimé s'est manifesté pour détruire l'œuvre du diable et faire de nous des enfants de Dieu qui recevront la vie éternelle en héritage, nous T'en prions : accorde-nous, dans cette espérance, de nous purifier pour être purs comme Lui, afin que, lorsqu'Il reviendra avec puissance et grande gloire, nous puissions devenir semblables à Lui dans Son Royaume éternel et glorieux, où Il vit et règne avec Toi, Père, et avec Toi, Saint-Esprit, un seul Dieu, pour les siècles des siècles. *Amen.*

*Préface du jour du Seigneur*

**Propre nº 28**   *Dimanche le plus proche du 16 novembre*

Seigneur bien-aimé, Toi qui as fait écrire les Saintes Écritures pour notre instruction, accorde-nous de les écouter, de les lire, de les annoter, de les apprendre et de les intérioriser, afin que nous puissions, avec patience et avec le réconfort de ta sainte Parole, acquérir à jamais la bienheureuse espérance de la vie éternelle que Tu nous as donnée en Jésus Christ, notre Sauveur, qui vit et règne avec Toi et le Saint-Esprit, un seul Dieu, pour les siècles des siècles. *Amen.*

*Préface du jour du Seigneur*

**Propre nº 29**   *Dimanche le plus proche du 23 novembre*

Dieu éternel et tout-puissant, Toi qui veux rétablir toutes choses dans Ton Fils bien-aimé, le Roi des rois et Seigneur des seigneurs : dans Ta miséricorde, accepte que les peuples de la terre, divisés et asservis par le péché, soient libérés et rassemblés sous Sa bienveillante autorité ; Lui qui vit et règne avec Toi et le Saint-Esprit, un seul Dieu, pour les siècles des siècles. *Amen.*

*Préface du jour du Seigneur ou du Baptême*

# Sanctoral

### Saint André   *30 novembre*

Dieu tout-puissant, Tu as donné à Ton apôtre André la grâce d'obéir avec empressement à l'appel de Ton Fils Jésus Christ et d'emmener son frère avec lui : nous qui entendons l'appel de Ta Parole, accorde-nous la grâce de Le suivre sans attendre et d'amener notre entourage en Sa présence bienveillante ; Lui qui vit et règne avec Toi et le Saint-Esprit, un seul Dieu, pour les siècles des siècles. *Amen.*

*Préface des apôtres*

### Saint Thomas   *21 décembre*

Dieu éternel, Toi qui as fortifié Ton apôtre Thomas par une foi sûre et certaine en la résurrection de Ton Fils : accorde-nous de croire si parfaitement et sans le moindre doute en Jésus Christ, notre Seigneur et notre Dieu, que notre foi ne fera jamais défaut à Tes yeux ; par Celui qui vit et règne avec Toi et le Saint-Esprit, un seul Dieu, pour les siècles des siècles. *Amen.*

*Préface des apôtres*

### Saint Étienne   *26 décembre*

Seigneur de gloire, nous Te rendons grâces pour l'exemple du premier martyr Étienne, qui a levé les yeux au ciel et prié Ton Fils pour ceux qui le persécutaient, ce même Jésus Christ qui Se tient à Ta droite, où Il vit et règne avec Toi et le Saint-Esprit, un seul Dieu, dans la gloire éternelle. *Amen.*

*Préface de l'Incarnation*

### Saint Jean  *27 décembre*

Fais briller l'éclat de Ta lumière sur Ton Église, ô Seigneur, afin que, illuminés par l'enseignement de Ton apôtre et évangéliste Jean, nous puissions marcher à la lumière de Ta vérité, pour atteindre enfin la plénitude de la vie éternelle ; par Jésus Christ, notre Seigneur, qui vit et règne avec Toi et le Saint-Esprit, un seul Dieu, pour les siècles des siècles. *Amen.*

*Préface de l'Incarnation*

### Saints Innocents  *28 décembre*

Seigneur, nous faisons mémoire en ce jour du massacre des saints innocents de Bethléem sur l'ordre du roi Hérode. Nous T'en prions, entoure toutes les victimes innocentes de Ta miséricorde ; et que Ta puissance fasse échouer les desseins des tyrans malveillants et établisse Ton règne de justice, d'amour et de paix ; par Jésus Christ, notre Seigneur, qui vit et règne avec Toi, dans l'unité du Saint-Esprit, un seul Dieu, pour les siècles des siècles. *Amen.*

*Préface de l'Incarnation*

### Confession de saint Pierre  *18 janvier*

Père tout-puissant, Toi qui as inspiré Simon Pierre, le premier des apôtres, pour qu'il confesse Jésus comme le Messie et le Fils du Dieu vivant : garde Ton Église inébranlable sur le rocher de cette foi, afin que nous puissions, dans l'unité et la paix, proclamer l'unique vérité et suivre l'unique Seigneur, notre Sauveur Jésus Christ, qui vit et règne avec Toi et le Saint-Esprit, un seul Dieu, pour les siècles des siècles. *Amen.*

*Préface des apôtres*

### Conversion de saint Paul  *25 janvier*

Ô Dieu, Toi qui as fait briller la lumière de l'Évangile dans le monde entier par la prédication de Ton apôtre Paul, nous T'en prions : accorde-nous de Te manifester toute notre reconnaissance, au souvenir de sa merveilleuse conversion, en suivant la sainte doctrine qu'il a enseignée ; par Jésus Christ, notre Seigneur, qui vit et règne avec Toi, dans l'unité du Saint-Esprit, un seul Dieu, pour les siècles des siècles. *Amen.*

*Préface des apôtres*

## Présentation au Temple  *2 février*

Dieu éternel et tout-puissant, nous T'en prions humblement : de même que Ton Fils unique a été présenté au temple en ce jour, accorde-nous d'être présentés à Toi, le cœur pur et sans tache, par ce même Jésus Christ, notre Seigneur, qui vit et règne avec Toi et le Saint-Esprit, un seul Dieu, pour les siècles des siècles. *Amen.*

*Préface de l'Épiphanie*

## Saint Matthias  *24 février*

Dieu tout-puissant, Tu as choisi Matthias, Ton fidèle serviteur, pour remplacer Judas parmi les Douze : accorde à Ton Église d'être préservée des faux apôtres et d'être toujours guidée et gouvernée par de vrais et fidèles pasteurs ; par Jésus Christ, notre Seigneur, qui vit et règne avec Toi, dans l'unité du Saint-Esprit, un seul Dieu, pour les siècles des siècles. *Amen.*

*Préface des apôtres*

## Saint Joseph  *19 mars*

Ô Dieu, Tu as élevé Joseph, de la famille de Ton serviteur David, pour qu'il soit le tuteur de Ton Fils incarné et l'époux de Sa mère la Vierge : accorde-nous la grâce d'imiter sa droiture et son obéissance à Tes commandements ; par Jésus Christ, notre Seigneur, qui vit et règne avec Toi et le Saint-Esprit, un seul Dieu, pour les siècles des siècles. *Amen.*

*Préface de l'Épiphanie*

## Annonciation  *25 mars*

Seigneur, nous T'en prions, répands Ta grâce en nos cœurs, afin que nous qui savons que l'Incarnation de Ton Fils Jésus Christ fut annoncée par un ange à la Vierge Marie, nous puissions être amenés par Sa croix et Sa passion à connaître la gloire de Sa résurrection ; par Lui qui vit et règne avec Toi, dans l'unité du Saint-Esprit, un seul Dieu, pour les siècles des siècles. *Amen.*

*Préface de l'Épiphanie*

## Saint Marc  *25 avril*

Dieu tout-puissant, par la main de l'évangéliste Marc, Tu as donné à Ton Église l'Évangile de Jésus Christ, le Fils de Dieu : nous Te rendons grâces pour ce témoignage et prions pour nous ancrer solidement dans sa vérité ; par Jésus Christ, notre Seigneur, qui vit et règne avec Toi et le Saint-Esprit, un seul Dieu, pour les siècles des siècles. *Amen.*

*Préface de la Toussaint*

## Saint Philippe et Saint Jacques  *1er mai*

Dieu tout-puissant, Tu as donné à Tes apôtres Philippe et Jacques la grâce et la force de rendre témoignage à la vérité : accorde-nous, au souvenir de leur victoire par la foi, de glorifier dans la vie et dans la mort le Nom de notre Seigneur Jésus Christ, qui vit et règne avec Toi et le Saint-Esprit, un seul Dieu, pour les siècles des siècles. *Amen.*

*Préface des apôtres*

## Visitation  *31 mai*

Père céleste, par Ta grâce, la Vierge mère de Ton Fils incarné a reçu la bénédiction de Le porter en son sein, et la bénédiction plus grande encore de garder Ta parole : accorde-nous, à nous qui célébrons l'honneur rendu à son humilité, de suivre l'exemple de son dévouement à Ta volonté ; par ce même Jésus Christ, notre

Seigneur, qui vit et règne avec Toi et le Saint-Esprit, un seul Dieu, pour les siècles des siècles. *Amen.*

*Préface de l'Épiphanie*

## Saint Barnabé   *11 juin*

Ô Dieu, accorde-nous de suivre l'exemple de Ton fidèle serviteur Barnabé, qui, ne cherchant pas sa renommée personnelle mais le bien de Ton Église, a généreusement donné de sa vie et de ses biens pour le secours des pauvres et la diffusion de l'Évangile ; par Jésus Christ, notre Seigneur, qui vit et règne avec Toi et le Saint-Esprit, un seul Dieu, pour les siècles des siècles. *Amen.*

*Préface des apôtres*

## Nativité de saint Jean-Baptiste   *24 juin*

Dieu tout-puissant, par Ta providence Tu as fait naître Ton serviteur Jean-Baptiste de façon miraculeuse, et Tu l'as envoyé préparer le chemin de Ton Fils, notre Sauveur, en prêchant le repentir : accorde-nous de suivre sa doctrine et sa sainte vie afin que nous nous repentions sincèrement, ainsi qu'il l'a prêché ; et, suivant son exemple, puissions-nous dire constamment la vérité, réprouver bravement les vices et souffrir patiemment pour la vérité ; par Jésus Christ, Ton Fils, notre Seigneur, qui vit et règne avec Toi et le Saint-Esprit, un seul Dieu, pour les siècles des siècles. *Amen.*

*Préface de l'Avent*

## Saint Pierre et saint Paul   *29 juin*

Dieu tout-puissant, Toi que les bienheureux apôtres Pierre et Paul ont glorifié par leur martyre : accorde à Ton Église, instruite par leur enseignement et leur exemple, et rassemblée dans l'unité par Ton Esprit, de reposer toujours sur son unique fondement, Jésus Christ, notre Seigneur, qui vit et règne avec Toi, dans l'unité du Saint-Esprit, un seul Dieu, pour les siècles des siècles. *Amen.*

*Préface des apôtres*

## Fête nationale   *4 juillet*

Seigneur Dieu tout-puissant, en Ton Nom, les fondateurs de ce pays ont gagné l'indépendance pour eux-mêmes et pour nous, et allumé le flambeau de la liberté pour les nations à naître. Nous T'en prions, accorde-nous la grâce, ainsi qu'à toute la population de ce pays, de préserver nos libertés dans la justice et la paix ; par Jésus Christ, notre Seigneur, qui vit et règne avec Toi et le Saint-Esprit, un seul Dieu, pour les siècles des siècles. *Amen.*

*Il est possible d'utiliser à la place la collecte « Pour la nation », à la page [185].*

*Préface du dimanche de la Trinité*

## Sainte Marie-Madeleine   *22 juillet*

Dieu tout-puissant, Toi dont le Fils bien-aimé a rendu à Marie-Madeleine la santé du corps et de l'esprit, et l'a appelée à être témoin de Sa résurrection : dans Ta miséricorde, accorde-nous, par Ta grâce, de guérir de toutes nos infirmités et de Te connaître dans la puissance de la vie éternelle de Jésus Christ, qui vit et règne avec Toi et le Saint-Esprit, un seul Dieu, pour les siècles des siècles. *Amen.*

*Préface de la Toussaint*

## Saint Jacques   *25 juillet*

Ô Dieu de miséricorde, nous nous souvenons aujourd'hui devant Toi de Ton serviteur et apôtre Jacques, le premier des Douze à souffrir le martyre au nom de Jésus Christ ; et nous Te prions de bien vouloir répandre sur les guides de Ton Église cet esprit d'abnégation qui seul leur confère une véritable autorité sur Ton peuple ; par ce même Jésus Christ, notre Seigneur, qui vit et règne avec Toi et le Saint-Esprit, un seul Dieu, pour les siècles des siècles. *Amen.*

*Préface des apôtres*

## Transfiguration   *6 août*

Ô Dieu, Toi qui, sur la sainte montagne, as révélé à des témoins choisis Ton Fils bien-aimé merveilleusement transfiguré : Son visage brillait et Ses vêtements étaient devenus d'une blancheur éblouissante ; dans Ta miséricorde, daigne nous délivrer des soucis de ce monde afin que nous puissions contempler avec foi le Roi dans Sa beauté, Lui qui vit et règne avec Toi, ô Père, et Toi, ô Saint-Esprit, un seul Dieu, pour les siècles des siècles.

*Préface de l'Épiphanie*

## Sainte Vierge Marie   *15 août*

Ô Dieu, Tu as élevé à Toi la bienheureuse Vierge Marie, mère de Ton Fils incarné : accorde-nous, à nous qui avons été rachetés par le sang du Christ, de partager avec elle la gloire de Ton royaume éternel ; par ce même Jésus Christ, notre Seigneur, qui vit et règne avec Toi, dans l'unité du Saint-Esprit, un seul Dieu, pour les siècles des siècles. *Amen.*

*Préface de l'Incarnation*

## Saint Barthélemy   *24 août*

Dieu éternel et tout-puissant, Toi qui as donné à Ton apôtre Barthélemy la grâce de croire et de prêcher sincèrement Ta Parole : nous T'en prions, accorde à Ton Église d'aimer ce qu'il a cru et de prêcher ce qu'il a enseigné ; par Jésus Christ, notre Seigneur, qui vit et règne avec Toi et le Saint-Esprit, un seul Dieu, pour les siècles des siècles. *Amen.*

*Préface des apôtres*

## Fête de la Sainte-Croix   *14 septembre*

Dieu tout-puissant, Toi dont le Fils, notre Sauveur Jésus Christ, a été élevé sur la croix pour attirer à Lui le monde entier : à nous qui nous glorifions du mystère de notre rédemption, dans Ta miséricorde, donne-nous la grâce de prendre notre croix et de

Le suivre, Lui qui vit et règne avec Toi et le Saint-Esprit, un seul Dieu, dans la gloire éternelle. *Amen.*

*Préface de la Semaine sainte*

## Saint Matthieu   *21 septembre*

Nous Te rendons grâces, Père céleste, pour le témoignage que Ton apôtre et évangéliste Matthieu a rendu à l'Évangile de Ton Fils, notre Sauveur ; et nous prions pour que, comme lui, nous puissions obéir de bon gré et de bon cœur à notre Seigneur qui nous appelle à Le suivre ; par Jésus Christ, notre Seigneur, qui vit et règne avec Toi et le Saint-Esprit, un seul Dieu, pour les siècles des siècles. *Amen.*

*Préface des apôtres*

## Saint Michel et tous les anges   *29 septembre*

Ô Dieu éternel, Toi qui as établi et réglé le ministère des anges et des mortels avec un ordre admirable : dans Ta miséricorde, autorise Tes saints anges, qui Te servent et T'adorent continuellement dans le ciel, à venir sur terre, sur Ton ordre, pour nous aider et nous défendre ; par Jésus Christ, notre Seigneur, qui vit et règne avec Toi et le Saint-Esprit, un seul Dieu, pour les siècles des siècles. *Amen.*

*Préface du dimanche de la Trinité*

## Saint Luc   *18 octobre*

Dieu tout-puissant, Toi qui as inspiré Ton serviteur Luc, le médecin, pour qu'il annonce dans l'Évangile l'amour et le pouvoir de guérison de Ton Fils : dans Ta bonté, préserve cet amour et ce pouvoir de guérison dans Ton Église, à la louange et à la gloire de Ton Nom ; par Jésus Christ, notre Seigneur, qui vit et règne avec Toi, dans l'unité du Saint-Esprit, un seul Dieu, pour les siècles des siècles. *Amen.*

*Préface de la Toussaint*

**Saint Jacques de Jérusalem**  *23 octobre*

Nous t'en prions, ô Dieu, accorde à Ton Église de suivre l'exemple de Ton serviteur Jacques le Juste, frère de notre Seigneur, et de s'adonner continuellement à la prière et à la réconciliation des personnes en désaccord ou en conflit ; par Jésus Christ, notre Seigneur, qui vit et règne avec Toi et le Saint-Esprit, un seul Dieu, pour les siècles des siècles. *Amen.*

*Préface de la Toussaint*

**Saint Simon et saint Jude**  *28 octobre*

Ô Dieu, nous Te rendons grâces pour la glorieuse compagnie des apôtres, et tout particulièrement, en ce jour, pour Simon et Jude ; et nous prions pour que, montrant la même fidélité et le même zèle qu'eux dans leur mission, nous puissions faire connaître, avec une dévotion ardente, l'amour et la miséricorde de notre Seigneur et Sauveur Jésus Christ, qui vit et règne avec Toi et le Saint-Esprit, un seul Dieu, pour les siècles des siècles. *Amen.*

*Préface des apôtres*

**Toussaint**  *1ᵉʳ novembre*

Dieu tout-puissant, Toi qui as lié ensemble Tes élus dans une même communion au corps mystique du Christ, Ton Fils, notre Seigneur : accorde-nous la grâce de suivre Tes bienheureux saints dans toutes leurs vertus et leur sainteté de vie, afin que nous puissions atteindre les joies ineffables que Tu as préparées pour les personnes qui T'aiment sincèrement ; par Jésus Christ, notre Seigneur, qui vit et règne avec Toi et le Saint-Esprit, un seul Dieu, dans la gloire éternelle. *Amen.*

*Préface de la Toussaint*

**Jour de l'Action de grâces** *(Thanksgiving)*

Père tout-puissant et bienveillant, nous Te rendons grâces pour les fruits de la terre et pour le travail de ceux qui les récoltent ; nous T'en prions, fais de nous des intendants fidèles de Ta grande générosité, prodiguant tout ce qui nous est nécessaire et portant secours à toutes les personnes qui en ont besoin, à la gloire de Ton Nom ; par Jésus Christ, notre Seigneur, qui vit et règne avec Toi et le Saint-Esprit, un seul Dieu, pour les siècles des siècles. *Amen.*

*Pour les Prières des fidèles, il est possible d'utiliser la litanie d'Action de grâces à la page [836].*

*Préface du dimanche de la Trinité*

# Commun des saints et saintes

*Les fêtes des saints et saintes sont observées conformément aux règles de primauté établies dans le calendrier de l'année liturgique. À la discrétion de la personne qui célèbre et selon les circonstances, il est possible d'utiliser l'une des collectes suivantes, avec les psaumes et leçons qui lui correspondent :*

*a) pour commémorer un·e saint·e inscrit·e au calendrier lorsqu'aucun propre n'est prévu à cet effet dans ce Livre ;*

*b) lors de la fête patronale ou de la commémoration d'un·e saint·e qui ne figure pas dans le calendrier.*

### Pour un·e martyr·e

Dieu tout-puissant, Tu as donné à *(ton serviteur)(ta servante)* N. l'audace de confesser le Nom de notre Sauveur Jésus Christ devant les autorités de ce monde, et le courage de mourir pour cette foi : accorde-nous d'être toujours disposés à rendre raison de l'espérance qui est en nous, et à souffrir avec joie pour l'amour de ce même Jésus Christ, notre Seigneur, qui vit et règne avec Toi et le Saint-Esprit, un seul Dieu, pour les siècles des siècles. *Amen.*

*ou ceci :*

Dieu tout-puissant, par Ta grâce et Ta puissance, *(ton saint martyr)(ta sainte martyre)* N. a triomphé de la souffrance et T'a été fidèle jusqu'à la mort : à nous, qui nous souvenons *(de lui) (d'elle)* aujourd'hui dans notre action de grâces, accorde d'être fidèles dans le témoignage que nous Te rendons dans ce monde, afin de recevoir la couronne de vie avec *(lui)(elle)* ; par Jésus

Christ, notre Seigneur, qui vit et règne avec Toi et le Saint-Esprit, un seul Dieu, pour les siècles des siècles. *Amen.*

*ou ceci :*

Dieu éternel et tout-puissant, Tu as enflammé de Ton amour le cœur de *(ton saint martyr)(ta sainte martyre) N. :* accorde aux humbles serviteurs que nous sommes une foi et une force d'amour comparables, afin que, nous réjouissant de son triomphe, nous puissions tirer profit de son exemple ; par Jésus Christ, notre Seigneur, qui vit et règne avec Toi et le Saint-Esprit, un seul Dieu, pour les siècles des siècles. *Amen.*

*Préface d'un·e saint·e*

## Pour un·e missionnaire

Dieu éternel et tout-puissant, nous Te rendons grâces pour *(ta servante)(ton serviteur) N.,* que Tu as appelé·e à prêcher l'Évangile aux peuples de _____ (*ou* aux _____) : suscite dans ce pays, comme dans toutes les nations, des évangélistes et des hérauts de Ton royaume, afin que Ton Église puisse proclamer les richesses insondables de notre Sauveur Jésus Christ, qui vit et règne avec Toi et le Saint-Esprit, un seul Dieu, pour les siècles des siècles. *Amen.*

*ou ceci :*

Dieu tout-puissant, Toi dont la volonté est d'être glorifié par Tes saints, Tu as fait lever *(ta servante)(ton serviteur) N.* pour qu'*(elle) (il)* soit une lumière du monde : nous T'en prions, resplendis dans nos cœurs afin que nous aussi, à notre génération, nous fassions connaître Tes louanges, Toi qui nous a appelés des ténèbres à Ta merveilleuse lumière ; par Jésus Christ, notre Seigneur, qui vit et règne avec Toi et le Saint-Esprit, un seul Dieu, pour les siècles des siècles. *Amen.*

*Préface de la Pentecôte*

## Pour un·e pasteur·e

Ô Père céleste, Pasteur de Ton peuple, nous Te rendons grâces pour *(ton serviteur)(ta servante) N.,* qui a fidèlement pris soin de Ton troupeau ; et nous prions pour que, suivant son exemple et l'enseignement de sa sainte vie, nous puissions par Ta grâce grandir pour atteindre la mesure de la plénitude de Jésus Christ, notre Seigneur et Sauveur, qui vit et règne avec Toi et le Saint-Esprit, un seul Dieu, pour les siècles des siècles. *Amen.*

*ou ceci :*

Ô Dieu, notre Père céleste, Tu as fait grandir *(ton fidèle serviteur) (ta fidèle servante)* N. pour qu'*(il)(elle)* soit [évêque et] pasteur·e de Ton Église et qu'*(il)(elle)* nourrisse Ton troupeau : prodigue les dons de Ton Esprit saint en abondance à Tes pasteurs, afin qu'ils puissent exercer leur ministère dans ta maison en se mettant véritablement au service du Christ pour assurer l'intendance de Tes mystères divins ; par ce même Jésus Christ, notre Seigneur, qui vit et règne avec Toi et le Saint-Esprit, un seul Dieu, pour les siècles des siècles. *Amen.*

*Préface d'un·e saint·e*

## Pour un·e théologien·ne, un·e enseignant·e

Ô Dieu, par ton Esprit saint, Tu donnes à certaines personnes des paroles de sagesse, à d'autres des paroles de connaissance, et à d'autres encore des paroles de foi : nous adorons Ton Nom pour les dons de grâce qui se sont manifestés en *(ta servante) (ton serviteur)* N., et nous prions pour que Ton Église n'en soit jamais privée ; par Jésus Christ, notre Seigneur, qui vit et règne avec Toi et le Saint-Esprit, un seul Dieu, pour les siècles des siècles. *Amen.*

*ou ceci :*

Dieu tout-puissant, Toi qui as donné à *(ta servante)(ton serviteur)* N. des dons spéciaux de grâce pour comprendre et enseigner la vérité telle qu'elle est en Jésus Christ, nous T'en prions : accorde-nous de Te connaître par cet enseignement, Toi, le seul vrai Dieu, et Celui que Tu as envoyé, Jésus Christ, qui vit et règne avec Toi et le Saint-Esprit, un seul Dieu, pour les siècles des siècles. *Amen.*

*Préface d'un·e saint·e ou du dimanche de la Trinité*

## Pour un religieux, une religieuse

Ô Dieu, Toi dont le Fils bien-aimé S'est fait pauvre pour que nous soyons riches de Sa pauvreté, nous T'en prions : délivre-nous de l'amour démesuré de ce monde, afin que, inspirés par la dévotion de *(ton serviteur)(ta servante)* N., nous puissions Te servir d'un cœur droit et atteindre les richesses du monde à venir ; par Jésus Christ, notre Seigneur, qui vit et règne avec Toi, dans l'unité du Saint-Esprit, un seul Dieu, pour les siècles des siècles. *Amen.*

*ou ceci :*

Ô Dieu, par Ta grâce, *(ton serviteur)(ta servante)* N., enflammé·e par Ton amour, est devenu·e un phare de ton Église : accorde-nous également de brûler d'un esprit d'amour et de discipline, et de marcher devant Toi comme des enfants de lumière ; par Jésus Christ, notre Seigneur, qui vit et règne avec Toi, dans l'unité du Saint-Esprit, un seul Dieu, pour les siècles des siècles. *Amen.*

*Préface d'un·e saint·e*

## Pour un·e saint·e

Ô Dieu tout-puissant, Tu nous as entourés d'une grande foule de témoins : accorde-nous de persévérer dans la course qui nous attend, encouragés par l'exemple édifiant de *(ta servante)(ton serviteur)* N., jusqu'à ce que nous puissions enfin atteindre avec *(elle)(lui)* Ta joie éternelle ; par Jésus Christ, par qui notre foi a commencé et qui la mène à sa perfection, Lui qui vit et règne avec Toi et le Saint-Esprit, un seul Dieu, pour les siècles des siècles. *Amen.*

*ou ceci :*

Ô Dieu, Tu as fait venir à nous une foule innombrable d'anges et les esprits des justes rendus parfaits : accorde-nous, durant notre pèlerinage terrestre, de demeurer en leur compagnie et, dans notre patrie céleste, d'avoir part à leur joie ; par Jésus Christ, notre Seigneur, qui vit et règne avec Toi et le Saint-Esprit, un seul Dieu, pour les siècles des siècles. *Amen.*

*ou ceci :*

Ô Dieu tout-puissant, par Ton Esprit saint, Tu nous as unis à l'assemblée de Tes saints au ciel et sur la terre : accorde-nous, durant notre pèlerinage terrestre, de toujours trouver un soutien auprès de cette communion d'amour et de prière, et de savoir que nous sommes entourés par son témoignage de Ta puissance et de Ta bonté ; nous Te le demandons au nom de Jésus Christ, en qui toutes nos intercessions sont acceptables par l'Esprit, et qui vit et règne pour les siècles des siècles. *Amen.*

*Préface d'un·e saint·e*

## Occasions diverses

*Peuvent être utilisées si on le souhaite, sous réserve des règles énoncées dans le Calendrier de l'année liturgique.*

### 1. De la Sainte Trinité

Dieu tout-puissant, Toi qui as révélé à Ton Église Ton Être éternel de glorieuse majesté et d'amour parfait, un seul Dieu en une Trinité de personnes : donne-nous la grâce de continuer à confesser cette foi fidèlement et de T'adorer inlassablement, Père, Fils et Saint-Esprit ; car Tu vis et règnes, un seul Dieu, pour les siècles des siècles. *Amen.*

*Préface du dimanche de la Trinité*

### 2. Du Saint-Esprit

Dieu tout-puissant et plein de miséricorde, nous T'en prions : accorde-nous d'être éclairés et fortifiés par la présence de Ton Esprit saint afin de Te servir ; par Jésus Christ, notre Seigneur, qui vit et règne avec Toi, dans l'unité du même Esprit, un seul Dieu, pour les siècles des siècles. *Amen.*

*Préface de la Pentecôte*

### 3. Des saints anges

Ô Dieu éternel, Toi qui as établi et réglé le ministère des anges et des mortels avec un ordre admirable : dans Ta miséricorde, autorise Tes saints anges, qui Te servent et T'adorent continuellement dans le ciel, à venir sur terre, sur Ton ordre, pour nous aider et nous défendre ; par Jésus Christ, notre Seigneur, qui vit et règne avec Toi et le Saint-Esprit, un seul Dieu, pour les siècles des siècles. *Amen.*

*Préface du dimanche de la Trinité*

### 4. De l'Incarnation

Ô Dieu, Toi qui as merveilleusement créé, et encore plus merveilleusement restauré, la dignité de la nature humaine : accorde-nous d'avoir part à la vie divine de Celui qui s'est humilié pour partager notre humanité, Ton Fils Jésus Christ, Lui qui vit et règne avec Toi, dans l'unité du Saint-Esprit, un seul Dieu, pour les siècles des siècles. *Amen.*

*Préface de l'Épiphanie*

### 5. De la Sainte Eucharistie

*Particulièrement indiqué les jeudis*

Dieu notre Père, Toi dont le Fils, notre Seigneur Jésus Christ, nous a laissé un mémorial de Sa passion dans un Sacrement merveilleux : accorde-nous de vénérer les mystères sacrés de Son Corps et de Son Sang, afin que nous percevions toujours en nous le fruit de Sa rédemption ; Lui qui vit et règne avec Toi et le Saint-Esprit, un seul Dieu, pour les siècles des siècles. *Amen.*

*Préface de l'Épiphanie*

### 6. De la Sainte Croix

*Particulièrement indiqué les vendredis*

Dieu tout-puissant, Toi dont le Fils bien-aimé a volontairement enduré l'agonie et la honte de la croix pour notre rédemption, nous T'en prions : donne-nous le courage de prendre notre croix et de Le suivre, Lui qui vit et règne avec Toi et le Saint-Esprit, un seul Dieu, pour les siècles des siècles. *Amen.*

*Préface de la Semaine sainte*

## 7. Pour toutes les personnes chrétiennes baptisées

*Particulièrement indiqué les samedis*

Ô Seigneur Dieu, accorde-nous, ainsi qu'à toutes les personnes baptisées dans la mort et la résurrection de Ton Fils Jésus Christ, qu'ayant rejeté notre ancienne vie de péché, nous soyons renouvelés dans l'esprit de notre intelligence et que nous vivions dans la justice et la vraie sainteté ; par ce même Jésus Christ, notre Seigneur, qui vit et règne avec Toi, dans l'unité du Saint-Esprit, un seul Dieu, pour les siècles des siècles. *Amen.*

*Préface du baptême*

## 8. Pour les défunts et défuntes

Ô Seigneur Dieu éternel, Toi qui maintiens en vie toutes les âmes : nous T'en prions, donne Ta lumière et Ta paix à toute Ton Église dans le paradis et sur la terre ; et accorde-nous, suivant l'exemple édifiant de ceux qui T'ont servi ici-bas et qui connaissent à présent le repos, d'entrer finalement à leurs côtés dans Ta joie éternelle ; par Jésus Christ, notre Seigneur, qui vit et règne avec Toi, dans l'unité du Saint-Esprit, un seul Dieu, pour les siècles des siècles. *Amen.*

*ou ceci :*

Dieu tout-puissant, nous nous souvenons aujourd'hui devant Toi de *(ton fidèle serviteur)(ta fidèle servante)* N., et nous prions pour que Tu lui ouvres les portes de la vie plus vaste et que Tu *(le)(la)* prennes toujours plus à Ton service joyeux, afin qu'avec toutes les personnes qui T'ont fidèlement servi par le passé, *(il)(elle)* participe à la victoire éternelle de Jésus Christ, notre Seigneur, qui vit et règne avec Toi, dans l'unité du Saint-Esprit, un seul Dieu, pour les siècles des siècles. *Amen.*

*Il est possible d'utiliser à la place une des collectes indiquées pour l'Inhumation des défunts et défuntes.*

*Pour les Prières des fidèles, on peut utiliser l'un des modèles indiqués pour l'Inhumation des défunts et défuntes.*

*Préface de la commémoration des défuntes et des défunts*

*Il est possible d'utiliser la prière après la communion qui se trouve à la page [478].*

## 9. Du Règne du Christ

Dieu éternel et tout-puissant, Toi qui veux rétablir toutes choses dans Ton Fils bien-aimé, le Roi des rois et Seigneur des seigneurs : dans Ta miséricorde, accepte que les peuples de la terre, divisés et asservis par le péché, soient libérés et rassemblés sous Sa bienveillante autorité ; Lui qui vit et règne avec Toi et le Saint-Esprit, un seul Dieu, pour les siècles des siècles. *Amen.*

*Préface de l'Ascension ou du baptême*

## 10. Pour un baptême

Dieu tout-puissant, Toi qui par notre baptême dans la mort et la résurrection de Ton Fils Jésus Christ nous détournes de notre ancienne vie de péché : accorde-nous de renaître en Lui à une vie nouvelle et de vivre dans la justice et la sainteté tous les jours de notre vie ; par ce même Jésus Christ, ton Fils, notre Seigneur, qui vit et règne avec Toi et le Saint-Esprit, un seul Dieu, pour les siècles des siècles. *Amen.*

*Préface du baptême*

## 11. Pour une confirmation

Dieu tout-puissant, accorde-nous, à nous qui avons été rachetés de notre ancienne vie de péché par notre baptême dans la mort et la résurrection de Ton Fils Jésus Christ, d'être renouvelés dans Ton Esprit saint et de vivre dans la justice et la vraie sainteté ; par ce même Jésus Christ, notre Seigneur, qui vit et règne avec

Toi et ce même Esprit, un seul Dieu, pour les siècles des siècles. *Amen.*

*Préface du baptême ou de la Pentecôte*

## 12. Pour l'anniversaire de la dédicace d'une église

Ô Dieu tout-puissant, à la gloire de qui nous célébrons la dédicace de cette maison de prière, nous Te rendons grâces pour la compagnie de ceux qui T'ont adoré en ce lieu, et nous prions pour que toutes les personnes qui Te cherchent ici puissent Te trouver et être comblées de Ta joie et de Ta paix ; par Jésus Christ, notre Seigneur, qui vit et règne avec toi, dans l'unité du Saint-Esprit, un seul Dieu, pour les siècles des siècles. *Amen.*

*La Litanie d'action de grâces pour une église, page [562], peut être utilisée pour les Prières des fidèles.*

*Préface de la dédicace d'une église*

## 13. Pour un synode

Père éternel et tout-puissant, Toi qui as envoyé l'Esprit saint pour qu'Il demeure avec nous pour toujours : nous T'en prions, bénis de Sa grâce et de Sa présence les évêques, les autres membres du clergé et les personnes laïques qui se sont assemblés ici (*ou* qui s'assemblent maintenant *ou* qui s'assembleront bientôt) en Ton Nom, afin que Ton Église, préservée dans la vraie foi par une pieuse discipline, puisse accomplir tout ce que pense Celui qui l'a aimée et qui s'est donné pour elle, Ton Fils Jésus Christ, notre Sauveur, qui vit et règne avec Toi, dans l'unité du Saint-Esprit, un seul Dieu, pour les siècles des siècles. *Amen.*

*Préface de la Pentecôte ou du temps liturgique*

## 14. Pour l'unité de l'Église

Père tout-puissant, Toi dont le Fils bien-aimé a prié pour Ses disciples avant Sa passion afin qu'ils soient un, comme Lui et Toi êtes unis : accorde à Ton Église, liée par son amour et son obéissance envers Toi, d'être unie en un seul corps par l'unique Esprit, afin que le monde croie en Celui que Tu as envoyé, ce même Jésus Christ, Ton Fils, notre Seigneur, qui vit et règne avec Toi, dans l'unité du Saint-Esprit, un seul Dieu, pour les siècles des siècles. *Amen.*

*Préface du baptême ou du dimanche de la Trinité*

## 15. Pour le ministère (jours des Quatre-Temps)

*À utiliser aux jours traditionnellement indiqués ou en d'autres occasions*

### I. Pour les personnes à ordonner

Dieu tout-puissant, Toi qui prodigues tout bienfait, Tu as établi divers ordres dans Ton Église par Ta divine providence : nous T'en prions humblement, accorde Ta grâce à toutes les personnes qui sont appelées [aujourd'hui] à une fonction et à un ministère pour Ton peuple ; remplis-les de la vérité de Ta doctrine et habille-les de sainteté de vie, afin qu'elles puissent servir fidèlement devant Toi, à la gloire de Ton Nom magnifique et pour le bien de Ta sainte Église ; par Jésus Christ, notre Seigneur, qui vit et règne avec Toi, dans l'unité du Saint-Esprit, un seul Dieu, pour les siècles des siècles. *Amen.*

*Préface des apôtres*

### II. Pour le choix de personnes aptes au ministère

Ô Dieu, Toi qui as conduit Tes saints apôtres à ordonner des pasteurs en tout lieu : accorde à Ton Église, guidée par l'Esprit saint, de choisir des personnes aptes à exercer le ministère de la Parole et des Sacrements, et de les soutenir dans leur travail pour agrandir Ton royaume ; par Celui qui est le Berger et Évêque de nos âmes, Jésus Christ, notre Seigneur, qui vit et règne avec Toi et le Saint-Esprit, un seul Dieu, pour les siècles des siècles. *Amen.*

*Préface du temps liturgique*

*III. Pour la vocation de toute personne chrétienne*

Dieu éternel et tout-puissant, Toi dont l'Esprit gouverne et sanctifie le corps tout entier de Tes fidèles : reçois les prières et les supplications que nous Te présentons pour tous les membres de Ta sainte Église, afin qu'ils puissent Te servir en vérité et avec dévotion dans leurs vocations et ministères, par notre Seigneur et Sauveur Jésus Christ, qui vit et règne avec toi et le même Esprit, un seul Dieu, pour les siècles des siècles. *Amen.*

*Préface du baptême ou du temps liturgique*

## 16. Pour la mission de l'Église

Ô Dieu, Toi qui as créé du même sang tous les peuples de la terre et qui as envoyé Ton Fils bien-aimé annoncer la paix à ceux qui étaient loin et la paix à ceux qui étaient proches : accorde au monde entier de pouvoir Te chercher et Te trouver ; rassemble les nations dans Ton giron ; répands Ton Esprit sur toute chair ; et hâte l'heure de la venue de Ton Royaume, par Jésus Christ, notre Seigneur, qui vit et règne avec Toi et le même Esprit, un seul Dieu, pour les siècles des siècles. *Amen.*

*ou ceci :*

Ô Dieu de toutes les nations de la terre, souviens-Toi des multitudes qui ont été créées à Ton image, mais qui ne connaissent pas l'œuvre rédemptrice de notre Sauveur Jésus Christ ; et accorde-leur, par les prières et les efforts de Ta sainte Église, d'apprendre à Te connaître et à T'adorer tel que Tu as été révélé en Ton Fils, qui vit et règne avec Toi et le Saint-Esprit, un seul Dieu, pour les siècles des siècles. *Amen.*

*Préface du temps liturgique ou de la Pentecôte*

## 17. Pour la nation

Seigneur Dieu tout-puissant, Toi qui as créé tous les peuples de la terre pour Ta gloire, pour Te servir en liberté et en paix : donne à la population de notre pays le zèle de la justice et la force de la tolérance, afin que nous puissions user de notre liberté selon Ta volonté bienveillante ; par Jésus Christ, notre Seigneur, qui vit et

règne avec Toi et le Saint-Esprit, un seul Dieu, pour les siècles des siècles. *Amen.*

*Il est possible d'utiliser à la place la collecte pour la Fête nationale.*

*Préface du dimanche de la Trinité*

## 18. Pour la paix

Ô Dieu tout-puissant, nous T'en prions, attise en chaque cœur l'amour sincère de la paix, et guide de Ta sagesse ceux qui prennent conseil pour les nations de notre planète, afin que Ta domination puisse s'étendre dans la sérénité jusqu'à ce que toute la terre soit comblée de la connaissance de Ton amour ; par Jésus Christ, notre Seigneur, qui vit et règne avec Toi, dans l'unité du Saint-Esprit, un seul Dieu, pour les siècles des siècles. *Amen.*

*Préface du temps liturgique*

## 19. Pour les jours des Rogations

*À utiliser aux jours traditionnellement indiqués ou en d'autres occasions*

### I. Pour des saisons fécondes

Dieu tout-puissant, Seigneur du ciel et de la terre : nous prions humblement pour que Ta bienveillante providence nous prodigue les récoltes de la terre et des mers et les laisse à notre disposition, et qu'elle fasse prospérer tous ceux qui travaillent pour les obtenir, afin que nous, qui recevons sans cesse des bienfaits de Ta main, nous puissions inlassablement Te rendre grâces ; par Jésus Christ, notre Seigneur, qui vit et règne avec Toi et le Saint-Esprit, un seul Dieu, pour les siècles des siècles. *Amen.*

*Préface du temps liturgique*

### II. Pour le commerce et l'industrie

Dieu tout-puissant, Toi dont le Fils Jésus Christ a partagé notre labeur et sanctifié notre travail durant Sa vie terrestre : sois présent auprès de Ton peuple là où il travaille ; rends sensibles à Ta volonté les personnes qui contribuent à l'industrie et au commerce de ce pays ; et accorde à chacun d'entre nous d'être fiers de ce que nous réalisons et d'obtenir une juste rétribution de nos efforts ; par Jésus Christ, notre Seigneur, qui vit et règne avec Toi, dans l'unité du Saint-Esprit, un seul Dieu, pour les siècles des siècles. *Amen.*

*Préface du temps liturgique*

### III. Pour l'intendance de la création

Ô Créateur miséricordieux, Toi dont la main est grande ouverte pour donner tout ce qu'il faut à chaque créature vivante, nous T'en prions : éveille en nous une constante reconnaissance pour Ta providence aimante ; et accorde-nous, au souvenir des comptes que nous devrons rendre un jour, d'être des intendants fidèles de Tes bienfaits ; par Jésus Christ, notre Seigneur, qui vit et règne avec Toi et le Saint-Esprit, un seul Dieu, pour les siècles des siècles. *Amen.*

*Préface du temps liturgique*

## 20. Prières pour les malades

Père céleste, Toi qui donnes la vie et la santé, réconforte et soulage Tes serviteurs malades et accorde Ton pouvoir de guérison à ceux qui pourvoient à leurs besoins, afin que les personnes (*ou* N. *ou* NN.) pour qui nous prions puissent être fortifiées dans leur (*ou* sa) faiblesse et avoir confiance en Ton attention aimante, par Jésus Christ, notre Seigneur, qui vit et règne avec Toi et le Saint-Esprit, un seul Dieu, pour les siècles des siècles. *Amen.*

*Préface du temps liturgique*

*Il est possible d'utiliser la prière après la communion qui se trouve à la page [420].*

## 21. Pour la justice sociale

Dieu tout-puissant, Toi qui nous as créés à ton image, accorde-nous la grâce de lutter sans crainte contre le mal et de ne pas nous satisfaire de l'oppression ; et, afin que nous puissions faire

usage de notre liberté avec révérence, aide-nous à l'employer pour
maintenir la justice dans nos communautés et parmi les nations,
à la gloire de Ton saint Nom ; par Jésus Christ, notre Seigneur,
qui vit et règne avec Toi et le Saint-Esprit, un seul Dieu, pour les
siècles des siècles. *Amen.*

*Préface du temps liturgique*

## 22. Pour l'action sociale

Père céleste, Toi dont le Fils bien-aimé est venu non pour être servi,
mais pour servir, nous T'en prions : bénis toutes les personnes
qui, marchant sur Ses traces, se donnent au service des autres, afin
qu'avec sagesse, patience et courage, elles puissent servir en Son
Nom ceux d'entre nous qui souffrent, qui n'ont pas d'amis ou qui
sont dans le besoin ; pour l'amour de Celui qui a donné Sa vie pour
nous, Ton Fils, notre Sauveur Jésus Christ, qui vit et règne avec Toi
et le Saint-Esprit, un seul Dieu, pour les siècles des siècles. *Amen.*

*Préface du temps liturgique*

## 23. Pour l'éducation

Dieu tout-puissant, fontaine de toute sagesse, éclaire de Ton
Esprit saint les personnes qui enseignent et celles qui apprennent,
afin que, se réjouissant de connaître Ta vérité, elles T'adorent et
Te servent de génération en génération ; par Jésus Christ, notre
Seigneur, qui vit et règne avec Toi et le Saint-Esprit, un seul Dieu,
pour les siècles des siècles. *Amen.*

*Préface du temps liturgique*

## 24. Pour la vocation dans nos tâches quotidiennes

Dieu tout-puissant, notre Père céleste, Toi qui proclames Ta gloire
et manifestes Ton œuvre dans les cieux et sur la terre, nous T'en
prions : délivre-nous, dans nos diverses occupations, du seul service
de nous-mêmes, afin que nous puissions mener à bien les tâches
que Tu nous donnes d'accomplir dans la vérité et la beauté et pour
le bien commun ; pour l'amour de Celui qui est venu parmi nous

comme un serviteur, ton Fils, Jésus Christ, notre Seigneur, qui vit et règne avec Toi et le Saint-Esprit, un seul Dieu, pour les siècles des siècles. *Amen.*

*Préface du temps liturgique*

## 25. Pour la fête du Travail

Dieu tout-puissant, Toi qui as lié nos vies les unes aux autres de telle sorte que tout ce que nous faisons affecte toutes les autres vies en bien ou en mal : guide-nous dans notre travail, afin que nous n'œuvrions pas seulement pour nous-mêmes, mais pour le bien commun ; et, dans notre quête d'une juste rétribution de nos efforts, rends-nous sensibles aux aspirations légitimes des autres travailleurs, et éveille notre compassion pour les personnes sans emploi ; par Jésus Christ, notre Seigneur, qui vit et règne avec Toi et le Saint-Esprit, un seul Dieu, pour les siècles des siècles. *Amen.*

*Préface du temps liturgique*

# Collectes : version moderne

**Premier dimanche de l'Avent**

Dieu tout-puissant, accorde-nous la grâce de rejeter les œuvres des ténèbres et de revêtir les armes de la lumière pendant cette vie mortelle durant laquelle ton Fils Jésus Christ est venu nous rendre visite avec une grande humilité ; afin qu'au dernier jour, lorsqu'il reviendra dans sa glorieuse majesté pour juger les vivants et les morts, nous ressuscitions à la vie immortelle, par celui qui vit et règne avec toi et le Saint-Esprit, un seul Dieu, pour les siècles des siècles. *Amen.*

*Préface de l'Avent*

**Deuxième dimanche de l'Avent**

Ô Dieu de miséricorde, tu as envoyé tes messagers et messagères les prophètes prêcher le repentir et préparer le chemin de notre salut, accorde-nous la grâce d'entendre leurs mises en garde et de renoncer à nos péchés, afin que nous puissions accueillir avec joie la venue de notre Rédempteur Jésus Christ, qui vit et règne avec toi et le Saint-Esprit, un seul Dieu, pour les siècles des siècles. *Amen.*

*Préface de l'Avent*

**Troisième dimanche de l'Avent**

Seigneur, réveille ta puissance et viens parmi nous dans ta gloire ; et, puisque le fardeau de nos péchés nous entrave, envoie ta grâce et ta miséricorde bienfaisantes nous aider et nous délivrer rapidement, par Jésus Christ, notre Seigneur, à qui reviennent l'honneur et la gloire, avec toi et le Saint-Esprit, pour les siècles des siècles. *Amen.*

*Préface de l'Avent*

*Le mercredi, le vendredi et le samedi de cette semaine correspondent traditionnellement aux jours des Quatre-Temps d'hiver.*

## Quatrième dimanche de l'Avent

Dieu tout-puissant, purifie notre conscience par ta visite quotidienne, afin que ton Fils Jésus Christ, à sa venue, trouve en nous une demeure préparée pour lui qui vit et règne avec toi, dans l'unité du Saint-Esprit, un seul Dieu, pour les siècles des siècles. *Amen.*

*Préface de l'Avent*

## Nativité de notre Seigneur : jour de Noël   *25 décembre*

Ô Dieu, tu nous réjouis par l'anniversaire de la naissance de ton Fils unique Jésus Christ : nous qui le recevons avec joie comme notre Rédempteur, accorde-nous de l'accueillir avec assurance lorsqu'il viendra nous juger, lui qui vit et règne avec toi et le Saint-Esprit, un seul Dieu, pour les siècles des siècles. *Amen.*

*ou ceci :*

Ô Dieu, en cette nuit sainte, tu fais briller la Lumière véritable : à nous qui connaissons le mystère de cette Lumière sur la terre, accorde-nous également d'en profiter parfaitement au ciel, où il vit et règne avec toi et le Saint-Esprit, un seul Dieu, dans la gloire éternelle. *Amen.*

*ou ceci :*

Dieu tout-puissant, tu as donné ton Fils unique pour qu'il prenne notre nature sur lui et qu'il naisse [en ce jour] d'une vierge pure : nous qui sommes nés de nouveau et devenus tes enfants par adoption et par grâce, accorde-nous d'être renouvelés chaque jour par ton Esprit saint, par notre Seigneur Jésus Christ, à qui reviennent l'honneur et la gloire, avec ce même Esprit et toi, pour les siècles des siècles. *Amen.*

*Préface de l'Incarnation*

*La collecte qui précède et tous les ensembles de leçons propres au jour de Noël servent pour tous les jours de la semaine entre la fête des Saints Innocents et le premier dimanche après Noël.*

## Premier dimanche après Noël

*Ce dimanche a la priorité sur les trois jours saints qui suivent Noël. Le cas échéant, on reportera d'une journée l'observance des jours concernés.*

Dieu tout-puissant, tu as déversé sur nous la lumière nouvelle de ton Verbe incarné : fais que cette lumière, attisée dans nos cœurs, resplendisse dans nos vies ; par Jésus Christ, notre Seigneur, qui vit et règne avec toi, dans l'unité du Saint-Esprit, un seul Dieu, pour les siècles des siècles. *Amen.*

*Préface de l'Incarnation*

## Saint Nom de Jésus    *1ᵉʳ janvier*

Père éternel, tu as donné à ton Fils incarné le saint nom de Jésus pour qu'il soit le signe de notre salut : nous t'en prions, fais germer dans tous les cœurs l'amour de celui qui est le Sauveur du monde, notre Seigneur Jésus Christ, qui vit et règne avec toi et le Saint-Esprit, un seul Dieu, dans la gloire éternelle. *Amen.*

*Préface de l'Incarnation*

## Deuxième dimanche après Noël

Ô Dieu, tu as merveilleusement créé, et encore plus merveilleusement restauré, la dignité de la nature humaine : accorde-nous d'avoir part à la vie divine de celui qui s'est humilié pour partager notre humanité, ton Fils Jésus Christ, qui vit et règne avec toi, dans l'unité du Saint-Esprit, un seul Dieu, pour les siècles des siècles. *Amen.*

*Préface de l'Incarnation*

## Épiphanie   *6 janvier*

Ô Dieu, par la direction d'une étoile, tu as manifesté ton
Fils unique aux peuples de la terre : nous qui te connaissons
maintenant par la foi, conduis-nous devant toi pour que nous
puissions contempler ta gloire face à face ; par Jésus Christ, notre
Seigneur, qui vit et règne avec toi et le Saint-Esprit, un seul Dieu,
pour les siècles des siècles. *Amen.*

*Préface de l'Épiphanie*

*La collecte précédente, avec le psaume et les leçons de l'Épiphanie,
ou avec le psaume et les leçons du deuxième dimanche après
Noël, est utilisée pendant les jours de la semaine qui séparent
l'Épiphanie du dimanche suivant. On utilise la Préface de
l'Épiphanie.*

## Premier dimanche après l'Épiphanie :
## Baptême de notre Seigneur

Père céleste, lors du baptême de Jésus dans le Jourdain, tu
as proclamé qu'il était ton Fils bien-aimé et tu lui as donné
l'onction du Saint-Esprit : accorde à toutes les personnes
baptisées en son Nom de garder l'alliance qu'elles ont conclue et
de le confesser hardiment comme Seigneur et Sauveur, lui qui vit
et règne avec toi et le Saint-Esprit, un seul Dieu, dans la gloire
éternelle. *Amen.*

*Préface de l'Épiphanie*

## Deuxième dimanche après l'Épiphanie

Dieu tout-puissant, ton Fils, notre Sauveur Jésus Christ, est la
lumière du monde : accorde à ton peuple, illuminé par ta Parole et
tes Sacrements, de rayonner de la gloire du Christ, afin qu'il soit
connu, adoré et obéi jusqu'aux extrémités de la terre ; par Jésus
Christ, notre Seigneur, qui vit et règne avec toi et le Saint-Esprit,
un seul Dieu, pour les siècles des siècles. *Amen.*

*Préface de l'Épiphanie ou du jour du Seigneur*

## Troisième dimanche après l'Épiphanie

Seigneur, donne-nous la grâce de répondre avec empressement à l'appel de notre Sauveur Jésus Christ et d'annoncer à tous les peuples la Bonne Nouvelle de son salut, afin que nous puissions percevoir avec le monde entier la gloire de ses œuvres merveilleuses ; lui qui vit et règne avec toi et le Saint-Esprit, un seul Dieu, pour les siècles des siècles. *Amen.*

*Préface de l'Épiphanie ou du jour du Seigneur*

## Quatrième dimanche après l'Épiphanie

Dieu éternel et tout-puissant, tu gouvernes toutes choses au ciel et sur la terre : dans ta miséricorde, exauce les supplications de ton peuple, et accorde-nous ta paix durant notre vie ; par Jésus Christ, notre Seigneur, qui vit et règne avec toi et le Saint-Esprit, un seul Dieu, pour les siècles des siècles. *Amen.*

*Préface de l'Épiphanie ou du jour du Seigneur*

## Cinquième dimanche après l'Épiphanie

Ô Dieu, libère-nous de l'esclavage de nos péchés, et donne-nous la liberté de vivre dans l'abondance que tu nous as fait connaître par ton Fils, notre Sauveur Jésus Christ, qui vit et règne avec toi, dans l'unité du Saint-Esprit, un seul Dieu, pour les siècles des siècles. *Amen.*

*Préface de l'Épiphanie ou du jour du Seigneur*

## Sixième dimanche après l'Épiphanie

Ô Dieu, toi qui es la force de ceux et celles qui espèrent en toi, accueille nos prières dans ta bonté ; et comme, à cause de notre faiblesse, nous ne pouvons rien faire de bon sans toi, accorde-nous le secours de ta grâce, pour qu'en gardant tes commandements nous te soyons agréables par notre volonté et dans nos actes ; par Jésus Christ, notre Seigneur, qui vit et règne avec toi et le Saint-Esprit, un seul Dieu, pour les siècles des siècles. *Amen.*

*Préface de l'Épiphanie ou du jour du Seigneur*

### Septième dimanche après l'Épiphanie

Seigneur, tu nous as enseigné que, sans amour, tout ce que nous faisons ne vaut rien : envoie ton Esprit saint répandre dans nos cœurs ton plus grand don, qui est l'amour, le véritable lien de la paix et de toute vertu, sans lequel les êtres humains sont considérés comme morts à tes yeux ; accorde-le-nous pour l'amour de ton Fils unique Jésus Christ, qui vit et règne avec toi et le Saint-Esprit, un seul Dieu, pour les siècles des siècles. *Amen.*

*Préface de l'Épiphanie ou du jour du Seigneur*

### Huitième dimanche après l'Épiphanie

Père très aimant, toi dont la volonté est que nous rendions grâces pour toutes choses, que nous ne craignions rien d'autre que de te perdre, et que nous ne nous souciions que de toi qui veilles sur nous : préserve-nous des peurs incrédules et des angoisses profanes, afin qu'aucun nuage de cette vie mortelle ne puisse nous cacher la lumière de l'amour immortel que tu nous as manifesté en ton Fils Jésus Christ, notre Seigneur, qui vit et règne avec toi, dans l'unité du Saint-Esprit, un seul Dieu, pour les siècles des siècles. *Amen.*

*Préface de l'Épiphanie ou du jour du Seigneur*

### Dernier dimanche après l'Épiphanie

*Ce propre est toujours utilisé le dimanche précédant le mercredi des Cendres.*

Ô Dieu, tu as révélé ta gloire sur la montagne sainte avant la passion de ton Fils unique : accorde-nous, en contemplant la lumière de son visage avec les yeux de la foi, d'être fortifiés pour porter notre croix et d'être changés à sa ressemblance de gloire en gloire, par Jésus Christ, notre Seigneur, qui vit et règne avec toi et le Saint-Esprit, un seul Dieu, pour les siècles des siècles. *Amen.*

*Préface de l'Épiphanie*

## Mercredi des Cendres

*La liturgie propre à cette journée se trouve à la page [240].*

Dieu éternel et tout-puissant, tu ne détestes rien de ce que tu as créé et tu pardonnes les péchés de tous ceux et toutes celles qui se repentent : crée en nous un cœur nouveau et contrit, afin que, déplorant nos péchés et reconnaissant notre misère comme nous le devons, nous puissions obtenir de toi, le Dieu de toute miséricorde, un pardon et une rémission parfaite, par Jésus Christ, notre Seigneur, qui vit et règne avec toi et le Saint-Esprit, un seul Dieu, pour les siècles des siècles. *Amen.*

*Préface du Carême*

*Cette collecte, avec le psaume et les leçons correspondants, est également utilisée pendant les jours de la semaine qui suivent, sauf indication contraire.*

## Premier dimanche de Carême

Dieu tout-puissant, dont ton Fils bien-aimé, guidé par l'Esprit, a été tenté par Satan : viens vite à notre secours face aux nombreuses tentations qui nous assaillent ; et, comme tu connais les faiblesses de chacun et chacune d'entre nous, accorde-nous de trouver en toi la puissance qui sauve ; par ton Fils Jésus Christ, notre Seigneur, qui vit et règne avec toi et le Saint-Esprit, un seul Dieu, pour les siècles des siècles. *Amen.*

*Préface du Carême*

*Le mercredi, le vendredi et le samedi de cette semaine correspondent traditionnellement aux jours des Quatre-Temps de printemps.*

## Deuxième dimanche de Carême

Ô Dieu, toi dont la gloire est de toujours prendre pitié : fais grâce à toutes les personnes qui se sont écartées de tes voies, afin qu'elles reviennent avec un cœur pénitent et une foi inébranlable s'attacher à la vérité immuable de ta Parole, ton Fils Jésus Christ, qui vit et

règne avec toi et le Saint-Esprit, un seul Dieu, pour les siècles des siècles. *Amen.*

*Préface du Carême*

## Troisième dimanche de Carême

Dieu tout-puissant, tu sais que nous n'avons aucun pouvoir en nous-mêmes pour nous aider : garde-nous extérieurement dans nos corps et intérieurement dans nos âmes, afin que nous soyons protégés de toute adversité qui pourrait atteindre notre corps et de toute mauvaise pensée qui pourrait assaillir et blesser notre âme ; par Jésus Christ, notre Seigneur, qui vit et règne avec toi et le Saint-Esprit, un seul Dieu, pour les siècles des siècles. *Amen.*

*Préface du Carême*

## Quatrième dimanche de Carême

Père très bon, toi dont le Fils bien-aimé Jésus Christ est descendu du ciel pour être le Pain véritable qui donne la vie au monde : donne-nous toujours plus de ce Pain, afin qu'il vive en nous et que nous vivions en lui qui vit et règne avec toi et le Saint-Esprit, un seul Dieu, pour les siècles des siècles. *Amen.*

*Préface du Carême*

## Cinquième dimanche de Carême

Dieu tout-puissant, toi seul peux mettre de l'ordre dans les volontés et les affections indisciplinées des pécheurs et des pécheresses : accorde à ton peuple la grâce d'aimer ce que tu ordonnes et de désirer ce que tu promets, afin que, lors des changements brusques et variés de ce monde, nos cœurs puissent se fixer là où se trouvent les joies véritables, par Jésus Christ, notre Seigneur, qui vit et règne avec toi et le Saint-Esprit, un seul Dieu, pour les siècles des siècles. *Amen.*

*Préface du Carême*

**Dimanche de la Passion : dimanche des Rameaux**

*La liturgie propre à cette journée se trouve à la page [246].*

Dieu éternel et tout-puissant, dans ta tendresse pour le genre humain, tu as envoyé ton Fils, notre Sauveur Jésus Christ, endosser notre nature et souffrir la mort sur la croix, nous donnant l'exemple de sa grande humilité : dans ta bonté, accorde-nous de marcher sur le chemin de ses souffrances et de prendre également part à sa résurrection ; par Jésus Christ, notre Seigneur, qui vit et règne avec toi et le Saint-Esprit, un seul Dieu, pour les siècles des siècles. *Amen.*

*Préface de la Semaine sainte*

## Lundi saint

Dieu tout-puissant, ton Fils bien-aimé n'est monté vers la joie qu'après avoir souffert, et n'est entré dans la gloire qu'après avoir été crucifié : dans ta bonté, accorde-nous qu'en suivant le chemin de la croix, nous n'y trouvions rien d'autre que le chemin de la vie et de la paix, par Jésus Christ, ton Fils, notre Seigneur, qui vit et règne avec toi et le Saint-Esprit, un seul Dieu, pour les siècles des siècles. *Amen.*

*Préface de la Semaine sainte*

## Mardi saint

Ô Dieu, par la passion de ton Fils bien-aimé, tu as fait d'un instrument de mort infamante un moyen de vivre : accorde-nous de trouver tant de gloire dans la Croix du Christ que nous subirions avec joie la honte et la perte, pour l'amour de ton Fils, notre Sauveur Jésus Christ, qui vit et règne avec toi et le Saint-Esprit, un seul Dieu, pour les siècles des siècles. *Amen.*

*Préface de la Semaine sainte*

## Mercredi saint

Seigneur Dieu, ton Fils bien-aimé, notre Sauveur, a livré son corps aux fouets et son visage aux crachats : donne-nous la grâce d'accepter avec joie les souffrances du temps présent, sachant que la gloire sera révélée ; par Jésus Christ, ton Fils, notre Seigneur, qui vit et règne avec toi et le Saint-Esprit, un seul Dieu, pour les siècles des siècles. *Amen.*

*Préface de la Semaine sainte*

## Jeudi saint

*La liturgie propre à cette journée se trouve à la page [249].*

Père tout-puissant, toi dont le Fils bien-aimé, la nuit où il devait souffrir, institua le Sacrement de son Corps et de son Sang : dans ta bonté, accorde-nous de le recevoir avec reconnaissance, en mémoire de Jésus Christ, notre Seigneur, qui par ces saints mystères nous promet la vie éternelle, et qui vit et règne désormais avec toi et le Saint-Esprit, un seul Dieu, pour les siècles des siècles. *Amen.*

*Préface de la Semaine sainte*

## Vendredi saint

*La liturgie propre à cette journée se trouve à la page [251].*

Dieu tout-puissant, nous te prions de bien vouloir regarder cette famille qui est la tienne, pour laquelle notre Seigneur Jésus Christ a accepté d'être trahi, livré aux mains des pécheurs et pécheresses et de subir la mort sur la croix ; lui qui vit et règne désormais avec toi et le Saint-Esprit, un seul Dieu, pour les siècles des siècles. *Amen.*

## Samedi saint

*La liturgie propre à cette journée se trouve à la page [258].*

Ô Dieu, Créateur du ciel et de la terre : de même que le corps crucifié de ton Fils bien-aimé a été mis au tombeau et a reposé en ce jour saint du sabbat, accorde-nous d'attendre avec lui l'avènement du troisième jour et de ressusciter avec lui à une vie nouvelle ; lui qui vit et règne désormais avec toi et le Saint-Esprit, un seul Dieu, pour les siècles des siècles. *Amen.*

## Dimanche de Pâques

*La liturgie de la Vigile pascale se trouve à la page [261].*

Ô Dieu, toi qui as livré ton Fils unique à la mort sur la croix pour notre rédemption, et qui nous a délivrés de l'emprise de notre ennemi par sa glorieuse résurrection : accorde-nous de mourir chaque jour au péché, afin que nous puissions vivre avec lui à jamais dans la joie de sa résurrection ; par Jésus Christ, ton Fils, notre Seigneur, qui vit et règne avec toi et le Saint-Esprit, un seul Dieu, pour les siècles des siècles. *Amen.*

*ou ceci :*

Ô Dieu, toi qui en cette nuit très sainte fais briller la gloire de la résurrection du Seigneur : éveille en ton Église l'Esprit d'adoption qui nous est donné par le baptême, afin que, régénérés dans nos corps et nos esprits, nous t'adorions en vérité et en toute sincérité ; par Jésus Christ, notre Seigneur, qui vit et règne avec toi, dans l'unité du Saint-Esprit, un seul Dieu, pour les siècles des siècles. *Amen.*

*ou ceci :*

Dieu tout-puissant, par ton Fils unique Jésus Christ tu as vaincu la mort et tu nous as ouvert la porte de la vie éternelle : nous qui célébrons dans la joie le jour de la résurrection du Seigneur, accorde-nous d'être relevés de la mort du péché par ton Esprit vivifiant ; par Jésus Christ, notre Seigneur, qui vit et règne avec toi et le Saint-Esprit, un seul Dieu, pour les siècles des siècles. *Amen.*

*Préface de Pâques*

## Lundi de Pâques

Nous t'en prions, Dieu tout-puissant : nous qui célébrons, émerveillés, la fête de la Pâque, accorde-nous d'être jugés dignes d'accéder aux joies éternelles ; par Jésus Christ, notre Seigneur, qui vit et règne avec toi et le Saint-Esprit, un seul Dieu, pour les siècles des siècles. *Amen.*

*Préface de Pâques*

## Mardi de Pâques

Ô Dieu, tu as détruit la mort et amené la vie et l'immortalité à
la lumière par la glorieuse résurrection de ton Fils Jésus Christ :
accorde-nous, à nous qui avons été ressuscités avec lui, de
demeurer en sa présence et de nous réjouir dans l'espérance de la
gloire éternelle ; par Jésus Christ, notre Seigneur, à qui, avec toi et
le Saint-Esprit, appartiennent la louange et la souveraineté pour
les siècles des siècles. *Amen.*

*Préface de Pâques*

## Mercredi de Pâques

Ô Dieu, toi dont le Fils bien-aimé s'est fait connaître à ses disciples
en partageant le pain : ouvre les yeux de notre foi, afin que nous
puissions le contempler dans toute son œuvre rédemptrice, lui qui
vit et règne avec toi, dans l'unité du Saint-Esprit, un seul Dieu,
pour les siècles des siècles. *Amen.*

*Préface de Pâques*

## Jeudi de Pâques

Dieu éternel et tout-puissant, dans le mystère de la Pâque, tu as
établi la nouvelle alliance de la réconciliation : accorde à toutes les
personnes qui ont vécu une nouvelle naissance dans la communion
du Corps du Christ de manifester dans leur vie ce qu'elles
professent par leur foi ; par Jésus Christ, notre Seigneur, qui vit et
règne avec toi et le Saint-Esprit, un seul Dieu, pour les siècles des
siècles. *Amen.*

*Préface de Pâques*

## Vendredi de Pâques

Père tout-puissant, toi qui as donné ton Fils unique pour qu'il
meure pour nos péchés et qu'il ressuscite pour notre justification,
donne-nous la grâce de jeter le levain de la perversité et de
la méchanceté, afin que nous puissions toujours te servir en
vérité par la pureté de nos vies ; par Jésus Christ, ton Fils, notre

Seigneur, qui vit et règne avec toi et le Saint-Esprit, un seul Dieu, pour les siècles des siècles. *Amen.*

*Préface de Pâques*

## Samedi de Pâques

Père céleste, nous te rendons grâces de nous avoir délivrés de l'emprise du péché et de la mort et de nous avoir fait entrer dans le royaume de ton Fils ; et puisqu'il nous a rappelés à la vie par sa mort, nous prions qu'il nous élève aux joies éternelles par son amour ; lui qui vit et règne avec toi, dans l'unité du Saint-Esprit, un seul Dieu, pour les siècles des siècles. *Amen.*

*Préface de Pâques*

## Deuxième dimanche de Pâques

Dieu éternel et tout-puissant, dans le mystère de la Pâque, tu as établi la nouvelle alliance de la réconciliation : accorde à toutes les personnes qui ont vécu une nouvelle naissance dans la communion du Corps du Christ de manifester dans leur vie ce qu'elles professent par leur foi ; par Jésus Christ, notre Seigneur, qui vit et règne avec toi et le Saint-Esprit, un seul Dieu, pour les siècles des siècles. *Amen.*

*Préface de Pâques*

## Troisième dimanche de Pâques

Ô Dieu, toi dont le Fils bien-aimé s'est fait connaître à ses disciples en partageant le pain : ouvre les yeux de notre foi, afin que nous puissions le contempler dans toute son œuvre rédemptrice, lui qui vit et règne avec toi, dans l'unité du Saint-Esprit, un seul Dieu, pour les siècles des siècles. *Amen.*

*Préface de Pâques*

## Quatrième dimanche de Pâques

Ô Dieu, ton Fils Jésus est le bon pasteur de ton peuple : accorde-nous, en entendant sa voix, de connaître celui qui nous appelle chacun, chacune, par notre nom, et de le suivre là où il nous conduit ; lui qui vit et règne avec toi et le Saint-Esprit, un seul Dieu, pour les siècles des siècles. *Amen.*

*Préface de Pâques*

## Cinquième dimanche de Pâques

Dieu tout-puissant, te connaître vraiment est la vie éternelle : accorde-nous de connaître si parfaitement ton Fils Jésus Christ, qui est le chemin, la vérité et la vie, que nous pourrons marcher résolument à sa suite sur le chemin qui mène à la vie éternelle ; par Jésus Christ, ton Fils, notre Seigneur, qui vit et règne avec toi, dans l'unité du Saint-Esprit, un seul Dieu, pour les siècles des siècles. *Amen.*

*Préface de Pâques*

## Sixième dimanche de Pâques

Ô Dieu, tu as préparé pour ceux et celles qui t'aiment des biens qui dépassent notre compréhension : répands dans nos cœurs un tel amour pour toi afin que nous, qui t'aimons en toutes choses et par-dessus tout, nous puissions obtenir tes promesses, qui surpassent tout ce que nous pouvons désirer ; par Jésus Christ, notre Seigneur, qui vit et règne avec toi et le Saint-Esprit, un seul Dieu, pour les siècles des siècles. *Amen.*

*Préface de Pâques*

*Le lundi, le mardi et le mercredi de cette semaine correspondent traditionnellement aux jours des Rogations.*

## Jeudi de l'Ascension

Dieu tout-puissant, notre Sauveur Jésus Christ, ton Fils bien-aimé, est monté au plus haut des cieux pour remplir tout l'univers : dans ta miséricorde, donne-nous la foi de percevoir, comme il l'a promis, qu'il demeure sur terre avec son Église jusqu'à la fin des temps ; par Jésus Christ, notre Seigneur, qui vit et règne avec toi et le Saint-Esprit, un seul Dieu, pour les siècles des siècles. *Amen.*

*ou ceci :*

Dieu tout-puissant, nous t'en prions : accorde-nous de croire que, de même que ton Fils unique, notre Seigneur Jésus Christ, est monté au ciel, nous pouvons nous aussi y monter par le cœur et par l'esprit, et demeurer continuellement avec lui, qui vit et règne avec toi et le Saint-Esprit, un seul Dieu, pour les siècles des siècles. *Amen.*

*Préface de l'Ascension*

*L'une des collectes précédentes, avec le psaume et les leçons propres au jour de l'Ascension, est également utilisée pendant les jours de la semaine qui suivent, sauf indication contraire.*

## Septième dimanche de Pâques : dimanche de l'Ascension

Ô Dieu, Roi de gloire, tu as élevé ton Fils unique Jésus Christ en grand triomphe dans ton royaume céleste : ne nous laisse pas inconsolables, et envoie-nous ton Esprit saint pour nous fortifier et nous élever là où le Christ notre Sauveur est allé avant nous ; lui qui vit et règne avec toi et le Saint-Esprit, un seul Dieu, dans la gloire éternelle. *Amen.*

*Préface de l'Ascension*

## Dimanche de la Pentecôte

*Lorsque l'on observe une veillée de Pentecôte, elle commence par le Rite de la lumière à la page [98] (en remplaçant, si on le souhaite, le « Joyeuse lumière » par le « Gloire à Dieu »), et continue avec l'accueil et la collecte du jour. On lit trois des leçons indiquées, ou plus, avant l'Évangile, chacune étant suivie d'un psaume, d'un cantique ou d'un hymne. Après le sermon vient le saint Baptême, la Confirmation (à partir de la présentation des candidats et candidates) ou le Renouvellement des vœux de baptême, à la page [267].*

Dieu tout-puissant, tu as ouvert en ce jour le chemin de la vie éternelle à toutes les races et nations par le don annoncé de ton Esprit saint : répands ce don dans le monde entier par la prédication de l'Évangile, afin qu'il atteigne les extrémités de la terre ; par Jésus Christ, notre Seigneur, qui vit et règne avec toi, dans l'unité du Saint-Esprit, un seul Dieu, pour les siècles des siècles. *Amen.*

*ou ceci :*

Ô Dieu, en ce jour, tu as instruit le cœur de tes fidèles en leur envoyant la lumière de ton Esprit saint : accorde-nous, par le même Esprit, de juger toute chose avec sagesse et de toujours nous réjouir de sa sainte consolation ; par Jésus Christ, ton Fils, notre Seigneur, qui vit et règne avec toi, dans l'unité du Saint-Esprit, un seul Dieu, pour les siècles des siècles. *Amen.*

*Préface de la Pentecôte*

*Pendant les jours de semaine qui suivent, on utilise le propre numéroté le plus proche de la date de la Pentecôte pour l'année en question. Voir page [140].*

*Le mercredi, le vendredi et le samedi de cette semaine correspondent traditionnellement aux jours des Quatre-Temps d'été.*

## Premier dimanche après la Pentecôte : dimanche de la Trinité

Dieu éternel et tout-puissant, tu as donné aux servantes et serviteurs que nous sommes la grâce de reconnaître la gloire de la Trinité éternelle par la confession d'une foi véritable, et d'adorer l'Unité dans la puissance de ta divine Majesté : affermis-nous dans cette foi et cette adoration, et permets-nous enfin de te voir dans ta gloire unique et éternelle, ô Père, toi qui vis et règnes avec le Fils et le Saint-Esprit, un seul Dieu, pour les siècles des siècles. *Amen.*

*Préface du dimanche de la Trinité*

*Pendant les jours de semaine qui suivent, on utilise le propre numéroté le plus proche de la date du dimanche de la Trinité pour l'année en question.*

# Temps ordinaire

*Les consignes relatives à l'utilisation des propres qui suivent se trouvent à la page [140].*

**Propre n° 1**   *Semaine du dimanche le plus proche du 11 mai*

Seigneur, souviens-toi de ce que tu as semé en nous et non de ce que nous méritons ; et, de même que tu nous as appelés à ton service, rends-nous dignes de cet appel ; par Jésus Christ, notre Seigneur, qui vit et règne avec toi et le Saint-Esprit, un seul Dieu, pour les siècles des siècles. *Amen.*

*Pas de préface propre.*

**Propre n° 2**   *Semaine du dimanche le plus proche du 18 mai*

Dieu tout-puissant et miséricordieux, nous t'en prions : dans ta bonté, garde-nous de tout ce qui pourrait nous blesser, afin que nous puissions accomplir d'un cœur libre ce que tu désires, puisque nos corps et nos esprits sont prêts ; par Jésus Christ, notre Seigneur, qui vit et règne avec toi et le Saint-Esprit, un seul Dieu, pour les siècles des siècles. *Amen.*

*Pas de préface propre.*

**Propre n° 3**   *Dimanche le plus proche du 25 mai*

Seigneur, fais que ta providence préside en paix aux affaires de ce monde ; et que ton Église te serve joyeusement, dans la confiance et la sérénité ; par Jésus Christ, notre Seigneur, qui vit et règne avec toi et le Saint-Esprit, un seul Dieu, pour les siècles des siècles. *Amen.*

*Préface du jour du Seigneur*

**Propre n° 4**   *Dimanche le plus proche du 1ᵉʳ juin*

Ô Dieu, ta constante providence règle toute chose sur la terre comme au ciel : nous t'en supplions, éloigne de nous tout ce qui pourrait nous blesser, et donne-nous ce qui nous est utile ; par

Jésus Christ, notre Seigneur, qui vit et règne avec toi et le Saint-Esprit, un seul Dieu, pour les siècles des siècles. *Amen.*

*Préface du jour du Seigneur*

**Propre n° 5**   *Dimanche le plus proche du 8 juin*

Ô Dieu, toi dont procède tout bien : accorde-nous, sous ton inspiration, de penser et de faire la justice, guidés par ta bonté ; par Jésus Christ, notre Seigneur, qui vit et règne avec toi et le Saint-Esprit, un seul Dieu, pour les siècles des siècles. *Amen.*

*Préface du jour du Seigneur*

**Propre n° 6**   *Dimanche le plus proche du 15 juin*

Seigneur, garde ta maison, l'Église, dans ta foi et ton amour inébranlables, afin que, par ta grâce, nous puissions annoncer ta vérité avec audace et exercer ta justice avec compassion ; pour l'amour de notre Sauveur Jésus Christ, qui vit et règne avec toi et le Saint-Esprit, un seul Dieu, pour les siècles des siècles. *Amen.*

*Préface du jour du Seigneur*

**Propre n° 7**   *Dimanche le plus proche du 22 juin*

Seigneur, accorde-nous un amour et un respect perpétuels pour ton saint Nom, car tu ne manques jamais d'aider et de guider ceux et celles que tu as placés sur la fondation solide de ta bonté aimante ; par Jésus Christ, notre Seigneur, qui vit et règne avec toi et le Saint-Esprit, un seul Dieu, pour les siècles des siècles. *Amen.*

*Préface du jour du Seigneur*

**Propre n° 8**   *Dimanche le plus proche du 29 juin*

Dieu tout-puissant, tu as bâti ton Église sur la fondation des apôtres et des prophètes, et Jésus Christ lui-même en est la pierre d'angle : accorde-nous d'être unis dans un même esprit par leur enseignement afin que nous devenions un temple saint qui te soit agréable ; par Jésus Christ, notre Seigneur, qui vit et règne avec toi, dans l'unité du Saint-Esprit, un seul Dieu, pour les siècles des siècles. *Amen.*

*Préface du jour du Seigneur*

## Propre n° 9   *Dimanche le plus proche du 6 juillet*

Seigneur, tu nous as appris à garder tous tes commandements en t'aimant et en aimant notre prochain : accorde-nous la grâce de ton Esprit saint, afin que nous te soyons dévoués de tout notre cœur, et que nous soyons unis les uns aux autres par une sincère affection ; par Jésus Christ, notre Seigneur, qui vit et règne avec toi et le Saint-Esprit, un seul Dieu, pour les siècles des siècles. *Amen.*

*Préface du jour du Seigneur*

## Propre n° 10   *Dimanche le plus proche du 13 juillet*

Seigneur, dans ta miséricorde, reçois les prières de ton peuple qui t'invoque ; accorde-lui de connaître et de comprendre ce qu'il doit faire, et d'avoir la grâce et la force de l'accomplir fidèlement ; par Jésus Christ, notre Seigneur, qui vit et règne avec toi et le Saint-Esprit, un seul Dieu, pour les siècles des siècles. *Amen.*

*Préface du jour du Seigneur*

## Propre n° 11   *Dimanche le plus proche du 20 juillet*

Dieu tout-puissant, fontaine de toute sagesse, tu sais ce dont nous avons besoin avant que nous le demandions, et tu connais l'ignorance de nos demandes : prends pitié de notre faiblesse et, dans ta miséricorde, accorde-nous ce que notre indignité ou notre aveuglement nous empêchent de te demander ; par les mérites de ton Fils Jésus Christ, notre Seigneur, qui vit et règne avec toi et le Saint-Esprit, un seul Dieu, pour les siècles des siècles. *Amen.*

*Préface du jour du Seigneur*

**Propre n° 12**  *Dimanche le plus proche du 27 juillet*

Ô Dieu, toi qui protèges ceux et celles qui espèrent en toi, et sans qui rien n'est fort, rien n'est saint : accrois et multiplie tes bontés envers nous, afin que nous puissions, avec toi pour guide et pour maître, traverser le monde temporel sans perdre l'éternel ; par Jésus Christ, notre Seigneur, qui vit et règne avec toi et le Saint-Esprit, un seul Dieu, pour les siècles des siècles. *Amen.*

*Préface du jour du Seigneur*

**Propre n° 13**  *Dimanche le plus proche du 3 août*

Que ta miséricorde incessante purifie et protège ton Église, ô Seigneur ; et, parce qu'elle ne peut avancer en sécurité sans ton aide, protège-la et gouverne-la toujours dans ta bonté ; par Jésus Christ, notre Seigneur, qui vit et règne avec toi et le Saint-Esprit, un seul Dieu, pour les siècles des siècles. *Amen.*

*Préface du jour du Seigneur*

**Propre n° 14**  *Dimanche le plus proche du 10 août*

Seigneur, nous t'en prions : accorde à nos esprits de toujours penser et faire ce qui est juste, afin que nous recevions de toi, nous qui ne pouvons exister sans toi, la capacité de vivre selon ta volonté ; par Jésus Christ, notre Seigneur, qui vit et règne avec toi et le Saint-Esprit, un seul Dieu, pour les siècles des siècles. *Amen.*

*Préface du jour du Seigneur*

**Propre n° 15**  *Dimanche le plus proche du 17 août*

Dieu tout-puissant, tu as donné ton Fils unique pour qu'il soit pour nous et un sacrifice pour le péché et un exemple de vie pieuse : donne-nous la grâce de recevoir avec reconnaissance les fruits de son œuvre rédemptrice et de marcher chaque jour sur les traces bénies de sa très sainte vie ; par Jésus Christ, ton Fils, notre

Seigneur, qui vit et règne avec toi et le Saint-Esprit, un seul Dieu, pour les siècles des siècles. *Amen.*

*Préface du jour du Seigneur*

## Propre n° 16  *Dimanche le plus proche du 24 août*

Dieu de bonté, accorde à ton Église, rassemblée dans l'unité par ton Esprit saint, de faire connaître ta puissance à tous les peuples, à la gloire de ton Nom ; par Jésus Christ, notre Seigneur, qui vit et règne avec toi et le Saint-Esprit, un seul Dieu, pour les siècles des siècles. *Amen.*

*Préface du jour du Seigneur*

## Propre n° 17  *Dimanche le plus proche du 31 août*

Seigneur de puissance et de gloire, toi qui crées et prodigues tout bien : greffe dans nos cœurs l'amour de ton Nom ; fais grandir en nous la vraie religion ; nourris-nous de toute bonté ; et manifeste en nous le fruit des œuvres bonnes ; par Jésus Christ, notre Seigneur, qui vit et règne avec toi et le Saint-Esprit, un seul Dieu, pour les siècles des siècles. *Amen.*

*Préface du jour du Seigneur*

## Propre n° 18  *Dimanche le plus proche du 7 septembre*

Seigneur, accorde-nous d'espérer en toi de tout notre cœur ; car, si tu résistes toujours aux êtres orgueilleux qui se fient à leurs propres forces, tu n'abandonnes jamais celles et ceux qui se glorifient de ta miséricorde ; par Jésus Christ, notre Seigneur, qui vit et règne avec toi et le Saint-Esprit, un seul Dieu, pour les siècles des siècles. *Amen.*

*Préface du jour du Seigneur*

## Propre n° 19  *Dimanche le plus proche du 14 septembre*

Ô Dieu, puisque sans toi il nous est impossible de te plaire, accepte, dans ta bonté, que ton Esprit saint dirige et gouverne nos cœurs en toutes choses ; par Jésus Christ, notre Seigneur, qui vit et règne avec toi et le Saint-Esprit, un seul Dieu, pour les siècles des siècles. *Amen.*

*Préface du jour du Seigneur*

*Le mercredi, le vendredi et le samedi qui suivent le 14 septembre correspondent traditionnellement aux jours des Quatre-Temps d'automne.*

## Propre n° 20    *Dimanche le plus proche du 21 septembre*

Seigneur, accorde-nous de ne pas nous inquiéter des choses de ce monde, mais d'aimer celles du ciel, et accorde-nous, à nous qui sommes dans des réalités vouées à disparaître, de nous attacher dès maintenant à celles qui dureront ; par Jésus Christ, notre Seigneur, qui vit et règne avec toi et le Saint-Esprit, un seul Dieu, pour les siècles des siècles. *Amen.*

*Préface du jour du Seigneur*

## Propre n° 21    *Dimanche le plus proche du 28 septembre*

Ô Dieu, tu proclames ta toute-puissance surtout en manifestant miséricorde et pitié : accorde-nous la plénitude de ta grâce, afin que, courant pour obtenir tes promesses, nous puissions avoir part à ton trésor céleste ; par Jésus Christ, notre Seigneur, qui vit et règne avec toi et le Saint-Esprit, un seul Dieu, pour les siècles des siècles. *Amen.*

*Préface du jour du Seigneur*

## Propre n° 22    *Dimanche le plus proche du 5 octobre*

Dieu éternel et tout-puissant, tu es toujours plus prompt à écouter que nous à prier, et à nous accorder davantage que ce que nous désirons ou méritons : répands sur nous l'abondance de ta miséricorde, pardonne-nous ce qui trouble notre conscience, et accorde-nous les biens que nous ne sommes pas dignes de demander, sinon par les mérites et la médiation de Jésus Christ, notre Sauveur, qui vit et règne avec toi et le Saint-Esprit, un seul Dieu, pour les siècles des siècles. *Amen.*

*Préface du jour du Seigneur*

**Propre n° 23**   *Dimanche le plus proche du 12 octobre*

Seigneur, nous prions pour que ta grâce nous précède et nous suive toujours, afin que nous ne cessions de nous consacrer aux œuvres bonnes ; par Jésus Christ, notre Seigneur, qui vit et règne avec toi et le Saint-Esprit, un seul Dieu, pour les siècles des siècles. *Amen.*

*Préface du jour du Seigneur*

**Propre n° 24**   *Dimanche le plus proche du 19 octobre*

Dieu éternel et tout-puissant, en Christ tu as révélé ta gloire aux nations : préserve l'œuvre de ta miséricorde, afin que ton Église persévère dans le monde entier avec une foi inébranlable dans la confession de ton Nom ; par Jésus Christ, notre Seigneur, qui vit et règne avec toi et le Saint-Esprit, un seul Dieu, pour les siècles des siècles. *Amen.*

*Préface du jour du Seigneur*

**Propre n° 25**   *Dimanche le plus proche du 26 octobre*

Dieu éternel et tout-puissant, accrois en nous les dons de la foi, de l'espérance et de la charité ; et, afin que nous obtenions ce que tu promets, fais-nous aimer ce que tu ordonnes ; par Jésus Christ, notre Seigneur, qui vit et règne avec toi et le Saint-Esprit, un seul Dieu, pour les siècles des siècles. *Amen.*

*Préface du jour du Seigneur*

**Propre n° 26**   *Dimanche le plus proche du 2 novembre*

Dieu tout-puissant et miséricordieux, c'est uniquement parce que tu le leur accordes que tes fidèles peuvent t'offrir un service vrai et louable : accorde-nous de courir sans trébucher pour obtenir tes promesses célestes ; par Jésus Christ, notre Seigneur, qui vit et règne avec toi et le Saint-Esprit, un seul Dieu, pour les siècles des siècles. *Amen.*

*Préface du jour du Seigneur*

**Propre n° 27**   *Dimanche le plus proche du 9 novembre*

Ô Dieu, toi dont le Fils bien-aimé est venu dans le monde pour détruire l'œuvre du diable et faire de nous des enfants de Dieu qui recevront la vie éternelle en héritage : accorde-nous, dans cette espérance, de nous purifier pour être purs comme lui, afin que, lorsqu'il reviendra avec puissance et grande gloire, nous soyons rendus semblables à lui dans son royaume éternel et glorieux, où il vit et règne avec toi et le Saint-Esprit, un seul Dieu, pour les siècles des siècles. *Amen.*

*Préface du jour du Seigneur*

**Propre n° 28**   *Dimanche le plus proche du 16 novembre*

Seigneur bien-aimé, toi qui as fait écrire les Saintes Écritures pour notre instruction, accorde-nous de les écouter, de les lire, de les annoter, de les apprendre et de les digérer, afin que nous puissions acquérir à jamais la bienheureuse espérance de la vie éternelle que tu nous as donnée en Jésus Christ, notre Sauveur, qui vit et règne avec toi et le Saint-Esprit, un seul Dieu, pour les siècles des siècles. *Amen.*

*Préface du jour du Seigneur*

**Propre n° 29**   *Dimanche le plus proche du 23 novembre*

Dieu éternel et tout-puissant, toi qui veux rétablir toutes choses dans ton Fils bien-aimé, le Roi des rois et Seigneur des seigneurs : dans ta miséricorde, accepte que les peuples de la terre, divisés et asservis par le péché, soient libérés et rassemblés sous sa bienveillante autorité ; lui qui vit et règne avec toi et le Saint-Esprit, un seul Dieu, pour les siècles des siècles. *Amen.*

*Préface du jour du Seigneur ou du Baptême*

# Sanctoral

### Saint André   *30 novembre*

Dieu tout-puissant, tu as donné à ton apôtre André la grâce d'obéir avec empressement à l'appel de ton Fils Jésus Christ et d'emmener son frère avec lui : à nous qui sommes appelés par ta sainte Parole, accorde la grâce de le suivre sans attendre et d'amener notre entourage en sa présence bienveillante ; lui qui vit et règne avec toi et le Saint-Esprit, un seul Dieu, pour les siècles des siècles. *Amen.*

*Préface des apôtres*

### Saint Thomas   *21 décembre*

Dieu éternel, tu as fortifié ton apôtre Thomas par une foi sûre et certaine en la résurrection de ton Fils : accorde-nous de croire si parfaitement et sans le moindre doute en Jésus Christ, notre Seigneur et notre Dieu, que notre foi ne fera jamais défaut à tes yeux ; par celui qui vit et règne avec toi et le Saint-Esprit, un seul Dieu, pour les siècles des siècles. *Amen.*

*Préface des apôtres*

### Saint Étienne   *26 décembre*

Seigneur de gloire, nous te rendons grâces pour l'exemple du premier martyr Étienne, qui a levé les yeux au ciel et prié ton Fils pour ceux et celles qui le persécutaient, ce même Jésus Christ qui se tient à ta droite, où il vit et règne avec toi et le Saint-Esprit, un seul Dieu, dans la gloire éternelle. *Amen.*

*Préface de l'Incarnation*

## Saint Jean  *27 décembre*

Fais briller l'éclat de ta lumière sur ton Église, ô Seigneur, afin que, illuminés par l'enseignement de ton apôtre et évangéliste Jean, nous puissions marcher à la lumière de ta vérité, pour atteindre enfin la plénitude de la vie éternelle ; par Jésus Christ, notre Seigneur, qui vit et règne avec toi et le Saint-Esprit, un seul Dieu, pour les siècles des siècles. *Amen.*

*Préface de l'Incarnation*

## Saints Innocents  *28 décembre*

Seigneur, nous faisons mémoire en ce jour du massacre des saints innocents de Bethléem sur l'ordre du roi Hérode. Nous t'en prions, entoure toutes les victimes innocentes de ta miséricorde ; et que ta puissance fasse échouer les desseins des tyrans malveillants et établisse ton règne de justice, d'amour et de paix ; par Jésus Christ, notre Seigneur, qui vit et règne avec toi, dans l'unité du Saint-Esprit, un seul Dieu, pour les siècles des siècles. *Amen.*

*Préface de l'Incarnation*

## Confession de saint Pierre  *18 janvier*

Père tout-puissant, toi qui as inspiré Simon Pierre, le premier des apôtres, pour qu'il confesse Jésus comme le Messie et le Fils du Dieu vivant : garde ton Église inébranlable sur le rocher de cette foi, afin que nous puissions, dans l'unité et la paix, proclamer l'unique vérité et suivre l'unique Seigneur, notre Sauveur Jésus Christ, qui vit et règne avec toi et le Saint-Esprit, un seul Dieu, pour les siècles des siècles. *Amen.*

*Préface des apôtres*

## Conversion de saint Paul  *25 janvier*

Ô Dieu, tu as fait briller la lumière de l'Évangile dans le monde entier par la prédication de ton apôtre Paul, nous t'en prions : accorde-nous de te montrer toute notre reconnaissance, au souvenir de sa merveilleuse conversion, en suivant son saint enseignement ;

par Jésus Christ, notre Seigneur, qui vit et règne avec toi, dans l'unité du Saint-Esprit, un seul Dieu, pour les siècles des siècles. *Amen.*

*Préface des apôtres*

## Présentation au Temple  *2 février*

Dieu éternel et tout-puissant, nous t'en prions humblement : de même que ton Fils unique a été présenté au temple en ce jour, accorde-nous d'être présentés à toi, le cœur pur et sans tache, par Jésus Christ, notre Seigneur, qui vit et règne avec toi et le Saint-Esprit, un seul Dieu, pour les siècles des siècles. *Amen.*

*Préface de l'Épiphanie*

## Saint Matthias  *24 février*

Dieu tout-puissant, tu as choisi Matthias, ton fidèle serviteur, pour remplacer Judas parmi les Douze : accorde à ton Église d'être préservée des faux apôtres et d'être toujours guidée et gouvernée par de vrais et fidèles pasteurs ; par Jésus Christ, notre Seigneur, qui vit et règne avec toi, dans l'unité du Saint-Esprit, un seul Dieu, pour les siècles des siècles. *Amen.*

*Préface des apôtres*

## Saint Joseph  *19 mars*

Ô Dieu, tu as élevé Joseph, de la famille de ton serviteur David, pour qu'il soit le tuteur de ton Fils incarné et l'époux de sa mère la Vierge : accorde-nous la grâce d'imiter sa droiture et son obéissance à tes commandements ; par Jésus Christ, notre Seigneur, qui vit et règne avec toi et le Saint-Esprit, un seul Dieu, pour les siècles des siècles. *Amen.*

*Préface de l'Épiphanie*

## Annonciation  *25 mars*

Répands ta grâce en nos cœurs, ô Seigneur, afin que nous qui connaissons l'Incarnation de ton Fils Jésus Christ, annoncée par un ange à la Vierge Marie, nous puissions être amenés par sa croix et sa passion à connaître la gloire de sa résurrection ; par lui qui vit et règne avec toi, dans l'unité du Saint-Esprit, un seul Dieu, pour les siècles des siècles. *Amen.*

*Préface de l'Épiphanie*

## Saint Marc  *25 avril*

Dieu tout-puissant, par la main de l'évangéliste Marc, tu as donné à ton Église l'Évangile de Jésus Christ, le Fils de Dieu : nous te rendons grâces pour ce témoignage et prions pour nous ancrer solidement dans sa vérité ; par Jésus Christ, notre Seigneur, qui vit et règne avec toi et le Saint-Esprit, un seul Dieu, pour les siècles des siècles. *Amen.*

*Préface de la Toussaint*

## Saint Philippe et Saint Jacques  *1ᵉʳ mai*

Dieu tout-puissant, tu as donné à tes apôtres Philippe et Jacques la grâce et la force de rendre témoignage à la vérité : accorde-nous, au souvenir de leur victoire par la foi, de glorifier dans la vie et dans la mort le Nom de notre Seigneur Jésus Christ, qui vit et règne avec toi et le Saint-Esprit, un seul Dieu, pour les siècles des siècles. *Amen.*

*Préface des apôtres*

## Visitation  *31 mai*

Père céleste, par ta grâce, la Vierge Mère de ton Fils incarné a reçu la bénédiction de le porter en son sein, et la bénédiction plus grande encore de garder ta parole : accorde-nous, à nous qui célébrons l'honneur rendu à son humilité, de suivre l'exemple de son dévouement à ta volonté ; par Jésus Christ, notre Seigneur, qui vit et règne avec toi et le Saint-Esprit, un seul Dieu, pour les siècles des siècles. *Amen.*

*Préface de l'Épiphanie*

### Saint Barnabé  *11 juin*

Ô Dieu, accorde-nous de suivre l'exemple de ton fidèle serviteur Barnabé, qui, ne cherchant pas sa renommée personnelle mais le bien de ton Église, a généreusement donné de sa vie et de ses biens pour le secours des pauvres et la diffusion de l'Évangile ; par Jésus Christ, notre Seigneur, qui vit et règne avec toi et le Saint-Esprit, un seul Dieu, pour les siècles des siècles. *Amen.*

*Préface des apôtres*

### Nativité de saint Jean-Baptiste  *24 juin*

Dieu tout-puissant, par ta providence tu as fait naître ton serviteur Jean-Baptiste de façon miraculeuse, et tu l'as envoyé préparer le chemin de ton Fils, notre Sauveur, en prêchant le repentir : accorde-nous de suivre son enseignement et sa sainte vie afin que nous nous repentions sincèrement, comme il l'a prêché ; et, suivant son exemple, puissions-nous dire constamment la vérité, réprouver bravement les vices et souffrir patiemment pour la vérité ; par Jésus Christ, ton Fils, notre Seigneur, qui vit et règne avec toi et le Saint-Esprit, un seul Dieu, pour les siècles des siècles. *Amen.*

*Préface de l'Avent*

### Saint Pierre et saint Paul  *29 juin*

Dieu tout-puissant, toi que les bienheureux apôtres Pierre et Paul ont glorifié par leur martyre : accorde à ton Église, instruite par leur enseignement et leur exemple, et rassemblée dans l'unité par ton Esprit, de reposer toujours sur son unique fondement, Jésus Christ, notre Seigneur, qui vit et règne avec toi, dans l'unité du Saint-Esprit, un seul Dieu, pour les siècles des siècles. *Amen.*

*Préface des apôtres*

### Fête nationale  *4 juillet*

Seigneur Dieu tout-puissant, en ton Nom, les fondateurs de ce pays ont gagné l'indépendance pour eux-mêmes et pour nous, et allumé le flambeau de la liberté pour les nations à naître :

accorde-nous la grâce, ainsi qu'à toute la population de ce pays, de préserver nos libertés dans la justice et la paix ; par Jésus Christ, notre Seigneur, qui vit et règne avec toi et le Saint-Esprit, un seul Dieu, pour les siècles des siècles. *Amen.*

*Il est possible d'utiliser à la place la collecte « Pour la nation », à la page [233].*

*Préface du dimanche de la Trinité*

### Sainte Marie-Madeleine   *22 juillet*

Dieu tout-puissant, ton Fils bien-aimé a rendu à Marie-Madeleine la santé du corps et de l'esprit, et l'a appelée à être témoin de sa résurrection : dans ta miséricorde, accorde-nous, par ta grâce, de guérir de toutes nos infirmités et de te connaître dans la puissance de sa vie sans fin, lui qui vit et règne avec toi et le Saint-Esprit, un seul Dieu, pour les siècles des siècles. *Amen.*

*Préface de la Toussaint*

### Saint Jacques   *25 juillet*

Ô Dieu de miséricorde, nous nous souvenons aujourd'hui devant toi de ton serviteur et apôtre Jacques, le premier des Douze à souffrir le martyre au nom de Jésus Christ ; et nous te prions de répandre sur les guides de ton Église cet esprit d'abnégation qui seul leur confère une véritable autorité sur ton peuple ; par Jésus Christ, notre Seigneur, qui vit et règne avec toi et le Saint-Esprit, un seul Dieu, pour les siècles des siècles. *Amen.*

*Préface des apôtres*

### Transfiguration   *6 août*

Ô Dieu, sur la sainte montagne, tu as révélé à des témoins choisis ton Fils bien-aimé merveilleusement transfiguré : son visage brillait et ses vêtements étaient devenus d'une blancheur éblouissante ; dans ta miséricorde, daigne nous délivrer des soucis de ce monde afin que nous puissions contempler avec foi le Roi dans sa beauté, lui qui vit et règne avec toi, ô Père, et toi, ô Saint-Esprit, un seul Dieu, pour les siècles des siècles. *Amen.*

*Préface de l'Épiphanie*

### Sainte Vierge Marie   *15 août*

Ô Dieu, tu as élevé à toi la bienheureuse Vierge Marie, mère de ton Fils incarné : accorde-nous, à nous qui avons été rachetés par le sang du Christ, de partager avec elle la gloire de ton royaume éternel ; par Jésus Christ, notre Seigneur, qui vit et règne avec toi, dans l'unité du Saint-Esprit, un seul Dieu, pour les siècles des siècles. *Amen.*

*Préface de l'Incarnation*

### Saint Barthélemy   *24 août*

Dieu éternel et tout-puissant, toi qui as donné à ton apôtre Barthélemy la grâce de croire et de prêcher sincèrement ta Parole : accorde à ton Église d'aimer ce qu'il a cru et de prêcher ce qu'il a enseigné ; par Jésus Christ, notre Seigneur, qui vit et règne avec toi et le Saint-Esprit, un seul Dieu, pour les siècles des siècles. *Amen.*

*Préface des apôtres*

### Fête de la Sainte-Croix   *14 septembre*

Dieu tout-puissant, ton Fils, notre Sauveur Jésus Christ, a été élevé sur la croix pour attirer à lui le monde entier : à nous qui nous glorifions du mystère de notre rédemption, dans ta miséricorde, donne-nous la grâce de prendre notre croix et de le suivre, lui qui vit et règne avec toi et le Saint-Esprit, un seul Dieu, dans la gloire éternelle. *Amen.*

*Préface de la Semaine sainte*

### Saint Matthieu   *21 septembre*

Nous te rendons grâces, Père céleste, pour le témoignage que ton apôtre et évangéliste Matthieu a rendu à l'Évangile de ton Fils, notre

Sauveur ; et nous prions pour que, comme lui, nous puissions obéir de bon gré et de bon cœur à notre Seigneur qui nous appelle à Le suivre ; par Jésus Christ, notre Seigneur, qui vit et règne avec toi et le Saint-Esprit, un seul Dieu, pour les siècles des siècles. *Amen.*

*Préface des apôtres*

## Saint Michel et tous les anges  *29 septembre*

Dieu éternel, tu as établi et réglé le ministère des anges et des mortels avec un ordre admirable : dans ta miséricorde, autorise tes saints anges, qui te servent et t'adorent continuellement dans le ciel, à venir aussi sur terre, sur ton ordre, pour nous aider et nous défendre, par Jésus Christ, notre Seigneur, qui vit et règne avec toi et le Saint-Esprit, un seul Dieu, pour les siècles des siècles. *Amen.*

*Préface du dimanche de la Trinité*

## Saint Luc  *18 octobre*

Dieu tout-puissant, tu as inspiré ton serviteur Luc, le médecin, pour qu'il annonce dans l'Évangile l'amour et le pouvoir de guérison de ton Fils : dans ta bonté, préserve cet amour et ce pouvoir de guérison dans ton Église, à la louange et à la gloire de ton Nom ; par Jésus Christ, notre Seigneur, qui vit et règne avec toi, dans l'unité du Saint-Esprit, un seul Dieu, pour les siècles des siècles. *Amen.*

*Préface de la Toussaint*

## Saint Jacques de Jérusalem  *23 octobre*

Ô Dieu, accorde à ton Église de suivre l'exemple de ton serviteur Jacques le Juste, frère de notre Seigneur, et de s'adonner continuellement à la prière et à la réconciliation des personnes en désaccord ou en conflit ; par Jésus Christ, notre Seigneur, qui vit et règne avec toi et le Saint-Esprit, un seul Dieu, pour les siècles des siècles. *Amen.*

*Préface de la Toussaint*

## Saint Simon et saint Jude    *28 octobre*

Ô Dieu, nous te rendons grâces pour la glorieuse compagnie des apôtres, et tout particulièrement, en ce jour, pour Simon et Jude ; et nous prions pour que nous puissions montrer la même fidélité et le même zèle qu'eux dans leur mission, et faire connaître, avec une dévotion ardente, l'amour et la miséricorde de notre Seigneur et Sauveur Jésus Christ, qui vit et règne avec toi et le Saint-Esprit, un seul Dieu, pour les siècles des siècles. *Amen.*

*Préface des apôtres*

## Toussaint    *1er novembre*

Dieu tout-puissant, tu as lié ensemble tes élus dans une même communion au corps mystique du Christ, ton Fils, notre Seigneur : accorde-nous la grâce de suivre tes bienheureux saints et saintes dans toutes leurs vertus et leur sainteté de vie, afin que nous puissions atteindre les joies ineffables que tu as préparées pour les personnes qui t'aiment sincèrement ; par Jésus Christ, notre Seigneur, qui vit et règne avec toi et le Saint-Esprit, un seul Dieu, dans la gloire éternelle. *Amen.*

*Préface de la Toussaint*

## Jour de l'Action de grâces *(Thanksgiving)*

Père tout-puissant et bienveillant, nous te rendons grâces pour les fruits de la terre et pour le travail de ceux et celles qui les récoltent ; nous t'en prions, fais de nous des intendants et intendantes fidèles de ta grande générosité, prodiguant tout ce qui nous est nécessaire et portant secours à toutes les personnes qui en ont besoin, à la gloire de ton Nom ; par Jésus Christ, notre Seigneur, qui vit et règne avec toi et le Saint-Esprit, un seul Dieu, pour les siècles des siècles. *Amen.*

*Pour les Prières des fidèles, il est possible d'utiliser la litanie d'Action de grâces à la page [836].*

*Préface du dimanche de la Trinité*

# Commun des saints et saintes

*Les fêtes des saints et saintes sont observées conformément aux règles de primauté établies dans le calendrier de l'année liturgique. À la discrétion de la personne qui célèbre et selon les circonstances, il est possible d'utiliser l'une des collectes suivantes, avec les psaumes et leçons qui lui correspondent :*

*a) pour commémorer un·e saint·e inscrit·e au calendrier lorsqu'aucun propre n'est prévu à cet effet dans ce Livre ;*

*b) lors de la fête patronale ou de la commémoration d'un·e saint·e qui ne figure pas dans le calendrier.*

### Pour un·e martyr·e

Dieu tout-puissant, tu as donné à *(ton saint martyr)(ta sainte martyre) N.* l'audace de confesser le Nom de notre Sauveur Jésus Christ devant les autorités de ce monde, et le courage de mourir pour cette foi : accorde-nous d'être toujours disposés à rendre raison de l'espérance qui est en nous, et à souffrir avec joie pour l'amour de notre Seigneur Jésus Christ, qui vit et règne avec toi et le Saint-Esprit, un seul Dieu, pour les siècles des siècles. *Amen.*

*ou ceci :*

Dieu tout-puissant, par ta grâce et ta puissance, *(ton saint martyr)(ta sainte martyre) N.* a triomphé de la souffrance et t'a été fidèle jusqu'à la mort : à nous qui nous souvenons *(de lui)(d'elle)* aujourd'hui dans notre action de grâces, accorde d'être fidèles dans le témoignage que nous te rendons dans ce monde, afin de recevoir la couronne de vie avec *(lui)(elle)* ; par Jésus Christ, notre

Seigneur, qui vit et règne avec toi et le Saint-Esprit, un seul Dieu, pour les siècles des siècles. *Amen.*

*ou ceci :*

Dieu éternel et tout-puissant, tu as enflammé de ton amour le cœur de *(ton saint martyr)(ta sainte martyre)* N. : accorde aux humbles servantes et serviteurs que nous sommes une foi et une force d'amour comparables, afin que, nous réjouissant de son triomphe, nous puissions tirer profit de son exemple ; par Jésus Christ, notre Seigneur, qui vit et règne avec toi et le Saint-Esprit, un seul Dieu, pour les siècles des siècles. *Amen.*

*Préface d'un·e saint·e*

## Pour un·e missionnaire

Dieu éternel et tout-puissant, nous te rendons grâces pour *(ta servante)(ton serviteur)* N., que tu as appelé·e à prêcher l'Évangile aux peuples de _____ (*ou* aux _____) : suscite dans ce pays, comme dans toutes les nations, des évangélistes et des annonciateurs et annonciatrices de ton royaume, afin que ton Église puisse proclamer les richesses insondables de notre Sauveur Jésus Christ, qui vit et règne avec toi et le Saint-Esprit, un seul Dieu, pour les siècles des siècles. *Amen.*

*ou ceci :*

Dieu tout-puissant, toi dont la volonté est d'être glorifié par tes saints et saintes, tu as fait lever *(ta servante)(ton serviteur)* N. pour qu'*(elle)(il)* soit une lumière du monde : nous t'en prions, resplendis dans nos cœurs afin que nous aussi, à notre génération, nous fassions connaître tes louanges, toi qui nous a appelés des ténèbres à ta merveilleuse lumière ; par Jésus Christ, notre Seigneur, qui vit et règne avec toi et le Saint-Esprit, un seul Dieu, pour les siècles des siècles. *Amen.*

*Préface de la Pentecôte*

## Pour un·e pasteur·e

Père céleste, Pasteur de ton peuple, nous te rendons grâces pour *(ton serviteur)(ta servante)* N., qui a fidèlement pris soin de ton troupeau ; et nous prions pour que, suivant son exemple et l'enseignement de sa sainte vie, nous puissions par ta grâce grandir pour atteindre la mesure de la plénitude de Jésus Christ, notre Seigneur et Sauveur, qui vit et règne avec toi et le Saint-Esprit, un seul Dieu, pour les siècles des siècles. *Amen.*

*ou ceci :*

Ô Dieu, notre Père céleste, tu as fait grandir *(ton fidèle serviteur) (ta fidèle servante)* N. pour qu'*(il)(elle)* soit [évêque et] pasteur·e de ton Église et qu'*(il)(elle)* nourrisse ton troupeau : prodigue les dons de ton Esprit saint en abondance à tes pasteurs, afin qu'ils et elles puissent exercer leur ministère dans ta maison en se mettant véritablement au service du Christ pour assurer l'intendance de tes mystères divins ; par Jésus Christ, notre Seigneur, qui vit et règne avec toi et le Saint-Esprit, un seul Dieu, pour les siècles des siècles. *Amen.*

*Préface d'un·e saint·e*

## Pour un·e théologien·ne, un·e enseignant·e

Ô Dieu, par ton Esprit saint, tu donnes à certaines personnes des paroles de sagesse, à d'autres des paroles de connaissance, et à d'autres encore des paroles de foi : nous adorons ton Nom pour les dons de grâce qui se sont manifestés en *(ta servante)(ton serviteur)* N., et nous prions pour que ton Église n'en soit jamais privée ; par Jésus Christ, notre Seigneur, qui vit et règne avec toi et le Saint-Esprit, un seul Dieu, pour les siècles des siècles. *Amen.*

*ou ceci :*

Dieu tout-puissant, tu as donné à *(ta servante)(ton serviteur)* N. des dons spéciaux de grâce pour comprendre et enseigner la vérité telle qu'elle est en Jésus Christ : accorde-nous de te connaître par cet enseignement, toi, le seul vrai Dieu, et celui que tu as envoyé, Jésus Christ, qui vit et règne avec toi et le Saint-Esprit, un seul Dieu, pour les siècles des siècles. *Amen.*

*Préface d'un·e saint·e ou du dimanche de la Trinité*

## Pour un religieux, une religieuse

Ô Dieu, toi dont le Fils bien-aimé s'est fait pauvre pour que nous soyons riches de sa pauvreté : délivre-nous de l'amour démesuré de ce monde, afin que, inspirés par la dévotion de *(ton serviteur) (ta servante)* N., nous puissions te servir d'un cœur droit et atteindre les richesses du monde à venir ; par Jésus Christ, notre Seigneur, qui vit et règne avec toi, dans l'unité du Saint-Esprit, un seul Dieu, pour les siècles des siècles. *Amen.*

*ou ceci :*

Ô Dieu, par ta grâce, *(ton serviteur)(ta servante)* N., enflammé·e par ton amour, est devenu·e un phare de ton Église : accorde-nous également de brûler d'un esprit d'amour et de discipline, et de marcher devant toi comme des enfants de lumière ; par Jésus Christ, notre Seigneur, qui vit et règne avec toi, dans l'unité du Saint-Esprit, un seul Dieu, pour les siècles des siècles. *Amen.*

*Préface d'un·e saint·e*

## Pour un·e saint·e

Dieu tout-puissant, tu nous as entourés d'une grande foule de témoins : accorde-nous de persévérer dans la course qui nous attend, encouragés par l'exemple édifiant de *(ta servante)(ton serviteur)* N., jusqu'à ce que nous puissions enfin atteindre avec *(elle)(lui)* ta joie éternelle ; par Jésus Christ, par qui notre foi a commencé et qui la mène à sa perfection, lui qui vit et règne avec toi et le Saint-Esprit, un seul Dieu, pour les siècles des siècles. *Amen.*

*ou ceci :*

Ô Dieu, tu as fait venir à nous une foule innombrable d'anges et les esprits des justes rendus parfaits : accorde-nous, durant notre pèlerinage terrestre, de demeurer en leur compagnie et, dans notre patrie céleste, d'avoir part à leur joie ; par Jésus Christ, notre

Seigneur, qui vit et règne avec toi et le Saint-Esprit, un seul Dieu, pour les siècles des siècles. *Amen.*

*ou ceci :*

Dieu tout-puissant, par ton Esprit saint, tu nous as unis à l'assemblée de tes saints et saintes au ciel et sur la terre : accorde-nous, durant notre pèlerinage terrestre, de toujours trouver un soutien auprès de cette communion d'amour et de prière, et de savoir que nous sommes entourés par son témoignage de ta puissance et de ta bonté ; nous te le demandons au nom de Jésus Christ, en qui toutes nos intercessions sont acceptables par l'Esprit, et qui vit et règne pour les siècles des siècles. *Amen.*

*Préface d'un·e saint·e*

# Occasions diverses

*Peuvent être utilisées si on le souhaite, sous réserve des règles énoncées dans le Calendrier de l'année liturgique.*

### 1. De la Sainte Trinité

Dieu tout-puissant, tu as révélé à ton Église ton Être éternel de glorieuse majesté et d'amour parfait, un seul Dieu en une Trinité de personnes : donne-nous la grâce de continuer à confesser cette foi fidèlement et de t'adorer inlassablement, Père, Fils et Saint-Esprit ; car tu vis et règnes, un seul Dieu, pour les siècles des siècles. *Amen.*

*Préface du dimanche de la Trinité*

### 2. Du Saint-Esprit

Dieu tout-puissant et plein de miséricorde, accorde-nous d'être éclairés et fortifiés par la présence de ton Esprit saint afin de te servir ; par Jésus Christ, notre Seigneur, qui vit et règne avec toi, dans l'unité du même Esprit, un seul Dieu, pour les siècles des siècles. *Amen.*

*Préface de la Pentecôte*

### 3. Des saints anges

Dieu éternel, tu as établi et réglé le ministère des anges et des mortels avec un ordre admirable : dans ta miséricorde, autorise tes saints anges, qui te servent et t'adorent continuellement dans le ciel, à venir aussi sur terre, sur ton ordre, pour nous aider et nous défendre, par Jésus Christ, notre Seigneur, qui vit et règne avec toi et le Saint-Esprit, un seul Dieu, pour les siècles des siècles. *Amen.*

*Préface du dimanche de la Trinité*

### 4. De l'Incarnation

Ô Dieu, tu as merveilleusement créé, et encore plus merveilleusement restauré, la dignité de la nature humaine : accorde-nous d'avoir part à la vie divine de celui qui s'est humilié pour partager notre humanité, ton Fils Jésus Christ, qui vit et règne avec toi, dans l'unité du Saint-Esprit, un seul Dieu, pour les siècles des siècles. *Amen.*

*Préface de l'Épiphanie*

### 5. De la Sainte Eucharistie

*Particulièrement indiqué les jeudis*

Dieu notre Père, ton Fils, notre Seigneur Jésus Christ, nous a laissé un mémorial de sa passion dans un Sacrement merveilleux : accorde-nous de vénérer les mystères sacrés de son Corps et de son Sang, afin que nous percevions toujours en nous le fruit de sa rédemption ; lui qui vit et règne avec toi et le Saint-Esprit, un seul Dieu, pour les siècles des siècles. *Amen.*

*Préface de l'Épiphanie*

### 6. De la Sainte Croix

*Particulièrement indiqué les vendredis*

Dieu tout-puissant, ton Fils bien-aimé a volontairement enduré l'agonie et la honte de la croix pour notre rédemption, donne-nous le courage de prendre notre croix et de le suivre, lui qui vit et

règne avec toi et le Saint-Esprit, un seul Dieu, pour les siècles des siècles. *Amen.*

*Préface de la Semaine sainte*

## 7. Pour toutes les personnes chrétiennes baptisées

*Particulièrement indiqué les samedis*

Seigneur Dieu, accorde-nous, ainsi qu'à toutes les personnes baptisées dans la mort et la résurrection de ton Fils Jésus Christ, de rejeter notre ancienne vie de péché pour que nous soyons renouvelés dans l'esprit de notre intelligence, et que nous vivions dans la justice et la vraie sainteté ; par Jésus Christ, notre Seigneur, qui vit et règne avec toi, dans l'unité du Saint-Esprit, un seul Dieu, pour les siècles des siècles. *Amen.*

*Préface du baptême*

## 8. Pour les défunts et défuntes

Seigneur Dieu éternel, tu maintiens en vie toutes les âmes : donne ta lumière et ta paix à toute ton Église dans le paradis et sur la terre ; et accorde-nous, suivant l'exemple édifiant de celles et ceux qui t'ont servi ici-bas et qui connaissent à présent le repos, d'entrer finalement à leurs côtés dans ta joie éternelle ; par Jésus Christ, notre Seigneur, qui vit et règne avec toi, dans l'unité du Saint-Esprit, un seul Dieu, pour les siècles des siècles. *Amen.*

*ou ceci :*

Dieu tout-puissant, nous nous souvenons aujourd'hui devant toi de *(ton fidèle serviteur)(ta fidèle servante)* N., et nous prions pour que tu lui ouvres les portes de la vie plus vaste et que tu *(le)(la)* prennes toujours plus à ton service joyeux, afin qu'avec toutes les personnes qui t'ont fidèlement servi par le passé, *(il)(elle)* participe à la victoire éternelle de Jésus Christ, notre Seigneur, qui vit et règne avec toi, dans l'unité du Saint-Esprit, un seul Dieu, pour les siècles des siècles. *Amen.*

*Il est possible d'utiliser à la place une des collectes indiquées pour l'Inhumation des défunts et défuntes.*

*Pour les Prières des fidèles, on peut utiliser l'un des modèles indiqués pour l'Inhumation des défunts et défuntes.*

*Préface de la commémoration des défuntes et des défunts*

*Il est possible d'utiliser la prière après la communion qui se trouve à la page [478].*

### 9. Du Règne du Christ

Dieu éternel et tout-puissant, toi qui veux rétablir toutes choses dans ton Fils bien-aimé, le Roi des rois et Seigneur des seigneurs : dans ta miséricorde, accepte que les peuples de la terre, divisés et asservis par le péché, soient libérés et rassemblés sous sa bienveillante autorité ; lui qui vit et règne avec toi et le Saint-Esprit, un seul Dieu, pour les siècles des siècles. *Amen.*

*Préface de l'Ascension ou du baptême*

### 10. Pour un baptême

Dieu tout-puissant, par notre baptême dans la mort et la résurrection de ton Fils Jésus Christ, tu nous détournes de notre ancienne vie de péché : accorde-nous de renaître en lui à une vie nouvelle et de vivre dans la justice et la sainteté tous les jours de notre vie ; par Jésus Christ, notre Seigneur, qui vit et règne avec toi et le Saint-Esprit, un seul Dieu, pour les siècles des siècles. *Amen.*

*Préface du baptême*

### 11. Pour une confirmation

Dieu tout-puissant, accorde-nous, à nous qui avons été rachetés de notre ancienne vie de péché par notre baptême dans la mort et la résurrection de ton Fils Jésus Christ, d'être renouvelés dans ton Esprit saint et de vivre dans la justice et la vraie sainteté ; par Jésus Christ, notre Seigneur, qui vit et règne avec toi et le Saint-Esprit, un seul Dieu, pour les siècles des siècles. *Amen.*

*Préface du baptême ou de la Pentecôte*

## 12. Pour l'anniversaire de la dédicace d'une église

Dieu tout-puissant, à la gloire de qui nous célébrons la dédicace de cette maison de prière, nous te rendons grâces pour la compagnie de ceux et celles qui t'ont adoré en ce lieu, et nous prions pour que toutes les personnes qui te cherchent ici puissent te trouver et être comblées de ta joie et de ta paix ; par Jésus Christ, notre Seigneur, qui vit et règne avec toi, dans l'unité du Saint-Esprit, un seul Dieu, pour les siècles des siècles. *Amen.*

*La Litanie d'action de grâces pour une église, page [562], peut être utilisée pour les prières des fidèles.*

*Préface de la dédicace d'une église*

## 13. Pour un synode

Père éternel et tout-puissant, Toi qui as envoyé l'Esprit saint pour qu'il demeure avec nous pour toujours : nous t'en prions, bénis de sa grâce et de sa présence les évêques, les autres membres du clergé et les personnes laïques qui se sont assemblés ici (*ou* qui s'assemblent maintenant *ou* qui s'assembleront bientôt) en ton Nom, afin que ton Église, préservée dans la vraie foi par une pieuse discipline, puisse accomplir toute la pensée de celui qui l'a aimée et qui s'est donné pour elle, ton Fils Jésus Christ, notre Sauveur, qui vit et règne avec toi, dans l'unité du Saint-Esprit, un seul Dieu, pour les siècles des siècles. *Amen.*

*Préface de la Pentecôte ou du temps liturgique*

## 14. Pour l'unité de l'Église

Père tout-puissant, toi dont le Fils bien-aimé a prié pour ses disciples avant sa passion afin qu'ils soient un, comme lui et toi êtes unis : accorde à ton Église, liée par son amour et son obéissance envers toi, d'être unie en un seul corps par l'unique Esprit, afin que le monde croie en celui que tu as envoyé, ton Fils Jésus Christ, notre Seigneur, qui vit et règne avec toi, dans l'unité du Saint-Esprit, un seul Dieu, pour les siècles des siècles. *Amen.*

*Préface du baptême ou du dimanche de la Trinité*

## 15. Pour le ministère (jours des Quatre-Temps)

*À utiliser aux jours traditionnellement indiqués ou en d'autres occasions*

### I. Pour les personnes à ordonner

Dieu tout-puissant, toi qui prodigues tout bienfait, tu as établi divers ordres dans ton Église par ta divine providence : nous t'en prions humblement, accorde ta grâce à toutes les personnes qui sont appelées [aujourd'hui] à une fonction et à un ministère pour ton peuple ; remplis-les de la vérité de ta doctrine et habille-les de sainteté de vie, afin qu'elles puissent servir fidèlement devant toi, à la gloire de ton Nom magnifique et pour le bien de ta sainte Église ; par Jésus Christ, notre Seigneur, qui vit et règne avec toi, dans l'unité du Saint-Esprit, un seul Dieu, pour les siècles des siècles. *Amen.*

*Préface des apôtres*

### II. Pour le choix de personnes aptes au ministère

Ô Dieu, tu as conduit tes saints apôtres à ordonner des pasteurs en tout lieu : accorde à ton Église, guidée par l'Esprit saint, de choisir des personnes aptes à exercer le ministère de la Parole et des Sacrements, et de les soutenir dans leur travail pour agrandir ton royaume ; par celui qui est le Berger et Évêque de nos âmes, Jésus Christ, notre Seigneur, qui vit et règne avec toi et le Saint-Esprit, un seul Dieu, pour les siècles des siècles. *Amen.*

*Préface du temps liturgique*

### III. Pour la vocation de toute personne chrétienne

Dieu éternel et tout-puissant, toi dont l'Esprit gouverne et sanctifie le corps tout entier de tes fidèles : reçois les prières et les supplications que nous te présentons pour tous les membres de ta sainte Église, afin que nous puissions te servir en vérité et avec dévotion dans nos vocations et ministères, par notre Seigneur et

Sauveur Jésus Christ, qui vit et règne avec toi et le Saint-Esprit, un seul Dieu, pour les siècles des siècles. *Amen.*

*Préface du baptême ou du temps liturgique*

## 16. Pour la mission de l'Église

Ô Dieu, toi qui as créé du même sang tous les peuples de la terre et qui as envoyé ton Fils bien-aimé annoncer la paix à celles et ceux qui étaient loin et la paix à ceux et celles qui étaient proches : accorde au monde entier de pouvoir te chercher et te trouver ; rassemble les nations autour de toi ; répands ton Esprit sur toute chair ; et hâte l'heure de la venue de ton royaume, par Jésus Christ, notre Seigneur, qui vit et règne avec toi et le Saint-Esprit, un seul Dieu, pour les siècles des siècles. *Amen.*

*ou ceci :*

Ô Dieu de toutes les nations de la terre, souviens-toi des multitudes qui ont été créées à ton image, mais qui ne connaissent pas l'œuvre rédemptrice de notre Sauveur Jésus Christ ; et accorde-leur, par les prières et les efforts de ta sainte Église, d'apprendre à te connaître et à t'adorer tel que tu as été révélé en ton Fils, qui vit et règne avec toi et le Saint-Esprit, un seul Dieu, pour les siècles des siècles. *Amen.*

*Préface du temps liturgique ou de la Pentecôte*

## 17. Pour la nation

Seigneur Dieu tout-puissant, tu as créé tous les peuples de la terre pour ta gloire, pour te servir en liberté et en paix : donne à la population de notre pays le zèle de la justice et la force de la tolérance, afin que nous puissions user de notre liberté selon ta volonté bienveillante ; par Jésus Christ, notre Seigneur, qui vit et règne avec toi et le Saint-Esprit, un seul Dieu, pour les siècles des siècles. *Amen.*

*Il est possible d'utiliser à la place la collecte pour la Fête nationale.*

*Préface du dimanche de la Trinité*

## 18. Pour la paix

Dieu tout-puissant, nous t'en prions, attise en chaque cœur l'amour sincère de la paix, et guide de ta sagesse ceux et celles qui prennent conseil pour les nations de notre planète, afin que ta domination puisse s'étendre dans la sérénité jusqu'à ce que toute la terre soit comblée de la connaissance de ton amour ; par Jésus Christ, notre Seigneur, qui vit et règne avec toi, dans l'unité du Saint-Esprit, un seul Dieu, pour les siècles des siècles. *Amen.*

*Préface du temps liturgique*

## 19. Pour les jours des Rogations

*À utiliser aux jours traditionnellement indiqués ou en d'autres occasions*

### I. Pour des saisons fécondes

Dieu tout-puissant, Seigneur du ciel et de la terre : nous prions humblement pour que ta bienveillante providence nous prodigue les récoltes de la terre et des mers et les laisse à notre disposition, et qu'elle fasse prospérer tous ceux et toutes celles qui travaillent pour les obtenir, afin que nous, qui recevons sans cesse des bienfaits de ta main, nous puissions inlassablement te rendre grâces ; par Jésus Christ, notre Seigneur, qui vit et règne avec toi et le Saint-Esprit, un seul Dieu, pour les siècles des siècles. *Amen.*

*Préface du temps liturgique*

### II. Pour le commerce et l'industrie

Dieu tout-puissant, toi dont le Fils Jésus Christ a partagé notre labeur et sanctifié notre travail durant sa vie terrestre : sois présent auprès de ton peuple là où il travaille ; rends sensibles à ta volonté les personnes qui contribuent à l'industrie et au commerce de ce pays ; et accorde à chacun et chacune d'entre nous d'être fiers de ce que nous réalisons et d'obtenir une juste rétribution de nos efforts ; par Jésus Christ, notre Seigneur, qui vit et règne avec toi, dans l'unité du Saint-Esprit, un seul Dieu, pour les siècles des siècles. *Amen.*

*Préface du temps liturgique*

### III. *Pour l'intendance de la création*

Ô Créateur miséricordieux, ta main est grande ouverte pour donner tout ce qu'il faut à chaque créature vivante : éveille en nous une constante reconnaissance pour ta providence aimante ; et accorde-nous, au souvenir des comptes que nous devrons rendre un jour, d'être des intendants et intendantes fidèles de tes bienfaits ; par Jésus Christ, notre Seigneur, qui vit et règne avec toi et le Saint-Esprit, un seul Dieu, pour les siècles des siècles. *Amen.*

*Préface du temps liturgique*

## 20. Prières pour les malades

Père céleste, toi qui donnes la vie et la santé, réconforte et soulage tes serviteurs et servantes malades et accorde ton pouvoir de guérison à celles et ceux qui pourvoient à leurs besoins, afin que les personnes (*ou* N. *ou* NN.) pour qui nous prions puissent être fortifiées dans leur (*ou* sa) faiblesse et avoir confiance en ton attention aimante, par Jésus Christ, notre Seigneur, qui vit et règne avec toi et le Saint-Esprit, un seul Dieu, pour les siècles des siècles. *Amen.*

*Préface du temps liturgique*

*Il est possible d'utiliser la prière après la communion qui se trouve à la page [420].*

## 21. Pour la justice sociale

Dieu tout-puissant, tu nous as créés à ton image, accorde-nous la grâce de lutter sans crainte contre le mal et de ne pas nous satisfaire de l'oppression ; et, afin que nous puissions faire usage de notre liberté avec révérence, aide-nous à l'employer pour maintenir la justice dans nos communautés et parmi les nations, à la gloire de ton saint Nom ; par Jésus Christ, notre Seigneur, qui vit et règne avec toi et le Saint-Esprit, un seul Dieu, pour les siècles des siècles. *Amen.*

*Préface du temps liturgique*

## 22. Pour l'action sociale

Père céleste, ton Fils bien-aimé est venu non pas pour être servi, mais pour servir ; bénis toutes les personnes qui, marchant sur ses traces, se donnent au service des autres, afin qu'avec sagesse, patience et courage elles puissent servir en son Nom celles et ceux d'entre nous qui souffrent, qui n'ont pas d'amis ou qui sont dans le besoin ; pour l'amour de celui qui a donné sa vie pour nous, ton Fils, notre Sauveur Jésus Christ, qui vit et règne avec toi et le Saint-Esprit, un seul Dieu, pour les siècles des siècles. *Amen.*

*Préface du temps liturgique*

## 23. Pour l'éducation

Dieu tout-puissant, fontaine de toute sagesse, éclaire de ton Esprit saint les personnes qui enseignent et celles qui apprennent, afin que, se réjouissant de connaître ta vérité, elles t'adorent et te servent de génération en génération ; par Jésus Christ, notre Seigneur, qui vit et règne avec toi et le Saint-Esprit, un seul Dieu, pour les siècles des siècles. *Amen.*

*Préface du temps liturgique*

## 24. Pour la vocation dans nos tâches quotidiennes

Dieu tout-puissant, notre Père céleste, tu proclames ta gloire et manifestes ton œuvre dans les cieux et sur la terre : délivre-nous, dans nos diverses occupations, du seul service de nous-mêmes, afin que nous puissions mener à bien les tâches que tu nous donnes d'accomplir dans la vérité et la beauté et pour le bien commun ; pour l'amour de celui qui est venu parmi nous comme un serviteur, ton Fils, Jésus Christ, notre Seigneur, qui vit et règne avec toi et le Saint-Esprit, un seul Dieu, pour les siècles des siècles. *Amen.*

*Préface du temps liturgique*

## 25. Pour la fête du Travail

Dieu tout-puissant, tu as lié nos vies les unes aux autres de telle sorte que tout ce que nous faisons affecte toutes les autres vies en bien ou en mal : guide-nous dans notre travail, afin que nous n'œuvrions pas seulement pour nous-mêmes, mais pour le bien commun ; et, dans notre quête d'une juste rétribution de nos efforts, rends-nous sensibles aux aspirations légitimes des autres travailleurs et travailleuses, et éveille notre compassion pour les personnes sans emploi ; par Jésus Christ, notre Seigneur, qui vit et règne avec toi et le Saint-Esprit, un seul Dieu, pour les siècles des siècles. *Amen.*

*Préface du temps liturgique*

# Liturgies propres

# Mercredi des Cendres

*Ce jour-là, la personne qui célèbre commence la liturgie par l'accueil et la collecte du jour.*

Prions.

Dieu éternel et tout-puissant, tu ne détestes rien de ce que tu as créé et tu pardonnes les péchés de tous ceux et toutes celles qui se repentent : crée en nous un cœur nouveau et contrit, afin que, déplorant nos péchés et reconnaissant notre misère comme nous le devons, nous puissions obtenir de toi, le Dieu de toute miséricorde, un pardon et une rémission parfaite, par Jésus Christ, notre Seigneur, qui vit et règne avec toi et le Saint-Esprit, un seul Dieu, pour les siècles des siècles. *Amen.*

| | |
|---|---|
| *Ancien Testament* | Joël 2.1-2,12-17 *ou* Ésaïe 58.1-12 |
| *Psaume* | 103 *ou* 103.8-14 |
| *Épître* | 2 Corinthiens 5.20b–6.10 |
| *Évangile* | Matthieu 6.1-6,16-21 |

*Après la prédication, tout le monde se lève, et la personne qui célèbre ou un membre du clergé désigné invite les fidèles à observer un saint Carême, en disant :*

Bien-aimé peuple de Dieu : les premiers chrétiens et les premières chrétiennes observaient avec une grande dévotion les jours de la Passion et de la Résurrection de notre Seigneur. Depuis, l'Église a adopté la coutume de s'y préparer par un temps de pénitence et de jeûne. Ce temps de Carême était une période où les converti-es se préparaient au saint Baptême. De même, pendant ce temps de Carême, celles et ceux qui avaient été séparés du corps des fidèles à cause de leurs péchés notoires étaient réconciliés par la pénitence et le pardon, et rétablis dans la communion de l'Église. Toute la congrégation se voyait ainsi rappeler le message de pardon et d'absolution contenu dans l'Évangile de notre Sauveur, et la nécessité pour toute personne chrétienne de renouveler sans cesse son repentir et sa foi.

C'est pourquoi je vous invite, au nom de l'Église, à observer un saint Carême : examinez votre conscience et repentez-vous ; pratiquez la prière, le jeûne et l'abnégation ; lisez et méditez la sainte Parole de Dieu. Et, pour commencer comme il faut notre repentir, en signe de notre nature mortelle, mettons-nous maintenant à genoux devant le Seigneur, notre Créateur et Rédempteur.

*Tout le monde s'agenouille en silence pendant quelques minutes.*

*En cas d'imposition des cendres, la personne qui célèbre prononce la prière suivante :*

Dieu tout-puissant, tu nous as créés à partir de la poussière de la terre : daigne que ces cendres soient pour nous un signe de notre mortalité et de notre pénitence, afin que nous nous souvenions que c'est à ta seule bienveillance que nous devons de recevoir la vie éternelle ; par Jésus Christ, notre Sauveur. *Amen.*

*Les cendres sont imposées avec les mots suivants :*

Souviens-toi que tu es poussière et que tu retourneras à la poussière.

*On chante ou récite ensuite le psaume suivant :*

## Psaume 51

3. Mon Dieu, toi qui es si bon, accorde-moi ta grâce !*
    Ta tendresse est si grande, efface mes fautes.
4. Lave-moi complètement de mes torts,*
    et purifie-moi de mon péché.
5. Je t'ai désobéi, je le reconnais ;*
    ma faute est toujours là, je la revois sans cesse.
6. C'est contre toi seul que j'ai mal agi,*
    j'ai fait ce que tu désapprouves.

Ainsi tu as raison quand tu prononces ta sentence,*
    tu es irréprochable quand tu rends ton jugement.
7.  Moi je fus enfanté dans la faute,*
    dans le péché ma mère m'a conçu.
8.  Mais ce que tu aimes trouver dans le cœur d'une personne,*
    c'est le respect de la vérité.
Au plus profond de ma conscience,*
    fais-moi connaître la sagesse.
9.  Fais disparaître mon péché, et je serai pur ;*
    lave-moi, et je serai plus blanc que la neige.
10.  Annonce-moi ton pardon, il m'inondera de joie.*
    Alors je serai en fête, moi que tu as écrasé !
11.  Détourne ton regard de mes fautes,*
    efface tous mes torts.
12. Mon Dieu, crée en moi un cœur pur ;*
    renouvelle et affermis mon esprit.
13.  Ne me rejette pas loin de toi,*
    ne me prive pas de ton Esprit saint.
14.  Rends-moi la joie d'être sauvé,*
    que ton esprit généreux me soutienne.
15. À tous ceux qui te désobéissent je dirai ce que tu attends d'eux ;*
    alors les personnes qui ont rompu avec toi reviendront à toi.
16. Dieu, mon libérateur, délivre-moi de la mort,*
    pour que je crie avec joie que tu es juste.
17.  Seigneur, ouvre mes lèvres, et je te louerai.*
    18.  Tu ne désires pas que je t'offre un sacrifice.
Même un sacrifice entièrement consumé ne te plairait pas.*
    19.  Mon Dieu, le sacrifice que je t'offre,
c'est moi-même, avec mon orgueil brisé.*
    Mon Dieu, ne refuse pas mon cœur complètement brisé.

## Litanie de pénitence

*Célébrant·e et assemblée ensemble, à genoux :*

Père très saint et miséricordieux, nous confessons à toi, aux autres
et à toute la communion des saints et saintes au ciel et sur la

terre que nous avons péché par notre propre faute, en pensées, en paroles et en actes, par ce que nous avons fait et ce que nous avons omis de faire.

*La personne qui célèbre poursuit :*

Nous ne t'avons pas aimé de tout notre cœur, de toute notre pensée et de toute notre force. Nous n'avons pas aimé nos prochains comme nous-mêmes. Nous n'avons pas pardonné aux autres comme nous avons été pardonnés.
*Prends pitié de nous, Seigneur.*

Nous n'avons pas prêté l'oreille à ton appel à servir comme le Christ nous a servis. Nous n'avons pas été fidèles à la pensée du Christ. Nous avons peiné ton Saint-Esprit.
*Prends pitié de nous, Seigneur.*

Nous te confessons, Seigneur, toutes nos infidélités passées : l'orgueil, l'hypocrisie, l'impatience de nos vies,
*Nous te les confessons, Seigneur.*

Nos manières et nos appétits complaisants, notre exploitation des autres,
*Nous te les confessons, Seigneur.*

Notre colère face à nos frustrations, notre envie à l'égard des mieux lotis que nous,
*Nous te les confessons, Seigneur.*

Notre amour immodéré des biens et du confort de ce monde, notre malhonnêteté dans la vie quotidienne et au travail,
*Nous te les confessons, Seigneur.*

Notre négligence dans la prière et l'adoration, notre incapacité à prôner la foi qui est en nous,
*Nous te les confessons, Seigneur.*

Accepte notre repentir, Seigneur, pour les torts que nous avons causés : pour notre aveuglement face aux besoins et aux souffrances de nos semblables, pour notre indifférence face à l'injustice et à la cruauté,
*Accepte notre repentir, Seigneur.*

Pour toutes nos erreurs de jugement, pour nos pensées peu charitables envers nos prochains, pour nos préjugés et notre mépris envers les personnes différentes de nous,
*Accepte notre repentir, Seigneur.*

Pour notre gaspillage et notre pollution de ta création, pour notre indifférence à l'égard des générations qui viendront après nous,
*Accepte notre repentir, Seigneur.*

Restaure-nous, bon Seigneur, et que ta colère s'éloigne de nous ;
*Exauce-nous, car ta miséricorde est immense.*

Accomplis en nous l'œuvre de ton salut,
*Pour que nous puissions manifester ta gloire dans le monde.*

Par la croix et la passion de ton Fils, notre Seigneur,
*Conduis-nous avec le cortège de tes saints et saintes à la joie de sa résurrection.*

*La personne qui célèbre (évêque ou prêtre) se lève et, tournée vers les fidèles, dit :*

Le Dieu tout-puissant, Père de notre Seigneur Jésus Christ, ne veut pas la mort des pécheurs et pécheresses, mais que nous nous détournions du mal et que nous vivions. Il a ainsi donné à ses pasteurs le pouvoir et l'ordre de déclarer à son peuple repentant l'absolution et la rémission de ses péchés. Il pardonne et absout quiconque se repent véritablement et croit d'un cœur sincère en son saint Évangile.

C'est pourquoi nous le supplions de nous accorder un véritable repentir et de nous envoyer son Esprit saint, afin que ce que nous faisons aujourd'hui lui soit agréable, que nous vivions le reste de notre vie dans la pureté et la sainteté, et qu'au dernier jour nous puissions ainsi parvenir à sa joie éternelle ; par Jésus Christ, notre Seigneur. *Amen.*

*Les diacres ou les lectrices ou lecteurs laïques qui dirigent l'office restent à genoux et remplacent ce qui précède par la prière de pardon prescrite dans la Prière du matin.*

*On échange ensuite le geste de paix.*

*En l'absence d'évêque ou de prêtre, des diacres ou des ministres laïques peuvent diriger ce qui précède.*

*La litanie de pénitence peut être utilisée en d'autres occasions. Elle peut également être précédée d'une invitation appropriée et d'un psaume de pénitence.*

*Lorsqu'une Communion vient ensuite, l'office se poursuit avec l'Offertoire.*

*Préface du Carême*

# Dimanche de la Passion : dimanche des Rameaux

**Liturgie des Rameaux**

*Lorsque les circonstances le permettent, la congrégation peut se réunir ailleurs afin que l'on puisse entrer en procession dans l'église.*

*Les branches de palmiers ou d'autres arbres et arbustes qui seront portées durant la procession peuvent être distribuées aux fidèles avant l'office, ou après la prière de bénédiction.*

*On chante ou récite le cantique suivant, ou un autre cantique approprié. L'assemblée se tient debout.*

Que Dieu bénisse le roi qui vient au nom du Seigneur !

*Paix dans le ciel et gloire à Dieu au plus haut des cieux !*

*Célébrant·e*     Prions.

Seigneur, Dieu de notre salut, viens-nous en aide dans ta bonté, afin que nous puissions entrer avec joie dans la contemplation des prouesses par lesquelles tu nous as donné la vie et l'immortalité ; par Jésus Christ, notre Seigneur. *Amen.*

*La personne désignée (diacre ou autre) lit alors une des leçons suivantes :*

| | |
|---|---|
| *Année A* | Matthieu 21.1-11 |
| *Année B* | Marc 11.1-11a |
| *Année C* | Luc 19.29-40 |

*La personne qui célèbre prononce ensuite la bénédiction suivante :*

| | |
|---|---|
| *Célébrant·e* | Le Seigneur soit avec vous. |
| *Assemblée* | Et avec toi aussi. |

| | |
|---|---|
| *Célébrant·e* | Rendons grâces au Seigneur notre Dieu. |
| *Assemblée* | Il est juste de lui rendre grâces et louanges. |

Il est juste de te louer, Dieu tout-puissant, pour les actes d'amour par lesquels tu nous as rachetés par ton Fils Jésus Christ, notre Seigneur. Ce jour-là, il est entré en triomphe dans la ville sainte de Jérusalem et a été proclamé Roi des rois par la foule qui étendait ses vêtements et des branches de palmiers sur son chemin. Que ces rameaux soient pour nous des signes de sa victoire. Et accorde-nous, à nous qui les portons en son nom, de toujours le saluer comme notre Roi et de le suivre sur le chemin qui mène à la vie éternelle ; lui qui vit et règne dans la gloire avec toi et le Saint-Esprit, pour les siècles des siècles. *Amen.*

*On peut ensuite chanter ou réciter un cantique approprié, comme celui-ci :*

Béni soit celui qui vient au nom du Seigneur.

*Hosanna au plus haut des cieux !*

*Procession*

| | |
|---|---|
| *Diacre* | Allons en paix. |
| *Assemblée* | Au nom du Christ. *Amen.* |

*Pendant la procession, tout le monde tient des rameaux à la main, et on chante des hymnes, des psaumes ou des cantiques appropriés, tels que « Toute gloire, toute louange et tout honneur » ou le psaume 118.19-29.*

*La procession peut s'arrêter en un lieu approprié pendant que l'on prononce la collecte suivante, ou une autre collecte adaptée.*

Dieu tout-puissant, toi dont le Fils bien-aimé n'est monté dans la joie qu'après avoir souffert, et n'est entré dans sa gloire qu'après avoir été crucifié : dans ta bonté, accorde-nous qu'en suivant le chemin de la croix, nous n'y trouvions rien d'autre que le chemin de la vie et de la paix, par Jésus Christ, notre Seigneur. *Amen.*

*En l'absence d'évêque ou de prêtre, des diacres ou des ministres laïques peuvent diriger ce qui précède.*

*Si l'on célèbre d'autres offices que la célébration principale ce jour-là, il est possible de réutiliser les parties appropriées.*

## Pendant l'Eucharistie

*Lorsque la Liturgie des Rameaux a lieu juste avant l'Eucharistie, la célébration commence par l'accueil et la collecte du jour.*

Prions.

Dieu éternel et tout-puissant, dans ta tendresse pour le genre humain, tu as envoyé ton Fils, notre Sauveur Jésus Christ, endosser notre nature et souffrir la mort sur la croix, nous donnant l'exemple de sa grande humilité : dans ta bonté, accorde-nous de marcher sur le chemin de ses souffrances et de prendre également part à sa résurrection ; par Jésus Christ, notre Seigneur, qui vit et règne avec toi et le Saint-Esprit, un seul Dieu, pour les siècles des siècles. *Amen.*

| | |
|---|---|
| *Ancien Testament* | Ésaïe 45.21-25 *ou* Ésaïe 52.13-53,12 |
| *Psaume* | 22.1-21 *ou* 22.1-11 |
| *Épître* | Philippiens 2.5-11 |

*L'Évangile de la Passion est annoncé de la manière suivante :*

Passion de notre Seigneur Jésus Christ selon _____.

*Les réponses habituelles avant et après l'Évangile ne sont pas chantées.*

| | | | |
|---|---|---|---|
| *Année A* | Matthieu 26.36–27.54(55-66) | *ou* | 27.1-54(55-66) |
| *Année B* | Marc 14.32–15.39(40-47) | *ou* | 15.1-39(40-47) |
| *Année C* | Luc 22.39–23.49(50-56) | *ou* | 23.1-49(50-56) |

*L'Évangile de la Passion peut être lu ou chanté par des laïques. Il est possible de répartir certains rôles entre des personnes différentes, la congrégation jouant le rôle de la foule.*

*La congrégation peut rester assise pendant la première partie de la Passion. Au verset qui mentionne l'arrivée au Golgotha (Matthieu 27.33, Marc 15.22, Luc 23.33), tout le monde se lève.*

*Lorsque la Liturgie des Rameaux a eu lieu avant, on peut ne pas dire le « Symbole de Nicée » et la Confession des péchés durant cet office.*

*Préface de la Semaine sainte*

# Jeudi saint

*L'Eucharistie commence de la manière habituelle, avec la collecte, le psaume et les leçons que voici :*

Père tout-puissant, toi dont le Fils bien-aimé, la nuit où il devait souffrir, institua le Sacrement de son Corps et de son Sang : dans ta bonté, accorde-nous de le recevoir avec reconnaissance, en mémoire de Jésus Christ, notre Seigneur, qui par ces saints mystères nous promet la vie éternelle, et qui vit et règne maintenant avec toi et le Saint-Esprit, un seul Dieu, pour les siècles des siècles. *Amen.*

| | |
|---|---|
| *Ancien Testament* | Exode 12.1-14a |
| *Psaume* | 78.14-20,23-25 |
| *Épître* | 1 Corinthiens 11.23-26(27-32) |
| *Évangile* | Jean 13.1-15 *ou* Luc 22.14-30 |

*Lorsqu'elle est observée, la cérémonie du lavement des pieds doit suivre l'Évangile et l'homélie.*

*Au cours de la cérémonie, on peut chanter ou réciter des cantiques comme celui-ci :*

Le Seigneur Jésus, après avoir dîné avec ses disciples et leur avoir lavé les pieds, leur dit : « Comprenez-vous ce que je vous ai fait, moi votre Seigneur et votre Maître ? Je vous ai donné un exemple, pour que vous agissiez comme je l'ai fait. »

*C'est la paix que je vous donne en dernier, c'est ma paix que je vous laisse. La paix que le monde ne peut donner, moi je vous la donne.*

Je vous donne un nouveau commandement : aimez-vous les uns les autres comme je vous ai aimés.

*C'est la paix que je vous donne en dernier, c'est ma paix que je vous laisse. La paix que le monde ne peut donner, moi je vous la donne.*

Si vous avez de l'amour les uns pour les autres, alors tout le monde saura que vous êtes mes disciples.

*L'office continue avec les Prières des fidèles.*

*Lorsque l'on souhaite administrer la sainte Communion le Vendredi saint à partir de la réserve du Sacrement, celui-ci est consacré pendant cet office.*

*Préface de la Semaine sainte*

# Vendredi saint

*Ce jour-là, les membres du clergé entrent en silence.*

*Tout le monde s'agenouille ensuite pour une prière silencieuse, après quoi la personne qui célèbre se lève et commence la liturgie par la collecte du jour.*

*Juste avant la collecte, la personne qui célèbre peut dire :*

Béni soit notre Dieu.

*Assemblée*    Pour les siècles des siècles. *Amen.*

Prions.

Dieu tout-puissant, nous te prions de bien vouloir regarder cette famille qui est la tienne, pour laquelle notre Seigneur Jésus Christ a accepté d'être trahi, livré aux mains des pécheurs et pécheresses et de subir la mort sur la croix ; lui qui vit et règne maintenant avec toi et le Saint-Esprit, un seul Dieu, pour les siècles des siècles. *Amen.*

*Ancien Testament*    Ésaïe 52.13–53,12    *ou*  Genèse 22.1-18    *ou*  Sagesse 2.1,12-24
*Psaume*                     22.1-11(12-21)       *ou*  40.1-14           *ou*  69.1-23
*Épître*                       Hébreux 10.1-25

*L'Évangile de la Passion est annoncé de la manière suivante :*

Passion de notre Seigneur Jésus Christ selon Jean.

*Les réponses habituelles avant et après l'Évangile sont omises.*

Jean 18.1–19.37    *ou* 19.1-37

*L'Évangile de la Passion peut être lu ou chanté par des laïques. Il est possible de répartir certains rôles entre des personnes différentes, la congrégation jouant le rôle de la foule.*

*La congrégation peut rester assise pendant la première partie de la Passion. Au verset qui mentionne l'arrivée au Golgotha (Jean 19.17), tout le monde se lève.*

*Puis vient la prédication.*

*On peut chanter un hymne ensuite.*

### Collectes solennelles

*Tout le monde se lève. La personne désignée (diacre ou autre) dit à l'assemblée :*

Bien-aimé peuple de Dieu, notre Père céleste a envoyé son Fils dans le monde, non pour le condamner, mais pour que, par lui, le monde soit sauvé, afin que tous ceux et toutes celles qui croient en lui soient délivrés de l'emprise du péché et de la mort, et héritent avec lui de la vie éternelle.

Nous prions donc pour le monde entier, en fonction des besoins de chacun et chacune.

*Dans les demandes qui suivent, les éléments décalés peuvent être adaptés, ajoutés ou omis, selon le cas, à la discrétion de la personne qui célèbre. Les fidèles peuvent être invités à se mettre debout ou à genoux.*

*Les demandes peuvent être lues par une personne désignée (diacre ou autre). La personne qui célèbre prononce la collecte.*

Prions pour la sainte Église catholique du Christ répandue dans le monde :

> Pour son unité dans le témoignage et le service,
> Pour l'ensemble des évêques, les autres membres du clergé et
> > toutes les personnes qu'ils et elles servent,
> Pour notre évêque *N.*, et l'ensemble des fidèles de ce diocèse,
> Pour l'ensemble des disciples du Christ dans cette communauté,
> Pour les personnes qui seront bientôt baptisées
> > (en particulier _____),

Que Dieu confirme son Église dans la foi, la fasse croître dans l'amour et la garde en paix.

*Silence*

Dieu éternel et tout-puissant, toi dont l'Esprit gouverne et sanctifie le corps tout entier de tes fidèles : reçois les prières et les supplications que nous te présentons pour tous les membres de ta sainte Église, afin qu'ils et elles puissent te servir en vérité et avec dévotion dans leurs vocations et ministères, par notre Seigneur et Sauveur Jésus Christ. *Amen.*

Prions pour toutes les nations et tous les peuples de la terre, et pour celles et ceux qui y exercent une autorité :

    Pour *(le président)(la présidente)* de ce pays, *N.,*
    Pour *(le Congrès et la Cour suprême),*
    Pour les membres et les représentantes et représentants des
        Nations unies,
    Pour toutes les personnes au service de l'intérêt général,

Puissent-ils et elles rechercher la justice et la vérité, et vivre dans la paix et la concorde, avec l'aide de Dieu.

*Silence*

Dieu tout-puissant, nous t'en prions, attise dans chaque cœur l'amour sincère de la paix, et guide de ta sagesse ceux et celles qui prennent conseil pour les nations de notre planète, afin que ton règne puisse s'étendre jusqu'à ce que toute la terre soit pleine de la connaissance de ton amour ; par Jésus Christ, notre Seigneur. *Amen.*

Prions pour toutes les personnes qui souffrent de blessures du corps ou de l'esprit :

    Pour nos frères et sœurs affamés, sans-abri, démunis et opprimés,
    Pour les malades, les blessés et les infirmes,
    Pour celles et ceux qui vivent dans la solitude, la peur et
        l'angoisse,
    Pour les personnes en proie à la tentation, au doute et au
        désespoir,
    Pour nos frères et sœurs dans la douleur et le deuil,
    Pour les personnes détenues ou captives, et celles en danger de
        mort,

Que Dieu, dans sa bonté, les réconforte et les soulage, leur accorde de connaître son amour, et qu'il éveille en nous la détermination et la patience de répondre à leurs besoins.

*Silence*

Dieu de bonté, toi qui es notre consolation dans le chagrin et notre force dans la souffrance : laisse monter à toi la clameur de celles et ceux qui connaissent la misère et le besoin, pour leur faire sentir que ta miséricorde les accompagne dans toutes leurs afflictions ; et donne-nous la force, nous t'en prions, de les servir pour l'amour de celui qui a souffert pour nous, ton Fils Jésus Christ, notre Seigneur. *Amen.*

Prions pour toutes les personnes qui n'ont pas reçu l'Évangile du Christ :

> Pour celles et ceux qui n'ont jamais entendu la parole du salut,
> Pour ceux et celles qui ont perdu la foi,
> Pour nos frères et sœurs endurcis par le péché ou l'indifférence,
> Pour les personnes méprisantes et dédaigneuses,
> Pour les ennemis de la croix du Christ et celles et ceux qui persécutent ses disciples,
> Pour ceux et celles qui ont persécuté d'autres êtres humains au nom du Christ.

Que Dieu ouvre leur cœur à la vérité et les conduise à la foi et à l'obéissance.

*Silence*

Dieu de miséricorde, créateur de tous les peuples de la terre, toi qui aimes les âmes : prends pitié de toutes les personnes qui ne te connaissent pas tel que tu es révélé dans ton Fils Jésus Christ ; que ton Évangile soit prêché avec grâce et éloquence à qui ne l'a pas entendu ; convertis les cœurs qui lui résistent ; et ramène dans ta bergerie ceux et celles qui se sont égarés, afin de former un seul troupeau guidé par un seul berger, Jésus Christ, notre Seigneur. *Amen.*

Engageons-nous envers notre Dieu et prions pour la grâce d'une vie sainte, afin que, avec nos frères et sœurs qui ont quitté ce monde et se sont endormis dans la paix du Christ, et avec toutes les personnes dont Dieu seul connaît la foi, nous soyons jugés dignes d'entrer dans la plénitude de la joie de notre Seigneur et de recevoir la couronne de vie au jour de la résurrection.

*Silence*

Ô Dieu, toi dont la puissance est immuable et la lumière éternelle, pose un regard favorable sur toute ton Église, ce mystère merveilleux et sacré ; accomplis sereinement le plan du salut par l'action efficace de ta providence ; que le monde entier voie et sache que ce qui avait été abattu est relevé, que ce qui avait vieilli est régénéré, et que toute chose est amenée à sa perfection par celui par qui tout a été fait, ton Fils Jésus Christ, notre Seigneur, qui vit et règne avec toi, dans l'unité du Saint-Esprit, un seul Dieu, pour les siècles des siècles. *Amen.*

*L'office peut se terminer ici par le chant d'un hymne ou d'un cantique, le « Notre Père » et la prière finale à la page [257].*

*Si on le souhaite, on peut maintenant apporter une croix en bois dans l'église et l'installer bien en vue des fidèles.*

*Des dévotions appropriées peuvent venir ensuite, avec par exemple tout ou partie des éléments suivants, ou d'autres cantiques adaptés. Si les textes ne sont pas chantés mais récités, la congrégation lit les parties en italique.*

## Hymne 1

Nous vénérons ta croix, Seigneur,
*et nous chantons et glorifions ta sainte résurrection ;*
*car voici que par la croix*
*la joie est venue dans le monde entier.*

Que Dieu nous fasse miséricorde et nous bénisse,
que son visage s'illumine pour nous ;
*que ton chemin soit connu sur la terre,*
*ton salut, parmi toutes les nations.*

Que les peuples, Dieu, te rendent grâce ;
qu'ils te rendent grâce tous ensemble !

*Nous vénérons ta croix, Seigneur,*
*et nous chantons et glorifions ta sainte résurrection ;*
*car voici que par la croix*
*la joie est venue dans le monde entier.*

## Hymne 2

Nous t'adorons, ô Christ, et nous te bénissons,
*Parce que tu as racheté le monde par ta sainte Croix.*

Si nous sommes morts avec lui, nous vivrons aussi avec lui ;
si nous restons fermes, nous régnerons aussi avec lui.

*Nous t'adorons, ô Christ, et nous te bénissons,*
*Parce que tu as racheté le monde par ta sainte Croix.*

## Hymne 3

Ô Sauveur du monde,
toi qui nous as rachetés par ta croix et ton sang précieux,
*sauve-nous et secours-nous, nous t'en supplions humblement,*
*Seigneur.*

*On chante ensuite l'hymne « Chante, ô ma langue » ou un autre*
*hymne qui exalte la gloire de la croix.*

*L'office peut se terminer ici par le « Notre Père » et la prière finale*
*ci-dessous.*

*En l'absence d'évêque ou de prêtre, des diacres ou des ministres*
*laïques peuvent diriger ce qui précède.*

*Là où la Sainte Communion doit être administrée à partir de la*
*réserve du Sacrement, il convient d'observer l'ordre suivant :*

Confession des péchés
Notre Père
Communion

*L'office se termine par la prière suivante. Il n'y a ni bénédiction ni*
*congé.*

Seigneur Jésus Christ, Fils du Dieu vivant, nous te prions de mettre ta passion, ta croix et ta mort entre ton jugement et nos âmes, maintenant et à l'heure de notre mort. Accorde ta miséricorde et ta grâce aux vivants et vivantes, ton pardon et ton repos à celles et ceux qui sont morts, la paix et la concorde à ta sainte Église, et à nous, pécheurs et pécheresses, la vie éternelle et la gloire ; car tu vis et règnes avec le Père et le Saint-Esprit, un seul Dieu, pour les siècles des siècles. *Amen.*

# Samedi saint

*Il n'y a pas de célébration de l'Eucharistie ce jour-là.*

*Lorsqu'une liturgie de la parole est prévue, la personne qui célèbre commence par la collecte du jour.*

Ô Dieu, Créateur du ciel et de la terre : de même que le corps crucifié de ton Fils bien-aimé a été mis au tombeau et a reposé en ce jour saint du sabbat, accorde-nous d'attendre avec lui l'avènement du troisième jour et de ressusciter avec lui à une vie nouvelle ; lui qui vit et règne maintenant avec toi et le Saint-Esprit, un seul Dieu, pour les siècles des siècles. *Amen.*

| | |
|---|---|
| *Ancien Testament* | Job 14.1-14 |
| *Psaume* | 130 *ou* 31.1-5 |
| *Épître* | 1 Pierre 4.1-8 |
| *Évangile* | Matthieu 27.57-66 *ou* Jean 19.38-42 |

*Après l'Évangile (et l'homélie), à la place des Prières des fidèles, on chante ou récite l'hymne « Au milieu de la vie » (page [443] ou [450]).*

*L'office se termine ensuite par le « Notre Père » et la formule suivante :*

*Que la grâce de notre Seigneur Jésus Christ, l'amour de Dieu, et la communion du Saint-Esprit soient avec vous tous. (2 Corinthiens 13:13)*

# Introduction à la Vigile

La Grande Vigile, lorsqu'elle est observée, est le premier office du jour de Pâques. Elle est célébrée à un moment opportun entre le coucher du soleil le samedi saint et le lever du soleil le matin de Pâques.

L'office comporte normalement quatre parties :

1. L'office de la lumière.
2. L'office des leçons.
3. L'initiation chrétienne ou renouvellement des vœux de baptême.
4. La sainte Eucharistie avec administration de la Communion pascale.

Il est d'usage que tous les membres du clergé ordonné qui assistent à l'office, ainsi que les lectrices et lecteurs laïques, les chantres et autres, y prennent une part active.

Il revient à l'évêque (le cas échéant) de présider la célébration et les baptêmes, d'administrer la confirmation et, habituellement, de prêcher.

Les prêtres se partagent la lecture des collectes qui suivent chaque leçon et aident pour les baptêmes et l'eucharistie. En l'absence d'évêque, c'est un·e prêtre qui préside l'office.

La prérogative de porter le cierge pascal jusqu'à sa place et de chanter ou psalmodier « Exultez de joie » revient aux diacres, à qui il incombe également d'aider pour les baptêmes et l'eucharistie selon leur ordre.

Des fidèles laïques lisent les leçons et l'épître, et apportent toute autre aide nécessaire. Le chant « Exultez de joie » peut être confié à un ou une laïque. Il est bon que chaque leçon soit lue par une personne différente.

En l'absence d'évêque ou de prêtre, les diacres ou des ministres laïques peuvent diriger les deux premières parties de l'office, puis le renouvellement des vœux de baptême et le ministère de la Parole

durant l'Eucharistie, en terminant par les Prières des fidèles, le
« Notre Père » et le congé.

Lorsqu'il n'y a pas de prêtre disponible, les diacres peuvent aussi,
avec l'autorisation de l'évêque, officier pour un baptême public
et administrer la Communion pascale à partir du Sacrement
préalablement consacré.

Lorsqu'on ne célèbre pas la Vigile, l'office de la lumière peut avoir
lieu à un moment opportun avant la liturgie du dimanche de Pâques.

# Grande Vigile de Pâques

## Rite du cierge pascal

*Un feu est allumé dans l'obscurité. Ensuite, la personne qui célèbre peut s'adresser aux fidèles en ces termes ou en des termes similaires :*

Frères et sœurs bien-aimés en Christ, en cette nuit très sainte où notre Seigneur Jésus Christ est passé de la mort à la vie, l'Église invite tous ses enfants disséminés de par le monde à se réunir pour veiller et prier. Nous fêtons en effet la Pâque du Seigneur, au cours de laquelle, en écoutant sa Parole et en célébrant ses Sacrements, nous participons à sa victoire sur la mort.

*La personne qui célèbre peut dire la prière suivante :*

Prions.

Seigneur, par ton Fils, tu as donné à ton peuple la clarté de ta lumière : daigne sanctifier cette flamme et, durant ces fêtes pascales, accorde-nous de brûler d'un si grand désir du ciel que nous puissions parvenir avec un cœur pur aux fêtes de l'éternelle lumière ; par Jésus Christ, notre Seigneur. *Amen.*

*Le cierge pascal est ensuite allumé à partir du feu nouveau, et le ou la diacre (ou, à défaut, la personne qui célèbre) prend le cierge pour mener la procession jusqu'au chœur, en s'arrêtant trois fois pour chanter ou proclamer :*

La lumière du Christ !

*Assemblée*      Nous rendons grâces à Dieu.

*Si des cierges ont été distribués aux fidèles, ils sont allumés maintenant à partir du cierge pascal. On peut également allumer d'autres cierges et lampes dans l'église, à l'exception de ceux sur l'autel.*

*Le cierge pascal est placé sur son socle.*

*Ensuite, la personne désignée à cet effet (diacre ou autre) se place près du cierge et chante ou psalmodie le chant suivant (les parties indiquées peuvent être omises) :*

Exultez de joie, multitude des anges,
exultez, serviteurs de Dieu,
sonnez cette heure triomphale
et la victoire d'un si grand roi.

Sois heureuse aussi, notre terre,
irradiée de tant de feux,
car il t'a prise dans sa clarté
et son règne a chassé ta nuit.

Réjouis-toi, mère Église,
toute parée de sa splendeur,
entends vibrer dans ce lieu saint
l'acclamation de tout ton peuple.

Et vous, à la lumière de cette sainte flamme,
priez avec moi le Tout-Puissant
pour obtenir la grâce de chanter dignement
la grâce de cette divine lumière ;
par Jésus Christ, son Fils, notre Seigneur,
qui vit et règne avec lui, dans l'unité du Saint-Esprit,
un seul Dieu, pour les siècles des siècles. *Amen.*

|             | Le Seigneur soit avec vous.                       |
|-------------|---------------------------------------------------|
| *Réponse*   | Et avec toi aussi.                                |
| *Diacre*    | Rendons grâces au Seigneur notre Dieu.           |
| *Réponse*   | Il est juste de lui rendre grâces et louanges.   |

*Diacre*

En vérité, il est juste et bon de te chanter en tout temps et en tout lieu, de tout notre cœur, de toute notre pensée et à pleine voix, toi, le Dieu invisible, éternel et tout-puissant, avec ton Fils unique

Jésus Christ, notre Seigneur. Car c'est lui l'Agneau véritable qui, le jour de la Pâque, a payé pour nous la dette du péché d'Adam ; c'est lui qui, par son sang, a délivré le peuple de tes fidèles.

Voici la nuit où tu as tiré de l'esclavage en Égypte les enfants d'Israël, nos ancêtres ; la nuit où tu leur as fait passer la mer Rouge à pied sec.

Voici la nuit qui arrache au péché toutes celles et tous ceux qui ont mis leur foi dans le Christ ; la nuit qui les rend à la grâce et à la sainteté de vie.

Voici la nuit où le Christ, brisant les liens de la mort et de l'enfer, s'est relevé victorieux du tombeau.

Quelle merveille défiant l'entendement, Seigneur, que ta miséricorde et ta tendresse pour nous ! Pour racheter l'esclave, tu as livré un Fils.

Ô nuit sainte qui chasse les crimes et lave les fautes, qui rend l'innocence aux coupables et l'allégresse aux affligés, qui dissipe l'orgueil et la haine, qui instaure la paix et la concorde.

Ô nuit bénie qui voit le ciel s'unir à la terre et l'humanité se réconcilier avec Dieu.

Père saint, accepte en sacrifice vespéral l'offrande de ce cierge allumé en ton honneur. Permets qu'il brille sans déclin pour dissiper toute nuit. Qu'il brûle encore quand se lèvera l'astre du matin, le Christ, celui qui ne connaît pas de couchant, qui répand sa lumière sur toute la création et qui règne avec toi et le Saint-Esprit pour les siècles des siècles. *Amen.*

*Il est d'usage que le cierge pascal soit allumé à tous les offices célébrés du dimanche de Pâques au jour de la Pentecôte.*

## Liturgie de la Parole

*La personne qui célèbre peut introduire les lectures bibliques par des paroles comme celles-ci :*

Écoutons le récit de l'œuvre divine de salut dans l'histoire. Écoutons comment le Seigneur a jadis sauvé son peuple. Et prions pour que notre Dieu amène chacune, chacun d'entre nous, à la plénitude de la rédemption.

*On lit au moins deux des leçons suivantes, dont celle tirée de l'Exode. Après chaque leçon, on peut chanter le psaume ou le cantique indiqué, ou un autre psaume, cantique ou hymne approprié. Un temps de silence peut être observé, puis l'on peut dire la collecte proposée, ou une autre collecte appropriée.*

### Récit de la création

Genèse 1.1–2.2
Psaume 33.1-11 *ou* 36.5-10

Prions. *(Silence)*

Ô Dieu, tu as merveilleusement créé, et encore plus merveilleusement restauré, la dignité de la nature humaine : accorde-nous de partager la vie divine de celui qui s'est humilié pour partager notre vie humaine, ton Fils Jésus Christ, notre Seigneur. *Amen.*

### Le Déluge

Genèse 7.1-5,11-18 ; 8.6-18 ; 9.8-13
Psaume 46

Prions. *(Silence)*

Dieu tout-puissant, tu as mis dans le ciel le signe de ton alliance avec tous les êtres vivants : accorde-nous, à nous qui sommes sauvés par l'eau et par l'Esprit, de t'offrir un digne sacrifice d'action de grâces, par Jésus Christ, notre Seigneur. *Amen.*

### Sacrifice d'Isaac par Abraham

Genèse 22.1-18
Psaume 33.12-22 *ou* 16

Prions. *(Silence)*

Dieu et Père de tous les croyants et croyantes, multiplie le nombre de tes enfants par la grâce du sacrement pascal et pour la gloire de ton Nom, afin que ton Église se réjouisse de voir s'accomplir ta promesse à notre père Abraham ; par Jésus Christ, notre Seigneur. *Amen.*

## Délivrance d'Israël devant la mer Rouge

Exode 14.10–15.1
Cantique 8 (Cantique de Moïse)
Prions. *(Silence)*

Ô Dieu, nous voyons encore aujourd'hui resplendir tes merveilles d'autrefois ; par la puissance de ton bras, tu as jadis délivré ton peuple élu de l'esclavage de Pharaon, afin qu'il soit pour nous un signe du salut de toutes les nations à travers l'eau du Baptême : accorde à tous les peuples de la terre d'être comptés dans la descendance d'Abraham et de se réjouir de l'héritage d'Israël, par Jésus Christ, notre Seigneur. *Amen.*

## Présence de Dieu dans un nouvel Israël

Ésaïe 4.2-6
Psaume 122
Prions. *(Silence)*

Ô Dieu, toi qui as guidé ton peuple d'autrefois au moyen d'une colonne de nuée le jour et d'une colonne de feu la nuit, accorde-nous, à nous qui te servons aujourd'hui sur la terre, de connaître la joie de cette Jérusalem céleste où il n'y a plus de larmes et où tes saints et saintes chantent à jamais tes louanges, par Jésus Christ, notre Seigneur. *Amen.*

## Le salut offert à tous

Ésaïe 55.1-11
Cantique 9 (Premier cantique d'Ésaïe) *ou* Psaume 42.1-7
Prions. *(Silence)*

Ô Dieu, tu as créé toutes choses par la puissance de ta Parole, et tu renouvelles la terre par ton Esprit : donne à présent l'eau de la vie à celles et ceux qui ont soif de toi, afin qu'ils et elles donnent du fruit en abondance dans ton royaume glorieux ; par Jésus Christ, notre Seigneur. *Amen.*

## Un cœur nouveau et un esprit nouveau

Ézékiel 36.24-28
Psaume 42.1-7 *ou* Cantique 9 (Premier cantique d'Ésaïe)
Prions. *(Silence)*

Dieu éternel et tout-puissant, toi qui as établi la nouvelle alliance de la réconciliation dans le mystère de la Pâque : accorde à tous ceux et toutes celles qui vivent une nouvelle naissance dans la communion au Corps du Christ de manifester dans leur vie ce qu'ils et elles professent par leur foi ; par Jésus Christ, notre Seigneur. *Amen.*

## La vallée des ossements desséchés

Ézékiel 37.1-14
Psaume 30 *ou* 143
Prions. *(Silence)*

Dieu tout-puissant, par la Pâque de ton Fils, tu nous as ramenés du péché à la justice et de la mort à la vie : accorde à ceux et celles qui ont reçu le sceau de ton Esprit saint la détermination et le pouvoir de t'annoncer au monde entier ; par Jésus Christ, notre Seigneur. *Amen.*

## La restauration du peuple de Dieu

Sophonie 3.12-20
Psaume 98 *ou* 126
Prions. *(Silence)*

Ô Dieu, toi dont la puissance est immuable et la lumière éternelle, pose un regard favorable sur toute ton Église, ce mystère merveilleux et sacré ; accomplis sereinement le plan du salut par l'action efficace de ta providence ; que le monde entier voie et sache que ce qui avait été abattu est relevé, que ce qui avait vieilli est régénéré, et que toute chose est amenée à sa perfection par celui par qui tout a été fait, ton Fils Jésus Christ, notre Seigneur. *Amen.*

*Il est possible de dire une homélie après l'une des lectures qui précèdent.*

*Le saint Baptême (de la Présentation des catéchumènes, page [286], jusqu'à l'accueil des nouvelles personnes baptisées) peut être administré ici ou après l'Évangile. On peut également administrer la Confirmation.*

*En l'absence de candidats et candidates au Baptême ou à la Confirmation, la personne qui célèbre dirige les fidèles dans le Renouvellement des vœux du baptême, soit ici soit après l'Évangile.*

*Tout le monde se lève et la personne qui célèbre peut adresser des paroles comme celles-ci aux fidèles :*

Chers amis, c'est grâce au mystère pascal que par le baptême nous sommes ensevelis avec le Christ dans sa mort, et ressuscités avec lui à une vie nouvelle. Je vous invite donc, maintenant que notre Carême est terminé, à renouveler les promesses et les vœux solennels du saint Baptême par lequel nous avons renoncé à Satan et à ses œuvres, et promis de servir Dieu fidèlement dans sa sainte Église catholique.

## Renouvellement des vœux du baptême

| | |
|---|---|
| *Célébrant·e* | Réaffirmez-vous que vous renoncez au mal, et renouvelez-vous votre engagement à la suite de Jésus Christ ? |
| *Assemblée* | Oui, nous renonçons au mal et nous nous engageons à suivre Jésus Christ. |
| *Célébrant·e* | Croyez-vous en Dieu le Père ? |
| *Assemblée* | Je crois en Dieu, le Père tout-puissant, Créateur du ciel et de la terre. |

| | |
|---|---|
| *Célébrant·e* | Croyez-vous en Jésus Christ, le Fils de Dieu ? |
| *Assemblée* | Je crois en Jésus Christ, son Fils unique, notre Seigneur. |
| | Il a été conçu du Saint-Esprit, est né de la Vierge Marie, |
| | a souffert sous Ponce Pilate, a été crucifié, |
| | est mort et a été mis au tombeau. Il est descendu aux enfers, |
| | il est ressuscité le troisième jour, |
| | il est monté aux cieux, il siège à la droite du Père, |
| | il reviendra juger les vivants et les morts. |
| *Célébrant·e* | Croyez-vous en Dieu le Saint-Esprit ? |
| *Assemblée* | Je crois en l'Esprit saint, |
| | à la sainte Église catholique, |
| | à la communion des saints, |
| | au pardon des péchés, |
| | à la résurrection des corps |
| | et à la vie éternelle. |
| *Célébrant·e* | Vous appliquerez-vous fidèlement à écouter l'enseignement que donnaient les apôtres, à vivre dans la communion fraternelle, à partager ensemble le pain et à participer aux prières ? |
| *Assemblée* | Oui, avec l'aide de Dieu. |
| *Célébrant·e* | Continuerez-vous à résister au mal et, quand vous pécherez, vous repentirez-vous et reviendrez-vous vers le Seigneur ? |
| *Assemblée* | Oui, avec l'aide de Dieu. |
| *Célébrant·e* | Proclamerez-vous par la parole et par l'exemple la bonne nouvelle de Dieu en Christ ? |
| *Assemblée* | Oui, avec l'aide de Dieu. |
| *Célébrant·e* | Chercherez-vous à servir le Christ dans chaque personne, en aimant votre prochain comme vous-mêmes ? |
| *Assemblée* | Oui, avec l'aide de Dieu. |

| | |
|---|---|
| *Célébrant·e* | Ferez-vous grandir la justice et la paix entre tous les êtres humains, et respecterez-vous la dignité de chaque personne ? |
| *Assemblée* | Oui, avec l'aide de Dieu. |

*La personne qui célèbre termine le Renouvellement des vœux en disant :*

Que le Dieu tout-puissant, le Père de notre Seigneur Jésus Christ, lui qui nous a fait renaître par l'eau et le Saint-Esprit, et nous a accordé le pardon de nos péchés, nous garde par sa grâce dans la vie éternelle, par Jésus Christ, notre Seigneur. *Amen.*

## Pendant l'Eucharistie

*Les cierges de l'autel peuvent maintenant être allumés à partir du cierge pascal.*

*On chante ensuite un des cantiques suivants. Juste avant le cantique, la personne qui célèbre peut dire :*

| | |
|---|---|
| | Alléluia ! Le Christ est ressuscité. |
| *Assemblée* | Il est vraiment ressuscité. Alléluia ! |

*Cantiques*

Gloire à Dieu
À toi, Dieu
Le Christ, notre agneau pascal

*La personne qui célèbre déclare ensuite :*

| | |
|---|---|
| | Le Seigneur soit avec vous. |
| *Assemblée* | Et avec toi aussi. |
| *Célébrant·e* | Prions. |

*La personne qui célèbre dit l'une des collectes suivantes :*

Dieu tout-puissant, toi qui as livré ton Fils unique à la mort sur la croix pour notre rédemption, et qui nous a délivrés de l'emprise de notre ennemi par sa glorieuse résurrection : accorde-nous de mourir chaque jour au péché, afin que nous puissions vivre toujours plus avec lui dans la joie de sa résurrection ; par Jésus

Christ, ton Fils, notre Seigneur, qui vit et règne avec toi et le Saint-Esprit, un seul Dieu, pour les siècles des siècles. *Amen.*

*ou ceci :*

Ô Dieu, toi qui en cette nuit très sainte fais briller la gloire de la résurrection du Seigneur : éveille en ton Église l'Esprit d'adoption qui nous est donné par le baptême, afin que, régénérés dans nos corps et nos esprits, nous t'adorions en vérité et en toute sincérité ; par Jésus Christ, notre Seigneur, qui vit et règne avec toi, dans l'unité du Saint-Esprit, un seul Dieu, pour les siècles des siècles. *Amen.*

Épître          Romains 6.3-11

*Il est possible de chanter « Alléluia » à plusieurs reprises.*

*On peut chanter le psaume 114 ou un autre psaume ou cantique approprié.*

Évangile          Matthieu 28.1-10

*S'il n'y a pas encore eu de prédication ou d'homélie, elle a lieu maintenant.*

*Le « Symbole de Nicée » n'est pas utilisé pendant cet office.*

*Le saint Baptême, la Confirmation ou le Renouvellement des vœux du baptême peuvent avoir lieu maintenant.*

*La célébration continue avec les Prières des fidèles.*

*Préface de Pâques*

# Le Saint Baptême

# Introduction à l'office

Le saint Baptême par l'eau et l'Esprit saint est la pleine initiation au Corps du Christ qui est l'Église. Le lien que Dieu crée par le baptême est indissoluble.

Il convient d'administrer le saint Baptême pendant l'Eucharistie, au cours de l'office principal d'un dimanche ou d'un jour de fête.

C'est l'évêque, le cas échéant, qui célèbre ; il lui revient de prêcher la Parole et de présider le baptême et l'eucharistie.

Pendant le baptême, l'évêque :

préside la présentation et l'examen des catéchumènes ;

prononce la Bénédiction de l'eau ;

[consacre le saint chrême ;]

lit la prière « Père céleste, nous te remercions, car, par l'eau et par l'Esprit saint » ; et préside ce qui suit.

En l'absence d'évêque, c'est un·e prêtre qui célèbre et préside l'office. Si l'on utilise le saint chrême pour tracer le signe de croix sur les nouveaux et nouvelles baptisées, il doit avoir été consacré au préalable par l'évêque.

Chaque catéchumène doit être parrainé·e par une ou plusieurs personnes baptisées.

Les parrains et marraines d'adultes et de grands enfants les présentent, indiquant ainsi leur approbation et leur intention de les soutenir par la prière et par l'exemple de leur vie chrétienne. Les parrains et marraines des jeunes enfants les présentent, prononcent les promesses en leur nom propre et s'engagent également au nom des catéchumènes.

Il est bon que les parents accompagnent les parrains et marraines de leurs enfants. Ensemble, ils et elles reçoivent des instructions sur la signification du baptême, sur leur devoir d'aider les nouvelles chrétiennes et les nouveaux chrétiens à grandir dans la connaissance et l'amour de Dieu et sur leurs responsabilités en tant que membres de son Église.

Des consignes complémentaires sont fournies à la page [286].

# Le Saint Baptême

*Il est possible de chanter un hymne, un psaume ou un cantique.*
*L'assemblée se tient debout. La personne qui célèbre déclare :*

|  | Béni soit Dieu, le Père, le Fils et le Saint-Esprit. |
| *Assemblée* | Et béni soit son royaume, maintenant et à jamais. |
|  | Amen. |

*Du dimanche de Pâques jusqu'au dimanche de la Pentecôte, on remplace ce qui précède par :*

| *Célébrant·e* | Alléluia ! Le Christ est ressuscité. |
| *Assemblée* | Il est vraiment ressuscité. Alléluia ! |

*Pendant le Carême et en d'autres occasions de pénitence :*

| *Célébrant·e* | Bénissons le Seigneur qui pardonne tous nos péchés. |
| *Assemblée* | Sa bonté est éternelle. |

*La personne qui célèbre poursuit :*

|  | Il y a un seul Corps et un seul Esprit. |
| *Assemblée* | Il y a une seule espérance dans l'appel que Dieu nous adresse. |
| *Célébrant·e* | Un seul Seigneur, une seule foi, un seul baptême. |
| *Assemblée* | Un seul Dieu, le Père de tous les êtres humains. |
| *Célébrant·e* | Le Seigneur soit avec vous. |
| *Assemblée* | Et avec toi aussi. |
| *Célébrant·e* | Prions. |

## Collecte du jour

| *Assemblée* | Amen. |

*Durant l'office principal d'un dimanche ou d'un jour de fête, la collecte et les leçons indiquées sont celles du jour. Lors d'autres*

*occasions, elles sont choisies dans la partie « Pour un baptême »*
*(voir les consignes complémentaires à la page [286]).*

## Leçons

*L'assemblée s'assoit. Les lectures prescrites (une ou deux) sont lues. Avant de commencer, la personne qui lit annonce :*

Lecture (leçon) de _____.

*Il est possible de préciser le chapitre et les versets qui sont lus.*

*Après chaque lecture, la personne qui lit peut dire :*

|  | Parole du Seigneur. |
|---|---|
| *Assemblée* | Nous rendons grâces à Dieu. |

*On peut également dire : Ainsi se termine la lecture (la lettre).*

*Il peut y avoir un temps de silence.*

*Chaque lecture peut être suivie d'un psaume, d'un hymne ou d'un cantique.*

*Puis, tout le monde se lève, et un·e diacre ou un·e prêtre lit l'Évangile après avoir annoncé :*

|  | Saint Évangile de notre Seigneur Jésus Christ selon _____. |
|---|---|
| *Assemblée* | Gloire à toi, Christ Seigneur. |

*Après l'Évangile, la personne qui a lu proclame :*

|  | L'Évangile du Seigneur. |
|---|---|
| *Assemblée* | Louange à toi, Christ Seigneur. |

## Prédication

*La prédication peut aussi avoir lieu après le geste de paix.*

# Présentation et examen des catéchumènes

*La personne qui célèbre déclare :*

Que l'on présente les candidats et candidats au saint Baptême.

## Adultes et enfants

*Les catéchumènes capables de répondre en leur propre nom sont présentés à tour de rôle par leur parrain ou marraine, comme suit :*

*Parrain ou marraine*   Je présente N. qui veut recevoir le Sacrement du baptême.

*La personne qui célèbre demande à chaque catéchumène présenté·e :*

Veux-tu être baptisé·e ?

*Catéchumène*   Oui, je le veux.

## Bébés et jeunes enfants

*Ensuite, les catéchumènes qui ne sont pas capables de répondre en leur nom sont présentés à tour de rôle par leurs parents, parrain et marraine, comme suit :*

*Parents, marraines et parrains*

Je présente N. qui veut recevoir le Sacrement du baptême.

*Quand les présentations sont terminées, la personne qui célèbre demande aux parents, à la marraine et au parrain :*

Prenez-vous la responsabilité de veiller à ce que l'enfant que vous présentez soit élevé·e dans la foi chrétienne et mène une vie chrétienne ?

*Parents, marraines et parrains*

Oui, avec l'aide de Dieu.

*Célébrant·e*

Par vos prières et votre témoignage, aiderez-vous cet·te enfant à grandir en vue d'atteindre la pleine mesure du Christ ?

*Parents, marraines et parrains*

Oui, avec l'aide de Dieu.

*Ensuite, la personne qui célèbre pose les questions suivantes aux catéchumènes capables de s'exprimer en leur nom et aux parents,* parrains et marraines qui répondent au nom des bébés et des jeunes enfants.

| | |
|---|---|
| *Question* | Renonces-tu (*ou* renoncez-vous) à Satan et à toutes les forces spirituelles du mal qui s'opposent à Dieu ? |
| *Réponse* | Oui, j'y renonce. |
| *Question* | Renonces-tu (*ou* renoncez-vous) aux puissances mauvaises de ce monde qui corrompent et détruisent les créatures de Dieu ? |
| *Réponse* | Oui, j'y renonce. |
| *Question* | Renonces-tu (*ou* renoncez-vous) à tous les désirs coupables qui t'éloignent (*ou* vous éloignent) de l'amour de Dieu ? |
| *Réponse* | Oui, j'y renonce. |
| *Question* | Te tournes-tu (*ou* vous tournez-vous) vers Jésus Christ et l'acceptes-tu (*ou* l'acceptez-vous) comme ton (*ou* votre) Sauveur ? |
| *Réponse* | Oui, je m'y engage. |
| *Question* | Places-tu toute ta (*ou* placez-vous toute votre) confiance dans sa grâce et son amour ? |
| *Réponse* | Oui, je m'y engage. |
| *Question* | T'engages-tu (*ou* vous engagez-vous) à le suivre et à lui obéir comme à ton (*ou* votre) Seigneur ? |
| *Réponse* | Oui, je m'y engage. |

*Quand d'autres personnes doivent être présentées, l'évêque ajoute :*

Que l'on présente les autres candidats et candidates.

| | |
|---|---|
| *Accompagnant·e* | Je présente cette personne pour sa confirmation. |
| *ou* | Je présente cette personne qui veut être reçue dans notre communion. |
| *ou* | Je présente cette personne qui désire renouveler ses vœux de baptême. |

*L'évêque demande aux personnes présentées :*

| | Réaffirmes-tu que tu renonces au mal ? |
|---|---|
| *Candidat·e* | Oui, j'y renonce. |
| *Évêque* | Renouvelles-tu ton engagement à la suite de Jésus Christ ? |
| *Candidat·e* | Oui, je me réengage. Et avec la grâce de Dieu, je le suivrai comme mon Seigneur et Sauveur. |

*Quand les présentations sont terminées, la personne qui célèbre s'adresse à l'assemblée en disant :*

| | Vous qui êtes témoins de ces vœux, ferez-vous tout votre possible pour soutenir *ces personnes* dans *leur* vie en Christ ? |
|---|---|
| *Assemblée* | Oui, nous nous y engageons. |

*La personne qui célèbre prononce alors des paroles comme celles-ci :*

Joignons-nous à *ces personnes* qui s'engagent à la suite du Christ et renouvelons l'alliance de notre propre baptême.

## L'alliance du Baptême

| | |
|---|---|
| *Célébrant·e* | Croyez-vous en Dieu le Père ? |
| *Assemblée* | Je crois en Dieu, le Père tout-puissant, Créateur du ciel et de la terre. |
| *Célébrant·e* | Croyez-vous en Jésus Christ, le Fils de Dieu ? |
| *Assemblée* | Je crois en Jésus Christ, son Fils unique, notre Seigneur. Il a été conçu du Saint-Esprit, est né de la Vierge Marie, a souffert sous Ponce Pilate, a été crucifié, est mort et a été mis au tombeau. Il est descendu aux enfers, il est ressuscité le troisième jour, il est monté aux cieux, il siège à la droite du Père, il reviendra juger les vivants et les morts. |
| *Célébrant·e* | Croyez-vous en Dieu le Saint-Esprit ? |
| *Assemblée* | Je crois en l'Esprit saint, à la sainte Église catholique, à la communion des saints, |

|  |  |
|---|---|
|  | au pardon des péchés, |
|  | à la résurrection des corps |
|  | et à la vie éternelle. |
| *Célébrant·e* | Vous appliquerez-vous fidèlement à écouter l'enseignement que donnaient les apôtres, à vivre dans la communion fraternelle, à partager ensemble le pain et à participer aux prières ? |
| *Assemblée* | Oui, avec l'aide de Dieu. |
| *Célébrant·e* | Continuerez-vous à résister au mal et, quand vous pécherez, vous repentirez-vous et reviendrez-vous vers le Seigneur ? |
| *Assemblée* | Oui, avec l'aide de Dieu. |
| *Célébrant·e* | Proclamerez-vous par la parole et par l'exemple la bonne nouvelle de Dieu en Christ ? |
| *Assemblée* | Oui, avec l'aide de Dieu. |
| *Célébrant·e* | Chercherez-vous à servir le Christ dans chaque personne, en aimant votre prochain comme vous-mêmes ? |
| *Assemblée* | Oui, avec l'aide de Dieu. |
| *Célébrant·e* | Ferez-vous grandir la justice et la paix entre tous les êtres humains, et respecterez-vous la dignité de chaque personne ? |
| *Assemblée* | Oui, avec l'aide de Dieu. |

## Prières pour les catéchumènes

*La personne qui célèbre dit alors à l'assemblée :*

Prions maintenant pour *ces personnes* qui *vont* recevoir le Sacrement de la renaissance [et pour *celles* qui *ont* renouvelé *leur* engagement à la suite du Christ].

*Quelqu'un est désigné pour lire les prières suivantes.*

| *Officiant·e* | Délivre-*les*, Seigneur, des chemins du péché et de la mort. |
|---|---|
| *Assemblée* | Seigneur, exauce notre prière. |

| | |
|---|---|
| *Officiant·e* | Ouvre *leur* cœur à ta grâce et à ta vérité. |
| *Assemblée* | Seigneur, exauce notre prière. |
| *Officiant·e* | Emplis-*les* de ton Esprit saint qui nous fait vivre. |
| *Assemblée* | Seigneur, exauce notre prière. |
| *Officiant·e* | Garde-*les* dans la foi et la communion de ta sainte Église. |
| *Assemblée* | Seigneur, exauce notre prière. |
| *Officiant·e* | Apprends-*leur* à aimer les autres par la puissance de l'Esprit. |
| *Assemblée* | Seigneur, exauce notre prière. |
| *Officiant·e* | Envoie-*les* dans le monde pour témoigner de ton amour. |
| *Assemblée* | Seigneur, exauce notre prière. |
| *Officiant·e* | Conduis-*les* vers la plénitude de ta paix et de ta gloire. |
| *Assemblée* | Seigneur, exauce notre prière. |

*La personne qui célèbre déclare :*

Seigneur, accorde à toutes celles et tous ceux qui ont été baptisés dans la mort de ton Fils Jésus Christ de vivre dans la puissance de sa résurrection et d'attendre son retour dans la gloire, lui qui vit et règne pour les siècles des siècles. *Amen.*

## Bénédiction de l'eau

*La personne qui célèbre bénit l'eau après avoir dit :*

| | |
|---|---|
| | Le Seigneur soit avec vous. |
| *Assemblée* | Et avec toi aussi. |
| *Célébrant·e* | Rendons grâces au Seigneur notre Dieu. |
| *Assemblée* | Il est juste de lui rendre grâces et louanges. |

*Célébrant·e*

Nous te remercions, Dieu tout-puissant, pour le don de l'eau. Le Saint-Esprit a plané au-dessus des eaux au commencement de la création. Par elles, tu as délivré les enfants d'Israël de leur esclavage en Égypte pour les conduire à la Terre promise. Et c'est par elles que ton Fils Jésus a reçu le baptême de Jean et l'onction du Saint-Esprit en tant que Messie, en tant que Christ, pour nous conduire de l'esclavage du péché à la vie éternelle par sa mort et sa résurrection.

Nous te remercions, Père, pour l'eau du baptême. Grâce à elle, nous sommes ensevelis avec le Christ dans sa mort. À travers elle, nous prenons part à sa résurrection. En elle, nous renaissons par le Saint-Esprit. Nous obéissons donc joyeusement à ton Fils en accueillant dans sa communauté celles et ceux qui viennent à lui dans la foi, en les baptisant au nom du Père et du Fils et du Saint-Esprit.

*La personne qui célèbre touche l'eau en prononçant les paroles suivantes :*

À présent, nous te prions de sanctifier cette eau par la puissance de ton Esprit saint, pour que ceux et celles d'entre nous qui ont été lavés du péché et qui sont nés à nouveau puissent avancer toujours dans la vie ressuscitée de notre Sauveur Jésus Christ.

C'est à lui, à toi et au Saint-Esprit que reviennent tout honneur et toute gloire pour les siècles des siècles. *Amen.*

## Consécration du saint chrême

*L'évêque peut ensuite consacrer le saint chrême en posant la main sur le récipient d'huile et en disant :*

Père éternel, toi dont le Fils béni a reçu l'onction du Saint-Esprit pour être le Sauveur et le serviteur de toute l'humanité, nous te prions de consacrer cette huile, afin que ceux et celles qui en ont reçu le sceau puissent prendre part au sacerdoce royal de Jésus Christ, qui vit et règne avec toi et le Saint-Esprit pour les siècles des siècles. *Amen.*

# Le Baptême

*Chaque catéchumène est présenté·e par son prénom à la personne désignée (célébrant·e, prêtre auxiliaire ou diacre) qui le ou la plonge dans l'eau, ou qui lui verse de l'eau sur la tête, en disant :*

N., je te baptise au Nom du Père et du Fils et du Saint-Esprit. *Amen.*

*Quand ce geste a été accompli pour toutes les personnes concernées, l'évêque ou prêtre, se plaçant bien en vue de toute l'assemblée, prononce une prière à leur intention en disant :*

Prions.

Père céleste, nous te remercions, car par l'eau et par l'Esprit saint tu as accordé à *tes servantes et serviteurs* que voici le pardon des péchés, et tu *leur* as offert une vie nouvelle dans la grâce. Soutiens-*les*, Seigneur, par ton Esprit saint. Accorde-*leur* un cœur enclin à s'interroger et à discerner, le courage de désirer et de persévérer, un esprit qui te connaît et qui t'aime, et le don de la joie et de l'émerveillement devant toutes tes œuvres. *Amen.*

*Ensuite, l'évêque ou prêtre impose une main sur la tête de la personne baptisée et reproduit sur son front le signe de la croix [en utilisant le saint chrême le cas échéant et] en disant à chaque fois :*

N., reçois le sceau du Saint-Esprit par ton baptême, qui marque ton appartenance au Christ pour l'éternité. *Amen.*

*Cette action peut aussi être réalisée tout de suite après le rite de l'eau et avant la prière qui précède.*

*Quand tous les baptêmes sont terminés, la personne qui célèbre déclare :*

Accueillons les nouveaux et nouvelles baptisées !

*Ensemble*

Nous vous recevons dans la maison de Dieu. Confessez la foi en Christ crucifié, annoncez sa résurrection et partagez avec nous son sacerdoce éternel.

*S'il n'y a pas de confirmation, de réception ou de renouvellement des vœux de baptême ensuite, on échange à présent le geste de paix.*

| *Célébrant·e* | Que la paix du Seigneur soit toujours avec vous ! |
| *Assemblée* | Et avec toi aussi. |

## Pour une confirmation, une réception ou un renouvellement des vœux

*L'évêque dit à l'assemblée :*

Prions maintenant pour *ces personnes* qui ont renouvelé *leur* engagement à la suite du Christ.

*Il peut y avoir un temps de silence.*

*Puis l'évêque déclare :*

Dieu tout-puissant, nous te rendons grâces, car, par la mort et la résurrection de ton Fils Jésus Christ, tu as triomphé du péché et tu nous as ramenés à toi ; et par le sceau de ton Esprit saint, tu nous as liés à ton service. Renouvelle en *tes servantes et serviteurs* que voici l'alliance que tu as conclue avec *eux et elles* au moment de *leur* baptême. Par la puissance de ton Esprit, envoie-*les* accomplir le service que tu *leur* confies ; par Jésus Christ ton Fils, notre Seigneur, qui vit et règne avec toi et le Saint-Esprit, un seul Dieu, pour les siècles des siècles. *Amen.*

## Pour une confirmation

*L'évêque pose les mains sur chaque personne à confirmer et prie :*

Seigneur, fortifie *(ta servante)(ton serviteur)* N. par ton Esprit saint ; donne-lui la force et les moyens de te servir, et garde-*(la)(le)* tous les jours de sa vie. *Amen.*

*ou ainsi :*

Seigneur, défends *(ton serviteur)(ta servante)* N. par ta grâce céleste, afin qu'*(il)(elle)* demeure en toi pour toujours, et fais-*(le) (la)* grandir chaque jour dans ton Esprit saint, jusqu'au jour de son entrée dans ton royaume céleste. *Amen.*

## Pour une réception

N., nous reconnaissons que tu es membre de l'Église une, sainte, catholique et apostolique, et nous te recevons dans la vie de cette Communion. Que Dieu, le Père, le Fils et le Saint-Esprit, te bénisse, te protège et te garde. *Amen.*

## Pour un renouvellement des vœux

*N.*, que l'Esprit saint, qui a commencé son œuvre bonne en toi, te dirige et te garde au service du Christ et de son royaume. *Amen.*

*Puis l'évêque déclare :*

Dieu éternel et tout-puissant, que ta main paternelle soit toujours avec tes servantes et serviteurs que voici ; que ton Esprit saint les accompagne toujours et les guide dans la connaissance et l'obéissance de ta Parole, afin qu'ils et elles puissent te servir dans cette vie et demeurer auprès de toi dans la vie à venir, par Jésus Christ, notre Seigneur. *Amen.*

*On échange ensuite le geste de paix.*

| | |
|---|---|
| *Évêque* | Que la paix du Seigneur soit toujours avec vous ! |
| *Assemblée* | Et avec toi aussi. |

## Pendant l'Eucharistie

*L'office continue avec les prières des fidèles ou l'offertoire de l'Eucharistie que préside l'évêque, le cas échéant.*

*On peut utiliser la préface propre au baptême, sauf pour les grandes fêtes.*

## Autre conclusion possible

*S'il n'y a pas de célébration de l'Eucharistie, l'office se poursuit avec le « Notre Père ».*

Notre Père, qui es aux cieux,
 que ton nom soit sanctifié ;
 que ton règne vienne ;
 que ta volonté soit faite
 sur la terre comme au ciel.
Donne-nous aujourd'hui notre pain de ce jour.
Pardonne-nous nos offenses,
 comme nous pardonnons aussi
 à ceux qui nous ont offensés.
Et ne nous laisse pas entrer en tentation,
 mais délivre-nous du mal.

Car c'est à toi qu'appartiennent le règne,
la puissance et la gloire,
pour les siècles des siècles. *Amen.*

*La personne qui célèbre déclare ensuite :*

Toute louange et toute grâce te reviennent, Père très bon, car tu nous as adoptés comme tes propres enfants, tu nous as intégrés dans ta sainte Église et tu nous as rendus dignes d'avoir part aux biens que tu réserves aux personnes qui t'appartiennent, pour vivre dans la lumière ; par Jésus Christ, ton Fils, notre Seigneur, qui vit et règne avec le Saint-Esprit et toi, un seul Dieu, pour les siècles des siècles. *Amen.*

*Il est possible de présenter et de recevoir des offrandes pécuniaires. On peut également ajouter d'autres prières, en terminant par celle-ci :*

Que Dieu tout-puissant, le Père de notre Seigneur Jésus Christ dont dépendent toutes les générations dans les cieux et sur la terre, daigne vous fortifier par la puissance de son Esprit saint, afin que, grâce au Christ qui demeure dans vos cœurs par la foi, vous soyez remplis de toute la plénitude de Dieu. *Amen.*

# Consignes complémentaires

Il est particulièrement indiqué de célébrer les saints Baptêmes lors de la Vigile pascale, le jour de la Pentecôte, pour la Toussaint et le dimanche qui suit la Toussaint, ainsi que le jour du Baptême de notre Seigneur (le premier dimanche après l'Épiphanie). Dans la mesure du possible, on réservera les baptêmes à ces occasions ou à la visite de l'évêque.

S'il n'est pas possible d'obtenir le ministère de l'évêque ou d'un·e prêtre lors d'une des journées indiquées, l'évêque peut autoriser un·e diacre à présider l'office à titre exceptionnel. Dans ce cas, la ou le diacre ne prononce pas la prière pour les catéchumènes, page [279], ni les formules et l'action qui suivent.

Les parties omises pourront être accomplies ultérieurement, à l'occasion d'un baptême public présidé par un·e évêque ou un·e prêtre.

Si personne n'est présenté pour un baptême lors des quatre jours indiqués, le renouvellement des vœux de baptême (page [267]) peut remplacer le « Symbole de Nicée » pendant l'Eucharistie.

Si on le souhaite, l'hymne « Gloire à Dieu » peut être chanté aussitôt après les versets d'ouverture et avant l'annonce « Le Seigneur soit avec vous ».

En présence de l'évêque, ou si d'autres occasions le justifient, la collecte (page [182] ou [230]) et une ou plusieurs leçons prescrites pour le baptême (page [275]) peuvent être remplacées par le propre du jour.

Les lectures peuvent être faites par des laïques, et il est bon que cette tâche soit confiée aux parrains et marraines. Les prières (page [282]) peuvent aussi être portées par une marraine ou un parrain.

Le « Symbole de Nicée » n'est pas utilisé pendant cet office.

Si la présentation des catéchumènes ne se déroule pas à côté des fonts baptismaux, les membres du clergé, les personnes à baptiser et les parrains et marraines s'y rendent avant ou pendant les prières (page [282]) pour la Bénédiction de l'eau.

Si ce mouvement prend la forme d'une procession formelle, on peut chanter un psaume approprié tel que le psaume 42, un hymne ou un cantique.

Lorsque c'est possible, les fonts baptismaux doivent être remplis d'eau claire juste avant la Bénédiction de l'eau.

Pendant la Bénédiction de l'eau et l'administration du baptême, la personne qui célèbre doit si possible faire face aux fidèles de l'autre côté des fonts, et les marraines et parrains doivent être regroupés de façon que les fidèles puissent voir clairement ce qui se passe.

Après le baptême, un cierge (éventuellement allumé au cierge pascal) peut être offert à chaque nouveau baptisé ou nouvelle baptisée, à sa marraine ou à son parrain.

Il peut être jugé bon de revenir à l'avant de l'église pour la prière « Père céleste, nous te remercions, car par l'eau et par l'Esprit saint » et pour les cérémonies qui suivent. Un psaume approprié tel que le psaume 23, ou un hymne ou un cantique, peut être chanté pendant la procession.

Les offrandes de pain et de vin pendant l'Eucharistie baptismale peuvent être présentées par les personnes qui viennent d'être baptisées ou par leurs parrains et marraines.

## Baptême conditionnel

*S'il y a tout lieu de penser qu'une personne a déjà reçu le baptême de l'eau « au Nom du Père et du Fils et du Saint-Esprit » (qui constitue la partie essentielle du baptême), on peut la baptiser de la façon habituelle, mais en utilisant cette formulation :*

Si tu n'as pas déjà été baptisé·e, N., je te baptise au Nom du Père et du Fils et du Saint-Esprit.

## Baptême d'urgence

*En cas d'urgence, toute personne baptisée peut administrer le baptême selon le modèle suivant.*

*En utilisant le prénom de la personne à baptiser (si on le connaît), on lui verse de l'eau sur la tête en disant :*

Je te baptise au Nom du Père et du Fils et du Saint-Esprit.

*On récite ensuite le « Notre Père ».*

*Il est possible d'ajouter d'autres prières comme celles-ci :*

Père céleste, nous te remercions, car par l'eau et par l'Esprit saint tu as accordé à *(ta servante)(ton serviteur)* que voici le pardon de ses péchés, et tu lui as offert une vie nouvelle dans la grâce. Fortifie-*(la)(le)* par ta présence, Seigneur, étreins-*(la)(le)* de ta bienveillance et garde-*(la)(le)* en sécurité pour toujours.

*La personne qui administre le baptême d'urgence doit en informer les prêtres de la paroisse pour qu'il soit dûment enregistré.*

*Si la personne baptisée se rétablit, le baptême doit être reconnu au cours d'une célébration publique du Sacrement présidée par un·e évêque ou un·e prêtre ; la personne concernée prend alors part à tout le rituel avec ses parrains et marraines, à l'exception du rite de l'eau.*

# La Sainte Eucharistie

Liturgie de proclamation
de la parole de Dieu et de célébration
de la Sainte Communion

## Exhortation

*Cette exhortation peut être lue dans son intégralité ou en partie, pendant la liturgie ou en d'autres occasions. En l'absence de diacre ou de prêtre, elle peut être lue par des fidèles. L'assemblée se tient debout ou assise.*

Bien-aimés dans le Seigneur, le soir qui précéda sa Passion, le Christ notre Sauveur institua le Sacrement de son Corps et de son Sang, signe et gage de son amour, afin que nous nous souvenions toujours du sacrifice de sa mort et que nous prenions part spirituellement à sa vie ressuscitée. Dans ces saints Mystères, en effet, nous ne faisons qu'un avec le Christ, et le Christ ne fait qu'un avec nous. Nous devenons un seul corps en lui, et membres les uns des autres.

Songeant ainsi à son immense amour pour nous, et obéissant à son commandement, l'Église du Christ rend éternellement grâces au Dieu tout-puissant, notre Père céleste, pour la création du monde, pour la providence dont il nous entoure sans cesse, pour son amour envers l'humanité et pour la rédemption du monde par le Christ notre Sauveur, lui qui a fait sienne notre chair et s'est humilié jusqu'à la mort sur la croix afin de faire de nous des enfants de Dieu par la puissance de l'Esprit saint et afin de nous élever à la vie éternelle.

Néanmoins, si nous voulons participer convenablement à la célébration de ces saints Mystères et nous nourrir de ce Repas spirituel, il nous faut nous souvenir de la dignité inhérente à ce saint Sacrement. Je vous invite donc à méditer sur la manière dont saint Paul exhorte chacun et chacune à se préparer avec soin avant de manger de ce Pain et de boire à cette Coupe.

Car, de même que les bienfaits sont grands si nous recevons le saint Sacrement avec un cœur pénitent et une foi vivante, de même le danger est grand de le recevoir de façon indigne, sans reconnaître en lui le Corps du Seigneur. Dès lors, prenez soin d'examiner votre conscience, de crainte d'être jugés par le Seigneur.

Examinez votre vie et votre conduite à l'aune des commandements de Dieu, afin de percevoir les offenses que vous avez commises en action ou par omission, que ce soit par vos pensées, vos paroles ou vos actes. Et reconnaissez vos péchés devant Dieu tout-puissant, avec la ferme intention de vous corriger, vous montrant disposés à réparer les blessures et les torts que vous avez infligés aux autres. Préparez-vous de même à pardonner à celles et ceux qui vous ont offensés afin d'obtenir vous-mêmes le pardon. Ainsi réconciliés les uns avec les autres, vous pourrez venir prendre part à ce céleste banquet.

Et si, pendant votre préparation, vous avez besoin d'aide et de conseils, allez ouvrir votre cœur à un prêtre discret et bienveillant, et confessez vos péchés, afin de recevoir les bienfaits de l'absolution ainsi que des conseils spirituels, lesquels feront disparaître vos scrupules et vos doutes, vous donneront l'assurance du pardon et affermiront votre foi.

Au Christ notre Seigneur qui nous aime, lui qui nous a lavés de son propre sang et qui a fait de nous un royaume de prêtres au service de son Dieu et Père, à lui soit la gloire de l'Église pour les siècles des siècles. Par lui, offrons sans cesse le sacrifice de louange qui est notre devoir et salut et, avec foi en lui, osons nous approcher du trône de grâce [confessant humblement nos péchés à Dieu tout-puissant].

## Le Décalogue : version traditionnelle

Dieu prononça toutes ces paroles en disant :

Je suis le Seigneur ton Dieu, qui t'ai fait sortir du pays d'Égypte, la maison de la servitude : Tu n'auras point d'autres dieux devant ma face.

*Seigneur, aie pitié de nous,*
*et incline nos cœurs à garder ce commandement.*

Tu ne te feras point d'image taillée, ni aucune ressemblance des choses qui sont là-haut aux cieux, ni ici-bas sur la terre, ni dans les eaux sous la terre. Tu ne te prosterneras point devant elles et ne les serviras point.

*Seigneur, aie pitié de nous,*
*et incline nos cœurs à garder ce commandement.*

Tu ne prononceras point le Nom du Seigneur ton Dieu en vain.

*Seigneur, aie pitié de nous,*
*et incline nos cœurs à garder ce commandement.*

Souviens-toi du jour du Shabat, pour le sanctifier.

*Seigneur, aie pitié de nous,*
*et incline nos cœurs à garder ce commandement.*

Honore ton père et ta mère.

*Seigneur, aie pitié de nous,*
*et incline nos cœurs à garder ce commandement.*

Tu ne tueras point.

*Seigneur, aie pitié de nous,*
*et incline nos cœurs à garder ce commandement.*

Tu ne commettras point l'adultère.

*Seigneur, aie pitié de nous,*
*et incline nos cœurs à garder ce commandement.*

Tu ne voleras point.

*Seigneur, aie pitié de nous,*
*et incline nos cœurs à garder ce commandement.*

Tu ne porteras point de faux témoignage contre ton prochain.
*Seigneur, aie pitié de nous,*
*et incline nos cœurs à garder ce commandement.*

Tu ne convoiteras point.
*Seigneur, aie pitié de nous,*
*et imprime tous ces commandements dans nos cœurs,*
*nous t'en supplions.*

## Service pénitentiel : Rite I

*À utiliser au début de la liturgie ou pour un office séparé.*

*On peut chanter un hymne, un psaume ou un cantique.*

*L'assemblée se tient debout. La personne qui célèbre déclare :*

> Béni soit Dieu, le Père, le Fils et le Saint-Esprit.

*Assemblée*  Béni soit son règne, maintenant et à jamais. *Amen.*

*Du dimanche de Pâques jusqu'au dimanche de la Pentecôte, on remplace ce qui précède par :*

*Célébrant·e*  Alléluia ! Christ est ressuscité.

*Assemblée*  Le Seigneur est vraiment ressuscité. Alléluia !

*Pendant le Carême et en d'autres occasions de pénitence :*

*Célébrant·e*  Béni soit le Seigneur qui pardonne nos péchés.

*Assemblée*  Éternel est son amour.

*En cas d'utilisation séparée, il est possible de lire l'Exhortation à la page [290] ou de prononcer une homélie.*

*On peut lire le Décalogue à la page [292]. L'assemblée s'agenouille.*

*Le ou la célébrant·e peut lire une des péricopes suivantes :*

Écoutez ce que dit notre Seigneur Jésus Christ : « Tu aimeras le Seigneur ton Dieu de tout ton cœur, de tout ton être et de toute ta pensée. » C'est là le commandement le plus grand et le plus important. Et voici le second commandement, qui est d'une importance semblable : « Tu aimeras ton prochain comme toi-même. » Toute la loi de Moïse et tout l'enseignement des prophètes dépendent de ces deux commandements. *Matthieu 22.37-40*

Si nous prétendons être sans péché, nous nous trompons nous-mêmes et la vérité n'est pas en nous. Mais si nous reconnaissons nos péchés, nous pouvons avoir confiance en Dieu, car il est juste : il pardonnera nos péchés et nous purifiera de tout mal. *1 Jean 1.8-9*

Tenons donc fermement la foi que nous proclamons ! Nous avons, en effet, un grand Prêtre souverain qui est parvenu jusqu'en la présence même de Dieu : c'est Jésus, le Fils de Dieu.

Approchons-nous donc avec confiance du trône de Dieu, où règne la grâce. Nous y trouverons la bienveillance et la grâce, pour être secourus au bon moment. *Hébreux 4.14,16*

*La ou le diacre ou la personne qui célèbre déclare alors :*

Confessons humblement nos péchés au Dieu tout-puissant.

*On peut observer un temps de silence.*

*Ensemble*

Dieu plein de miséricorde,
Nous reconnaissons que nous avons péché contre toi
en pensées, en paroles et en actes,
par ce que nous avons fait
et ce que nous avons omis de faire.
Nous ne t'avons pas aimé de tout notre cœur.
Nous n'avons pas aimé nos prochains comme nous-mêmes.
Nous le regrettons profondément,
et nous nous en repentons humblement.
Pour l'amour de ton Fils Jésus Christ,
prends pitié de nous et pardonne-nous,
afin que nous puissions nous réjouir de faire ta volonté
et suivre tes chemins
pour la gloire de ton Nom. *Amen.*

*ou ceci :*

Père tout-puissant et très miséricordieux,
Nous nous sommes égarés et éloignés de tes sentiers comme des
  brebis perdues.
Nous avons trop suivi les pensées et les désirs de nos propres cœurs.
Nous avons transgressé tes saints commandements.
Nous n'avons pas fait les choses que nous aurions dû faire ;
Et nous avons fait celles que nous n'aurions pas dû faire ;
Mais toi, ô Seigneur, aie pitié de nous.
Pardonne à ceux qui confessent leurs fautes.
Rétablis ceux qui se repentent ;
Selon tes promesses annoncées à l'humanité en Jésus Christ notre
  Seigneur.

Et pour Son amour, accorde-nous, ô Père très miséricordieux,
De pouvoir à l'avenir vivre dans la piété, la justice et la
    tempérance,
À la gloire de ton saint Nom. *Amen.*

*La personne qui célèbre (évêque ou prêtre) se lève et dit :*

Que le Seigneur tout-puissant et miséricordieux vous accorde
l'absolution et la rémission de tous vos péchés, une vraie
repentance, l'amendement de votre vie, et la grâce et la
consolation de son Saint-Esprit. *Amen.*

*Les diacres ou les laïques qui utilisent la formule précédente
remplacent « vous » par « nous » et « vos » par « nos ».*

*Quand ce rite sert d'introduction à la célébration, on continue
avec le « Seigneur, prends pitié », l'hymne à la Trinité ou le
« Gloire à Dieu ».*

*En cas d'utilisation séparée, il se termine par les prières indiquées,
puis par les grâces ou une bénédiction.*

# Introduction à la célébration

La prérogative de présider la célébration à la Table du Seigneur et de prêcher l'Évangile revient à l'évêque (le cas échéant).

Pour toute célébration de la liturgie, il convient que la personne qui préside, évêque ou prêtre, soit assistée par d'autres prêtres et par des diacres et des fidèles.

Il est bon que les autres prêtres présents se tiennent autour de l'autel aux côtés de la personne qui célèbre et qu'ils et elles participent à la consécration des offrandes, au partage du pain et à la distribution de la Communion.

La lecture de l'Évangile revient aux diacres, qui peuvent porter les prières des fidèles. Les diacres doivent également servir à la Table du Seigneur, préparant et installant les offrandes de pain et de vin, et aidant à l'administration du Sacrement aux fidèles. En l'absence de diacre, ces fonctions peuvent être assurées par des prêtres auxiliaires.

La lecture des leçons qui précèdent l'Évangile est généralement confiée à des personnes laïques désignées par la ou le célébrant·e, qui peuvent également porter les prières des fidèles.

Il est possible de remplacer toute la partie qui précède le geste de paix et l'offertoire par la Prière du matin ou du soir, à condition qu'une leçon de l'Évangile y soit toujours lue, et que les prières d'intercession soient conformes aux consignes indiquées pour les prières des fidèles.

Des consignes complémentaires sont fournies à la page [372].

# Sainte Eucharistie : Rite I

## La Parole de Dieu

*On peut chanter un hymne, un psaume ou un cantique.*

*L'assemblée se tient debout. La personne qui célèbre déclare :*

Béni soit Dieu, le Père, le Fils et le Saint-Esprit.

*Assemblée*    Béni soit son règne, maintenant et à jamais. *Amen.*

*Du dimanche de Pâques jusqu'au dimanche de la Pentecôte, on remplace ce qui précède par :*

*Célébrant·e*    Alléluia ! Christ est ressuscité.

*Assemblée*    Le Seigneur est vraiment ressuscité. Alléluia !

*Pendant le Carême et en d'autres occasions de pénitence :*

*Célébrant·e*    Béni soit le Seigneur qui pardonne nos péchés.

*Assemblée*    Éternel est son amour.

*La personne qui célèbre déclare :*

Dieu tout-puissant, toi qui lis dans les cœurs, qui connais tous nos désirs et à qui aucun secret n'est caché : par l'inspiration de ton Esprit saint, purifie les pensées que nourrissent nos cœurs afin que nous puissions t'aimer parfaitement et proclamer dignement la grandeur de ton saint Nom, par le Christ notre Seigneur. *Amen.*

*On peut alors réciter les dix commandements (page [292]) ou lire ce qui suit :*

Écoutez ce que dit notre Seigneur Jésus Christ :

« Tu aimeras le Seigneur ton Dieu de tout ton cœur, de tout ton être et de toute ta pensée. » C'est là le commandement le plus grand et le plus important. Et voici le second commandement, qui est d'une importance semblable : « Tu aimeras ton prochain comme toi-même. » Toute la loi de Moïse et tout l'enseignement des prophètes dépendent de ces deux commandements.

*On chante ou récite :*

| | | |
|---|---|---|
| Seigneur, prends pitié de nous. | | Kyrie eleison. |
| *Christ, prends pitié de nous.* | *ou* | *Christe eleison.* |
| Seigneur, prends pitié de nous. | | Kyrie eleison. |

*ou ceci :*

Saint Dieu,
Saint Fort,
Saint Immortel,
*Prends pitié de nous.*

*S'il y a lieu, l'hymne suivant ou un autre chant de louange peut être chanté ou récité à la place ou en plus de ce qui précède. Tout le monde se tient debout.*

Gloire à Dieu au plus haut des cieux
    et paix à son peuple sur la terre.
Seigneur Dieu, Roi du ciel, Dieu le Père tout-puissant,
    nous t'adorons,
    nous te rendons grâces,
    nous te louons pour ton immense gloire.
Seigneur Jésus Christ, Fils unique du Père,
Seigneur Dieu, Agneau de Dieu,
toi qui enlèves le péché du monde,
    prends pitié de nous ;
toi qui enlèves le péché du monde,
    prends pitié de nous ;
toi qui es assis à la droite du Père,
    reçois notre prière.
Car toi seul es Saint,
toi seul es le Seigneur,
toi seul es le Très-Haut,
    Jésus Christ,
    avec le Saint-Esprit,
dans la gloire de Dieu le Père. *Amen.*

## Collecte du jour

*La personne qui célèbre dit à l'assemblée :*

Le Seigneur soit avec vous.

Assemblée    Et avec ton esprit.

Célébrant·e    Prions le Seigneur.

*La personne qui célèbre dit la collecte.*

Assemblée    Amen.

## Leçons

*L'assemblée s'assoit. Les lectures prescrites (une ou deux) sont lues. Avant de commencer, la personne qui lit annonce :*

Lecture (leçon) de _____.

*Il est possible de préciser le chapitre et les versets qui sont lus.*

*Après chaque lecture, la personne qui lit peut dire :*

Parole du Seigneur.

Assemblée    Nous rendons grâces à Dieu.

*On peut également dire : Ainsi se termine la lecture (la lettre).*

*Il peut y avoir un temps de silence.*

*Chaque lecture peut être suivie d'un psaume, d'un hymne ou d'un cantique.*

*Puis, tout le monde se lève, et un·e diacre ou un·e prêtre lit l'Évangile après avoir annoncé :*

Saint Évangile de notre Seigneur Jésus Christ selon _____.

Assemblée    Gloire à toi, Seigneur.

*Après l'Évangile, la personne qui a lu proclame :*

L'Évangile du Seigneur.

Assemblée    Louange à toi, ô Christ.

## Prédication

*Les dimanches et pour les grandes fêtes, tout le monde se lève pour réciter :*

## Symbole de Nicée

Nous croyons en un seul Dieu, le Père tout-puissant,
    créateur du ciel et de la terre,
      de toutes les choses visibles et invisibles.

Nous croyons en un seul Seigneur, Jésus Christ,
    le Fils unique de Dieu,
    engendré du Père avant tous les siècles,
    Dieu né de Dieu, Lumière née de la Lumière,
    vrai Dieu né du vrai Dieu,
    engendré, non pas créé,
    un seul être avec le Père,
    et par lui tout a été fait.
    Pour nous et pour notre salut,
    il est descendu des cieux,
    il s'est incarné par le Saint-Esprit en la Vierge Marie,
    et s'est fait homme.
    Crucifié pour nous sous Ponce Pilate,
    il a souffert la Passion,
    il a été mis au tombeau,
    il est ressuscité le troisième jour, selon les Écritures ;
    il est monté aux cieux,
    il siège à la droite du Père,
    il reviendra dans la gloire pour juger les vivants et les morts,
    et son règne n'aura pas de fin.

Nous croyons en l'Esprit saint,
    qui est Seigneur et qui donne la vie,
    qui procède du Père et du Fils,
    avec le Père et le Fils, il reçoit même adoration et même gloire ;
    il a parlé par les Prophètes.
    Nous croyons en l'Église une, sainte, catholique et apostolique.

Nous reconnaissons un seul baptême pour le pardon des péchés.
Nous attendons la résurrection des morts
et la vie du monde à venir. *Amen.*

*ou ainsi :*

Je crois en un seul Dieu,
le Père tout-puissant, créateur du ciel et de la terre, de l'univers
visible et invisible,

Je crois en un seul Seigneur, Jésus Christ,
le Fils unique de Dieu, né du Père avant tous les siècles :
Il est Dieu, né de Dieu,
lumière, née de la lumière,
vrai Dieu, né du vrai Dieu
Engendré non pas créé,
consubstantiel au Père ;
et par lui tout a été fait.
Pour nous les hommes, et pour notre salut,
il descendit du ciel ;
Par l'Esprit saint, il a pris chair de la Vierge Marie, et s'est fait
homme.
Crucifié pour nous sous Ponce Pilate,
Il souffrit sa passion et fut mis au tombeau.
Il ressuscita le troisième jour,
conformément aux Écritures, et il monta au ciel ;
il est assis à la droite du Père.
Il reviendra dans la gloire, pour juger les vivants et les morts
et son règne n'aura pas de fin.

Je crois en l'Esprit saint, qui est Seigneur et qui donne la vie ;
il procède du Père et du Fils.
Avec le Père et le Fils, il reçoit même adoration et même gloire ;
il a parlé par les prophètes.
Je crois en l'Église, une, sainte, catholique et apostolique.
Je reconnais un seul baptême pour le pardon des péchés.
J'attends la résurrection des morts, et la vie du monde à venir.
Amen.

## Prières des fidèles

*On fait la prière d'intercession selon la formule qui suit ou selon les directives de la page [258].*

*La personne désignée (diacre ou autre) dit :*

Prions pour l'état entier de l'Église de Christ et le monde.

*À chaque paragraphe de cette prière, l'assemblée peut faire la réponse qui lui sera indiquée.*

Dieu tout-puissant et éternel, qui, par ta sainte Parole, nous as enseigné à faire des prières, des supplications et des actions de grâces pour tous les hommes : reçois ces prières, que nous offrons à ta divine Majesté, te suppliant d'animer continuellement l'Église universelle de l'esprit de vérité, d'unité et de concorde. Et fais que tous ceux qui confessent ton saint Nom s'accordent dans la vérité de ta sainte Parole, et vivent dans l'unité et dans une pieuse charité.

Accorde ta grâce, ô Père céleste, à tous les évêques et à tout le clergé [et en particulier à _____] ; afin que, tant par leur vie que par leur doctrine, ils manifestent ta Parole de vérité et de vie, et qu'ils administrent dignement et convenablement tes saints Sacrements.

Et accorde à tout ton peuple ta grâce céleste, et particulièrement à cette assemblée ici présente ; afin qu'ils écoutent et reçoivent ta sainte Parole avec humilité de cœur et avec le respect qui t'est dû ; te servant véritablement dans la sainteté et dans la justice tous les jours de leur vie.

Nous t'implorons également de gouverner les cœurs des détenteurs de l'autorité publique dans ce pays et dans chaque pays [en particulier _____], afin qu'ils soient amenés à prendre de sages décisions et de bonnes mesures pour le bien-être et la paix du monde.

Seigneur, ouvre les yeux de tous pour qu'ils voient ta main bienveillante dans toutes tes œuvres et que, se réjouissant de ta création, ils t'honorent de leurs biens et se montrent des intendants fidèles de ta prodigalité.

Et nous te supplions très humblement d'accepter, dans ta bonté, ô Seigneur, de consoler et de secourir tous ceux qui, dans cette vie passagère, sont dans le trouble, dans l'affliction, dans la nécessité, dans la maladie, ou dans toute autre adversité, [et en particulier _____].

*Des demandes et actions de grâces supplémentaires peuvent être introduites ici.*

Et nous bénissons aussi ton saint Nom pour tous tes serviteurs qui ont quitté cette vie dans ta foi et dans ta crainte [en particulier _____], te suppliant de leur accorder de t'aimer et de te servir toujours de plus en plus. Donne-nous la grâce de suivre l'exemple de [_____et de] tous tes saints, pour avoir part avec eux à ton royaume céleste.

Accorde-nous ces grâces, ô Père, pour l'amour de Jésus Christ, notre seul Médiateur et Avocat. *Amen.*

*S'il n'y a pas de célébration de la Communion, ou s'il n'y a pas de prêtre disponible, l'office se termine selon les consignes de la page [372].*

## Confession des péchés

*Une confession des péchés est introduite ici si elle n'a pas eu lieu avant. Elle peut être omise de temps en temps.*

*Le ou la diacre ou la personne qui célèbre déclare ce qui suit, ou lit l'Exhortation à la page [290].*

Vous qui vous repentez véritablement et sérieusement de vos péchés, qui éprouvez amour et charité pour votre prochain et qui voulez mener une vie nouvelle, en suivant les commandements de Dieu et en marchant désormais dans ses saintes voies : approchez avec foi et, vous agenouillant pieusement, faites votre humble confession au Dieu tout-puissant.

*ou ceci :*

Confessons humblement nos péchés au Dieu tout-puissant.

*Il peut y avoir un temps de silence.*

*Ensemble*

Dieu tout-puissant,
Père de notre Seigneur Jésus Christ,
Créateur de toutes choses, Juge de tous les hommes,
Nous reconnaissons et nous déplorons
la multitude de nos péchés et actes de méchanceté,
Que nous avons occasionnellement et très coupablement commis,
En pensée, en paroles et en actes,
Contre ta divine Majesté,
Provoquant très justement contre nous ta colère et ton indignation.
Nous nous repentons sérieusement,
Et nous sommes affligés de tout cœur
pour le mal que nous avons fait.
Le souvenir en est pour nous douloureux,
Et le fardeau insupportable.
Aie pitié de nous, aie pitié de nous, ô Père très miséricordieux ;
Pour l'amour de Jésus Christ ton Fils, notre Seigneur,
pardonne-nous tout le passé ;
Et fais que nous puissions toujours, à l'avenir,
Te servir et te plaire dans une vie nouvelle,
À l'honneur et à la gloire de ton Nom ;
Par Jésus Christ notre Seigneur. *Amen.*

*ou ceci :*

Dieu plein de miséricorde,
Nous reconnaissons que nous avons péché contre toi
en pensées, en paroles et en actes,
par ce que nous avons fait
et ce que nous avons omis de faire.
Nous ne t'avons pas aimé de tout notre cœur.
Nous n'avons pas aimé nos prochains comme nous-mêmes.
Nous le regrettons profondément,
et nous nous en repentons humblement.
Pour l'amour de ton Fils Jésus Christ,
prends pitié de nous et pardonne-nous,
afin que nous puissions nous réjouir de faire ta volonté

et suivre tes chemins
pour la gloire de ton Nom. *Amen.*

*La personne qui célèbre (évêque ou prêtre) se lève et dit :*

Que le Dieu tout-puissant, notre Père céleste, qui, dans sa grande miséricorde, a promis la rémission des péchés à tous ceux qui se convertissent à lui avec la repentance du cœur et une foi véritable ; daigne avoir pitié de vous, vous pardonne tous vos péchés et vous en délivre, vous affermisse et vous fortifie en tout bien, et vous conduise à la vie éternelle, par Jésus Christ notre Seigneur. *Amen.*

*Un membre du clergé peut alors lire un ou plusieurs des versets suivants après avoir annoncé :*

Écoutez les paroles que notre Seigneur adresse à tous ceux qui se tournent véritablement vers lui.

Venez à moi vous tous qui êtes fatigués de porter un lourd fardeau et je vous donnerai le repos. *Matthieu 11.28*

Car Dieu a tellement aimé le monde qu'il a donné son Fils unique, afin que toute personne qui croit en lui ne périsse pas, mais qu'elle ait la vie éternelle. *Jean 3.16*

Voici une parole certaine, digne d'être accueillie par tous : Jésus Christ est venu dans le monde pour sauver les pécheurs. *1 Timothée 1.15*

Si l'on vient à commettre un péché, nous avons quelqu'un qui nous vient en aide auprès du Père : Jésus Christ, le juste. Car Jésus Christ s'est offert en sacrifice pour le pardon de nos péchés, et non seulement les nôtres, mais aussi les péchés du monde entier. *1 Jean 2.1-2*

### Geste de paix

*Tout le monde se lève. La personne qui célèbre dit à l'assemblée :*

La paix du Seigneur soit toujours avec vous.

*Assemblée*     Et avec ton esprit.

*Puis, les membres du clergé et l'assemblée peuvent se saluer mutuellement au nom du Seigneur.*

# La Sainte Communion

*La personne qui célèbre peut commencer l'offertoire par un des versets à la page [316] ou par un autre verset de l'Écriture.*

*Pendant l'offertoire, il est possible de chanter un hymne, un psaume ou un cantique.*

*Les offrandes des fidèles (pain et vin, argent ou autres dons) sont apportées aux diacres ou à la personne qui célèbre par des personnes représentant la congrégation. L'assemblée se tient debout pendant que les offrandes sont présentées et posées sur l'autel.*

## Grande Action de grâces

*On trouvera une autre prière eucharistique à la page [313].*

*Prière eucharistique I*

*L'assemblée reste debout. La personne qui célèbre (évêque ou prêtre) se tient face à l'assemblée et chante ou proclame :*

|              | Le Seigneur soit avec vous. |
|--------------|------------------------------|
| *Assemblée*   | Et avec ton esprit. |
| *Célébrant·e* | Élevez vos cœurs. |
| *Assemblée*   | Nous les élevons vers le Seigneur. |
| *Célébrant·e* | Rendons grâce au Seigneur notre Dieu. |
| *Assemblée*   | Cela est juste et bon. |

*Puis, devant la sainte Table, la personne qui célèbre proclame :*

Il est très juste, il est très bon, et c'est pour nous un devoir impérieux, qu'en tout temps et en tout lieu nous te rendions grâces, ô Seigneur, Père Saint, Dieu éternel et tout-puissant.

*Ici, une préface particulière peut être chantée ou récitée les dimanches, ou en d'autres circonstances s'il y a lieu.*

C'est pourquoi, avec les anges, les archanges et toute l'armée des cieux, nous célébrons et magnifions ton Nom glorieux, te louant continuellement, en [chantant] disant :

*Ensemble*

Saint, saint, saint, Seigneur Dieu des armées !
les cieux et la terre sont remplis de ta gloire.
Gloire à toi, ô Dieu très-haut ! *Amen.*

*On peut aussi ajouter :*

Béni soit celui qui vient au nom du Seigneur.
Hosanna au plus haut des cieux !

*L'assemblée s'agenouille ou reste debout.*

*Puis, la personne qui célèbre poursuit :*

Toute gloire soit à toi, Dieu tout-puissant, notre Père céleste,
de ce que, en ta tendre miséricorde, tu as livré ton Fils unique,
Jésus Christ, à la mort de la croix pour notre rédemption ; lequel,
s'étant une fois offert lui-même, t'a présenté une oblation pure, un
sacrifice parfait, et une satisfaction suffisante pour les péchés du
monde entier ; et a institué la commémoration perpétuelle de son
sacrifice et de sa mort précieuse ; et nous a commandé, dans son
saint Évangile, de la continuer jusqu'à ce qu'il revienne.

*Au moment de prononcer les paroles suivantes concernant le pain,
la personne qui célèbre doit prendre le pain ou poser la main
dessus ; de même, en prononçant les paroles concernant la coupe,
il convient de prendre la coupe et tout autre récipient contenant le
vin à consacrer ou de poser la main dessus.*

Car, la nuit qu'il fut livré, il prit du pain ; et ayant rendu grâces,
il le rompit, et le donna à ses disciples, disant : « Prenez, mangez,
ceci est mon corps, qui est livré pour vous : faites ceci en mémoire
de moi. »

De même aussi, après avoir soupé, il prit la coupe, et ayant rendu
grâces, il la leur donna, disant : « Buvez-en tous ; car ceci est mon
sang, le sang du Nouveau Testament, qui est répandu pour vous
et pour beaucoup, pour la rémission des péchés : faites ceci, toutes
les fois que vous en boirez, en mémoire de moi. »

C'est pourquoi, ô Seigneur et Père céleste, suivant l'institution de
ton bien-aimé Fils, notre Sauveur Jésus Christ, nous, tes humbles

serviteurs, célébrons et faisons ici devant ta divine Majesté, avec ces saints dons que nous avons reçus de toi et que nous t'offrons maintenant, la commémoration que ton Fils nous a commandé de faire. Nous conservons le souvenir de sa sainte passion et de sa mort précieuse, de sa puissante résurrection, et de sa glorieuse ascension, et t'offrons nos très sincères remerciements pour les biens innombrables qu'elles nous ont procurés.

Nous te supplions très humblement, ô Père miséricordieux, de nous écouter favorablement ; et, dans ta toute-puissante bonté, daigne bénir et sanctifier, par ta Parole et ton Saint-Esprit, ces créatures et ces dons de pain et de vin qui sont tiens ; afin que, les recevant suivant la sainte institution de Jésus Christ, ton Fils, notre Sauveur, en commémoration de sa mort et de sa passion, nous soyons faits participants de son corps et de son sang très précieux.

Nous supplions aussi vivement ta bonté paternelle d'agréer miséricordieusement ce sacrifice de louanges et d'actions de grâces que nous te présentons ; te priant très humblement de nous accorder que, par les mérites et la mort de ton Fils Jésus Christ, et par la foi en son sang, nous obtenions, ainsi que toute ton Église, la rémission de nos péchés, et tous les autres bienfaits de sa passion.

Maintenant, ô Seigneur, nous t'offrons et te présentons nos personnes, nos âmes et nos corps, en sacrifice vivant, saint et raisonnable, te suppliant humblement que nous, et tous les autres qui participeront à cette sainte Communion, puissions dignement recevoir le Corps et le Sang très précieux de ton Fils Jésus Christ, être remplis de ta grâce et de ta bénédiction céleste, et ne faire qu'un seul Corps avec lui, afin qu'il demeure en nous, et nous en lui.

Et quoique nous soyons indignes, à cause de la multitude de nos péchés, de t'offrir aucun sacrifice, néanmoins nous te supplions d'agréer ce devoir et ce service que nous sommes obligés de te rendre, n'ayant point égard à nos mérites mais nous pardonnant nos offenses, par Jésus Christ, notre Seigneur ; par qui, et avec qui, dans l'unité du Saint-Esprit, te soient rendus, ô Père tout-puissant, tout honneur et toute gloire, pour les siècles des siècles. *AMEN.*

Et maintenant, comme nous l'avons appris du Christ notre Sauveur, nous osons dire :

*Ensemble*

Notre Père, qui es aux cieux,
    que ton nom soit sanctifié ;
    que ton règne vienne ;
    que ta volonté soit faite
    sur la terre comme au ciel.
Donne-nous aujourd'hui notre pain de ce jour.
Pardonne-nous nos offenses,
    comme nous pardonnons aussi
    à ceux qui nous ont offensés.
Et ne nous laisse pas entrer en tentation,
    mais délivre-nous du mal.
Car c'est à toi qu'appartiennent le règne,
    la puissance et la gloire,
    pour les siècles des siècles. *Amen.*

## Le partage du pain

*La personne qui célèbre partage le pain consacré.*

*Un temps de silence est respecté.*

*Ensuite, on peut chanter ou dire :*

[Alléluia !] Le Christ notre Pâque est sacrifié pour nous.
*Célébrons donc cette fête. [Alléluia !]*

*Pendant le Carême, il n'y a pas d'Alléluia. Il peut aussi être omis en d'autres occasions, sauf pendant la période pascale.*

*Il est possible d'utiliser un autre cantique approprié à la place ou en plus de ce qui précède.*

Agneau de Dieu, qui enlèves le péché du monde,
    prends pitié de nous (*ou* aie pitié de nous).

Agneau de Dieu, qui enlèves le péché du monde,
    prends pitié de nous (*ou* aie pitié de nous).
Agneau de Dieu, qui enlèves le péché du monde,
    donne-nous la paix.

*On peut dire la prière qui suit, à laquelle l'assemblée peut*
*éventuellement se joindre.*

Nous n'avons pas la présomption, Seigneur de compassion, de
nous approcher de ta table, confiants en notre propre justice,
mais en tes multiples et grandes miséricordes. Nous ne sommes
pas même dignes de recueillir les miettes qui tombent de ta Table.
Mais toi, tu es le même Seigneur, dont la nature est d'être toujours
miséricordieux. Accorde-nous donc la grâce, Dieu bienveillant, de
manger la chair de ton Fils bien-aimé Jésus Christ et de boire son
sang, pour que nous demeurions toujours en lui, et lui en nous.
*Amen.*

*Face à l'assemblée, la personne qui célèbre proclame l'Invitation*
*suivante :*

Les dons de Dieu au peuple de Dieu.

*et peut ajouter :*

Prenez-les pour vous rappeler que le Christ est mort pour vous, et
recevez-les dans votre cœur avec foi et action de grâces.

*Les ministres reçoivent le Sacrement sous les deux espèces, puis*
*l'apportent aussitôt aux fidèles.*

*Les personnes qui communient reçoivent le Pain et la Coupe avec*
*les paroles suivantes :*

Que le Corps de notre Seigneur Jésus Christ, qui a été donné
pour toi, garde ton corps et ton âme pour la vie éternelle. Prends
et mange ceci en mémoire de ce que Christ est mort pour toi, et
nourris-toi de lui dans ton cœur par la foi, avec actions de grâces.

Que le Sang de notre Seigneur Jésus Christ, qui a été répandu pour
toi, garde ton corps et ton âme pour la vie éternelle. Bois ceci en
mémoire de ce que le Sang de Christ a été répandu pour toi, et
rends-en grâces.

*ou avec ces paroles :*

Que le Corps (Sang) de notre Seigneur Jésus Christ te garde dans la vie éternelle. [Amen.]

*ou avec ces paroles :*

Le Corps du Christ, le pain du ciel. [Amen.]
Le Sang du Christ, la coupe du salut. [Amen.]

*Il est possible de chanter des hymnes, des psaumes ou des cantiques pendant l'administration de la Communion.*

*Lorsque c'est nécessaire, la personne qui célèbre consacre du pain et du vin supplémentaires en utilisant le modèle de la page [374].*

*Après la Communion, il ou elle dit :*

Prions.

*Le peuple peut se joindre à cette prière.*

Dieu tout-puissant et éternel, nous te rendons grâces du plus profond de nos cœurs, de ce que tu daignes nous nourrir, dans ces saints mystères, par la nourriture spirituelle du Corps et du Sang très précieux de ton Fils, notre Sauveur Jésus Christ ; et de ce que tu nous assures ainsi de ta faveur et de ta bonté envers nous ; comme aussi de ce que nous sommes de véritables membres incorporés au Corps mystique de ton Fils, qui est la société bienheureuse de tous les fidèles ; et de ce que, par l'espérance, nous sommes aussi héritiers de ton royaume éternel. Et nous te supplions très humblement, ô Père céleste, de nous assister par ta grâce, que nous puissions demeurer dans cette sainte communion, et faire toutes les bonnes œuvres que tu as préparées afin que nous nous y engagions ; par Jésus Christ notre Seigneur, à qui, comme à toi et au Saint-Esprit, soient tout honneur et toute gloire, pour les siècles des siècles. *Amen.*

*La personne qui célèbre (évêque ou prêtre) peut bénir les fidèles.*

Que la paix de Dieu, qui dépasse toute intelligence, garde vos cœurs et vos pensées dans la connaissance et l'amour de Dieu et de son Fils Jésus Christ, notre Seigneur. Et que la bénédiction du Dieu tout-puissant, Père, Fils et Saint-Esprit descende sur vous et y demeure à jamais. *Amen.*

*ou ainsi :*

La bénédiction de Dieu tout-puissant, le Père, le Fils et le Saint-Esprit, soit avec vous et demeure avec vous pour toujours. *Amen.*

*Les diacres ou la personne qui célèbre leur donnent congé sur ces mots :*

|  | Allons au nom du Christ ! |
|---|---|
| *Assemblée* | Nous rendons grâces à Dieu |

*ou ainsi :*

| *Diacre* | Allez en paix aimer et servir le Seigneur. |
|---|---|
| *Assemblée* | Nous rendons grâces à Dieu |

*ou ainsi :*

| *Diacre* | Allons dans le monde, nous réjouissant de la puissance de l'Esprit. |
|---|---|
| *Assemblée* | Nous rendons grâces à Dieu |

*ou ainsi :*

| *Diacre* | Bénissons le Seigneur. |
|---|---|
| *Assemblée* | Nous rendons grâces à Dieu |

*De la Vigile pascale jusqu'au dimanche de la Pentecôte, il est possible d'ajouter « Alléluia, alléluia ! » au renvoi de l'assemblée.*

*L'assemblée répond :* Nous rendons grâces à Dieu. Alléluia, alléluia !

# Autre forme possible de la grande prière d'action de grâces

## Prière eucharistique II

*L'assemblée reste debout. La personne qui célèbre (évêque ou prêtre) se tient face à l'assemblée et chante ou proclame :*

Le Seigneur soit avec vous.

| *Assemblée* | Et avec ton esprit. |
|---|---|
| *Célébrant·e* | Élevez vos cœurs. |
| *Assemblée* | Nous les élevons vers le Seigneur. |
| *Célébrant·e* | Rendons grâce au Seigneur notre Dieu. |
| *Assemblée* | Cela est juste et bon. |

Puis, devant la sainte Table, la personne qui célèbre proclame :

Il est très juste, il est très bon, et c'est pour nous un devoir impérieux, qu'en tout temps et en tout lieu nous te rendions grâces, ô Seigneur, Père Saint, Dieu éternel et tout-puissant.

*Ici, une préface particulière peut être chantée ou récitée les dimanches, ou en d'autres circonstances s'il y a lieu.*

C'est pourquoi, avec les anges, les archanges et toute l'armée des cieux, nous célébrons et magnifions ton Nom glorieux, te louant continuellement, en [chantant] disant :

*Ensemble*

Saint, saint, saint, Seigneur Dieu des armées !
les cieux et la terre sont remplis de ta gloire.
Gloire à toi, ô Dieu très-haut ! *Amen.*

*On peut aussi ajouter :*

Béni soit celui qui vient au nom du Seigneur.
Hosanna au plus haut des cieux !

*L'assemblée s'agenouille ou reste debout.*

*Puis, la personne qui célèbre poursuit :*

Toute gloire soit à toi, Dieu tout-puissant, notre Père céleste, de ce que tu as créé le ciel et la terre, et nous a faits à ton image ; et que dans ta tendre miséricorde, tu as livré ton Fils unique, Jésus Christ, pour qu'il prenne sur lui notre nature, et souffre la mort sur la croix pour notre rédemption. Il y a fait un sacrifice parfait pour le monde entier ; et a institué la commémoration perpétuelle de sa mort précieuse et de son sacrifice ; et nous a commandé, dans son saint Évangile, de la continuer jusqu'à ce qu'il revienne.

*Au moment de prononcer les paroles suivantes concernant le pain, la personne qui célèbre doit prendre le pain ou poser la main dessus ; de même, en prononçant les paroles concernant la coupe, il convient de prendre la coupe et tout autre récipient contenant le vin à consacrer ou de poser la main dessus.*

Car, la nuit qu'il fut livré, il prit du pain ; et ayant rendu grâces, il le rompit et le donna à ses disciples, disant : « Prenez, mangez, ceci est mon corps, qui est livré pour vous : faites ceci en mémoire de moi. »

De même aussi, après avoir soupé, il prit la coupe, et ayant rendu grâces, il la leur donna, disant : « Buvez-en tous ; car ceci est mon sang, le sang du Nouveau Testament, qui est répandu pour vous et pour beaucoup, pour la rémission des péchés : faites ceci, toutes les fois que vous en boirez, en mémoire de moi. »

C'est pourquoi, ô Seigneur et Père céleste, nous, tes fidèles, célébrons et faisons ici, avec ces saints dons que nous avons reçus de toi et que nous t'offrons maintenant, la commémoration que ton Fils nous a commandé de faire ; conservant le souvenir de sa sainte passion et de sa mort précieuse, de sa puissante résurrection, et de sa glorieuse ascension ; et attendant son retour en puissance et grande gloire.

Nous te supplions très humblement, ô Père miséricordieux, de nous écouter ; et par ta Parole et ton Saint-Esprit, daigne bénir ces dons de pain et de vin, afin qu'ils soient pour nous le Corps et le Sang de ton Fils bien-aimé Jésus Christ.

Nous supplions aussi vivement ta bonté paternelle d'agréer notre sacrifice de louanges et d'actions de grâces, par lesquels nous t'offrons et te présentons ô Seigneur, nos personnes, nos âmes et nos corps. Accorde, nous t'en supplions, que tous ceux qui participeront à cette sainte Communion puissent dignement recevoir le Corps et le Sang très précieux de ton Fils Jésus Christ, et soient remplis de ta grâce et de ta bénédiction céleste ; et aussi que ton Église tout entière et nous ne fassions qu'un seul Corps avec lui, afin qu'il demeure en nous, et nous en lui. Par ce même Jésus Christ, notre Seigneur ;

Par qui, avec qui, et en qui, dans l'unité du Saint-Esprit, te soient rendus, ô Père tout-puissant, tout honneur et toute gloire, pour les siècles des siècles. *AMEN.*

Et maintenant, comme nous l'avons appris du Christ notre Sauveur, nous osons dire :

*Continuer avec le « Notre Père », page [310].*

# Sentences pour l'offertoire

*On peut utiliser l'un des passages suivants, ou un autre passage approprié des Écritures.*

Offre-moi plutôt ta reconnaissance, à moi ton Dieu, et tiens les promesses que tu m'as faites, à moi, le Très-Haut. *Psaume 50.14*

Venez proclamer sa gloire, entrez dans les cours de son temple en apportant vos dons. *Psaume 96.8*

Que votre façon de vivre soit inspirée par l'amour, comme le Christ aussi nous a aimés et a donné sa vie pour nous, comme une offrande et un sacrifice dont l'agréable odeur plaît à Dieu. *Éphésiens 5.2*

Frères et sœurs, puisque Dieu a ainsi manifesté sa bonté pour nous, je vous invite à vous offrir vous-mêmes en sacrifice vivant, qui appartient à Dieu et qui lui est agréable. *Romains 12.1*

Si donc tu viens à l'autel présenter ton offrande à Dieu et que là tu te souviennes que ton frère ou ta sœur a une raison de t'en vouloir, laisse là ton offrande, devant l'autel, et va d'abord faire la paix avec ton frère ou ta sœur ; puis reviens et présente ton offrande à Dieu. *Matthieu 5.23-24*

Par Jésus, présentons sans cesse à Dieu notre louange comme sacrifice, c'est-à-dire l'offrande des paroles de nos lèvres qui célèbrent son nom. N'oubliez pas de faire le bien et de vous entraider fraternellement, car ce sont de tels sacrifices qui plaisent à Dieu. *Hébreux 13.15-16*

Seigneur, notre Dieu, tu es digne de recevoir la gloire, l'honneur et la puissance. Car c'est toi qui as créé toutes choses, tu as voulu qu'elles soient et elles ont été créées. *Apocalypse 4.11*

C'est à toi, Seigneur, qu'appartiennent la grandeur, la puissance, la splendeur, l'éclat et la majesté ! Oui, dans les cieux et sur la terre, tout t'appartient, Seigneur, car tu es le roi, le souverain maître de tous les êtres. *1 Chroniques 29.11*

*ou cette demande :*

Présentons avec joie au Seigneur les offrandes et les oblations de notre vie et de notre travail.

## Préfaces propres

### Préface du jour du Seigneur

*À utiliser les dimanches quand c'est l'usage, mais pas les jours qui suivent.*

*1. Sur Dieu le Père*

Car tu es la source de la lumière et de la vie, tu nous as créés à ton image et tu nous as appelés à une vie nouvelle en Jésus Christ, notre Seigneur.

*ou ceci :*

*2. Sur Dieu le Fils*

Par Jésus Christ, notre Seigneur, lui qui a vaincu la mort et le tombeau le premier jour de la semaine et qui nous a ouvert le chemin de la vie éternelle par sa glorieuse résurrection.

*ou ceci :*

*3. Sur Dieu le Saint-Esprit*

Car par l'eau et le Saint-Esprit tu as fait de nous un peuple nouveau en Jésus Christ notre Seigneur, afin que nous manifestions ta gloire dans le monde entier.

### Préfaces pour les temps liturgiques

*À utiliser les dimanches et les jours de la semaine, sauf lorsque d'autres préfaces sont prescrites pour des fêtes et diverses occasions.*

*Avent*

Car tu as envoyé ton Fils bien-aimé nous délivrer du péché et de la mort et nous donner en héritage, à travers lui, la vie éternelle ; et cela, afin que nous puissions sans crainte et sans honte nous réjouir de son apparition lorsqu'il reviendra juger le monde avec puissance et gloire.

## Incarnation

Car tu as donné Jésus Christ, ton Fils unique, pour qu'il naisse parmi nous, lui qui, par la puissance de l'Esprit saint, s'est fait Homme parfait dans le sein de la Vierge Marie sa mère ; et cela, afin que nous puissions être délivrés de la servitude du péché et recevoir le pouvoir de devenir tes enfants.

## Épiphanie

Car dans le mystère de la Parole faite homme, tu as illuminé nos cœurs d'une lumière nouvelle, afin de faire connaître ta gloire par ton Fils Jésus Christ, notre Seigneur.

## Carême

Par Jésus Christ, notre Seigneur, qui a connu les mêmes tentations que nous, mais n'a jamais péché. Par sa grâce, nous sommes capables de triompher de tout mal et de ne plus vivre seulement pour nous, mais pour lui qui est mort et ressuscité pour nous.

## ou ceci :

Tu as demandé à tes fidèles de purifier leur cœur et de se préparer avec joie à la fête de Pâques ; pour que, par des prières ferventes et des œuvres de compassion, et renouvelés par ta Parole et tes Sacrements, ils puissent connaître la plénitude de la grâce que tu réserves à tous ceux qui t'aiment.

## Semaine sainte

Par Jésus Christ notre Seigneur. À cause de nos péchés, il a été élevé sur la croix pour pouvoir faire venir à lui le monde entier ; et, par sa souffrance et sa mort, il est devenu la source du salut éternel pour tous ceux qui placent leur foi en lui.

## Pâques

Mais nous devons avant tout te louer pour la glorieuse résurrection de ton Fils Jésus Christ, notre Seigneur, car c'est lui le véritable agneau de Pâques qui a été sacrifié pour nous et qui a enlevé le péché du monde. Par sa mort, il a terrassé la mort et, par sa résurrection, il a obtenu pour nous la vie éternelle.

## Ascension

Par ton Fils bien-aimé Jésus Christ, notre Seigneur. Après sa glorieuse résurrection, il est ouvertement apparu à ses disciples, et il est monté au ciel sous leurs yeux afin de nous préparer une place et afin que nous puissions également demeurer là où il demeure et régner avec lui dans la gloire.

## Pentecôte

Par Jésus Christ, notre Seigneur. Accomplissant sa véritable promesse, le Saint-Esprit est descendu du ciel [en ce jour] ; il a illuminé les disciples, leur enseignant la vérité et les guidant dans toute vérité ; il a uni des peuples qui parlaient des langues différentes en leur faisant confesser une foi commune ; et il a conféré à ton Église l'autorité de te servir dans un sacerdoce royal et de prêcher l'Évangile à toutes les nations.

## Préfaces pour d'autres occasions

### Dimanche de la Trinité

Car, avec ton Fils co-éternel et le Saint-Esprit, tu es un seul Dieu, un seul Seigneur, Trinité de personnes et unité de nature ; et nous célébrons la gloire unique qui est la tienne, Père, la même que celle de ton Fils et du Saint-Esprit.

### Toussaint

Car, par la multitude de tes saints, tu nous as entourés d'une grande foule de témoins, afin que nous puissions nous réjouir de leur compagnie, prendre part avec endurance à la course qui nous attend, et recevoir à leurs côtés la couronne de gloire qui ne se fanera jamais.

### Un·e saint·e

Pour les merveilles de grâce et de vertu qu'ont montrées ceux qui t'appartiennent, qui furent des vases élus de ta grâce et des lumières du monde pour leurs générations.

*ou ceci :*

Car tu nous as donné un exemple de justice par l'obéissance de ceux qui t'appartiennent et tu nous montres, par leur joie éternelle, la glorieuse promesse qu'est l'espérance de notre vocation.

*ou ceci :*

Parce que tu es glorifié avec éclat par l'assemblée de tes saints, toutes tes créatures chantent tes louanges, et les fidèles à ton service te bénissent, confessant le saint Nom de ton Fils unique devant les autorités de ce monde.

### Apôtres et ordinations

Par le grand berger de ton troupeau, Jésus Christ notre Seigneur, qui, après sa résurrection, a envoyé ses apôtres prêcher l'Évangile et enseigner à toutes les nations ; et qui a promis de toujours les accompagner, jusqu'à la fin des temps.

### Dédicace d'une église

Par Jésus Christ, notre grand Prêtre, par qui nous constituons les pierres vivantes d'un saint temple, pour que nous puissions t'offrir un sacrifice de louange et de prière à la fois saint et agréable à tes yeux.

### Baptême

Parce qu'en Jésus Christ, notre Seigneur, tu nous as reçus comme tes fils et tes filles, tu as fait de nous les citoyens de ton royaume et tu nous as donné l'Esprit saint pour nous guider dans toute vérité.

### Mariage

Parce que tu nous as donné dans l'amour entre mari et femme une image de la Jérusalem céleste, parée comme une fiancée pour son promis, ton Fils Jésus Christ, notre Seigneur, qui l'a aimée et qui s'est sacrifié pour elle afin de renouveler toute la création.

### Commémoration des défuntes et des défunts

Par Jésus Christ, notre Seigneur, qui s'est relevé victorieux de la mort et qui nous réconforte par la bienheureuse espérance de la vie éternelle. Car pour tes fidèles, Seigneur, la vie n'est pas enlevée, mais changée, et lorsque prend fin notre séjour sur la terre, une demeure éternelle est préparée pour nous dans le ciel.

## Le Décalogue : version moderne

Voici les paroles que Dieu a adressées à son peuple :
Je suis le Seigneur, ton Dieu, c'est moi qui t'ai sorti de l'esclavage.
Tu n'adoreras pas d'autres dieux que moi.
*Amen. Seigneur, prends pitié.*

Tu ne te fabriqueras aucune idole.
*Amen. Seigneur, prends pitié.*

Tu ne prononceras pas en vain le nom du Seigneur, ton Dieu.
*Amen. Seigneur, prends pitié.*

Souviens-toi du jour du sabbat pour le sanctifier.
*Amen. Seigneur, prends pitié.*

Respecte ton père et ta mère.
*Amen. Seigneur, prends pitié.*

Tu ne commettras pas de meurtre.
*Amen. Seigneur, prends pitié.*

Tu ne commettras pas d'adultère.
*Amen. Seigneur, prends pitié.*

Tu ne commettras pas de vol.
*Amen. Seigneur, prends pitié.*

Tu ne prononceras pas de faux témoignage.
*Amen. Seigneur, prends pitié.*

Tu ne convoiteras rien de ce qui appartient à ton prochain.
*Amen. Seigneur, prends pitié.*

# Service pénitentiel : Rite II

*À utiliser au début de la liturgie ou pour un office séparé.*

*Il est possible de chanter un hymne, un psaume ou un cantique.*

*L'assemblée se tient debout. La personne qui célèbre déclare :*

|  | Béni soit Dieu, le Père, le Fils et le Saint-Esprit. |
| *Assemblée* | Et béni soit son royaume, maintenant et à jamais. Amen. |

*Du dimanche de Pâques jusqu'au dimanche de la Pentecôte, on remplace ce qui précède par :*

| *Célébrant·e* | Alléluia ! Le Christ est ressuscité. |
| *Assemblée* | Il est vraiment ressuscité. Alléluia ! |

*Pendant le Carême et en d'autres occasions de pénitence :*

| *Célébrant·e* | Bénissons le Seigneur qui pardonne tous nos péchés. |
| *Assemblée* | Sa bonté est éternelle. |

*En cas d'utilisation séparée, il est possible de lire l'Exhortation à la page [290] ou de prononcer une homélie.*

*L'assemblée peut se mettre à genoux pour réciter le Décalogue.*

*La personne qui célèbre peut lire l'une des péricopes suivantes :*

Jésus a dit : « Voici le premier commandement : "Écoute, Israël ! Le Seigneur notre Dieu est le seul Seigneur. Tu aimeras le Seigneur ton Dieu de tout ton cœur, de tout ton être, de toute ta pensée et de toute ta force." Et voici le second : "Tu aimeras ton prochain comme toi-même." Il n'y a pas d'autre commandement plus important que ces deux-là. » *Marc 12.29-31*

Si nous prétendons être sans péché, nous nous trompons nous-mêmes et la vérité n'est pas en nous. Mais si nous reconnaissons nos péchés, nous pouvons avoir confiance en Dieu, car il est juste : il pardonnera nos péchés et nous purifiera de tout mal. *1 Jean 1.8-9*

Nous avons, en effet, un grand Prêtre souverain qui est parvenu jusqu'en la présence même de Dieu : c'est Jésus, le Fils de Dieu. Approchons-nous donc avec confiance du trône de Dieu, où règne la grâce. Nous y trouverons la bienveillance et la grâce, pour être secourus au bon moment. *Hébreux 4.14,16*

*La ou le diacre ou la personne qui célèbre déclare alors :*

Reconnaissons nos péchés envers Dieu et notre prochain.

*Il peut y avoir un temps de silence.*

*Ensemble*

Dieu plein de miséricorde,
Nous reconnaissons que nous avons péché contre toi en pensées,
en paroles et en actes,
par ce que nous avons fait
et ce que nous avons omis de faire.
Nous ne t'avons pas aimé de tout notre cœur.
Nous n'avons pas aimé nos prochains comme nous-mêmes.
Nous le regrettons profondément,
et nous nous en repentons humblement.
Pour l'amour de ton Fils Jésus Christ,
prends pitié de nous et pardonne-nous,
afin que nous puissions nous réjouir de faire ta volonté
et suivre tes chemins
pour la gloire de ton Nom. *Amen.*

*La personne qui célèbre (évêque ou prêtre) se lève et dit :*

Que le Dieu tout-puissant vous fasse miséricorde, vous pardonne tous vos péchés par notre Seigneur Jésus Christ, vous apporte la force de sa bonté et, par la puissance du Saint-Esprit, vous garde dans la vie éternelle. *Amen.*

*Les diacres ou les laïques qui utilisent la formule précédente remplacent « vous » par « nous » et « vos » par « nos ».*

*Lorsque ce rite est utilisé au début de la liturgie, l'office continue avec le « Gloire à Dieu », les « Kyrie eleison » (« Seigneur, prends pitié ») ou le « Saint Dieu, Saint Fort, Saint Immortel ».*

*En cas d'utilisation séparée, il se termine par les prières indiquées, puis par les grâces ou une bénédiction.*

# Introduction à la célébration

La prérogative de présider la célébration à la Table du Seigneur et de prêcher l'Évangile revient à l'évêque (le cas échéant).

Pour toute célébration de la liturgie, il convient que la personne qui préside, évêque ou prêtre, soit assistée par d'autres prêtres et par des diacres et des fidèles.

Il est bon que les autres prêtres présents se tiennent autour de l'autel aux côtés de la personne qui célèbre et qu'ils et elles participent à la consécration des offrandes, au partage du pain et à la distribution de la Communion.

La lecture de l'Évangile revient aux diacres, qui peuvent porter les prières des fidèles. Les diacres doivent également servir à la Table du Seigneur, préparant et installant les offrandes de pain et de vin, et aidant à l'administration du Sacrement aux fidèles. En l'absence de diacre, ces fonctions peuvent être assurées par des prêtres auxiliaires.

La lecture des leçons qui précèdent l'Évangile est généralement confiée à des personnes laïques désignées par la ou le célébrant·e, qui peuvent également porter les prières des fidèles.

Il est possible de remplacer toute la partie qui précède le geste de paix et l'offertoire par la Prière du matin ou du soir, à condition qu'une leçon de l'Évangile y soit toujours lue, et que les prières d'intercession soient conformes aux consignes indiquées pour les prières des fidèles.

Des consignes complémentaires sont fournies à la page [372].

# Sainte Eucharistie : Rite II

## La Parole de Dieu

*Il est possible de chanter un hymne, un psaume ou un cantique.*

|  | Béni soit Dieu, le Père, le Fils et le Saint-Esprit. |
| *Assemblée* | Et béni soit son royaume, maintenant et à jamais. Amen. |

*Du dimanche de Pâques jusqu'au dimanche de la Pentecôte, on remplace ce qui précède par :*

| *Célébrant·e* | Alléluia ! Le Christ est ressuscité. |
| *Assemblée* | Il est vraiment ressuscité. Alléluia ! |

*Pendant le Carême et en d'autres occasions de pénitence :*

| *Célébrant·e* | Bénissons le Seigneur qui pardonne tous nos péchés. |
| *Assemblée* | Sa bonté est éternelle. |

*La personne qui célèbre peut dire :*

Dieu tout-puissant, toi qui lis dans les cœurs, qui connais tous nos désirs et à qui aucun secret n'est caché : par l'inspiration de ton Esprit saint, purifie les pensées que nourrissent nos cœurs afin que nous puissions t'aimer parfaitement et proclamer dignement la grandeur de ton saint Nom, par le Christ notre Seigneur. *Amen.*

*S'il y a lieu, l'hymne suivant ou un autre chant de louange peut être chanté ou récité. Tout le monde se tient debout.*

Gloire à Dieu au plus haut des cieux
  et paix à son peuple sur la terre.
Seigneur Dieu, Roi du ciel, Dieu le Père tout-puissant,
  nous t'adorons,

nous te rendons grâces,
nous te louons pour ton immense gloire.
Seigneur Jésus Christ, Fils unique du Père,
Seigneur Dieu, Agneau de Dieu,
toi qui enlèves le péché du monde,
    prends pitié de nous ;
toi qui enlèves le péché du monde,
    prends pitié de nous ;
toi qui es assis à la droite du Père,
    reçois notre prière.
Car toi seul es Saint,
toi seul es le Seigneur,
toi seul es le Très-Haut,
    Jésus Christ,
    avec le Saint-Esprit,
dans la gloire de Dieu le Père. *Amen.*

*En d'autres occasions, il est possible d'utiliser ceci :*

| | | |
|---|---|---|
| Seigneur, prends pitié de nous. | | Kyrie eleison. |
| *Christ, prends pitié de nous.* | *ou* | Christe eleison. |
| Seigneur, prends pitié de nous. | | Kyrie eleison. |

*ou ceci :*

Saint Dieu,
Saint Fort,
Saint Immortel,
*Prends pitié de nous.*

## Collecte du jour

*La personne qui célèbre dit à l'assemblée :*

|  |  |
|---|---|
| | Le Seigneur soit avec vous. |
| *Assemblée* | Et avec toi aussi. |
| *Célébrant·e* | Prions. |

*La personne qui célèbre dit la collecte.*

| | |
|---|---|
| *Assemblée* | Amen. |

## Leçons

*L'assemblée s'assoit. Les lectures indiquées (une ou deux) sont lues. Avant de commencer, la personne qui lit annonce :*

Lecture (leçon) de _____.

*Il est possible de préciser le chapitre et les versets qui sont lus.*

*Après chaque lecture, la personne qui lit peut dire :*

|  |  |
|---|---|
|  | Parole du Seigneur. |
| *Assemblée* | Nous rendons grâces à Dieu. |

*On peut également dire :* Ainsi se termine la lecture (la lettre).

*Il peut y avoir un temps de silence.*

*Chaque lecture peut être suivie d'un psaume, d'un hymne ou d'un cantique.*

*Puis, tout le monde se lève, et un·e diacre ou un·e prêtre lit l'Évangile après avoir annoncé :*

|  |  |
|---|---|
|  | Saint Évangile de notre Seigneur Jésus Christ selon _____. |
| *Assemblée* | Gloire à toi, Christ Seigneur. |

*Après l'Évangile, la personne qui a lu proclame :*

|  |  |
|---|---|
|  | L'Évangile du Seigneur. |
| *Assemblée* | Louange à toi, Christ Seigneur. |

## Prédication

*Les dimanches et pour les grandes fêtes, tout le monde se lève pour réciter :*

## Symbole de Nicée

Nous croyons en un seul Dieu, le Père tout-puissant,
  créateur du ciel et de la terre,
  de toutes les choses visibles et invisibles.

Nous croyons en un seul Seigneur, Jésus Christ,
  le Fils unique de Dieu,
  engendré du Père avant tous les siècles,

Dieu né de Dieu, Lumière née de la Lumière,
vrai Dieu né du vrai Dieu,
engendré, non pas créé,
un seul être avec le Père,
et par lui tout a été fait.
Pour nous et pour notre salut,
il est descendu des cieux,
il s'est incarné par le Saint-Esprit en la Vierge Marie,
et s'est fait homme.
Crucifié pour nous sous Ponce Pilate,
il a souffert la Passion,
il a été mis au tombeau,
il est ressuscité le troisième jour, selon les Écritures ;
il est monté aux cieux,
il siège à la droite du Père,
il reviendra dans la gloire pour juger les vivants et les morts,
et son règne n'aura pas de fin.

Nous croyons en l'Esprit saint,
qui est Seigneur et qui donne la vie,
qui procède du Père et du Fils,
avec le Père et le Fils, il reçoit même adoration et même gloire ;
il a parlé par les Prophètes.
Nous croyons en l'Église une, sainte, catholique et apostolique.
Nous reconnaissons un seul baptême pour le pardon des péchés.
Nous attendons la résurrection des morts
et la vie du monde à venir. Amen.

## Prières des fidèles

*Des prières d'intercession sont offertes pour :*

> *l'Église universelle, ses membres et sa mission,*
> *la nation et les autorités,*
> *le bien de l'humanité,*
> *les préoccupations de la congrégation locale,*
> *les personnes qui souffrent ou qui sont dans la tourmente,*
> *les frères et sœurs défunts (avec la commémoration d'un·e saint·e*
> *le cas échéant).*

*Voir les modèles à partir de la page [350].*

*S'il n'y a pas de célébration de la Communion, ou s'il n'y a pas de prêtre disponible, l'office se termine selon les consignes de la page [372].*

## Confession des péchés

*Une confession des péchés est introduite ici si elle n'a pas eu lieu avant. Elle peut être omise de temps en temps.*

*Il est possible de citer une des péricopes du Service pénitentiel à la page [322].*

*Le ou la diacre ou la personne qui célèbre déclare :*

Reconnaissons nos péchés envers Dieu et notre prochain.

*Il peut y avoir un temps de silence.*

*Ensemble*

Dieu plein de miséricorde,
Nous reconnaissons que nous avons péché contre toi
en pensées, en paroles et en actes,
par ce que nous avons fait
et ce que nous avons omis de faire.
Nous ne t'avons pas aimé de tout notre cœur.
Nous n'avons pas aimé nos prochains comme nous-mêmes.
Nous le regrettons profondément,
et nous nous en repentons humblement.
Pour l'amour de ton Fils Jésus Christ,
prends pitié de nous et pardonne-nous,
afin que nous puissions nous réjouir de faire ta volonté
et suivre tes chemins
pour la gloire de ton Nom. *Amen.*

*La personne qui célèbre (évêque ou prêtre) se lève et dit :*

Que le Dieu tout-puissant vous fasse miséricorde, vous pardonne tous vos péchés par notre Seigneur Jésus Christ, vous apporte la force de sa bonté et, par la puissance du Saint-Esprit, vous garde dans la vie éternelle. *Amen.*

## Geste de paix

*Tout le monde se lève. La personne qui célèbre dit à l'assemblée :*

La paix du Seigneur soit toujours avec vous !

*Assemblée*    Et avec toi aussi.

*Puis, les membres du clergé et l'assemblée peuvent se saluer mutuellement au nom du Seigneur.*

# La Sainte Communion

*La personne qui célèbre peut commencer l'offertoire par un des versets de la page [344] ou par un autre verset de l'Écriture.*

*Pendant l'offertoire, il est possible de chanter un hymne, un psaume ou un cantique.*

*Les offrandes des fidèles (pain et vin, argent ou autres dons) sont apportées aux diacres ou à la personne qui célèbre par des personnes représentant la congrégation. L'assemblée se tient debout pendant que les offrandes sont présentées et posées sur l'autel.*

## Grande Action de grâces

*D'autres modèles sont proposés à partir de la page [335].*

*Prière eucharistique A*

*L'assemblée reste debout. La personne qui célèbre (évêque ou prêtre) se tient face à l'assemblée et chante ou proclame :*

Le Seigneur soit avec vous.

*Assemblée*    Et avec toi aussi.

*Célébrant·e*    Élevons notre cœur.

*Assemblée*    Nous le tournons vers le Seigneur.

*Célébrant·e*    Rendons grâces au Seigneur notre Dieu.

*Assemblée*    Il est juste de lui rendre grâces et louanges.

*Puis, devant la sainte Table, la personne qui célèbre proclame :*

Père tout-puissant, Créateur du ciel et de la terre, il est juste et bon de te rendre grâces en tout temps et en tout lieu, et cela nous met en joie.

*Ici, une préface particulière peut être chantée ou récitée tous les dimanches, ou en d'autres circonstances s'il y a lieu.*

C'est pourquoi nous te louons, joignant nos voix aux anges, aux archanges et à toute l'assemblée céleste qui ne cessent de célébrer la gloire de ton Nom en chantant :

*Ensemble*

Saint, saint, saint, le Seigneur tout-puissant,
le ciel et la terre sont remplis de ta gloire.
    Hosanna au plus haut des cieux !
Béni soit celui qui vient au nom du Seigneur.
    Hosanna au plus haut des cieux !

*L'assemblée reste debout ou s'agenouille.*

*Puis, la personne qui célèbre poursuit :*

Père saint et bienveillant, dans ton amour infini tu nous as faits pour toi, et quand nous sommes tombés dans le péché, nous exposant au mal et à la mort, tu as envoyé dans ta miséricorde ton Fils unique et éternel Jésus Christ partager notre condition humaine, vivre et mourir parmi nous et nous réconcilier avec toi, Dieu et Père de l'humanité.

Il a étendu ses bras sur la croix et, obéissant à ta volonté, il s'est offert en sacrifice parfait pour le monde entier.

*Au moment de prononcer les paroles suivantes concernant le pain, la personne qui célèbre doit prendre le pain ou poser la main dessus ; de même, en prononçant les paroles concernant la coupe, il convient de prendre la coupe et tout autre récipient contenant le vin à consacrer ou de poser la main dessus.*

La nuit où il fut livré à la souffrance et à la mort, notre Seigneur Jésus Christ prit du pain, et, après t'avoir remercié, il le partagea et le donna à ses disciples en disant : « Prenez, mangez. Ceci est mon corps qui est donné pour vous. Faites ceci en mémoire de moi. »

À la fin du repas, il prit la coupe de vin et, après avoir remercié Dieu, il la donna à ses disciples en disant : « Buvez-en tous, car ceci est mon sang, le sang de l'alliance nouvelle qui est versé pour vous et pour une multitude de gens, pour le pardon des péchés. Toutes les fois que vous en boirez, faites-le en mémoire de moi. »

C'est pourquoi nous proclamons le mystère de la foi :

*Ensemble*

Le Christ est mort.
Le Christ est ressuscité.
Le Christ reviendra.

*La personne qui célèbre poursuit :*

Père, par ce sacrifice de louange et d'action de grâces, nous célébrons le mémorial de notre rédemption. En nous rappelant sa mort, sa résurrection et son ascension, nous t'offrons ces présents.

Sanctifie-les par ton Esprit saint afin qu'ils soient pour ton peuple le Corps et le Sang de ton Fils, nourriture et boisson sacrées d'une vie nouvelle et éternelle en lui. Sanctifie-nous également pour que nous puissions recevoir ce saint Sacrement avec foi et te servir dans l'unité, dans la constance et dans la paix. Et au dernier jour, conduis-nous avec toutes celles et tous ceux qui t'appartiennent là où règne la joie de ton royaume éternel.

Nous te demandons tout cela par ton Fils Jésus Christ. Par lui, avec lui et en lui, dans l'unité du Saint-Esprit, tout honneur et toute gloire te reviennent, Père tout-puissant, pour les siècles des siècles. *AMEN.*

Et maintenant, prions comme le Christ notre Sauveur nous l'a appris :

*ou :*

Et maintenant, comme nous l'avons appris du Christ notre Sauveur, nous osons dire :

*Ensemble*

Notre Père, qui es aux cieux,
    que ton nom soit sanctifié ;
    que ton règne vienne ;
    que ta volonté soit faite
    sur la terre comme au ciel.

Donne-nous aujourd'hui notre pain de ce jour.
Pardonne-nous nos offenses,
    comme nous pardonnons aussi
    à ceux qui nous ont offensés.
Et ne nous laisse pas entrer en tentation,
    mais délivre-nous du mal.
Car c'est à toi qu'appartiennent le règne,
    la puissance et la gloire,
    pour les siècles des siècles. *Amen.*

## Le partage du pain

*La personne qui célèbre partage le pain consacré.*

*Un temps de silence est respecté.*

*Ensuite, on peut chanter ou dire :*

[Alléluia !] Le Christ notre Pâque est sacrifié pour nous.
*Célébrons donc cette fête. [Alléluia !]*

*Pendant le Carême, il n'y a pas d'Alléluia. Il peut aussi être omis en d'autres occasions, sauf pendant la période pascale.*

*Il est possible d'utiliser un autre cantique approprié à la place ou en plus de ce qui précède.*

*Face à l'assemblée, la personne qui célèbre proclame l'Invitation suivante :*

Les dons de Dieu au peuple de Dieu.

*et peut ajouter :*

Prenez-les pour vous rappeler que le Christ est mort pour vous, et recevez-les dans votre cœur avec foi et action de grâces.

*Les ministres reçoivent le Sacrement sous les deux espèces, puis l'apportent aussitôt aux fidèles. Les personnes qui communient reçoivent le Pain et la Coupe avec les paroles suivantes :*

Que le Corps (Sang) de notre Seigneur Jésus Christ te garde dans la vie éternelle. [Amen.]

*ou avec ces paroles :*

Le Corps du Christ, le pain du ciel. [Amen.]
Le Sang du Christ, la coupe du salut. [Amen.]

*Il est possible de chanter des hymnes, des psaumes ou des cantiques pendant l'administration de la Communion.*

*Lorsque c'est nécessaire, la personne qui célèbre consacre du pain et du vin supplémentaires en utilisant le modèle de la page [375].*

*Après la Communion, il ou elle dit :*

Prions.

*Ensemble*

Dieu éternel, Père céleste,
tu nous as acceptés avec bienveillance comme membres vivants
de ton Fils, notre Sauveur Jésus Christ,
et tu nous as donné une nourriture spirituelle
avec le Sacrement de son Corps et de son Sang.
À présent, envoie-nous en paix dans le monde,
et donne-nous la force et le courage
de t'aimer et de te servir
avec joie et constance,
par le Christ notre Seigneur. *Amen.*

*ou ceci :*

Dieu éternel et tout-puissant,
nous te remercions de nous avoir donné la nourriture spirituelle
du Corps et du Sang très précieux
de ton Fils notre Sauveur Jésus Christ,
et de nous avoir assuré par ces saints mystères
que nous sommes des membres vivants du Corps de ton Fils
et que nous aurons part à ton royaume éternel.
Père, envoie-nous accomplir à présent
la mission que tu nous as confiée :
t'aimer et te servir en témoins fidèles du Christ notre Seigneur.
C'est à lui, à toi et au Saint-Esprit
que reviennent l'honneur et la gloire pour les siècles des siècles.
*Amen.*

*La personne qui célèbre (évêque ou prêtre) peut bénir les fidèles.*

*Les diacres ou la personne qui célèbre leur donnent congé sur ces mots :*

|  | Allons au nom du Christ ! |
|---|---|
| *Assemblée* | Nous rendons grâces à Dieu. |

*ou ainsi :*

| *Diacre* | Allez en paix aimer et servir le Seigneur. |
|---|---|
| *Assemblée* | Nous rendons grâces à Dieu. |

*ou ainsi :*

| *Diacre* | Allons dans le monde, nous réjouissant de la puissance de l'Esprit. |
|---|---|
| *Assemblée* | Nous rendons grâces à Dieu. |

*ou ainsi :*

| *Diacre* | Bénissons le Seigneur. |
|---|---|
| *Assemblée* | Nous rendons grâces à Dieu. |

*De la Vigile pascale jusqu'au dimanche de la Pentecôte, il est possible d'ajouter « Alléluia, alléluia ! » aux congés.*

*L'assemblée répond :* Nous rendons grâces à Dieu. Alléluia, alléluia !

## Autres formes possibles de la grande prière d'action de grâces

### Prière eucharistique B

*L'assemblée reste debout. La personne qui célèbre (évêque ou prêtre) se tient face à l'assemblée et chante ou proclame :*

|  | Le Seigneur soit avec vous. |
|---|---|
| *Assemblée* | Et avec toi aussi. |
| *Célébrant·e* | Élevons notre cœur. |
| *Assemblée* | Nous le tournons vers le Seigneur. |
| *Célébrant·e* | Rendons grâces au Seigneur notre Dieu. |
| *Assemblée* | Il est juste de lui rendre grâces et louanges. |

*Puis, devant la sainte Table, la personne qui célèbre proclame :*

Père tout-puissant, Créateur du ciel et de la terre, il est juste et bon de te rendre grâces en tout temps et en tout lieu, et cela nous met en joie.

*Ici, une préface particulière peut être chantée ou récitée tous les dimanches, ou en d'autres circonstances s'il y a lieu.*

C'est pourquoi nous te louons, joignant nos voix aux anges, aux archanges et à toute l'assemblée céleste qui ne cessent de célébrer la gloire de ton Nom en chantant :

*Ensemble*

Saint, saint, saint, le Seigneur tout-puissant,
le ciel et la terre sont remplis de ta gloire.
 Hosanna au plus haut des cieux !
Béni soit celui qui vient au nom du Seigneur.
 Hosanna au plus haut des cieux !

*L'assemblée reste debout ou s'agenouille.*

*Puis, la personne qui célèbre poursuit :*

Nous te rendons grâces, ô Dieu, pour la bonté et l'amour que tu nous as fait connaître en façonnant ta création, en appelant Israël à être ton peuple, en parlant par les prophètes et surtout en envoyant la Parole faite chair, ton Fils Jésus. Dans les derniers jours, en effet, tu l'as envoyé s'incarner de la Vierge Marie pour être le Sauveur et le Rédempteur de ce monde. Par lui, tu nous as délivrés du mal et tu nous as rendus dignes de nous tenir devant toi. Par lui, tu nous as ramenés de l'erreur à la vérité, du péché à la justice, de la mort à la vie.

*Au moment de prononcer les paroles suivantes concernant le pain, la personne qui célèbre doit prendre le pain ou poser la main dessus ; de même, en prononçant les paroles concernant la coupe, il convient de prendre la coupe et tout autre récipient contenant le vin à consacrer ou de poser la main dessus.*

La nuit où il devait mourir pour nous, notre Seigneur Jésus Christ prit du pain, et, après t'avoir remercié, il le partagea et le donna à ses disciples en disant : « Prenez, mangez. Ceci est mon corps qui est donné pour vous. Faites ceci en mémoire de moi. »

À la fin du repas, il prit la coupe de vin et, après avoir remercié Dieu, il la donna à ses disciples en disant : « Buvez-en tous, car ceci est mon sang, le sang de l'alliance nouvelle qui est versé pour vous et pour une multitude de gens, pour le pardon des péchés. Toutes les fois que vous en boirez, faites-le en mémoire de moi. »

C'est pourquoi, obéissant à son commandement, Père :

*Ensemble*

Nous faisons mémoire de sa mort.
Nous proclamons sa résurrection.
Nous attendons sa venue dans la gloire.

*La personne qui célèbre poursuit :*

Et nous t'offrons notre sacrifice de louange et d'action de grâces, Seigneur de l'univers, en te présentant ce pain et ce vin qui viennent de ta création.

Dieu de miséricorde, nous te prions d'envoyer ton Saint-Esprit sur ces offrandes pour qu'elles deviennent le Sacrement du Corps du Christ et le Sang de la Nouvelle Alliance. Unis-nous à ton Fils dans son sacrifice, pour que nous puissions être acceptables grâce à lui et sanctifiés par l'Esprit saint. Quand les temps seront accomplis, place toutes choses sous l'autorité de ton Christ, et conduis-nous dans ce pays céleste où, avec [_____ et] toutes les personnes qui t'appartiennent, nous pourrons recevoir l'héritage éternel réservé à tes filles et à tes fils ; par Jésus Christ, notre Seigneur, premier-né de toute la création, chef de l'Église et auteur de notre salut.

Par lui, avec lui et en lui, dans l'unité du Saint-Esprit, tout honneur et toute gloire te reviennent, Père tout-puissant, pour les siècles des siècles. *AMEN.*

Et maintenant, prions comme le Christ notre Sauveur nous l'a appris :

*ou :*

Et maintenant, comme nous l'avons appris du Christ notre Sauveur, nous osons dire :

*Continuer avec le « Notre Père », page [332].*

## Prière eucharistique C

*Dans cette prière, les phrases en italique sont prononcées par les fidèles.*

*La personne qui célèbre (évêque ou prêtre) se tient face à l'assemblée et chante ou proclame :*

Le Seigneur soit avec vous.
*Et avec toi aussi.*

Élevons notre cœur.
*Nous le tournons vers le Seigneur.*

Rendons grâces au Seigneur notre Dieu.
*Il est juste de lui rendre grâce et louanges.*

*Puis, devant la sainte Table, la personne qui célèbre proclame :*

Dieu tout-puissant, Maître de l'univers, tu es digne de gloire et de louanges.
*Gloire à toi pour les siècles des siècles.*

Toutes les choses ont vu le jour sur ton ordre : l'immense étendue de l'espace interstellaire, les galaxies, les soleils, les planètes et leur course, ainsi que cette terre fragile qui est notre île et maison.
*Tu as voulu que ces choses soient et elles ont été créées.*

À partir des éléments primitifs, tu as donné vie à la race humaine et tu nous as accordé les bienfaits de la mémoire, de la raison et de l'habileté. Tu as fait de nous les maîtres de la création. Mais nous nous sommes retournés contre toi, nous avons trahi ta confiance, et nous nous sommes retournés les uns contre les autres.
*Prends pitié de nous, Seigneur, car nous avons péché devant toi.*

À de nombreuses reprises, tu nous as appelés à revenir vers toi. Par les prophètes et les sages, tu nous as révélé ta loi et ta justice. Et quand les temps ont été accomplis, tu as envoyé ton Fils unique, né d'une femme, pour accomplir ta loi et ouvrir pour nous le chemin de la liberté et de la paix.
*Par son sang, il nous a réconciliés.*
*Par ses blessures, il nous guérit.*

C'est pourquoi nous te louons, joignant nos voix au chœur des prophètes, des apôtres, des martyrs et de toutes celles et tous ceux qui de tout temps se sont tournés vers toi avec espérance, afin d'entonner avec cette céleste assemblée leur chant éternel à ta gloire :

*Ensemble*

Saint, saint, saint, le Seigneur tout-puissant,
le ciel et la terre sont remplis de ta gloire.
    Hosanna au plus haut des cieux !
Béni soit celui qui vient au nom du Seigneur.
    Hosanna au plus haut des cieux !

*La personne qui célèbre poursuit :*

C'est pourquoi, Père, nous qui avons été rachetés par ton Fils, qui sommes devenus un peuple nouveau par l'eau et par l'Esprit, nous te présentons maintenant ces offrandes. Sanctifie-les par ton Esprit saint afin qu'elles deviennent le Corps et le Sang de Jésus Christ, notre Seigneur.

*Au moment de prononcer les paroles suivantes concernant le pain, la personne qui célèbre doit prendre le pain ou poser la main dessus ; de même, en prononçant les paroles concernant la coupe, il convient de prendre la coupe et tout autre récipient contenant le vin à consacrer ou de poser la main dessus.*

La nuit où il fut trahi, Jésus prit du pain et, après avoir prononcé une prière de bénédiction, il le partagea et le donna à ses disciples en disant : « Prenez, mangez. Ceci est mon corps qui est donné pour vous. Faites ceci en mémoire de moi. »

À la fin du repas, il prit la coupe de vin et, après avoir remercié Dieu, il dit : « Buvez-en tous, car ceci est mon sang, le sang de l'alliance nouvelle qui est versé pour vous et pour une multitude de gens, pour le pardon des péchés. Toutes les fois que vous en boirez, faites-le en mémoire de moi. »

En faisant mémoire aujourd'hui de son œuvre de rédemption et en t'offrant ce sacrifice d'action de grâces,
*Nous célébrons sa mort et sa résurrection*
*En attendant le jour de sa venue.*

Seigneur, Dieu de nos Pères ; Dieu d'Abraham, d'Isaac et de Jacob ; Dieu et Père de notre Seigneur Jésus Christ, ouvre nos yeux pour que nous voyions l'œuvre de ta main dans le monde qui nous entoure. Délivre-nous de l'idée que nous venons à cette Table uniquement pour y trouver du réconfort, et non de la force ; pour y trouver le pardon, et non le renouveau. Que la grâce de cette sainte Communion fasse de nous un seul corps, un seul esprit en Christ, pour que nous puissions servir dignement le monde en son nom.

*Seigneur ressuscité, fais-toi connaître dans le partage de ce pain.*

Père, accepte ces prières et ces louanges, par Jésus Christ notre grand Prêtre, à qui, avec toi et l'Esprit saint, ton Église rend honneur, gloire et adoration, de génération en génération. *AMEN.*

Et maintenant, prions comme le Christ notre Sauveur nous l'a appris :

*ou :*

Et maintenant, comme nous l'avons appris du Christ notre Sauveur, nous osons dire :

*Continuer avec le « Notre Père », page [332].*

## Prière eucharistique D

*L'assemblée reste debout. La personne qui célèbre (évêque ou prêtre) se tient face à l'assemblée et chante ou proclame :*

|  | Le Seigneur soit avec vous. |
|---|---|
| *Assemblée* | Et avec toi aussi. |
| *Célébrant·e* | Élevons notre cœur. |
| *Assemblée* | Nous le tournons vers le Seigneur. |
| *Célébrant·e* | Rendons grâces au Seigneur notre Dieu. |
| *Assemblée* | Il est juste de lui rendre grâces et louanges. |

*Puis, devant la sainte Table, la personne qui célèbre proclame :*

Il est juste et bon de te glorifier, Père, et de te rendre grâces ; car tu es le seul Dieu, le Dieu vivant et vrai, et tu demeures dans la lumière inaccessible avant tous les siècles et pour l'éternité.

Fontaine de vie et source de tout bien, tu as créé toutes choses et tu les as comblées de ta bénédiction ; tu les as créées pour qu'elles vivent dans la joie de ta lumière.

Des myriades d'anges se tiennent devant toi pour te servir nuit et jour ; et contemplant la gloire de ta présence, elles t'offrent leurs louanges incessantes. Nous nous joignons à leur hymne et, avec toutes les créatures sous le ciel qui t'acclament par nos voix et glorifient ton Nom, nous te chantons (disons) :

*Ensemble*

Saint, saint, saint, le Seigneur tout-puissant,
le ciel et la terre sont remplis de ta gloire.
    Hosanna au plus haut des cieux !
Béni soit celui qui vient au nom du Seigneur.
    Hosanna au plus haut des cieux !

*L'assemblée reste debout ou s'agenouille.*

*Puis, la personne qui célèbre poursuit :*

Nous t'acclamons, Dieu saint, dans la puissance de ta gloire. Tes prouesses révèlent ta sagesse et ton amour. Tu nous as faits à ton image et tu nous as confié le monde entier pour que, en étant fidèles à toi, notre Créateur, nous puissions gouverner et servir toutes tes créatures. Quand la désobéissance nous a détournés de toi, tu ne nous as pas abandonnés aux forces de la mort. Dans ta bonté, tu es venu à notre secours, pour que nous te cherchions et que nous puissions te trouver. Tu as multiplié les alliances avec nous, et par les prophètes tu nous as appris à espérer le salut.

Père, tu as tant aimé le monde que tu as envoyé ton Fils unique lorsque les temps furent accomplis pour qu'il soit notre Sauveur. Incarné de l'Esprit saint et né de la Vierge Marie, il a vécu notre condition humaine en tout sauf le péché, annonçant la bonne nouvelle aux pauvres, proclamant la délivrance des prisonniers et prisonnières et libérant les personnes opprimées. Pour accomplir ton dessein, il s'est livré lui-même à la mort et, se relevant du tombeau, il a terrassé la mort et renouvelé toute la création.

Afin que nous ne vivions plus pour nous-mêmes, mais pour lui qui est mort et ressuscité pour nous, il a envoyé le Saint-Esprit comme premier don à celles et ceux qui croient afin de poursuivre son œuvre dans le monde et d'achever de sanctifier toute l'humanité.

*Au moment de prononcer les paroles suivantes concernant le pain, la personne qui célèbre doit prendre le pain ou poser la main dessus ; de même, en prononçant les paroles concernant la coupe, il convient de prendre la coupe et tout autre récipient contenant le vin à consacrer ou de poser la main dessus.*

Quand vint l'heure où tu devais le glorifier, toi son Père céleste, lui qui aimait les siens qui sont dans le monde les aima jusqu'au bout. Pendant le repas qu'il partageait avec eux, il prit du pain et, après t'avoir remercié, il le partagea et le donna à ses disciples en disant : « Prenez, mangez. Ceci est mon corps qui est donné pour vous. Faites ceci en mémoire de moi. »

À la fin du repas, il prit la coupe de vin et, après avoir remercié Dieu, il la donna à ses disciples en disant : « Buvez-en tous, car ceci est mon sang, le sang de l'alliance nouvelle qui est versé pour vous et pour une multitude de gens, pour le pardon des péchés. Toutes les fois que vous en boirez, faites-le en mémoire de moi. »

Père, nous célébrons aujourd'hui ce mémorial de notre rédemption. Nous faisons mémoire de la mort du Christ et de sa descente aux enfers, nous proclamons sa résurrection et son ascension à ta droite et nous attendons sa venue dans la gloire ; en t'offrant ce pain et ce vin qui proviennent des dons reçus de toi, nous te louons et nous te bénissons.

*Ensemble*

Nous te louons, nous te bénissons,
nous te rendons grâces
et nous te prions, Seigneur notre Dieu.

*La personne qui célèbre poursuit :*

Seigneur, nous prions pour que, dans ta bonté et ta miséricorde, ton Esprit saint descende sur nous et sur ces offrandes et qu'il les sanctifie, manifestant en elles les offrandes de ton peuple saint, le pain de la vie et la coupe du salut, le Corps et le Sang de ton Fils Jésus Christ.

Accorde-nous, à nous qui allons partager ce pain et boire à cette coupe, de devenir un seul corps et un seul esprit, un vivant sacrifice en Christ, à la gloire de ton Nom.

Souviens-toi, Seigneur, de ton Église une, sainte, catholique et apostolique, rachetée par le sang de ton Christ. Révèle son unité, préserve sa foi et garde-la dans la paix.

[Souviens-toi (de *NN.* et) de nos frères et sœurs qui exercent un ministère dans ton Église.]

[Souviens-toi de tout ton peuple et de celles et ceux qui recherchent ta vérité.]

[Souviens-toi de _____.]

[Souviens-toi de nos frères et sœurs qui se sont endormis dans la paix du Christ et de toutes les personnes dont toi seul connais la foi ; conduis-les là où règnent la joie éternelle et la lumière.]

Et accorde-nous de trouver notre héritage [avec la bienheureuse Vierge Marie, avec les patriarches, les prophètes, les apôtres et les martyrs, (avec _____)] et avec l'ensemble des saints et des saintes de tous les temps qui ont vécu dans ton amitié. À l'unisson de cette assemblée céleste, nous chantons tes louanges et nous te rendons gloire par ton Fils Jésus Christ, notre Seigneur.

Par lui, avec lui et en lui, dans l'unité du Saint-Esprit, tout honneur et toute gloire te reviennent, Dieu le Père tout-puissant, pour les siècles des siècles. *AMEN.*

Et maintenant, prions comme le Christ notre Sauveur nous l'a appris :

*ou :*

Et maintenant, comme nous l'avons appris du Christ notre Sauveur, nous osons dire :

*Continuer avec le « Notre Père », page [332].*

# Sentences pour l'offertoire

*On peut utiliser l'un des passages suivants, ou un autre passage approprié des Écritures.*

Offre-moi plutôt ta reconnaissance, à moi ton Dieu, et tiens les promesses que tu m'as faites, à moi, le Très-Haut. *Psaume 50.14*

Venez proclamer sa gloire, entrez dans les cours de son temple en apportant vos dons. *Psaume 96.8*

Que votre façon de vivre soit inspirée par l'amour, comme le Christ aussi nous a aimés et a donné sa vie pour nous, comme une offrande et un sacrifice dont l'agréable odeur plaît à Dieu. *Éphésiens 5.2*

Frères et sœurs, puisque Dieu a ainsi manifesté sa bonté pour nous, je vous invite à vous offrir vous-mêmes en sacrifice vivant, qui appartient à Dieu et qui lui est agréable. C'est là le véritable culte conforme à la parole de Dieu. *Romains 12.1*

Si donc tu viens à l'autel présenter ton offrande à Dieu et que là tu te souviennes que ton frère ou ta sœur a une raison de t'en vouloir, laisse là ton offrande, devant l'autel, et va d'abord faire la paix avec ton frère ou ta sœur ; puis reviens et présente ton offrande à Dieu. *Matthieu 5.23-24*

Par Jésus, présentons sans cesse à Dieu notre louange comme sacrifice, c'est-à-dire l'offrande des paroles de nos lèvres qui célèbrent son nom. N'oubliez pas de faire le bien et de vous entraider fraternellement, car ce sont de tels sacrifices qui plaisent à Dieu. *Hébreux 13.15-16*

Seigneur, notre Dieu, tu es digne de recevoir la gloire, l'honneur et la puissance. Car c'est toi qui as créé toutes choses, tu as voulu qu'elles soient et elles ont été créées. *Apocalypse 4.11*

C'est à toi, Seigneur, qu'appartiennent la grandeur, la puissance, la splendeur, l'éclat et la majesté ! Oui, dans les cieux et sur la terre, tout t'appartient, Seigneur, car tu es le roi, le souverain maître de tous les êtres. *1 Chroniques 29.11*

*ou cette demande :*

Présentons avec joie au Seigneur les offrandes [et les oblations] de notre vie et de notre travail.

## Préfaces propres

### Préface du jour du Seigneur

*À utiliser les dimanches quand c'est l'usage, mais pas les jours qui suivent.*

### 1. Sur Dieu le Père

Car tu es la source de la lumière et de la vie, tu nous as créés à ton image et tu nous as appelés à une vie nouvelle en Jésus Christ, notre Seigneur.

*ou ceci :*

### 2. Sur Dieu le Fils

Par Jésus Christ, notre Seigneur, lui qui a vaincu la mort et le tombeau le premier jour de la semaine et qui nous a ouvert le chemin de la vie éternelle par sa glorieuse résurrection.

*ou ceci :*

### 3. Sur Dieu le Saint-Esprit

Car par l'eau et le Saint-Esprit tu as fait de nous un peuple nouveau en Jésus Christ notre Seigneur, afin que nous manifestions ta gloire dans le monde entier.

### Préfaces pour les temps liturgiques

*À utiliser les dimanches et les jours de la semaine, sauf lorsque d'autres préfaces sont prescrites pour des fêtes et diverses occasions.*

### Avent

Car tu as envoyé ton Fils bien-aimé nous délivrer du péché et de la mort et nous donner la vie éternelle en héritage à travers lui ; et cela, afin que nous puissions sans crainte et sans honte nous réjouir de son apparition lorsqu'il reviendra juger le monde avec puissance et gloire.

## Incarnation

Car tu as donné Jésus Christ, ton Fils unique, pour qu'il naisse parmi nous, lui qui, par la puissance de l'Esprit saint, s'est fait Homme parfait dans le sein de la Vierge Marie sa mère ; et cela, afin que nous puissions être délivrés de la servitude du péché et recevoir le pouvoir de devenir tes enfants.

## Épiphanie

Car dans le mystère de la Parole faite homme, tu as illuminé nos cœurs d'une lumière nouvelle, afin de faire connaître ta gloire par ton Fils Jésus Christ, notre Seigneur.

## Carême

Par Jésus Christ, notre Seigneur, qui a connu les mêmes tentations que nous, mais n'a jamais péché. Par sa grâce, nous sommes capables de triompher de tout mal et de ne plus vivre seulement pour nous, mais pour lui qui est mort et ressuscité pour nous.

## ou ceci :

Tu as demandé à tes fidèles de purifier leur cœur et de se préparer avec joie à la fête de Pâques ; pour que, par des prières ferventes et des œuvres de compassion, renouvelés par ta Parole et tes Sacrements, ils et elles puissent connaître la plénitude de la grâce que tu réserves à toutes les personnes qui t'aiment.

## Semaine sainte

Par Jésus Christ notre Seigneur. À cause de nos péchés, il a été élevé sur la croix pour pouvoir faire venir à lui le monde entier ; et, par sa souffrance et sa mort, il est devenu la source du salut éternel pour toutes les personnes qui placent leur foi en lui.

## Pâques

Mais nous devons avant tout te louer pour la glorieuse résurrection de ton Fils Jésus Christ, notre Seigneur, car c'est lui le véritable agneau de Pâques qui a été sacrifié pour nous et qui a enlevé le péché du monde. Par sa mort, il a terrassé la mort et, par sa résurrection, il a obtenu pour nous la vie éternelle.

*Ascension*

Par ton Fils bien-aimé Jésus Christ, notre Seigneur. Après sa glorieuse résurrection, il est ouvertement apparu à ses disciples, et il est monté au ciel sous leurs yeux afin de nous préparer une place et afin que nous puissions également demeurer là où il demeure et régner avec lui dans la gloire.

*Pentecôte*

Par Jésus Christ, notre Seigneur. Accomplissant sa véritable promesse, le Saint-Esprit est descendu du ciel [en ce jour] ; il a illuminé les disciples, leur enseignant la vérité et les guidant dans toute vérité ; il a uni des peuples qui parlaient des langues différentes en leur faisant confesser une foi commune ; et il a accordé à ton Église le pouvoir de te servir dans un sacerdoce royal et de prêcher l'Évangile à toutes les nations.

## Préfaces pour d'autres occasions

### Dimanche de la Trinité

Car, avec ton Fils co-éternel et le Saint-Esprit, tu es un seul Dieu, un seul Seigneur, Trinité de personnes et unité de nature ; et nous célébrons la gloire unique qui est la tienne, Père, la même que celle de ton Fils et du Saint-Esprit.

### Toussaint

Car, par la multitude de tes saints et saintes, tu nous as entourés d'une grande foule de témoins, afin que nous puissions nous réjouir de leur compagnie, prendre part avec endurance à la course qui nous attend, et recevoir à leurs côtés la couronne de gloire qui ne se fanera jamais.

### Un·e saint·e

Pour les merveilles de grâce et de vertu qu'ont montrées celles et ceux qui t'appartiennent, qui furent des vases élus de ta grâce et des lumières du monde pour leurs générations.

*ou ceci :*

Car tu nous as donné un exemple de justice par l'obéissance de celles et ceux qui t'appartiennent et tu nous montres, par leur joie éternelle, la glorieuse promesse qu'est l'espérance de notre vocation.

*ou ceci :*

Parce que tu es glorifié avec éclat par l'assemblée de tes saints et saintes, toutes tes créatures chantent tes louanges, et les fidèles à ton service te bénissent, confessant le saint Nom de ton Fils unique devant les autorités de ce monde.

## Apôtres et ordinations

Par le grand berger de ton troupeau, Jésus Christ notre Seigneur, qui, après sa résurrection, a envoyé ses apôtres prêcher l'Évangile et enseigner à toutes les nations ; et qui a promis de toujours les accompagner, jusqu'à la fin des temps.

## Dédicace d'une église

Par Jésus Christ, notre grand Prêtre, par qui nous constituons les pierres vivantes d'un saint temple, pour que nous puissions t'offrir un sacrifice de louange et de prière à la fois saint et agréable à tes yeux.

## Baptême

Parce qu'en Jésus Christ, notre Seigneur, tu nous as reçus comme tes fils et tes filles, tu as fait de nous les citoyennes et les citoyens de ton royaume et tu nous as donné l'Esprit saint pour nous guider dans toute vérité.

## Mariage

Parce que tu nous as donné dans l'amour entre mari et femme une image de la Jérusalem céleste, parée comme une fiancée pour son promis, ton Fils Jésus Christ, notre Seigneur, qui l'a aimée et qui s'est sacrifié pour elle afin de renouveler toute la création.

*Commémoration des défuntes et des défunts*

Par Jésus Christ, notre Seigneur, qui s'est relevé victorieux de la mort et qui nous réconforte par la bienheureuse espérance de la vie éternelle. Car pour tes fidèles, Seigneur, la vie n'est pas enlevée, mais changée, et lorsque prend fin notre séjour sur la terre, une demeure éternelle est préparée pour nous dans le ciel.

# Prières des fidèles

Des prières d'intercession sont offertes pour :

l'Église universelle, ses membres et sa mission,
la nation et les autorités,
le bien de l'humanité,
les préoccupations de la congrégation locale,
les personnes qui souffrent ou qui sont dans la tourmente,
les frères et sœurs défunts (avec la commémoration d'un·e
saint·e le cas échéant).

*Il est possible d'utiliser l'un ou l'autre des modèles suivants.*

*On apportera au besoin les adaptations ou insertions indiquées
pour l'occasion.*

*Chaque modèle doit respecter le vocabulaire du Rite employé.*

*Une ligne dans la marge indique les demandes qui peuvent être
omises.*

*La personne qui célèbre peut introduire les prières par une phrase
d'invitation correspondant à l'occasion, à la période ou au propre
du jour.*

## Modèle I

*Diacre ou autre officiant·e*

De tout notre cœur et de tout notre esprit, prions le Seigneur en
disant : « Seigneur, prends pitié. »

Pour la paix d'en haut, la bienveillance de Dieu et le salut de nos
âmes, prions le Seigneur.
*Seigneur, prends pitié.*

Pour la paix du monde entier, la prospérité des saintes Églises de
Dieu et l'unité de tous les peuples, prions le Seigneur.
*Seigneur, prends pitié.*

Pour notre évêque, l'ensemble du clergé et tout le peuple, prions le
Seigneur.
*Seigneur, prends pitié.*

Pour notre *(Présidente)(Président)*, pour celles et ceux qui gouvernent les nations et qui détiennent l'autorité, prions le Seigneur.
*Seigneur, prends pitié.*

Pour cette ville (village, commune, _____), pour toute ville et contrée et pour les personnes qui y demeurent, prions le Seigneur.
*Seigneur, prends pitié.*

Pour un temps favorable et l'abondance des fruits de la terre, prions le Seigneur.
*Seigneur, prends pitié.*

Pour la bonne terre que Dieu nous a confiée et la volonté de la préserver avec sagesse, prions le Seigneur.
*Seigneur, prends pitié.*

Pour les personnes qui voyagent sur terre, en mer [ou] dans les airs [ou dans l'espace], prions le Seigneur.
*Seigneur, prends pitié.*

Pour les personnes âgées ou infirmes, pour les veufs, les veuves, les orphelins et les orphelines, pour les malades et nos frères et sœurs qui souffrent, prions le Seigneur.
*Seigneur, prends pitié.*

Pour _____, prions le Seigneur.
*Seigneur, prends pitié.*

Pour les pauvres et les opprimés, les personnes au chômage et les démunis, pour les personnes incarcérées ou captives, et pour tous ceux et toutes celles qui se souviennent d'en prendre soin, prions le Seigneur.
*Seigneur, prends pitié.*

Pour toutes les personnes qui se sont endormies dans l'espérance de la résurrection et pour l'ensemble des défunts et des défuntes, prions le Seigneur.
*Seigneur, prends pitié.*

Pour être délivrés de tout péril, violence, oppression et dégradation, prions le Seigneur.
*Seigneur, prends pitié.*

Pour l'absolution et la rémission de nos péchés et de nos offenses, prions le Seigneur.
*Seigneur, prends pitié.*

Pour achever le reste de notre vie dans la foi et l'espérance, sans douleur ni reproche, prions le Seigneur.
*Seigneur, prends pitié.*

Défends-nous, secours-nous et dans ta compassion protège-nous, Seigneur, par ta grâce.
*Seigneur, prends pitié.*

En communion avec [_____ et] l'assemblée des saintes et des saints, confions-nous nous-mêmes, les uns les autres et toute notre vie au Christ notre Dieu.
*À toi, Seigneur notre Dieu.*

*Silence*
*La personne qui célèbre termine par une collecte.*

## Modèle II

*Pendant le silence qui suit chaque demande, les fidèles offrent leurs propres prières, en silence ou à voix haute.*

Je vous demande de prier pour le peuple de Dieu partout dans le monde, pour notre évêque (*ou* nos évêques) _____, pour cette assemblée, pour l'ensemble des ministres et pour tout le peuple.
Priez pour l'Église.

*Silence*

Je vous demande de prier pour la paix, pour la bonne volonté parmi les nations et pour le bien-être de tous les peuples.
Priez pour la justice et la paix.

*Silence*

Je vous demande de prier pour les pauvres, les malades et les personnes qui ont faim, qui sont opprimées ou qui sont incarcérées.
Priez pour nos frères et sœurs dans le besoin ou dans la tourmente.

*Silence*

Je vous demande de prier pour toutes celles et tous ceux qui cherchent Dieu ou qui cherchent à mieux le connaître.
Priez pour qu'ils ou elles puissent le trouver et être trouvés par lui.

*Silence*

Je vous demande de prier pour les défuntes et les défunts [en particulier pour _____].
Priez pour nos frères et sœurs disparus.

*Silence*

*Les membres de la congrégation peuvent demander à l'assemblée de prier ou de rendre grâces.*
Je vous demande de prier pour _____.
Je vous demande de rendre grâces pour _____.

*Silence*

Louez Dieu pour les hommes et les femmes de toutes générations qui ont fait honneur au Christ [en particulier pour _____ dont nous fêtons la mémoire aujourd'hui]. Priez pour que nous recevions la grâce de glorifier le Christ le moment venu.

*Silence*

*La personne qui célèbre termine par une collecte.*

## Modèle III

*La personne qui officie et l'assemblée se répondent dans les prières.*

Père, nous prions pour ta sainte Église catholique ;
*pour que nous soyons tous un.*

Fais en sorte que chaque membre de l'Église puisse te servir en vérité et avec humilité ;
*pour que ton Nom soit glorifié par tous les êtres humains.*

Nous prions pour l'ensemble des évêques, des prêtres et des diacres ;
*pour qu'ils et elles soient des ministres fidèles de ta Parole et de tes Sacrements.*

Nous prions pour celles et ceux qui nous gouvernent et détiennent l'autorité dans les nations de ce monde ;
*pour que la justice et la paix règnent sur la terre.*

Donne-nous la grâce d'accomplir ta volonté dans tout ce que nous entreprenons ;
*pour que nos actions te soient agréables.*

Montre de la compassion à celles et ceux qui connaissent le chagrin ou la tourmente ;
*pour qu'ils et elles soient délivrés de leur détresse.*

Accorde aux défuntes et aux défunts le repos éternel ;
*pour que la lumière perpétuelle les illumine.*

Nous te louons pour les saints et les saintes qui sont entrés dans la joie ;
*puissions-nous aussi être amenés à avoir part à ton royaume céleste.*

Prions pour nos propres besoins et pour ceux des autres.

*Silence*

*Les fidèles peuvent ajouter leurs propres demandes.*

*La personne qui célèbre termine par une collecte.*

## Modèle IV

*Diacre ou autre officiant·e*

Prions pour l'Église et pour le monde.

Dieu tout-puissant, accorde à toutes les personnes qui confessent ton Nom d'être réunies dans ta vérité, de vivre ensemble dans ton amour et de révéler ta gloire au monde.

*Silence*

Seigneur, dans ta bonté,
*Exauce notre prière.*

Guide la population de ce pays et celle de toutes les nations sur les chemins de la justice et de la paix, pour que nous puissions nous honorer mutuellement et servir le bien commun.

*Silence*

Seigneur, dans ta bonté,
*Exauce notre prière.*

Fais éprouver à tous les êtres humains le respect de cette terre que tu as créée, pour que nous utilisions ses ressources à bon escient, au service des autres, en ton honneur et à ta gloire.

*Silence*

Seigneur, dans ta bonté,
*Exauce notre prière.*

Bénis les personnes dont les vies sont étroitement liées à la nôtre, et accorde-nous de servir le Christ à travers elles et de nous aimer mutuellement comme il nous aime.

*Silence*

Seigneur, dans ta bonté,
*Exauce notre prière.*

Console et guéris les personnes qui endurent des souffrances physiques, mentales ou spirituelles ; donne-leur courage et espérance dans leurs tourments et apporte-leur la joie de ton salut.

*Silence*

Seigneur, dans ta bonté,
*Exauce notre prière.*

Nous confions à ta miséricorde tous nos frères et sœurs défunts, pour que ta volonté à leur égard s'accomplisse ; et nous prions pour pouvoir prendre part à ton royaume éternel avec l'ensemble des personnes qui t'appartiennent.

*Silence*

Seigneur, dans ta bonté,
*Exauce notre prière.*

*La personne qui célèbre termine par une collecte.*

## Modèle V

*Diacre ou autre officiant·e*

En paix, prions le Seigneur en disant : « Seigneur, prends pitié » (*ou* « Kyrie eleison »). Pour la sainte Église de Dieu, pour qu'elle regorge de vérité et d'amour et qu'elle apparaisse sans tache le jour de ta venue, nous te prions, Seigneur.

*Ici et après chaque demande, l'assemblée répond :*

Kyrie eleison.   *ou*   Seigneur, prends pitié.

Pour notre évêque-primat N., pour notre évêque N. (*ou* nos évêques NN.), pour l'ensemble des évêques et des ministres et pour tout le saint peuple de Dieu, nous te prions, Seigneur.

Pour tous ceux et toutes celles qui craignent Dieu et qui croient en toi, Christ Seigneur, pour que nos divisions disparaissent et que nous soyons tous un comme ton Père et toi êtes unis, nous te prions, Seigneur.

Pour la mission de l'Église, pour qu'en témoin fidèle elle puisse prêcher l'Évangile aux confins de la terre, nous te prions, Seigneur.

Pour celles et ceux qui ne croient pas encore ou qui ont perdu la foi, pour qu'ils et elles reçoivent la lumière de l'Évangile, nous te prions, Seigneur.

Pour la paix du monde entier, pour qu'un esprit de respect et d'indulgence se développe entre les nations et les peuples, nous te prions, Seigneur.

Pour les personnes exerçant des fonctions publiques [en particulier _____], pour qu'elles servent la justice et défendent la dignité et la liberté de tous les êtres humains, nous te prions, Seigneur.

Pour les hommes et les femmes qui vivent et travaillent dans cette communauté [en particulier _____], nous te prions, Seigneur.

Pour la bénédiction de tout travail humain et le bon usage des richesses de la création, pour que le monde entier soit délivré de la pauvreté, de la famine et des catastrophes, nous te prions, Seigneur.

Pour les personnes pauvres, persécutées, malades ou en souffrance, pour nos frères et sœurs réfugiés, détenus ou en danger ; pour que toutes et tous soient soulagés et protégés, nous te prions, Seigneur.

Pour cette congrégation [pour les personnes présentes comme les absentes], pour que nous soyons délivrés de la dureté de cœur et que nous manifestions ta gloire dans chacun de nos actes, nous te prions, Seigneur.

Pour nos ennemis et les personnes qui nous veulent du mal, ainsi que pour les frères et les sœurs que nous avons blessés ou offensés, nous te prions, Seigneur.

Pour nous-mêmes, pour le pardon de nos péchés et pour que la grâce du Saint-Esprit redresse nos vies, nous te prions, Seigneur.

Pour toutes celles et tous ceux qui se sont confiés à nos prières ; pour nos familles, nos proches et notre entourage ; pour que chacun et chacune, libérés de l'angoisse, vivent dans la joie, la paix et la santé, nous te prions, Seigneur.

Pour _____, nous te prions, Seigneur.

Pour nos frères et sœurs qui se sont endormis en communion avec ton Église et pour toutes les personnes dont toi seul connais la foi ; pour qu'ils et elles reposent avec l'ensemble des saints et des saintes là où il n'y a ni douleur ni chagrin, mais la vie éternelle, nous te prions, Seigneur.

Nous réjouissant de la compagnie [de la bienheureuse Vierge Marie, *(du bienheureux)(de la bienheureuse)* N. et] de l'assemblée de ceux et celles qui t'appartiennent, confions-nous nous-mêmes, les uns les autres et toute notre vie au Christ notre Dieu.
*À toi, Seigneur notre Dieu.*

*Silence*

*La personne qui célèbre termine par une collecte ou par la doxologie suivante :*

Car c'est à toi qu'appartient la majesté, Père, Fils et Saint-Esprit ; c'est à toi qu'appartiennent le règne, la puissance et la gloire pour les siècles des siècles. *Amen.*

## Modèle VI

*La personne qui officie et l'assemblée se répondent dans les prières.*

En paix nous te prions, Seigneur Dieu.

*Silence*

Pour tous les êtres humains, dans leur vie quotidienne et leur travail ;
*Pour nos familles, nos ami-e-s et notre voisinage et pour les personnes seules.*

Pour cette communauté, ce pays et le monde ;
*Pour chaque homme et chaque femme qui œuvrent pour la justice, la liberté et la paix.*

Pour un usage juste et approprié de ta création ;
*Pour les victimes de la faim, de la soif, de l'injustice et de l'oppression.*

Pour toutes celles et tous ceux qui connaissent le péril, le chagrin ou la tourmente ;
*Pour nos frères et sœurs qui prennent soin des personnes malades, isolées et démunies.*

Pour la paix et l'unité des Églises de Dieu ;
*Pour toutes les personnes qui proclament l'Évangile, et pour ceux et celles qui recherchent la vérité.*

Pour [notre évêque-primat N., pour notre (nos) évêque(s) N. (et N.), et pour] l'ensemble des évêques et des ministres ;
*Pour tous nos frères et sœurs qui servent le Seigneur en son Église.*

Pour les besoins et les problèmes particuliers de cette congrégation.

*Silence*

*Les fidèles peuvent ajouter leurs propres demandes.*

Écoute-nous, Seigneur,
*car ta bonté est immense.*

Nous te remercions, Seigneur, pour toutes les bénédictions de cette vie.

*Silence*

*Les fidèles peuvent ajouter leurs propres actions de grâces.*

Nous t'exalterons, Dieu notre Roi,
*et nous louerons ton Nom pour les siècles des siècles.*

Nous prions pour tous nos frères et sœurs défunts ; pour que chacun, chacune, ait sa place dans ton royaume éternel.

*Silence*

*Les fidèles peuvent ajouter leurs propres demandes.*

Seigneur, couvre de ta bonté aimante
*celles et ceux qui mettent leur confiance en toi.*

Nous te prions aussi pour le pardon de nos péchés.

*Il peut y avoir un temps de silence.*

Officiant·e et assemblée

Fais-nous miséricorde, Père très bon.
Dans ta compassion, pardonne-nous nos péchés,
ceux que nous connaissons et ceux que nous ignorons,
les choses que nous avons faites et celles que nous n'avons pas faites.
Préserve-nous donc par ton Esprit,
pour que nous puissions vivre et te servir dans une vie nouvelle,
pour l'honneur et la gloire de ton Nom ; par Jésus Christ, notre Seigneur. *Amen.*

*La personne qui célèbre termine par une absolution ou une collecte appropriée.*

## Collecte durant les prières

Pour la collecte finale, la personne qui célèbre choisit :

a) une collecte adaptée à la période ou à l'occasion fêtée ;
b) une collecte exprimant un besoin particulier dans la vie de la congrégation locale ;
c) une collecte pour la mission de l'Église ;
d) une collecte générale telle que celles qui suivent.

### 1

Seigneur, entends les prières de ton peuple ; et ce que nous te demandons avec foi, accorde-nous de l'obtenir véritablement, pour la gloire de ton Nom ; par Jésus Christ, notre Seigneur. *Amen.*

### 2

Père céleste, tu as promis d'écouter ce que nous demandons au Nom de ton Fils ; accepte et accède à nos demandes, nous t'en prions, non pas parce que nous te le demandons par ignorance, non pas parce que nous le méritons à cause de nos péchés, mais parce que tu nous connais et que tu nous aimes, par ton Fils Jésus Christ, notre Seigneur. *Amen.*

### 3

Dieu éternel et tout-puissant, toi qui règnes sur toutes choses dans le ciel et sur la terre, accepte dans ta bonté les prières de ton peuple, et donne-nous la force d'accomplir ta volonté, par Jésus Christ, notre Seigneur. *Amen.*

### 4

Dieu tout-puissant, toi qui sais ce dont nous avons besoin avant que nous le demandions, aide-nous à ne demander que ce qui est conforme à ta volonté ; et accorde-nous les biens que nous n'osons pas te demander ou que notre aveuglement nous empêche de te demander, au nom de ton Fils Jésus Christ, notre Seigneur. *Amen.*

## 5

Seigneur notre Dieu, accepte les prières ferventes de ton peuple ; dans la multitude de tes bontés, pose un regard compatissant sur nous et sur toutes les personnes qui t'appellent au secours ; car tu es plein de miséricorde, ô Toi qui aimes les âmes, et nous te rendons gloire, Père, Fils et Saint-Esprit, dans les siècles des siècles. *Amen.*

## 6

Seigneur Jésus Christ, tu as dit à tes apôtres : « C'est la paix que je vous laisse, c'est ma paix que je vous donne. » Ne regarde pas nos péchés, mais la foi de ton Église, et accorde-nous la paix et l'unité de la Cité céleste où tu vis et règnes avec le Père et le Saint-Esprit pour les siècles des siècles. *Amen.*

## 7

Père, hâte l'heure de la venue de ton royaume et accorde-nous, à nous qui te servons et qui vivons aujourd'hui par la foi, de contempler avec joie la venue de ton Fils dans sa glorieuse majesté, Jésus Christ lui-même, notre seul Intercesseur et Défenseur. *Amen.*

## 8

Dieu tout-puissant, toi qui nous as unis, par ton Saint-Esprit, à l'assemblée de ceux et celles qui t'appartiennent au ciel et sur la terre, accorde-nous de toujours trouver un soutien auprès de cette communauté d'amour et de prière pendant notre pèlerinage terrestre, et de savoir que son témoignage de ta puissance et de ta bonté nous entoure. Nous te le demandons au nom de Jésus Christ, en qui toutes nos intercessions sont acceptables par l'Esprit, et qui vit et règne pour les siècles des siècles. *Amen.*

# Communion dans des circonstances particulières

*Ce modèle est à employer avec les personnes qui, pour une raison valable, ne peuvent pas être présentes à une célébration publique de l'Eucharistie.*

*Lorsque quelqu'un ne peut pas être présent pour des périodes prolongées, il est bon qu'un·e prêtre s'arrange pour venir régulièrement célébrer l'Eucharistie auprès de lui, en s'appuyant soit sur le propre du jour, soit sur l'un des offices indiqués pour diverses occasions. Si l'office doit être abrégé, la célébration peut commencer au moment de l'offertoire, de préférence après la lecture d'un passage de l'Évangile.*

*À d'autres moments, ou en cas de besoin, il est possible de donner la communion à partir de la réserve de sacrements, en utilisant le modèle suivant.*

*Il est souhaitable que des membres de la congrégation, de la famille ou de l'entourage soient présents également, dans la mesure du possible, pour recevoir la communion en même temps.*

*La personne qui célèbre (prêtre ou diacre) lit un passage des Écritures indiqué pour le jour ou l'occasion, ou à défaut l'un des passages suivants :*

Car Dieu a tellement aimé le monde qu'il a donné son Fils unique, afin que toute personne qui croit en lui ne périsse pas, mais qu'elle ait la vie éternelle. *Jean 3.16*

[Jésus a dit :] « Moi je suis le pain de vie. Celui qui vient à moi n'aura jamais faim et celui qui croit en moi n'aura jamais soif. » *Jean 6.35*

[Jésus a dit :] « Moi je suis le pain vivant descendu des cieux. Si quelqu'un mange de ce pain, il vivra pour toujours. Le pain que je donnerai pour que le monde vive, c'est ma chair. Car ma chair est une vraie nourriture et mon sang est une vraie boisson. Celui qui mange ma chair et qui boit mon sang demeure uni à moi et moi à lui. » *Jean 6.51,55-56*

[Jésus a dit :] « Demeurez unis à moi, comme je suis uni à vous. Un sarment ne peut pas porter de fruit par lui-même, sans être uni à la vigne ; de même, vous non plus vous ne pouvez pas porter de fruit si vous ne demeurez pas unis à moi. Moi je suis la vigne, vous êtes les sarments. Voici comment la gloire de mon Père se manifeste : quand vous portez beaucoup de fruits et que vous vous montrez ainsi mes disciples. Tout comme le Père m'a aimé, je vous ai aimés. Demeurez dans mon amour. » *Jean 15.4-5a,8-9*

*Après la lecture, la personne qui célèbre peut en donner un bref commentaire.*

*Des prières appropriées peuvent être offertes, en terminant par une collecte comme celle-ci :*

Père tout-puissant, toi dont le Fils bien-aimé, la nuit où il devait souffrir, institua le Sacrement de son Corps et de son Sang ; dans ta bonté, accorde-nous de le recevoir avec reconnaissance, en mémoire de Jésus Christ, notre Seigneur, qui par ces saints mystères nous promet la vie éternelle, lui qui vit et règne pour les siècles des siècles. *Amen.*

*Une confession des péchés peut suivre. On utilisera un modèle comme celui-ci :*

Dieu plein de miséricorde,
Nous reconnaissons que nous avons péché contre toi
en pensées, en paroles et en actes,
par ce que nous avons fait
et ce que nous avons omis de faire.
Nous ne t'avons pas aimé de tout notre cœur.
Nous n'avons pas aimé nos prochains comme nous-mêmes.
Nous le regrettons profondément,
et nous nous en repentons humblement.
Pour l'amour de ton Fils Jésus Christ,
prends pitié de nous et pardonne-nous,
afin que nous puissions nous réjouir de faire ta volonté
et suivre tes chemins
pour la gloire de ton Nom. *Amen.*

*Le ou la prêtre ajoute :*

Que le Dieu tout-puissant vous fasse miséricorde, vous pardonne tous vos péchés par notre Seigneur Jésus Christ, vous apporte la force de sa bonté et, par la puissance du Saint-Esprit, vous garde dans la vie éternelle. *Amen.*

*Les diacres qui utilisent le modèle précédent remplacent « vous » par « nous » et « vos » par « nos ».*

*On peut ensuite échanger le geste de paix.*

*Avant de réciter le « Notre Père », la personne qui célèbre dit :*

Prions avec les mots que le Christ notre Sauveur nous a enseignés :

Notre Père, qui es aux cieux,
    que ton nom soit sanctifié ;
    que ton règne vienne ;
    que ta volonté soit faite
    sur la terre comme au ciel.
Donne-nous aujourd'hui notre pain de ce jour.
Pardonne-nous nos offenses,
    comme nous pardonnons aussi
    à ceux qui nous ont offensés.
Et ne nous laisse pas entrer en tentation,
    mais délivre-nous du mal.
Car c'est à toi qu'appartiennent le règne,
    la puissance et la gloire,
    pour les siècles des siècles. *Amen.*

*La personne qui célèbre peut proclamer l'Invitation suivante :*

Les dons de Dieu au peuple de Dieu.

*et peut ajouter :*

Prenez-les pour vous rappeler que le Christ est mort pour vous, et recevez-les dans votre cœur avec foi et action de grâces.

*Le sacrement peut être administré en disant :*

Que le Corps (Sang) de notre Seigneur Jésus Christ te garde dans la vie éternelle. [Amen.]

*On récite ensuite une des prières habituelles après la communion,
ou la prière suivante :*

Père très bon, nous te rendons grâces et louanges pour cette sainte
Communion au Corps et au Sang de ton Fils bien-aimé Jésus
Christ, promesse de notre rédemption ; et nous prions pour qu'elle
soit pour nous pardon de nos péchés, force dans notre faiblesse et
salut éternel ; par Jésus Christ, notre Seigneur. *Amen.*

*L'office se termine par une bénédiction ou un congé :*

Bénissons le Seigneur.
*Nous rendons grâces à Dieu.*

# Célébration de la Sainte Eucharistie

Ce rite exige une préparation minutieuse de la part des prêtres et de toutes les personnes participantes.

*Il ne doit pas être utilisé pour la célébration principale de la sainte Eucharistie le dimanche ou en semaine.*

## Prêtre et fidèles

### Se réunissent au nom du Seigneur

### Proclament la Parole de Dieu et y répondent

La proclamation et sa réponse peuvent prendre la forme de lectures, de chants, de débats, de danses, de musique instrumentale, d'autres formes d'art, de silence. Il y a toujours une lecture de l'Évangile.

### Prient pour le monde et pour l'Église

### Se donnent le geste de paix

Ici ou à un autre moment de l'office, tout le monde échange des vœux au nom du Seigneur.

### Préparent la Table

Une partie des personnes présentes préparent la Table et y déposent le pain, la coupe de vin et les autres offrandes.

## Procèdent à l'Eucharistie

La grande Action de grâces est prononcée par la ou le prêtre au nom de l'assemblée, en suivant l'une des prières eucharistiques proposées.

*L'assemblée répond :* Amen !

## Rompent le pain

## Partagent les dons de Dieu

Le Corps et le Sang du Seigneur sont partagés avec révérence ; quand tout le monde les a reçus, ce qui reste du Sacrement est consommé.

*Si un repas en commun (ou agape) fait partie de la célébration, il a lieu ensuite.*

## Pendant la grande prière d'action de grâces

*Pour procéder à l'Eucharistie, la personne qui célèbre utilise l'une des prières eucharistiques du rite I ou II, ou l'un des modèles suivants.*

### Modèle 1

| | |
|---|---|
| *Célébrant·e* | Le Seigneur soit avec vous. |
| *Assemblée* | Et avec toi aussi. |
| *Célébrant·e* | Élevons notre cœur. |
| *Assemblée* | Nous le tournons vers le Seigneur. |
| *Célébrant·e* | Rendons grâces au Seigneur notre Dieu. |
| *Assemblée* | Il est juste de lui rendre grâces et louanges. |

*La personne qui célèbre rend grâces à Dieu le Père pour l'œuvre de sa création et sa révélation de lui-même à son peuple ;*

*Rappelle devant Dieu, le cas échéant, l'occasion particulière qui est fêtée ;*

*Intègre ou adapte la Préface propre au jour, si nécessaire.*

*En cas d'inclusion du Sanctus (« Saint, saint, saint »), celui-ci est introduit par des paroles comme celles-ci :*

Voilà pourquoi nous nous joignons aux anges et à ceux et celles qui t'appartiennent pour célébrer ta gloire en chantant (disant) :

*Ensemble*

Saint, saint, saint, le Seigneur tout-puissant,
le ciel et la terre sont remplis de ta gloire.
   Hosanna au plus haut des cieux !
Béni soit celui qui vient au nom du Seigneur.
   Hosanna au plus haut des cieux !

*La personne qui célèbre loue maintenant Dieu pour le salut du monde par Jésus Christ, notre Seigneur.*

*La prière se poursuit sur ces paroles :*

C'est pourquoi, Père, nous te présentons ces offrandes. Sanctifie-les par ton Esprit saint afin qu'elles deviennent pour ton peuple le Corps et le Sang de Jésus Christ, notre Seigneur.

*Au moment de prononcer les paroles suivantes concernant le pain, la personne qui célèbre doit prendre le pain ou poser la main dessus ; de même, en prononçant les paroles concernant la coupe, il convient de prendre la coupe et tout autre récipient contenant le vin à consacrer ou de poser la main dessus.*

La nuit où il fut trahi, Jésus prit du pain et, après avoir prononcé une prière de bénédiction, il le partagea et le donna à ses disciples en disant : « Prenez, mangez. Ceci est mon corps qui est donné pour vous. Faites ceci en mémoire de moi. »

À la fin du repas, il prit la coupe de vin et, après avoir remercié Dieu, il dit : « Buvez-en tous, car ceci est mon sang, le sang de l'alliance nouvelle qui est versé pour vous et pour une multitude de gens, pour le pardon des péchés. Toutes les fois que vous en boirez, faites-le en mémoire de moi. »

Père, nous célébrons aujourd'hui le mémorial de ton Fils. Par ce pain et cette coupe sacrés, nous reproduisons le sacrifice de sa mort et proclamons sa résurrection, dans l'attente de son retour.

Par cette sainte Communion, rassemble-nous en un seul corps dans ton Fils Jésus Christ. Fais de nous un vivant sacrifice de louange.

Par lui, avec lui et en lui, dans l'unité du Saint-Esprit, tout honneur et toute gloire te reviennent, Père tout-puissant, pour les siècles des siècles. *AMEN.*

## Modèle 2

| | |
|---|---|
| *Célébrant·e* | Que la grâce de notre Seigneur Jésus Christ, l'amour de Dieu et la communion de l'Esprit saint soient avec vous tous ! |
| *Assemblée* | Et avec toi aussi. |
| *Célébrant·e* | Élevons notre cœur. |
| *Assemblée* | Nous le tournons vers le Seigneur. |
| *Célébrant·e* | Rendons grâces au Seigneur notre Dieu. |
| *Assemblée* | Il est juste de lui rendre grâces et louanges. |

*La personne qui célèbre rend grâces à Dieu le Père pour l'œuvre de sa création et sa révélation de lui-même à son peuple ;*

*Rappelle devant Dieu, le cas échéant, l'occasion particulière qui est fêtée ;*

*Intègre ou adapte la Préface propre au jour, si nécessaire.*

*En cas d'inclusion du Sanctus (« Saint, saint, saint »), celui-ci est introduit par des paroles comme celles-ci :*

Voilà pourquoi nous nous joignons aux anges et à ceux et celles qui t'appartiennent pour célébrer ta gloire en chantant (disant) :

*Ensemble*

Saint, saint, saint, le Seigneur tout-puissant,
le ciel et la terre sont remplis de ta gloire.
    Hosanna au plus haut des cieux !
Béni soit celui qui vient au nom du Seigneur.
    Hosanna au plus haut des cieux !

*La personne qui célèbre loue maintenant Dieu pour le salut du monde par Jésus Christ, notre Seigneur.*

*La prière se poursuit sur ces paroles :*

C'est pourquoi, Père, nous te présentons ces offrandes. Sanctifie-les par ton Esprit saint afin qu'elles deviennent pour ton peuple le Corps et le Sang de Jésus Christ, notre Seigneur.

*Au moment de prononcer les paroles suivantes concernant le pain, la personne qui célèbre doit prendre le pain ou poser la main dessus ; de même, en prononçant les paroles concernant la coupe, il convient de prendre la coupe et tout autre récipient contenant le vin à consacrer ou de poser la main dessus.*

La nuit où il fut livré à la souffrance et à la mort, notre Seigneur Jésus Christ prit du pain, et, après t'avoir remercié, il le partagea et le donna à ses disciples en disant : « Prenez, mangez. Ceci est mon corps qui est donné pour vous. Faites ceci en mémoire de moi. »

À la fin du repas, il prit la coupe de vin et, après avoir remercié Dieu, il la donna à ses disciples en disant : « Buvez-en tous, car ceci est mon sang, le sang de l'alliance nouvelle qui est versé pour vous et pour une multitude de gens, pour le pardon des péchés. Toutes les fois que vous en boirez, faites-le en mémoire de moi. »

Faisant maintenant mémoire de ses souffrances et de sa mort, et célébrant sa résurrection et son ascension, nous attendons sa venue dans la gloire.

Seigneur, accepte notre sacrifice de louange, ce mémorial de notre rédemption.

Envoie ton Esprit saint sur ces offrandes. Qu'elles soient pour nous le Corps et le Sang de ton Fils. Et accorde-nous, à nous qui mangeons de ce pain et qui buvons à cette coupe, de nous rassasier de ta vie et de ta bonté.

*La personne qui célèbre prie ensuite pour que tout le monde puisse recevoir les bienfaits de l'œuvre du Christ et le renouvellement de l'Esprit saint.*

*La prière se termine par des paroles comme celles-ci :*

Nous te demandons tout cela par ton Fils Jésus Christ. Par lui, avec lui et en lui, dans l'unité du Saint-Esprit, tout honneur et toute gloire te reviennent, Père tout-puissant, pour les siècles des siècles. *AMEN.*

# Consignes complémentaires

La sainte Table est recouverte d'une nappe blanche propre pendant la célébration.

Lorsque la Grande Litanie est chantée ou récitée juste avant l'Eucharistie, la litanie se termine par les « Kyrie eleison » et l'Eucharistie commence par l'accueil et la collecte du jour. Les prières des fidèles qui suivent la confession de foi peuvent être omises.

Lorsqu'un psaume est utilisé, il peut se terminer par un « Gloire au Père ». Dans les offices du Rite I, il est possible d'utiliser la forme suivante :

Gloire au Père et au Fils,*
   et au Saint-Esprit,
comme il était au commencement, maintenant et toujours,*
   pour les siècles des siècles. *Amen.*

Les « Kyrie eleison » (ou « Seigneur, prends pitié ») peuvent être chantés ou récités trois, six ou neuf fois. Le « Saint Dieu, Saint Fort, Saint Immortel » peut être chanté ou récité trois fois ou sous forme d'antienne.

Le « Gloire à Dieu », ou l'hymne qui le remplace, est chanté ou récité du jour de Noël jusqu'à la fête de l'Épiphanie, tous les dimanches de Pâques jusqu'au jour de la Pentecôte, tous les jours de la semaine pascale et le jour de l'Ascension. Il peut aussi être chanté ou récité à d'autres époques si on le souhaite, mais il ne doit pas être utilisé les dimanches ou les jours ordinaires pendant l'Avent et le Carême.

Il convient de lire les leçons depuis un lutrin ou un pupitre, et l'Évangile depuis le même lutrin ou pupitre, ou au milieu de l'assemblée. Il faut également que le ou les livres utilisés pour la lecture des leçons et de l'Évangile soient d'une taille et d'une dignité appropriées.

Lorsqu'une partie de l'assemblée a pour langue natale une autre langue que le français, la personne qui célèbre peut désigner quelqu'un pour lire l'Évangile dans cette langue à la place ou en plus de sa lecture en français.

Si la communion n'est pas célébrée, il est possible de dire toutes les parties indiquées jusqu'aux prières des fidèles. (Si l'on souhaite inclure une confession des péchés, l'office commence par un Service pénitentiel.) On peut ensuite chanter un hymne ou un cantique, puis vient la réception des offrandes. L'office peut se terminer par le « Notre Père », les grâces ou une bénédiction, ou par le geste de paix.

En l'absence de prêtre, tout ce qui est indiqué ci-dessus, à l'exception de la bénédiction, peut être accompli par des diacres ou, à défaut, par un lecteur ou une lectrice laïque.

L'annonce « La paix du Seigneur soit toujours avec vous ! » s'adresse à toute l'assemblée. Pour les gestes de paix individuels qui suivent, le cas échéant, on utilisera des mots adaptés aux circonstances. Si l'on préfère, le geste de paix peut avoir lieu au moment de l'administration du Sacrement (avant ou après l'invitation).

Les annonces nécessaires peuvent être effectuées avant l'office, après la confession de foi, avant l'offertoire ou à la fin de l'office, selon ce qui est le plus pratique.

Il incombe aux diacres de préparer la Table pour la célébration, c'est-à-dire de préparer et d'installer le pain et la coupe de vin. L'usage veut que le vin soit légèrement coupé d'eau. D'autres ministres peuvent assister les diacres.

Pendant la grande prière d'action de grâces, il ne doit y avoir qu'un seul calice sur l'autel, accompagné au besoin d'un flacon de vin qui servira à remplir d'autres calices après le partage du pain.

Le cantique suivant peut être utilisé au moment de partager le pain :

Agneau de Dieu, toi qui enlèves le péché du monde,
    Prends pitié de nous.

Agneau de Dieu, toi qui enlèves le péché du monde,
Prends pitié de nous.
Agneau de Dieu, toi qui enlèves le péché du monde,
Donne-nous la paix.

Pendant que les fidèles s'approchent pour recevoir la communion, la personne qui célèbre reçoit le Sacrement sous les deux espèces. Les évêques, les prêtres et les diacres autour de la sainte Table communient à leur tour, et les fidèles ensuite.

Toute personne qui communie doit pouvoir recevoir le pain et le vin consacrés séparément. Le Sacrement peut néanmoins être reçu sous les deux espèces en même temps, selon l'usage approuvé par l'évêque.

Lorsque des diacres ou d'autres prêtres assistent la personne qui célèbre, il est d'usage que celle-ci administre le pain consacré et que la personne qui l'assiste présente le calice. S'il y a plusieurs diacres ou prêtres, l'administration du pain et du vin peut être partagée entre les membres du clergé. En l'absence d'un nombre suffisant de diacres et de prêtres, des personnes laïques autorisées par l'évêque conformément au droit canon peuvent présenter le calice.

Si le pain ou le vin consacré vient à manquer pendant la communion, la personne qui célèbre doit revenir à la sainte Table et en consacrer davantage en disant :

Écoute-nous, ô Père céleste, et par ta Parole et ton Esprit saint, bénis et sanctifie ce pain (vin) pour qu'il soit également le Sacrement du Corps (Sang) précieux de ton Fils Jésus Christ, notre Seigneur, qui a pris le pain (la coupe) en disant : « Ceci est mon Corps (Sang). » *Amen.*

Il est également possible de consacrer davantage des deux espèces en répétant les paroles de la Prière eucharistique, en commençant par les paroles qui suivent le Sanctus et en terminant par l'Invocation (dans le cas de la Prière eucharistique C, le récit de l'Institution).

Lorsqu'il n'est pas possible d'obtenir les services d'un·e prêtre, l'évêque peut, à sa discrétion, autoriser des diacres à distribuer la Sainte Communion à l'assemblée à partir de la réserve de sacrements. Il faut alors procéder ainsi :

1. Après la liturgie de la Parole (et la réception des offrandes de l'assemblée), les diacres posent avec révérence le Sacrement consacré sur l'autel. Pendant ce temps, il est possible de chanter un hymne de communion.

2. On récite ensuite le « Notre Père » après que les diacres ont annoncé : « Prions avec les mots que le Christ notre Sauveur nous a enseignés. »

3. Puis, les diacres continuent la liturgie jusqu'à la fin de la prière après la communion, en omettant le partage du pain. Ils ou elles donnent ensuite congé aux fidèles.

Il se peut qu'il reste du pain ou du vin consacré en plus des quantités requises pour la communion des malades ou des fidèles qui n'ont pas pu assister à la célébration pour une raison valable ou pour l'administration de la communion par des diacres en l'absence de prêtre. Dans ce cas, la personne qui célèbre ou les diacres, avec d'autres communiantes ou communiants, mangent ou boivent avec révérence les espèces consacrées, soit après la communion des fidèles, soit après le congé.

Il est possible de chanter un cantique avant ou après la prière qui suit la communion.

## Rubriques disciplinaires

Tout prêtre qui apprend qu'une personne dont la mauvaise vie est de notoriété publique projette de venir communier doit s'entretenir en privé avec cette personne pour lui expliquer qu'elle ne pourra pas approcher de la sainte Table tant qu'elle n'aura pas donné des signes clairs de pénitence et de changement de vie.

La même procédure s'applique aux personnes qui ont fait du tort à leurs semblables et qui sont une source de scandale pour les autres membres de la congrégation. Les prêtres doivent leur interdire de recevoir la communion tant qu'elles n'auront pas réparé les torts commis ou au moins promis de les réparer.

Tout prêtre qui constate des sentiments de haine entre des membres de sa congrégation doit s'entretenir en privé avec chacun d'eux et leur expliquer qu'ils ne pourront pas recevoir la communion tant qu'ils ne se seront pas pardonné mutuellement. Et si un ou plusieurs individus pardonnent sincèrement aux autres et souhaitent faire amende honorable, mais que les autres refusent de pardonner, seuls les individus qui se repentent seront autorisés à venir communier ; ceux qui s'entêtent ne pourront pas communier.

Dans tous les cas, les prêtres doivent prévenir l'évêque dans un délai de quatorze jours, en indiquant les raisons de l'exclusion de la communion.

# Offices pastoraux

# Introduction à l'office

Dans le cadre de leur parcours chrétien, les personnes baptisées dans leur petite enfance sont censées affirmer publiquement leur foi et leur engagement à assumer les responsabilités de leur baptême lorsqu'elles sont prêtes et qu'elles ont reçu la préparation nécessaire. Elles reçoivent à cette occasion l'imposition des mains de l'évêque.

De même, les personnes baptisées à l'âge adulte sont elles aussi censées affirmer publiquement leur foi et leur engagement à assumer les responsabilités de leur baptême en présence de l'évêque. Elles reçoivent également l'imposition des mains de l'évêque à cette occasion, à moins de l'avoir reçue au moment de leur baptême.

S'il n'y a pas de baptême prévu, les rites de confirmation, de réception et de renouvellement des vœux de baptême sont administrés selon le modèle suivant.

Si on le souhaite, l'hymne « Gloire à Dieu » peut être chanté aussitôt après les versets d'ouverture et avant l'annonce « Le Seigneur soit avec vous ».

Le « Symbole de Nicée » n'est pas utilisé pendant cet office.

Il est bon que les offrandes de pain et de vin soient présentées par les personnes qui viennent d'être confirmées.

# Confirmation

avec les modèles pour la réception
et le renouvellement des vœux de baptême

*Il est possible de chanter un hymne, un psaume ou un cantique.*

*L'assemblée se tient debout. L'évêque déclare :*

|  | Béni soit Dieu, le Père, le Fils et le Saint-Esprit. |
| *Assemblée* | Et béni soit son royaume, maintenant et à jamais. Amen. |

*Du dimanche de Pâques jusqu'au dimanche de la Pentecôte, on remplace ce qui précède par :*

|  | Alléluia ! Le Christ est ressuscité. |
| *Assemblée* | Il est vraiment ressuscité. Alléluia ! |

*Pendant le Carême et en d'autres occasions de pénitence :*

| *Évêque* | Bénissons le Seigneur qui pardonne tous nos péchés. |
| *Assemblée* | Sa bonté est éternelle. |

*L'évêque poursuit :*

|  | Il y a un seul Corps et un seul Esprit. |
| *Assemblée* | Il y a une seule espérance dans l'appel que Dieu nous adresse. |
| *Évêque* | Un seul Seigneur, une seule foi, un seul baptême. |
| *Assemblée* | Un seul Dieu, le Père de tous les êtres humains. |
| *Évêque* | Le Seigneur soit avec vous. |
| *Assemblée* | Et avec toi aussi. |
| *Évêque* | Prions. |

## Collecte du jour

| *Assemblée* | Amen. |

*Durant l'office principal d'un dimanche ou d'un jour de fête, la collecte et les leçons indiquées sont celles du jour. L'évêque peut néanmoins décider, à sa discrétion, de remplacer la collecte (page [182] ou [230]) et une ou plusieurs des leçons indiquées dans la partie « Pour une confirmation » (page [929]) par d'autres textes.*

## Leçons

*L'assemblée s'assoit. Les lectures indiquées (une ou deux) sont lues. Avant de commencer, la personne qui lit annonce :*

Lecture (leçon) de _____.

*Il est possible de préciser le chapitre et les versets qui sont lus.*

*Après chaque lecture, la personne qui lit peut dire :*

|  | Parole du Seigneur. |
|---|---|
| *Assemblée* | Nous rendons grâces à Dieu. |

*On peut également dire :* Ainsi se termine la lecture (la lettre).

*Il peut y avoir un temps de silence.*

*Chaque lecture peut être suivie d'un psaume, d'un hymne ou d'un cantique.*

*Puis, tout le monde se lève, et un·e diacre ou un·e prêtre lit l'Évangile après avoir annoncé :*

|  | Saint Évangile de notre Seigneur Jésus Christ selon _____. |
|---|---|
| *Assemblée* | Gloire à toi, Christ Seigneur. |

*Après l'Évangile, la personne qui a lu proclame :*

|  | L'Évangile du Seigneur. |
|---|---|
| *Assemblée* | Louange à toi, Christ Seigneur. |

## Prédication

# Présentation et examen des candidates et candidats

*L'évêque déclare :*

Que l'on présente les candidats et candidates.

| | |
|---|---|
| *Accompagnant·e* | Je présente cette personne pour sa confirmation. |
| *ou* | Je présente cette personne qui veut être reçue dans notre communion. |
| *ou* | Je présente cette personne qui désire renouveler ses vœux de baptême. |

*L'évêque demande aux personnes présentées :*

| | |
|---|---|
| | Réaffirmes-tu que tu renonces au mal ? |
| *Candidat·e* | Oui, j'y renonce. |
| *Évêque* | Renouvelles-tu ton engagement à la suite de Jésus Christ ? |
| *Candidat·e* | Oui, je m'y engage. Et avec la grâce de Dieu, je le suivrai comme mon Seigneur et Sauveur. |

*Quand les présentations sont terminées, la personne qui célèbre s'adresse à l'assemblée en disant :*

| | |
|---|---|
| | Vous qui êtes témoins de ces vœux, ferez-vous tout votre possible pour soutenir *ces personnes* dans *leur* vie en Christ ? |
| *Assemblée* | Oui, nous nous y engageons. |

*L'évêque prononce alors des paroles comme celles-ci :*

Joignons-nous à *ces personnes* qui s'engagent à suivre le Christ et renouvelons l'alliance de notre propre baptême.

## L'alliance du Baptême

| | |
|---|---|
| *Évêque* | Croyez-vous en Dieu le Père ? |
| *Assemblée* | Je crois en Dieu, le Père tout-puissant, Créateur du ciel et de la terre. |
| *Évêque* | Croyez-vous en Jésus Christ, le Fils de Dieu ? |
| *Assemblée* | Je crois en Jésus Christ, son Fils unique, notre Seigneur. |
| | Il a été conçu du Saint-Esprit, est né de la Vierge Marie, |
| | a souffert sous Ponce Pilate, a été crucifié, |
| | est mort et a été mis au tombeau. |
| | Il est descendu aux enfers, |
| | il est ressuscité le troisième jour, |

|  |  |
|---|---|
|  | il est monté aux cieux, il siège à la droite du Père, |
|  | il reviendra juger les vivants et les morts. |
| *Évêque* | Croyez-vous en Dieu le Saint-Esprit ? |
| *Assemblée* | Je crois en l'Esprit saint, |
|  | à la sainte Église catholique, |
|  | à la communion des saints, |
|  | au pardon des péchés, |
|  | à la résurrection des corps |
|  | et à la vie éternelle. |
| *Évêque* | Vous appliquerez-vous fidèlement à écouter l'enseignement que donnaient les apôtres, à vivre dans la communion fraternelle, à partager ensemble le pain et à participer aux prières ? |
| *Assemblée* | Oui, avec l'aide de Dieu. |
| *Évêque* | Continuerez-vous à résister au mal et, quand vous pécherez, vous repentirez-vous et reviendrez-vous vers le Seigneur ? |
| *Assemblée* | Oui, avec l'aide de Dieu. |
| *Évêque* | Proclamerez-vous par la parole et par l'exemple la bonne nouvelle de Dieu en Christ ? |
| *Assemblée* | Oui, avec l'aide de Dieu. |
| *Évêque* | Chercherez-vous à servir le Christ dans chaque personne, en aimant votre prochain comme vous-mêmes ? |
| *Assemblée* | Oui, avec l'aide de Dieu. |
| *Évêque* | Ferez-vous grandir la justice et la paix entre tous les êtres humains, et respecterez-vous la dignité de chaque personne ? |
| *Assemblée* | Oui, avec l'aide de Dieu. |

## Prières pour les candidates et candidats

*L'évêque dit alors à l'assemblée :*

Prions maintenant pour *ces personnes* qui *ont* renouvelé *leur* engagement à la suite du Christ.

*Il est possible d'utiliser les requêtes indiquées pages [283] et [284].*

*Un temps de silence est respecté.*

*Puis, l'évêque déclare :*

Dieu tout-puissant, nous te rendons grâces, car, par la mort et la résurrection de ton Fils Jésus, tu as triomphé du péché et tu nous as ramenés à toi ; et par le sceau de ton Esprit saint, tu nous as liés à ton service. Renouvelle en *tes servantes et serviteurs* que voici l'alliance que tu as conclue *avec eux et elles* au moment de *leur* baptême. Par la puissance de ton Esprit, envoie-*les* accomplir le service que tu *leur* confies ; par ton Fils Jésus Christ, notre Seigneur, qui vit et règne avec le Saint-Esprit et toi, un seul Dieu, pour les siècles des siècles. *Amen.*

## Pour une confirmation

*L'évêque pose les mains sur chaque personne à confirmer et prie :*

Seigneur, fortifie *(ta servante)(ton serviteur)* N. par ton Esprit saint ; donne-lui la force et les moyens de te servir et garde-*(la)(le)* tous les jours de sa vie. *Amen.*

*ou ceci :*

Seigneur, défends *(ton serviteur)(ta servante)* N. par ta grâce céleste, afin qu'*(il)(elle)* puisse rester à toi pour toujours, et fais-*(le)(la)* grandir chaque jour dans ton Esprit saint, jusqu'au jour de son entrée dans ton royaume céleste. *Amen.*

## Pour une réception

N., nous reconnaissons que tu es membre de l'Église une, sainte, catholique et apostolique, et nous te recevons dans la vie de cette Communion. Que Dieu, le Père, le Fils et le Saint-Esprit, te bénisse, te protège et te garde. *Amen.*

## Pour un renouvellement des vœux

N., puisse l'Esprit saint, qui a commencé son œuvre bonne en toi, te diriger et te garder au service du Christ et de son royaume. *Amen.*

*L'évêque termine par cette prière :*

Dieu éternel et tout-puissant, que ta main paternelle soit toujours avec tes servantes et serviteurs que voici ; que ton Esprit saint les accompagne toujours et les guide dans la connaissance et l'obéissance de ta Parole, afin qu'ils et elles puissent te servir dans cette vie et demeurer auprès de toi dans la vie à venir, par Jésus Christ, notre Seigneur. *Amen.*

*On échange ensuite le geste de paix.*

| | |
|---|---|
| *Évêque* | La paix du Seigneur soit toujours avec vous. |
| *Assemblée* | Et avec toi aussi. |

*L'office continue avec les prières des fidèles ou l'offertoire de l'Eucharistie, que l'évêque doit présider.*

*S'il n'y a pas de célébration de l'Eucharistie, l'office se poursuit avec le « Notre Père » et les autres dévotions éventuellement prescrites par l'évêque.*

*L'évêque peut consacrer le saint chrême qui sera utilisé pour les baptêmes en utilisant la prière à la page [281].*

# Formule d'engagement au service du Christ

*Cette formule peut être utilisée lorsque quelqu'un souhaite prendre ou renouveler son engagement à servir le Christ dans le monde soit de manière générale, soit en endossant des responsabilités particulières.*

*Avant de prendre ou de renouveler son engagement, il est essentiel que l'intéressé·e prépare son Acte d'engagement en concertation avec la personne qui célèbre. Cet Acte d'engagement peut prendre la forme d'une déclaration d'intention ou d'une série de questions-réponses, mais doit nécessairement inclure un renouvellement des vœux du baptême.*

*Avant l'offertoire de l'Eucharistie, à l'invitation de la personne qui célèbre, l'homme ou la femme concerné·e s'avance et prononce son Acte d'engagement debout face à l'assemblée.*

*La personne qui célèbre prononce ensuite des paroles comme celles-ci :*

Puisse l'Esprit saint te guider et t'affermir, pour qu'en ceci comme en toutes choses tu accomplisses la volonté de Dieu au service du royaume de son Christ. *Amen.*

Au nom de cette congrégation, je t'encourage dans cette tâche et te promets nos prières, nos encouragements et notre soutien.

*La personne qui célèbre prononce ensuite une prière adaptée aux circonstances, comme celle-ci :*

Prions.

Dieu tout-puissant, pose un regard favorable sur cette personne qui vient de renouveler son engagement à suivre le Christ et à servir en son nom. Donne-lui le courage, la patience et la vision nécessaires. Et affermis-nous tous et toutes dans notre vocation chrétienne de témoins face au monde et au service des autres, par Jésus Christ, notre Seigneur. *Amen.*

*On peut ajouter une prière pour le travail spécifique auquel s'engage la personne concernée.*

*L'office continue ensuite avec le geste de paix et l'offertoire.*

# Introduction à l'office

Le mariage chrétien est une alliance solennelle et publique conclue entre un homme et une femme en présence de Dieu. Dans l'Église épiscopale, il faut qu'une des personnes à marier au moins soit chrétienne et baptisée, que la cérémonie soit attestée par la présence d'au moins deux témoins, et que le mariage soit conforme aux lois de l'État et aux canons de notre Église.

Ce sont habituellement les prêtres ou les évêques qui président la célébration et la bénédiction d'un mariage, car ce sont les seul·es à avoir pour fonction de prononcer la bénédiction nuptiale et de célébrer la sainte Eucharistie.

S'il y a et un·e évêque et un·e prêtre pour officier, c'est à l'évêque qu'il revient de prononcer la bénédiction et de présider l'Eucharistie.

Les diacres et les prêtres auxiliaires peuvent s'occuper des empêchements, demander la déclaration de consentement, lire l'Évangile et effectuer d'autres fonctions auxiliaires pendant l'Eucharistie.

Lorsque la loi civile autorise les diacres à célébrer des mariages et qu'il n'y a ni prêtre ni évêque disponible, les diacres peuvent employer l'office ci-après en omettant la bénédiction nuptiale qui suit les prières.

Il est souhaitable que les leçons de l'Ancien Testament et des Épîtres soient lues par des personnes laïques.

Dans l'exhortation initiale, au symbole *N. N.*, il convient d'annoncer le nom complet des personnes à marier. Ensuite, on utilise uniquement leur nom de baptême.

Des consignes complémentaires sont fournies à la page [401].

# Célébration et bénédiction d'un mariage

*À l'heure convenue, le couple à marier et ses témoins se réunissent à l'église ou dans un autre lieu approprié.*

*Il est possible de chanter un hymne, un psaume ou un cantique, ou de jouer de la musique instrumentale au moment de leur entrée.*

*Ensuite, la personne qui célèbre, tournée vers les fidèles et le couple à marier, la femme à droite et l'homme à gauche, s'adresse à la congrégation en disant :*

Bien-aimés frères et sœurs, nous sommes réunis en présence de Dieu pour assister à l'union de cet homme et de cette femme par les liens sacrés du mariage et pour bénir leur union. Les liens et l'alliance du mariage ont été établis par Dieu dans la création, et notre Seigneur Jésus Christ a lui-même béni ce mode de vie en honorant de sa présence et de son premier miracle une noce célébrée à Cana, en Galilée. Pour nous, le mariage symbolise le mystère de l'union du Christ avec son Église, et les Saintes Écritures demandent qu'il soit respecté par tout le genre humain.

L'union du mari et de la femme par le cœur, le corps et l'esprit est voulue par Dieu pour leur joie mutuelle, pour que le couple s'apporte aide et réconfort dans la prospérité comme dans l'adversité ; et, lorsque telle est la volonté de Dieu, pour engendrer des enfants qui seront élevés dans la connaissance et l'amour du Seigneur. Voilà pourquoi la décision de se marier ne doit pas être prise sans chercher conseil ou à la légère, mais avec révérence, posément et conformément aux finalités pour lesquelles le mariage a été institué par Dieu.

C'est par ces liens sacrés que *N. N.* et *N. N.* veulent être unis aujourd'hui. Si quelqu'un parmi vous a une raison valable de s'opposer à leur union légitime, parlez maintenant. Sinon, taisez-vous à jamais.

*Ensuite, la personne qui célèbre dit au couple à marier :*

Je l'exige de vous et vous en conjure tous les deux également, ici en présence de Dieu : si vous connaissez un motif interdisant votre union selon les lois en vigueur et selon la Parole de Dieu, le moment est venu de le confesser.

## Déclaration de consentement

*La personne qui célèbre demande à la femme :*

N., veux-tu prendre cet homme pour époux et vivre avec lui dans l'alliance du mariage ? L'aimeras-tu, le réconforteras-tu, l'honoreras-tu et le garderas-tu dans la maladie comme dans la santé et, renonçant à tous les autres, lui seras-tu fidèle aussi longtemps que vous vivrez ?

*La femme répond :*

Oui, je le veux.

*La personne qui célèbre demande à l'homme :*

N., veux-tu prendre cette femme pour épouse et vivre avec elle dans l'alliance du mariage ? L'aimeras-tu, la réconforteras-tu, l'honoreras-tu et la garderas-tu dans la maladie comme dans la santé et, renonçant à toutes les autres, lui seras-tu fidèle aussi longtemps que vous vivrez ?

*L'homme répond :*

Oui, je le veux.

*La personne qui célèbre dit alors à l'assemblée :*

Vous qui êtes témoins de ces promesses, ferez-vous tout votre possible pour soutenir ces deux personnes dans leur mariage ?

*Assemblée*       Oui, nous nous y engageons.

*S'il doit y avoir une présentation, elle a lieu à ce moment-là. Voir à la page [401].*

*On peut ensuite chanter un hymne, un psaume ou un cantique.*

## Ministère de la Parole

*La personne qui célèbre dit à l'assemblée :*

Le Seigneur soit avec vous.

*Assemblée*      Et avec toi aussi.

Prions.

Dieu éternel et très bon, tu nous as créés homme et femme à ton image : regarde avec miséricorde cet homme et cette femme qui se présentent à toi pour obtenir ta bénédiction. Aide-les de ta grâce pour qu'elle et lui puissent honorer leurs promesses et engagements et s'en acquitter avec une fidélité sincère et un amour inébranlable ; par Jésus Christ notre Sauveur, qui vit et règne avec toi dans l'unité du Saint-Esprit, un seul Dieu, pour les siècles des siècles. *Amen.*

*On lit ensuite un ou plusieurs des passages suivants des Écritures. Si une communion est prévue, les lectures se terminent toujours par un passage de l'Évangile.*

Genèse 1.26-28 (Homme et femme il les créa)
Genèse 2.4-9,15-24 (L'homme s'attachera à sa femme et ils deviendront une seule chair)
Cantique des cantiques 2.10-13,8.6-7 (Toute l'eau des océans ne suffirait pas à éteindre l'amour)
Tobit 8.5b-8 (Fais-nous vivre ensemble jusqu'à un âge avancé)

1 Corinthiens 13.1-13 (L'amour est patient et bon)
Éphésiens 3.14-19 (Le Père dont dépendent toutes les générations)
Éphésiens 5.1-2,21-33 (Que votre façon de vivre soit inspirée par l'amour)
Colossiens 3.12-17 (L'amour, ce lien qui permet d'être parfaitement unis)
1 Jean 4.7-16 (Aimons-nous les uns les autres, car l'amour vient de Dieu)

*On peut chanter ou réciter un psaume, un hymne ou un cantique entre les lectures. Les psaumes appropriés sont les psaumes 67, 127 et 128.*

*Tout le monde se lève pour la lecture d'un passage de l'Évangile. La personne désignée (diacre, prêtre ou évêque) annonce :*

Saint Évangile de notre Seigneur Jésus Christ
selon _____.

*Assemblée*         Gloire à toi, Christ Seigneur.

Matthieu 5.1-10 (Béatitudes)
Matthieu 5.13-16 (Vous êtes la lumière du monde)
Matthieu 7.21,24-29 (L'homme avisé qui bâtit sa maison sur le roc)
Marc 10.6-9,13-16 (Ils ne seront plus deux, mais une seule chair)
Jean 15.9-12 (Aimez-vous les uns les autres comme je vous ai aimés)

*Après l'Évangile, la personne qui a lu proclame :*

L'Évangile du Seigneur.

*Assemblée*         Louange à toi, Christ Seigneur.

*Il peut y avoir ensuite une réponse aux lectures (homélie ou autre).*

# Le mariage

*L'homme fait face à la femme. Il lui prend la main droite et déclare :*

Au nom de Dieu, moi, N., je te prends N. pour épouse, pour te garder à partir de ce jour, pour le meilleur comme pour le pire, dans la richesse comme dans la pauvreté, dans la maladie comme dans la santé, pour t'aimer et te chérir jusqu'à ce que la mort nous sépare. Je m'y engage solennellement.

*Leurs mains se détachent, puis la femme, toujours face à l'homme, lui prend la main droite et déclare :*

Au nom de Dieu, moi, N., je te prends N. pour époux, pour te garder à partir de ce jour, pour le meilleur comme pour le pire, dans la richesse comme dans la pauvreté, dans la maladie comme dans la santé, pour t'aimer et te chérir jusqu'à ce que la mort nous sépare. Je m'y engage solennellement.

*Leurs mains se détachent.*

*Le ou la prêtre peut demander que Dieu bénisse la ou les alliances en disant :*

Seigneur, bénis cette alliance (ces alliances) pour qu'elle (qu'elles) soit (soient) un signe des vœux par lesquels cet homme et cette femme se sont liés l'un à l'autre, par Jésus Christ, notre Seigneur. *Amen.*

*La personne qui donne l'alliance la glisse à l'annulaire de l'autre et déclare :*

N., je te donne cette alliance en symbole de mon vœu. Et par tout ce que je suis et tout ce que j'ai, je t'honore au Nom du Père et du Fils et du Saint-Esprit (ou au nom de Dieu).

*Puis, la personne qui célèbre joint leurs mains droites en disant :*

Maintenant que N. et N. se sont donnés l'un à l'autre par des vœux solennels, par l'union de leurs mains et par l'échange de leurs alliances, je les déclare mari et femme au Nom du Père et du Fils et du Saint-Esprit.

Que personne ne sépare ce que Dieu a uni.

*Assemblée*          Amen.

## Prières

*Tout le monde se lève. La personne qui célèbre déclare :*

Prions avec les mots que notre Sauveur nous a enseignés :

*Ensemble*

Notre Père, qui es aux cieux,
    que ton nom soit sanctifié ;
    que ton règne vienne ;
    que ta volonté soit faite
    sur la terre comme au ciel.
Donne-nous aujourd'hui notre pain de ce jour.
Pardonne-nous nos offenses,
    comme nous pardonnons aussi
    à ceux qui nous ont offensés.
Et ne nous laisse pas entrer en tentation,
    mais délivre-nous du mal.
Car c'est à toi qu'appartiennent le règne,
    la puissance et la gloire,
    pour les siècles des siècles. *Amen.*

*Si une communion est prévue ensuite, on peut ne pas réciter le « Notre Père » ici.*

*La personne désignée à cet effet (diacre ou autre) lit les prières suivantes, auxquelles l'assemblée répond en disant : « Amen. »*

*S'il n'est pas prévu de communion, il est possible d'omettre une ou plusieurs des prières.*

Prions.

Dieu éternel, toi qui crées et préserves toute vie, qui confères le salut et prodigues toute grâce, pose un regard favorable sur le monde que tu as créé et pour lequel ton Fils a donné sa vie, et plus particulièrement sur cet homme et cette femme dont tu fais une seule chair par les liens sacrés du mariage. *Amen.*

Accorde-leur sagesse et dévouement dans l'organisation de leur vie commune, pour que chacun, chacune soit pour l'autre un soutien dans la nécessité, une aide dans la perplexité, un réconfort dans la tristesse et une compagnie dans la joie. *Amen.*

Accorde-leur que leurs volontés soient si étroitement liées à la tienne, et leurs esprits à ton Esprit, qu'il et elle pourront grandir dans l'amour et la paix, avec toi et ensemble, tous les jours de leur vie. *Amen.*

Accorde-leur la grâce, lorsque l'une ou l'un blessera l'autre, de reconnaître et accepter leurs torts et de rechercher le pardon de l'autre et le tien. *Amen.*

Fais de leur vie à deux un signe de l'amour du Christ envers ce monde de déchirures et de péché ; que l'unité triomphe de la division, que le pardon guérisse l'offense et que la joie conquière le désespoir. *Amen.*

Accorde-leur, si telle est ta volonté, le don et l'héritage d'enfants, ainsi que la grâce de les élever dans ta connaissance, ton amour et ton service. *Amen.*

Accorde-leur un tel épanouissement dans leur affection réciproque qu'il et elle pourront se montrer pleins d'amour et d'égards pour les autres. *Amen.*

Accorde à toutes les personnes mariées qui ont assisté à cet échange de vœux de voir leur vie fortifiée et leur loyauté confirmée. *Amen.*

Transforme par ta grâce les liens de notre humanité commune, ceux par lesquels tous tes enfants sont unis les uns aux autres, et les vivants aux défunts, que ta volonté puisse s'accomplir sur la terre comme au ciel, là où tu vis et règnes, Père, dans l'unité parfaite avec le Fils et le Saint-Esprit, pour les siècles des siècles. *Amen.*

## Bénédiction du mariage

*L'assemblée reste debout. Le mari et la femme se mettent à genoux, et le ou la prêtre prononce une des prières suivantes :*

Dieu plein de miséricorde, nous te rendons grâces pour la tendresse que tu as manifestée en envoyant Jésus Christ parmi nous pour qu'il naisse d'une mère humaine et qu'il fasse du chemin de croix le chemin de la vie. Nous te remercions également d'avoir consacré l'union de la femme et de l'homme en son Nom. Par la puissance de ton Esprit saint, répands l'abondance de tes bénédictions sur cette femme et sur cet homme. Défends-les contre tous leurs ennemis. Conduis-les à la paix totale. Que leur amour réciproque soit un sceau sur leur cœur, un manteau sur leurs épaules, une couronne sur leur front. Bénis-les dans leur travail et dans leur compagnie, dans leur sommeil et dans leur réveil, dans leurs joies et dans leurs peines, dans leur vie et dans leur mort. Enfin, dans ta miséricorde, amène-les à la table du festin éternel réservée à tes saints et saintes dans ta demeure céleste. Par Jésus Christ, notre Seigneur, qui vit et règne avec le Saint-Esprit et toi, un seul Dieu, pour les siècles des siècles. *Amen.*

*ou ceci :*

Ô Dieu, tu as consacré l'alliance du mariage pour qu'elle représente l'unité spirituelle entre le Christ et son Église. Envoie dès lors ta bénédiction sur ta servante et ton serviteur que voici, pour que tous deux puissent s'aimer, s'honorer et se chérir mutuellement avec fidélité et patience, sagesse et piété véritable ; et pour que leur demeure soit toujours un havre de bénédictions et de paix. Par Jésus Christ, notre Seigneur, qui vit et règne avec le Saint-Esprit et toi, un seul Dieu, pour les siècles des siècles. *Amen.*

*Le mari et la femme restent à genoux et la ou le prêtre ajoute cette bénédiction :*

Que Dieu le Père, Dieu le Fils, Dieu le Saint-Esprit, vous bénisse, vous protège et vous garde. Que le Seigneur pose son regard plein de miséricorde sur vous et vous comble de toutes bénédictions et de toutes grâces spirituelles, pour que vous viviez ensemble dans la fidélité dans cette vie, et que vous ayez part à la vie éternelle dans le monde à venir. *Amen.*

## Geste de paix

*La personne qui célèbre peut dire à l'assemblée :*

Que la paix du Seigneur soit toujours avec vous !
*Assemblée* Et avec toi aussi.

*Le couple qui vient d'être marié échange un geste de paix, puis toute l'assemblée peut échanger des salutations.*

*Quand il n'y a pas de communion ensuite, le cortège du mariage quitte l'église. Il est possible de chanter un hymne, un psaume ou un cantique, ou de jouer de la musique instrumentale.*

## Pendant l'Eucharistie

*La liturgie continue avec l'offertoire, au cours duquel le couple qui vient d'être marié peut présenter les offrandes de pain et de vin.*

*Préface du mariage*

*Au moment de la communion, il est d'usage que le couple qui vient d'être marié communie en premier, après les membres du clergé.*

*La prière suivante remplace celle qui suit habituellement la communion :*

Ô Dieu, toi qui donnes tout ce qui est vrai, beau et bon, nous te rendons grâces de nous lier ensemble par ces saints mystères que sont le Corps et le Sang de ton Fils Jésus Christ. Par ton Esprit saint, accorde à *N.* et *N.*, qui sont désormais unis par les liens sacrés du mariage, de devenir un seul et même cœur et une seule et même âme vivant dans la paix et la fidélité, et d'obtenir les joies éternelles préparées pour toutes les personnes qui t'aiment, au nom de Jésus Christ, notre Seigneur. *Amen.*

*On peut chanter un hymne, un psaume ou un cantique, ou jouer de la musique instrumentale, au moment où le cortège quitte l'église.*

# Bénédiction d'un mariage civil

*Le rite commence comme indiqué pour les célébrations de la sainte Eucharistie, en utilisant la collecte et les leçons prévues pour l'office du mariage.*

*Après l'Évangile (et l'homélie), mari et femme se tiennent debout devant la personne qui célèbre, qui leur adresse des paroles comme celles-ci :*

N. et N., vous êtes venus ici aujourd'hui pour demander que Dieu et son Église bénissent votre mariage. Je vous demande donc de promettre, avec l'aide de Dieu, de respecter les obligations auxquelles engage un mariage chrétien.

*La personne qui célèbre dit ensuite au mari :*

N., tu as pris N. pour épouse. Promets-tu de l'aimer, de la réconforter, de l'honorer et de la garder dans la maladie comme dans la santé et, renonçant à toutes les autres, de lui être fidèle aussi longtemps que vous vivrez ?

*L'époux répond :*  Oui, je le promets.

*La personne qui célèbre dit ensuite à la femme :*

N., tu as pris N. pour époux. Promets-tu de l'aimer, de le réconforter, de l'honorer et de le garder dans la maladie comme dans la santé et, renonçant à tous les autres, de lui être fidèle aussi longtemps que vous vivrez ?

*La femme répond :*  Oui, je le promets.

*La personne qui célèbre dit alors à l'assemblée :*

Vous qui êtes témoins de ces promesses, ferez-vous tout votre possible pour soutenir ces deux personnes dans leur mariage ?

*Assemblée*          Oui, nous nous y engageons.

*Si une bénédiction de l'alliance ou des alliances est prévue, la femme tend la main (et le mari tend la sienne) au ou à la prêtre, qui déclare :*

Seigneur, bénis cette alliance pour qu'elle soit un signe des vœux par lesquels cet homme et cette femme se sont liés l'un à l'autre, par Jésus Christ, notre Seigneur. *Amen.*

*La personne qui célèbre joint leurs mains droites en disant :*

Que personne ne sépare ce que Dieu a uni.

*L'assemblée répond :*   Amen.

*L'office continue avec les prières à la page [392].*

# Déroulement d'un mariage

*Si l'on souhaite s'écarter de la célébration du mariage proposée à la page [388] de ce livre, il convient d'utiliser le déroulement suivant.*

*Ce sont les prêtres et les évêques qui célèbrent habituellement. Lorsque la loi civile l'autorise et qu'il n'y a ni prêtre ni évêque disponible, un·e diacre peut faire office de célébrant·e, en s'abstenant toutefois de prononcer la bénédiction nuptiale.*

*Une fois que les lois de l'État et les canons de cette Église ont été respectés, la femme et l'homme ainsi que leurs témoins, leurs familles et leurs amis se réunissent à l'église ou dans un autre lieu approprié.*

1. Présenter brièvement l'enseignement de l'Église concernant le mariage, tel qu'il est exposé dans les formulaires et les canons de notre Église.

2. Vérifier publiquement que l'homme et la femme ont bien l'intention de se marier et que leur consentement est donné librement.

3. Une ou plusieurs lectures, dont l'une est toujours tirée des Saintes Écritures, peuvent précéder l'échange des vœux. Il doit toujours y avoir une lecture tirée de l'Évangile lorsqu'une communion est prévue.

4. L'homme et la femme échangent leurs vœux selon la formule suivante :

Au nom de Dieu, moi, *N.*, je te prends, *N.*, pour (épouse)(époux), pour te garder à partir de ce jour, pour le meilleur comme pour le pire, dans la richesse comme dans la pauvreté, dans la maladie comme dans la santé, pour t'aimer et te chérir jusqu'à ce que la mort nous sépare. Je m'y engage solennellement.

*ou ainsi :*

Moi, N., je te prends, N., pour légitime (épouse)(époux), pour te garder à partir de ce jour, pour le meilleur comme pour le pire, dans la richesse comme dans la pauvreté, dans la maladie comme dans la santé, pour t'aimer et te chérir jusqu'à ce que la mort nous sépare selon les saints commandements de Dieu. J'en fais solennellement le serment.

5.  La personne qui célèbre déclare le couple mari et femme au Nom du Père et du Fils et du Saint-Esprit.

6.  Des prières sont offertes pour le couple, pour sa vie commune, pour la communauté chrétienne et pour le monde.

7.  Un·e prêtre ou un·e évêque prononce une bénédiction solennelle du couple.

8.  S'il n'y a pas de communion prévue, l'office se termine par le geste de paix, et le mari et la femme se saluent en premier. On peut ensuite échanger le geste de paix dans toute l'assemblée.

9.  Si une communion est prévue, l'office continue avec le geste de paix et l'offertoire. La sainte Eucharistie peut être célébrée selon le Rite I ou II de ce livre, ou encore selon le déroulement prévu à la page [388].

# Consignes complémentaires

*En cas de publication des bans, on utilisera la formule suivante :*
Je publie les bans du mariage entre N. N., de _____, et
N. N., de _____. Si quelqu'un a une raison valable de
s'opposer à leur union par les liens sacrés du mariage, vous êtes
priés de la faire connaître. La présente constitue la première (ou
deuxième, ou troisième) demande.

La célébration et la bénédiction d'un mariage peuvent être utilisées
avec n'importe quelle liturgie eucharistique autorisée. Cet office
remplace alors le Ministère de la Parole, et l'Eucharistie commence
par l'offertoire.

Le cas échéant, après la déclaration de consentement, la personne
qui célèbre demande s'il y a une présentation en mariage :
Qui donne (présente) cette femme pour l'unir à cet homme par le
mariage ?

*ou ceci :*
Qui présente cette femme et cet homme pour les unir par le mariage ?

La réponse à ces deux questions est : « C'est moi. » Si plusieurs
personnes répondent, elles le font ensemble.

Pour le Ministère de la Parole, il est bon que le couple à marier
se tienne à un endroit où l'on peut entendre la lecture biblique. Il
pourra s'approcher de l'autel pour l'échange des vœux ou pour la
bénédiction du mariage.

Il est d'usage que tout le monde reste debout jusqu'à la fin de la
collecte. Des sièges peuvent être prévus pour les invité·es afin que
l'on puisse s'asseoir pendant les leçons et l'homélie.

Le « Symbole des apôtres » peut être récité après les leçons ou
après l'homélie (le cas échéant).

Si on le souhaite, l'alliance peut être remplacée par un autre
symbole approprié pour les vœux.

Pendant l'offertoire, il est souhaitable que le couple qui vient d'être marié présente le pain et le vin aux membres du clergé. Il peut ensuite rester devant la Table du Seigneur pour recevoir la sainte Communion avant les autres membres de la congrégation.

# Action de grâces pour la naissance ou l'adoption d'enfants

*Dès que possible après la naissance d'un·e enfant, ou après l'arrivée d'un·e enfant par adoption, les parents doivent se rendre à l'église avec les autres membres de la famille pour y être accueillis par la congrégation et rendre grâces au Seigneur tout-puissant. Il est souhaitable que cette action de grâces ait lieu lors d'un office dominical. Pendant l'Eucharistie, elle peut avoir lieu après les prières des fidèles qui précèdent l'offertoire. Pendant la Prière du matin ou du soir, elle peut avoir lieu avant de conclure l'office.*

*On peut utiliser une forme abrégée de cet office si on le souhaite, en particulier s'il est organisé à l'hôpital ou à domicile. Dans ce cas, la personne qui célèbre peut commencer par l'acte d'action de grâces ou par la prière « Ô Dieu, tu nous as appris... » On peut lire au préalable un passage de l'Écriture approprié, par exemple Luc 2.41-51 ou Luc 18.15-17.*

*Pendant les prières, certains parents voudront peut-être exprimer leur gratitude par leurs propres mots.*

*Au moment indiqué, la personne qui célèbre invite les parents et les autres membres de la famille à se présenter devant l'autel.*

### Pour une naissance

*La personne qui célèbre adresse à l'assemblée des paroles comme celles-ci :*

Chers amis, la naissance d'un enfant est un événement joyeux et solennel dans la vie d'une famille. C'est également une occasion de se réjouir dans une congrégation chrétienne. Je vous invite donc à vous joindre à N. [et N.] pour rendre grâces à Dieu tout-puissant, notre Père céleste et Seigneur de toute vie, qui *(leur)(lui)* a donné N. pour *(fils)(fille)* [ainsi qu'à N. (et NN.) qui *(a)(ont)* eu *(un petit frère)(une petite sœur)*]. Nous pouvons dire ensemble :

*L'office continue avec le Cantique de Marie ou l'un des psaumes à la page [406].*

## Pour une adoption

*La personne qui célèbre adresse à l'assemblée des paroles comme celles-ci :*

Chers amis, il a plu à Dieu, notre Père céleste, de répondre aux prières ferventes de N. [et de N.], membres de notre famille chrétienne, en *(leur)(lui)* confiant un·e enfant. Je vous invite à vous joindre à *(eux)(elle)(lui)* [ainsi qu'à N. (et NN.) qui *(a)(ont)* désormais *(un frère)(une sœur) (de plus)*] pour rendre grâces de tout cœur pour la responsabilité joyeuse et solennelle qu'apporte l'arrivée de N. dans *(leur)(sa)* famille. Mais d'abord, nos amis souhaitent que notre assemblée assiste à l'inauguration de cette nouvelle relation.

*La personne qui célèbre demande aux parents :*

N. [et N.], *(prenez-vous)(prends-tu)* cet·te enfant pour *(fille)(fils)* ?

| | |
|---|---|
| Parent·s | Oui, je le veux. |

*Lorsque l'enfant est en âge de répondre, la personne qui célèbre lui demande :*

| | |
|---|---|
| | N., prends-tu cette femme pour mère ? |
| Enfant | Oui, je le veux. |
| Célébrant·e | Prends-tu cet homme pour père ? |
| Enfant | Oui, je le veux. |

*Puis, la personne qui célèbre, prenant l'enfant par la main ou dans ses bras, le ou la confie à la mère ou au père en disant :*

De même que Dieu a fait de nous ses enfants par adoption et par grâce, *(accueillez)(accueille)* N. comme *(votre)(ta)(ton)* propre *(fille)(fils)*.

*Ensuite, le ou les parents prononcent une déclaration comme celle-ci :*

Que Dieu, le Père de l'univers, bénisse notre enfant N. et nous qui lui donnons notre nom de famille, pour que nous puissions vivre ensemble dans l'amour et l'affection, par Jésus Christ, notre Seigneur. *Amen.*

## Acte d'action de grâces

*La personne qui célèbre déclare :*

Puisqu'il a plu à Dieu d'accorder à N. [et à N.] le don d'un·e enfant, rendons-lui grâces à présent en disant ensemble :

*Cantique de Marie*

De tout mon être je dirai la grandeur du Seigneur,*
　　mon cœur déborde de joie à cause de Dieu, mon sauveur !
Car il a porté son regard sur l'abaissement de sa servante.*
　　Oui, dès maintenant et en tous les temps,
les humains me diront bienheureuse,*
　　car celui qui est puissant a fait pour moi des choses magnifiques.
Il est le Dieu saint, il est plein de bonté de génération en génération*
　　pour ceux qui reconnaissent son autorité.
Il a montré son pouvoir en déployant sa force :*
　　il a mis en déroute ceux qui ont le cœur orgueilleux,
il a renversé les puissants de leurs trônes*
　　et il a élevé les humiliés au premier rang.
Il a comblé de biens ceux qui avaient faim,*
　　et il a renvoyé les riches les mains vides.
Il est venu en aide à Israël, le peuple qui le sert :*
　　il n'a pas oublié de manifester sa bonté
envers Abraham et ses descendants, pour toujours,*
　　comme il l'avait promis à nos ancêtres.
Gloire au Père et au Fils et au Saint-Esprit,*
　　comme il était au commencement, maintenant et à jamais. *Amen.*

*ou ceci :*

*Psaume 116*

J'aime le Seigneur,*
     car il entend ma voix quand je le supplie.
Il a tendu vers moi une oreille attentive.*
     Toute ma vie je l'appellerai.
Le Seigneur est bienveillant et juste,*
     notre Dieu a le cœur plein d'amour.
Comment rendrai-je au Seigneur*
     tout le bien qu'il m'a fait ?
Je lèverai la coupe des délivrances*
     et j'appellerai le Seigneur par son nom.
Ce que j'ai promis au Seigneur, je l'accomplirai*
     en présence de tout son peuple.
dans les cours de la maison du Seigneur,*
     au milieu de toi, Jérusalem.
     Alléluia !

Gloire au Père et au Fils et au Saint-Esprit,*
     comme il était au commencement, maintenant et à jamais. *Amen.*

*ou ceci :*

*Psaume 23*

Le Seigneur est mon berger,*
     je ne manquerai de rien.
Il me met au repos sur de verts pâturages,*
     il me conduit au calme près de l'eau.
     Il me fait revivre !
Il me guide sur la bonne voie,*
     car il est fidèle à lui-même.
Même si je marche dans la vallée de l'ombre et de la mort,*
     je ne redoute aucun mal, Seigneur, car tu m'accompagnes.
Tu me conduis, tu me défends,*
     voilà ce qui me rassure.
Face à ceux qui me veulent du mal,*
     tu prépares un banquet pour moi.
Tu m'accueilles en versant sur ma tête de l'huile parfumée.*
     Tu remplis ma coupe, elle déborde.

Oui, le bonheur et la grâce*
   m'accompagneront tous les jours de ma vie !
Seigneur, je reviendrai dans ta maison*
   aussi longtemps que je vivrai.

Gloire au Père et au Fils et au Saint-Esprit,*
   comme il était au commencement, maintenant et à jamais. *Amen.*

*La personne qui célèbre dit ensuite cette prière :*

Prions.

Ô Dieu, tu nous as appris par ton Fils bien-aimé que quiconque reçoit un petit enfant au nom du Christ reçoit le Christ lui-même. Nous te rendons grâces pour la bénédiction que tu as accordée à cette famille en lui confiant un·e enfant. Confirme leur joie en leur faisant ressentir ta présence vivante dans leur famille, et donne-leur une force tranquille et une sagesse pleine de patience pour élever cet·te enfant dans l'amour de tout ce qui est vrai et noble, juste et pur, aimable et gracieux, excellent et admirable, en suivant l'exemple de notre Seigneur et Sauveur Jésus Christ. *Amen.*

## Prières

*La personne peut ajouter une ou plusieurs des prières suivantes :*

*Pour un accouchement sans danger*

Dieu de miséricorde, nous te rendons grâces humblement et sincèrement d'avoir préservé ta servante N. pendant la douleur et l'angoisse de l'accouchement. Elle veut à présent t'offrir ses louanges et son action de grâces. Père très bon, accorde-lui, avec ton aide, de vivre fidèlement selon ta volonté dans cette vie et, le moment venu, d'avoir part à la gloire éternelle du monde à venir ; par Jésus Christ, notre Seigneur. *Amen.*

*Pour les parents*

Dieu tout-puissant, toi qui donnes la vie et l'amour, bénis N. et N. Accorde-leur sagesse et dévouement dans l'organisation de leur vie commune, pour que chacun, chacune soit pour l'autre un soutien dans la nécessité, une aide dans la perplexité, un réconfort dans la tristesse et une compagnie dans la joie. Accorde-leur que leurs volontés soient si étroitement liées à la tienne, et leurs esprits à ton Esprit, qu'il et elle pourront grandir dans l'amour et la paix tous les jours de leur vie, par Jésus Christ, notre Seigneur. *Amen.*

*Pour des enfants qui n'ont pas encore reçu le baptême*

Dieu éternel, tu as promis d'être un père pour les milliers de générations qui t'aiment et te craignent. Bénis cet·te enfant et préserve sa vie ; reçois-*(la)(le)* et permets-lui de te recevoir, pour que, par le Sacrement du baptême, *(elle)(il)* puisse devenir enfant de Dieu, par Jésus Christ, notre Seigneur. *Amen.*

*Pour des enfants qui ont déjà reçu le baptême*

Seigneur, nous remettons ton enfant *N.* entre tes mains. Soutiens-*(la)(le)* dans ses succès comme dans ses échecs, dans ses joies comme dans ses peines. En grandissant en âge, puisse-t-*(elle)(il)* grandir dans la grâce et dans la connaissance de son Sauveur Jésus Christ. *Amen.*

*La personne qui célèbre peut ensuite bénir la famille :*

Que Dieu le Père, qui nous adopte comme ses enfants par le baptême, vous accorde la grâce. *Amen.*

Que Dieu le Fils, qui a sanctifié une maison à Nazareth, vous comble d'amour. *Amen.*

Que Dieu le Saint Esprit, qui a fait de l'Église une seule et même famille, vous garde en paix. *Amen.*

*On peut échanger le geste de paix.*

*Les prêtres de la congrégation doivent instruire de temps à autre les fidèles sur le devoir qui incombe aux parents chrétiens de prendre des dispositions prudentes pour veiller au bien-être de leur famille, et sur le devoir de tout individu de rédiger son testament tant qu'il est en bonne santé afin de disposer de ses biens temporels, sans omettre, s'il en a les moyens, de laisser des dons à des fins religieuses ou caritatives.*

# *Introduction au rite*

Le ministère de la réconciliation que le Christ a confié à son Église passe par l'attention que chaque personne chrétienne porte aux autres, par la prière commune des assemblées chrétiennes réunies dans un culte public et par le sacerdoce de l'Église et de ses prêtres et évêques déclarant l'absolution.

La réconciliation des pénitents et pénitentes est ouverte à toutes les personnes qui le souhaitent. Elle n'est pas limitée aux périodes de maladie. Les confessions peuvent être entendues à tout moment et en tout lieu.

Deux formes d'office équivalentes sont proposées ici pour répondre aux besoins des personnes concernées. Dans ces offices, l'absolution est exclusivement réservée aux évêques ou aux prêtres. Il est possible de demander à d'autres personnes laïques ou ordonnées d'entendre une confession, mais il doit être très clair pour le ou la pénitent·e qu'il n'y aura pas d'absolution. Une déclaration de pardon est prévue à la place.

Lorsque la confession a lieu dans une église, la personne qui confesse peut s'asseoir derrière la balustrade de l'autel, ou dans un lieu à l'écart pour offrir davantage d'intimité. Le ou la pénitent·e s'agenouille à côté. Si on le souhaite, la personne qui confesse et le ou la pénitent·e peuvent s'asseoir face à face pour une conversation spirituelle qui aboutira à l'absolution ou à une déclaration de pardon.

Une fois que l'intéressé·e a confessé tous les péchés graves qui troublent sa conscience et donné la preuve de sa contrition, la ou le prêtre donne les conseils et les encouragements nécessaires et prononce l'absolution. Avant de l'accorder, les prêtres peuvent demander à ce que la personne pénitente récite un psaume, une prière ou un hymne, ou qu'elle fasse quelque chose en signe de pénitence et en guise d'action de grâces.

Le contenu d'une confession ne fait normalement pas l'objet de discussions ultérieures. Le secret de la confession est un absolu moral pour les personnes qui confessent. Il ne doit être rompu en aucune circonstance.

# Réconciliation des pénitents et pénitentes

## Modèle I

*Pénitent·e*  Bénis-moi, car j'ai péché.

*Le ou la prêtre répond :*

Que le Seigneur vienne dans ton cœur et sur tes lèvres pour que tu puisses vraiment et humblement confesser tes péchés, au Nom du Père et du Fils et du Saint-Esprit. *Amen.*

*Pénitent·e*

Je confesse à Dieu tout-puissant, à son Église et à toi que j'ai péché par ma faute en pensée, en paroles et en acte, par des choses que j'ai faites ou que je n'ai pas faites. En particulier, _____. Pour ces péchés comme pour tous ceux qui ne me reviennent pas à l'esprit, je suis sincèrement désolé·e. Je prie Dieu de prendre pitié de moi. J'ai la ferme intention de me corriger. Je demande humblement pardon à Dieu et à son Église, et je sollicite tes conseils, tes instructions et ton absolution.

*Ici, les prêtres peuvent prodiguer des conseils, donner des instructions et offrir du réconfort.*

*Le ou la prêtre prononce ensuite cette absolution :*

Que notre Seigneur Jésus Christ, lui qui a donné à son Église le pouvoir d'absoudre les pécheresses et les pécheurs qui se repentent sincèrement et qui croient en lui, te pardonne toutes tes offenses dans sa grande bonté. Et par l'autorité qui m'est conférée, je t'absous de tous tes péchés, au Nom du Père et du Fils et du Saint-Esprit. *Amen.*

*ou celle-ci :*

Que notre Seigneur Jésus Christ, lui qui s'est offert en sacrifice pour nous au Père et qui a donné à l'Église le pouvoir de pardonner les péchés, t'accorde l'absolution par l'intermédiaire de mon ministère, par la grâce du Saint-Esprit, et qu'il te rétablisse dans la paix parfaite de l'Église. *Amen.*

*Le ou la prêtre ajoute :*

Le Seigneur t'a remis tous tes péchés.

*Pénitent·e*        J'en rends grâces à Dieu.

*Le ou la prêtre termine en disant :*

Va en paix, et prie pour moi, *(pécheur)(pécheresse).*

*Déclaration de pardon à l'usage des diacres ou des laïques*

Que notre Seigneur Jésus Christ, lui qui s'est offert en sacrifice pour nous au Père, te pardonne tes péchés par la grâce du Saint-Esprit. *Amen.*

## Modèle II

*Prêtre et pénitent·e commencent ainsi :*

Pitié pour moi, mon Dieu, dans ton amour,
    selon ta grande miséricorde, efface mon péché.
Lave-moi tout entier de ma faute,
    purifie-moi de mon offense.
Oui, je connais mon péché,
    ma faute est toujours devant moi.

Saint Dieu,
Saint Fort,
Saint Immortel,
*Prends pitié de nous.*

*Pénitent·e*        Prie pour moi, *(pécheur)(pécheresse).*

## Prêtre

Que Dieu dans son amour éclaire ton cœur pour que tu puisses te souvenir vraiment de tous tes péchés ainsi que de sa bonté sans faille. *Amen.*

*La ou le prêtre peut ensuite lire un ou plusieurs versets adaptés des Écritures, comme ceux-ci, après avoir déclaré :*

Voici la Parole de Dieu pour ceux et celles qui se tournent vers lui en vérité :

Venez à moi vous tous qui êtes fatigués de porter un lourd fardeau et je vous donnerai le repos. *Matthieu 11.28*

Car Dieu a tellement aimé le monde qu'il a donné son Fils unique, afin que toute personne qui croit en lui ne périsse pas, mais qu'elle ait la vie éternelle. *Jean 3.16*

Voici une parole certaine, digne d'être accueillie par tous : Jésus Christ est venu dans le monde pour sauver les pécheurs. *1 Timothée 1.15*

Si l'on vient à commettre un péché, nous avons quelqu'un qui nous vient en aide auprès du Père : Jésus Christ, le juste. Car Jésus Christ s'est offert en sacrifice pour le pardon de nos péchés, et non seulement les nôtres, mais aussi les péchés du monde entier. *1 Jean 2.1-2*

*Le ou la prêtre poursuit :*

Maintenant, en présence du Christ et de moi, son ministre, confesse tes péchés à Dieu tout-puissant, notre Créateur et notre Rédempteur, d'un cœur humble et obéissant.

## Pénitent·e

Dieu saint et Père céleste, tu m'as créé·e à ton image et à ta ressemblance à partir de la poussière, et tu m'as racheté·e du péché et de la mort par la croix de ton Fils Jésus Christ. Par l'eau du baptême, tu m'as habillé·e du vêtement resplendissant de sa justice et tu m'as établi·e parmi les enfants de ton royaume. Mais j'ai dilapidé l'héritage de tes enfants et j'ai été me perdre dans des terres désolées.

En particulier, je confesse à toi et à l'Église que _____.

*Le ou la pénitent·e confesse ici des péchés particuliers.*

Voilà, Seigneur. Je reviens à toi avec regret et pénitence après avoir commis ces péchés et bien d'autres qui ne me reviennent pas à l'esprit. Entoure-moi à nouveau de ta miséricorde et rétablis-moi dans la compagnie bénie de celles et ceux qui te sont fidèles, par celui par lequel tu as racheté le monde, ton Fils, notre Sauveur Jésus Christ. *Amen.*

*Les prêtres peuvent ensuite prodiguer des paroles de réconfort et des conseils.*

| | |
|---|---|
| *Prêtre* | Te tourneras-tu à nouveau vers le Christ ton Seigneur ? |
| *Pénitent·e* | Oui, je m'y engage. |
| *Prêtre* | Dans ce cas, pardonnes-tu aux personnes qui t'ont causé du tort ? |
| *Pénitent·e* | Oui, je leur pardonne. |

*Prêtre*

Que le Seigneur tout-puissant, dans sa miséricorde, reçoive ta confession de foi et tes regrets, t'apporte la force de sa bonté et, par la puissance du Saint-Esprit, te garde dans la vie éternelle. *Amen.*

*Posant la main sur la tête de la pénitente ou du pénitent (ou lui tendant la main), les prêtres disent ensuite l'une des prières suivantes :*

Que notre Seigneur Jésus Christ, lui qui s'est offert en sacrifice pour nous au Père et qui a donné à l'Église le pouvoir de pardonner les péchés, t'accorde l'absolution par l'intermédiaire de mon ministère, par la grâce du Saint-Esprit, et qu'il te rétablisse dans la paix parfaite de l'Église. *Amen.*

*ou celle-ci :*

Que notre Seigneur Jésus Christ, lui qui a donné à son Église le pouvoir d'absoudre les pécheresses et les pécheurs qui se repentent sincèrement et qui croient en lui, te pardonne toutes tes offenses dans sa grande bonté. Et par l'autorité qui m'est conférée, je t'absous de tous tes péchés, au Nom du Père et du Fils et du Saint-Esprit. *Amen.*

*Le ou la prêtre termine en disant :*

La joie est grande à présent dans le ciel, car tu étais perdu·e, et tu es revenu·e. Tu étais *(mort)(morte)*, et tu vis à présent dans le Christ Jésus, notre Seigneur. Va en paix. Le Seigneur t'a remis tous tes péchés.

*Pénitent·e*          J'en rends grâces à Dieu.

*Déclaration de pardon à l'usage des diacres ou des laïques*

Que notre Seigneur Jésus Christ, lui qui s'est offert en sacrifice pour nous au Père, te pardonne tes péchés par la grâce du Saint-Esprit. *Amen.*

# Ministère des malades

*Le clergé de la congrégation doit être informé des cas de maladie.*

*Pour le ministère, on utilisera une ou plusieurs parties de l'office suivant, selon ce qui convient. Mais si on en utilise deux ou plus ensemble, elles doivent respecter l'ordre indiqué. Le « Notre Père » doit toujours être inclus.*

*Diacres et personnes laïques peuvent diriger la première partie de cet office en toute circonstance.*

*Lorsque l'imposition des mains ou l'onction a lieu durant une célébration publique de l'Eucharistie, il est bon qu'elle précède la distribution de la Communion, et il est recommandé qu'elle ait lieu juste avant le geste de paix.*

*La personne qui célèbre commence l'office par une salutation comme celle-ci :*

La paix soit sur cette maison (dans ce lieu) et sur toutes les personnes qui y vivent.

## Partie I. Ministère de la Parole

*On lit un ou plusieurs des passages suivants, ou d'autres passages appropriés des Écritures.*

### Cas général

2 Corinthiens 1.3-5 (Dieu nous console dans nos détresses)
Psaume 91 (Le Seigneur donnera l'ordre à ses anges de te garder)
Luc 17.11-19 (Ta foi t'a sauvé)

*Pénitence*

Hébreux 12.1-2 (Gardons les yeux sur Jésus qui mène notre foi à la perfection)
Psaume 103 (C'est lui qui pardonne toutes tes fautes)
Matthieu 9.2-8 (Tes péchés sont pardonnés)

*Lorsqu'il y a une onction ensuite*

Jacques 5.14-16 (L'un de vous est-il malade ?)
Psaume 23 (Tu répands le parfum sur ma tête)
Marc 6.7,12-13 (Ils faisaient des onctions d'huile à de nombreux malades)

*Lorsqu'il y a une communion ensuite*

1 Jean 5.13-15 (Sachez que vous avez la vie éternelle)
Psaume 145.14-22 (Tous ont les regards fixés sur toi, Seigneur)
Jean 6.47-51 (Moi je suis le pain de vie)

*Après une lecture, la personne qui célèbre peut en donner un bref commentaire.*

*Des prières peuvent être offertes selon la circonstance.*

*Les prêtres peuvent suggérer une confession particulière si la personne malade a la conscience troublée, et utiliser alors le modèle pour la réconciliation des pénitents et pénitentes.*

*Sinon, on peut réciter la confession générale suivante :*

Dieu plein de miséricorde,
Nous reconnaissons que nous avons péché contre toi
en pensées, en paroles et en actes,
par ce que nous avons fait
et ce que nous avons omis de faire.
Nous ne t'avons pas aimé de tout notre cœur.
Nous n'avons pas aimé nos prochains comme nous-mêmes.
Nous le regrettons profondément,
et nous nous en repentons humblement.
Pour l'amour de ton Fils Jésus Christ,
prends pitié de nous et pardonne-nous,
afin que nous puissions nous réjouir de faire ta volonté

et suivre tes chemins
pour la gloire de ton Nom. *Amen.*

*Le ou la prêtre ajoute :*

Que le Dieu tout-puissant vous fasse miséricorde, vous pardonne
tous vos péchés par notre Seigneur Jésus Christ, vous apporte la
force de sa bonté et, par la puissance du Saint-Esprit, vous garde
dans la vie éternelle. *Amen.*

*Les diacres ou les laïques qui utilisent la formule précédente
remplacent « vous » par « nous » et « vos » par « nos ».*

## Partie II. Imposition des mains et onction

*S'il faut bénir l'huile d'onction des malades, la ou le prêtre dit :*

Seigneur et Père très saint, toi qui donnes la santé et le salut,
envoie ton Esprit saint sanctifier cette huile. De même que tes
saints apôtres faisaient des onctions d'huile à de nombreux
malades et les guérissaient, accorde à ceux et celles qui reçoivent
cette sainte onction avec foi et pénitence de se rétablir, par Jésus
Christ, notre Seigneur, qui vit et règne avec le Saint-Esprit et toi,
un seul Dieu, pour les siècles des siècles. *Amen.*

*On récite le cantique suivant :*

Ô Sauveur du monde, tu nous as rachetés par ta croix et ton sang
précieux.

*Sauve-nous et secours-nous, nous t'en supplions humblement,
Seigneur.*

*Les prêtres imposent ensuite les mains sur les malades et disent
l'une des prières suivantes :*

N., j'impose mes mains sur toi au Nom du Père et du Fils et
du Saint-Esprit, en implorant notre Seigneur Jésus Christ de te
soutenir par sa présence, de chasser toute maladie de ton corps
et de ton esprit, et de t'accorder la victoire de la vie et de la paix
pour que tu puisses le servir aujourd'hui et à jamais. *Amen.*

*ou ceci :*

N., j'impose mes mains sur toi au nom de notre Seigneur et Sauveur Jésus Christ, en l'implorant de te soutenir et de te combler de sa grâce, pour que tu puisses connaître le pouvoir de guérison de son amour. *Amen.*

*Si la personne doit recevoir l'onction, les prêtres trempent un pouce dans l'huile sainte et tracent le signe de croix sur son front en disant :*

N., je te fais cette onction d'huile au Nom du Père et du Fils et du Saint-Esprit. *Amen.*

*Il est possible d'ajouter :*

De même que tu reçois l'onction extérieure de cette huile sainte, puisse notre Père céleste t'accorder l'onction intérieure de l'Esprit saint. Dans sa grande bonté, qu'il te pardonne tes péchés, te soulage de ta souffrance et te rende ton intégrité et tes forces. Qu'il te délivre de tout mal, te garde dans toute bonté et t'amène à la vie éternelle, par Jésus Christ, notre Seigneur. *Amen.*

*En cas de nécessité, les diacres ou les personnes laïques peuvent procéder à l'onction en utilisant une huile bénie par un·e évêque ou un·e prêtre.*

*S'il n'y a pas de communion ensuite, on récite le « Notre Père ».*

*Le ou la prêtre termine en disant :*

Que le Seigneur tout-puissant, lui qui est une forteresse pour tous les êtres qui mettent leur confiance en lui et devant qui toute chose s'incline et obéit dans les cieux, sur la terre et sous la terre, soit ta défense aujourd'hui et à jamais. Qu'il te fasse connaître et ressentir que le seul Nom qui existe sous le ciel pour recevoir la santé et le salut est le Nom de notre Seigneur Jésus Christ. *Amen.*

## Partie III. Sainte Communion

*Si l'Eucharistie doit être célébrée, la ou le prêtre commence par [le geste de paix et] l'offertoire.*

*Si l'on doit administrer la communion à partir de la réserve des sacrements, on utilise le formulaire de communion dans des circonstances particulières, en commençant par le [geste de paix et le] « Notre Père », page [364].*

*Si les malades ne sont pas en mesure de recevoir le pain ou le vin consacré, il convient d'administrer le Sacrement sous une seule espèce seulement.*

*On récite une des prières habituelles après la communion, ou la prière suivante :*

Père très bon, nous te rendons grâces et louanges pour cette sainte Communion au Corps et au Sang de ton Fils bien-aimé Jésus Christ, promesse de notre rédemption ; et nous prions pour qu'elle soit pour nous pardon de nos péchés, force dans notre faiblesse et salut éternel ; par Jésus Christ, notre Seigneur. *Amen.*

*L'office se termine par une bénédiction ou un renvoi :*

Bénissons le Seigneur.

*Nous rendons grâces à Dieu.*

*Si quelqu'un désire recevoir le Sacrement, mais est incapable de prendre le pain et de boire le vin en raison d'une maladie grave ou d'un handicap physique, la personne qui célèbre doit lui assurer qu'il ou elle reçoit tous les bienfaits de la Communion même sans avoir reçu le sacrement par la bouche.*

## Prières pour les malades

### Pour un·e malade

Ô Père des miséricordes et Dieu de toute consolation, toi qui es notre seul secours dans le besoin : nous te prions humblement de regarder, de visiter et de soulager *(ta servante)(ton serviteur)* N., pour qui il nous est demandé de prier. Regarde-*(la)(le)* avec les yeux de ta miséricorde, réconforte-*(la)(le)* par le sentiment de ta bonté, préserve-*(la)(le)* des tentations de l'Ennemi, et accorde-lui d'être patient·e dans son épreuve. Au moment que tu auras choisi, rends-lui la santé et permets-lui de mener le reste de sa vie dans ta crainte et dans ta gloire. Et accorde-lui enfin de demeurer avec toi dans la vie éternelle, par Jésus Christ, notre Seigneur. *Amen.*

## Pour un rétablissement

Seigneur, toi qui es notre force dans la faiblesse et notre réconfort dans la souffrance, dans ta bonté, exauce nos prières et accorde à *(ta servante)(ton serviteur)* N. l'aide de ta puissance, pour que la santé remplace sa maladie et que notre tristesse se transforme en joie, par Jésus Christ, notre Seigneur. *Amen.*

*ou ceci :*

Ô Dieu des puissances célestes, par la puissance de ton commandement tu chasses toute maladie et toute infirmité de nos corps. Dans ta bonté, tiens-toi auprès de *(ta servante)(ton serviteur)* N. pour que sa faiblesse disparaisse et que les forces lui reviennent. Et pour que, une fois rétabli·e, *(elle)(il)* puisse bénir ton saint Nom, par Jésus Christ, notre Seigneur. *Amen.*

## Pour un·e enfant malade

Père céleste, veille avec nous sur ton enfant N. et accorde-lui de retrouver la santé parfaite que toi seul peux donner, par Jésus Christ, notre Seigneur. *Amen.*

*ou ceci :*

Seigneur Jésus Christ, bon Berger de tes brebis, tu prends les agneaux dans tes bras et tu les portes contre ton cœur. Nous confions à ton attention aimante cet·te enfant, N. Soulage-*(la)(le)* dans sa douleur, garde-*(la)(le)* de tout danger, accorde-lui à nouveau tes dons de joie et de force, et fais-*(la)(le)* grandir pour qu'*(elle)(il)* mette sa vie à ton service. Exauce-nous, nous t'en prions, pour l'amour de ton Nom bien-aimé. *Amen.*

## Avant une opération

Dieu tout-puissant, notre Père céleste, apporte ton réconfort bienveillant à *(ta servante)(ton serviteur)* N. dans ses souffrances, et bénis les moyens employés pour *(la)(le)* guérir. Emplis son cœur d'assurance pour que, même s'il lui arrive d'avoir peur, *(elle)(il)* ait confiance en toi ; par Jésus Christ, notre Seigneur. *Amen.*

*ou ceci :*

Ô Dieu, fortifie *(ta servante)(ton serviteur)* N. pour qu'*(elle)(il)* puisse accomplir ce qu'*(elle)(il)* doit accomplir et supporter ce qu'*(elle)(il)* doit supporter ; et pour que, acceptant les dons de guérison que tu manifestes dans l'habileté du personnel chirurgien et infirmier, *(elle)(il)* puisse reprendre sa place dans ton monde avec un cœur reconnaissant, par Jésus Christ, notre Seigneur. *Amen.*

### Pour obtenir force et assurance

Père céleste, toi qui donnes la vie et la santé, réconforte et soulage *(ta servante)(ton serviteur)* N. et accorde ton pouvoir de guérison aux personnes qui *(le)(la) soignent*, pour qu'*(elle)(il)* puisse être fortifié·e dans sa faiblesse et avoir confiance dans ton attention aimante, par Jésus Christ, notre Seigneur. *Amen.*

### Pour la sanctification de la maladie

Seigneur, sanctifie la maladie de *(ta servante)(ton serviteur)* N., pour que le sentiment de sa faiblesse puisse fortifier sa foi et accroître son repentir, et accorde-lui de vivre avec toi dans la vie éternelle, par Jésus Christ, notre Seigneur. *Amen.*

### Pour la santé du corps et de l'âme

Puisse Dieu le Père te bénir, Dieu le Fils te guérir et Dieu le Saint-Esprit te fortifier. Puisse Dieu la sainte et indivisible Trinité garder ton corps, sauver ton âme et te conduire en sécurité dans sa contrée céleste où Elle vit et règne pour les siècles des siècles. *Amen.*

### Pour les médecins et le personnel infirmier

Seigneur, sanctifie celles et ceux que tu as appelés à étudier et pratiquer les arts thérapeutiques pour prévenir la maladie et la souffrance. Fortifie-les par ton Esprit qui donne la vie, pour que leur ministère profite à la communauté et qu'il glorifie ta création, par Jésus Christ, notre Seigneur. *Amen.*

*Action de grâces pour un début de rétablissement*

Seigneur, tes compassions ne cessent jamais et tes bontés se renouvellent chaque matin. Nous te rendons grâces d'avoir soulagé la douleur de notre *(frère)(sœur)* N. et de lui avoir donné l'espérance de recouvrer la santé. Continue en *(elle)(lui)* l'œuvre que tu as commencée, nous t'en prions, pour que, à mesure que les forces lui reviennent et qu'*(elle)(il)* se réjouit de ta bonté, *(elle)(il)* puisse mettre de l'ordre dans sa vie et dans sa conduite afin d'avoir toujours des pensées et des actes qui te sont agréables, par Jésus Christ, notre Seigneur. *Amen.*

## Prières à l'usage des malades

### Pour la confiance en Dieu

Seigneur, toi qui es la source de toute santé, remplis mon cœur de tant de foi en ton amour que je puisse laisser ta puissance prendre possession de moi et accepter avec grâce ta guérison, par Jésus Christ, notre Seigneur. *Amen.*

### Dans la douleur

Seigneur Jésus Christ, par ta patience dans la souffrance, tu as sanctifié les douleurs terrestres et tu nous as donné un exemple d'obéissance à la volonté de ton Père. Tiens-toi près de moi en ces moments de faiblesse et de souffrance. Soutiens-moi de ta grâce pour que la force et le courage ne me fassent jamais défaut. Guéris-moi selon ta volonté. Et aide-moi à toujours croire que ce qui m'arrive aujourd'hui n'a que peu d'importance si tu me gardes dans la vie éternelle, ô mon Seigneur et mon Dieu. *Amen.*

### Pour trouver le sommeil

Père céleste, tu as donné le sommeil à tes enfants pour rafraîchir leur âme et leur corps. Accorde-moi ce don, je t'en prie. Garde-moi dans la paix parfaite que tu as promise à ceux et celles dont les pensées sont tournées vers toi. Et donne-moi une telle conscience de ta présence que dans les heures de silence je puisse profiter de l'assurance bénie de ton amour. Par Jésus Christ, notre Sauveur. *Amen.*

## *Le matin*

Un nouveau jour commence, Seigneur. J'ignore ce qu'il m'apportera, mais donne-moi d'être prêt·e quoi qu'il advienne. Si je dois me tenir debout, aide-moi à me dresser courageusement. Si je dois rester assis·e, aide-moi à me tenir tranquille. Si je dois m'allonger, aide-moi à le faire patiemment. Et si je ne dois rien faire, donne-moi de l'accepter vaillamment. Seigneur, fais de ces paroles plus que des paroles, et accorde-moi l'Esprit de Jésus. *Amen.*

# Ministère à l'heure de la mort

*Lorsque quelqu'un est mourant, le clergé de la congrégation doit en être informé pour pouvoir lui prodiguer le ministère de l'Église.*

*Prière pour une personne mourante*

Dieu tout-puissant, porte ton regard sur *(ta servante)(ton serviteur)* que voici, allongé·e dans une grande faiblesse, et réconforte-*(la)(le)* par la promesse de la vie éternelle qui est donnée par la résurrection de ton Fils Jésus Christ, notre Seigneur. *Amen.*

## Litanie à l'heure de la mort

*Lorsque c'est possible, il est bon que les membres de la famille et les proches se réunissent pour la litanie.*

Dieu le Père,
*prends pitié de (ton serviteur)(ta servante).*

Dieu le Fils,
*prends pitié de (ton serviteur)(ta servante).*

Dieu le Saint-Esprit,
*prends pitié de (ton serviteur)(ta servante).*

Ô Sainte Trinité, Dieu unique,
*prends pitié de (ton serviteur)(ta servante).*

De tout mal, de tout péché, de toute tribulation,
*délivre-(le)(la), ô Seigneur.*

Par ta sainte Incarnation, par ta Croix et ta Passion, par ta mort précieuse et ta mise au tombeau,
*délivre-(le)(la), ô Seigneur.*

Par ta glorieuse Résurrection et ton Ascension, et par la venue de ton Esprit saint,
*délivre-(le)(la), ô Seigneur.*

Les pécheurs et pécheresses que nous sommes te supplient de nous exaucer, Christ Seigneur : accepte de délivrer l'âme de *(ton serviteur)(ta servante)* de l'emprise du mal et de la mort éternelle.
*Nous t'en supplions, exauce-nous, ô Seigneur.*

Juge bon, dans ta miséricorde, de lui pardonner tous ses péchés.
*Nous t'en supplions, exauce-nous, ô Seigneur.*

Juge bon de lui accorder un lieu où *(il)(elle)* connaîtra la fraîcheur et la béatitude éternelles.
*Nous t'en supplions, exauce-nous, ô Seigneur.*

Juge bon de lui accorder la joie et la félicité dans ton royaume, pour vivre dans la lumière avec tes saints et saintes.
*Nous t'en supplions, exauce-nous, ô Seigneur.*

Jésus, Agneau de Dieu,
*prends pitié (de lui)(d'elle).*

Jésus, toi qui portes nos péchés,
*prends pitié (de lui)(d'elle).*

Jésus, toi qui as racheté le monde,
*donne-lui ta paix.*

Seigneur, prends pitié.
*Christ, prends pitié.*
Seigneur, prends pitié.

*Officiant·e et assemblée*

Notre Père, qui es aux cieux,
    que ton nom soit sanctifié ;
    que ton règne vienne ;
    que ta volonté soit faite
    sur la terre comme au ciel.
Donne-nous aujourd'hui notre pain de ce jour.
Pardonne-nous nos offenses,
    comme nous pardonnons aussi
    à ceux qui nous ont offensés.

Et ne nous laisse pas entrer en tentation,
   mais délivre-nous du mal.

*La personne qui officie prononce cette collecte :*

Prions.

Christ Seigneur et Souverain, délivre *(ton serviteur)(ta servante)*
N. de tout mal, libère-*(le)(la)* de toute attache, afin qu'*(il)(elle)*
puisse reposer avec tous tes saints et saintes dans les demeures
éternelles, où tu vis et règnes avec le Père et le Saint-Esprit, un seul
Dieu, pour les siècles des siècles. *Amen.*

*Prière d'adieu*

Quitte ce monde, ô âme chrétienne,
au Nom de Dieu le Père tout-puissant qui t'a créée,
au Nom de Jésus Christ qui t'a rachetée,
au Nom du Saint-Esprit qui te sanctifie.
Puisses-tu reposer en paix en ce jour et demeurer dans le Paradis
de Dieu.

*Prière de recommandation à Dieu*

Ô Sauveur miséricordieux, nous remettons entre tes mains *(ton
serviteur)(ta servante)* N. Reconnais en *(lui)(elle)*, nous t'en
supplions humblement, une brebis de ta bergerie, un agneau de
ton enclos, *(un pécheur)(une pécheresse)* que tu as racheté·e.
Entoure-*(le)(la)* de ta miséricorde et reçois-*(le)(la)* dans le repos
béni de la paix éternelle et dans la glorieuse compagnie des saints
et des saintes dans la lumière. *Amen.*

Que son âme et celles de tous les défunts et défuntes, par la
miséricorde divine, reposent en paix. *Amen.*

## Prières pour une veillée

*Il est bon que les membres de la famille et les proches se réunissent
pour prier avant les funérailles. Il est possible d'utiliser des
psaumes, des leçons et des collectes adaptés (comme ce qui est
indiqué pour le rite de l'inhumation). On peut utiliser la Litanie à
l'heure de la mort, ou le modèle suivant :*

Chers amis, notre Seigneur Jésus lui-même a dit : « Venez à moi vous tous qui êtes fatigués de porter un lourd fardeau et je vous donnerai le repos. » Prions donc pour notre *(frère)(sœur)* N., pour qu'*(il)(elle)* se repose de son fardeau et qu'*(il)(elle)* entre dans la lumière du repos que procure le sabbat éternel de Dieu.

Seigneur, reçois *(ton serviteur)(ta servante)* qui revient vers toi.
*Seigneur, nous remettons entre tes mains notre (frère)(sœur) N.*

Baigne-*(le)(la)* dans les eaux saintes de la vie éternelle et habille-*(le)(la)* de sa tenue de noce céleste.
*Seigneur, nous remettons entre tes mains notre (frère)(sœur) N.*

Puisse-t-*(il)(elle)* entendre tes paroles d'invitation : « Venez, vous qui êtes bénis par mon Père ! »
*Seigneur, nous remettons entre tes mains notre (frère)(sœur) N.*

Puisse-t-*(il)(elle)* contempler ton visage, Seigneur, et goûter la bénédiction du parfait repos.
*Seigneur, nous remettons entre tes mains notre (frère)(sœur) N.*

Puissent les anges l'entourer et les saints et saintes l'accueillir dans la paix.
*Seigneur, nous remettons entre tes mains notre (frère)(sœur) N.*

*La personne qui officie termine ainsi :*

Dieu tout-puissant, notre Père céleste, devant qui vivent tous ceux et toutes celles qui meurent dans le Seigneur, reçois notre *(frère)(sœur)* N. à la cour de ta demeure céleste. Que son cœur et son âme résonnent à présent de joie devant toi, Seigneur, toi qui es le Dieu vivant et le Dieu de tous les êtres vivants. Nous te le demandons par le Christ notre Seigneur. *Amen.*

## Réception du corps

*Le formulaire suivant peut être utilisé quelle que soit l'heure à laquelle le corps est amené à l'église.*

*La personne qui célèbre accueille le corps à la porte de l'église en disant :*

Avec foi en Jésus Christ, nous recevons le corps de notre *(frère)(sœur)* N. pour son inhumation. Avec confiance, prions Dieu, lui qui donne la vie, pour qu'il l'amène à la perfection dans la compagnie des saints et des saintes.

*Il peut y avoir un temps de silence, après lequel la personne qui célèbre déclare :*

Christ Seigneur et Souverain, délivre *(ton serviteur)(ta servante)* N. de tout mal, libère-*(le)(la)* de toute attache, afin qu'*(il)(elle)* puisse reposer avec tous tes saints et saintes dans les demeures éternelles, où tu vis et règnes avec le Père et le Saint-Esprit, un seul Dieu, pour les siècles des siècles. *Amen.*

Prions aussi pour toutes les personnes qui sont en deuil, afin qu'elles puissent se tourner vers Dieu et connaître la consolation de son amour.

*Il peut y avoir un temps de silence, après lequel la personne qui célèbre déclare :*

Dieu tout-puissant, pose un regard plein de pitié sur les chagrins de tes serviteurs et servantes pour lesquels nous prions. Souviens-toi d'eux et elles, Seigneur, dans ta miséricorde ; nourris-les de patience ; réconforte-les en leur faisant ressentir ta bonté ; montre-leur ta bienveillance ; et accorde-leur la paix, par Jésus Christ, notre Seigneur. *Amen.*

*Si l'office funéraire ne doit pas être célébré tout de suite, le corps est introduit dans l'église. Pendant ce temps, un psaume ou un hymne approprié peut être chanté ou dit. Des dévotions appropriées, telles que celles indiquées pour la Veillée, page [427], peuvent suivre.*

*Lorsque le rite d'inhumation commence aussitôt, l'office se poursuit à la page [430] ou [449].*

*Un membre de la congrégation portant le cierge pascal allumé peut conduire la procession dans l'église.*

# Introduction à l'office

La mort d'un membre de l'Église doit être signalée dès que possible au clergé de la congrégation et les dispositions pour les funérailles doivent être prises en consultation avec lui.

Il convient d'inhumer les chrétiennes et chrétiens baptisés à la sortie de l'église. L'office doit avoir lieu à un moment où la congrégation a la possibilité d'être présente.

Le cercueil doit être fermé avant l'office, et il restera fermé par la suite. Il convient de le recouvrir d'une pale ou d'une autre pièce de tissu appropriée.

Si nécessaire, ou si on le souhaite, tout ou partie du rite de la sépulture peut se dérouler à l'église. Le rite peut aussi avoir lieu avant l'office à l'église. Il peut également être utilisé avant une crémation.

Ce sont habituellement les prêtres qui président l'office. Il convient que l'évêque, le cas échéant, préside l'Eucharistie et prononce le rite des derniers adieux.

Il est bon que les leçons de l'Ancien Testament et l'Épître soient lues par des personnes laïques.

Lorsqu'il n'y a pas de prêtre disponible, l'office peut être présidé par des diacres ou des ministres laïques.

Lors de l'enterrement d'un enfant, il est recommandé d'utiliser les passages des Lamentations, 1 Jean et Jean 6, ainsi que le psaume 23.

Il est d'usage que la personne qui célèbre accueille le corps et le précède dans l'église ou vers la tombe.

Les hymnes au début de l'office sont chantés ou lus lorsque le corps est amené dans l'église, ou lors de l'entrée du clergé. Ils peuvent aussi être lus ou chantés par la personne qui célèbre, debout à sa place habituelle.

# Inhumation des morts : Rite I

*Tout le monde se lève pendant que l'on chante ou récite un ou plusieurs des hymnes suivants.*

Je suis la résurrection et la vie, dit le Seigneur ;
celui qui croit en moi vivra,
quand même il serait mort ;
et quiconque vit et croit en moi
ne mourra jamais.

Je sais que mon Rédempteur est vivant,
et qu'il demeurera le dernier sur la terre :
et quoique ce corps soit détruit, je verrai Dieu ;
je le verrai moi-même, et mes yeux verront,
et non comme un étranger.

En effet, aucun de nous ne vit pour soi-même
et aucun ne meurt pour soi-même.

Si nous vivons, nous vivons pour le Seigneur,
et si nous mourons, nous mourons pour le Seigneur.

Ainsi, soit que nous vivions, que nous mourions,
nous appartenons au Seigneur.

Heureux ceux qui dès maintenant meurent au service du Seigneur !
Oui, heureux sont-ils, déclare l'Esprit.
Ils pourront se reposer de leurs durs efforts.

*La personne qui célèbre dit l'une des collectes suivantes, en commençant par :*

|  |  |
|---|---|
|  | Le Seigneur soit avec vous. |
| *Assemblée* | Et avec toi aussi. |
| *Célébrant·e* | Prions. |

*Pour l'inhumation d'un·e adulte*

Ô Dieu, dont les compassions ne peuvent se compter, accepte nos prières en faveur de l'âme de feu *(ton serviteur)(ta servante) N.*, et fais-lui la grâce d'entrer au pays de la lumière et de la joie, dans la compagnie de tes saints ; par Jésus Christ, notre Seigneur. *Amen.*

*Pour l'inhumation d'un·e enfant*

Seigneur, toi dont le Fils bien-aimé a pris des enfants dans ses bras et les a bénis, donne-nous la grâce de confier *N.* à tes soins et à ton amour sans faille, et réunis-nous tous et toutes dans ton royaume céleste ; par Jésus Christ, notre Seigneur, qui vit et règne avec le Saint-Esprit et toi, un seul Dieu, pour les siècles des siècles. *Amen.*

*L'assemblée s'assoit.*

*On lit ensuite un ou plusieurs des passages suivants des Écritures. Si une communion est prévue, les lectures se terminent toujours par un passage de l'Évangile.*

## Dans l'Ancien Testament

Ésaïe 25.6-9 (Il supprimera la mort pour toujours)
Ésaïe 61.1-3 (Apporter un réconfort à ceux qui sont en deuil)
Lamentations 3.22-26,31-33 (Le Seigneur est bon pour celui qui le cherche)
Sagesse 3.1-5,9 (Les âmes des justes sont dans la main de Dieu)
Job 19.21-27a (Je sais que mon défenseur est vivant)

*Après la leçon, on peut chanter ou réciter ensuite un hymne ou un cantique, ou l'un des psaumes suivants.*

## Psaume 42

Comme une biche soupire après l'eau du ruisseau,*
    moi aussi, je soupire après toi, mon Dieu.
J'ai soif de Dieu, du Dieu vivant.*
    Quand pourrai-je enfin entrer dans son temple,
    pour me présenter devant lui ?

Jour et nuit, j'ai ma ration de larmes,*
  car on me dit sans cesse : « Ton Dieu, que fait-il donc ? »
Je laisse revenir les souvenirs émouvants*
  du temps où j'avançais en tête du cortège
vers la maison de Dieu, avec une foule de personnes en fête,*
  qui criaient à Dieu leur reconnaissance et leur joie.*
À quoi bon me désoler, à quoi bon me plaindre de mon sort ?*
  Mieux vaut espérer en Dieu et le louer à nouveau,
lui, mon sauveur et mon Dieu !*

## Psaume 46

Dieu est pour nous un abri sûr,*
  un secours toujours prêt dans la détresse.
C'est pourquoi nous n'avons rien à craindre,*
  même si la terre se met à trembler,
si les montagnes s'écroulent au fond des mers,*
  si les flots grondent, bouillonnent,
se soulèvent et secouent les montagnes.*
  Il est un fleuve dont les bras
répandent la joie dans la cité de Dieu,*
  dans la demeure réservée au Très-Haut.
Dieu est dans la cité, elle tiendra bon ;*
  dès que le jour se lève, il lui apporte son secours.
« Arrêtez, crie-t-il, et reconnaissez que je suis Dieu !*
  Je domine les peuples, je domine la terre. »
Le Seigneur de l'univers est avec nous,*
  le Dieu de Jacob est notre forteresse.

## Psaume 90

Seigneur, de génération en génération,*
  c'est toi qui as été notre refuge.
Avant que les montagnes naissent,*
avant même que tu enfantes la terre et le monde,*
  depuis toujours et pour toujours, tu es Dieu.
Tu fais retourner les humains à la poussière,*
  tu leur dis : « Retournez d'où vous êtes venus. »

Pour toi, mille ans sont aussi brefs*
    que la journée d'hier, déjà passée,
ou quelques heures de la nuit.*
    Tu mets fin à la vie humaine ;
elle passe comme un court sommeil.*
    elle est comme l'herbe qui pousse :
le matin, elle fleurit et grandit ;*
    le soir, elle se fane, elle est sèche.
Oui, ta colère nous balaie,*
    ta fureur nous terrifie.
Tu mets nos fautes devant toi,*
    nos secrets à la lumière de ta face.
Sous l'effet de ta colère, notre vie décline ;*
    le temps d'un soupir, elle arrive à sa fin.
Notre vie ? Elle dure soixante-dix ans,*
    quatre-vingts ans pour les plus vigoureux,
mais nous n'en retirons que peine et malheur.*
    La vie passe vite et nous nous envolons.
Fais-nous comprendre que nos jours sont comptés,*
    et nous aurons un cœur sage.

## Psaume 121

Je regarde vers les montagnes :*
    Qui viendra me secourir ?
Pour moi, le secours vient du Seigneur,*
    qui a fait les cieux et la terre.
Qu'il te préserve des faux pas,*
    qu'il te garde sans se relâcher !
Voici, il ne somnole pas, il ne dort pas,*
    celui qui garde Israël.
Le Seigneur est celui qui te garde,*
    le Seigneur est une ombre protectrice à tes côtés.
Pendant le jour, le soleil ne te frappera pas,*
    ni la lune pendant la nuit.
Le Seigneur préservera ta vie,*
    il te gardera de tout mal !

Oui, le Seigneur te gardera de ton départ jusqu'à ton retour,*
    dès maintenant et toujours !

## Psaume 130

Du fond de la détresse, je crie vers toi, Seigneur !*
    Écoute ma voix, sois attentif quand je te supplie !
Si tu voulais épier nos fautes,*
    Seigneur, qui pourrait survivre ?
Mais le pardon se trouve auprès de toi,*
    c'est pourquoi l'on reconnaît ton autorité.
De tout mon être, je compte sur le Seigneur,*
    et j'attends ce qu'il va dire.
Je compte sur le Seigneur,*
    plus qu'un veilleur n'attend le matin ;
oui, plus qu'un veilleur n'attend le matin.*
    Peuple d'Israël, compte sur le Seigneur, car il est bon,
il a mille moyens de te délivrer.*
    C'est lui qui délivrera Israël de toutes ses fautes !

## Psaume 139

Seigneur, tu regardes jusqu'au fond de mon cœur*
    et tu sais tout de moi :
Tu sais si je m'assieds ou si je me lève ;*
    longtemps d'avance, tu connais mes pensées.
Tu sais si je suis dehors ou chez moi,*
    tu es au courant de tout ce que je fais.
La parole n'est pas encore arrivée à mes lèvres*
    que déjà tu sais tout ce que je vais dire.
Tu es derrière moi, devant aussi,*
    tu poses ta main sur moi.
Une connaissance aussi prodigieuse me dépasse,*
    elle est trop élevée pour que je la comprenne.
Où aller loin de toi ?*
    Où fuir loin de ta présence ?
Si je monte dans les cieux, tu es là ;*
    si je me couche parmi les morts, t'y voici !

Si j'emprunte les ailes de l'aurore pour m'établir au-delà des mers,*
     même là ta main me guide, ta main droite me saisit.
Si je dis : « Que l'obscurité m'engloutisse,*
     qu'autour de moi le jour se fasse nuit ! »
pour toi, même l'obscurité n'est pas obscure,*
     la nuit est claire comme le jour,
les ténèbres sont comme la lumière !*

## Dans le Nouveau Testament

Romains 8.14-19,34-35,37-39 (La gloire à venir)
1 Corinthiens 15.20-26,35-38,42-44,53-58 (Le corps incorruptible)
2 Corinthiens 4.16–5.9 (ce qui est invisible dure toujours)
1 Jean 3.1-2 (nous deviendrons semblables à Lui)
Apocalypse 7.9-17 (Dieu essuiera toute larme de leurs yeux)
Apocalypse 21.2-7 (Maintenant, je fais toutes choses nouvelles)

*Après la leçon, on peut chanter ou réciter ensuite un hymne ou un cantique, ou l'un des psaumes suivants.*

## Psaume 23

Le Seigneur est mon berger,*
     je ne manquerai de rien.
Il me met au repos sur de verts pâturages,*
     il me conduit au calme près de l'eau.
     Il me fait revivre !
Il me guide sur la bonne voie,*
     car il est fidèle à lui-même.
Même si je marche dans la vallée de l'ombre et de la mort,*
     je ne redoute aucun mal, Seigneur, car tu m'accompagnes.
Tu me conduis, tu me défends,*
     voilà ce qui me rassure.
Face à ceux qui me veulent du mal,*
     tu prépares un banquet pour moi.
Tu m'accueilles en versant sur ma tête de l'huile parfumée.*
     Tu remplis ma coupe, elle déborde.

Oui, le bonheur et la grâce*
   m'accompagneront tous les jours de ma vie !
Seigneur, je reviendrai dans ta maison*
   aussi longtemps que je vivrai.

## Psaume 27

Le Seigneur est ma lumière, c'est lui qui me sauve,*
   je n'ai rien à craindre de personne.
Le Seigneur est le protecteur de ma vie,*
   je n'ai rien à redouter !
Je ne demande qu'une chose au Seigneur,*
   mais je la désire vraiment :
c'est de demeurer toute ma vie chez lui,*
   pour jouir de sa douceur et prendre soin de son temple.
Quand tout ira mal,*
   il m'abritera sous son toit,
il me cachera dans sa tente,*
   il me mettra sur un roc, hors d'atteinte.
Alors, je regarderai de haut les ennemis qui m'entourent.*
   Dans sa maison, je l'acclamerai en lui offrant des sacrifices,
je chanterai et célébrerai le Seigneur.*
   Quand je t'appelle au secours, Seigneur, écoute-moi,
accorde-moi ta grâce et réponds-moi !*
   Je réfléchis à ce que tu as dit : « Tournez-vous vers moi. »
Eh bien, Seigneur, je me tourne vers toi.*
   Ne te détourne pas de moi,
ne me repousse pas avec colère,*
   toi qui me secours.
Que deviendrais-je,*
   si je n'avais pas l'assurance de voir la bonté du Seigneur
sur cette terre où nous vivons ?*
   Compte patiemment sur le Seigneur ;
sois fort et reprends courage,*
   oui, compte patiemment sur le Seigneur !

## Psaume 106

Louez le Seigneur, car il est bon,*
  car son amour dure toujours !
Qui saura dire les exploits du Seigneur,*
  et faire entendre toute sa louange ?
Heureux ceux qui observent le droit établi par Dieu*
  et font toujours ce qui est juste !
Souviens-toi de nous, Seigneur,*
  toi qui es bienveillant pour ton peuple.
Interviens pour nous sauver.*
  Nous ressentirons ainsi le bonheur de ceux que tu as choisis,
nous participerons à la joie qui anime ton peuple,*
  nous partagerons la fierté de ceux qui t'appartiennent.

## Psaume 116

J'aime le Seigneur,*
  car il entend ma voix quand je le supplie.
Il a tendu vers moi une oreille attentive.*
  Toute ma vie je l'appellerai.
Les liens de la mort m'avaient enserré,*
  le monde des morts resserrait sur moi son étreinte ;
j'étais pris de détresse et d'angoisse.*
  Alors j'ai appelé le Seigneur par son nom :
« Seigneur, sauve-moi la vie ! »*
  Le Seigneur est bienveillant et juste,
notre Dieu a le cœur plein d'amour.*
  Le Seigneur garde ceux qui sont ignorants ;
j'étais à bout de forces et il m'a sauvé.*
  Allons, je dois retrouver mon calme,
car le Seigneur m'a fait du bien.*
  Oui, tu m'as arraché à la mort, Seigneur,
tu as séché mes larmes, tu as préservé mes pieds du faux pas.*
  Sur cette terre destinée aux vivants,
je marcherai sous le regard du Seigneur.*
  Ce que j'ai promis au Seigneur, je l'accomplirai

en présence de tout son peuple.*

Aux yeux du Seigneur, la mort de ceux qui lui sont fidèles est douloureuse.

## L'Évangile

*Puis tout le monde se lève, et la personne désignée (diacre ou prêtre) lit l'Évangile après avoir annoncé :*

Saint Évangile de notre Seigneur Jésus Christ selon Jean.

*Assemblée*     Gloire à toi, Seigneur.

Jean 5.24-27 (Celui qui croit possède la vie éternelle)

Jean 6.37-40 (Chacun de ceux que le Père me donne viendra à moi)

Jean 10.11-16 (Moi je suis le bon berger)

Jean 11.21-27 (Je suis la résurrection et la vie)

Jean 14.1-6 (Il y a beaucoup de lieux où demeurer dans la maison de mon Père)

*À la fin de l'Évangile, la personne qui a lu proclame :*

L'Évangile du Seigneur.

*Assemblée*     Louange à toi, ô Christ.

*Il est possible de dire une homélie pendant laquelle l'assemblée s'assoit.*

*On peut ensuite se mettre debout pour réciter le « Symbole des apôtres ».*

*S'il n'est pas prévu de communion, le « Notre Père » est récité maintenant, et l'office se poursuit avec les Prières des fidèles, ou avec une ou plusieurs prières appropriées (voir aux pages [439] à [440]).*

*Lorsqu'une communion est prévue, on utilise le modèle suivant des Prières des fidèles.*

*L'assemblée répond « Amen ! » à chaque demande.*

*La personne désignée à cet effet (diacre ou autre officiant·e) dit :*

En paix, prions le Seigneur.

Dieu tout-puissant, tu rassembles tes élus dans une même communion, le Corps mystique de ton Fils, le Christ notre

Seigneur : Donne, nous te supplions, à ton Église tout entière au paradis et sur la terre, ta lumière et ta paix. *Amen.*

Accorde à tous ceux qui ont été baptisés dans la mort du Christ et dans sa résurrection de mourir au péché pour revivre dans une vie nouvelle ; que passant avec lui par le tombeau, la porte de la mort, nous accédions avec lui à notre propre résurrection joyeuse. *Amen.*

Accorde-nous, nous qui sommes encore dans notre pèlerinage, qui cheminons par la foi, de nous conduire par ton Saint-Esprit dans la justice et la sainteté tous les jours de notre vie. *Amen.*

Octroie à tes fidèles le pardon et la paix, que nous soyons purifiés de tous nos péchés et que nous te servions avec une conscience tranquille. *Amen.*

Accorde à tous ceux qui sont dans le deuil une confiance sûre dans ta sollicitude paternelle, qu'ils puissent connaître la consolation de ton amour en remettant leur peine sur toi. *Amen.*

Donne foi et courage à ceux qui sont dans le deuil, qu'ils aient la force de vivre les jours à venir par le réconfort d'une sainte et raisonnable espérance, dans l'attente de la joie de retrouver ceux qu'ils aiment dans la vie éternelle. *Amen.*

Nous qui sommes au milieu de choses que nous ne comprenons pas, nous te prions de nous aider à croire et à mettre notre espérance dans la communion des saints, le pardon des péchés et la résurrection pour la vie éternelle. *Amen.*

Donne-nous la grâce de confier N. à ton amour qui ne faillit jamais, reçois-*(le)(la)* dans ta miséricorde, et souviens-toi *(de lui) (d'elle)* selon l'amour que tu portes à ton peuple. *Amen.*

Accorde-lui que, te connaissant et t'aimant toujours plus, *(elle)(il)* arrive, de force en force, jusqu'à la vie de service parfait, dans ton royaume céleste. *Amen.*

Avec tous ceux qui sont morts dans l'espérance de la résurrection, accorde-nous de trouver notre consommation et notre béatitude dans ta gloire éternelle, et de recevoir avec [saint·e N. et] tous les saints, la couronne de la vie que tu promets à tous ceux qui partagent la victoire de ton Fils Jésus Christ. Lui qui vit et règne avec toi et le Saint-Esprit, un seul Dieu, dans les siècles des siècles. *Amen.*

*Lorsqu'il n'est pas prévu de communion, l'office se poursuit avec les derniers adieux et le rite de la sépulture.*

## Pendant l'Eucharistie

*L'office continue avec le geste de paix et l'offertoire.*

*Préface de la commémoration des défuntes et des défunts*

*La prière suivante remplace celle qui suit habituellement la communion :*

Dieu tout-puissant, nous te rendons grâces de nous avoir donné, dans ton immense amour, la nourriture et la boisson spirituelles du Corps et du Sang de ton Fils Jésus Christ, et de nous avoir donné un avant-goût de ton banquet céleste. Fais que ce sacrement soit pour nous un réconfort dans l'affliction et un gage de notre héritage dans ce royaume où il n'y a ni mort, ni tristesse, ni pleurs, mais la plénitude de la joie avec toute l'assemblée des saints et des saintes ; par Jésus Christ, notre Sauveur. *Amen.*

*Si le corps n'est pas présent, l'office continue avec [la bénédiction et] le congé.*

*On utilise le rite des derniers adieux suivant, sauf si le rite de la sépulture a lieu aussitôt après dans l'église.*

## Derniers adieux

*La personne qui célèbre et les autres membres du clergé prennent place autour du corps.*

*On peut chanter ou réciter un hymne ou un cantique approprié, comme celui-ci :*

Ô Christ, accorde le repos à tes servantes et serviteurs
auprès de celles et ceux qui t'appartiennent,
*là où il n'y a plus ni chagrin, ni douleur,*
*ni lamentations, mais la vie éternelle.*

Toi seul es immortel, toi qui as créé l'humanité ; quant à nous, nous sommes mortels, tirés de la terre, et à la terre nous retournerons. Car c'est ainsi que tu en as décidé lorsque tu m'as créé, en disant : « Tu es poussière et tu retourneras à la poussière. » Nous retournerons tous à la poussière, mais même sur la tombe, nous chantons : Alléluia, alléluia, Alléluia !

*Ô Christ, accorde le repos à tes servantes et serviteurs*
*auprès de celles et ceux qui t'appartiennent,*
*là où il n'y a plus ni chagrin, ni douleur,*
*ni lamentations, mais la vie éternelle.*

*La personne qui célèbre, tournée vers le corps, déclare :*

Ô Sauveur miséricordieux, nous remettons entre tes mains *(ton serviteur)(ta servante)* N. Reconnais en *(lui)(elle)*, nous t'en supplions humblement, une brebis de ta bergerie, un agneau de ton enclos, *(un pécheur)(une pécheresse)* que tu as racheté·e. Entoure-*(le)(la)* de ta miséricorde, et reçois-*(le)(la)* dans le repos béni de la paix éternelle et dans la glorieuse compagnie des saints et des saintes qui vivent dans la lumière. *Amen.*

*La personne qui célèbre, ou l'évêque, le cas échéant, peut bénir les fidèles, et un·e diacre ou un·e autre prêtre peut leur donner congé en disant :*

Allons au nom du Christ !
*Nous rendons grâces à Dieu.*

*Un hymne ou un ou plusieurs des cantiques suivants peuvent être chantés ou récités tandis que le corps est porté hors de l'église.*

Le Christ est ressuscité des morts, par la mort il a vaincu la mort, à ceux qui sont dans le tombeau il a donné la vie.

Le Soleil de justice s'est levé dans la gloire, éclairant ceux qui se trouvaient dans les ténèbres et dans l'ombre de la mort.

Le Seigneur dirigera nos pas sur le chemin de la paix, lui qui a enlevé le péché du monde.

Le Christ ouvrira le royaume des cieux à ceux qui croient en son Nom en disant : « Venez, vous qui êtes bénis par mon Père, et recevez en héritage le royaume qui a été préparé pour vous. »

Que les anges te guident jusqu'au paradis. Que les martyrs te reçoivent à ton arrivée et te conduisent dans la ville sainte de Jérusalem.

*ou l'un de ces cantiques :*

Cantique de Zacharie
Cantique de Siméon
Le Christ notre agneau pascal

## Sépulture

*On chante ou lit l'hymne suivant :*

Au milieu de la vie, nous sommes dans la mort ;
quel secours chercher, sinon toi, Seigneur,
toi qui à bon droit es irrité de nos péchés ?

Saint Dieu, saint Fort,
Saint Sauveur miséricordieux,
ne nous livre pas aux douleurs amères de la mort éternelle.

Seigneur, tu connais les secrets de nos cœurs ;
ne ferme pas tes oreilles à nos prières,
mais épargne-nous, Seigneur.

Saint Dieu, saint Fort,
Saint Sauveur miséricordieux,
ne nous livre pas aux douleurs amères de la mort éternelle.

Ô noble Juge éternel,
ne laisse pas les douleurs de la mort
nous détourner de toi à notre dernière heure.

*ou ceci :*

Chacun de ceux que le Père me donne viendra à moi
et je ne rejetterai jamais celui qui vient à moi.

Celui qui a ressuscité Jésus Christ d'entre les morts
insufflera également une vie nouvelle à nos corps mortels
habités par l'Esprit.

C'est pourquoi j'ai le cœur plein de joie, mon âme est en fête,
ma chair elle-même repose en confiance.

Tu me fais savoir quel chemin mène à la vie.
On trouve une joie pleine en ta présence,
un plaisir éternel près de toi !

*Puis, tandis que l'on jette de la terre sur le cercueil, la personne
qui célèbre prononce ces paroles :*

Dans l'espérance sûre et certaine de la résurrection dans la vie
éternelle par notre Seigneur Jésus Christ, nous recommandons à
Dieu tout-puissant notre *(frère)(sœur)* N. et nous confions son
corps à la terre\* : la terre à la terre, les cendres aux cendres, la
poussière à la poussière. Que le Seigneur *(le)(la)* bénisse et *(le)(la)*
protège ! Que le Seigneur fasse briller sur *(lui)(elle)* la lumière de
sa face et lui manifeste sa grâce ! Que le Seigneur lui montre sa
bienveillance et lui accorde la paix ! *Amen.*

*La personne qui célèbre déclare :*

|  | Le Seigneur soit avec vous. |
|---|---|
| *Assemblée* | Et avec toi aussi. |
| *Célébrant·e* | Prions le Seigneur. |

*Ensemble*

Notre Père, qui es aux cieux,
   que ton nom soit sanctifié ;
   que ton règne vienne ;
   que ta volonté soit faite
   sur la terre comme au ciel.
Donne-nous aujourd'hui notre pain de ce jour.
Pardonne-nous nos offenses,
   comme nous pardonnons aussi
   à ceux qui nous ont offensés.
Et ne nous laisse pas entrer en tentation,
   mais délivre-nous du mal.
Car c'est à toi qu'appartiennent le règne,
   la puissance et la gloire,
   pour les siècles des siècles. *Amen.*

---

\* *Ou* aux profondeurs *ou* aux éléments *ou* à son lieu de repos.

*Puis la personne qui célèbre peut dire :*

Dieu tout-puissant, Dieu des esprits de toute chair, toi qui par une voix venue des cieux as déclaré « Heureux ceux qui meurent au service du Seigneur », nous t'en supplions, multiplie les nombreux bienfaits de ton amour pour ceux qui reposent en Jésus, afin que l'œuvre bonne que tu as commencée en eux soit rendue parfaite au jour de Jésus Christ. Et dans ta miséricorde, Père céleste, accorde à ceux qui sont à ton service aujourd'hui sur terre d'avoir part avec eux, au dernier jour, à l'héritage des saints dans la lumière, pour l'amour de ton Fils Jésus Christ, notre Seigneur. *Amen.*

*Il est possible de compléter ou de remplacer la prière précédente par d'autres prières.*

*Ensuite, on peut dire :*

Accorde-lui le repos éternel, ô Seigneur ;
*Et que ta lumière perpétuelle l'illumine.*

Que son âme et celles de tous les défunts et défuntes,
par la miséricorde divine, reposent en paix. *Amen.*

*La personne qui célèbre donne congé aux fidèles sur ces mots :*

Que le Dieu de la paix qui a ramené d'entre les morts notre Seigneur Jésus Christ, le grand berger des moutons, par le sang de l'alliance éternelle, vous rende capables de pratiquer tout ce qui est bien, pour que vous fassiez sa volonté ; qu'il réalise en vous ce qui lui est agréable, par Jésus Christ, à qui soit la gloire pour toujours. *Amen.*

## Consécration d'une tombe

*Si la tombe se trouve dans un lieu qui n'a encore jamais servi à une inhumation chrétienne, les prêtres peuvent utiliser la prière suivante, soit avant le rite de la sépulture, soit à un autre moment approprié :*

Ô Dieu, toi dont le Fils bien-aimé a été déposé dans un sépulcre dans le jardin, nous te prions de bénir ce tombeau et d'accorder que *(celui)(celle)* dont le corps est (*ou* doit être) enterré ici puisse demeurer avec le Christ dans le paradis et entrer dans ton royaume céleste, par ton Fils Jésus Christ, notre Seigneur. *Amen.*

## Autres prières

Dieu éternel et tout-puissant, nous te rendons nos profondes louanges et nos sincères remerciements pour l'admirable bonté et la vertu manifestées dans tous tes saintes et saints, qui ont été les précieux vases de ta grâce, et les lumières du monde dans leurs générations respectives. Nous te supplions très humblement de nous accorder de suivre l'exemple de leur fermeté dans ta foi, et de leur obéissance à tes saints commandements, qu'au jour de la Résurrection, nous, avec tous ceux qui appartiennent au Corps mystique de ton Fils, soyons placés à sa droite et que nous entendions sa voix joyeuse nous dire : « Venez, vous qui êtes bénis par mon Père, et recevez en héritage le royaume qui a été préparé pour vous depuis la création du monde. » Exauce-nous, ô Père, pour l'amour de ce même Jésus Christ, ton Fils, notre seul Médiateur et Avocat. *Amen.*

Dieu tout-puissant, avec qui vivent encore les esprits de ceux et celles qui meurent dans le Seigneur, et avec qui les âmes des fidèles connaissent la joie et la félicité, nous te rendons grâces du fond du cœur pour les bons exemples que nous ont donnés toutes les personnes qui t'ont servi et qui, ayant quitté ce monde dans la foi, trouvent maintenant le repos et le rafraîchissement. Puissions-nous, avec tous ceux et toutes celles qui sont morts dans la foi véritable de ton saint Nom, connaître notre consommation parfaite et notre béatitude dans ta gloire éternelle et infinie ; par Jésus Christ, notre Seigneur. *Amen.*

Seigneur, nous remettons l'âme de *(ton serviteur)(ta servante) N.,* notre *(cher frère)(chère sœur),* entre tes mains, les mains d'un Créateur fidèle et Sauveur miséricordieux, et nous t'implorons de lui trouver de la valeur à ton regard. Lave-*(le)(la)*, nous t'en prions, dans le sang de cet Agneau immaculé tué pour enlever les péchés du monde ; qu'ayant purgé ces souillures qu'*(il)(elle)* a pu contracter pendant cette vie terrestre, *(il)(elle)* puisse se présenter pur·e et sans tache devant toi ; par les mérites de Jésus Christ, ton Fils unique, notre Seigneur, *Amen.*

Souviens-toi de *(ton serviteur)(ta servante)*, ô Seigneur, selon la faveur que tu portes à ton peuple ; et donne-lui de croître en connaissance et amour de toi, qu'*(il)(elle)* puisse toujours se renforcer dans la vie de service parfait dans ton royaume céleste ; par Jésus Christ, notre Seigneur. *Amen.*

Dieu tout-puissant, Père céleste, les vivants et les morts sont entre tes mains ; nous te rendons grâces pour toutes les personnes qui ont sacrifié leur vie pour leur pays. Donne-leur ta miséricorde et la lumière de ta présence ; et donne-nous une telle connaissance de ta volonté de justice, que le labeur que tu as commencé en elles puisse être perfectionné ; par Jésus Christ, ton Fils, notre Seigneur. *Amen.*

Ô Dieu, toi dont les jours n'ont pas de fin et dont les bontés sont innombrables, nous t'en prions, fais-nous comprendre intimement que la vie humaine est brève et incertaine ; et accorde-nous que ton Esprit saint nous conduise à la sainteté et à la justice tout au long de nos jours ; afin que, après t'avoir servi en notre génération, nous soyons réunis à nos ancêtres avec le témoignage d'une bonne conscience ; dans la communion de l'Église catholique ; dans la confiance d'une foi certaine ; réconfortés par une sainte et pieuse espérance ; en faveur avec toi, notre Dieu ; et avec une charité parfaite pour le monde. Nous te demandons tout cela par Jésus Christ, notre Seigneur. *Amen.*

Ô Dieu, Roi des saints, nous louons et glorifions ton saint Nom pour tous tes serviteurs et servantes qui ont quitté ce monde dans la foi et la crainte de ton Nom ; pour la bienheureuse Vierge Marie ; pour les saints patriarches, les prophètes, les apôtres et les martyrs ; et pour tous les autres justes qui t'ont servi, qu'ils nous soient connus ou inconnus. Et nous prions pour que, encouragés par leur exemple, aidés par leurs prières et fortifiés par leur communion, nous puissions nous aussi avoir part à l'héritage de tes saints dans la lumière ; par les mérites de ton Fils Jésus Christ, notre Seigneur. *Amen.*

Seigneur Jésus Christ, Fils du Dieu vivant, nous te prions de mettre ta passion, ta croix et ta mort entre ton jugement et nos âmes, maintenant et à l'heure de notre mort. Accorde ta miséricorde et ta grâce aux vivants, ton pardon et ton repos aux défunts, la paix et la concorde à ta sainte Église, et à nous pécheurs la vie éternelle et la gloire ; car tu vis et règnes avec le Père et le Saint-Esprit, un seul Dieu, pour les siècles des siècles. *Amen.*

Dieu tout-puissant, Père de miséricorde et source de réconfort, nous t'en prions, montre ta bienveillance à toutes les personnes qui sont en deuil, afin qu'elles puissent se tourner vers toi et connaître la consolation de ton amour, par Jésus Christ, notre Seigneur. *Amen.*

# Introduction à l'office

La mort d'un membre de l'Église doit être signalée dès que possible au clergé de la congrégation et les dispositions pour les funérailles doivent être prises en consultation avec lui.

Il convient d'inhumer les chrétiennes et chrétiens baptisés à la sortie de l'église. L'office doit avoir lieu à un moment où la congrégation a la possibilité d'être présente.

Le cercueil doit être fermé avant l'office, et il restera fermé par la suite. Il convient de le recouvrir d'une pale ou d'une autre pièce de tissu appropriée.

Si nécessaire, ou si on le souhaite, tout ou partie du rite de la sépulture peut se dérouler à l'église. Le rite peut aussi avoir lieu avant l'office à l'église. Il peut également être utilisé avant une crémation.

Ce sont habituellement les prêtres qui président l'office. Il convient que l'évêque, le cas échéant, préside l'Eucharistie et prononce le rite des derniers adieux.

Il est bon que les leçons de l'Ancien Testament et l'Épître soient lues par des personnes laïques.

Lorsqu'il n'y a pas de prêtre disponible, l'office peut être présidé par des diacres ou des lecteurs ou lectrices laïques.

Lors de l'enterrement d'un enfant, il est recommandé d'utiliser les passages des Lamentations, 1 Jean et Jean 6, ainsi que le psaume 23.

Il est d'usage que la personne qui célèbre accueille le corps et le précède dans l'église ou vers la tombe.

Les hymnes au début de l'office sont chantés ou lus lorsque le corps est amené dans l'église, ou lors de l'entrée du clergé. Ils peuvent aussi être lus ou chantés par la personne qui célèbre, debout à sa place habituelle.

# Inhumation des morts : Rite II

*Tout le monde se lève pendant que l'on chante ou récite un ou plusieurs des hymnes suivants. Il est possible de chanter un hymne, un psaume ou un autre cantique approprié à la place.*

Je suis la résurrection et la vie, dit le Seigneur ;
celui qui croit en moi vivra,
quand même il serait mort ;
et quiconque vit et croit en moi
ne mourra jamais.

Je sais que mon Rédempteur est vivant,
et qu'il demeurera le dernier sur la terre :
et quoique ce corps soit détruit, je verrai Dieu ;
je le verrai moi-même, et mes yeux verront,
et non comme un étranger.

En effet, aucun de nous ne vit pour soi-même
et aucun ne meurt pour soi-même.
Si nous vivons, nous vivons pour le Seigneur,
et si nous mourons, nous mourons pour le Seigneur.

Ainsi, soit que nous vivions, que nous mourions,
nous appartenons au Seigneur.

Heureux ceux qui dès maintenant meurent au service du Seigneur !
Oui, heureux sont-ils, déclare l'Esprit.
Ils pourront se reposer de leurs durs efforts.

*ou cet hymne-ci :*

Au milieu de la vie, nous sommes dans la mort ;
quel secours chercher, sinon toi, Seigneur,
toi qui à bon droit es irrité de nos péchés ?

*Saint Dieu, saint Fort,*
*Saint Sauveur miséricordieux,*
*ne nous livre pas aux douleurs amères de la mort éternelle.*

Seigneur, tu connais les secrets de nos cœurs ;
ne ferme pas tes oreilles à nos prières,
mais épargne-nous, Seigneur.

*Saint Dieu, saint Fort,*
*Saint Sauveur miséricordieux,*
*ne nous livre pas aux douleurs amères de la mort éternelle.*

Ô noble Juge éternel,
ne laisse pas les douleurs de la mort
nous détourner de toi à notre dernière heure.

*Saint Dieu, saint Fort,*
*Saint Sauveur miséricordieux,*
*ne nous livre pas aux douleurs amères de la mort éternelle.*

*Lorsque tout le monde est installé, la personne qui célèbre peut s'adresser à la congrégation, en rappelant brièvement le but de ce rassemblement et en demandant des prières pour le ou la défunt·e et pour les personnes endeuillées.*

*La personne qui célèbre déclare ensuite :*

|  | Le Seigneur soit avec vous. |
| --- | --- |
| *Assemblée* | Et avec toi aussi. |
| *Célébrant·e* | Prions. |

*Il peut y avoir un temps de silence, après lequel la personne qui célèbre prononce l'une des collectes suivantes :*

*Pour l'inhumation d'un·e adulte*

Ô Dieu, toi qui as détruit la mort et amené la vie et l'immortalité à la lumière par la glorieuse résurrection de ton Fils Jésus Christ, accorde à *(ton serviteur)(ta servante)* N., ressuscité·e avec lui, de connaître la force de sa présence et de se réjouir de sa gloire éternelle ; par lui qui vit et règne avec le Saint Esprit et toi, un seul Dieu, pour les siècles des siècles. *Amen.*

*ou ceci :*

Ô Dieu, toi dont les bontés sont innombrables, accepte nos prières au nom de *(ton serviteur)(ta servante) N.* et accorde-lui d'entrer dans le pays de la lumière et de la joie aux côtés de tes saints et saintes ; par Jésus Christ, notre Seigneur, qui vit et règne avec le Saint-Esprit et toi, un seul Dieu, pour les siècles des siècles. *Amen.*

*ou ceci :*

Ô Dieu de grâce et de gloire, nous nous souvenons aujourd'hui devant toi de notre *(frère)(sœur) N.* Nous te remercions de l'avoir donné·e à nous, sa famille et ses amis, afin que nous *(le)(la)* connaissions et l'aimions comme *(un compagnon)(une compagne)* dans notre pèlerinage terrestre. Dans ton infinie compassion, console-nous qui sommes en deuil. Donne-nous la foi de voir dans la mort la porte de la vie éternelle, afin que nous puissions poursuivre notre chemin sur terre avec une assurance tranquille, jusqu'à ce que nous soyons réunis à ton appel avec celles et ceux qui nous ont précédés ; par Jésus Christ, notre Seigneur. *Amen.*

*Pour l'inhumation d'un·e enfant*

Seigneur, toi dont le Fils bien-aimé a pris des enfants dans ses bras et les a bénis, donne-nous la grâce de confier N. à tes soins et à ton amour sans faille, et réunis-nous tous et toutes dans ton royaume céleste ; par Jésus Christ, notre Seigneur, qui vit et règne avec le Saint-Esprit et toi, un seul Dieu, pour les siècles des siècles. *Amen.*

*La personne qui célèbre peut ajouter la prière suivante :*

Ô Dieu miséricordieux, toi dont la sagesse dépasse notre entendement, montre ta bienveillance à *NN.* dans leur chagrin. Entoure-les de ton amour, afin qu'ils et elles ne soient pas accablés par leur perte, mais qu'ils et elles aient confiance en ta bonté et trouvent la force d'affronter les jours à venir ; par Jésus Christ, notre Seigneur. *Amen.*

*L'assemblée s'assoit.*

*On lit ensuite un ou plusieurs des passages suivants des Écritures. Si une communion est prévue, les lectures se terminent toujours par un passage de l'Évangile.*

## Liturgie de la Parole

### Dans l'Ancien Testament

Ésaïe 25.6-9 (Il supprimera la mort pour toujours)
Ésaïe 61.1-3 (Apporter un réconfort à ceux qui sont en deuil)
Lamentations 3.22-26,31-33 (Le Seigneur est bon pour celui qui le cherche)
Sagesse 3.1-5,9 (Les âmes des justes sont dans la main de Dieu)
Job 19.21-27a (Je sais que mon défenseur est vivant)

*On peut chanter ensuite un hymne, un psaume ou un cantique approprié. Les psaumes appropriés sont les psaumes 42 (1-7), 46, 90 (1-12), 121, 130, 139 (1-11).*

### Dans le Nouveau Testament

Romains 8.14-19,34-35,37-39 (La gloire à venir)
1 Corinthiens 15.20-26,35-38,42-44,53-58 (Le corps incorruptible)
2 Corinthiens 4.16–5.9 (ce qui est invisible dure toujours)
1 Jean 3.1-2 (nous deviendrons semblables à Lui)
Apocalypse 7.9-17 (Dieu essuiera toute larme de leurs yeux)
Apocalypse 21.2-7 (Maintenant, je fais toutes choses nouvelles)

*On peut chanter ensuite un hymne, un psaume ou un cantique approprié. Les psaumes appropriés sont les psaumes 23, 27, 106 (1-5), 116.*

### L'Évangile

*Puis tout le monde se lève, et la personne désignée (diacre ou prêtre) lit l'Évangile après avoir annoncé :*

|  | Saint Évangile de notre Seigneur Jésus Christ selon Jean. |
|---|---|
| Assemblée | Gloire à toi, Christ Seigneur. |

Jean 5.24-27 (Celui qui croit possède la vie éternelle)
Jean 6.37-40 (Chacun de ceux que le Père me donne viendra à moi)
Jean 10.11-16 (Moi je suis le bon berger)
Jean 11.21-27 (Je suis la résurrection et la vie)
Jean 14.1-6 (Il y a beaucoup de lieux où demeurer dans la maison de mon Père)

*À la fin de l'Évangile, la personne qui a lu proclame :*

L'Évangile du Seigneur.

*Assemblée*　　Louange à toi, Christ Seigneur.

*La personne qui célèbre, un membre de la famille ou un proche peut prononcer une homélie.*

*On peut ensuite se mettre debout pour réciter le « Symbole des apôtres ». La personne qui célèbre peut l'introduire par des paroles comme celles-ci :*

Dans l'assurance de la vie éternelle donnée lors du baptême, confessons notre foi et disons :

*Ensemble*

Je crois en Dieu, le Père tout-puissant,
　　Créateur du ciel et de la terre.
Je crois en Jésus Christ, son Fils unique, notre Seigneur.
Il a été conçu du Saint-Esprit,
　　est né de la Vierge Marie,
　　a souffert sous Ponce Pilate,
　　a été crucifié, est mort et a été mis au tombeau.
Il est descendu aux enfers,
　　il est ressuscité le troisième jour,
　　il est monté aux cieux,
　　il siège à la droite du Père,
　　il reviendra juger les vivants et les morts.
Je crois en l'Esprit saint,
　　à la sainte Église catholique,
　　à la communion des saints,
　　au pardon des péchés,
　　à la résurrection des corps
　　et à la vie éternelle. *Amen.*

*S'il n'est pas prévu de communion, le « Notre Père » est récité maintenant, et l'office se poursuit avec les Prières des fidèles, ou avec une ou plusieurs prières appropriées (voir aux pages [460] à [462]).*

*Lorsqu'une communion est prévue, on utilise le modèle suivant des Prières des fidèles, ou le modèle à la page [439] ou [440].*

Pour notre *(frère)(sœur)* N., prions notre Seigneur Jésus Christ qui a dit : « Je suis la résurrection et la vie. »

Seigneur, toi qui as consolé Marthe et Marie dans leur détresse, approche-toi de nous qui portons le deuil de *N.* et sèche les larmes des personnes qui pleurent.
*Exauce-nous, Seigneur.*

Toi qui as pleuré sur la tombe de Lazare, ton ami, réconforte-nous dans notre chagrin.
*Exauce-nous, Seigneur.*

Toi qui as ramené les morts à la vie, donne à notre *(frère)(sœur)* la vie éternelle.
*Exauce-nous, Seigneur.*

Toi qui as promis le paradis au malfaiteur qui s'est repenti, conduis notre *(frère)(sœur)* aux joies du ciel.
*Exauce-nous, Seigneur.*

Notre *(frère)(sœur)* a été lavé·e par les eaux du baptême et a reçu l'onction du Saint-Esprit ; donne-lui de vivre en compagnie de tes saints et saintes.
*Exauce-nous, Seigneur.*

*(Il)(Elle)* a reçu la nourriture de ton Corps et de ton Sang ; accorde-lui une place à table dans ton royaume céleste.
*Exauce-nous, Seigneur.*

Réconforte la peine que nous cause sa mort ; que notre foi soit notre consolation, et la vie éternelle notre espérance.

*Il peut y avoir un temps de silence.*

*La personne qui célèbre termine par une prière comme celles-ci :*

Seigneur Jésus Christ, nous te recommandons notre *(frère)(sœur)* N., qui a trouvé une nouvelle naissance dans l'eau et l'Esprit du saint Baptême. Accorde-nous que sa mort nous rappelle ta victoire sur la mort et soit pour nous l'occasion de renouveler notre confiance dans l'amour de ton Père. Nous t'en prions, donne-nous la foi de te suivre sur la voie que tu nous as ouverte, ainsi que là où tu vis et règnes avec le Père et le Saint Esprit, pour les siècles des siècles. *Amen.*

*ou ceci :*

Père de l'humanité, nous te prions pour N. et pour tous les êtres que nous aimons et qui nous ont quittés. Accorde-leur le repos éternel. Que ta lumière perpétuelle les illumine. Que l'âme de N. et celles de tous les défunts et défuntes, par la miséricorde divine, reposent en paix. *Amen.*

*Lorsqu'il n'est pas prévu de communion, l'office se poursuit avec les derniers adieux et le rite de la sépulture.*

## Pendant l'Eucharistie

*L'office continue avec le geste de paix et l'offertoire.*

*Préface de la commémoration des défuntes et des défunts*

*La prière suivante remplace celle qui suit habituellement la communion :*

Dieu tout-puissant, nous te rendons grâces de nous avoir donné, dans ton immense amour, la nourriture et la boisson spirituelles du Corps et du Sang de ton Fils Jésus Christ, et de nous avoir donné un avant-goût de ton banquet céleste. Fais que ce sacrement soit pour nous un réconfort dans l'affliction et un gage de notre héritage dans ce royaume où il n'y a ni mort, ni tristesse, ni pleurs, mais la plénitude de la joie avec toute l'assemblée des saints et des saintes ; par Jésus Christ, notre Sauveur. *Amen.*

*Si le corps n'est pas présent, l'office continue avec [la bénédiction et] le congé. On utilise le rite des derniers adieux suivant, sauf si le rite de la sépulture a lieu aussitôt après dans l'église.*

## Derniers adieux

*La personne qui célèbre et les autres membres du clergé prennent place autour du corps.*

*On peut chanter ou réciter un hymne ou un cantique approprié, comme celui-ci :*

Ô Christ, accorde le repos à tes servantes et serviteurs
auprès de celles et ceux qui t'appartiennent,

*là où il n'y a plus ni chagrin ni douleur*
*ni lamentations, mais la vie éternelle.*

Toi seul es immortel, toi qui as créé l'humanité ; quant à nous, nous sommes mortels, tirés de la terre, et à la terre nous retournerons. Car c'est ainsi que tu en as décidé lorsque tu m'as créé, en disant : « Tu es poussière et tu retourneras à la poussière. » Nous retournerons tous à la poussière, mais même sur la tombe, nous chantons : Alléluia, alléluia, Alléluia !

*Ô Christ, accorde le repos à tes servantes et serviteurs*
*auprès de celles et ceux qui t'appartiennent,*
*là où il n'y a plus ni chagrin, ni douleur,*
*ni lamentations, mais la vie éternelle.*

*La personne qui célèbre, tournée vers le corps, déclare :*

Ô Sauveur miséricordieux, nous remettons entre tes mains *(ton serviteur)(ta servante) N.* Reconnais en *(lui)(elle)*, nous t'en supplions humblement, une brebis de ta bergerie, un agneau de ton enclos, *(un pécheur)(une pécheresse)* du troupeau que tu as racheté. Entoure-*(le)(la)* de ta miséricorde et reçois-*(le)(la)* dans le repos béni de la paix éternelle et dans la glorieuse compagnie des saints et des saintes qui vivent dans la lumière. *Amen.*

*La personne qui célèbre, ou l'évêque, le cas échéant, peut bénir les fidèles, et un·e diacre ou un·e autre prêtre peut leur donner congé en disant :*

Allons au nom du Christ !
*Nous rendons grâces à Dieu.*

*Un hymne ou un ou plusieurs des cantiques suivants peuvent être chantés ou récités tandis que le corps est porté hors de l'église.*

Le Christ est ressuscité des morts, par la mort il a vaincu la mort, à ceux et celles qui sont dans le tombeau il a donné la vie.

Le Soleil de justice s'est levé dans la gloire, éclairant celles et ceux qui se trouvaient dans les ténèbres et dans l'ombre de la mort.

Le Seigneur dirigera nos pas sur le chemin de la paix, lui qui a enlevé le péché du monde.

Le Christ ouvrira le royaume des cieux à ceux et celles qui croient en son Nom en disant : « Venez, vous qui êtes bénis par mon Père, et recevez en héritage le royaume qui a été préparé pour vous depuis la création du monde. »

Que les anges te guident jusqu'au paradis. Que les martyrs te reçoivent à ton arrivée et te conduisent dans la ville sainte de Jérusalem.

*ou l'un de ces cantiques :*

Cantique de Zacharie
Cantique de Siméon
Le Christ notre agneau pascal

## Sépulture

*On chante ou lit l'hymne suivant, ou l'un de ceux qui figurent aux pages [443] à [444].*

Chacun de ceux que le Père me donne viendra à moi
et je ne rejetterai jamais celui qui vient à moi.

Celui qui a ressuscité Jésus Christ d'entre les morts
insufflera également une vie nouvelle à nos corps mortels
habités par l'Esprit.

C'est pourquoi j'ai le cœur plein de joie, mon âme est en fête,
ma chair elle-même repose en confiance.

Tu me fais savoir quel chemin mène à la vie.
On trouve une joie pleine en ta présence,
un plaisir éternel près de toi !

*Puis, tandis que l'on jette de la terre sur le cercueil, la personne qui célèbre prononce ces paroles :*

Dans l'espérance sûre et certaine de la résurrection dans la vie éternelle par notre Seigneur Jésus Christ, nous recommandons à Dieu tout-puissant notre *(frère)(sœur)* N. et nous confions son corps à la terre\* : la terre à la terre, les cendres aux cendres, la poussière à la poussière. Que le Seigneur *(le)(la)* bénisse et *(le)(la)*

---

\* *Ou* aux profondeurs *ou* aux éléments *ou* à son lieu de repos.

protège ! Que le Seigneur fasse briller sur *(lui)(elle)* la lumière de sa face et lui manifeste sa grâce ! Que le Seigneur lui montre sa bienveillance et lui accorde la paix ! *Amen.*

*La personne qui célèbre déclare :*

Le Seigneur soit avec vous.

*Assemblée*      Et avec toi aussi.

*Célébrant·e*   Prions.

*Ensemble*

Notre Père, qui es aux cieux,
   que ton nom soit sanctifié ;
   que ton règne vienne ;
   que ta volonté soit faite
   sur la terre comme au ciel.
Donne-nous aujourd'hui notre pain de ce jour.
Pardonne-nous nos offenses,
   comme nous pardonnons aussi
   à ceux qui nous ont offensés.
Et ne nous laisse pas entrer en tentation,
   mais délivre-nous du mal.
Car c'est à toi qu'appartiennent le règne,
   la puissance et la gloire,
   pour les siècles des siècles. *Amen.*

*Il est possible d'ajouter d'autres prières.*

*Ensuite, on peut dire :*

Accorde-lui le repos éternel, ô Seigneur ;
*Et que ta lumière perpétuelle l'illumine.*

Que son âme et celles de tous les défunts et défuntes,
par la miséricorde divine, reposent en paix. *Amen.*

*La personne qui célèbre donne congé aux fidèles sur ces mots :*

Alléluia ! Le Christ est ressuscité.

*Assemblée*      Il est vraiment ressuscité. Alléluia !

*Célébrant·e*   Allons au nom du Christ !

*Assemblée*      Nous rendons grâces à Dieu.

*ou ainsi :*

Que le Dieu de la paix qui a ramené d'entre les morts notre Seigneur Jésus Christ, le grand berger des moutons, par le sang de l'alliance éternelle, vous rende capables de pratiquer tout ce qui est bien, pour que vous fassiez sa volonté ; qu'il réalise en vous ce qui lui est agréable, par Jésus Christ, à qui soit la gloire pour toujours. *Amen.*

## Consécration d'une tombe

*Si la tombe se trouve dans un lieu qui n'a encore jamais servi à une inhumation chrétienne, les prêtres peuvent utiliser la prière suivante, soit avant le rite de la sépulture, soit à un autre moment approprié :*

Ô Dieu, toi dont le Fils bien-aimé a été déposé dans un sépulcre dans le jardin, nous te prions de bénir ce tombeau, et d'accorder que *(celui)(celle)* dont le corps est (*ou* doit être) enterré ici puisse demeurer avec le Christ dans le paradis et entrer dans ton royaume céleste, par ton Fils Jésus Christ, notre Seigneur. *Amen.*

## Autres prières

Dieu tout-puissant, avec qui vivent encore les esprits de ceux et celles qui meurent dans le Seigneur, et avec qui les âmes des fidèles connaissent la joie et la félicité, nous te rendons grâces du fond du cœur pour les bons exemples que nous ont donnés toutes les personnes qui t'ont servi et qui, ayant quitté ce monde dans la foi, trouvent maintenant le repos et le rafraîchissement. Puissions-nous, avec tous ceux et toutes celles qui sont morts dans la foi véritable de ton saint Nom, connaître l'accomplissement parfait et la béatitude dans ta gloire éternelle et infinie ; par Jésus Christ, notre Seigneur. *Amen.*

Ô Dieu, toi dont les jours n'ont pas de fin et dont les bontés sont innombrables, nous t'en prions, fais-nous comprendre intimement que la vie humaine est brève et incertaine ; et accorde-nous que ton Esprit saint nous conduise à la sainteté et à la justice tout au long de nos jours ; afin que, t'ayant servi en notre génération, nous soyons réunis à nos ancêtres, avec le témoignage de notre bonne conscience, fondée sur la communion de l'Église catholique, en l'assurance d'une foi certaine, le réconfort d'une sainte et pieuse espérance en ta grâce, notre Dieu, et une charité parfaite pour le monde. Nous te demandons tout cela par Jésus Christ, notre Seigneur. *Amen.*

Ô Dieu, Roi de ceux et celles qui t'appartiennent, nous louons et glorifions ton saint Nom pour tous tes serviteurs et servantes qui ont quitté ce monde dans la foi et la crainte de ton Nom ; pour la bienheureuse Vierge Marie ; pour les saints patriarches, les prophètes, les apôtres et les martyrs ; et pour tous les autres justes qui t'ont servi, qu'ils ou elles nous soient connus ou inconnus. Et nous prions pour que, encouragés par leur exemple, aidés par leurs prières et fortifiés par leur communion, nous puissions nous aussi avoir part à l'héritage de tes saints et saintes dans la lumière ; par les mérites de ton Fils Jésus Christ, notre Seigneur. *Amen.*

Seigneur Jésus Christ, toi qui par ta mort as vaincu le pouvoir de la mort : accorde-nous, à nous qui sommes à ton service, de suivre avec foi le chemin que tu as ouvert, pour que nous nous endormions bientôt en paix en toi et que nous nous réveillions à ton image, au nom de ta tendre miséricorde. *Amen.*

Père de l'humanité, nous te prions pour les êtres que nous aimons et qui nous ont quittés. Accorde-leur ta paix, que la lumière éternelle brille sur eux, et, dans ta sagesse pleine d'amour et ta toute-puissance, accomplis en eux ce que ta volonté parfaite a désiré, par Jésus Christ notre Seigneur. *Amen.*

Dieu de miséricorde, Père de notre Seigneur Jésus Christ qui est la résurrection et la vie, nous t'en prions humblement : élève-nous de la mort du péché à une vie de justice, afin que, lorsque nous quitterons cette vie, nous puissions nous reposer en ton Fils bien-aimé et, au moment de la résurrection, recevoir la bénédiction qu'il prononcera alors : « Venez, vous qui êtes bénis par mon Père, et recevez en héritage le royaume qui a été préparé pour vous depuis la création du monde. » Accorde-nous cela, ô Père

de miséricorde, par Jésus Christ, notre Médiateur et Rédempteur.
*Amen.*

Seigneur, accorde à tous les cœurs endeuillés l'esprit de foi et
le courage, afin qu'ils aient la force d'affronter les jours à venir
avec fermeté et patience, non pas dans la tristesse comme les êtres
dépourvus d'espérance, mais dans le souvenir reconnaissant de ta
grande bonté, et dans l'attente joyeuse de la vie éternelle avec ceux
et celles qu'ils aiment. Nous te le demandons au Nom de Jésus
Christ notre Sauveur. *Amen.*

Dieu tout-puissant, Père de miséricorde et source de réconfort,
nous t'en prions, montre ta bienveillance à toutes les personnes
qui sont en deuil, afin qu'elles puissent se tourner vers toi et
connaître la consolation de ton amour, par Jésus Christ, notre
Seigneur. *Amen.*

# Rite de l'inhumation

Lorsque, pour des raisons pastorales, aucun des rites funéraires proposés dans ce livre ne convient, on utilise le modèle suivant :

1. Réception du corps. La personne qui célèbre peut accueillir le corps et le conduire dans l'église ou la chapelle. Le corps peut également être mis en place avant que la congrégation ne se réunisse.

2. On peut chanter ou dire des hymnes tirés des Saintes Écritures ou des psaumes, ou encore chanter un hymne.

3. Une prière peut être offerte pour les personnes en deuil.

4. On lit ensuite un ou plusieurs passages des Écritures. Les lectures peuvent être suivies par des psaumes, des hymnes ou des cantiques. Lorsqu'une communion est prévue, la dernière lecture est tirée de l'Évangile.

5. Une homélie peut suivre les lectures, puis on peut réciter le « Symbole des apôtres ».

6. Une prière, incluant le « Notre Père », est offerte pour le ou la défunt·e, pour les personnes en deuil et pour la communauté chrétienne, en rappelant les promesses de Dieu en Christ concernant la vie éternelle.

7. La personne défunte est recommandée à Dieu et le corps est confié à son lieu de repos. Le rite de la sépulture peut se dérouler au même endroit que l'office précédent ou au cimetière.

8. Si une communion est prévue, elle a lieu avant les derniers adieux et commence par le geste de paix et l'offertoire de l'Eucharistie. Toutes les prières eucharistiques autorisées peuvent être utilisées.

**Remarque :**

*La liturgie des morts est une liturgie pascale. Elle trouve tout son sens dans la résurrection. C'est parce que Jésus est ressuscité des morts que, nous aussi, nous serons ressuscités.*

*La liturgie est donc caractérisée par la joie, avec la certitude que « ni la mort, ni la vie, ni les anges, ni d'autres autorités ou puissances célestes, ni le présent, ni l'avenir, ni les forces d'en haut, ni celles d'en bas, ni aucune autre chose créée, rien ne pourra jamais nous séparer de l'amour que Dieu nous a manifesté en Jésus Christ notre Seigneur ».*

*Cette joie, cependant, ne rend pas le chagrin humain moins chrétien. L'amour même que nous avons les uns pour les autres dans le Christ engendre une grande tristesse lorsque nous sommes séparés par la mort. Jésus lui-même a pleuré sur la tombe de son ami. C'est pourquoi, tout en nous réjouissant que l'être aimé se soit rapproché de la présence de notre Seigneur, nous compatissons avec les personnes endeuillées.*

# Offices episcopaux

# Préface des rites d'ordination

Les Saintes Écritures et les auteurs du début de l'ère chrétienne montrent clairement que des ministères différents sont apparus dans l'Église du temps des apôtres. En particulier, trois ordres distincts de ministres ordonnés caractérisent la sainte Église catholique du Christ depuis l'époque du Nouveau Testament. Il y a d'abord l'ordre des évêques, qui s'acquittent de la fonction apostolique de diriger, superviser et unir l'Église. Il y a ensuite les presbytres, ou anciens et anciennes ordonnés, qui leur sont associés et que l'on a généralement appelés prêtres par la suite. Avec les évêques, ils et elles participent à la gouvernance de l'Église, accomplissent son œuvre missionnaire et pastorale, prêchent la Parole de Dieu et administrent les saints Sacrements. Enfin, il y a les diacres, qui assistent les évêques et les prêtres dans toutes ces fonctions. Il leur incombe également de s'occuper en particulier des pauvres, des malades et des personnes souffrantes ou démunies, et ce au nom du Christ.

Les personnes qui sont choisies et reconnues par l'Église comme étant appelées par Dieu au ministère ordonné sont admises dans ces ordres sacrés par des prières solennelles et par l'imposition des mains des évêques. Notre Église n'a eu de cesse de maintenir et de perpétuer ces trois ordres. C'est à cette fin que sont prévus les offices d'ordination et de consécration ci-après. Personne ne peut exercer les fonctions d'évêque, de prêtre ou de diacre dans cette Église à moins d'avoir été ordonné·e à cet effet, ou d'avoir déjà reçu l'ordination et l'imposition des mains de la part d'évêques qui sont eux-mêmes ou elles-mêmes dûment qualifiés pour conférer les ordres sacrés.

Il est également reconnu et affirmé que le triple ministère n'est pas l'apanage de cette tradition de l'Église catholique du Christ : il s'agit d'un don reçu de Dieu pour l'éducation de son peuple et la proclamation universelle de son Évangile. Par conséquent, les modalités d'ordination de cette Église doivent correspondre à ce que la majorité du peuple chrétien considérait et considère encore comme les modalités requises pour conférer les ordres sacrés des évêques, des prêtres et des diacres.

# Introduction à l'ordination des évêques

Conformément à une ancienne coutume, il est bon, lorsque c'est possible, d'ordonner les évêques un dimanche, le jour d'une autre fête de notre Seigneur ou durant les fêtes des apôtres ou des évangélistes.

Lors d'une ordination d'évêque, l'évêque-primat de l'Église, ou un·e évêque qu'il ou elle a désigné·e à cet effet, préside la célébration et tient lieu de consécrateur ou consécratrice principal·e. Deux autres évêques au moins font office de coconsécrateurs ou coconsécratrices. Durant l'office, des tâches relevant de leur compétence sont confiées aux personnes qui représentent les presbytres, les diacres et les laïques du diocèse pour lequel l'évêque doit être consacré·e.

Du début de l'office jusqu'à l'offertoire, l'évêque qui dirige la consécration préside depuis un siège placé près des fidèles, afin que tout le monde puisse voir et entendre ce qui se passe. Les autres évêques, ou un nombre convenable d'entre eux et elles, sont assis·es à sa droite et à sa gauche.

L'évêque élu·e est revêtu·e d'un rochet ou d'une aube, sans étole, ni aucun autre vêtement distinctif d'un rang ou d'un ordre ecclésiastique ou académique.

Au moment de le ou la présenter, on utilise son nom complet (indiqué par le symbole N. N.). Ensuite, il convient d'employer uniquement le prénom par lequel il ou elle souhaite être appelé·e.

Pendant l'offertoire, il est d'usage que le pain et le vin soient apportés à l'autel par la famille ou les proches de la personne que l'on vient d'ordonner.

Les membres de sa famille pourront recevoir la communion avant les autres membres de la congrégation. Les fidèles doivent toujours avoir la possibilité de communier.

Des consignes complémentaires sont fournies à la page [504].

# Ordination des évêques

*Il est possible de chanter des hymnes, des psaumes ou des cantiques à l'entrée des évêques et des autres membres du clergé.*

*L'assemblée se tient debout. L'évêque désigné·e déclare :*

Béni soit Dieu, le Père, le Fils et le Saint-Esprit.

*Assemblée*    Et béni soit son royaume, maintenant et à jamais. *Amen.*

*Du dimanche de Pâques jusqu'au dimanche de la Pentecôte, on remplace ce qui précède par :*

*Évêque*    Alléluia ! Le Christ est ressuscité.

*Assemblée*    Il est vraiment ressuscité. Alléluia !

*Pendant le Carême et en d'autres occasions de pénitence :*

*Évêque*    Bénissons le Seigneur qui pardonne tous nos péchés.

*Assemblée*    Sa bonté est éternelle.

*Puis l'évêque déclare :*

Dieu tout-puissant, toi qui lis dans les cœurs, qui connais tous nos désirs et à qui aucun secret n'est caché : par l'inspiration de ton Esprit saint, purifie les pensées que nourrissent nos cœurs afin que nous puissions t'aimer parfaitement et proclamer dignement la grandeur de ton saint Nom, par le Christ notre Seigneur. *Amen.*

## Présentation

*Les évêques et l'assemblée s'assoient. Les personnes qui représentent le diocèse (prêtres et laïques) avancent devant l'évêque-primat et présentent l'évêque élu·e en disant :*

N., évêque de l'Église de Dieu, le clergé et les fidèles du diocèse de N., se fiant à la direction du Saint-Esprit, ont choisi N. pour être leur évêque et pasteur·e en chef. Nous te demandons donc d'imposer les mains sur *(lui)(elle)* et, par la puissance de l'Esprit saint, de *(le)(la)* consacrer évêque de l'Église une, sainte, catholique et apostolique.

*L'évêque-primat fait lire les témoignages de l'élection.*

*Lorsque la lecture est terminée, il ou elle demande à l'évêque élu·e de prononcer la promesse suivante :*

Au Nom du Père et du Fils et du Saint-Esprit, moi, N. N., évêque choisi·e pour diriger l'Église à N., déclare solennellement croire que les Saintes Écritures de l'Ancien et du Nouveau Testament sont la Parole de Dieu et contiennent tout ce qui est nécessaire au salut. Par ailleurs, je m'engage solennellement à me conformer à la doctrine, à la discipline et au culte de l'Église épiscopale.

*L'évêque élu·e signe ensuite la déclaration ci-dessus à la vue de toutes les personnes présentes. Les témoins ajoutent leur signature.*

*Tout le monde se lève.*

*L'évêque-primat s'adresse ensuite à l'assemblée en disant par exemple :*

Frères et sœurs en Jésus Christ, vous avez entendu les témoignages attestant que N. N. a été dûment et légalement élu·e évêque de l'Église de Dieu pour servir dans le diocèse de N. Vous avez reçu l'assurance qu'*(il)(elle)* possède toutes les qualités requises et que l'Église approuve son entrée dans ces fonctions sacrées. Néanmoins, si l'un ou l'une d'entre vous connaît une raison d'interrompre cette consécration, faites-le savoir maintenant.

*Si aucune objection n'est formulée, l'évêque-primat poursuit :*

Voulez-vous que nous ordonnions N. évêque ?

*L'assemblée répond en déclarant par exemple :*

Oui, nous le voulons.

*Évêque-primat*

Soutiendrez-vous N. en tant qu'évêque ?

*L'assemblée répond en déclarant par exemple :*

Oui, nous nous y engageons.

*L'évêque-primat déclare alors :*

Selon les Écritures, le Christ notre Sauveur a passé une nuit
entière en prière avant de choisir et d'envoyer ses douze apôtres.
De même, les apôtres ont prié avant de faire de Matthias l'un des
leurs. Suivons donc leur exemple et offrons nos prières au Seigneur
tout-puissant avant d'ordonner N. pour l'œuvre à laquelle nous
savons que le Saint-Esprit l'a appelé·e.

*Tout le monde se met à genoux, et la personne désignée dirige la
litanie des ordinations, ou une autre litanie approuvée. À la fin
de la litanie, après les « Kyrie eleison », l'évêque-primat se lève
et lit la collecte du jour, ou la collecte suivante, ou les deux, en
commençant par :*

|            | Le Seigneur soit avec vous. |
|------------|------------------------------|
| *Assemblée* | Et avec toi aussi.          |
| *Évêque*    | Prions.                     |

Ô Dieu, toi dont la puissance est immuable et la lumière éternelle,
pose un regard favorable sur toute ton Église, ce mystère
merveilleux et sacré ; accomplis sereinement le plan du salut par
l'action efficace de ta providence ; que le monde entier voie et
sache que ce qui avait été abattu est relevé, que ce qui avait vieilli
est régénéré, et que toute chose est amenée à sa perfection par
celui par qui tout a été fait, ton Fils Jésus Christ, notre Seigneur,
qui vit et règne avec toi, dans l'unité du Saint-Esprit, un seul Dieu,
pour les siècles des siècles. *Amen.*

## Ministère de la Parole

*Trois leçons sont lues. La leçon de l'Ancien Testament et l'Épître
sont lues par des personnes laïques.*

*Les lectures sont généralement choisies dans la liste suivante. Elles peuvent être allongées si on le souhaite. Pour une grande fête ou un dimanche, l'évêque-primat peut choisir les lectures du propre du jour.*

| | | |
|---|---|---|
| *Ancien Testament* | Ésaïe 61.1-8 *ou* Ésaïe 42.1-9 | |
| *Psaume* | 99 *ou* 40.1-14 *ou* 100 | |
| *Épître* | Hébreux 5.1-10 *ou* 1 Timothée 3.1-7 *ou* 2 Corinthiens 3.4-9 | |

*On commence la lecture en disant :*

Lecture (leçon) de _____.

*Il est possible de préciser le chapitre et les versets qui sont lus.*

*Après chaque lecture, la personne qui lit peut dire :*

> Parole du Seigneur.

*Assemblée*  Nous rendons grâces à Dieu.

*On peut également dire :* Ainsi se termine la lecture (la lettre).

*Il peut y avoir un temps de silence.*

*Chaque lecture peut être suivie d'un psaume, d'un cantique ou d'un hymne. Puis tout le monde se lève, et un·e diacre ou un·e prêtre lit l'Évangile après avoir annoncé :*

> Saint Évangile de notre Seigneur Jésus Christ selon _____.

*Assemblée*  Gloire à toi, Christ Seigneur.

Jean 20.19-23  *ou*  Jean 17.1-9,18-21  *ou*  Luc 24.44-49a

*Après l'Évangile, la personne qui a lu proclame :*

> L'Évangile du Seigneur.

*Assemblée*  Louange à toi, Christ Seigneur.

## Prédication

*Après la prédication, la congrégation chante un hymne.*

## Examen

*Tout le monde s'assoit, à l'exception de l'évêque élu·e qui se tient debout face aux évêques. L'évêque-primat lui dit :*

*(Mon frère)(Ma sœur)*, le peuple t'a choisi·e et a affirmé sa confiance en toi en approuvant ton élection. Dans la sainte Église de Dieu, les évêques sont appelés à ne faire qu'un avec les apôtres en proclamant la résurrection du Christ, en interprétant l'Évangile, et en témoignant de la souveraineté du Christ en tant que Seigneur des seigneurs et Roi des rois.

Tu es appelé·e à préserver la foi, l'unité et la discipline de l'Église ; à célébrer et à pouvoir pour la célébration des Sacrements de la nouvelle Alliance ; à ordonner des prêtres et des diacres et à participer à l'ordination des évêques ; et à être en toutes choses *(un)(une)* pasteur·e fidèle et un parfait exemple pour tout le troupeau du Christ.

Avec les autres évêques, tu prendras part à la direction de l'Église répandue dans le monde. Tu as pour héritage la foi des patriarches, des prophètes, des apôtres et des martyrs, et celle des hommes et des femmes qui de tout temps se sont tournés vers Dieu avec espérance. Ta joie sera de suivre celui qui est venu, non pour être servi, mais pour servir, et pour donner sa vie en rançon pour la multitude.

Es-tu convaincu·e que Dieu t'a appelé·e à la fonction d'évêque ?

*Réponse*    Oui, j'en ai acquis la conviction.

*Les questions suivantes sont ensuite posées à l'évêque élu·e par un·e ou plusieurs évêques.*

*Évêque*    Acceptes-tu cet appel et te montreras-tu digne de cette confiance, en obéissance au Christ ?

*Réponse*    J'obéirai au Christ, et je servirai en son nom.

*Évêque*    Seras-tu fidèle dans la prière et dans l'étude des Saintes Écritures, afin d'avoir la pensée du Seigneur ?

*Réponse*    Je m'y engage, car il est mon secours.

*Évêque*    Proclameras-tu et interpréteras-tu l'Évangile du Christ avec audace, éclairant les esprits et éveillant la conscience de ton peuple ?

*Réponse*    Je m'y engage, par la puissance de l'Esprit.

| | |
|---|---|
| *Évêque* | En tant que prêtre et pasteur·e en chef, encourageras-tu et soutiendras-tu toutes les personnes baptisées dans leurs charismes et leurs ministères, les nourrissant des richesses de la grâce de Dieu, priant sans cesse pour elles et célébrant avec elles les sacrements de notre rédemption ? |
| *Réponse* | Je m'y engage, au nom du Christ, le Berger et Évêque de nos âmes. |
| *Évêque* | Préserveras-tu la foi, l'unité et la discipline de l'Église ? |
| *Réponse* | Je m'y engage, pour l'amour de Dieu. |
| *Évêque* | Prendras-tu part au gouvernement de toute l'Église avec les autres évêques ? Soutiendras-tu les autres presbytres et prendras-tu conseil auprès d'eux et elles ? Guideras-tu et affermiras-tu les diacres et toutes les personnes qui exercent un ministère dans l'Église ? |
| *Réponse* | Je m'y engage, par la grâce qui m'est accordée. |
| *Évêque* | Feras-tu preuve de bonté envers chaque être humain ? Montreras-tu de la compassion envers les pauvres et les personnes étrangères ? Et défendras-tu celles et ceux que personne n'aide ? |
| *Réponse* | Je m'y engage, pour l'amour du Christ Jésus. |

*Tout le monde se lève. L'évêque-primat déclare alors :*

N., par ces promesses, tu t'es engagé·e envers Dieu à servir son Église en tant qu'évêque. Nous t'invitons donc, toi qui as été choisi·e pour préserver la foi de l'Église, à nous guider dans la confession de cette foi.

## Évêque élu·e

Nous croyons en un seul Dieu.

*Tout le monde chante ou dit ensemble :*

Nous croyons en un seul Dieu, le Père tout-puissant,
    créateur du ciel et de la terre,
    de toutes les choses visibles et invisibles.

Nous croyons en un seul Seigneur, Jésus Christ,
   le Fils unique de Dieu,
   engendré du Père avant tous les siècles,
   Dieu né de Dieu, Lumière née de la Lumière,
   vrai Dieu né du vrai Dieu,
   engendré, non pas créé,
   un seul être avec le Père,
   et par lui tout a été fait.
   Pour nous et pour notre salut,
   il est descendu des cieux,
   il s'est incarné par le Saint-Esprit en la Vierge Marie,
   et s'est fait homme.
   Crucifié pour nous sous Ponce Pilate,
   il a souffert la Passion,
   il a été mis au tombeau,
   il est ressuscité le troisième jour, selon les Écritures ;
   il est monté aux cieux,
   il siège à la droite du Père,
   il reviendra dans la gloire pour juger les vivants et les morts,
   et son règne n'aura pas de fin.
Nous croyons en l'Esprit saint,
   qui est Seigneur et qui donne la vie,
   qui procède du Père et du Fils,
   avec le Père et le Fils, il reçoit même adoration et même gloire ;
   il a parlé par les Prophètes.
   Nous croyons en l'Église une, sainte, catholique et apostolique.
   Nous reconnaissons un seul baptême pour le pardon des péchés.
   Nous attendons la résurrection des morts
   et la vie du monde à venir. Amen.

## Consécration de l'évêque

*Tout le monde reste debout, à l'exception de l'évêque élu·e qui
s'agenouille devant l'évêque-primat. Les autres évêques se tiennent
à droite et à gauche de l'évêque-primat.*

*On chante l'hymne* Veni Creator Spiritus *ou* Veni Sancte Spiritus.

*Un temps de prière silencieuse suit, l'assemblée reste debout.*

*L'évêque-primat commence alors cette prière de consécration :*

Dieu et Père de notre Seigneur Jésus Christ, Père de miséricorde et Dieu de toute consolation, toi qui demeures dans les hauteurs, mais qui montres de l'estime aux humbles, et qui sais tout ce qui va arriver avant que les événements ne se produisent : nous te rendons grâces d'avoir rassemblé et préparé, dès le commencement, un peuple qui hériterait de l'alliance d'Abraham, et d'avoir fait lever des prophètes, des rois et des prêtres pour que ton temple ne soit jamais délaissé. Nous te louons également d'avoir généreusement accepté, dès la création, le ministère de ceux et celles que tu as choisis.

*L'évêque-primat et les autres évêques posent maintenant leurs mains sur la tête de l'évêque élu·e et disent ensemble :*

Par conséquent, Père, fais de N. un·e évêque de ton Église. Répands sur *(lui)(elle)* la puissance de l'Esprit souverain que tu as accordée à ton Fils bien-aimé Jésus Christ et dont il a doté les apôtres, cet Esprit qui édifie ton Église en tout lieu, à la gloire et à la louange incessante de ton Nom.

*L'évêque-primat continue :*

À toi, ô Père, tous les cœurs sont ouverts ; nous t'en prions, remplis le cœur de *(ce serviteur)(cette servante)* que tu as choisi·e pour être évêque de ton Église d'un tel amour pour toi et pour tout ton peuple qu'*(il)(elle)* pourra nourrir le troupeau du Christ et en prendre soin, et exercer sans reproche le grand sacerdoce auquel tu l'as appelé·e, accomplissant nuit et jour devant toi le ministère de la réconciliation, accordant le pardon en ton nom, offrant les saints dons et supervisant avec sagesse la vie et l'œuvre de l'Église. Qu'*(il)(elle)* te présente en toutes choses l'offrande agréable d'une vie pure, douce et sainte, par ton Fils Jésus Christ, à qui, avec toi et le Saint-Esprit, reviennent l'honneur, la puissance et la gloire dans l'Église, maintenant et pour les siècles des siècles.

*L'assemblée répond en clamant haut et fort :* Amen !

*Le ou la nouvel·le évêque est à présent revêtu·e des vêtements épiscopaux.*

*Une Bible lui est offerte avec ces paroles :*

Reçois les Saintes Écritures. Nourris le troupeau du Seigneur qui t'est confié, garde-le et défends-le dans la vérité du Christ, et montre-toi (un intendant)(une intendante) fidèle de sa sainte Parole et de ses saints Sacrements.

*D'autres symboles de la fonction épiscopale peuvent être donnés ensuite.*

*L'évêque-primat présente son ou sa nouvel·le évêque à l'assemblée.*

*Les membres du clergé et les fidèles l'applaudissent et l'acclament.*

## Geste de paix

*Le ou la nouvel·le évêque dit alors :*

Que la paix du Seigneur soit toujours avec vous !

*Assemblée*      Et avec toi aussi.

*L'évêque-primat et les autres évêques le ou la saluent.*

*Les fidèles se saluent mutuellement.*

*Le ou la nouvel·le évêque salue également les autres membres du clergé, les membres de sa famille et la congrégation.*

*S'il s'agit de l'évêque du diocèse, il ou elle peut à présent être conduit·e jusqu'au siège épiscopal.*

## Pendant la célébration de l'Eucharistie

*La liturgie continue avec l'offertoire.*

*Les diacres préparent la Table.*

*Le ou la nouvel·le évêque se rend à la Table du Seigneur pour conduire la célébration et, accompagné·e des autres évêques et presbytres, procède à la célébration de l'Eucharistie.*

## Après la communion

*Au lieu de la prière qui suit habituellement la communion, l'un·e des évêques dirige l'assemblée en disant :*

Père tout-puissant, nous te rendons grâces de nous avoir donné la sainte nourriture du Corps et du Sang de ton Fils, et de nous avoir unis à lui par la communion de ton Saint-Esprit. Nous te rendons grâces de susciter parmi nous des servantes et des serviteurs fidèles pour exercer le ministère de ta Parole et de tes Sacrements. Nous prions pour que N. soit pour nous, dans ses paroles et dans ses actes, un exemple éloquent d'amour, de patience et de sainteté de vie. Accorde-nous à présent de pouvoir te servir avec *(lui)(elle)*, et de toujours nous réjouir de ta gloire ; par ton Fils Jésus Christ, notre Seigneur, qui vit et règne avec toi et le Saint-Esprit, un seul Dieu, pour les siècles des siècles. *Amen.*

*Le ou la nouvel·le évêque bénit l'assemblée en disant d'abord :*

|  |  |
|---|---|
|  | Notre secours vient du Seigneur lui-même. |
| *Assemblée* | Qui a fait les cieux et la terre ! |
| *Nouvel·le évêque* | Béni soit le nom du Seigneur. |
| *Assemblée* | Maintenant et pour les siècles des siècles ! |
| *Nouvel·le évêque* | Que la bénédiction, la bonté et la grâce de Dieu tout-puissant, le Père, le Fils et le Saint-Esprit, soient avec vous et demeurent avec vous pour toujours. *Amen.* |

*Un·e diacre donne congé aux fidèles :*

|  |  |
|---|---|
|  | Allons dans le monde, nous réjouissant dans la puissance de l'Esprit. |
| *Assemblée* | Nous rendons grâces à Dieu. |

*Du dimanche de Pâques jusqu'au dimanche de la Pentecôte, on peut ajouter « Alléluia, alléluia ! » au congé et à la réponse.*

# Introduction à l'office

Lorsqu'un·e évêque doit conférer les ordres sacrés, deux presbytres au moins doivent être présents.

Du début de l'office jusqu'à l'offertoire, l'évêque préside depuis un siège placé près des fidèles, ou face à l'assemblée, afin que tout le monde puisse voir et entendre ce qui se passe.

L'ordinand·e est revêtu·e d'un rochet ou d'une aube, sans étole, ni aucun autre vêtement distinctif d'un rang ou d'une fonction ecclésiastique ou académique.

Au moment de présenter l'ordinand·e, on utilise son nom complet (indiqué par le symbole N. N.). Ensuite, il convient d'employer uniquement le prénom par lequel elle ou il souhaite être appelé·e.

Pendant l'offertoire, il est d'usage que le pain et le vin soient apportés à l'autel par la famille ou les proches de la personne que l'on vient d'ordonner.

Pendant la grande prière d'action de grâces, la ou le prêtre ordonné·e et les autres prêtres se tiennent autour de l'autel avec l'évêque, en tant que collègues administrant ensemble le Sacrement, et ils et elles communient avec l'évêque.

Les membres de la famille pourront recevoir la communion avant les autres membres de la congrégation. Les fidèles doivent toujours avoir la possibilité de communier.

Des consignes complémentaires sont fournies à la page [505].

# Ordination des prêtres

*Il est possible de chanter un hymne, un psaume ou un cantique.*

*L'assemblée se tient debout. L'évêque déclare :*

|  | Béni soit Dieu, le Père, le Fils et le Saint-Esprit. |
|---|---|
| *Assemblée* | Et béni soit son royaume, maintenant et à jamais. Amen. |

*Du dimanche de Pâques jusqu'au dimanche de la Pentecôte, on remplace ce qui précède par :*

| *Évêque* | Alléluia ! Le Christ est ressuscité. |
|---|---|
| *Assemblée* | Il est vraiment ressuscité. Alléluia ! |

*Pendant le Carême et en d'autres occasions de pénitence :*

| *Évêque* | Bénissons le Seigneur qui pardonne tous nos péchés. |
|---|---|
| *Assemblée* | Sa bonté est éternelle. |

*Évêque*

Dieu tout-puissant, toi qui lis dans les cœurs, qui connais tous nos désirs et à qui aucun secret n'est caché : par l'inspiration de ton Esprit saint, purifie les pensées que nourrissent nos cœurs afin que nous puissions t'aimer parfaitement et proclamer dignement la grandeur de ton saint Nom, par le Christ notre Seigneur. *Amen.*

## Présentation

*L'évêque et l'assemblée s'assoient. Un·e prêtre et une personne laïque, ainsi que d'autres personnes si nécessaire, avancent devant l'évêque et présentent l'ordinand·e en disant :*

N., évêque de l'Église de Dieu, au nom du clergé et des fidèles du diocèse de N., nous te présentons N. N. pour qu'*(elle)(il)* soit ordonné·e prêtre dans la sainte Église catholique du Christ.

*Évêque*

A-t-*(elle)(il)* été choisi·e conformément aux canons de cette Église ? Et croyez-vous que son mode de vie convienne à l'exercice de ce ministère ?

*Accompagnant·es*

Nous te certifions qu'*(elle)(il)* satisfait aux exigences des canons, et nous pensons qu'*(elle)(il)* est qualifié·e pour cet ordre.

*L'évêque demande à l'ordinand·e :*

Seras-tu fidèle à la doctrine, à la discipline et au culte du Christ tels que cette Église les a reçus ? Et acceptes-tu, conformément aux canons de cette Église, d'obéir à ton évêque et aux autres membres du clergé qui auront autorité sur toi et sur ton travail ?

*Réponse :*

Je leur obéirai volontiers. Par ailleurs, je déclare solennellement croire que les Saintes Écritures de l'Ancien et du Nouveau Testament sont la Parole de Dieu et contiennent tout ce qui est nécessaire au salut. Et je m'engage solennellement à me conformer à la doctrine, à la discipline et au culte de l'Église épiscopale.

*L'ordinand·e signe ensuite la déclaration ci-dessus à la vue de toutes les personnes présentes.*

*Tout le monde se lève. L'évêque dit à l'assemblée :*

Chers amis en Christ, vous connaissez l'importance de ce ministère, et le poids de votre responsabilité dans la présentation de N. N. pour son ordination dans l'ordre sacré des prêtres. Par conséquent, si l'un ou l'une d'entre vous connaît une raison ou un crime qui empêcherait son ordination, faites-le savoir maintenant.

*Si aucune objection n'est formulée, l'évêque poursuit :*

Voulez-vous que N. soit ordonné·e prêtre ?

*L'assemblée répond en déclarant par exemple :*

Oui, nous le voulons.

*Évêque*

*(La)(Le)* soutiendrez-vous dans ce ministère ?

*L'assemblée répond en déclarant par exemple :*

Oui, nous nous y engageons.

*L'évêque appelle ensuite les fidèles à la prière par des paroles comme celles-ci :*

En paix, prions le Seigneur.

*Tout le monde se met à genoux, et la personne désignée dirige la litanie des ordinations, ou une autre litanie approuvée. À la fin de la litanie, après les « Kyrie eleison », l'évêque se lève et lit la collecte du jour, ou la collecte suivante, ou les deux, en commençant par :*

|              | Le Seigneur soit avec vous. |
|--------------|------------------------------|
| *Assemblée*  | Et avec toi aussi.           |

Prions.

Ô Dieu, toi dont la puissance est immuable et la lumière éternelle, pose un regard favorable sur toute ton Église, ce mystère merveilleux et sacré ; accomplis sereinement le plan du salut par l'action efficace de ta providence ; que le monde entier voie et sache que ce qui avait été abattu est relevé, que ce qui avait vieilli est régénéré, et que toute chose est amenée à sa perfection par celui par qui tout a été fait, ton Fils Jésus Christ, notre Seigneur, qui vit et règne avec toi, dans l'unité du Saint-Esprit, un seul Dieu, pour les siècles des siècles. *Amen.*

## Ministère de la Parole

*Trois leçons sont lues. La leçon de l'Ancien Testament et l'Épître sont lues par des personnes laïques.*

*Les lectures sont généralement choisies dans la liste suivante. Elles peuvent être allongées si on le souhaite. Pour une grande fête ou un dimanche, l'évêque peut choisir les lectures du propre du jour.*

| Ancien Testament | Ésaïe 6.1-8 *ou* Nombres 11.16-17,24-25 (sans la clause finale) |
| --- | --- |
| Psaume | 43 *ou* 132.8-19 |
| Épître | 1 Pierre 5.1-4* *ou* Éphésiens 4.7,11-16 *ou* Philippiens 4.4-9 |

*On commence la lecture en disant :*

Lecture (leçon) de _____.

*Il est possible de préciser le chapitre et les versets qui sont lus.*

*Après chaque lecture, la personne qui lit peut dire :*

> Parole du Seigneur.

*Assemblée*      Nous rendons grâces à Dieu.

*On peut également dire :* Ainsi se termine la lecture (la lettre).

*Il peut y avoir un temps de silence.*

*Chaque lecture peut être suivie d'un psaume, d'un cantique ou d'un hymne.*

*Puis, tout le monde se lève, et un·e diacre (ou, à défaut, un·e prêtre) lit l'Évangile après avoir annoncé :*

> Saint Évangile de notre Seigneur Jésus Christ selon _____.

*Assemblée*      Gloire à toi, Christ Seigneur.

Matthieu 9.35-38 *ou* Jean 10.11-18 *ou* Jean 6.35-38

*Après l'Évangile, la personne qui a lu proclame :*

> L'Évangile du Seigneur.

*Assemblée*      Louange à toi, Christ Seigneur.

## Prédication

*La congrégation récite ou chante ensuite le « Symbole de Nicée » :*

Nous croyons en un seul Dieu, le Père tout-puissant,
    créateur du ciel et de la terre,
        de toutes les choses visibles et invisibles.

---

* *Il est à noter que lorsque les mots « ancien » ou « anciens » apparaissent dans les traductions de 1 Pierre 5,1, ils doivent être remplacés par les termes grecs d'origine, « presbytre » ou « presbytres ».*

Nous croyons en un seul Seigneur, Jésus Christ,
le Fils unique de Dieu,
engendré du Père avant tous les siècles,
Dieu né de Dieu, Lumière née de la Lumière,
vrai Dieu né du vrai Dieu,
engendré, non pas créé,
un seul être avec le Père,
et par lui tout a été fait.
Pour nous et pour notre salut,
il est descendu des cieux,
il s'est incarné par le Saint-Esprit en la Vierge Marie,
et s'est fait homme.
Crucifié pour nous sous Ponce Pilate,
il a souffert la Passion,
il a été mis au tombeau,
il est ressuscité le troisième jour, selon les Écritures ;
il est monté aux cieux,
il siège à la droite du Père,
il reviendra dans la gloire pour juger les vivants et les morts,
et son règne n'aura pas de fin.
Nous croyons en l'Esprit saint,
qui est Seigneur et qui donne la vie,
qui procède du Père et du Fils,
avec le Père et le Fils, il reçoit même adoration et même gloire ;
il a parlé par les Prophètes.
Nous croyons en l'Église une, sainte, catholique et apostolique.
Nous reconnaissons un seul baptême pour le pardon des péchés.
Nous attendons la résurrection des morts
et la vie du monde à venir. *Amen.*

## Examen

*Tout le monde s'assoit, à l'exception de l'ordinand·e qui se tient debout face à l'évêque.*

*L'évêque lui dit :*

*(Ma sœur)(Mon frère)*, l'Église est la famille de Dieu, le corps du Christ et le temple du Saint-Esprit. Toute personne baptisée est appelée à faire connaître le Christ comme Sauveur et Seigneur et à participer au renouveau de son monde. Tu es à présent appelé·e à travailler en tant que pasteur·e, prêtre et enseignant·e, avec ton évêque et les autres presbytres, et à prendre part aux conciles de l'Église.

En tant que prêtre, il t'incombera d'annoncer par tes paroles et par tes actes l'Évangile de Jésus Christ, et de modeler ta vie selon ses préceptes. Tu devras aimer et servir les gens auprès desquels tu travailleras, veillant sans distinction sur les personnes jeunes et les personnes âgées, les fortes et les faibles, les riches et les pauvres. Tu devras prêcher, déclarer le pardon de Dieu aux pécheurs et pécheresses qui se repentent, prononcer la bénédiction de Dieu, participer à l'administration du saint Baptême et à la célébration des mystères du Corps et du Sang du Christ, et accomplir les autres ministères qui te seront confiés.

Dans tous tes actes, tu devras nourrir le peuple du Christ des richesses de sa grâce, et le fortifier pour qu'il glorifie Dieu dans cette vie et dans la vie à venir.

*(Ma sœur)(Mon frère)*, crois-tu que tu es véritablement appelé·e à ce sacerdoce par Dieu et son Église ?

| | |
|---|---|
| *Réponse* | Oui, je crois que telle est ma vocation. |
| *Évêque* | T'engages-tu aujourd'hui, en présence de l'Église, à te montrer digne de cette confiance et de cette responsabilité ? |
| *Réponse* | Oui, je m'y engage. |
| *Évêque* | Te laisseras-tu guider par la direction pastorale et l'autorité de ton évêque, et les respecteras-tu ? |
| *Réponse* | Oui, je m'y engage. |
| *Évêque* | Feras-tu preuve de diligence dans la lecture et l'étude des Saintes Écritures, et dans la recherche des connaissances qui pourront te fortifier et te rendre plus apte au ministère du Christ ? |
| *Réponse* | Oui, je m'y engage. |

| Évêque | T'efforceras-tu de servir la Parole de Dieu et les sacrements de la nouvelle Alliance, afin que l'amour réconciliateur du Christ puisse être connu et reçu ? |
|---|---|
| Réponse | Oui, je m'y engage. |
| Évêque | T'appliqueras-tu à être un·e pasteur·e fidèle pour toutes les personnes que tu es appelé·e à servir, œuvrant avec elles et avec les autres membres du clergé pour édifier la famille de Dieu ? |
| Réponse | Oui, je m'y engage. |
| Évêque | Feras-tu de ton mieux pour organiser ta vie [et celle de ta famille *ou* de ton foyer *ou* de ta communauté] selon les enseignements du Christ, afin d'être un parfait exemple pour ta congrégation ? |
| Réponse | Oui, je m'y engage. |
| Évêque | Persévéreras-tu dans la prière, aussi bien en public qu'en privé, demandant la grâce de Dieu pour toi-même et pour les autres, offrant tous tes efforts à Dieu, par la médiation de Jésus Christ et par la sanctification du Saint-Esprit ? |
| Réponse | Oui, je m'y engage. |
| Évêque | Que le Seigneur qui t'a donné la volonté d'assumer ces tâches te donne la grâce et le pouvoir de les mener à bien. |
| Réponse | Amen. |

## Consécration des prêtres

*Tout le monde se lève, à l'exception de l'ordinand·e qui s'agenouille devant l'évêque et des presbytres qui se tiennent à droite et à gauche de l'évêque.*

*On chante l'hymne* Veni Creator Spiritus *ou* Veni Sancte Spiritus.

*Un temps de prière silencieuse suit, l'assemblée reste debout.*

*L'évêque prononce alors cette prière de consécration :*

Dieu et Père de toute l'humanité, nous te louons : dans ton amour infini, tu nous appelles à être un peuple saint dans le royaume de ton Fils Jésus notre Seigneur, qui est l'image de ta gloire éternelle et invisible, le premier-né d'une foule de frères et de sœurs, et le chef de l'Église. Nous te rendons grâces, car par sa mort il a vaincu la mort et, étant monté au ciel, il a répandu ses dons en abondance sur ton peuple, levant des apôtres, des prophètes, des évangélistes, des pasteurs et des enseignants et enseignantes, afin d'instruire celles et ceux qui t'appartiennent pour leur ministère et pour l'édification du corps du Christ.

*Ici, l'évêque pose les mains sur la tête de l'ordinand·e et les prêtres qui l'entourent font de même. L'évêque prie en même temps :*

Par conséquent, Père, par ton Fils Jésus Christ, accorde ton Esprit saint à N. Emplis-*(la)(le)* de grâce et de puissance, et fais *(d'elle) (de lui)* un·e prêtre de ton Église.

*L'évêque poursuit :*

Seigneur, accorde-lui de t'exalter au milieu de ton peuple, d'offrir des sacrifices spirituels agréables à tes yeux, d'annoncer avec audace l'évangile du salut et d'administrer parfaitement les sacrements de la nouvelle Alliance. *(Fais d'elle une pasteure fidèle, une enseignante patiente et une conseillère avisée.)(Fais de lui un pasteur fidèle, un enseignant patient et un conseiller avisé.)* Accorde-lui en toutes choses de servir sans reproche, afin que ton peuple soit fortifié et que ton Nom soit glorifié dans le monde entier. Nous te demandons tout cela par Jésus Christ, notre Seigneur, qui vit et règne avec toi et le Saint-Esprit, un seul Dieu, pour les siècles des siècles.

*L'assemblée répond en clamant haut et fort :* Amen !

*La nouvelle ou le nouveau prêtre est à présent revêtu·e des vêtements sacerdotaux.*

*L'évêque lui remet ensuite une Bible en disant :*

Reçois cette Bible en signe de l'autorité qui t'est confiée de prêcher la Parole de Dieu et d'administrer ses saints sacrements. N'oublie pas la confiance qui t'est accordée en tant que prêtre de l'Église de Dieu.

*L'évêque salue la ou le prêtre qui vient d'être ordonné·e.*

## Geste de paix

*La nouvelle ou le nouveau prêtre dit alors à la congrégation :*

> Que la paix du Seigneur soit toujours avec vous !

*Assemblée*      Et avec toi aussi.

*Les presbytres présents la ou le saluent, puis elle ou il salue les membres de sa famille et d'autres personnes, s'il est possible de le faire. Les membres du clergé et les fidèles se saluent mutuellement.*

## Pendant la célébration de l'Eucharistie

*La liturgie continue avec l'offertoire. Les diacres préparent la Table.*

*La ou le prêtre qui vient d'être ordonné·e se tient à la Table du Seigneur avec l'évêque et les autres presbytres, et prend part à la célébration de la sainte Eucharistie et au partage du Pain.*

## Après la communion

*La prière suivante remplace celle qui suit habituellement la communion :*

Père tout-puissant, nous te rendons grâces de nous avoir donné la sainte nourriture du Corps et du Sang de ton Fils, et de nous avoir unis à lui par la communion de ton Saint-Esprit. Nous te rendons grâces de susciter parmi nous des servantes et des serviteurs fidèles pour exercer le ministère de ta Parole et de tes Sacrements. Nous prions pour que N. soit pour nous, dans ses paroles et dans ses actes, un exemple éloquent d'amour, de patience et de sainteté de vie. Accorde-nous à présent de pouvoir te servir avec *(lui)(elle)*, et de toujours nous réjouir de ta gloire ; par ton Fils Jésus Christ, notre Seigneur, qui vit et règne avec toi et le Saint-Esprit, un seul Dieu, pour les siècles des siècles. *Amen.*

*L'évêque demande ensuite à la nouvelle prêtre ou au nouveau prêtre de bénir les fidèles.*

*Elle ou il déclare :*

La bénédiction de Dieu tout-puissant, le Père, le Fils et le Saint-Esprit, soit avec vous et demeure avec vous pour toujours. *Amen.*

*Un·e diacre (ou, à défaut, un·e prêtre) donne congé aux fidèles.*

> Allons dans le monde, nous réjouissant dans la puissance de l'Esprit.

*Assemblée*  Nous rendons grâces à Dieu.

*Du dimanche de Pâques jusqu'au dimanche de la Pentecôte, on peut ajouter « Alléluia, alléluia ! » au congé et à la réponse.*

# Introduction à l'office

Lorsqu'un·e évêque doit conférer des ordres sacrés, deux presbytres au moins doivent être présents.

Du début de l'office jusqu'à l'offertoire, l'évêque préside depuis un siège placé près des fidèles, ou face à l'assemblée, afin que tout le monde puisse voir et entendre ce qui se passe.

L'ordinand·e est revêtu·e d'un surplis ou d'une aube, sans étole, ni aucun autre vêtement distinctif d'un rang ou d'une fonction ecclésiastique ou académique.

Au moment de présenter l'ordinand·e, on utilise son nom complet (indiqué par le symbole N. N.). Ensuite, il convient d'employer uniquement le prénom par lequel il ou elle souhaite être appelé·e.

Pendant l'offertoire, il est d'usage que le pain et le vin soient apportés à l'autel par la famille ou les proches de la personne que l'on vient d'ordonner.

Après avoir reçu la Sainte Communion, le ou la nouvelle diacre participe à la distribution du Sacrement, en s'occupant soit du Pain, soit du Vin, soit des deux.

Les membres de sa famille pourront recevoir la communion avant les autres membres de la congrégation. Les fidèles doivent toujours avoir la possibilité de communier.

Des consignes complémentaires sont fournies à la page [505].

# Ordination des diacres

*Il est possible de chanter un hymne, un psaume ou un cantique.*

*L'assemblée se tient debout. L'évêque déclare :*

|  | Béni soit Dieu, le Père, le Fils et le Saint-Esprit. |
| *Assemblée* | Et béni soit son royaume, maintenant et à jamais. *Amen.* |

*Du dimanche de Pâques jusqu'au dimanche de la Pentecôte, on remplace ce qui précède par :*

| *Évêque* | Alléluia ! Le Christ est ressuscité. |
| *Assemblée* | Il est vraiment ressuscité. Alléluia ! |

*Pendant le Carême et en d'autres occasions de pénitence :*

| *Évêque* | Bénissons le Seigneur qui pardonne tous nos péchés. |
| *Assemblée* | Sa bonté est éternelle. |

*Évêque*

Dieu tout-puissant, toi qui lis dans les cœurs, qui connais tous nos désirs et à qui aucun secret n'est caché : par l'inspiration de ton Esprit saint, purifie les pensées que nourrissent nos cœurs afin que nous puissions t'aimer parfaitement et proclamer dignement la grandeur de ton saint Nom, par le Christ notre Seigneur. *Amen.*

## Présentation

*L'évêque et l'assemblée s'assoient. Un·e prêtre et une personne laïque, ainsi que d'autres personnes si nécessaire, avancent devant l'évêque et présentent l'ordinand·e en disant :*

N., évêque de l'Église de Dieu, au nom du clergé et des fidèles du diocèse de N., nous te présentons N. N. pour qu'*(il)(elle)* soit ordonné·e diacre dans la sainte Église catholique du Christ.

*Évêque*

A-t-*(elle)(il)* été choisi·e conformément aux canons de cette Église ? Et croyez-vous que son mode de vie convienne à l'exercice de ce ministère ?

*Accompagnant·es*

Nous te certifions qu'*(il)(elle)* satisfait aux exigences des canons, et nous pensons qu'*(il)(elle)* est qualifié·e pour cet ordre.

*L'évêque demande à l'ordinand·e :*

Seras-tu fidèle à la doctrine, à la discipline et au culte du Christ tels que cette Église les a reçus ? Et acceptes-tu, conformément aux canons de cette Église, d'obéir à ton évêque et aux autres membres du clergé qui auront autorité sur toi et sur ton travail ?

*Réponse :*

Je leur obéirai volontiers. Par ailleurs, je déclare solennellement croire que les Saintes Écritures de l'Ancien et du Nouveau Testament sont la Parole de Dieu et contiennent tout ce qui est nécessaire au salut. Et je m'engage solennellement à me conformer à la doctrine, à la discipline et au culte de l'Église épiscopale.

*L'ordinand·e signe ensuite la déclaration ci-dessus à la vue de toutes les personnes présentes.*

*Tout le monde se lève. L'évêque dit à l'assemblée :*

Chers amis en Christ, vous connaissez l'importance de ce ministère, et le poids de votre responsabilité dans la présentation de N. N. pour son ordination dans l'ordre sacré des diacres. Par conséquent, si l'un ou l'une d'entre vous connaît une raison ou un crime qui empêcherait son ordination, faites-le savoir maintenant.

*Si aucune objection n'est formulée, l'évêque poursuit :*

Voulez-vous que N. soit ordonné·e diacre ?

*L'assemblée répond en déclarant par exemple :*

Oui, nous le voulons.

*Évêque*

(Le)(La) soutiendrez-vous dans ce ministère ?

*L'assemblée répond en déclarant par exemple :*

Oui, nous nous y engageons.

*L'évêque appelle ensuite les fidèles à la prière par des paroles comme celles-ci :*

En paix, prions le Seigneur.

*Tout le monde se met à genoux, et la personne désignée dirige la litanie des ordinations, ou une autre litanie approuvée. À la fin de la litanie, après les « Kyrie eleison », l'évêque se lève et lit la collecte du jour, ou la collecte suivante, ou les deux, en commençant par :*

|                | Le Seigneur soit avec vous. |
|----------------|------------------------------|
| *Assemblée*    | Et avec toi aussi.           |

Prions.

Ô Dieu, toi dont la puissance est immuable et la lumière éternelle, pose un regard favorable sur toute ton Église, ce mystère merveilleux et sacré ; accomplis sereinement le plan du salut par l'action efficace de ta providence ; que le monde entier voie et sache que ce qui avait été abattu est relevé, que ce qui avait vieilli est régénéré, et que toute chose est amenée à sa perfection par celui par qui tout a été fait, ton Fils Jésus Christ, notre Seigneur, qui vit et règne avec toi, dans l'unité du Saint-Esprit, un seul Dieu, pour les siècles des siècles. *Amen.*

## Ministère de la Parole

*Trois leçons sont lues. La leçon de l'Ancien Testament et l'Épître sont lues par des personnes laïques.*

*Les lectures sont généralement choisies dans la liste suivante. Elles peuvent être allongées si on le souhaite. Pour une grande fête ou un dimanche, l'évêque peut choisir les lectures du propre du jour.*

| | |
|---|---|
| *Ancien Testament* | Jérémie 1.4-9 *ou* Siracide 39.1-8 |
| *Psaume* | 84 *ou* 119.33-40 |
| *Épître* | 2 Corinthiens 4.1-6 *ou* 1 Timothée 3.8-13 *ou* Actes 6.2-7 |

*On commence la lecture en disant :*

Lecture (leçon) de _____.

*Il est possible de préciser le chapitre et les versets qui sont lus.*

*Après chaque lecture, la personne qui lit peut dire :*

> Parole du Seigneur.

*Assemblée*    Nous rendons grâces à Dieu.

*On peut également dire :* Ainsi se termine la lecture (la lettre).

*Il peut y avoir un temps de silence.*

*Chaque lecture peut être suivie d'un psaume, d'un cantique ou d'un hymne.*

*Puis, tout le monde se lève, et un·e diacre (ou, à défaut, un·e prêtre) lit l'Évangile après avoir annoncé :*

> Saint Évangile de notre Seigneur Jésus Christ
> selon _____.

*Assemblée*    Gloire à toi, Christ Seigneur.

Luc 12.35-38 ou Luc 22.24-27

*Après l'Évangile, la personne qui a lu proclame :*

> L'Évangile du Seigneur.

*Assemblée*    Louange à toi, Christ Seigneur.

## Prédication

*La congrégation récite ou chante ensuite le « Symbole de Nicée » :*

Nous croyons en un seul Dieu, le Père tout-puissant,
   créateur du ciel et de la terre,
   de toutes les choses visibles et invisibles.

Nous croyons en un seul Seigneur, Jésus Christ,
   le Fils unique de Dieu,
   engendré du Père avant tous les siècles,
   Dieu né de Dieu, Lumière née de la Lumière,

vrai Dieu né du vrai Dieu,
engendré, non pas créé,
un seul être avec le Père,
et par lui tout a été fait.

Pour nous et pour notre salut,
il est descendu des cieux,
il s'est incarné par le Saint-Esprit en la Vierge Marie,
et s'est fait homme.

Crucifié pour nous sous Ponce Pilate,
il a souffert la Passion,
il a été mis au tombeau,
il est ressuscité le troisième jour, selon les Écritures ;
il est monté aux cieux,
il siège à la droite du Père,
il reviendra dans la gloire pour juger les vivants et les morts,
et son règne n'aura pas de fin.

Nous croyons en l'Esprit saint,
qui est Seigneur et qui donne la vie,
qui procède du Père et du Fils,
avec le Père et le Fils, il reçoit même adoration et même gloire ;
il a parlé par les Prophètes.
Nous croyons en l'Église une, sainte, catholique et apostolique.
Nous reconnaissons un seul baptême pour le pardon des péchés.
Nous attendons la résurrection des morts
et la vie du monde à venir. *Amen.*

## Examen

*Tout le monde s'assoit, à l'exception de l'ordinand·e qui se tient debout face à l'évêque. L'évêque lui dit :*

(Mon frère)(Ma sœur), tout chrétien, toute chrétienne, est appelé·e à suivre Jésus Christ en servant Dieu le Père par la puissance du Saint-Esprit. Dieu t'appelle aujourd'hui à un ministère de service particulier placé directement sous l'autorité de ton évêque. Au nom de Jésus Christ, tu devras être au service de chaque être humain, en particulier des pauvres, des faibles, des malades et des personnes seules.

En tant que diacre de l'Église, tu devras étudier les Saintes Écritures, t'en nourrir et organiser ta vie selon leur modèle. Par tes paroles et ton exemple, tu devras faire connaître le Christ et son amour rédempteur aux personnes avec lesquelles tu vis, travailles ou célèbres le culte. Tu devras interpréter pour l'Église les besoins, les préoccupations et les espoirs du monde. Tu devras assister l'évêque et les prêtres durant le culte public et dans leur ministère de la Parole et des Sacrements de Dieu, et tu devras accomplir les autres tâches qui te seront confiées de temps à autre. À chaque instant, ta vie et ton enseignement devront montrer au peuple du Christ qu'en se mettant au service des personnes démunies il est au service du Christ lui-même.

*(Mon frère)(Ma sœur)*, crois-tu que tu es véritablement appelé·e au diaconat par Dieu et son Église ?

| | |
|---|---|
| *Réponse* | Oui, je crois que telle est ma vocation. |
| *Évêque* | T'engages-tu aujourd'hui, en présence de l'Église, à te montrer digne de cette confiance et de cette responsabilité ? |
| *Réponse* | Oui, je m'y engage. |
| *Évêque* | Te laisseras-tu guider par la direction pastorale et l'autorité de ton évêque ? |
| *Réponse* | Oui, je m'y engage. |
| *Évêque* | Seras-tu fidèle dans la prière, la lecture et l'étude des Saintes Écritures ? |
| *Réponse* | Oui, je m'y engage. |
| *Évêque* | Chercheras-tu le Christ dans tous les êtres humains, te tenant prêt·e à aider et à servir les personnes qui en ont besoin ? |
| *Réponse* | Oui, je m'y engage. |
| *Évêque* | Feras-tu de ton mieux pour organiser ta vie [et celle de ta famille ou de ton foyer ou de ta communauté] selon les enseignements du Christ, afin d'être un parfait exemple pour toutes et tous ? |
| *Réponse* | Oui, je m'y engage. |

| | |
|---|---|
| *Évêque* | Rechercheras-tu en toutes choses non pas ta gloire, mais celle du Christ Seigneur ? |
| *Réponse* | Oui, je m'y engage. |
| *Évêque* | Que le Seigneur, par sa grâce, te soutienne dans le service qu'il te confie. |
| *Réponse* | Amen. |

## Consécration des diacres

*Tout le monde se lève, à l'exception de l'ordinand·e qui s'agenouille devant l'évêque.*

*On chante l'hymne* Veni Creator Spiritus *ou* Veni Sancte Spiritus.

*Un temps de prière silencieuse suit, l'assemblée reste debout.*

*L'évêque prononce alors cette prière de consécration :*

Ô Dieu, Père plein de miséricorde, nous te louons d'avoir envoyé ton Fils Jésus Christ, qui a pris la forme d'un serviteur et s'est humilié, t'obéissant jusqu'à mourir sur la croix. Nous te louons de l'avoir exalté au plus haut point et d'avoir fait de lui le Seigneur de l'univers. Par lui, nous savons que pour être grand ou grande, il faut nous mettre au service de toutes et tous. Nous te louons pour les nombreux ministères de ton Église, et pour avoir appelé *(ton serviteur)(ta servante)* dans l'ordre des diacres.

*Ici, l'évêque pose les mains sur la tête de l'ordinand·e, puis prie :*

Par conséquent, Père, par ton Fils Jésus Christ, accorde ton Esprit saint à N. Emplis-*(le)(la)* de grâce et de puissance, et fais *(de lui) (d'elle)* un·e diacre de ton Église.

*L'évêque poursuit :*

Seigneur, accorde-lui modestie et humilité, force et constance dans le respect de la discipline du Christ. Que sa vie et son enseignement reflètent si bien tes commandements que beaucoup apprendront à te connaître et à t'aimer par son intermédiaire. De même que ton Fils n'est pas venu pour être servi mais pour servir, que *(ce)(cette)* diacre participe au service du Christ et connaisse la gloire éternelle de celui qui vit et règne avec toi et le Saint-Esprit, un seul Dieu, pour les siècles des siècles.

*L'assemblée répond en clamant haut et fort :*       Amen !

*Le nouveau ou la nouvelle diacre est à présent revêtu·e des vêtements diaconaux.*

*L'évêque lui remet une Bible en disant :*

Reçois cette Bible en signe de l'autorité qui te revient de proclamer la Parole de Dieu et d'aider à l'administration de ses saints Sacrements.

## Geste de paix

*L'évêque dit alors à l'assemblée :*

                       Que la paix du Seigneur soit toujours avec vous !

*Assemblée*       Et avec toi aussi.

*L'évêque et les membres du clergé saluent le ou la diacre qui vient d'être ordonné·e.*

*Il ou elle salue ensuite les membres de sa famille et d'autres personnes, s'il est possible de le faire.*

*Les membres du clergé et les fidèles se saluent mutuellement.*

## Pendant la célébration de l'Eucharistie

*La liturgie continue avec l'offertoire.*

*Le ou la diacre qui vient d'être ordonné·e prépare le pain, verse suffisamment de vin (et un peu d'eau) dans le calice, puis place les récipients sur la Table du Seigneur.*

*L'évêque se rend à la Table et commence la grande Action de grâces.*

## Après la communion

*La prière suivante remplace celle qui suit habituellement la communion :*

Père tout-puissant, nous te rendons grâces de nous avoir donné la sainte nourriture du Corps et du Sang de ton Fils, et de nous avoir unis à lui par la communion de ton Saint-Esprit. Nous te rendons grâces de susciter parmi nous des servantes et des serviteurs fidèles pour exercer le ministère de ta Parole et de tes Sacrements. Nous prions pour que N. soit pour nous, dans ses paroles et dans ses actes, un exemple éloquent d'amour, de patience et de sainteté de vie. Accorde-nous à présent de pouvoir te servir avec *(lui)(elle)*, et de toujours nous réjouir de ta gloire ; par ton Fils Jésus Christ, notre Seigneur, qui vit et règne avec toi et le Saint-Esprit, un seul Dieu, pour les siècles des siècles. *Amen.*

*L'évêque bénit les fidèles, après quoi le ou la nouvelle diacre leur donne congé :*

|  | Allons dans le monde, nous réjouissant dans la puissance de l'Esprit. |
|---|---|
| *Assemblée* | Nous rendons grâces à Dieu. |

*Du dimanche de Pâques jusqu'au dimanche de la Pentecôte, on peut ajouter « Alléluia, alléluia ! » au congé et à la réponse.*

# Litanie des ordinations

*Les jours des Quatre-Temps ou en d'autres occasions, si on le souhaite, on peut utiliser cette litanie pour les Prières des fidèles pendant l'Eucharistie ou l'office quotidien. Elle peut aussi être utilisée séparément.*

Dieu le Père,
*Prends pitié de nous.*

Dieu le Fils,
*Prends pitié de nous.*

Dieu le Saint-Esprit,
*Prends pitié de nous.*

Ô Sainte Trinité, Dieu unique,
*Prends pitié de nous.*

Nous te prions, Christ Seigneur.
*Seigneur, exauce notre prière.*

Pour la sainte Église de Dieu, pour qu'elle regorge de vérité et d'amour et qu'elle apparaisse sans tache le jour de ta venue, nous te prions, Seigneur.
*Seigneur, exauce notre prière.*

Pour tous les membres de ton Église, dans leur vocation et leur ministère, pour qu'ils et elles puissent te servir par une vie vraie et pieuse, nous te prions, Seigneur.
*Seigneur, exauce notre prière.*

Pour N., notre évêque-primat, pour l'ensemble des évêques, des prêtres et des diacres, pour qu'ils et elles soient remplis de ton amour, affamés de vérité et assoiffés de justice, nous te prions, Seigneur.

*Seigneur, exauce notre prière.*

Pour N., l'évêque (prêtre, diacre) que tu as choisi·e pour ton Église, nous te prions, Seigneur.

*Seigneur, exauce notre prière.*

Pour qu'*(il)(elle)* s'acquitte fidèlement des devoirs de ce ministère, édifiant ton Église et glorifiant ton Nom, nous te prions, Seigneur.

*Seigneur, exauce notre prière.*

Pour que la présence du Saint-Esprit *(le)(la)* soutienne et l'encourage à persévérer jusqu'à la fin, nous te prions, Seigneur.

*Seigneur, exauce notre prière.*

Pour sa famille [les membres de son foyer ou de sa communauté], pour qu'ils et elles soient parés de toutes les vertus chrétiennes, nous te prions, Seigneur.

*Seigneur, exauce notre prière.*

Pour tous ceux et toutes celles qui craignent Dieu et qui croient en toi, Christ Seigneur, pour que nos divisions disparaissent et que nous soyons tous un comme ton Père et toi êtes unis, nous te prions, Seigneur.

*Seigneur, exauce notre prière.*

Pour la mission de l'Église, pour qu'en témoin fidèle elle puisse prêcher l'Évangile aux confins de la terre, nous te prions, Seigneur.

*Seigneur, exauce notre prière.*

Pour celles et ceux qui ne croient pas encore ou qui ont perdu la foi, pour qu'ils et elles reçoivent la lumière de l'Évangile, nous te prions, Seigneur.

*Seigneur, exauce notre prière.*

Pour la paix du monde entier, pour qu'un esprit de respect et d'indulgence se développe entre les nations et les peuples, nous te prions, Seigneur.

*Seigneur, exauce notre prière.*

Pour les personnes exerçant des fonctions publiques [en particulier _____], pour qu'elles servent la justice et défendent la dignité et la liberté de tous les êtres humains, nous te prions, Seigneur.
*Seigneur, exauce notre prière.*

Pour la bénédiction de tout travail humain et le bon usage des richesses de la création, pour que le monde entier soit délivré de la pauvreté, de la famine et des catastrophes, nous te prions, Seigneur.
*Seigneur, exauce notre prière.*

Pour les personnes pauvres, persécutées, malades ou en souffrance, pour nos frères et sœurs réfugiés, détenus ou en danger ; pour que toutes et tous soient soulagés et protégés, nous te prions, Seigneur.
*Seigneur, exauce notre prière.*

Pour nous-mêmes, pour le pardon de nos péchés et pour que la grâce du Saint-Esprit redresse nos vies, nous te prions, Seigneur.
*Seigneur, exauce notre prière.*

Pour nos frères et sœurs qui se sont endormis en communion avec ton Église et pour toutes les personnes dont toi seul connais la foi ; pour qu'ils et elles reposent avec l'ensemble des saints et des saintes, là où il n'y a ni douleur ni chagrin, mais la vie éternelle, nous te prions, Seigneur.
*Seigneur, exauce notre prière.*

Nous réjouissant de la compagnie [de la bienheureuse Vierge Marie, (du bienheureux)(de la bienheureuse) N. et] de l'assemblée de ceux et celles qui t'appartiennent, confions-nous nous-mêmes, les uns les autres et toute notre vie au Christ notre Dieu.
*À toi, Seigneur notre Dieu.*

Seigneur, prends pitié.
*Christ, prends pitié.*
Seigneur, prends pitié.

*Lors d'une ordination, l'évêque qui préside se lève et déclare :*

|             | Le Seigneur soit avec vous. |
| *Assemblée* | Et avec toi aussi. |
| *Évêque*    | Prions. |

*L'évêque prononce la collecte prescrite.*

*Lorsque cette litanie est utilisée en d'autres occasions, la personne qui officie conclut par une collecte appropriée.*

# Consignes complémentaires

## Pour toutes les ordinations

La sainte Eucharistie peut être célébrée selon le Rite I ou II. Dans les deux cas, on suit les rubriques de l'office de l'ordination, en laissant de côté le Résumé de la loi, le « Gloire à Dieu », les Prières des fidèles après le « Symbole », la Confession générale et la prière habituelle après la communion.

Lorsque l'on présente la personne à ordonner, la déclaration « Je crois que les Saintes Écritures… » doit être fournie sous la forme d'un document à part à signer, comme le prévoient l'article VIII de la Constitution de cette Église et les rubriques de chacun des rites d'ordination. (S'il y a plusieurs personnes à ordonner, chacune doit recevoir un exemplaire séparé à signer.)

L'hymne à l'Esprit saint qui précède la prière de consécration peut prendre la forme d'un chant alterné entre l'évêque et les fidèles, ou toute autre forme pratique.

Si des symboles de fonction (vêtements ou autres) doivent être consacrés, la bénédiction doit avoir lieu à un moment opportun avant l'office. Il est possible d'utiliser le modèle suivant :

V. Notre secours vient du Seigneur lui-même.
R. Qui a fait les cieux et la terre !
V. Le Seigneur soit avec vous.
R. Et avec toi aussi.

Prions.

Dieu éternel, toi dont la puissance est sans limites, nous plaçons devant toi, avec nos louanges et nos actions de grâces, ces symboles du ministère et de la dignité de *(ta servante)(ton serviteur)*. Accorde à *N.*, qui a été appelé·e à conduire ton Église et qui porte ces symboles, de te servir fidèlement et d'avoir part à la plénitude de ton Esprit vivifiant, par l'intermédiaire du grand prêtre et bon pasteur de l'humanité, notre Seigneur Jésus Christ. *Amen.*

## Pour l'ordination des évêques

Il est possible de jouer de la musique instrumentale après la prière de consécration et pendant que le ou la nouvel·le évêque est revêtu·e des vêtements épiscopaux.

Après la remise de la Bible et la formule « Reçois les Saintes Écritures… », il est possible de présenter une bague, une crosse et une mitre ou tout autre insigne de fonction approprié.

Pendant la prière eucharistique, il est d'usage que plusieurs des évêques chargés de la consécration, ainsi que les presbytres qui représentent le diocèse, entourent l'ordinand·e à l'autel pour coadministrer le Sacrement.

Le ou la nouvel·le évêque distribue la Sainte Communion aux fidèles avec l'aide d'autres membres du clergé. Le cas échéant, la communion peut être administrée en plusieurs endroits judicieusement répartis dans l'église.

Il est possible de chanter un hymne de louange après la bénédiction épiscopale et le congé.

Les évêques présents ne doivent pas partir sans avoir signé les lettres de consécration.

## Pour l'ordination des prêtres

Les prêtres qui assistent à l'ordination doivent avoir la possibilité de se joindre à l'imposition des mains.

L'étole portée autour du cou, ou tout autre insigne de la fonction de prêtre, est placée sur l'ordinand·e à la toute fin de la prière de consécration, juste avant de lui remettre la Bible. D'autres instruments ou symboles de fonction peuvent être donnés ensuite.

Si plusieurs personnes sont ordonnées ensemble, chacune doit avoir quelqu'un pour l'accompagner et la présenter. Elles peuvent être présentées ensemble, ou à tour de rôle, selon les consignes de l'évêque. Par la suite, les références à l'ordinand·e au singulier sont à remplacer par un pluriel partout où cela s'avère nécessaire. Les personnes à ordonner sont examinées ensemble.

Pendant la prière de consécration, l'évêque et les prêtres imposent les mains sur la tête de chaque ordinand·e. Pendant l'imposition des mains, seul·e l'évêque prie en disant : « Par conséquent, Père, par ton Fils Jésus Christ, accorde ton Esprit saint à N. Emplis-*(la)(le)* de grâce et de puissance, et fais *(d'elle) (de lui)* un·e prêtre de ton Église. » Lorsque toutes et tous ont reçu l'imposition, l'évêque continue en disant : « Seigneur, accorde-leur de t'exalter… »

Une Bible doit être donnée à chaque prêtre, en répétant les mots « Reçois cette Bible… ».

Toutes les personnes qui viennent d'être ordonnées prennent part au geste de paix, et rejoignent l'évêque et les autres prêtres à l'autel pour la grande Action de grâces. De même, toutes partagent le Pain consacré et reçoivent la sainte Communion.

### Pour l'ordination des diacres

L'étole portée autour du cou, ou tout autre insigne de la fonction de diacre, est placée sur l'ordinand·e à la toute fin de la prière de consécration, juste avant de lui remettre la Bible.

Si plusieurs personnes sont ordonnées ensemble, chacune doit avoir quelqu'un pour l'accompagner et la présenter. Elles peuvent être présentées ensemble, ou à tour de rôle, selon les consignes de l'évêque. Par la suite, les références à l'ordinand·e au singulier sont à remplacer par un pluriel partout où cela s'avère nécessaire. Les personnes à ordonner sont examinées ensemble.

Pendant la prière de consécration, seul·e l'évêque prie en disant : « Par conséquent, Père, par ton Fils Jésus Christ, accorde ton Esprit saint à N. Emplis-*(le)(la)* de grâce et de puissance, et fais *(de lui)(d'elle)* un·e diacre de ton Église. » Lorsque tous et toutes ont reçu l'imposition, l'évêque continue en disant : « Seigneur, accorde-leur modestie et humilité… »

Une Bible doit être donnée à chaque diacre, en répétant les mots « Reçois cette Bible… ».

Après avoir pris part au geste de paix, les diacres se rendent à l'autel pour l'offertoire. S'il y a beaucoup de diacres, une partie aide à l'offertoire et d'autres administrent la sainte Communion. L'évêque désigne celui ou celle qui prononce le congé.

Si on le souhaite, des diacres peuvent être nommés pour porter le Sacrement et administrer la sainte Communion aux personnes qu'un motif impérieux (maladie ou autre) a empêché d'assister à l'ordination.

Si les éléments restants ne sont pas nécessaires à la communion de personnes absentes, les diacres doivent enlever les récipients de l'autel, consommer les éléments restants et nettoyer les récipients dans un endroit approprié.

## Lettre d'institution d'un membre du clergé

N. N., presbytre de l'Église de Dieu, tu as été appelé·e à travailler avec ton évêque et les autres presbytres en tant que pasteur·e, prêtre et enseignant·e, et à prendre part aux conciles de l'Église.

Aujourd'hui, conformément aux canons, tu as été choisi·e pour servir Dieu en l'église [de] ＿＿＿＿ à ＿＿＿＿.

Cette lettre atteste que tu es autorisé·e et parfaitement habilité·e à exercer ce ministère, acceptant les privilèges et les responsabilités de prêtre de ce diocèse, en communion avec ton évêque.

Dans ta charge, n'oublie jamais la confiance des personnes qui t'ont choisi·e. Veille sans distinction sur les personnes jeunes et les personnes âgées, les fortes et les faibles, les riches et les pauvres. Proclame l'Évangile par tes paroles et dans ta vie. Aime et sers le peuple du Christ. Nourris-le et fortifie-le pour qu'il glorifie Dieu dans cette vie et dans la vie à venir.

Que le Seigneur qui t'a donné la volonté d'assumer ces tâches te donne la grâce et le pouvoir de les mener à bien.

En foi de quoi j'ai apposé ma signature et mon sceau,
à _____, ce _____ jour de _____ 20 _____,
en la _____ année de ma consécration.

(Signature) _____

Évêque de _____.

# Introduction à l'office

Ce rite est destiné à être utilisé lors de l'institution et de l'installation des prêtres en tant que rectrice ou recteur d'une paroisse. Il peut également être utilisé pour l'installation des doyens et doyennes, des chanoines des cathédrales, ou pour l'inauguration d'autres fonctions diocésaines ou paroissiales, telles que les vicaires des missions ou les clercs auxiliaires. L'office est alors modifié en fonction des circonstances.

La responsabilité de la célébration incombe habituellement à l'évêque, mais il est possible de nommer un·e suppléant·e si nécessaire. C'est l'évêque, le cas échéant, qui préside la célébration de l'eucharistie. En son absence, cette responsabilité est confiée à la ou au prêtre que l'on installe.

Si d'autres prêtres servent dans la même congrégation, ils ou elles se tiennent à ses côtés autour de l'autel, et les diacres l'assistent en ce qui les concerne.

Des membres laïques de la congrégation lisent la leçon de l'Ancien Testament et l'Épître et effectuent les autres actions indiquées dans les rubriques. La personne désignée (diacre ou prêtre) lit l'Évangile. Les autres membres du clergé du diocèse participent à cette célébration pour manifester la collégialité de leur ministère commun.

Les prêtres et pasteur·es d'autres Églises peuvent être invités à participer.

Il revient à l'impétrant·e, s'il s'agit d'un·e diacre, de lire l'Évangile, de préparer les éléments durant l'offertoire, d'aider la personne qui célèbre à l'autel et de donner congé à la congrégation.

En cas d'institution d'une personne laïque, il lui revient de lire une des leçons et d'apporter son aide, le cas échéant.

Des consignes complémentaires sont fournies à la page [504].

# Célébration d'un nouveau ministère

*Il est possible de chanter un hymne, un psaume ou un cantique.*

## Institution

*Les marguilliers ou marguillières avancent devant l'évêque avec l'impétrant·e, et annoncent par exemple :*

Évêque N., nous sommes réunis aujourd'hui pour accueillir N. N., qui a été choisi·e comme *(rectrice)(recteur)* de *(nom de l'église)*. Nous pensons qu'*(elle)(il)* est parfaitement qualifié·e et qu'*(elle)(il)* a été sélectionné·e dans la prière et selon les procédures légales.

*L'évêque peut lire la lettre d'institution, ou préciser la finalité des fonctions endossées.*

*Puis, l'évêque déclare :*

N., t'engages-tu devant cette congrégation à te montrer digne de la confiance et de la responsabilité qui te sont accordées aujourd'hui ?

*Impétrant·e*     Oui, je m'y engage.

*L'évêque s'adresse ensuite à la congrégation :*

Vous qui êtes témoins de ce commencement, soutiendrez-vous N. dans ce ministère ?

*Assemblée*     Oui, nous nous y engageons.

*L'évêque, debout, dit :*

Dans ce cas, offrons nos prières à Dieu pour tout son peuple, pour cette congrégation et pour N., *(sa rectrice)(son recteur)*.

*La litanie des ordinations ou une autre litanie appropriée est
dirigée par la personne désignée à cet effet. À la fin de la litanie,
l'évêque, debout, lit la collecte suivante, ou une autre, en
commençant par :*

|  | Le Seigneur soit avec vous. |
| *Assemblée* | Et avec toi aussi. |
| *Évêque* | Prions. |

Ô Dieu éternel, fortifie et soutiens N., afin qu'avec patience
et compréhension *(elle)(il)* aime ton peuple et veille sur lui ;
ensemble, accorde-leur de suivre Jésus Christ, en t'offrant leurs
dons et leurs talents ; par celui qui vit et règne avec toi et le Saint-
Esprit, un seul Dieu, pour les siècles des siècles. *Amen.*

## Pour la liturgie de la Parole

*Les lectures sont choisies dans la liste suivante, ou selon les
consignes de la page [515].*

| *Ancien Testament* | Josué 1.7-9 *ou* Nombres 11.16-17,24-25a |
| *Psaume* | 43 *ou* 132.1-9 *ou* 146 *ou* 133 et 134 |
|  | (particulièrement indiqué le soir) |
| *Épître* | Romains 12.1-18 *ou* Éphésiens 4.7,11-16 |
| *Évangile* | Jean 15.9-16 *ou* Luc 10.1-2 *ou* Jean 14.11-15 |

*Prédication*

Après la prédication et les réponses éventuelles, la congrégation
chante un hymne.

## Installation

*Des personnes représentant la congrégation et le clergé du diocèse
se tiennent devant l'évêque avec l'impétrant·e. Les présentations
qui suivent peuvent être complétées, omises ou adaptées en
fonction de la nature du nouveau ministère et de l'ordre de
la personne concernée. En l'absence de l'évêque, sa ou son
suppléant·e utilise les mots indiqués entre parenthèses.*

*Quelqu'un représentant la congrégation présente une Bible en disant :*

N., accepte cette Bible, et demeure parmi nous (*ou* demeure en ce lieu) pour proclamer la Parole.

*Assemblée*   Amen.

*L'évêque présente un récipient d'eau en disant :*

N., prends cette eau et aide-moi (aide l'évêque) à baptiser en obéissance à notre Seigneur.

*Assemblée*   Amen.

*Quelqu'un d'autre présente une étole ou un autre symbole en disant :*

N., reçois cette étole et demeure parmi nous en tant que pasteur·e et prêtre.

*Assemblée*   Amen.

*Quelqu'un d'autre présente un livre de prières ou un autre symbole en disant :*

N., reçois ce livre et demeure parmi nous en tant que *(femme) (homme)* de prière.

*Assemblée*   Amen.

*Quelqu'un d'autre présente de l'huile d'olive ou un autre symbole en disant :*

N., utilise cette huile et demeure parmi nous pour apporter la guérison et la réconciliation.

*Assemblée*   Amen.

*Si l'impétrant·e est la rectrice ou le recteur de la paroisse, ou son vicaire, un·e marguillier·e peut maintenant lui présenter les clés de l'église en disant :*

N., reçois ces clés, et veille à ce que les portes de ce lieu soient ouvertes à tout le monde.

*Assemblée*   Amen.

*Quelqu'un représentant le clergé du diocèse présente la Constitution et les canons de cette Église en disant :*

N., obéis à ces Canons, et demeure parmi nous pour prendre part aux conseils de ce diocèse.

*Assemblée*   Amen.

*Quelqu'un représentant la congrégation présente du pain et du vin en disant :*

N., prends ce pain et ce vin, et demeure parmi nous pour partager le Pain et bénir la Coupe.

*Assemblée* Amen.

*Puis, l'évêque déclare :*

N., que tous ces éléments soient les signes de la charge qui est la tienne et la mienne (celle de l'évêque et la tienne) en ce lieu.

*Assemblée* Amen.

*L'impétrant·e, s'il s'agit d'un·e prêtre, peut alors s'agenouiller au milieu de l'église et dire :*

Seigneur, mon Dieu, je ne suis pas digne que tu entres sous mon toit. Pourtant, tu as appelé *(ta servante)(ton serviteur)* à se tenir dans ta maison et à servir à ton autel. Je me consacre à toi et à ton service de tout mon corps, de toute mon âme et de tout mon esprit. Remplis ma mémoire du récit de tes prouesses ; éclaire mon intelligence de la lumière de ton Esprit saint ; et que tous les désirs de mon cœur et de ma volonté tendent vers ce que tu voudrais que je fasse. Fais de moi un instrument de ton salut pour les personnes qui me sont confiées. Et accorde-moi d'administrer fidèlement tes saints Sacrements et d'annoncer ta Parole vraie et vivante par ma vie et mon enseignement. Sois toujours avec moi dans l'exercice des fonctions de ma charge. Pendant la prière, vivifie ma dévotion ; pendant les louanges, accrois mon amour et ma gratitude ; pendant les prédications, accorde-moi la disponibilité de pensée et d'expression ; et fais en sorte que, par la clarté et l'éclat de ta sainte Parole, le monde entier soit attiré dans ton royaume béni. Je te demande tout cela pour l'amour de ton Fils, notre Sauveur Jésus Christ. *Amen.*

*L'évêque présente ensuite l'impétrant·e à la congrégation en disant :*

Saluez votre *(nouvelle rectrice)(nouveau recteur)* !

*Le cas échéant, sa famille peut être présentée en même temps.*

*La congrégation exprime son approbation. Il est d'usage d'applaudir.*

*L'évêque salue l'impétrant·e, qui dit ensuite à l'assemblée :*

Que la paix du Seigneur soit toujours avec vous !

*Assemblée*     Et avec toi aussi.

*L'impétrant·e salue ensuite les autres membres du clergé, les membres de sa famille et la congrégation.*

*Les fidèles se saluent mutuellement.*

## Pendant l'Eucharistie

*L'office continue avec l'offertoire.*

*L'évêque ou, à défaut, un·e prêtre endossant de nouvelles fonctions se tient à la Table du Seigneur pour présider la célébration, et les autres membres du clergé le rejoignent pour la grande Action de grâces de l'Eucharistie.*

*On peut utiliser la Préface des apôtres et des ordinations, sauf pour les grandes fêtes.*

## Après la communion

*Pour l'installation des prêtres ou des diacres, au lieu de la prière habituelle après la communion, l'évêque dirige les fidèles dans la prière suivante. En revanche, si la personne installée est laïque, on utilise la prière habituelle.*

Père tout-puissant, nous te rendons grâces de nous avoir donné la sainte nourriture du Corps et du Sang de ton Fils, et de nous avoir unis à lui par la communion de ton Saint-Esprit. Nous te rendons grâces de susciter parmi nous des servantes et des serviteurs fidèles pour exercer le ministère de ta Parole et de tes Sacrements. Nous prions pour que N. soit pour nous, dans ses paroles et dans ses actes, un exemple éloquent d'amour, de patience et de sainteté de vie. Accorde-nous à présent de pouvoir te servir avec *(lui)(elle)*, et de toujours nous réjouir de ta gloire ; par ton Fils Jésus Christ, notre Seigneur, qui vit et règne avec toi et le Saint-Esprit, un seul Dieu, pour les siècles des siècles. *Amen.*

*À la demande de l'évêque, la ou le prêtre qui vient d'être installé·e peut prononcer une bénédiction.*

*Un·e diacre (ou, à défaut, un·e prêtre) donne congé aux fidèles.*

# Consignes complémentaires

L'institution, le ministère de la Parole et l'installation doivent avoir lieu à l'entrée du chœur, ou à un endroit où l'évêque et les autres membres du clergé peuvent être vus et entendus clairement par la congrégation.

La lettre d'institution doit être utilisée pour l'installation des rectrices et recteurs de paroisse, des doyens et doyennes de cathédrale et de toute personne assumant une charge similaire.

Sa formulation peut être modifiée par l'évêque lorsque les circonstances l'exigent. Dans d'autres cas, l'évêque peut indiquer brièvement la nature des fonctions de l'intéressé·e et l'autorité qui lui est conférée.

L'impétrant·e est habituellement présenté·e à l'évêque par les marguilliers et marguillières de la paroisse, mais d'autres personnes peuvent les accompagner ou s'en charger si on le souhaite.

La litanie peut être chantée ou récitée debout ou à genoux, mais l'évêque se tient toujours debout pour la salutation et la collecte à la fin. Il est possible d'utiliser à la place la collecte du jour, une collecte de la saison ou une autre prière adaptée à l'occasion.

Avant l'Évangile, il peut y avoir une ou deux lectures tirées de l'Écriture. Ces lectures, y compris l'Évangile, peuvent être choisies dans le propre du jour ou dans les passages indiqués dans l'office. Il est possible de les remplacer par d'autres passages adaptés aux circonstances. On trouvera des propositions appropriées dans l'office pour l'ordination des diacres ou dans le Lectionnaire pour diverses occasions.

La prédication peut être assurée par l'évêque, l'impétrant·e ou quelqu'un d'autre ; il est également possible de prononcer un discours sur les activités de la congrégation et de l'intéressé·e. Les personnes représentant la congrégation ou la communauté, de même que l'évêque ou d'autres personnes présentes, peuvent répondre au discours ou à la prédication.

Les symboles présentés doivent être suffisamment grands pour que tout le monde puisse les voir, et rester visibles pendant l'installation. Les vêtements, le pain et le vin peuvent être utilisés pendant l'Eucharistie qui suit.

La prière des prêtres à la page [513] n'est valable que pour les rectrices et recteurs de paroisses, les vicaires des missions, les aumôniers et aumônières en milieu hospitalier et les prêtres assumant une charge canonique similaire.

Toutes les prières eucharistiques autorisées peuvent être utilisées pour la grande Action de grâces.

# Introduction à l'office

Cet office est prévu pour la dédicace et la consécration d'une église et de son mobilier. Il est possible d'en utiliser ou d'en adapter des passages pour consacrer des parties de l'édifice ou des meubles qui ont été ajoutés, modifiés ou rénovés. De même, les parties correspondantes du rite peuvent être utilisées pour consacrer une chapelle ou un oratoire dans un autre bâtiment. Les dispositions permettant d'adapter le rite à des circonstances particulières sont fournies à la page [527].

Cet office peut être utilisé pour dédicacer et consacrer une église dès lors que l'édifice est apte à être utilisé régulièrement comme lieu de culte.

L'office n'exclut pas l'utilisation de l'édifice à des fins éducatives ou sociales, ou pour d'autres activités appropriées.

C'est l'évêque qui préside l'office. Le recteur, la rectrice ou le membre du clergé responsable de l'édifice participe selon les modalités indiquées. Les membres du clergé des environs doivent être invités à participer à l'office et peuvent se voir confier certaines parties relevant de leurs compétences.

Il est bon que tous les membres de la congrégation, quel que soit leur âge, participent à la célébration, individuellement ou collectivement, de même que l'architecte, l'équipe chargée de la construction, les musiciennes et musiciens, les artistes, les mécènes et les amis de l'édifice.

Pour une église ou une chapelle en service depuis longtemps, un rite particulier est prévu à la page [527].

Des consignes complémentaires sont fournies à la page [525].

# Dédicace et consécration d'une église

*Le jour dit, le clergé et les fidèles retrouvent l'évêque en un lieu distinct de l'église ou de la chapelle.*

*Lorsque tout le monde est prêt, l'évêque prononce des paroles comme celles-ci :*

Au cours des siècles, notre Dieu tout-puissant a incité son peuple à construire des maisons de prière et de louange, et à réserver des lieux pour le ministère de sa sainte Parole et de ses saints Sacrements. Emplis de gratitude pour la construction (la réfection *ou* l'embellissement) de *(nom de l'église)*, nous sommes réunis aujourd'hui pour sa dédicace et sa consécration au nom de Dieu.

Prions.

Seigneur tout-puissant, nous te rendons grâces de nous avoir créés à ton image pour prendre part à l'organisation de ton monde. Reçois le travail accompli par nos mains en ce lieu qui sera dorénavant réservé à ton culte, à l'édification des êtres vivants et au souvenir des défunts et défuntes, pour la louange et la gloire de ton Nom ; par Jésus Christ, notre Seigneur. *Amen.*

*Les annonces nécessaires peuvent maintenant être faites.*

*Il convient de chanter et de jouer de la musique au moment où la procession arrive à la porte de l'église.*

*Devant la porte de l'église, l'évêque déclare :*

Que les portes s'ouvrent.

*On ouvre la porte. Avec sa crosse pastorale, l'évêque trace le signe de croix sur le seuil en disant :*

Paix à cette maison et à toutes les personnes qui y entrent : ✠ Au nom du Père, du Fils et du Saint-Esprit. *Amen.*

*On chante le psaume 122 ou un autre psaume approprié lorsque la procession entre dans l'église. On peut également chanter des hymnes et des cantiques.*

*La congrégation se tient debout et l'évêque commence la prière pour la consécration de l'église :*

|  | Notre secours vient du Seigneur lui-même. |
| --- | --- |
| *Assemblée* | Qui a fait les cieux et la terre ! |
| *Évêque* | Prions. |

Père éternel qui veilles sur nous et prends soin de nous, tu es notre source et notre fin : tout ce que nous sommes et tout ce que nous avons sont à toi. Accepte-nous à présent, tandis que nous consacrons ce lieu où nous allons louer ton Nom, demander ton pardon, connaître ton pouvoir de guérison, entendre ta Parole et être nourris du Corps et du Sang de ton Fils. Sois toujours présent pour guider, juger, éclairer et bénir ton peuple.

*Une personne représentant la congrégation (marguillier·e ou autre) continue :*

Seigneur Jésus Christ, fais de ce lieu un temple de ta présence et une maison de prière. Tiens-toi toujours près de nous lorsque nous te cherchons ici. Que nous venions seuls ou accompagnés, attire-nous à toi pour trouver ici réconfort et sagesse, pour être entourés et fortifiés, pour nous réjouir et rendre grâces. Que ce soit en ce lieu, Christ Seigneur, que nous ne fassions qu'un avec toi et les uns avec les autres, pour que nos vies soient soutenues et sanctifiées dans le but de te servir.

*Le recteur, la rectrice ou le membre du clergé responsable poursuit :*

Saint-Esprit, ouvre nos yeux, nos oreilles et nos cœurs pour que nous puissions nous rapprocher de toi dans la joie et dans la souffrance. Demeure avec nous dans ta pleine puissance quand ta maison s'enrichit de nouveaux membres, quand nous grandissons dans la grâce au fil des ans, quand nous nous unissons par les liens du mariage, quand nous nous tournons vers toi dans la maladie ou pour un besoin particulier et, au dernier jour, quand nous sommes remis entre les mains du Père.

*L'évêque termine ainsi :*

|  | À présent, ô Père, Fils et Saint-Esprit, sanctifie ce lieu. |
| *Assemblée* | Oui, dans les cieux et sur la terre, tout t'appartient. |
| *Évêque* | Car, Seigneur, tu es le roi. |
| *Assemblée* | Le souverain maître de tous les êtres. *Amen.* |

*L'évêque va jusqu'aux fonts baptismaux, pose la main dessus et dit :*

Père, nous te rendons grâces de ce que, par les eaux du Baptême, nous mourons au péché pour être renouvelés en Christ. Accorde par ton Esprit que ceux et celles qui seront baptisés ici puissent goûter la liberté et la splendeur des enfants de Dieu.

V.  Il y a un seul Seigneur, une seule foi, un seul baptême.

R.  Un seul Dieu, le Père de tous les êtres humains.

Nous consacrons ces fonts baptismaux au Nom du Père et du Fils et du Saint-Esprit. *Amen.*

*Si des baptêmes doivent être célébrés, l'eau est alors versée dans les fonts baptismaux et l'office continue selon les consignes de la page [526].*

*Si aucun baptême ne doit avoir lieu, [il est possible de verser de l'eau dans les fonts baptismaux, et] l'évêque déclare :*

|  | Le Seigneur soit avec vous. |
| *Assemblée* | Et avec toi aussi. |
| *Évêque* | Rendons grâces au Seigneur notre Dieu. |
| *Assemblée* | Il est juste de lui rendre grâces et louanges. |

*Face aux fonts baptismaux, l'évêque dit :*

Nous te remercions, Dieu tout-puissant, pour le don de l'eau. Le Saint-Esprit a plané au-dessus d'elle au commencement de la création. Par sa traversée, tu as libéré les enfants d'Israël de leur esclavage en Égypte pour les conduire à la Terre promise. Et c'est par elle que ton Fils Jésus a reçu le baptême de Jean et l'onction du Saint-Esprit en tant que Messie, en tant que Christ, pour nous conduire de l'esclavage du péché à la vie éternelle par sa mort et sa résurrection.

Nous te remercions, Père, pour l'eau du baptême. Grâce à elle, nous sommes ensevelis avec le Christ dans sa mort. À travers elle, nous prenons part à sa résurrection. En elle, nous renaissons par le Saint-Esprit. C'est donc dans une obéissance joyeuse à ton Fils que nous accueillons dans sa communauté celles et ceux qui viennent à lui dans la foi, en les baptisant au nom du Père et du Fils et du Saint-Esprit.

Par la puissance de ton Esprit saint, accorde à ceux et celles d'entre nous qui ont été lavés du péché et qui sont nés à nouveau d'avancer toujours dans la vie ressuscitée de Jésus Christ, notre Sauveur.

C'est à toi, à lui et au Saint-Esprit que reviennent tout honneur et toute gloire pour les siècles des siècles. *Amen.*

*L'évêque va jusqu'au lutrin, pose la main dessus et dit :*

Père, ton Verbe éternel nous parle à travers les mots des Saintes Écritures. Nous y apprenons tes prouesses et tes intentions au fil de l'histoire et découvrons les hommes et les femmes que tu as choisis pour manifester ta volonté. Inspirés par la révélation de ton Fils, nous cherchons à connaître tes intentions aujourd'hui. Donne-nous des oreilles pour entendre et des cœurs pour obéir.

V.   Ce que nous disons, ce que nous méditons devant toi.
R.   Nous espérons que cela te sera agréable.

Nous consacrons ce lutrin au Nom du Père et du Fils et du Saint-Esprit. *Amen.*

*L'évêque va jusqu'à la chaire, pose la main dessus et dit :*

Père, à chaque génération, tu as parlé par la voix des prophètes, des pasteurs et des enseignants et enseignantes. Purifie la vie et les lèvres des femmes et des hommes qui prennent la parole ici, afin que seule ta parole soit proclamée et que seule ta parole soit entendue.

V.   Ta parole est une lampe devant nos pas.
R.   Une lumière qui éclaire notre sentier.

Nous consacrons cette chaire au Nom du Père et du Fils et du Saint-Esprit. *Amen.*

## Pour la liturgie de la Parole

*Trois leçons sont lues. La leçon de l'Ancien Testament et l'Épître sont lues par des personnes laïques. La personne désignée (diacre ou prêtre) lit l'Évangile. Les lectures sont généralement choisies dans la liste suivante. Mais, pour une grande fête, un dimanche ou une fête patronale, elles peuvent être choisies dans le propre du jour.*

| | |
|---|---|
| *Ancien Testament* | 1 Rois 8.22-23,27b-30 *ou* 2 Samuel 6.12-15,17-19 |
| *Psaume* | 84 *ou* 48 |
| *Épître* | Apocalypse 21.2-7 *ou* 1 Corinthiens 3.1-11,16-17 *ou* 1 Pierre 2.1-9 |

*Lorsqu'un instrument de musique doit être consacré, après l'épître, l'évêque va à l'endroit indiqué et dit :*

Père, ton peuple t'adore par une multitude de voix et de sons, dans les moments de joie comme de tristesse. Inspire-nous pour que les merveilles, la puissance et la gloire de ta création s'expriment dans la musique que nous jouons et dans les chants que nous interprétons.

V.  Acclamez-le en sonnant de la trompette !
R.  Acclamez-le avec la guitare, et la flûte !

Nous consacrons cet·te *(nom de l'instrument)* au Nom du Père et du Fils et du Saint-Esprit. *Amen.*

*On joue à présent de la musique, ou on chante un hymne ou un cantique.*

*Tout le monde se lève pour l'Évangile, qui peut être choisi parmi les leçons suivantes :*

Matthieu 7.13-14,24-25 ou Matthieu 21.10-14

### Prédication ou discours

*D'autres offices pastoraux peuvent être célébrés ensuite.*

*Si le « Symbole des apôtres » n'a pas encore été récité, on récite ou chante ici le « Symbole de Nicée ».*

*Les prières des fidèles sont portées par le ou la diacre ou par un membre de la congrégation.*

*Après un temps de silence, l'évêque termine par les prières suivantes :*

Dieu tout-puissant, toute saison est ta saison, et toute occasion invite à ta tendre miséricorde : accepte les prières et les intercessions offertes en ce lieu aujourd'hui et dans les jours qui suivront ; par Jésus Christ, notre Médiateur et Défenseur. *Amen.*

Nous te rendons grâces, Seigneur, pour les dons de ton peuple et pour le travail des nombreuses mains qui ont embelli ce lieu et l'ont meublé pour la célébration de tes saints mystères. Accepte et bénis ce que nous avons réalisé, et accorde-nous de contempler dans ces choses terrestres l'ordre et la beauté des choses célestes, par Jésus Christ notre Seigneur. *Amen.*

*Puis, l'évêque déclare :*

Prions maintenant pour la mise à part de l'autel.

*L'évêque se rend à la Table et, les bras tendus, déclare :*

Nous te louons, Dieu éternel et tout-puissant, car pour nous et pour notre salut, tu as envoyé ton Fils Jésus Christ naître parmi nous, afin que, par lui, nous devenions tes fils et tes filles.
*Béni soit ton nom, Seigneur Dieu.*

Nous te louons pour sa vie sur terre et pour sa mort sur la croix par laquelle il s'est offert en sacrifice parfait.
*Béni soit ton nom, Seigneur Dieu.*

Nous te louons de l'avoir ressuscité des morts et de l'avoir exalté pour qu'il soit notre grand prêtre.
*Béni soit ton nom, Seigneur Dieu.*

Nous te louons d'avoir envoyé ton Esprit saint pour nous sanctifier et nous unir dans ta sainte Église.
*Béni soit ton nom, Seigneur Dieu.*

*L'évêque pose une main sur la Table et poursuit :*

Seigneur Dieu, écoute-nous. Sanctifie cette table qui t'est consacrée. Qu'elle soit pour nous un signe de l'autel céleste où tes saints et saintes et tes anges chantent tes louanges pour l'éternité. Accepte que nous commémorions ici régulièrement le sacrifice de ton Fils. Accorde à toutes celles et tous ceux qui mangeront et boiront à cette sainte Table d'être nourris et rafraîchis par sa chair et son sang, d'être pardonnés de leurs péchés, d'être unis aux autres et d'être fortifiés pour te servir.

*Béni soit ton Nom, Père, Fils et Saint-Esprit, maintenant et pour les siècles des siècles. Amen.*

*On peut maintenant sonner les cloches et jouer de la musique. Les membres de la congrégation dressent l'autel, y déposent les récipients et allument les cierges.*

## Geste de paix

*L'évêque dit à l'assemblée :*

|  | Que la paix du Seigneur soit toujours avec vous ! |
|---|---|
| *Assemblée* | Et avec toi aussi. |

*L'évêque, les membres du clergé et les fidèles se saluent mutuellement.*

## Pendant l'Eucharistie

*L'office continue avec l'offertoire.*

*La célébration est présidée par l'évêque ou par un·e prêtre désigné·e à cet effet.*

*Il est possible d'utiliser la Préface de la dédicace d'une église.*

*Après la prière qui suit la communion, l'évêque bénit les fidèles, puis un·e diacre ou prêtre leur donne congé.*

# Consignes complémentaires

Il convient d'utiliser la forme complète de l'office de dédicace et de consécration d'une église lors de l'inauguration d'une église ou d'une chapelle. Il n'est pas nécessaire d'être propriétaire des locaux ou d'avoir remboursé tous les emprunts pour que cet office ait lieu.

Lorsque les membres du clergé et les fidèles se rassemblent avant l'office, ils et elles peuvent se réunir à l'extérieur, dans la maison paroissiale, dans un lieu de culte précédent ou avoisinant, ou dans un autre bâtiment. Lorsque cela est possible, la procession peut faire le tour du ou des édifices à consacrer avant de se rendre à la porte principale. Des hymnes ou des psaumes peuvent être utilisés pendant la procession. Il est possible d'utiliser des instruments de musique portatifs. Le cas échéant, les orgues doivent rester silencieuses jusqu'à ce qu'elles aient été consacrées. Par mauvais temps, ou si les circonstances le justifient, la congrégation peut se réunir à l'intérieur de l'église ; cependant, l'évêque, les autres membres du clergé et l'assemblée doivent entrer par la porte principale en formant une procession.

Lors de la consécration d'une nouvelle église, il est souhaitable que les récipients sacrés, les ornements et les décorations soient apportés dans l'édifice lors de la procession. Des éléments tels que l'acte de propriété et le plan du ou des bâtiments, les clés ou les outils utilisés pour la construction peuvent également être apportés par les personnes compétentes.

La croix tracée sur le seuil par l'évêque peut être marquée par un signe durable (incision, peinture, incrustation). Le pied d'une croix de procession peut être utilisé pour tracer le signe de croix à la place de la crosse pastorale.

Pour la dédicace des fonts baptismaux, on chargera des enfants ou d'autres personnes laïques de verser l'eau. S'il n'est pas prévu de baptême, après avoir récité la prière sur les fonts baptismaux, l'évêque peut consacrer le saint chrême qui sera utilisé dans cette église, comme indiqué dans l'office du saint Baptême.

Si des baptêmes sont prévus, on respectera l'ordre suivant : l'Évangile indiqué dans « Pour le baptême » à la page [928], puis l'office du saint Baptême en commençant par la présentation des catéchumènes et en terminant par la réception des personnes baptisées.

Lorsque les meubles de l'église sont consacrés, ils peuvent être agrémentés de fleurs, de cierges, de parements, ou d'autres décorations par les membres de la congrégation.

On peut utiliser des versets choisis de psaumes et d'hymnes, ou de la musique instrumentale, lorsque les membres du clergé se déplacent d'une partie de l'église à une autre.

Si un même pupitre doit servir à la fois de lutrin et de chaire, on utilise une seule des prières et une seule série de versets et réponses, suivies des paroles de la dédicace.

Lors de la dédicace du lutrin, la Bible est apportée et mise en place par une personne compétente (donatrice ou donateur, lecteur ou lectrice laïque, etc.).

S'il est prévu un discours au lieu de la prédication, il est d'usage qu'un·e marguillier·ère ou une personne laïque expose les projets de la congrégation concernant le témoignage de l'Évangile. L'évêque peut répondre en décrivant la place qu'occupe la congrégation dans la vie du diocèse.

La prédication ou le discours peuvent être suivis d'un office pastoral approprié, tel que l'Action de grâces pour la naissance ou l'adoption d'enfants, l'Engagement au service du Christ ou la bénédiction de l'onction des malades.

Tous les modèles habituels de prières des fidèles peuvent être utilisés. Il est également possible d'en composer un pour l'occasion, qui tienne compte de la nature particulière de la communauté et qui rende hommage aux mécènes, aux donateurs et donatrices, aux artistes, aux artisans, etc.

Pour le linge et la décoration de l'autel, il est d'usage que les personnes qui ont fait don du mobilier, ou d'autres laïques, les apportent et les mettent en place. C'est à ce moment-là que l'on utilise l'encens, le cas échéant.

Au lieu de la préface propre suggérée, il est possible d'utiliser celle de la saison ou une autre en rapport avec le nom de l'église.

### Dédicace d'églises et de chapelles à caractère particulier

Si le lieu de culte public doit également servir d'école ou de salle paroissiale, ou à d'autres fins appropriées, il est possible d'adapter l'office aux circonstances.

Si l'église doit également être utilisée pour des cultes réguliers par d'autres confessions chrétiennes, il est bon que des personnes les représentant participent à l'office et que celui-ci soit adapté.

Les parties appropriées de l'office peuvent être utilisées par l'évêque, ou par un·e prêtre avec l'autorisation de l'évêque, pour consacrer une chapelle privée ou un oratoire.

### Dédicace de meubles ou d'éléments d'une église ou d'une chapelle

Les parties pertinentes de l'office de dédicace et de consécration d'une église peuvent être utilisées par l'évêque ou un·e prêtre pour bénir des modifications, des ajouts ou de nouveaux meubles dans une église ou une chapelle. Dans chacun de ces cas, la prière correspondante peut être dite ou adaptée aux circonstances, et l'on choisira des prières et des lectures bibliques liées à l'occasion. Dans la mesure du possible, les espaces ou les meubles concernés doivent être mis en service à ce moment-là.

Seuls les évêques peuvent procéder à la bénédiction de nouveaux fonts baptismaux ou d'un baptistère, et cette bénédiction doit être suivie, si possible, de l'administration du saint Baptême.

La bénédiction d'un autel est également réservée aux évêques, et doit toujours être suivie de la célébration de la sainte Eucharistie.

### Pour une église ou une chapelle en service depuis longtemps

Lorsque des édifices ont été utilisés pour le culte public pendant une période prolongée sans avoir été consacrés, le rite suivant peut permettre à la congrégation de réaffirmer son engagement dans sa mission et son ministère. Il se justifie tout particulièrement lorsqu'une congrégation est reconnue en tant que paroisse.

1. Procession
2. Signe de croix sur le seuil
3. Litanie d'action de grâces pour une église, page [578]
4. À toi, Dieu
5. Liturgie de la Parole, avec prédication ou discours
6. Renouvellement des vœux de baptême
7. Intercessions, avec commémoration des bienfaiteurs et bienfaitrices
8. Geste de paix
9. Eucharistie, à partir de l'offertoire

## Litanie d'action de grâces pour une église

Rendons grâces à Dieu que nous adorons ici dans la splendeur de sa sainteté.

Dieu éternel, les cieux, malgré leur immensité, ne peuvent déjà pas te contenir ! Encore moins ce temple que nous avons construit. Daigne recevoir nos remerciements pour ce lieu, et accepte le travail de nos mains, que nous offrons en ton honneur et à ta gloire.

Pour l'Église universelle, dont ce visible édifice est le symbole.
*Nous te rendons grâces, Seigneur.*

Pour ta présence chaque fois que deux ou trois personnes s'assemblent en ton Nom.
*Nous te rendons grâces, Seigneur.*

Pour ce lieu où nous pouvons nous arrêter et savoir que tu es Dieu.
*Nous te rendons grâces, Seigneur.*

Pour avoir fait de nous tes enfants par adoption et par grâce, et nous avoir renouvelés jour après jour avec le pain de vie.
*Nous te rendons grâces, Seigneur.*

Pour la connaissance de ta volonté et la grâce de l'accomplir.
*Nous te rendons grâces, Seigneur.*

Pour la réponse à nos désirs et demandes selon ce que tu juges le mieux pour nous.

*Nous te rendons grâces, Seigneur.*

Pour le pardon de nos péchés, qui nous rétablit dans la compagnie de tes fidèles.

*Nous te rendons grâces, Seigneur.*

Pour la bénédiction de nos vœux et le couronnement de nos années par ta bonté.

*Nous te rendons grâces, Seigneur.*

Pour la foi de ceux et celles qui nous ont précédés et pour leur persévérance qui nous encourage.

*Nous te rendons grâces, Seigneur.*

Pour la communion [de N., notre saint·e patron·ne, et] de tes saints et saintes.

*Nous te rendons grâces, Seigneur.*

*Après un bref silence, la personne qui célèbre termine par cette doxologie :*

| | |
|---|---|
| | C'est à toi, Seigneur, qu'appartiennent la grandeur, la puissance, la splendeur, l'éclat et la majesté ! |
| *Assemblée* | Oui, dans les cieux et sur la terre, tout t'appartient. |
| *Célébrant·e* | Car, Seigneur, tu es le roi. |
| *Assemblée* | Le souverain maître de tous les êtres. *Amen.* |

*Cette litanie peut également être utilisée lors de l'anniversaire de la dédicace ou de la consécration d'une église, ou en d'autres occasions appropriées.*

# Psaumes de David ou Psautier

# Introduction au Psautier

Le Psautier est un recueil de poésie liturgique destiné à la prière à voix haute (chantée ou lue) de l'assemblée. Il existe plusieurs modes de psalmodie traditionnels. Simples ou élaborés, ils permettent d'éviter l'utilisation exclusive d'un seul, qui rendrait la récitation du Psautier inutilement monotone. Ces modes traditionnels sont les suivants :

La **récitation directe** désigne la lecture ou le chant à l'unisson d'un psaume entier ou d'une partie de celui-ci. Particulièrement approprié pour les versets de psaumes que le lectionnaire suggère d'utiliser entre les leçons pendant l'Eucharistie, lorsque les versets sont récités plutôt que chantés, ce mode est souvent considéré comme une bonne manière de psalmodier les psaumes.

La **récitation antiphonique** correspond à une alternance, verset par verset, entre deux groupes qui chantent ou lisent : le chœur et l'assemblée, par exemple, ou deux parties de l'assemblée. La récitation alternée se termine soit par le « Gloire au Père », soit par un refrain, appelé antienne, récité à l'unisson. Il s'agit probablement de la manière la plus plaisante de réciter les psaumes durant l'Office quotidien.

La **récitation responsoriale** est le nom donné à un mode de psalmodie dans lequel les versets d'un psaume sont chantés par une voix seule, le chœur et l'assemblée reprenant un refrain après chaque verset ou groupe de versets. Il s'agit de la manière traditionnelle de chanter le psaume 95. Le rétablissement des antiennes invitatoires pour ce psaume permet d'ailleurs de retrouver cette forme de chant sacré dans l'Office quotidien. Il s'agit également de la manière traditionnelle de chanter les psaumes entre les leçons de l'Eucharistie, et elle est de plus en plus privilégiée par les compositeurs et compositrices modernes.

La **récitation alternée** constitue la méthode la plus souvent employée dans les églises épiscopaliennes. Dans celle-ci, les membres du clergé récitent les psaumes verset par verset en alternance avec l'assemblée.

La version des Psaumes qui suit est présentée sous forme de poèmes. Les vers correspondent à la versification hébraïque, qui n'est pas fondée sur la mesure ou la rime, mais sur le parallélisme des clauses, sur une symétrie de la forme et du sens. Ce parallélisme peut prendre la forme d'une similitude (« Les fleuves ont enflé, les fleuves ont enflé leur voix,/ils enflent leurs grondements », *psaume 93.4*), ou de contraste (« Le Seigneur connaît la conduite des justes ;/mais la voie des méchants/les mène au désastre », *psaume 1.6*), ou de prolongement logique (« Ainsi nous levons nos regards vers le Seigneur notre Dieu,/jusqu'à ce qu'il nous accorde sa grâce », *psaume 123.3*).

Le verset le plus courant est un couplet, mais les triplets sont très fréquents. Les quatrains ne sont pas rares non plus, même s'ils sont généralement répartis sur deux versets.

Un astérisque divise chaque verset en deux parties à lire ou à chanter. À la lecture, l'astérisque doit être marqué par une pause distincte.

Trois termes sont utilisés dans les Psaumes pour désigner Dieu : *Elohim* (« Dieu »), *Adonaï* (« Seigneur ») et le nom personnel *YHWH*. Le tétragramme, ou nom à quatre lettres, doit probablement être vocalisé Yahvé, mais rien n'est certain, car il est considéré depuis des temps très anciens comme étant trop sacré pour être prononcé. Chaque fois que cela se produisait, on le remplaçait par *Adonaï*. Dans les manuscrits les plus anciens, le Nom Divin était écrit en lettres surannées. Dans les manuscrits plus récents et dans les bibles imprimées, après l'invention des points de voyelle, le Nom a reçu les voyelles du mot *Adonaï*. Cela a donné lieu à une forme hybride qui a été translittérée en « Jéhovah ».

La révérence et la réticence du peuple hébreu à l'égard du Nom divin ont été reprises dans les versions anglaises classiques, le *Prayer Book Psalter* (Psautier du Livre de prières) et le *King*

*James Old Testament* (Ancien Testament du roi Jacques), où il était régulièrement rendu par « Seigneur ». Toutefois, pour le distinguer de la traduction d'*Adonaï*, *YHWH* était écrit en petites majuscules : SEIGNEUR.

De temps à autre, le texte hébreu utilise conjointement *Adonaï* et *YHWH*. La coutume hébraïque veut que l'on remplace alors *YHWH* par *Elohim*. De nombreuses traductions françaises, comme la tradition anglophone, suivent le même chemin en rendant le titre combiné par « SEIGNEUR Dieu ».

L'ancien cri de louange, « Alléluia », a été rétabli à la place de son équivalent moderne « Louons le Seigneur », afin de retrouver pour notre liturgie une forme du mot qui est familière de par son utilisation dans de nombreux hymnes bien connus. On pourra néanmoins, si on le souhaite, s'abstenir de dire « Alléluia » pendant la période du Carême.

# Le Psautier

## Livre un

### Premier jour : Prière du matin

#### 1    *Beatus vir qui non abiit*

1    Heureux celui qui ne suit pas les conseils des méchants,
        qui ne s'arrête pas sur le chemin de ceux qui se détournent de Dieu,
        et qui ne s'assied pas avec ceux qui se moquent de tout !

2    Ce qu'il aime, au contraire, c'est l'enseignement du Seigneur ;
        il le médite jour et nuit.

3    Il est comme un arbre planté près d'un cours d'eau :
        il produit ses fruits quand la saison est venue,
        et son feuillage ne perd jamais sa fraîcheur.
        Tout ce qu'il fait réussit.

4    Mais ce n'est pas le cas des méchants :
        ils sont comme des brins de paille dispersés par le vent.

5    C'est pourquoi, au moment du jugement,
        ces gens-là ne sont pas admis ;
        dans l'assemblée des justes, il n'y a pas de place pour eux.

6    Le Seigneur connaît la conduite des justes,
        mais la conduite des méchants
        les mène au désastre.

#### 2    *Quare fremuerunt gentes ?*

1    Les peuples s'agitent, mais pourquoi ?
        Les pays complotent, mais c'est en vain !

2    Les rois de la terre se préparent au combat,
        les princes se concertent contre le Seigneur
        et contre le roi qu'il a mis à part.

3    « Rompons les liens qu'ils nous imposent, disent-ils,
        rejetons leur domination ! »

4    Mais le Seigneur se met à rire,
        celui qui siège dans les cieux se moque d'eux.

5    Puis il s'adresse à eux avec colère,
        il les terrifie par son indignation :

6    « À Sion, la montagne qui m'appartient, dit-il,
        j'ai mis à part le roi que j'ai choisi. »

7    Laissez-moi citer le décret du Seigneur ;
        il m'a déclaré : « C'est toi qui es mon fils.
        Aujourd'hui, je t'ai fait naître.

8    Demande-moi tous les pays,
        je te les donnerai en propriété ;
        ton domaine s'étendra jusqu'au bout du monde.

9    Tu les maîtriseras avec une autorité de fer,
        tu les briseras comme un pot d'argile. »

10    Eh bien, vous les rois, montrez-vous intelligents !
        Laissez-vous avertir, souverains de la terre.

11-12    Servez le Seigneur en reconnaissant qu'il est Dieu,
        poussez des cris d'enthousiasme, tout en tremblant,
        de peur qu'il ne se fâche et que votre projet ne vous perde,
        car sa colère s'enflamme soudainement.
        Heureux tous ceux qui trouvent refuge en lui !

### 3    *Domine, quid multiplicati*

2    Seigneur, que mes ennemis sont nombreux !
        Tant de gens se dressent contre moi !

3    Tant de gens disent à mon sujet :
       « Aucune chance que Dieu vienne à son secours ! »

4    Mais toi, Seigneur,
       tu es pour moi un bouclier protecteur,
       tu me rends ma dignité et ma fierté.

5    Si j'appelle le Seigneur à mon secours,
       il me répond de la montagne qui lui appartient.

6    Je me suis endormi pour la nuit ;
       au réveil je reprends conscience :
       le Seigneur est mon appui.

7    Je n'ai plus peur de ces milliers de gens
       qui m'assaillent de tous côtés.

8    Interviens, Seigneur ;
       mon Dieu, sauve-moi !
       Oui, tu frappes à la joue tous mes ennemis,
       tu casses les dents aux méchants.

9    Seigneur, c'est toi qui sauves !
       Que ta bénédiction soit sur ton peuple !

## 4    *Cum invocarem*

2    Quand je t'appelle au secours, mon Dieu,
       réponds-moi, toi qui rétablis mon droit.
       Quand j'étais dans la détresse, tu m'as rendu la liberté.
       Accorde ta grâce, écoute ma prière !

3    Vous autres, jusqu'à quand salirez-vous mon honneur,
       vous qui aimez accuser pour rien, et qui cherchez à me calomnier ?

4    Apprenez que le Seigneur distingue celui qui est fidèle :
       il m'écoute quand je l'appelle au secours.

5    Quand vous êtes fâchés, ne vous mettez pas en tort,
       réfléchissez pendant la nuit, mais gardez le silence.

6    Offrez des sacrifices qui sont justes
       et faites confiance à la décision du Seigneur.

7     Beaucoup se plaignent :
          « Comme nous aimerions voir le bonheur !
          Seigneur, fais briller sur nous la lumière de ta face ! »

8     Dans mon cœur tu mets plus de joie
          que ces gens n'en trouvent quand leur blé et leur vin abondent.

9     Aussitôt couché, je m'endors en paix,
          car toi seul, Seigneur, tu me fais vivre en sécurité.

## 5    *Verba mea auribus*

2     Seigneur, écoute ce que je dis,
          remarque mes gémissements !

3     Mon Dieu, mon roi, sois attentif à mes appels !
          À toi j'adresse ma prière

4     dès le matin, Seigneur. Entends-moi !
          Dès le matin, je me prépare à être reçu chez toi, et j'attends.

5     Tu n'es pas un Dieu qui prend plaisir au mal.
          Le méchant n'a pas sa place chez toi.

6     Tu ne supportes pas les insolents devant toi ;
          tu détestes tous ceux qui font le malheur des autres.

7     Tu élimines les menteurs, Seigneur,
          tu as horreur de ceux qui pratiquent le meurtre et la fraude.

8     Mais ta bonté pour moi est si grande ! Grâce à elle, je peux entrer dans ta maison
          pour m'incliner avec respect devant le temple qui est le tien.

9     Seigneur, tu es un Dieu juste,
          sois mon guide à cause de mes adversaires ;
          aplanis devant moi le chemin que tu m'appelles à suivre.

10    Impossible de se fier à ce qu'ils disent ; ils ne pensent qu'à nuire.
          Leur langue leur sert à flatter,
          leur bouche est une tombe ouverte.

11  Dieu, déclare-les coupables ;
     que leurs intrigues les mènent à leur chute,
     chasse-les pour toutes leurs fautes, puisqu'ils te sont rebelles.

12  Mais que ceux qui trouvent refuge en toi se réjouissent,
     qu'ils crient leur joie pour toujours ;
     qu'ils chantent victoire à cause de toi, tous ceux qui t'aiment !
     Pour eux tu es un abri.

13  Toi, Seigneur, tu fais du bien aux personnes qui sont justes ;
     ta bienveillance est comme un bouclier qui les protège.

## Premier jour : Prière du soir

### 6   *Domine, ne in furore*

2   Seigneur, tu es irrité contre moi, mais ne me condamne pas ;
     tu es indigné contre moi, mais renonce à me punir.

3   Seigneur, accorde-moi ta grâce, je suis sans force.
     Seigneur, guéris-moi, je suis profondément troublé.

4   Je suis en plein désarroi.
     Et toi, Seigneur, que fais-tu ?

5   Reviens me délivrer, Seigneur,
     toi qui es si bon, sauve-moi !

6   Car dans la mort on ne se souvient pas de toi,
     dans le monde des morts, qui te célébrera ?

7   Je m'épuise à force de gémir,
     chaque nuit je trempe mon lit de larmes,
     j'inonde ma couche de pleurs.

8   Mes yeux se voilent tant j'ai de chagrin ;
     je n'y vois plus tant j'ai d'adversaires.

9   Allez-vous-en, vous tous qui faites le mal,
     car le Seigneur a entendu mes pleurs ;

10  oui, le Seigneur a entendu ma supplication,
     il a accueilli ma prière.

11 Honte à tous mes ennemis !
　　　 Qu'ils soient plongés dans le plus grand désarroi,
　　　 qu'ils repartent, soudain couverts de honte !

### 7　*Domine, Deus meu*

2　Seigneur mon Dieu, en toi je trouve refuge.
　　 Sauve-moi, délivre-moi de tous ceux qui me persécutent.

3　Sinon, comme des lions, ils vont me déchirer,
　　 me mettre en pièces sans que personne ne me délivre !

4　Seigneur mon Dieu, si j'ai fait ce qu'on dit,
　　 si mes mains ont commis un crime,

5　si j'ai rendu le mal pour le mal
　　 ou dépouillé sans raison celui qui m'en veut,

6　alors, que l'ennemi me poursuive, qu'il me rattrape,
　　 me piétine à terre tout vivant,
　　 qu'il traîne mon honneur dans la boue !

7　Lève-toi, Seigneur, interviens avec colère ;
　　 oppose-toi à mes adversaires furieux.
　　 Toi qui établis le droit, veille auprès de moi !

8　Que les peuples se rassemblent autour de toi ;
　　 et toi, domine-les du haut de ton trône.

9　Seigneur, toi qui juges les peuples,
　　 établis mon droit, ô Seigneur, selon ma justice et mon innocence.

10　Fais cesser les méfaits des méchants, affermis les personnes justes,
　　 toi qui perces le secret des consciences, toi, le Dieu juste.

11　Mon bouclier protecteur, c'est Dieu,
　　 il sauve ceux qui ont le cœur droit.

12　Dieu juge avec justice,
　　 mais il reste chaque jour un Dieu sévère.

13 C'est sûr, l'adversaire recommence :
   il aiguise son épée, il tend son arc et vise.

14 Il se prépare des armes de mort,
   il apprête des flèches incendiaires.

15 Le voici qui conçoit ses méfaits, qui porte en lui le malheur,
   qui accouche du mensonge.

16 Il creuse un trou profond,
   mais tombe dans son propre piège.

17 Le malheur qu'il a préparé lui revient sur la tête ;
   la violence qu'il a conçue lui retombe sur le crâne.

18 Je veux louer le Seigneur car il est juste,
   célébrer par mes chants le nom du Dieu très-haut.

## 8 *Domine, Dominus noste*

2 Ô Seigneur, notre maître,
   ta renommée est grande sur toute la terre !
   Ta majesté surpasse la majesté des cieux.

3 C'est la voix des petits enfants, des tout petits enfants,
   que tu opposes à tes adversaires.
   Elle est comme un rempart que tu dresses
   pour réduire au silence tes ennemis les plus acharnés.

4 Quand je vois les cieux que tu as créés,
   la lune et les étoiles que tu y as placées,

5 je me demande :
   L'être humain a-t-il tant d'importance pour que tu penses à lui ?
   Mérite-t-il vraiment que tu t'occupes de lui ?

6 Or tu l'as fait presque l'égal des anges,
   tu le couronnes de gloire et d'honneur.

7 Tu le fais régner sur tout ce que tu as créé :
   tu as tout mis à ses pieds,

8 les moutons, les chèvres et les bœufs,
   et même les bêtes sauvages,

9 les oiseaux, les poissons,
  et tout ce qui va son chemin dans les mers.

10 Ô Seigneur, notre maître,
  ta renommée est grande sur toute la terre !

## Deuxième jour : Prière du matin

### 9 *Confitebor tibi*

2 De tout mon cœur, je veux te louer, Seigneur,
  et raconter toutes tes merveilles.

3 Je veux me réjouir, être au comble de la joie grâce à toi,
  et célébrer ton nom par des chants, Dieu très-haut.

4 Mes ennemis ont battu en retraite,
  ils ont trébuché, ils ont péri devant toi.

5 Car tu as défendu mon droit et ma cause ;
  sur ton trône, tu sièges et tu juges avec justice.

6 Tu menaces les païens, tu fais périr les méchants,
  tu effaces leur nom pour toujours.

7 L'ennemi est réduit à rien, définitivement ruiné !
  Tu as dépeuplé ses villes, il n'en reste aucun souvenir.

8 Le Seigneur siège sur son trône éternel,
  il l'a dressé pour le jugement.

9 C'est lui qui juge le monde avec justice,
  qui gouverne les peuples avec droiture.

10 Le Seigneur est un refuge pour l'opprimé,
  un refuge dans les temps de détresse.

11 Qu'ils comptent sur toi, ceux qui te connaissent !
  Car tu n'abandonnes pas ceux qui te cherchent, Seigneur.

12 Célébrez le Seigneur qui a son trône à Sion ;
  parmi les peuples, proclamez ses exploits !

13 Car il demande des comptes aux meurtriers,
   il se souvient de leurs victimes,
   il n'oublie pas le cri des malheureux.

14 Seigneur, accorde-moi ta grâce,
   vois le malheur que j'endure
   à cause de mes ennemis,
   toi qui m'arraches des griffes de la mort.

15 Alors je raconterai tous tes bienfaits.
   Aux portes de la ville de Sion,
   je crierai ma joie de t'avoir comme sauveur !

16 Les païens sont tombés dans la fosse qu'ils avaient creusée ;
   ils se sont pris les pieds dans le filet qu'ils avaient tendu en cachette.

17 Le Seigneur s'est fait connaître,
   il a rendu la justice :
   le méchant se prend dans son propre piège.

18 Que les méchants retournent au monde des morts,
   ces païens qui oublient Dieu.

19 Car Dieu n'oubliera jamais le pauvre,
   pour les malheureux, l'espoir n'est jamais perdu.

20 Interviens, Seigneur ! Que l'être humain ne soit pas le plus fort !
   Que les peuples soient jugés devant toi.

21 Seigneur, remplis-les de terreur.
   Que les peuples le sachent : ils ne sont que des mortels !

## 10 *Ut quid, Domine ?*

1 Seigneur, pourquoi te tiens-tu éloigné ?
   Pourquoi te caches-tu dans les temps de détresse ?

2 Le méchant dans son orgueil exploite les malheureux ;
   les voilà pris à cause de ses machinations.

3 Le méchant se vante de ses ambitions ;
   avide de gain, il bénit le Seigneur, il se moque de lui.

4    Plein d'arrogance, le méchant se dit :
     « Dieu n'exige rien, il en est incapable. »
     Voilà bien toute sa pensée !

5    Ses méthodes sont toujours efficaces ;
     tes jugements sont trop loin de lui.
     D'un souffle, il balaie tous ses adversaires.

6    Il pense : « Je ne cours aucun risque,
     je resterai pour toujours à l'abri du malheur. »

7    Il n'a que malédictions à la bouche, fraudes et violences,
     sa langue ne produit que le malheur et l'oppression.

8    Embusqué, il se tient près des villages ;
     en cachette, il assassine l'innocent.
     Il ne quitte pas des yeux le faible.

9    Il guette, embusqué comme un lion dans son fourré,
     il guette le malheureux pour le capturer ;
     il le capture en l'attirant dans son filet.

10   Il se baisse, il se cache, et le faible tombe en son pouvoir.

11   Et le méchant pense : « Dieu oublie,
     il se voile la face, il ne voit jamais rien ! »

12   Lève-toi, Seigneur ! Dieu, interviens !
     N'oublie pas les malheureux !

13   Pourquoi le méchant se moquerait-il de toi
     en se disant que tu le laisseras faire ?

14   Toi, tu vois la peine et le tourment du malheureux,
     tu veilles à prendre en main sa cause.
     À toi le faible remet son sort,
     c'est toi qui viens au secours de l'orphelin.

15   Brise le pouvoir du méchant :
     si tu cherches sa méchanceté,
     alors tu ne la trouveras plus !

16 Le Seigneur est roi pour toujours,
les autres peuples ont disparu de son pays.

17 Seigneur, tu entends le désir de ceux qui sont humbles,
tu leur rends courage.
Tu écoutes avec attention,

18 pour faire droit à l'orphelin, à l'opprimé.
Ainsi personne sur terre ne sera plus un tyran pour les autres.

## 11  *In Domino confido*

1 C'est auprès du Seigneur que je trouve refuge.
Comment pouvez-vous me dire :
« File, comme un petit oiseau, dans les montagnes » ?

2 Regarde bien : les méchants tendent leur arc,
ils ajustent leur flèche sur la corde
pour tirer dans l'ombre sur ceux qui ont le cœur droit.

3 Quand les fondements sont en miettes,
que peut alors faire la personne qui est juste ?

4 Le Seigneur est dans le temple qui lui appartient ;
le Seigneur a son trône dans les cieux.
Il ne perd pas de vue les humains,
il les évalue d'un coup d'œil.

5 Le Seigneur sait à quoi s'en tenir sur ceux qui sont justes,
mais il en veut aux méchants, aux amateurs de violence.

6 Qu'il fasse tomber sur les méchants une pluie de catastrophes !
du soufre enflammé, un vent de tempête fondant sur eux.
Voilà le sort qui les attend.

7 Car le Seigneur est juste, il aime tout ce qui est juste
et les personnes qui mènent une vie droite le verront face à face.

### Deuxième jour : Prière du soir

## 12  *Salvum me fac*

2  Seigneur, au secours ! Ceux qui te sont fidèles sont en train de disparaître,
    il n'y a plus de gens dignes de confiance.

3  Chacun n'a que des calomnies à raconter ;
    les lèvres flattent, mais le cœur joue double jeu.

4  Que le Seigneur supprime tous les flatteurs
    et ceux qui parlent avec arrogance,

5  ceux qui déclarent : « Par notre langue, nous sommes forts,
    nous savons parler, nous ne craignons personne. »

6  « Mais maintenant j'interviens, dit le Seigneur,
    à cause des pauvres qu'on opprime,
    des malheureux qui gémissent.
    Je porte secours à celui qu'on écarte d'un revers de main. »

7  Les paroles du Seigneur sont pures comme l'argent
    passé au creuset et sept fois purifié.

8  Toi, Seigneur, tu garderas les opprimés,
    tu nous préserveras toujours de ces gens mauvais,

9  même si des méchants rôdent tout autour,
    même si la corruption gagne l'humanité.

## 13  *Usquequo, Domine ?*

2  Seigneur, jusqu'à quand persisteras-tu à m'oublier ?
    Jusqu'à quand refuseras-tu de me voir ?

3  Jusqu'à quand devrai-je me faire du souci,
    me ronger de chagrin tout le jour ?
    Jusqu'à quand mon ennemi aura-t-il l'avantage ?

4  Seigneur mon Dieu, regarde et réponds-moi ;
    rends-moi un peu de force,
    sinon mes yeux se fermeront pour le sommeil de la mort ;

5    sinon mon ennemi se vantera d'avoir eu le dessus,
     et mes adversaires se féliciteront de ma défaite.

6    Moi, je compte sur ta bonté, je veux me réjouir de ton secours.
     Seigneur, je veux chanter en ton honneur
     pour tout ce que tu as fait en ma faveur.

## 14    *Dixit insipiens*

1    L'insensé se dit : « Il n'y a pas de Dieu ! »
     Ces gens sont corrompus, ce qu'ils font est abominable,
     aucun d'eux n'agit comme il faut.

2    Du haut des cieux, le Seigneur se penche et observe les humains,
     pour voir s'il y a quelqu'un de sensé qui cherche Dieu.

3    Tous ont quitté le bon chemin,
     sans exception tous sont corrompus.
     Aucun n'agit comme il faut, pas même un seul.

4    « Ils ne comprennent vraiment rien, dit le Seigneur,
     tous ces gens qui font le malheur des autres ;
     ils se nourrissent en exploitant mon peuple
     et ils ne s'adressent jamais à moi. »

5    Les voilà qui s'affolent,
     car Dieu est du côté des justes.

6    « Vous avez voulu vous en prendre aux plus pauvres ;
     ce sera votre honte, car le Seigneur est leur refuge. »

7    Comme je voudrais voir le salut d'Israël, arrivant de Sion !
     Le Seigneur rétablira son peuple.
     Quelle joie chez les descendants de Jacob,
     quelle allégresse en Israël !

### Troisième jour : Prière du matin

## 15    *Domine, quis habitabit ?*

1    Seigneur, qui peut être reçu dans ta tente,
     prendre place sur la montagne qui t'appartient ?

2   Celui dont la conduite est intègre,
        qui fait ce qui est juste et pense vraiment ce qu'il dit.


3   Il ne raconte pas du mal des autres,
        il ne fait pas de tort à son prochain
        et n'insulte pas son voisin.


4   Il n'a pas un regard pour ceux que Dieu désapprouve,
        mais il marque son estime aux personnes qui reconnaissent l'autorité
        du Seigneur.
        S'il a fait un serment qui lui cause du tort,
        il ne change pas ce qu'il a dit.


5   S'il prête son argent, c'est sans percevoir d'intérêt.
        Il n'accepte aucun cadeau pour témoigner contre l'innocent.
        Celui qui agit ainsi, rien ne peut l'ébranler.


## 16   *Conserva me, Domine*

1   Mon Dieu, garde-moi, c'est en toi que je trouve refuge.


2   Je dis au Seigneur : « Tu es mon maître souverain ;
        je n'ai pas de bonheur plus grand que toi ! »


3   Ce sont les personnes qui te sont fidèles,
        celles qui vivent dans le pays,
        qui ont la vraie grandeur,
        celle que j'apprécie tant.


4   Ceux qui cherchent les faveurs d'un autre dieu
        ne feront qu'augmenter leurs tourments.
        Je n'offrirai pas leurs offrandes de sang,
        je n'aurai même pas leur nom sur mes lèvres.


5   Seigneur, tu es la chance de ma vie, tu es l'héritage qui me revient,
        tu tiens mon avenir dans tes mains.


6   C'est un sort qui me ravit,
        c'est même le plus bel héritage.


7   Je bénis le Seigneur, qui me conseille :
        même la nuit, ma conscience m'avertit.

8    Je ne perds pas de vue le Seigneur,
        je ne risque pas d'être ébranlé, puisqu'il est à mes côtés.

9    C'est pourquoi j'ai le cœur plein de joie, tout mon être est en fête !
        Je suis en parfaite sécurité.

10   Non, Seigneur, tu ne m'abandonnes pas à la mort,
        tu ne permets pas que moi, qui suis resté fidèle, je m'approche de la tombe.

11   Tu me fais savoir quel chemin mène à la vie.
        On trouve une joie pleine en ta présence,
        un plaisir éternel près de toi !

## 17    *Exaudi, Domine*

1    Seigneur, écoute ma demande, elle est juste, sois attentif à ma plainte,
        entends ma prière : elle part d'un cœur sincère.

2    C'est de toi que doit venir la sentence qui me concerne.
        Discerne toi-même ce qui est droit.

3    Pendant la nuit, tu es venu pour éprouver ma sincérité ;
        tu m'as mis à l'épreuve, sans rien trouver à blâmer.
        Je n'ai fait aucun commentaire

4    sur les agissements des autres,
        mais je me suis appliqué à faire ce que tu avais dit.
        Sur le chemin difficile,

5    je suis resté ferme,
        mes pas n'ont pas quitté la voie que tu m'as ordonnée.

6    Maintenant, j'en appelle à toi, car tu es un Dieu qui répond !
        Tends vers moi une oreille attentive, écoute ce que je dis.

7    Montre-moi ton admirable bonté,
        toi qui sauves de leurs agresseurs
        ceux qui cherchent refuge près de toi.

8    Garde-moi comme la prunelle de ton œil,
        cache-moi, protège-moi sous tes ailes,

9      à l'abri des méchants qui me tyrannisent,
          des ennemis mortels qui m'encerclent.

10     Ils ont fermé leur cœur à tout sentiment,
          leurs paroles sont pleines de prétention.

11     Ils ont suivi mes pas, les voilà qui m'entourent.
          Ils guettent le moment pour me jeter à terre,

12     comme un lion embusqué dans un fourré,
          un jeune fauve impatient de déchirer sa proie.

13     Interviens, Seigneur,
          affronte mon adversaire et renverse-le ;
          avec ton épée, protège-moi du méchant.

14     Que ton épée les supprime ; de ta propre main, Seigneur, achève-les !
          Que leur sort, parmi les vivants, soit d'être exclus de la vie !
          Remplis leur ventre de ce que tu as en réserve pour eux.
          Que leurs enfants en boivent jusqu'à plus soif
          et laissent le reste à leurs petits-enfants !

15     Mais moi, parce que tu m'approuves, je te contemplerai
          et, quand je me réveillerai, je serai comblé de ton image !

## Troisième jour : Prière du soir

# 18

**Première partie**        *Diligam te, Domine*

2     Je t'aime, Seigneur, tu es ma force !

3     Le Seigneur est pour moi un roc, un refuge où je suis en sûreté.
          Mon Dieu est pour moi un rocher où je suis à l'abri du danger,
          un bouclier qui me protège, une forteresse où je suis sauvé.

4     Louange à Dieu !
          Dès que je l'appelle au secours, je suis délivré de mes ennemis.

5     Les liens de la mort m'enserraient,
          des torrents destructeurs m'effrayaient ;

6     j'étais prisonnier du monde des morts,
          son piège se refermait sur moi.

7     Dans ma détresse, j'ai appelé le Seigneur,
          j'ai crié au secours vers mon Dieu.
          De son temple, il a entendu ma voix,
          il a écouté mon cri.

8     Alors la terre fut prise de tremblements,
          les montagnes vacillèrent sur leurs bases,
          elles chancelèrent devant la colère du Seigneur.

9     Une fumée montait de ses narines,
          un feu dévorant sortait de sa bouche,
          accompagné d'étincelles brûlantes.

10    Le Seigneur inclina les cieux et descendit,
          avec une épaisse nuée sous les pieds.

11    Monté sur un chérubin, il prit son envol,
          sur les ailes du vent, il se mit à planer.

12    Il se cacha au cœur d'un nuage ténébreux,
          il s'entoura d'épaisses nuées, sombres comme l'eau profonde.

13    Devant lui une vive lumière, des nuages passaient,
          de la grêle et des étincelles de feu.

14    Dans les cieux le Seigneur fit gronder le tonnerre,
          le Dieu très-haut fit retentir sa voix.

15    Il lança des éclairs en tous sens,
          il tira ses flèches dans toutes les directions.

16    Devant ces menaces du Seigneur,
          devant la tempête de sa colère,
          le fond des océans fut dévoilé,
          les fondations du monde apparurent.

17    Alors du haut des cieux, il étendit la main et me saisit,
          il m'arracha au danger qui me submergeait,

18   il me délivra de mes puissants ennemis,
     de mes adversaires trop forts pour moi.

19   Au jour du désastre ils m'avaient assailli,
     mais le Seigneur est venu me soutenir,

20   il m'a dégagé, il m'a rendu la liberté.
     Il m'a délivré car il m'aime !

# 18

## Deuxième partie        *Et retribuet mihi*

21   Le Seigneur me traite ainsi parce que je lui reste fidèle ;
     il me récompense d'avoir toujours agi honnêtement.

22   J'observe les recommandations du Seigneur,
     je ne me rends pas coupable envers mon Dieu.

23   Oui, j'observe les règles qu'il a prescrites,
     je ne m'écarte pas de ce qu'il a ordonné.

24   Je veux qu'il n'ait rien à me reprocher,
     je me garde d'être en faute.

25   Le Seigneur m'a récompensé de lui être resté fidèle
     et d'avoir fait ce qu'il jugeait honnête.

26   Seigneur, tu te montres fidèle envers la personne qui t'est fidèle,
     intègre avec celle qui est intègre.

27   Tu te montres pur avec celui qui est pur,
     mais habile avec celui qui a l'esprit tortueux.

28   Tu viens au secours du peuple accablé,
     mais tu fais baisser les yeux aux orgueilleux.

29   Seigneur, tu es pour moi une lampe allumée,
     mon Dieu, tu éclaires la nuit où je suis.

30   Avec toi, je prends d'assaut une muraille,
     grâce à toi, mon Dieu, je franchis un rempart.

31 Dieu est un guide parfait, les avis qu'il donne sont sûrs ;
il est comme un bouclier
pour tous ceux qui se réfugient auprès de lui.

32 Un seul est Dieu, c'est le Seigneur ;
un seul est un rocher pour nous, c'est notre Dieu !

33 C'est lui qui me donne la force d'agir,
qui fait réussir ce que j'entreprends,

34 qui me donne l'agilité de la gazelle,
et qui me maintient debout sur les hauteurs.

35 C'est lui qui m'entraîne au combat
et qui m'aide à tendre l'arc le plus puissant.

36 Seigneur, ta main droite me soutient ;
comme un bouclier, tu me protèges et tu me sauves,
tu réponds à mes appels et tu me rends fort.

37 Grâce à toi, je cours plus vite sans faire de faux pas.

38 Je poursuis mes ennemis, je les rattrape,
je ne reviens pas avant d'en avoir fini avec eux.

39 Je les taille en pièces, ils ne peuvent plus se relever ;
ils sont à terre, je mets le pied sur eux.

40 Tu me donnes la force de combattre,
tu fais plier sous moi mes agresseurs.

41 Devant moi, tu mets en fuite mes ennemis,
je réduis à rien mes adversaires.

42 Ils ont beau crier au secours, personne ne leur vient en aide ;
ils s'adressent au Seigneur, mais il ne leur répond pas.

43 Je les pulvérise comme une poussière au vent,
je les piétine comme la boue des rues.

44 Tu me mets à l'abri d'un peuple révolté,
tu me places à la tête des pays.
Des gens inconnus se soumettent à moi,

45    au moindre mot, ils m'obéissent.
        Des étrangers viennent me flatter,

46    ils perdent leur assurance,
        ils sortent en tremblant de leurs abris.

47    Le Seigneur est vivant !
        Béni soit celui qui est mon rocher !
        Dieu, mon sauveur, est grand !

48    C'est le Dieu qui me donne ma revanche
        et qui me soumet des peuples.

49    Seigneur, tu me mets à l'abri face à mes ennemis ;
        bien plus, tu me rends victorieux face à mes agresseurs,
        tu me délivres des hommes violents.

50    C'est pourquoi je te loue parmi les peuples,
        je te célèbre par mes chants.

51    Le Seigneur fait de grandes choses
        pour secourir le roi qu'il a choisi,
        il traite avec bonté celui qu'il a mis à part,
        David, et ses descendants, pour toujours.

## Quatrième jour : Prière du matin

### 19   *Cæli enarrant*

2    Les cieux proclament la gloire de Dieu,
        la voûte étoilée révèle ce qu'il a fait.

3    Chaque jour en parle au jour suivant,
        et chaque nuit l'annonce à celle qui la suit.

4    Ce n'est pas un discours, ce ne sont pas des mots,
        l'oreille n'entend aucun son.

5    Mais leur message parcourt la terre entière,
        leur langage est perçu jusqu'au bout du monde.
        Dieu a dressé dans les cieux une tente pour le soleil.

6    Le matin, celui-ci paraît,
         tel un jeune marié qui sort de sa chambre,
         un champion tout heureux de prendre son élan.

7    Il surgit à une extrémité des cieux,
         sa course le mène à l'autre extrémité,
         rien n'échappe à ses rayons.

8    L'enseignement du Seigneur est parfait,
         il redonne la force de vivre.
         Les ordres du Seigneur sont sûrs,
         ils rendent prudents les gens ignorants.

9    Les exigences du Seigneur sont justes,
         elles remplissent le cœur de joie.
         Les commandements du Seigneur sont limpides,
         ils aident à y voir clair.

10   Reconnaître l'autorité du Seigneur est une chose pure
         qui persiste à travers les siècles.
         Les décisions du Seigneur sont fondées,
         toutes, sans exception, sont justifiées.

11   Elles sont plus attirantes que l'or, qu'une quantité de métal précieux,
         et plus agréables que le miel, que le miel le plus doux.

12   Seigneur, moi qui suis ton serviteur, j'y trouve un avertissement ;
         on a tout avantage à suivre tes avis.

13   Tout le monde fait des erreurs sans le percevoir :
         pardonne-moi les fautes qui m'ont échappé.

14   Préserve-moi aussi des insolents,
         qu'ils n'aient aucune prise sur moi.
         Ainsi je serai sans reproche, et préservé d'une faute grave.

15   Ce que j'ai dit, ce que j'ai médité devant toi,
         j'espère que cela te sera agréable,
         Seigneur, mon rocher, mon défenseur !

## 20    *Exaudiat te Dominus*

2    Que le Seigneur te réponde quand tu seras dans la détresse !
    Que le Dieu de Jacob te protège lui-même !

3    De son temple, qu'il vienne te secourir,
    de Sion, qu'il te soutienne !

4    Qu'il se souvienne de tes offrandes,
    qu'il accepte tes sacrifices !

5    Qu'il te donne ce que tu désires,
    qu'il réalise tous tes projets !

6    Alors nous crierons de joie pour le secours que tu auras reçu ;
    nous brandirons la bannière en l'honneur de notre Dieu.
    Que le Seigneur accomplisse tout ce que tu lui demandes !

7    Maintenant je le sais : le Seigneur secourt le roi qu'il a mis à part,
    de son temple céleste, il lui répond,
    sa main droite fait un exploit pour le sauver.

8    Les uns comptent sur leurs chars de guerre,
    d'autres sur leurs chevaux ;
    nous, nous comptons sur le Seigneur notre Dieu.

9    Eux s'écroulent et tombent à terre ;
    nous, nous résistons.

10    Seigneur, viens au secours du roi,
    et qu'il nous réponde
    quand nous l'appelons à l'aide !

## 21    *Domine, in virtute tua*

2    Seigneur, le roi se réjouit de ta puissance.
    Quand tu viens à son secours, quelle joie pour lui !

3    Tu lui as donné ce qu'il désirait,
    tu n'as pas refusé ce qu'il te demandait.

4    Tu viens au-devant de lui avec des bénédictions de bonheur ;
    tu poses sur sa tête une couronne d'or.

5    Il te demandait la vie, tu la lui donnes,
         tu la prolonges de longs jours, pour toujours.

6    Grâce à ton secours, sa gloire est immense ;
         tu le couvres de splendeur et de majesté.

7    Tu fais de lui une bénédiction pour toujours.
         Tu le combles de joie par ta présence.

8    Oui, le roi compte sur le Seigneur,
         grâce à la bonté du Dieu très-haut,
         il est inébranlable.

9    Ô roi, tu sauras atteindre tes ennemis,
         ta main ne manquera pas ceux qui te haïssent.

10   Tu en feras un grand feu dès que tu apparaîtras.
         Oui, que le Seigneur, dans sa colère,
         n'en fasse qu'une bouchée,
         et que le feu les dévore !

11   Tu débarrasseras la terre de leurs descendants
         et l'humanité de leur espèce.

12   S'ils cherchent à te nuire,
         s'ils intriguent contre toi, ils n'arriveront à rien.

13   Tu tireras tes flèches contre eux,
         tu les mettras en fuite.

14   Seigneur, montre ta grande puissance !
         Nous, nous voulons chanter et célébrer tes exploits.

## Quatrième jour : Prière du soir

## 22    *Deus, Deus meus*

2    Mon Dieu, mon Dieu, pourquoi m'as-tu abandonné ?
         Pourquoi restes-tu si loin, sans me secourir, sans écouter ma plainte ?

3    Mon Dieu, le jour je t'appelle au secours, mais tu ne réponds pas ;
         et la nuit encore, je suis sans repos.

4    Pourtant tu sièges sur ton trône,
       toi, le Dieu saint, qu'Israël ne cesse de louer.

5    Nos ancêtres t'ont fait confiance,
       ils comptaient sur toi et tu les as mis à l'abri ;

6    ils t'ont appelé au secours, et tu les as délivrés ;
       ils t'ont fait confiance, et tu ne les as pas déçus.

7    Moi, on me traite comme une vermine ; je ne suis plus un homme.
       Les gens m'insultent, tout le monde me méprise.

8    Tous ceux qui me voient se moquent de moi,
       ils font la moue, ils secouent la tête.

9    Ils disent de moi : « Il a remis son sort au Seigneur,
       eh bien, que le Seigneur le tire d'affaire !
       Le Seigneur l'aime, eh bien, qu'il le sauve ! »

10   Seigneur, c'est toi qui m'as tiré du ventre de ma mère,
       qui m'as mis en sûreté contre sa poitrine.

11   Dès ma naissance, j'ai été confié à toi,
       dès le ventre de ma mère, tu as été mon Dieu.

12   Ne reste pas loin de moi :
       le danger est proche
       et personne ne vient à mon secours !

13   Mes adversaires sont autour de moi comme de nombreux taureaux ;
       ils m'encerclent comme de puissantes bêtes du Bachan.

14   On dirait des lions féroces qui rugissent,
       qui ouvrent la gueule contre moi.

15   Ma force s'en va comme l'eau qui s'écoule,
       je ne tiens plus debout.
       Mon courage fond en moi comme la cire.

16   J'ai la gorge complètement sèche,
       ma langue se colle à mon palais.
       Tu m'as placé au bord de la tombe.

17 Une bande de malfaiteurs m'encercle,
   ces chiens ne me laissent aucune issue ;
   ils m'ont lié les pieds et les mains.

18 Je suis tellement amaigri, je peux compter tous mes os.
   Mes adversaires me regardent fixement,

19 ils se partagent mes habits,
   ils tirent au sort mes vêtements.

20 Mais toi, Seigneur, ne reste pas si loin !
   Tu es ma force, viens vite à mon secours !

21 Sauve-moi d'une mort violente,
   protège ma vie contre la dent de ces chiens.

22 Délivre-moi de leur gueule de lion
   et de leur corne de buffle !
   Oui, tu m'as répondu !

23 Je veux parler de toi à mes frères et à mes sœurs,
   je veux t'acclamer parmi les fidèles assemblés :

24 « Acclamez le Seigneur, vous qui reconnaissez son autorité.
   Honorez-le, vous tous descendants de Jacob.
   Tremblez devant lui, vous tous descendants d'Israël !

25 Car le malheureux qui est accablé, il ne l'a pas méprisé, il ne l'a pas rejeté ;
   il ne s'est pas détourné de lui, il a entendu son appel. »

26 Seigneur, c'est grâce à toi que je te louerai
   dans la grande assemblée.
   Devant ceux qui reconnaissent ton autorité, je tiendrai les promesses
   que je t'ai faites.

27 J'invite les personnes qui sont humbles : qu'elles mangent à leur faim !
   Que ceux qui cherchent le Seigneur l'acclament,
   qu'ils aient une longue vie !

28 Que les populations les plus lointaines
   se souviennent du Seigneur et reviennent à lui !
   Que les familles de toute la terre
   se prosternent devant lui !

29    Car le Seigneur est roi, il règne sur les peuples.

30    Ceux qui sont pleins de vie mangent et se prosternent devant lui.
        Et devant lui aussi s'agenouillent
        tous ceux qui descendent dans la poussière,
        ceux qui ne peuvent se maintenir en vie.

31    Leurs descendants le serviront ;
        on parlera du Seigneur à la nouvelle génération.

32    On racontera à ceux qui vont naître
        ce que Dieu a fait dans sa justice.

## 23   *Dominus regit me*

1    Le Seigneur est mon berger,
        je ne manquerai de rien.

2    Il me met au repos sur de verts pâturages,
        il me conduit au calme près de l'eau.

3    Il me fait revivre !
        Il me guide sur la bonne voie,
        car il est fidèle à lui-même.

4    Même si je marche dans la vallée de l'ombre et de la mort,
        je ne redoute aucun mal, Seigneur, car tu m'accompagnes.
        Tu me conduis, tu me défends, voilà ce qui me rassure.

5    Face à ceux qui me veulent du mal,
        tu prépares un banquet pour moi.
        Tu m'accueilles en versant sur ma tête de l'huile parfumée.
        Tu remplis ma coupe, elle déborde.

6    Oui, le bonheur et la grâce
        m'accompagneront tous les jours de ma vie !
        Seigneur, je reviendrai dans ta maison
        aussi longtemps que je vivrai.

## Cinquième jour : Prière du matin

## 24 *Domini est terra*

1   C'est au Seigneur qu'appartient
        le monde avec tout ce qu'il contient,
        la terre avec ceux qui l'habitent.

2   C'est lui qui l'a fixée au-dessus des mers,
        il la maintient au-dessus des flots.

3   Qui sera admis à gravir la montagne du Seigneur,
        à se tenir dans le lieu qui lui appartient ?

4   Ceux qui ont gardé les mains nettes et le cœur pur,
        qui ne sont pas attirés vers le mensonge,
        qui n'ont pas fait de faux serments.

5   Ils recevront la bénédiction du Seigneur
        et seront approuvés par Dieu leur sauveur.

6   Tels sont ceux qui le cherchent,
        ceux qui se tournent vers Dieu,
        ô Jacob.

7   Portes, ouvrez-vous largement ;
        élevez-vous, portails éternels,
        pour que le grand roi fasse son entrée !

8   Qui est ce grand roi ?
        C'est le Seigneur, le puissant héros,
        le Seigneur, le héros des combats.

9   Portes, ouvrez-vous largement ;
        élevez-vous, portails éternels,
        pour que le grand roi fasse son entrée !

10  Qui est donc ce grand roi ?
        C'est le Seigneur de l'univers,
        c'est lui le roi de splendeur !

## 25 *Ad te, Domine, levavi*

1    Je me tourne vers toi, Seigneur ;

2    mon Dieu, je mets en toi ma confiance, ne me laisse pas déçu.
       Ne laisse pas mes ennemis se réjouir à mon sujet.

3    Aucun de ceux qui comptent sur toi ne sera déçu.
       Mais ils seront déçus, ceux qui te trahissent pour rien !

4    Seigneur, fais-moi connaître le chemin à suivre,
       enseigne-moi à vivre comme tu le veux.

5    Conduis-moi dans ta vérité et instruis-moi,
       car c'est toi le Dieu qui me sauve,
       je compte sur toi tous les jours.

6    Souviens-toi, Seigneur, que depuis toujours
       tu es un Dieu de tendresse et de bonté.

7    Ne pense plus à mes fautes de jeunesse,
       ne pense plus à mes désobéissances ;
       pense à moi plutôt dans ta générosité, toi qui es si bon, Seigneur !

8    Le Seigneur est si bon et si juste
       qu'il montre aux coupables le chemin à suivre.

9    Il conduit les malheureux vers la justice,
       il leur enseigne sa volonté.

10   Chacune des instructions du Seigneur
       est une marque de sa bonté et de sa vérité
       pour ceux qui observent son alliance et ses instructions.

11   Parce que tu es Dieu, Seigneur,
       tu pardonnes ma faute, car elle est grande !

12   À celui qui reconnaît l'autorité du Seigneur,
       il montre la voie qu'il doit choisir.

13   Il vivra dans le bonheur
       et ses enfants posséderont le pays.

14  À ceux qui reconnaissent son autorité, le Seigneur confie ses projets,
     il leur fait connaître son alliance.

15  Mes yeux sont constamment tournés vers le Seigneur,
     car il me tirera du piège où je suis pris.

16  Tourne-toi vers moi, accorde-moi ta grâce,
     car je suis seul et malheureux.

17  Soulage mon cœur de ses angoisses,
     retire-moi de la détresse.

18  Vois mon malheur et ma peine,
     pardonne toutes mes fautes.

19  Vois combien mes ennemis sont nombreux
     et quelle violente haine ils me portent.

20  Protège-moi et délivre-moi ;
     en toi j'ai trouvé refuge : que je ne sois pas déçu !

21  Je compte sur toi pour me garder
     dans l'innocence et la droiture.

22  Dieu, délivre Israël de toutes ses détresses !

## 26  *Judica me, Domine*

1  Seigneur, rends-moi justice,
     car je mène une vie sans reproche,
       j'ai en toi une confiance inébranlable.

2  Mets-moi vraiment à l'épreuve, Seigneur,
     examine mes pensées et mes sentiments.

3  J'ai devant les yeux les marques de ta bonté
     je me conduis selon ta fidélité.

4  Je n'ai pas fréquenté les menteurs,
     je ne vais pas avec les hypocrites.

5  Je déteste les bandes de malfaiteurs,
     je reste à l'écart des personnes méchantes.

6    Je laverai mes mains en signe d'innocence
         je ferai le tour de ton autel, Seigneur,

7    en te disant ma reconnaissance,
         en racontant toutes tes merveilles.

8    Seigneur, j'aime la maison où tu habites,
         le lieu où demeure ta présence glorieuse !

9    Ne me traite pas comme les coupables,
         ne m'ôte pas la vie comme aux meurtriers,

10   dont les mains ont trafiqué dans l'horreur
         et sont pleines de cadeaux pour corrompre.

11   Moi, je mène une vie sans reproche ;
         accorde-moi ta grâce : délivre-moi !

12   Je me tiens sur un terrain sûr,
         et dans les assemblées je bénirai le Seigneur.

### Cinquième jour : Prière du soir

## 27    *Dominus illuminatio*

Le Seigneur est ma lumière, c'est lui qui me sauve,
    je n'ai rien à craindre de personne.
    Le Seigneur est le protecteur de ma vie,
    je n'ai rien à redouter !

2    Si des individus malfaisants m'attaquent
         comme des bêtes féroces,
         ce sont eux, mes ennemis acharnés,
         qui trébucheront et se retrouveront par terre.

3    Si une armée vient m'assiéger,
         je n'éprouve aucune peur.
         Et si la bataille s'engage contre moi,
         même alors je me sens en sécurité.

4    Je ne demande qu'une chose au Seigneur,
         mais je la désire vraiment :
         c'est de demeurer toute ma vie chez lui,
         pour jouir de sa douceur et prendre soin de son temple.

5   Quand tout ira mal,
        il m'abritera sous son toit,
        il me cachera dans sa tente,
        il me mettra sur un roc, hors d'atteinte.

6   Alors, je regarderai de haut les ennemis qui m'entourent.
        Dans sa maison, je l'acclamerai en lui offrant des sacrifices,
        je chanterai et célébrerai le Seigneur.

7   Quand je t'appelle au secours, Seigneur, écoute-moi,
        accorde-moi ta grâce et réponds-moi !

8   Je réfléchis à ce que tu as dit : « Tournez-vous vers moi. »
        Eh bien, Seigneur, je me tourne vers toi.

9   Ne te détourne pas de moi,
        ne me repousse pas avec colère, toi qui me secours ;
        ne me rejette pas, ne m'abandonne pas, toi le Dieu qui me sauve !

10  Si mon père et ma mère m'abandonnent,
        toi, Seigneur, tu me recueilleras.

11  Seigneur, montre-moi la voie que tu me traces ;
        à cause de mes adversaires, dirige-moi sur un chemin sans obstacle.

12  Ne me livre pas entre leurs griffes,
        car de faux témoins m'accusent et cherchent à m'intimider.

13  Que deviendrais-je,
        si je n'avais pas l'assurance de voir la bonté du Seigneur
        sur cette terre où nous vivons ?

14  Compte patiemment sur le Seigneur ;
        sois fort et reprends courage,
        oui, compte patiemment sur le Seigneur !

## 28   *Ad te, Domine*

1   Seigneur, je t'appelle au secours !
        Toi, mon rocher, ne sois pas sourd à mes cris.
        Si tu restes insensible à mes appels, je serai comme ceux qui descendent
        dans la tombe.

2    Écoute-moi quand je te supplie, quand je crie au secours,
       quand je lève les mains vers le lieu saint où tu te tiens.

3    Ne me mets pas dans le même sac
       que les méchants, qui font le malheur des autres.
       Ils ont des mots aimables pour leur prochain,
       mais la méchanceté remplit leur cœur.

4    Traite-les d'après ce qu'ils ont fait,
       d'après le mal qu'ils ont commis.
       Traite-les comme ils ont traité les autres,
       fais retomber sur eux leurs propres méfaits.

5    Ils ne prennent pas garde
       aux interventions du Seigneur, à ce qu'il réalise.
       Eh bien, que le Seigneur les renverse sans jamais les relever !

6    Béni soit le Seigneur de m'avoir entendu quand je le suppliais !

7    Le Seigneur me protège, il est mon bouclier.
       Du fond du cœur, je lui ai fait confiance ;
       j'ai reçu du secours, j'ai le cœur en fête !
       Je chante ses louanges.

8    Le Seigneur est la force de son peuple ;
       pour le roi qu'il a mis à part, il est la forteresse où se trouve le salut.

9    Seigneur, sauve ton peuple ; c'est ton bien le plus personnel,
       fais-lui du bien, sois son berger, prends-le en charge pour toujours.

## 29   *Afferte Domino*

1    Vous, les fils des dieux, venez honorer le Seigneur,
       venez proclamer la gloire et la force du Seigneur !

2    Venez proclamer la gloire du Seigneur,
       courbez-vous jusqu'à terre devant lui,
       quand il manifeste qu'il est Dieu.

3    Le Dieu de gloire fait gronder le tonnerre,
       la voix du Seigneur retentit au-dessus des eaux,
       le Seigneur domine les eaux immenses.

4   La voix du Seigneur résonne avec puissance,
        la voix du Seigneur résonne avec majesté.

5   La voix du Seigneur casse les cèdres,
        le Seigneur fracasse les cèdres du Liban.

6   Il fait bondir les montagnes du Liban comme de jeunes taureaux,
        le mont Hermon comme un jeune buffle.

7   La voix du Seigneur fait jaillir les éclairs.

8   La voix du Seigneur fait trembler le désert,
        le Seigneur fait trembler le désert de Cadesh.

9   La voix du Seigneur fait naître les jeunes faons,
        elle dépouille les forêts.
        Dans le temple du Seigneur, tous proclament : « Gloire à Dieu ! »

10  Le Seigneur siège au-dessus des eaux sans fin,
        il sera toujours le roi.

11  Que le Seigneur donne de la force à son peuple,
        qu'il le bénisse en lui donnant la paix !

## Sixième jour : Prière du matin

### 30    *Exaltabo te, Domine*

2   Je veux proclamer ta grandeur, Seigneur,
        car tu m'as tiré hors du gouffre,
        tu n'as pas laissé mes ennemis s'amuser à mes dépens.

3   Seigneur mon Dieu, je t'ai appelé à l'aide et tu m'as guéri.

4   Tu m'as fait remonter du monde des morts ;
        j'avais un pied dans la tombe, Seigneur, mais tu m'as rendu la vie.

5   Célébrez le Seigneur par vos chants, vous qui lui êtes fidèles.
        Louez-le en rappelant qu'il est Dieu.

6   Sa colère ne dure qu'un instant,
        mais sa bienveillance toute la vie.

Les pleurs sont encore là le soir,
mais au matin éclate la joie.

7    Je me croyais tranquille et je disais :
« Rien ne me mettra jamais en danger ! »

8    Seigneur, dans ta bienveillance,
tu m'avais assuré une forte position.
Mais tu t'es détourné de moi, et me voilà plongé dans le désarroi.

9    Seigneur, je t'appelle à mon secours ;
toi qui es mon maître, je t'implore.

10   Que gagnerais-tu si je mourais,
si je descendais dans la tombe ?
Celui qui n'est plus que poussière peut-il te louer encore,
peut-il proclamer ta fidélité ?

11   Seigneur, écoute, accorde-moi ta grâce ;
Seigneur, viens à mon secours !

12   Tu as changé ma plainte en danse de joie,
tu m'as ôté mon vêtement de deuil,
tu l'as remplacé par un habit de fête.

13   Alors, de tout mon cœur je n'en finirai pas
de célébrer ta gloire par mes chants.
Seigneur mon Dieu, je te louerai toujours !

## 31   *In te, Domine, speravi*

2    Seigneur, c'est en toi que je trouve refuge ; ne me laisse jamais déçu !
Toi qui es juste, mets-moi en lieu sûr.

3    Tends vers moi une oreille attentive et viens vite me délivrer.
Sois pour moi un rocher fortifié, une forteresse où je trouve le salut.

4    Oui, tu es bien mon rocher fortifié.
Par fidélité à toi-même, sois mon guide et mon berger.

5    Fais-moi échapper au piège qu'on m'a tendu,
car c'est toi qui es ma sécurité.

6    Je me remets entre tes mains, Seigneur,
        toi qui m'as délivré, Dieu fidèle.

7    Je déteste ceux qui rendent un culte aux faux dieux ;
        moi, je me confie en toi, Seigneur.

8    Je veux crier ma joie pour ta bonté,
        car tu as vu mon malheur, tu as reconnu ma détresse.

9    Tu ne m'as pas livré aux mains de l'ennemi,
        tu m'as remis sur pied, tu m'as rendu la liberté.

10   Seigneur, accorde-moi ta grâce ;
        je suis dans la détresse, corps et âme,
        mes yeux se voilent tant j'ai de chagrin.

11   Ma vie décline sous l'effet des tourments,
        les années passent, je m'épuise en gémissements.
        Mes torts m'ont fait perdre toute énergie,
        mes dernières forces s'en vont.

12   Tous mes adversaires me couvrent d'insultes et mes voisins en rajoutent.
        Ceux qui me connaissent ont peur de moi ;
        s'ils me rencontrent dans la rue, ils me fuient.

13   On ne me connaît plus, on m'a oublié
        comme un mort, comme un objet hors d'usage.

14   J'entends le mal qu'on dit contre moi,
        la terreur est partout,
        des gens se concertent contre moi, ils complotent pour m'ôter la vie.

15   Mais moi, Seigneur, j'ai confiance en toi !
        Je dis : « Mon Dieu, c'est toi ! »

16   À tout moment ma vie est entre tes mains ;
        arrache-moi aux griffes de mes ennemis, de mes persécuteurs.

17   Fais briller sur moi, ton serviteur, la lumière de ta face ;
        dans ta bonté, sauve-moi.

18 Seigneur, ne me laisse pas déçu d'avoir fait appel à toi.
   Honte plutôt à ces gens méchants !
   Qu'ils soient réduits au silence de la mort !

19 Fais qu'ils deviennent muets,
   ces menteurs pleins d'arrogance et de mépris,
   ces insolents qui accablent le juste.

20 Mais Seigneur, les bienfaits que tu réserves
   à ceux qui reconnaissent ton autorité sont immenses !
   Tout le monde peut voir que tu les accordes à ceux qui trouvent refuge
   en toi.

21 Tu les abrites en ta présence,
   hors de portée des intrigues humaines.
   Tu les caches à l'abri, loin des mauvaises langues.

22 Béni sois-tu Seigneur, de m'avoir montré ton admirable bonté,
   à moi qui étais comme une ville assiégée.

23 J'étais troublé, au point de dire :
   « Me voilà chassé loin de ton regard. »
   Mais tu m'as entendu quand je te suppliais,
   quand je t'appelais à mon secours.

24 Aimez le Seigneur, vous tous qui lui êtes fidèles,
   car le Seigneur veille sur ceux qui croient en lui.
   Mais les personnes arrogantes, il leur rend largement ce qu'elles méritent.

25 Vous tous qui comptez sur le Seigneur,
   soyez forts, et reprenez courage !

## Sixième jour : Prière du soir

## 32 *Beati quorum*

Heureux celui que Dieu décharge de sa faute,
   et qui est pardonné du mal qu'il a commis !

2 Heureux celui que le Seigneur ne traite pas en coupable,
   dont l'esprit est sans hypocrisie !

3   Tant que je ne reconnaissais pas ma faute,
        mes dernières forces s'épuisaient en plaintes quotidiennes.

4   Car de jour et de nuit, Seigneur,
        ta main pesait sur moi, et j'étais épuisé,
        comme une plante s'assèche au plus chaud de l'été.

5   Mais je t'ai avoué ma faute, je ne t'ai pas caché mes torts.
        Je me suis dit : « Je suis rebelle au Seigneur,
        je dois le reconnaître devant lui. »
        Et toi, tu m'as déchargé du poids de ma faute.

6   C'est pourquoi tous ceux qui te sont fidèles t'adressent leur prière
        quand ils découvrent leur faute.
        Si le danger menace de les submerger,
        ils resteront hors d'atteinte.

7   Tu es un abri pour moi,
        tu me préserves de la détresse.
        Je crierai ma joie pour la protection dont tu m'entoures.

8   Le Seigneur dit : « Je t'enseignerai, je t'indiquerai le chemin à suivre.
        Je te donnerai un conseil, je garderai les yeux fixés sur toi :

9   Ne sois pas aussi stupide que le cheval ou le mulet,
        dont il faut maîtriser les élans avec une bride et un mors ;
        alors il ne t'arrivera rien. »

10  Beaucoup de souffrances attendent le méchant,
        mais le Seigneur entoure de bonté la personne qui lui fait confiance.

11  Que le Seigneur soit votre joie, vous les justes ;
        réjouissez-vous, criez votre joie, vous qui avez le cœur droit.

## 33  *Exultate, justi*

1   Criez votre joie pour le Seigneur, vous qui êtes justes !
        Vous qui menez une vie droite, le louer est votre privilège.

2   Louez le Seigneur au son de la lyre,
        célébrez-le sur la harpe à dix cordes.

3 Chantez en son honneur un chant nouveau,
   jouez la plus belle musique en l'acclamant.

4 Ce que le Seigneur dit est sans détour,
   tout ce qu'il fait est solide et sûr.

5 Il aime la justice et le droit.
   La terre est pleine de sa bonté.

6 D'un mot, le Seigneur a créé les cieux,
   d'un ordre, toute la troupe des étoiles.

7 Il rassemble l'eau des mers derrière une digue,
   il retient prisonnier le grand océan.

8 Que toute la terre redoute le Seigneur,
   que tous ses habitants tremblent devant lui !

9 Car il parle, et ce qu'il dit arrive ;
   il ordonne, et cela se réalise.

10 Le Seigneur déjoue les plans des autres peuples,
   il fait obstacle à leurs projets.

11 Mais les projets du Seigneur demeurent pour toujours,
   ce qu'il a décidé tient de siècle en siècle.

12 Heureux le pays qui a le Seigneur comme Dieu ;
   heureux le peuple qu'il a choisi comme son bien personnel !

13 Du haut des cieux, le Seigneur plonge son regard,
   il aperçoit tous les humains.

14 De l'endroit où il habite,
   il observe tous les habitants de la terre.

15 Lui qui a créé en chacun l'intelligence et la volonté,
   il est attentif à tout ce qu'ils font.

16 À la guerre, si le roi est sauvé,
   il ne le doit pas à ses nombreuses troupes ;

si le combattant s'en tire,
ce n'est pas grâce à sa grande vigueur.

17   Le cheval n'est qu'un secours illusoire,
sa grande force ne met pas pour autant le cavalier hors de danger.

18   Mais le Seigneur suit du regard ceux qui reconnaissent son autorité,
qui comptent sur sa bonté,

19   il les arrache à la mort et les garde en vie, même en temps de famine.

20   Nous comptons sur le Seigneur ;
notre secours et notre bouclier, c'est lui !

21   À cause de lui, notre cœur est en joie,
nous nous confions au Dieu qui est saint.

22   Que le Seigneur réponde à notre attente
et nous accorde sa bonté !

## 34   *Benedicam Dominum*

2   Je veux bénir le Seigneur en tout temps.
Que ma bouche ne cesse de le louer !

3   Le Seigneur est ma fierté.
Vous, les malheureux, réjouissez-vous de m'entendre le louer.

4   Proclamez avec moi la grandeur du Seigneur.
Ensemble, célébrons son nom !

5   J'ai cherché le Seigneur et il m'a répondu,
il m'a délivré de toutes mes terreurs.

6   Ceux qui regardent vers lui deviennent radieux,
leur visage n'a plus à rougir.

7   Un malheureux a crié au secours ; le Seigneur l'a entendu,
il l'a sauvé de toutes ses détresses.

8   L'ange du Seigneur monte la garde autour de ceux qui le craignent,
il les met hors de danger.

9      Goûtez et voyez combien le Seigneur est bon.
          Heureux celui qui trouve refuge en lui !

10     Vous qui appartenez au Seigneur, reconnaissez son autorité ;
          rien ne manque à ceux qui reconnaissent son autorité.

11     Les riches peuvent éprouver la misère et la faim,
          mais ceux qui recherchent le Seigneur ne manquent d'aucun bien.

12     Venez, mes enfants, écoutez-moi ;
          je vous apprendrai à reconnaître l'autorité du Seigneur :

13     Si quelqu'un aime la vie et désire vivre heureux,

14     il se garde de médire, il se garde de mentir,

15     il s'écarte du mal, il pratique le bien,
          il recherche la paix avec persévérance.

16     Le Seigneur garde les yeux sur les personnes qui sont justes,
          il est prêt à entendre leur appel.

17     Le Seigneur s'oppose à ceux qui font le mal,
          afin d'éliminer leur nom de la terre.

18     Dès que les justes appellent au secours, le Seigneur entend,
          il les délivre de toutes leurs détresses.

19     Le Seigneur est proche de ceux qui ont le cœur brisé,
          il sauve ceux qui ont l'esprit abattu.

20     Le juste endure de nombreux malheurs,
          mais le Seigneur le délivre de tous,

21     il veille sur tous les membres de son corps,
          pour qu'on ne lui brise aucun os.

22     Le méchant mourra de sa méchanceté,
          et ceux qui haïssent le juste seront punis.

23     Le Seigneur sauve la vie de ceux qui le servent ;
          il n'y a pas de condamnation pour ceux qui trouvent refuge en lui.

## Septième jour : Prière du matin

## 35  *Judica, Domine*

1  Seigneur, sois l'adversaire de mes adversaires,
    fais la guerre à ceux qui me font la guerre.

2  Empoigne le petit et le grand boucliers,
    interviens pour me secourir !

3  Brandis la lance et la hache à double tranchant
    contre ceux qui me persécutent.
    J'attends que tu me dises : « C'est moi qui te sauve ! »

4  Honte et déshonneur à ceux qui veulent ma mort !
    Qu'ils reculent et soient déçus dans leurs espoirs,
    ceux qui projettent de me faire du mal !

5  Qu'ils soient comme la paille emportée par le vent,
    quand l'ange du Seigneur les pourchassera ;

6  que leur route devienne sombre et glissante,
    quand l'ange du Seigneur les poursuivra !

7  Sans qu'ils aient rien à me reprocher,
    ils ont préparé un piège pour moi.
    Sans qu'ils aient rien à me reprocher,
    ils ont creusé une fosse pour que j'y tombe.

8  Qu'un désastre imprévu les atteigne,
    qu'ils soient pris à leur propre piège
    et tombent dans la fosse qu'ils ont creusée !

9  Mais moi, grâce au Seigneur, je serai plein de joie,
    je me réjouirai de son secours.

10  Du plus profond de mon être, je dirai :
    « Seigneur, tu n'as pas ton pareil : qui est comme toi ?
    Tu délivres le pauvre d'un adversaire trop fort pour lui ;
    tu délivres le malheureux de celui qui le dépouille. »

11  De faux témoins se présentent ;
    on me questionne sur des faits que j'ignore.

12      On me rend le mal pour le bien, me voilà seul.

13      Quand mes adversaires étaient malades,
         je manifestais ma tristesse,
         je me privais de nourriture,
         sans cesse je priais pour eux !

14      J'agissais comme pour un ami ou un frère ;
         j'étais sombre et je prenais le deuil,
         comme si j'avais perdu ma propre mère.

15      Ils s'attroupent pour rire de ma chute, ils se liguent contre moi.
         Des étrangers, des individus que je ne connais pas,
         ne cessent de me calomnier.

16      Ils rient de plus belle en me voyant trébucher,
         ils me montrent leurs dents menaçantes.

17      Seigneur, resteras-tu longtemps spectateur ?
         Reprends ma vie à ces lions malfaisants !

18      Je te louerai au milieu de ton peuple réuni ;
         dans cette grande foule, je t'acclamerai.

19      Qu'ils cessent de s'amuser de moi,
         ces gens qui me traitent à tort en ennemi ;
         que ceux qui me haïssent sans raison
         cessent de s'échanger des regards moqueurs !

20      Ils n'ont jamais un mot de paix,
         mais ils inventent des calomnies contre les personnes paisibles du pays.

21      Leur gueule de fauves ouverte contre moi,
         ils déclarent : « Voilà ! nous l'avons surpris en flagrant délit ! »

22      Mais toi, Seigneur, tu as vu ce qui s'est passé,
         ne garde pas le silence, ne reste pas loin de moi.

23      Mon Dieu, lève-toi pour me rendre justice ;
         Seigneur, réveille-toi pour défendre ma cause.

24    Tu es juste, Seigneur, rends-moi donc justice ;
          mon Dieu, qu'ils cessent de rire à mon sujet !

25    Ne laisse pas mes adversaires se dire :
          « Voilà ! nous le tenons, nous n'avons fait de lui qu'une bouchée ! »

26    Honte et déception générale
          pour ceux qui se réjouissent de mon malheur !
          Que ceux qui prennent un air supérieur devant moi
          soient couverts de honte et d'humiliation !

27    Mais ceux qui se plaisent à me voir déclaré innocent
          crieront de joie et se réjouiront !
          Ils diront et répèteront :
          « Le Seigneur est grand,
          il veut le bonheur de celui qui le sert. »

## 36    *Dixit injustus*

2    J'ai à l'esprit cette formule qui exprime la révolte du méchant :
          à son avis, « avoir peur de Dieu n'a pas de sens ».

3    Car il a trop bonne opinion de lui-même
          pour reconnaître sa faute et la détester.

4    Tout ce qu'il dit est mensonge et tromperie ;
          faire le bien n'a plus aucun sens pour lui.

5    Il prépare son mauvais coup pendant la nuit,
          il suit une route qui n'est pas la bonne,
          il ne rejette pas ce qui est mal.

6    Seigneur, ta bonté est immense, comme les cieux,
          ta fidélité monte jusqu'aux nuages.

7    Ta justice va aussi haut que les plus hautes montagnes ;
          tes décisions sont profondes comme l'abîme.
          Seigneur, tu viens au secours des êtres humains et des bêtes.

8    Mon Dieu, ta bonté est si précieuse !
          Les humains cherchent refuge sous tes ailes.

9     Tu les combles des richesses de ta maison,
        tu les fais boire au fleuve de tes délices.

10    C'est auprès de toi qu'est la source de la vie,
        c'est ta lumière qui éclaire notre vie !

11    Maintiens ta bonté pour les personnes qui te connaissent,
        reste un Dieu juste, pour ceux qui ont le cœur droit.

12    Que l'arrogant n'arrive pas jusqu'à moi,
        que les méchants ne me chassent pas !

13    Ils tombent ici, les gens malfaisants,
        ils sont renversés, sans parvenir à se relever.

### Septième jour : Prière du soir

# 37

**Première partie**    *Noli æmulari*

1    Ne t'irrite pas contre les individus malfaisants,
        n'envie pas ceux qui commettent l'injustice :

2    ils se faneront vite, comme l'herbe,
        comme la verdure ils se dessécheront.

3    Fais confiance au Seigneur, agis bien,
        et tu habiteras le pays, tu y vivras en paix ;

4    Trouve auprès du Seigneur ton plaisir,
        et il te donnera ce que tu lui demandes.

5    Remets ta vie au Seigneur,
        compte sur lui, et il agira.

6    Il fera paraître ta justice comme le jour qui se lève,
        et ton droit comme le soleil en plein midi.

7    Reste en silence devant le Seigneur, espère en lui.
        Si certains réussissent, et si d'autres ont recours à l'intrigue, ne t'en
        irrite pas.

8  Renonce à la colère, abandonne ta fureur.
Ne t'irrite pas, cela ne produirait que du mal.

9  Car ceux qui font le mal seront éliminés,
mais ceux qui comptent sur le Seigneur posséderont le pays.

10  D'ici peu, le méchant aura disparu ;
tu auras beau chercher, tu n'en trouveras plus trace.

11  Mais les malheureux posséderont le pays,
ils jouiront d'une paix immense.

12  Le méchant intrigue contre le juste,
il grince des dents contre lui.

13  Mais le Seigneur rit de lui,
car il voit son jour qui arrive.

14  Les méchants tirent l'épée, ils tendent leur arc
pour abattre le pauvre et le malheureux,
pour tuer ceux qui suivent le droit chemin.

15  Mais leur propre épée leur percera le cœur
et leur arc se brisera.

16  Le peu que possède le juste vaut mieux
que les richesses de tous les méchants,

17  car le pouvoir des méchants sera brisé,
mais les justes ont l'appui du Seigneur.

### Psaume 37 : deuxième partie  *Novit Dominus*

18  Le Seigneur veille sur la vie de ceux qui sont intègres.
Leur héritage subsistera toujours.

19  Ils ne seront pas déçus quand viendra le malheur,
et dans les jours de famine ils seront rassasiés.

20  Oui, les méchants périront ; les ennemis du Seigneur,
semblables aux fleurs des prés, s'en vont, ils s'en vont en fumée.

21 Le méchant emprunte sans rembourser,
     mais le juste est généreux et il donne.

22 Ceux que Dieu bénit posséderont le pays,
     ceux qu'il maudit seront éliminés.

23 Le Seigneur affermit les pas de l'homme,
     il prend plaisir à sa conduite.

24 S'il vient à tomber, il ne reste pas à terre,
     car le Seigneur le prend par la main.

25 J'ai été jeune et me voilà vieux ;
     jamais je n'ai vu un juste abandonné,
     ni ses enfants réduits à mendier leur pain.

26 Tous les jours il prête généreusement
     et ses enfants seront bénis.

27 Si tu fuis le mal et pratiques le bien,
     tu auras une demeure pour toujours.

28 Car le Seigneur aime qu'on respecte le droit,
     il n'abandonne pas ceux qui lui sont fidèles.
     Il les garde pour toujours,
     mais la descendance des méchants sera éliminée.

29 Les justes posséderont le pays,
     ils y habiteront définitivement.

30 Le juste médite ce qui est sage,
     il énonce le droit,

31 car l'enseignement de son Dieu lui tient à cœur,
     il reste à l'abri des faux pas.

32 Le méchant épie le juste, il cherche à le faire mourir,

33 mais le Seigneur n'abandonne pas le juste entre ses griffes.
     Si celui-ci passe en jugement, le Seigneur ne le laisse pas condamner.

34   Si tu comptes sur le Seigneur,
       si tu suis le chemin qu'il te trace,
       il te fera l'honneur de posséder le pays,
       et tu verras les méchants éliminés.

35   J'ai vu le méchant devenir tyran,
       se dresser comme un arbre vigoureux.

36   En repassant par là : plus personne ;
       je l'ai cherché, mais il ne se trouve plus là !

37   Observe celui qui est intègre,
       regarde bien celui qui est droit.
       Car il y a un avenir pour la personne qui est pacifique.

38   Mais ceux qui te désobéissent sont supprimés d'un seul coup ;
       il n'y a aucun avenir pour les méchants.

39   Le Seigneur sauve les justes,
       il est leur refuge au temps de la détresse.

40   Il leur vient en aide, il les met à l'abri,
       oui, à l'abri des méchants, et il les sauve,
       puisqu'ils ont trouvé refuge en lui.

## Huitième jour : Prière du matin

## 38   *Domine, ne in furore*

2   Seigneur, tu es fâché contre moi, mais ne me condamne pas ;
       tu es indigné contre moi, mais renonce à me punir.

3   Je suis la cible de tes flèches, ta main s'est abattue sur moi.

4   Plus rien n'est intact en mon corps : c'est l'effet de ta sévérité.
       Plus rien n'est en bon état dans mes os : c'est le résultat de ma faute.

5   Mes torts s'entassent plus haut que ma tête,
       ils pèsent sur moi comme un fardeau trop lourd.

6   Mes plaies sentent mauvais, elles pourrissent :
       c'est le résultat de ma stupidité.

7    Je suis abattu, accablé à l'extrême,
         je passe mes journées dans le deuil.

8    Je sens une brûlure dans mes reins,
         plus rien n'est intact en mon corps.

9    Je suis sans force, complètement fourbu,
         mon cœur m'arrache des gémissements.

10   Seigneur, tu vois bien ce que je désire,
         tu n'ignores rien de mes soupirs.

11   J'ai le cœur battant, mes forces m'abandonnent,
         mes yeux n'ont plus la moindre étincelle de vie.

12   Mes amis, mes compagnons se tiennent à l'écart de mes tourments ;
         mes proches restent à distance.

13   Les personnes qui souhaitent ma mort me tendent des pièges ;
         ceux qui désirent mon malheur parlent pour me nuire
         et passent leur temps à me calomnier.

14   Mais moi, je fais le sourd, je n'écoute pas ;
         comme si j'étais muet, je ne souffle mot.

15   Comme celui qui n'entend pas,
         je ne réplique rien.

16   Vers toi, Seigneur, je me tourne avec espoir,
         j'attends ta réponse, Seigneur mon Dieu !

17   Je te l'ai demandé, en effet :
         empêche-les de s'amuser à mes dépens,
         de prendre un air supérieur devant moi quand je fais un faux pas.

18   Je suis bien près de m'évanouir, je souffre sans cesse.

19   Oui, j'avoue mes torts, je reste angoissé par ma faute.

20   Mes ennemis sont bien vivants et puissants ;
         ils sont nombreux à m'en vouloir sans raison.

21    Ils me rendent le mal pour le bien,
         ils s'opposent à moi parce que je recherche le bien.

22    Seigneur, ne m'abandonne pas ; mon Dieu, ne reste pas loin de moi !

23    Viens vite à mon secours, Seigneur, mon sauveur !

### 39    *Dixi, Custodiam*

2     J'avais dit : « Je veux surveiller mes réactions,
         afin que ma langue ne s'égare pas ;
         je veux garder comme un bâillon sur la bouche,
         tant que je suis en présence des méchants. »

3     Je suis donc resté muet, silencieux,
         j'ai renoncé à dire quelque chose.
         Mais ma souffrance n'a fait qu'augmenter.

4     Je bouillonnais intérieurement,
         chaque soupir était comme une brûlure.
         Alors j'ai fini par parler :

5     Seigneur, fais-moi savoir quand finira ma vie,
         oui, combien de temps ai-je à vivre ;
         ainsi je connaîtrai la durée de mon sursis.

6     Quelques largeurs de main,
         voilà toute la mesure que tu me donnes à vivre.
         Devant toi, la durée de mon existence est presque comme rien.
         Même bien vivant, l'être humain n'est qu'un souffle.

7     Il va, il vient, mais ce n'est qu'un mirage ;
         il s'agite, mais ce n'est que du vent.
         Il amasse des biens, mais sans savoir qui les recueillera.

8     Alors, Seigneur, à quoi puis-je m'attendre ?
         Tu es ma seule espérance !

9     Délivre-moi de tous ceux qui me trahissent ;
         ne laisse pas les gens stupides rire de moi.

10    Je reste muet, je ne proteste plus,
         puisque c'est toi qui m'as mis dans cet état.

11    Mais renonce à me frapper davantage,
          je ne supporte plus les coups que ta main me porte.

12    Tu corriges chacun en punissant ses fautes ;
          comme un ver dans le fruit, tu ronges ce qu'il a de plus précieux.
          L'être humain n'est que du vent, rien de plus.

13    Seigneur, écoute ma prière, sois attentif à mon appel,
          ne reste pas indifférent à mes larmes !
          Car je ne suis chez toi qu'un immigré,
          un résident étranger, comme tous mes ancêtres.

14    Laisse-moi un peu de répit, pour que je retrouve le sourire,
          avant de m'en aller et de n'être plus rien.

## 40    *Expectans, expectavi*

2    J'ai compté fermement sur le Seigneur,
          il s'est penché vers moi, il a entendu mon appel.

3    Il m'a retiré du puits infernal, de la boue sans fond.
          Il m'a remis debout, les deux pieds sur le roc ;
          il a rendu ma démarche assurée.

4    Il a mis sur mes lèvres un chant nouveau,
          un chant de louange pour lui, notre Dieu.
          Beaucoup en seront témoins,
          ils reconnaîtront l'autorité du Seigneur
          et lui donneront leur confiance.

5    Heureux celui qui met sa confiance dans le Seigneur,
          sans un regard pour ceux qui font pression sur lui
          et s'empêtrent dans le mensonge !

6    Que de merveilles tu as réalisées,
          Seigneur mon Dieu ! Tu es sans égal.
          Et que de projets en notre faveur !
          Il y en a trop pour que je puisse tout raconter, tout dire.

7    Tu ne prends plaisir ni au sacrifice, ni à l'offrande,
          tu me l'as bien fait comprendre.
          Tu ne demandes ni des animaux brûlés sur l'autel,
          ni des sacrifices pour obtenir le pardon.

8 Alors j'ai dit : « Je viens moi-même à toi.
  Dans le livre je trouve écrit ce que je dois faire. »

9 Mon Dieu, je prends plaisir à t'obéir,
  et je garde ton enseignement tout au fond de mon cœur.

10 Dans la grande assemblée, j'annonce la bonne nouvelle : « Le Seigneur délivre ! »
  Je ne me tairai pas, tu le sais bien, Seigneur.

11 Je n'ai pas caché la justice que tu m'as manifestée,
  mais je dis que tu es un vrai sauveur.
  Devant la grande assemblée, je ne cache ni ta bonté ni ta vérité.

12 Toi, Seigneur, tu ne me refuseras pas ta tendresse,
  ta bonté et ta vérité me préserveront toujours.

13 De partout, des malheurs m'ont assailli,
  je ne peux plus les compter.
  Je subis les conséquences de mes fautes,
  je ne supporte plus de les voir.
  J'en ai davantage que de cheveux sur la tête,
  je suis complètement dépassé.

14 Seigneur, veuille me délivrer ! Seigneur, viens vite à mon aide !

15 Honte et déception à tous ceux qui veulent ma mort !
  Ceux qui prennent plaisir à mon malheur, qu'ils reculent déshonorés !

16 Ceux qui ricanent à mon sujet,
  qu'ils soient écrasés sous le poids de leur honte !

17 Mais que tous ceux qui te cherchent soient débordants de joie, à cause de toi ;
  que tous ceux qui t'aiment, toi le sauveur,
  ne cessent de proclamer : « Le Seigneur est grand ! »

18 Moi, je suis pauvre et malheureux,
  mais le Seigneur me témoigne son estime.
  Mon secours et ma sécurité, c'est toi. Mon Dieu, ne tarde pas !

## Huitième jour : Prière du soir

### 41 *Beatus qui intelligit*

2    Heureux celui qui prête attention aux personnes qui sont faibles !
        Le jour où tout va mal pour lui, le Seigneur le tire du danger.

3    Le Seigneur le garde en vie et le rend heureux sur la terre,
        sans le livrer entre les griffes de ses ennemis.

4    Le Seigneur le soutient sur son lit de souffrances,
        il l'entoure de soins pendant sa maladie.

5    Moi, je m'adresse au Seigneur :
        « Fais-moi la grâce de me guérir ! C'est vrai, je suis en faute devant toi. »

6    Mes ennemis disent méchamment de moi :
        « Quand crèvera-t-il, qu'on n'entende plus parler de lui ? »

7    Si l'un d'eux vient me voir, c'est pour me calomnier ;
        il fait provision de mensonges, et sitôt dehors, il les colporte.

8    Ceux qui ne m'aiment pas se rassemblent,
        ils chuchotent à mon sujet et commentent mon malheur :

9    « C'est un mal destructeur qu'il a attrapé, disent-ils ;
        il s'est mis au lit, il ne s'en relèvera pas ! »

10    Mon meilleur ami lui-même, celui en qui j'avais confiance,
        avec qui je partageais mon pain, s'est tourné contre moi.

11    Mais toi, Seigneur, accorde-moi ta grâce et relève-moi,
        et je prendrai ma revanche sur eux.

12    Voici comment je saurai que tu es pour moi :
        quand mon ennemi cessera de crier victoire à mon sujet.

13    Et moi, tu me maintiendras dans l'innocence,
        tu me garderas toujours en ta présence.

14    Béni soit le Seigneur, le Dieu d'Israël,
        depuis toujours et pour toujours !
        Amen, oui, qu'il en soit ainsi !

# Livre deux

## 42 *Quemadmodum*

2   Comme une biche soupire après l'eau du ruisseau,
      moi aussi, je soupire après toi, mon Dieu.

3   J'ai soif de Dieu, du Dieu vivant.
      Quand pourrai-je enfin entrer dans son temple,
      pour me présenter devant lui ?

4   Jour et nuit, j'ai ma ration de larmes,
      car on me dit sans cesse : « Ton Dieu, que fait-il donc ? »

5   Je laisse revenir les souvenirs émouvants
      du temps où j'avançais en tête du cortège
      vers la maison de Dieu, avec une foule de personnes en fête,
      qui criaient à Dieu leur reconnaissance et leur joie.

6   À quoi bon me désoler, à quoi bon me plaindre de mon sort ?
      Mieux vaut espérer en Dieu et le louer à nouveau,
      lui, mon sauveur et mon Dieu !

7   Au lieu de me désoler, je m'adresse à toi, mon Dieu,
      depuis l'endroit où je suis, aux sources du Jourdain,
      près du Mont-Petit dans les montagnes de l'Hermon.

8   Tu fais gronder les torrents, un flot en appelle un autre,
      tu les fais tous déferler sur moi, je suis complètement submergé.

9   Que le Seigneur me montre sa bonté, le jour,
      et je passerai la nuit à chanter pour lui,
      à prier le Dieu qui me fait vivre.

10   Je veux dire à Dieu, mon rocher :
      « Pourquoi m'as-tu oublié, pourquoi dois-je vivre accablé,
      pourquoi laisses-tu mes ennemis m'écraser ? »

11   Me voilà complètement brisé par leurs insultes,
      quand ils me disent sans cesse : « Ton Dieu, que fait-il donc ? »

12    À quoi bon me désoler, à quoi bon me plaindre de mon sort ?
       Mieux vaut espérer en Dieu et le louer à nouveau,
       lui, mon sauveur et mon Dieu !

## 43    *Judica me, Deus*

1    Rends-moi justice, mon Dieu,
       défends ma cause contre des individus sans pitié.
       Délivre-moi des menteurs et des malfaiteurs.

2    Car c'est toi, Dieu, qui es mon protecteur.
       Pourquoi m'as-tu repoussé, pourquoi dois-je vivre accablé,
       pourquoi laisses-tu mes ennemis m'écraser ?

3    Fais-moi voir ta lumière et ta fidélité.
       Qu'elles me guident vers la montagne qui t'appartient,
       qu'elles me conduisent à ta demeure !

4    Alors je m'approcherai de ton autel,
       de toi-même, Dieu ma plus grande joie.
       Je prendrai ma guitare pour te louer, toi qui es mon Dieu !

5    À quoi bon me désoler, à quoi bon me plaindre de mon sort ?
       Mieux vaut espérer en Dieu et le louer à nouveau,
       lui, mon sauveur et mon Dieu.

## Neuvième jour : Prière du matin

## 44    *Deus, auribus*

2    Dieu, nous avons entendu de nos propres oreilles,
       nos parents, nos grands-parents nous ont raconté
       ce que, toi-même, tu as réalisé de leur vivant, il y a longtemps.

3    Pour les établir, tu as dépossédé des peuples
       pour leur faire de la place, tu as mis à mal des populations.

4    Quand ils ont possédé le pays, ce n'est pas grâce à leur épée ;
       ce ne sont pas leurs bras qui leur ont assuré la victoire.
       Mais c'est ton intervention en force,
       la lumière de ta face, car tu les aimais !

5    C'est toi, mon roi, mon Dieu,
       qui décides les victoires de ton peuple.

6 Grâce à toi nous repoussons nos ennemis,
  grâce à toi nous piétinons nos adversaires.

7 Je ne compte pas sur mon arc,
  mon épée ne m'est d'aucun secours,

8 car c'est toi qui nous sauves de nos adversaires,
  qui humilies nos ennemis.

9 Tous les jours nous t'acclamons, Seigneur,
  nous louons ta gloire éternelle.

10 Et pourtant tu nous as rejetés,
  tu as provoqué notre honteuse défaite,
  tu n'accompagnes plus nos armées.

11 Tu nous laisses reculer devant l'ennemi,
  l'adversaire en profite pour nous piller.

12 Tu nous livres à lui comme des moutons destinés à la boucherie ;
  nous voilà dispersés à l'étranger.

13 Tu vends ton peuple pour rien,
  sans en retirer le moindre profit.

14 Tu nous laisses être insultés par nos voisins,
  ridiculisés par ceux qui nous entourent.

15 Tu laisses les peuples faire de nous le sujet de leurs chansons,
  et les populations hocher la tête en se moquant.

16 Tous les jours, je suis face à mon humiliation,
  et la honte me monte au visage,

17 quand j'entends l'ennemi, l'agresseur,
  nous provoquer et t'insulter, Seigneur.

18 Tout cela nous arrive, et pourtant nous ne t'avons pas oublié,
  nous n'avons pas trahi ton alliance.

19 Nous n'avons pas fait marche arrière,
  ni dévié de la voie que tu nous traces.

20 Mais tu nous as écrasés, nous voici dans le domaine des chacals ;
    tu nous as recouverts de l'ombre de la mort.

21 Si nous avions oublié qui est notre Dieu,
    si nous avions fait appel à d'autres dieux,

22 tu n'aurais pas manqué, toi, de le savoir,
    car tu connais tous les secrets du cœur humain.

23 Or, à cause de toi, tous les jours nous sommes exposés à la mort,
    on nous traite comme des moutons pour l'abattoir.

24 Réveille-toi, Seigneur ! Pourquoi dors-tu ?
    Réveille-toi et renonce à nous rejeter !

25 Pourquoi refuses-tu de nous voir,
    et oublies-tu notre malheur, notre détresse,

26 quand nous sommes effondrés dans la poussière,
    à plat ventre sur le sol ?

27 Interviens, secours-nous,
    délivre-nous au nom de ta bonté !

## 45 *Eructavit cor meum*

2 Je me sens bouillonnant d'inspiration
    pour le beau discours que j'ai à faire :
    je vais réciter mon poème pour le roi.
    Je voudrais le dire avec autant d'art
    qu'un habile écrivain.

3 Tu surpasses tout le monde en beauté,
    tu t'exprimes de manière admirable.
    On voit que Dieu t'a béni pour toujours.

4 Vaillant guerrier, mets ton épée au côté,
    elle montre ta splendeur et ta majesté.

5 Élance-toi avec éclat, chevauche pour la bonne cause,
    pour défendre les pauvres et le droit !
    Ta main droite t'entraînera vers de grands exploits.

6 Tes flèches sont acérées,
   on tombe sous tes coups,
   tes flèches frappent au cœur tes ennemis.

7 Ton trône est comme le trône de Dieu, établi pour toujours ;
   avec justice tu gouvernes ton royaume.

8 Tu aimes le droit, tu détestes le crime.
   C'est pourquoi Dieu, ton Dieu, t'a mis à part
   en versant sur ta tête l'huile de fête,
   il t'a choisi plutôt que tes proches.

9 La myrrhe, la cannelle et l'aloès parfument tous tes vêtements.
   De tes appartements décorés d'ivoire
   sort pour toi une musique joyeuse.

10 Des princesses sont là, elles portent tes bijoux,
   à ta droite la reine parée de l'or le plus fin.

11 Écoute, ma fille, regarde et sois attentive.
   Ne pense plus à ton peuple ni à la famille de ton père.

12 Le roi est amoureux de ta beauté !
   C'est lui qui est désormais ton seigneur.
   Incline-toi devant lui.

13 Les gens de Tyr, les peuples les plus riches
   chercheront ta faveur en t'offrant des cadeaux.

14 La princesse, resplendissante, fait son entrée
   dans sa robe brodée d'or.

15 Vêtue de broderies aux mille couleurs,
   elle est conduite auprès du roi.
   À sa suite, les jeunes filles qui l'accompagnent
   sont introduites auprès de toi.

16 On les conduit parmi les cris de joie,
   elles entrent dans le palais du roi.

17 Ô roi, tes fils, un jour, occuperont le trône de tes ancêtres !
   Tu les feras princes du monde entier.

18    Et moi, je rappellerai ta renommée
       à chaque nouvelle génération.
       Ainsi tout le monde fera sans fin ton éloge.

## 46    *Deus noster refugium*

2    Dieu est pour nous un abri sûr,
       un secours toujours prêt dans la détresse.

3    C'est pourquoi nous n'avons rien à craindre,
       même si la terre se met à trembler,
       si les montagnes s'écroulent au fond des mers,

4    si les flots grondent, bouillonnent,
       se soulèvent et secouent les montagnes.

5    Il est un fleuve dont les bras répandent la joie dans la cité de Dieu,
       dans la demeure réservée au Très-Haut.

6    Dieu est dans la cité, elle tiendra bon ;
       dès que le jour se lève, il lui apporte son secours.

7    Des peuples grondent, des royaumes s'ébranlent,
       Dieu donne de la voix, et la terre vacille.

8    Le Seigneur de l'univers est avec nous,
       le Dieu de Jacob est notre forteresse.

9    Venez voir ce que le Seigneur fait,
       les ravages qu'il accomplit sur terre :

10    il met fin aux combats jusqu'au bout du monde,
       il casse les arcs de guerre, il brise les lances,
       il met le feu aux boucliers.

11    « Arrêtez, crie-t-il, et reconnaissez que je suis Dieu !
       Je domine les peuples, je domine la terre. »

12    Le Seigneur de l'univers est avec nous,
       le Dieu de Jacob est notre forteresse.

## Neuvième jour : Prière du soir

### 47 *Omnes gentes, plaudite*

2   Vous, tous les peuples, applaudissez,
      acclamez Dieu avec des cris de joie !

3   Car le Seigneur, le Dieu très-haut, est redoutable,
      il est le grand roi de toute la terre.

4   Il nous soumet des peuples,
      il met des populations à nos pieds.

5   Il choisit pour nous notre héritage,
      nous en sommes fiers,
      nous, le peuple de Jacob, qu'il aime.

6   Dieu monte à Sion parmi les acclamations,
      le Seigneur arrive au son de la trompette.

7   Célébrez Dieu par vos chants, célébrez-le,
      célébrez notre roi, célébrez-le !

8   Car le roi de toute la terre, c'est Dieu.
      Célébrez-le par le chant le plus beau.

9   Dieu règne sur les peuples,
      il siège sur son trône qui est saint.

10   Les princes des différents pays se joignent au peuple du Dieu d'Abraham,
      car c'est de Dieu que dépendent les rois, les protecteurs de la terre.
      Il est au-dessus de tout !

### 48 *Magnus Dominus*

2   Le Seigneur est grand,
      notre Dieu mérite qu'on le loue
      dans la ville qui est la sienne.
      La montagne qui lui appartient

3   se dresse, magnifique, elle fait la joie de toute la terre ;
      la montagne de Sion, c'est l'extrême-nord, la cité du grand roi.

4    Dieu veille dans ses fortifications ;
        on sait qu'il est sa forteresse.

5    Les rois s'étaient rassemblés,
        ils s'étaient avancés ensemble contre la ville.

6    Ils ont alors vu et ont été frappés de stupeur ;
        épouvantés, ils ont pris la fuite.

7    Un tremblement les a saisis sur place,
        comme l'angoisse saisit une femme qui accouche,

8    ou comme le vent d'est qui fracasse les grands navires.

9    Ce que nous avions entendu raconter, voilà ce que nous avons vu
        dans la ville du Seigneur de l'univers, dans la ville de notre Dieu.
        Toujours Dieu la maintient debout !

10   Dieu, à l'intérieur de ton temple,
        nous faisons à nouveau l'expérience de ta bonté.

11   Dieu, tu es célèbre jusqu'au bout du monde ;
        jusqu'au bout du monde on te louera.
        Ta main droite est remplie de bienfaits.

12   Sur la montagne de Sion, on se réjouit,
        dans les villes de Juda, on crie de joie
        devant les jugements que tu as prononcés !

13   Faites en cortège le tour de Sion,
        comptez ses tours de défense ;

14   admirez ses murailles,
        regardez bien ses fortifications.
        Alors vous raconterez à la génération qui vient :

15   « Ce Dieu est notre Dieu pour l'éternité,
        il nous conduit pour toujours ! »

### 49    *Audite hæc, omnes*

2    Vous, tous les peuples, écoutez ceci ;
        vous qui habitez ce monde, soyez attentifs,

3     gens modestes et gens importants,
       riches aussi bien que pauvres :

4     ce que j'ai à dire est raisonnable,
       mes réflexions sont pleines de bon sens.

5     J'écoute l'enseignement des sages ;
       au son de la lyre, je vais l'expliquer.

6     À quoi bon m'inquiéter quand tout va mal,
       quand des gens malfaisants m'entourent, prêts à me nuire ?

7     Ils comptent sur leurs gros revenus,
       ils se vantent de leur grande fortune.

8     Mais personne n'a les moyens
       de racheter à Dieu la vie de quelqu'un d'autre
       ou de lui verser le prix de sa propre vie.

9     Le prix d'une vie est trop cher à payer,
       il faut y renoncer une fois pour toutes.

10    Pensent-ils vivre encore indéfiniment
       et échapper à la tombe ?

11    Mais on le voit bien : la personne sage meurt
       comme aussi le dernier des imbéciles,
       et ils abandonnent leurs biens à d'autres.

12    Même s'ils ont donné leur nom à leurs terres,
       la tombe est leur habitation pour l'éternité,
       leur demeure pour tous les temps.

13    Au milieu de son luxe,
       l'être humain ne comprend pas qu'il va vers sa fin,
       comme un simple animal.

14    Voici le sort de ces personnes pleines d'assurance ;
       voici l'avenir de ceux qui aiment s'écouter parler :

15    on les pousse, comme des moutons, vers le monde des morts ;
       la mort est leur berger.

Vers le matin, ceux qui mènent une vie droite les piétinent.
Leurs formes s'évanouissent,
le monde des morts devient leur demeure.

16 Mais Dieu me délivrera !
Oui, il m'arrache aux griffes de la mort !

17 Ne t'inquiète pas si quelqu'un s'enrichit,
s'il augmente son train de vie.

18 Quand il mourra, il n'emportera rien,
sa fortune ne le suivra pas dans la tombe.

19 De son vivant, il a beau se dire heureux,
se féliciter que tout aille bien pour lui,

20 il lui faudra pourtant rejoindre
les générations qui l'ont devancé,
et qui ne verront plus jamais la lumière.

21 Au milieu de son luxe,
l'être humain ne comprend pas qu'il va vers sa fin,
comme un simple animal.

## Dixième jour : Prière du matin

## 50 *Deus deorum*

1 Le Dieu des dieux, le Seigneur a parlé, son appel retentit sur la terre,
du lieu où le soleil se lève, jusqu'au lieu où il se couche.

2 À Sion, cité admirable de beauté,
Dieu paraît, resplendissant de lumière.

3 « Qu'il vienne, notre Dieu,
qu'il ne garde pas le silence ! »
Un feu dévorant le précède,
autour de lui, l'ouragan se déchaîne.

4 Dieu convoque les cieux, là-haut, et la terre,
pour juger son peuple.

5    Il dit : « Rassemblez pour moi les personnes qui me sont fidèles,
        qui font alliance avec moi par un sacrifice solennel ! »

6    Que les cieux le proclament : « Le Seigneur est juste,
        le Dieu qui juge, c'est lui ! »

7    Mon peuple, écoute, j'ai à te parler ;
        Israël, je t'adresse un avertissement :
        moi Dieu, je suis ton Dieu.

8    J'ai des reproches à te faire,
        mais ce n'est pas pour tes sacrifices ;
        tu n'as d'ailleurs jamais cessé de m'en offrir.

9    Je n'irai pas prendre un taureau chez toi,
        ni des boucs dans tes enclos,

10   car toutes les bêtes des forêts
        et les animaux sur les montagnes sont à moi, par milliers.

11   Je connais tous les oiseaux des montagnes
        et le gibier est à ma disposition.

12   Si j'avais faim, je n'aurais pas besoin de te le dire,
        puisque le monde entier est à moi avec tout ce qu'il contient.

13   Vais-je manger la viande des taureaux
        et boire le sang des boucs ?

14   Offre-moi plutôt ta reconnaissance, à moi ton Dieu,
        et tiens les promesses que tu m'as faites, à moi, le Très-Haut.

15   Et quand tu seras dans la détresse, appelle-moi,
        je te délivrerai, et tu célébreras ma gloire.

16   Mais Dieu déclare au méchant :
        À quoi bon réciter mes décrets,
        parler de l'engagement que tu as pris envers moi,

17   alors que tu n'acceptes pas les reproches
        et que tu rejettes ce que je dis ?

18   Quand tu vois un voleur, tu prends son parti ;
      tu te joins à ceux qui commettent l'adultère.

19   Tu te laisses aller à dire du mal des autres,
      tes discours sont un tissu de mensonges.

20   Tu prends position contre ton prochain,
      tu traînes dans la boue ton propre frère !

21   Voilà ce que tu fais, et tu voudrais que je ne dise rien ?
      T'imagines-tu que je suis comme toi ?
      Je te tiens pour responsable, je vais tout étaler sous tes yeux.

22   Vous qui voulez m'ignorer, comprenez bien ce que j'ai dit.
      Sinon je vous mettrai en pièces,
      sans que personne m'en empêche.

23   Il m'honore, celui qui m'offre sa reconnaissance.
      À celui qui veille sur sa conduite, je ferai voir le salut de Dieu.

## 51   *Miserere mei, Deus*

3   Mon Dieu, toi qui es si bon, accorde-moi ta grâce !
      Ta tendresse est si grande, efface mes fautes.

4   Lave-moi complètement de mes torts,
      et purifie-moi de mon péché.

5   Je t'ai désobéi, je le reconnais ;
      ma faute est toujours là, je la revois sans cesse.

6   C'est contre toi seul que j'ai mal agi,
      j'ai fait ce que tu désapprouves.
      Ainsi tu as raison quand tu prononces ta sentence,
      tu es irréprochable quand tu rends ton jugement.

7   Moi je fus enfanté dans la faute, dans le péché ma mère m'a conçu.

8   Mais ce que tu aimes trouver dans le cœur d'une personne,
      c'est le respect de la vérité.
      Au plus profond de ma conscience,
      fais-moi connaître la sagesse.

9    Fais disparaître mon péché, et je serai pur ;
     lave-moi, et je serai plus blanc que la neige.

10   Annonce-moi ton pardon, il m'inondera de joie.
     Alors je serai en fête, moi que tu as écrasé !

11   Détourne ton regard de mes fautes,
     efface tous mes torts.

12   Mon Dieu, crée en moi un cœur pur ;
     renouvelle et affermis mon esprit.

13   Ne me rejette pas loin de toi,
     ne me prive pas de ton Esprit saint.

14   Rends-moi la joie d'être sauvé,
     que ton esprit généreux me soutienne.

15   À tous ceux qui te désobéissent je dirai ce que tu attends d'eux ;
     alors les personnes qui ont rompu avec toi reviendront à toi.

16   Dieu, mon libérateur, délivre-moi de la mort,
     pour que je crie avec joie que tu es juste.

17   Seigneur, ouvre mes lèvres, et je te louerai.

18   Tu ne désires pas que je t'offre un sacrifice.
     Même un sacrifice entièrement consumé ne te plairait pas.

19   Mon Dieu, le sacrifice que je t'offre,
     c'est moi-même, avec mon orgueil brisé.
     Mon Dieu, ne refuse pas mon cœur complètement brisé.

20   Sois bien disposé pour Sion, fais-lui du bien ;
     rebâtis les murailles de Jérusalem.

21   Alors tu aimeras qu'on t'offre des sacrifices justes,
     des sacrifices entièrement consumés ;
     alors on présentera des taureaux sur ton autel.

**52**   *Quid gloriaris ?*

3   Toi le héros qui fais le brave, pourquoi te vantes-tu de ta méchanceté ?
    C'est tous les jours que Dieu est bon !

4   Tu combines tes mauvais coups ;
    ta langue est aussi tranchante qu'un rasoir,
    tu fabriques de la calomnie.

5   Tu préfères le mal au bien,
    et le mensonge à la vérité.

6   Tu aimes tout détruire par tes paroles,
    tout ce que tu dis est trompeur.

7   Eh bien, Dieu te démolira pour toujours,
    il t'emportera, il t'enlèvera de chez toi
    et il t'arrachera de la terre où nous vivons !

8   Les justes le verront, ils seront impressionnés,
    ils se moqueront de lui :

9   « Regardez cet individu, il comptait sur sa fortune
    au lieu de prendre Dieu comme refuge,
    il se sentait fort de ses mauvais coups réussis. »

10   Mais moi, je suis dans la maison de Dieu comme un olivier florissant ;
    pour toujours, je compte sur la bonté de Dieu.

11   Je te louerai sans fin pour tout ce que tu as fait.
    Seigneur, je compte sur toi,
    en présence de ceux qui te sont fidèles,
    car tu es bon !

## Dixième jour : Prière du soir

**53**   *Dixit insipiens*

2   L'insensé se dit : « Il n'y a pas de Dieu ! »
    Ces gens sont corrompus, ce qu'ils font est abominable ;
    aucun d'eux n'agit comme il faut.

3    Du haut des cieux, Dieu se penche et observe les humains,
        pour voir s'il y a quelqu'un de sensé qui cherche Dieu.

4    Tous sont rebelles, sans exception tous sont corrompus.
        Aucun n'agit comme il faut, pas même un seul.

5    « Ils ne comprennent vraiment rien, dit Dieu,
        tous ces gens qui font le malheur des autres ;
        ils se nourrissent en exploitant mon peuple
        et ne s'adressent jamais à moi. »

6    Les voilà qui s'affolent, eux qui ignoraient la peur,
        car Dieu dispersera les ossements de ceux qui oppriment son peuple ;
        ils seront humiliés d'avoir été rejetés par Dieu.

7    Comme je voudrais voir le salut d'Israël, arrivant de Sion !
        Dieu rétablira son peuple.
        Quelle joie chez les descendants de Jacob,
        quelle allégresse en Israël !

## 54   *Deus, in nomine*

3    Dieu, montre qui tu es en venant me sauver ;
        montre ta force en me rendant justice.

4    Mon Dieu, entends ma prière, écoute ce que je dis !

5    Des étrangers se dressent contre moi,
        des brutes veulent ma mort.
        Ces gens-là ne tiennent aucun compte de Dieu.

6    Mais Dieu me vient en aide,
        le Seigneur me soutient.

7    Que le malheur retombe sur mes ennemis !
        Montre-moi ta fidélité en les réduisant au silence.

8    De bon cœur, je veux t'offrir un sacrifice.
        Je prononcerai ton nom dans mes louanges,
        Seigneur, car tu es bon ;

9    tu m'as délivré de toute détresse,
        je vois la défaite de mes adversaires !

## 55    *Exaudi, Deus*

2    Mon Dieu, entends ma prière,
         ne te cache pas quand je te supplie.

3-4    Sois attentif et réponds-moi !
         J'erre sans but, accablé d'inquiétude.
         Je suis troublé par ce que dit l'ennemi,
         par l'oppression qu'imposent les méchants.
         Ils font tomber le malheur sur moi,
         ils me poursuivent avec colère.

5    L'angoisse me serre le cœur,
         les terreurs de la mort tombent sur moi.

6    Je suis pris de crainte et de tremblement,
         je suis submergé par l'effroi.

7    Je me disais : « Ah ! si j'avais des ailes comme la colombe !
         Je m'envolerais et je me poserais ailleurs.

8    Je m'enfuirais bien loin,
         j'irais séjourner au désert.

9    Je me dépêcherais de trouver un abri
         contre le vent qui souffle en tempête. »

10    Seigneur, embrouille les plans de mes ennemis,
         fais-les se contredire.
         Je ne vois dans la ville que violence et conflits

11    qui font jour et nuit le tour de ses murailles.
         À l'intérieur, c'est le malheur et la peine ;

12    à l'intérieur, il y a des crimes.
         L'oppression et la fraude ne quittent pas ses places.

13    Il n'était pas un ennemi, celui qui m'insulte aujourd'hui ;
         autrement je le supporterais.
         Il n'avait pas de haine pour moi, celui qui m'attaque ;
         sans quoi je l'aurais évité.

14 Mais c'est toi, quelqu'un de mon propre milieu,
     mon ami dont j'étais si proche !

15 Ensemble nous échangions de douces confidences
     dans la maison de Dieu où nous marchions d'un même pas.

16 Que la mort surprenne mes adversaires !
     Qu'ils descendent tout vivants au monde des morts,
     puisque la méchanceté remplit leur cœur !

17 Moi, j'appelle Dieu au secours,
     et lui, le Seigneur, me sauvera.

18 Matin, midi et soir, je me plains, je gémis.
     Mais il entend mon appel,

19 il paie pour me délivrer. Il s'approche de moi,
     quand tout le monde est contre moi.

20 Que Dieu m'entende, et qu'il les accable,
     lui qui est roi depuis toujours !
     Avec ces gens-là, pas d'accord possible ;
     l'autorité de Dieu, ils ne la reconnaissent pas.

21 Le traître s'en prend à ses amis,
     il profane l'engagement qu'il a pris.

22 Son discours est tout sucre et tout miel,
     mais il garde l'intention d'attaquer.
     Ses propos sont plus onctueux que l'huile,
     mais ce sont des poignards prêts à frapper.

23 Décharge-toi de ton fardeau sur le Seigneur ;
     il te maintiendra debout,
     il ne laissera pas toujours le juste chanceler.

24 Toi, Dieu, tu feras descendre ces individus au fond de la tombe.
     Eux qui pratiquent le meurtre et la fraude
     n'iront pas jusqu'à mi-chemin de leur vie.
     Moi, je mets ma confiance en toi !

## Onzième jour : Prière du matin

## 56    *Miserere mei, Deus*

2    Mon Dieu, accorde-moi ta grâce, car on s'acharne contre moi ;
     tous les jours, on m'assaille, on me brutalise.

3    Tous les jours, mes adversaires s'acharnent contre moi ;
     en foule ils m'assaillent et me dominent.

4    Mais quand j'ai peur, je mets ma confiance en toi !

5    Je loue Dieu pour la parole qu'il a dite,
     je lui fais confiance, je n'ai plus peur.
     Quel mal pourrait me faire un simple mortel ?

6    Tous les jours, ils déforment ce que je dis ;
     leurs projets sont tous dirigés contre moi.

7    Pour me nuire, ils me guettent, ils m'épient ;
     ils sont constamment sur mes talons,
     comme des gens qui en veulent à ma vie.

8    Après tant d'injustice, échapperaient-ils ?
     Dans ta colère, mon Dieu, jette ces individus à terre !

9    Toi, tu as bien noté comme j'ai dû m'enfuir.
     Recueille mes larmes dans ton outre,
     tu en as sûrement fait le compte.

10   Le jour où je t'appellerai au secours,
     mes ennemis devront battre en retraite.
     Je le sais : toi, Dieu, tu es pour moi !

11   Je loue Dieu pour la parole qu'il a dite ;
     oui, je loue le Seigneur pour cette parole.

12   Je lui fais confiance, je n'ai plus peur.
     Quel mal pourraient me faire les êtres humains ?

13   Mon Dieu, je te dois ce que je t'ai promis.
     Pour m'en acquitter, je t'offrirai des sacrifices de reconnaissance.

14  Car tu m'as arraché à la mort,
    tu m'as évité de faire le pas fatal ;
    ainsi j'avance sous le regard de Dieu
    dans la lumière de la vie.

## 57  *Miserere mei, Deus*

2  Accorde-moi ta grâce, mon Dieu, oui, fais-moi grâce !
    Près de toi, je cherche refuge ;
    je viens à l'abri, sous ta protection,
    jusqu'à ce que l'épreuve soit passée.

3  J'en appelle au Dieu très-haut,
    au Dieu qui fait tout pour moi.

4  Du haut des cieux, qu'il m'envoie son secours,
    qu'il confonde celui qui s'acharne contre moi.
    Que Dieu m'envoie un signe de sa bonté et de sa vérité !

5  Je me trouve parmi des gens aussi féroces
    que des lions mangeurs d'hommes.
    Leurs dents sont pointues comme la lance ou la flèche,
    leur langue est affilée comme un poignard.

6  Mon Dieu, montre ta grandeur qui dépasse les cieux,
    que ta présence glorieuse brille sur la terre entière !

7  Ils ont préparé un filet sur mon chemin,
    un nœud coulant pour mon cou ;
    ils ont creusé un piège devant moi,
    mais ils y sont tombés.

8  Mon Dieu, me voilà rassuré, vraiment rassuré,
    je veux chanter et te célébrer.

9  Éveille-toi, mon cœur,
    éveillez-vous aussi, ma harpe et ma lyre.
    Il faut que je réveille l'aurore !

10  Seigneur, je veux te louer parmi les peuples,
    te célébrer par mes chants dans tous les pays,

11    car ta grande bonté monte jusqu'aux cieux,
       ta vérité va plus haut que les nuages.

12    Mon Dieu, montre ta grandeur qui dépasse les cieux ;
       que ta présence glorieuse brille sur la terre entière !

## 58   *Si vere utique*

2    Est-il vrai qu'au lieu de rendre la justice, vous restez muets ?
       Êtes-vous justes quand vous jugez les humains ?

3    Loin de là !
       Volontairement, vous pratiquez l'injustice sur terre,
       vous ouvrez la porte aux violences.

4    Les méchants sont rebelles dès leur naissance ;
       à peine nés, ils se mettent hors du droit chemin,
       ils disent des calomnies.

5    Ils ont un venin, comme la vipère ;
       ils font la sourde oreille, comme le serpent

6    qui n'écoute pas la musique des charmeurs,
       même du plus expert d'entre eux.

7    Dieu, casse-leur les dents,
       Seigneur, brise leurs crocs de lion !

8    Qu'ils disparaissent comme l'eau qui s'écoule !
       Que la flèche qu'il tire soit sans force !

9    Qu'ils aient le sort de la limace
       qui se dessèche à mesure qu'elle avance !
       Comme l'enfant mort-né, qu'ils ne voient pas le jour !

10    Avant que leurs chardons deviennent des buissons,
       qu'un tourbillon les emporte,
       encore verts ou déjà secs, peu importe !

11    Le juste se réjouira de voir la revanche de Dieu
       et de patauger dans le sang des méchants.

12    Tout le monde dira : « Oui, les personnes justes auront leur récompense ;
       oui, sur la terre il y a un Dieu qui juge ! »

## 59 *Eripe me de inimicis*

2    Mon Dieu, délivre-moi de mes ennemis,
        protège-moi contre mes agresseurs.

3    Délivre-moi de ceux qui causent mon malheur,
        sauve-moi de ces assassins !

4    Les voici, en effet, qui me guettent ;
        ces gens cruels veulent m'attaquer.
        Je n'ai pourtant pas commis de faute,
        je n'ai pas manqué à mes devoirs, Seigneur ;

5    je n'ai rien fait de mal, mais ils accourent, ils se mettent en position.
        Réveille-toi, viens jusqu'à moi et regarde !

6    Toi, Seigneur, Dieu de l'univers, Dieu d'Israël,
        réveille-toi, interviens contre ces païens,
        sois sans pitié pour tous ces traîtres !

7    Comme une meute de chiens hurlants, vers le soir, ils reviennent
        et font le tour de la ville.

8    Ils ont la bouche pleine de méchancetés,
        leurs paroles sont des poignards.
        Qui d'autre les entendra ?

9    Mais toi, Seigneur, tu te mets à rire d'eux,
        tu te moques de tous ces païens.

10    Je regarde vers toi, mon protecteur.
        C'est toi, Dieu, qui es ma forteresse.

11    Mon Dieu, qui est si bon, viendra jusqu'à moi,
        il me fera voir mes adversaires battus.

12    Ne les massacre pas tout de suite,
        de peur que mon peuple oublie ta victoire.
        Secoue-les avec force, fais-les tomber,
        Seigneur, notre bouclier.

13    Leur moindre parole est une offense pour toi.
         Qu'ils soient pris au piège de leur orgueil,
         car ils n'ont fait que maudire et mentir !

14    Finis-en avec eux, dans ta fureur,
         finis-en, et qu'on ne les voie plus !
         Alors on saura jusqu'au bout du monde
         qu'il y a un Dieu souverain en Israël.

15    Comme une meute de chiens hurlants, vers le soir, ils reviennent,
         et font le tour de la ville.

16    Ils cherchent çà et là quelque chose à manger,
         s'ils n'ont pas assez, ils se mettent à grogner.

17    Moi, je célébrerai ta puissance,
         dès le matin je crierai ta bonté,
         car tu es une forteresse pour moi,
         un refuge quand je suis dans la détresse.

18    Mon protecteur, je te célébrerai par mes chants ;
         Dieu tu es ma forteresse,
         mon Dieu, toi qui es si bon !

## 60    *Deus, repulisti nos*

3    Dieu, tu nous as rejetés, tu as fait une brèche dans nos rangs.
         Malgré ta colère, rétablis-nous !

4    Tu as secoué la terre, tu l'as fissurée ;
         répare ses cassures, car elle s'écroule !

5    Tu as fait voir de dures épreuves à ton peuple,
         tu nous as forcés à boire un vin qui enivre.

6    Tu as donné à ceux qui reconnaissent l'autorité du Seigneur
         le signal de la fuite sous le tir des archers.

7    Viens à notre secours et réponds-nous,
         pour que ceux que tu aimes soient sauvés.

8    Dans son lieu saint, Dieu a parlé : « À moi la victoire !
         Je partagerai la ville de Sichem,
         je répartirai en lots la vallée de Soukoth.

9   Galaad est à moi, à moi aussi Manassé.
        Mon casque, c'est Éfraïm,
        et mon sceptre, c'est Juda.

10  Moab n'est que la cuvette où je me lave.
        J'ai des droits sur Édom, je jette ma sandale sur lui.
        Contre la Philistie, je pousse un cri de guerre ! »

11  Qui me mènera jusqu'en Édom ?
        Qui me livrera sa ville fortifiée,

12  si ce n'est toi, Dieu ? Or tu nous as rejetés,
        tu n'accompagnes plus nos armées.

13  Viens à notre aide contre l'adversaire,
        car les êtres humains n'offrent qu'un secours dérisoire.

14  Avec Dieu, nous serons victorieux,
        car lui, il terrasse nos adversaires.

## 61   *Exaudi, Deus*

2   Dieu, écoute ma plainte,
        sois attentif à ma prière.

3   Du bout du monde, quand je n'en peux plus,
        je t'appelle au secours.
        Conduis-moi au rocher qui est trop élevé pour moi.

4   Tu as été pour moi un sûr protecteur,
        une tour fortifiée face à l'ennemi.

5   J'aimerais vivre toujours dans ta maison,
        y trouver refuge sous tes ailes.

6   C'est toi, Dieu, qui entends mes promesses,
        tu as donné leur héritage à ceux qui reconnaissent ton autorité.

7   Donne au roi une longue vie,
        fais-le subsister longtemps, longtemps.

8   Dieu, qu'il règne sans fin en ta présence ;
        que la bonté et la vérité le gardent !

9    Alors je te célébrerai sans cesse par mes chants,
j'accomplirai jour après jour les promesses que je t'ai faites.

## Douzième jour : Prière du matin

### 62   *Nonne Deo ?*

2    C'est seulement près de Dieu que je connais le repos,
de lui me vient le salut.

3    Lui seul est le rocher, la forteresse où je suis sauvé.
Avec lui je suis comme inébranlable !

4    Jusqu'à quand vous unirez-vous
pour assaillir et abattre un homme,
comme on abat un mur qui penche
ou une clôture qui s'écroule ?

5    Vous ne pensez qu'à lui faire perdre sa place,
vous vous plaisez à mentir.
Avec votre bouche vous bénissez,
mais au fond de vous-mêmes vous maudissez.

6    C'est seulement près de Dieu
qu'il me faut chercher le repos,
car c'est lui qui me donne espoir.

7    Lui seul est le rocher, la forteresse où je suis sauvé.
Avec lui, je suis inébranlable.

8    Sur Dieu reposent mon salut et mon honneur.
Mon rocher protecteur, mon refuge, c'est Dieu !

9    Vous tous qui êtes là, ayez toujours confiance en lui,
confiez-lui ce qui vous préoccupe !
Dieu est pour nous un refuge.

10    Les êtres humains sont un souffle, rien de plus ;
les hommes, rien n'est plus décevant qu'eux.
Sur la balance, à eux tous, ils ne pèseraient pas lourd.

11    Ne comptez pas sur les méthodes violentes,
n'espérez rien de ce qui est pris par la force.

Si vos ressources augmentent,
n'y accordez pas d'importance.

12 Plus d'une fois j'ai entendu cette parole de la part de Dieu :
« C'est à moi qu'appartient la puissance. »

13 À toi aussi Seigneur appartient la bonté,
car tu traites chaque être humain selon ce qu'il a fait.

## 63 *Deus, Deus meus*

2 Dieu, tu es mon Dieu, je te cherche, j'ai soif de toi.
Tout mon être soupire après toi,
comme une terre aride, desséchée, sans eau.

3 Dans le temple, je t'ai contemplé,
j'ai vu ta puissance et ta présence glorieuse ;

4 car ta bonté vaut mieux que la vie.
Je proclamerai ta louange,

5 toute ma vie je te bénirai ;
en levant les mains vers toi je dirai qui tu es.

6 Je serai comblé,
comme rassasié des meilleurs morceaux.
Je laisserai éclater ma joie, je t'acclamerai.

7 Quand je suis couché, je me souviens de toi ;
pendant les heures de la nuit, je pense à toi.

8 Oui tu es venu à mon secours.
À l'abri de tes ailes je crie ma joie.

9 Je suis attaché à toi de tout mon être,
ta main droite est mon soutien.

10 Il y a des gens qui veulent ma mort.
Qu'ils aillent à un désastre soudain,
qu'ils descendent au fond du monde des morts !

11 Qu'ils soient livrés à la mort violente,
qu'ils deviennent la proie des chacals !

12 Que le roi trouve en Dieu la source de sa joie !
   Et tous ceux qui font un serment en prenant Dieu à témoin,
   qu'ils en soient fiers,
   car les menteurs seront réduits au silence !

## 64 *Exaudi, Deus*

2 Mon Dieu, je me plains à toi, écoute-moi.
   Préserve ma vie de l'ennemi que je crains,

3 fais-moi échapper au complot des malfaiteurs,
   aux intrigues des gens malfaisants.

4 Leur langue est un poignard qu'ils aiguisent,
   leurs mots blessants sont des flèches, qu'ils préparent

5 pour tirer en secret sur les honnêtes gens.
   Ils tirent sans prévenir, sans scrupule.

6 Ils s'encouragent l'un l'autre à ces méfaits,
   ils parlent des pièges qu'ils vont tendre en cachette
   et disent : « Personne n'y verra rien. »

7 Ils imaginent des mauvais coups :
   « Notre plan est bien au point, disent-ils :
   l'être humain n'est jamais à court d'idées. »

8 Mais Dieu tire ses flèches sur eux ;
   tout à coup les voilà touchés :

9 leurs propres paroles les ont fait tomber.
   Et tout le monde hoche la tête en les voyant,

10 tous en sont impressionnés ; ils racontent ce que Dieu a fait,
    ils comprennent le sens de son action.

11 Que les justes trouvent auprès du Seigneur
    la source de leur joie et leur refuge ;
    que ceux qui ont le cœur droit en soient fiers !

## Douzième jour : Prière du soir

### 65 *Te decet hymnus*

2 Dieu, dans la cité de Sion,
      tu mérites que chacun te loue
      et tienne les promesses qu'il t'a faites,

3   toi qui accueilles les prières.
      Tous les humains viennent à toi,

4   chargés de leurs fautes.
      Mes torts sont trop lourds pour moi,
      mais toi, tu pardonnes nos péchés.

5   Heureux ceux que tu admets à passer un moment chez toi !
      Nous aimerions profiter pleinement
      de ce qu'il y a de meilleur dans ta maison,
      dans le temple qui t'appartient.

6   Dieu notre sauveur, tu es fidèle à toi-même,
      tu nous réponds par des actes impressionnants,
      toi en qui espèrent les populations du bout du monde
      et des rivages les plus lointains.

7   Tu établis les montagnes par ta force,
      tu es armé de vigueur.

8   Tu apaises le mugissement des mers,
      le mugissement de leurs vagues,
      le grondement des peuples.

9   Devant tes signes impressionnants,
      les habitants du bout du monde ont pris peur ;
      tu fais crier de joie l'Orient et l'Occident.

10   Tu t'occupes de la terre, tu l'arroses en abondance,
      tu la combles de richesses.
      Mon Dieu, ton ruisseau est plein d'eau,
      tu prépares le blé pour les êtres humains, tu mets la terre en état :

11   tu irrigues ses sillons, tu aplanis ses mottes,
      tu la détrempes par la pluie,
      tu donnes aux graines la force de germer.

12 Tu achèves en beauté une année de bienfaits,
   sur ton passage l'abondance ruisselle.

13 Les pâturages de la campagne ruissellent de la même richesse,
   les collines se drapent de cris de joie.

14 Les prés portent un manteau de troupeaux,
   le fond des vallées se couvre de blés ;
   leurs acclamations et leurs chants retentissent.

## 66  *Jubilate Deo*

1 Acclamez Dieu, gens du monde entier !

2 Célébrez par vos chants son nom glorieux,
   honorez-le par vos louanges.

3 Dites à Dieu : « Combien ce que tu fais est impressionnant !
   Face à ton immense puissance,
   tes ennemis abandonnent toute fierté.

4 Que les gens du monde entier
   s'inclinent jusqu'à terre devant toi,
   qu'ils te célèbrent par leurs chants,
   oui, qu'ils te célèbrent, Seigneur ! »

5 Venez voir ce que Dieu a fait ;
   pour les êtres humains son exploit est impressionnant.

6 Il a mis la mer à sec,
   on passe le fleuve à pied.
   En lui nous mettons notre joie.

7 Il règne avec puissance pour toujours.
   Des yeux il surveille les autres pays :
   que les rebelles ne fassent pas les fiers !

8 Peuples, bénissez notre Dieu,
   louez-le à pleine voix.

9 C'est lui qui nous fait vivre,
   il nous a préservés des faux pas.

10 C'est toi, Dieu, qui nous as éprouvés,
     tu nous as passés au creuset comme l'argent,

11 tu nous as mis en difficulté,
     tu nous as accablés de détresse.

12 Tu as laissé n'importe qui chevaucher à notre tête,
     nous avons dû traverser le feu et l'eau.
     Mais tu nous as tirés de là et nous sommes soulagés !

13 J'entre dans ton temple et j'apporte des sacrifices,
     pour tenir les promesses que je t'ai faites,

14 celles-là mêmes que j'ai prononcées
     quand j'étais dans la détresse.

15 Je t'offre des bêtes grasses et des béliers,
     je prépare un taureau et des boucs.
     Sur l'autel ils seront consumés
     et leur fumée montera jusqu'à toi.

16 Vous tous qui reconnaissez l'autorité de Dieu, venez écouter,
     je vous raconterai ce qu'il a fait pour moi :

17 je l'ai appelé à mon secours,
     déjà prêt à proclamer sa grandeur.

18 Si j'avais eu des intentions coupables,
     le Seigneur ne m'aurait pas écouté.

19 Mais voilà, Dieu a écouté,
     il a été attentif à ma prière.

20 Béni soit Dieu ! Il n'a pas écarté ma prière,
     il ne m'a pas privé de son amour.

## 67 *Deus misereatur*

2 Dieu, accorde-nous ta grâce et bénis-nous ;
     fais briller sur nous la lumière de ta face.

3    Ainsi l'on saura sur la terre comment tu interviens ;
       on saura parmi toutes les contrées que tu es le sauveur.

4    Que les peuples te louent, Dieu,
       que les peuples te louent, tous ensemble !

5    Que les multitudes expriment leur joie par des cris,
       car tu juges le monde de façon équitable,
       sur la terre tu conduis les populations.

6    Que les peuples te louent, Dieu,
       que les peuples te louent, tous ensemble !

7    La terre a donné ses produits ;
       Dieu, notre Dieu, nous bénit !

8    Oui, que Dieu nous bénisse,
       et que les populations les plus lointaines
       reconnaissent son autorité !

### Treizième jour : Prière du matin

## 68   *Exsurgat Deus*

2    Que Dieu intervienne, que ses ennemis se dispersent,
       que ses adversaires s'enfuient devant lui !

3    Comme une fumée se dissipe, comme la cire fond au feu,
       que les méchants disparaissent devant Dieu !

4    Mais que les justes débordent de joie,
       qu'ils éclatent d'allégresse devant lui !

5    Chantez en l'honneur de Dieu, célébrez son nom,
       pour l'accueillir, lui qui chevauche les nuages :
       le Seigneur, voilà son nom. Soyez en fête devant lui !

6    Dans la demeure qui lui appartient,
       Dieu est un père pour les orphelins, un justicier qui défend les veuves.

7    Il donne une famille aux personnes isolées,
       et aux prisonniers la joie de la liberté.
       Seuls les rebelles restent sur une terre brûlée.

8    Dieu, quand tu es sorti devant ton peuple,
       quand tu t'es avancé dans le désert,

9    la terre s'est mise à trembler et les cieux à ruisseler devant toi,
       Dieu du Sinaï, Dieu d'Israël.

10    Tu as fait tomber une pluie abondante,
       tu as revigoré ton pays épuisé.

11    C'est là que ton peuple s'est fixé,
       en ce lieu que toi, Dieu si bon,
       tu avais préparé pour le malheureux.

12    Le Seigneur prononce une parole ;
       les messagères de bonne nouvelle forment une troupe nombreuse.

13    Les rois des armées ennemies s'enfuient à toutes jambes,
       les femmes restées à la maison partagent le butin.

14    Allez-vous rester couchés au campement ?
       Les ailes de la colombe sont plaquées d'argent
       et ses plumes ont des reflets d'or pâle.

15    Quand le Dieu souverain dispersa les rois,
       la neige tombait sur le mont Salmon.

16    La montagne du Bachan est une montagne des divinités ;
       la montagne du Bachan a de nombreux sommets.

17    Mais pourquoi, montagne aux nombreux sommets,
       être jalouse de la montagne où Dieu a choisi d'habiter,
       où le Seigneur demeure pour toujours ?

18    Dieu a des chars par milliers, par dizaines de milliers.
       Le Seigneur est venu avec eux,
       le mont Sinaï est dans le lieu saint !

19    Tu es monté vers les hauteurs, tu as fait des prisonniers,
       tu as reçu des dons de la part des humains, même parmi les rebelles,
       Seigneur Dieu, et tu as ta demeure à Sion.

20    Béni soit le Seigneur, jour après jour !
      Il nous prend en charge, lui le Dieu de notre salut.

21    Dieu est pour nous un Dieu qui sauve :
      lui, le Seigneur Dieu, dispose des moyens de nous faire échapper à la mort.

22    Oui, c'est sûr, Dieu brisera le crâne de ses ennemis,
      la tête chevelue de ceux qui se rendent coupables.

23    Le Seigneur a déclaré : « J'en ramènerai du Bachan,
      j'en ramènerai du fond de la mer,

24    pour que tes pieds pataugent dans le sang
      et que tes chiens aient leur part de festin
      sur le cadavre de tes ennemis. »

25    Dieu, on a vu ton cortège triomphal,
      ton cortège dans le lieu saint, mon Dieu, mon roi !

26    En tête les chanteurs, derrière les musiciens,
      au milieu les jeunes filles avec leurs tambourins.

27    Bénissez Dieu dans les assemblées,
      remerciez le Seigneur,
      vous qui avez vos racines en Israël.

28    En premier vient Benjamin, la plus petite des tribus ;
      ensuite les chefs de Juda en habits richement brodés,
      puis les chefs de Zabulon et ceux de Neftali.

29    Mon Dieu, donne un ordre à la mesure de ta force,
      ta force divine, qui a tant fait pour nous !

30    De ton temple, qui domine Jérusalem,
      là où les rois t'apporteront leurs dons,

31    lance tes menaces à la bête des roseaux,
      au troupeau de taureaux et au peuple de veaux :
      qu'ils se soumettent en t'offrant des pièces d'argent ;
      disperse les peuples qui se plaisent à la guerre.

32 Des ambassadeurs arrivent d'Égypte,
les Éthiopiens accourent vers Dieu en tendant les mains.

33 Royaumes de la terre,
chantez en l'honneur de Dieu, célébrez le Seigneur !

34 Celui qui chevauche au plus haut des cieux éternels,
le voici qui fait gronder sa forte voix.

35 Proclamez que la force est à Dieu,
que sa majesté domine Israël,
et que sa force a la hauteur des nuages.

36 Dieu, tu te révèles redoutable depuis ton sanctuaire.
C'est le Dieu d'Israël qui donne à son peuple la force et le pouvoir.
Béni soit Dieu !

## Treizième jour : Prière du soir

### 69 *Salvum me fac*

2 Dieu, sauve-moi, j'ai de l'eau jusqu'au cou !

3 J'enfonce tout au fond de la boue,
sans trouver un sol ferme sous mes pieds.
Me voilà dans l'eau profonde, emporté par le courant.

4 Je n'en peux plus d'appeler au secours,
j'en ai la gorge brûlante.
Mon regard se fatigue à t'attendre, mon Dieu.

5 Ceux qui me haïssent sans raison
sont plus nombreux que les cheveux sur ma tête.
À tort ils me traitent en ennemi,
ils ont le pouvoir de me détruire.
Ce que je n'ai pas pris, voilà que je devrais le rendre !

6 Mais toi, Dieu, tu sais comme j'ai été stupide,
mes fautes ne t'échappent pas.

7 Seigneur, Dieu de l'univers, je ne voudrais pas
faire honte à ceux qui comptent sur toi.

Dieu d'Israël, ne laisse pas ceux qui te cherchent
dans l'humiliation à cause de moi.

8   Car c'est pour toi que je subis des insultes,
que je rougis d'humiliation :

9   je suis devenu un étranger pour mes frères,
un inconnu pour ma famille.

10  La passion que j'ai pour ta maison me consume.
Les insultes qui te sont destinées retombent sur moi.

11  J'ai pleuré, j'ai jeûné,
cela me vaut encore des insultes.

12  Quand je porte un vêtement de deuil,
on fait de moi un thème de chansons.

13  Je suis le sujet des conversations sur la place publique,
et des refrains que chantent les ivrognes.

14  Mais moi, je t'adresse ma prière ;
Seigneur, c'est le moment d'être favorable.
Mon Dieu, ta bonté est grande,
tu me sauveras sûrement, réponds-moi !

15  Arrache-moi à l'enlisement dans la boue ;
oui, arrache-moi aux eaux profondes,
à ceux qui me haïssent.

16  Ne me laisse pas être emporté par le courant,
ni englouti dans le gouffre ;
ne permets pas que la tombe se referme sur moi.

17  Réponds-moi, Seigneur ; c'est ta bonté qu'il me faut.
Dans ta grande tendresse, tourne-toi vers moi.

18  Ne te détourne plus de moi, ton serviteur.
Je suis dans la détresse, réponds-moi sans tarder !

19  Approche-toi de moi pour me libérer ;
à cause de mes ennemis, délivre-moi !

20	Tu sais comme on m'insulte,
	tu connais ma honte et mon humiliation ;
	tu vois devant moi tous mes adversaires.

21	L'insulte m'a brisé le cœur, je ne m'en remettrai pas.
	J'espère un signe de sympathie, mais rien ne vient.
	Je cherche quelqu'un qui me console, mais je ne trouve personne.

22	Dans ma nourriture, ils ont mis du poison,
	et quand j'ai soif ils m'offrent du vinaigre.

23	Que leurs banquets soient un piège pour eux
	et pour leurs invités !

24	Que leurs yeux se voilent, qu'ils perdent la vue !
	Fais-leur sans cesse courber le dos.

25	Déverse sur eux ta fureur,
	et que ta colère ardente les atteigne.

26	Que leur campement soit dévasté,
	leurs tentes dépeuplées,

27	puisqu'ils s'acharnent sur celui que tu as déjà frappé,
	et qu'ils font des discours sur les souffrances de ceux que tu as déjà
	atteints !

28	Enregistre bien toutes leurs fautes,
	et qu'ils ne trouvent jamais ton approbation.

29	Efface leurs noms du livre de vie,
	ne les compte pas au nombre des justes.

30	Et moi, je suis malheureux et souffrant,
	mais ton secours, mon Dieu, me protégera.

31	Par mon chant je t'acclamerai,
	dans mes louanges je dirai ta grandeur.

32	Voilà qui t'est plus agréable, Seigneur,
	qu'un bœuf que je t'offrirais,
	ou qu'un taureau dans toute sa force.

33    Les personnes qui sont humbles verront ma délivrance et s'en réjouiront.
        Vous qui cherchez le secours de Dieu, longue vie à vous !

34    Car le Seigneur écoute les malheureux,
        il ne néglige pas les siens quand ils sont en prison.

35    Et vous, les cieux et la terre, acclamez-le,
        avec les mers et tout ce qui remue en elles !

36    Car Dieu sauvera Sion, il rebâtira les villes de Juda,
        son peuple les récupérera et les occupera de nouveau.

37    Les enfants de ceux qui servent Dieu les recevront en héritage,
        ceux qui aiment le Seigneur y auront leur demeure.

## 70    *Deus, in adjutorium*

2    Mon Dieu, délivre-moi,
        Seigneur, viens vite à mon aide !

3    Honte et déception
        à ceux qui veulent ma mort !
        Ceux qui prennent plaisir à mon malheur,
        qu'ils reculent déshonorés.

4    Ceux qui ricanent à mon sujet,
        qu'ils fassent demi-tour sous le poids de leur honte.

5    Mais que tous ceux qui te cherchent
        soient débordants de joie, à cause de toi ;
        que tous ceux qui t'aiment, toi le sauveur,
        ne cessent de proclamer : « Dieu est grand ! »

6    Moi, je suis pauvre et malheureux ;
        mon Dieu, viens vite auprès de moi !
        Mon aide et ma sécurité, c'est toi ;
        Seigneur, ne tarde pas.

## Quatorzième jour : Prière du matin

**71**    *In te, Domine, speravi*

1    Seigneur, c'est en toi que je trouve refuge,
        ne me laisse pas déçu.

2    Toi qui es juste, délivre-moi
        et mets-moi en lieu sûr ;
        tends vers moi une oreille attentive et sauve-moi !

3    Sois pour moi un rocher accueillant
        où je puisse venir à tout moment.
        Tu as décidé de me sauver.
        Oui, tu es bien mon rocher, ma forteresse !

4    Mon Dieu, fais-moi échapper aux méchants,
        aux imposteurs et aux violents.

5    C'est toi, Seigneur Dieu, qui es mon espoir ;
        en toi je mets ma confiance depuis ma jeunesse.

6    Dès avant ma naissance, je me suis appuyé sur toi ;
        c'est toi qui m'as tiré du ventre de ma mère ;
        j'ai toujours une raison de te louer.

7    Pour beaucoup j'étais un sujet d'étonnement,
        car tu étais mon sûr protecteur.

8    Que ma bouche soit remplie de tes louanges !
        Tous les jours je voudrais célébrer ta gloire.

9    Ne me laisse pas, maintenant que je vieillis ;
        quand je perds mes forces, ne m'abandonne pas.

10   Mes ennemis parlent de moi,
        ceux qui me surveillent se consultent.

11   Ils disent : « Dieu l'a abandonné ; allez-y, attrapez-le,
        personne ne l'arrachera de vos mains. »

12 Mon Dieu, ne reste pas loin de moi,
    mon Dieu, viens vite à mon secours.

13 Qu'ils soient honteux, anéantis, ceux qui m'accusent !
    Ceux qui veulent mon malheur,
    qu'ils soient couverts de déshonneur et d'humiliation !

14 Moi, j'espère toujours,
    je te louerai encore et encore.

15 Je dirai combien tu es juste,
    je raconterai tous les jours comment tu es le sauveur,
    tellement tes bienfaits sont innombrables.

16 J'entrerai chez toi, Seigneur Dieu, grâce à ton intervention,
    je ne parlerai que de ta justice.

17 Mon Dieu, tu m'as instruit dès ma jeunesse,
    et jusqu'à présent j'annonce tes merveilles.

18 Maintenant, malgré ma vieillesse et mes cheveux blancs,
    ne m'abandonne pas, mon Dieu !
    Alors j'annoncerai ton action efficace et vigoureuse
    aux jeunes et aux personnes qui viendront après eux.

19 Mon Dieu, ta justice est si haute,
    tu as fait de si grandes choses !
    Dieu, tu n'as pas ton pareil : qui est comme toi ?

20 À cause de toi j'ai connu bien des angoisses et des malheurs.
    Mais tu viendras me rendre la vie ;
    tu viendras me faire remonter des profondeurs de la tombe.

21 Une nouvelle fois tu me consoleras,
    tu me rendras mon honneur.

22 Et moi, je te louerai au son de ma harpe ;
    mon Dieu, je chanterai ta fidélité ;
    je te célébrerai au son de la lyre,
    toi, le Dieu d'Israël qui est saint.

23   Je te célébrerai par mes chants,
       mes lèvres crieront ma joie, car tu m'as libéré !

24   Tous les jours je célébrerai ta justice,
       car les voilà honteux et humiliés,
       ceux qui voulaient mon malheur.

## 72   *Deus, judicium*

Dieu, accorde au roi de prononcer les mêmes jugements que toi ;
      donne à ce fils de roi ton sens de la justice.

2   Qu'il soit loyal et fidèle au droit
      en jugeant les plus pauvres, en jugeant ton peuple.

3   Que les montagnes leur apportent la paix,
      et les collines la justice.

4   Que le roi fasse droit aux pauvres du peuple,
      qu'il soit le sauveur des malheureux,
      et qu'il écrase leur oppresseur !

5   Qu'il vive tant que le soleil brillera,
      aussi longtemps que la lune éclairera,
      de génération en génération.

6   Qu'il soit comme la pluie qui tombe sur les prés,
      comme l'averse qui arrose la terre !

7   Sous son règne, que le bon droit s'épanouisse,
      qu'il y ait abondance de biens
      tant que la lune existera !

8   Qu'il soit le maître d'une mer à l'autre
      et de l'Euphrate jusqu'au bout du monde !

9   Les habitants du désert plieront le genou devant lui,
      ses ennemis mordront la poussière.

10   Les rois de Tarsis et des îles lointaines lui enverront des cadeaux :
      les rois de Saba et de Séba lui livreront leur contribution.

11     Tous les rois se prosterneront devant lui,
       tous les peuples lui seront soumis.

12     Il délivrera le malheureux qui appelle à l'aide
       et le pauvre qui n'a personne pour le secourir.

13     Il aura souci du faible et du malheureux,
       il leur sauvera la vie.

14     Il les libérera de l'oppression et de la violence,
       car pour lui, leur vie est précieuse.

15     Vive le roi ! On lui donnera en cadeau l'or de Saba,
       on priera pour lui en tout temps ;
       on demandera tous les jours à Dieu de le bénir !

16     Que le pays produise quantité de blé,
       que ses moissons ondulent sur les hauteurs,
       qu'elles soient florissantes comme les montagnes du Liban,
       qu'elles s'épanouissent, depuis la ville,
       comme l'herbe des champs !

17     Que la renommée du roi soit éternelle,
       qu'elle se prolonge autant que le soleil !
       Que les êtres humains prononcent son nom
       quand ils se béniront l'un l'autre,
       et que tous les peuples déclarent le roi bienheureux !

18     Béni soit le Seigneur, le Dieu d'Israël,
       le seul qui fasse des prodiges.

19     Pour toujours, béni soit le Dieu de gloire !
       Que la terre soit remplie de sa présence glorieuse !
       Amen, oui, qu'il en soit ainsi !

# Livre trois

### Quatorzième jour : Prière du soir

### 73     *Quam bonus Israel !*

1     Oui, Dieu est bon pour Israël,
       pour tous ceux qui ont le cœur pur.

2     Pourtant, j'allais faire un faux pas ;
        un peu plus et je glissais.

3     Car j'ai vu la prospérité des méchants et j'ai jalousé ces vantards.

4     Jusqu'à leur mort, ces gens-là n'ont pas d'ennuis,
        ils sont gros et gras,

5     ils ne partagent pas les difficultés des autres humains ;
        ils ne sont pas frappés par les coups durs comme les autres.

6     Ils portent l'arrogance comme un collier,
        ils se drapent de violence.

7     Ils sont dans le luxe, leurs yeux reflètent leurs mauvaises pensées.

8     Ils se moquent, ils parlent méchamment,
        d'un air supérieur ils ne parlent que d'opprimer.

9     Ils ouvrent la bouche pour s'attaquer aux cieux,
        et leur langue n'épargne rien sur terre.

10    C'est pourquoi tout le monde se tourne vers eux
        et boit leurs paroles comme de l'eau.

11    Ils déclarent : « Dieu ne peut rien remarquer ;
        comment lui, qui est là-haut, pourrait-il savoir ? »

12    Regardez-les, ces gens méchants :
        toujours à l'abri des ennuis, ils améliorent leur situation.

13    C'est donc en vain que je suis resté honnête,
        et que j'ai lavé mes mains en signe d'innocence.

14    Tous les jours, j'endure toutes sortes de peines,
        chaque matin, les châtiments sont là.

15    Mais si je me décidais à parler comme eux,
        je trahirais la génération de tes enfants.

16    J'ai essayé de comprendre ;
        mais tout cela m'a paru difficile,

17    jusqu'à ce que j'entre dans le sanctuaire de Dieu.
        J'ai alors compris quel sort les attendait.

18    Oui, tu les mets sur une pente glissante,
        tu les fais tomber dans un piège.

19    En un rien de temps, ils sont finis,
        anéantis par une terreur soudaine !

20    Seigneur, dès que tu entres en action, tu les dépouilles ;
        leur reflet disparaît comme un rêve lorsqu'on s'éveille.

21    Quand j'étais plein d'amertume,
        choqué au plus profond de moi-même,

22    j'étais stupide, je n'y comprenais rien,
        comme une brute devant toi.

23    Pourtant je suis toujours avec toi.
        Tu m'as saisi la main droite,

24    tu me conduis selon ton conseil
        et tu me recevras avec les honneurs.

25    Qui dans les cieux, me viendrait en aide, sinon toi ?
        Et sur cette terre, que désirer, puisque je suis avec toi ?

26    Mon corps s'épuise, mon cœur aussi,
        mais mon appui, mon bien le plus personnel,
        c'est toi, Dieu, pour toujours !

27    Ceux qui s'éloignent de toi succombent,
        tu réduis à rien ceux qui t'abandonnent.

28    Mais mon bonheur à moi, c'est d'être près de Dieu.
        J'ai mis ma confiance en toi, Seigneur Dieu,
        pour proclamer tout ce que tu as fait.

## 74    *Ut quid, Deus ?*

1    Pourquoi, Dieu, toujours nous rejeter ?
       Pourquoi rester furieux contre le troupeau dont tu es le berger ?

2    Souviens-toi de ton peuple : il y a longtemps que tu l'as acquis.
        Souviens-toi de ces tribus qui t'appartiennent,
        et que tu as rachetées.
        Souviens-toi de la montagne de Sion, où tu as fait ta demeure.

3    Monte jusqu'à ce lieu toujours en ruine :
        l'ennemi a tout saccagé dans le lieu saint.

4    Tes adversaires ont poussé leurs hurlements
        à l'endroit même de ta présence.
        Ils y ont placé leurs bannières.

5    Comme des bûcherons qui brandissent
        leurs haches dans une forêt,

6    à coups de hache et de pioche,
        ils ont fracassé toutes les sculptures.

7    Ils ont mis le feu à ton sanctuaire,
        jeté à terre et souillé la demeure qui t'appartient.

8    Ils se sont dit qu'ils allaient incendier ensemble
        tous les lieux de rencontre avec Dieu dans le pays.

9    On ne voit plus les signes de ta présence, il n'y a plus de prophètes,
        et il ne nous est pas donné de savoir jusqu'à quand cela va durer.

10    Mon Dieu, combien de temps encore
        l'adversaire te provoquera-t-il,
        l'ennemi se moquera-t-il de toi sans cesse ?

11    Pourquoi restes-tu les bras croisés ?

12    Dieu, mon roi depuis toujours,
        tu es l'auteur de tant de victoires sur la terre.

13    Tu as eu la force de fendre la mer,
        de briser les têtes du grand dragon marin,

14    de fracasser le crâne de ce monstre,
        et tu l'as fait dévorer par les requins.

15  Tu ouvres un passage aux sources et aux ruisseaux,
       tu dessèches des fleuves intarissables.

16  Le jour t'appartient, la nuit aussi,
       toi qui as créé la lune et le soleil.

17  Tu as fixé toutes les limites de la terre,
       c'est toi qui as formé l'été et l'hiver.

18  Souviens-toi de ceci, Seigneur : l'ennemi te provoque,
       ces gens stupides insultent ton nom.

19  Ne livre pas aux bêtes sauvages la vie du peuple qui t'est si cher,
       n'oublie pas pour toujours l'existence de ces pauvres qui sont à toi.

20  Considère l'alliance qui a été conclue
       alors que les lieux obscurs du pays
       sont le domaine de la violence.

21  Ne laisse pas les personnes opprimées repartir humiliées.
       Que les pauvres et les malheureux t'acclament !

22  Interviens, mon Dieu, défends ta cause.
       Souviens-toi des insultes
       que ces gens stupides t'adressent tous les jours.

23  N'oublie pas les cris de tes ennemis,
       les hurlements que tes adversaires font sans cesse monter vers toi.

## Quinzième jour : Prière du matin

### 75  *Confitebimur tibi*

2  Nous te louons, Dieu, nous te louons,
       nous proclamons qui tu es,
       nous racontons tes merveilles.

3  « Au moment que j'aurai fixé, dit Dieu,
       moi, je rendrai une vraie justice.

4  Même si la terre tremble, avec tous ses habitants,
       c'est moi qui la maintiens sur ses bases. »

5    Je déclare donc aux insolents : « Cessez d'être insolents ! »
        et aux gens méchants : « Vos airs supérieurs, ça suffit ! »

6    Oui, cessez vos airs supérieurs et vos discours effrontés !

7    Sachez que la grandeur
        ne vient ni d'orient, ni d'occident, ni du désert,

8    car celui qui juge, c'est Dieu : il abaisse l'un, il élève l'autre. »

9    Le Seigneur tient en main une coupe
        où pétille un vin épicé, le vin de sa colère.
        Il en verse aux méchants de la terre. Ils devront tous en boire,
        et vider la coupe jusqu'à la dernière goutte.

10    Et moi, je ne cesserai pas
        de célébrer par mes chants le Dieu de Jacob
        et d'annoncer ce qu'il a dit :

11    « Je fracasserai l'orgueil de tous les méchants,
        tandis que grandira la fierté des justes. »

## 76   *Notus in Judæa*

2    Dieu s'est fait connaître en Juda,
        il est célèbre en Israël.

3    Il a sa demeure à Salem,
        sa résidence à Sion.

4    C'est là qu'il a brisé les armes de guerre :
        les flèches, les boucliers, les épées.

5    Mon Dieu, comme tu es éclatant de lumière,
        plus imposant que les montagnes éternelles !

6    Les vaillants soldats se sont trouvés dépouillés,
        ils ont succombé au sommeil ;
        ces guerriers ont perdu tous leurs moyens.

7    Quand tu les menaças, Dieu de Jacob,
        cavaliers et chevaux furent paralysés.

8   Comme tu es redoutable !
        Qui resterait debout devant toi
        quand ta colère éclate ?

9   Du haut des cieux tu prononces ta sentence ;
        le monde a peur, il se tient tranquille,

10  quand tu te lèves pour prononcer ta décision
        de sauver toutes les personnes de la terre qui sont humbles.

11  Même la fureur des êtres humains est pour toi un chant de louange,
        et ceux qui restent en colère prendront la tenue de deuil.

12  Faites des promesses au Seigneur votre Dieu
        et accomplissez-les.
        Vous tous qui formez son entourage,
        apportez vos dons au Dieu terrible.

13  Il dégonfle l'orgueil des princes,
        il est redoutable pour les rois de la terre.

## 77   *Voce mea ad Dominum*

2   Je m'adresse à Dieu pour crier ma plainte,
        je m'adresse à Dieu pour qu'il me prête attention.

3   Quand je suis dans la détresse, je cherche le Seigneur.
        Sans relâche, la nuit, ma main se tend vers lui,
        je refuse qu'on me console.

4   Je pense à Dieu et je pousse des gémissements.
        Je réfléchis et la vie m'abandonne.

5   Tu m'empêches de fermer l'œil, Seigneur,
        je me trouble, je ne sais plus que dire.

6-7  J'évoque le lointain passé, je repense au temps d'autrefois.
        Je passe la nuit à réfléchir, je médite et je cherche à comprendre :

8   le Seigneur rejettera-t-il toujours ?
        Ne sera-t-il plus jamais favorable ?

9  A-t-il cessé pour toujours d'être bon ?
      N'a-t-il désormais plus rien à dire ?

10  Dieu a-t-il oublié de faire grâce ?
      Dans sa colère, a-t-il fermé son cœur ?

11  Je me dis : « Ce qui me fait souffrir,
      c'est que la manière d'agir du Dieu très-haut a changé. »

12  Je me souviens de ce que tu as fait, Seigneur,
      oui, j'évoque tes merveilles d'autrefois.

13  Je réfléchis à tes exploits,
      je médite tes actes mémorables.

14  Dieu, ton action est unique,
      aucun dieu n'est aussi grand que toi !

15  Tu es le seul qui fasses des merveilles ;
      tu as montré ton pouvoir aux peuples.

16  Par ta vigueur tu as délivré ton peuple,
      les descendants de Jacob et de Joseph.

17  Dieu, quand les eaux t'ont vu,
      elles ont été prises de peur,
      bouleversées jusqu'en leurs profondeurs.

18  Les nuages déversaient des torrents d'eau,
      au milieu d'eux grondait le tonnerre,
      et tes flèches volaient en tous sens.

19  Au roulement de ton tonnerre,
      les éclairs illuminaient le monde,
      la terre tremblait de peur.

20  Tu t'es fait un chemin dans la mer,
      un passage au fond de l'eau,
      et personne ne retrouva tes traces.

21  Par la main de Moïse et d'Aaron,
      tu as conduit ton peuple comme un troupeau.

### Quinzième jour : Prière du soir

## 78

**Première partie**       *Attendite, popule*

1     Mon peuple, écoute bien mon enseignement,
      tends une oreille attentive à ce que je dis.

2     Je veux m'exprimer par une parabole
      et dégager les leçons du passé.

3     Ce que nous avons entendu, ce que nous savons,
      ce que nos parents nous ont raconté,

4     nous ne le cacherons pas aux enfants de nos enfants.
      Nous redirons à la génération suivante les louanges du Seigneur,
      sa puissance et les merveilles qu'il a faites.

5     Il a établi un témoignage pour Jacob, son peuple,
      il a institué un enseignement en Israël
      selon lequel nos ancêtres
      devaient enseigner cette histoire à leurs enfants.

6     Ainsi la génération qui suivrait, celle des enfants à naître,
      la connaîtrait à son tour et la répéterait à ses propres enfants.

7     Ainsi ceux-ci mettront leur confiance en Dieu,
      ils n'oublieront pas ce qu'il a fait
      et observeront ses commandements.

8     Alors ils n'imiteraient plus cette génération de leurs ancêtres
      qui fut indocile et rebelle,
      de cœur inconstant et d'esprit infidèle à Dieu.

9     Les archers d'élite des gens d'Éfraïm
      ont tourné le dos, le jour du combat :

10    car ils n'avaient pas respecté l'alliance qui les liait à Dieu,
      ils avaient refusé de suivre son enseignement,

11    ils avaient oublié ses exploits
      et les merveilles qu'il leur avait fait voir.

12　En Égypte, dans la région de Soan,
　　　　sous les yeux de leurs ancêtres,
　　　　il fit des prodiges :

13　il fendit la mer pour les faire traverser,
　　　　il dressa ses eaux comme une muraille.

14　Le jour, il les guidait grâce à une colonne de nuée,
　　　　et toute la nuit à la lumière d'un feu.

15　Il fendit des rochers dans le désert
　　　　pour les faire boire aux eaux souterraines.

16　De la roche, il fit jaillir des ruisseaux
　　　　et couler des torrents d'eau.

17　Mais ils commirent de nouvelles fautes :
　　　　dans cette terre aride, ils s'opposèrent au Dieu très-haut.

18　Ils osèrent mettre Dieu au défi,
　　　　en réclamant de quoi manger.

19　Ils s'en prirent à Dieu en posant la question :
　　　　« Dieu est-il vraiment capable
　　　　de nous servir un repas dans le désert ?

20　C'est vrai, il a frappé le rocher
　　　　pour en faire couler de l'eau et ruisseler des torrents.
　　　　Mais pourrait-il aussi nous donner du pain
　　　　ou offrir de la viande à tous ? »

21　En entendant ces mots, le Seigneur se fâcha,
　　　　sa colère éclata contre Israël,
　　　　comme un feu allumé contre son peuple.

22　Car les siens n'avaient pas cru en lui,
　　　　ils n'avaient pas compté sur son secours.

23　Il donna pourtant des ordres aux nuages,
　　　　il ouvrit les portes des cieux,

24    il fit pleuvoir sur eux la manne pour qu'ils en mangent ;
      à son peuple il donna le pain des cieux.

25    Chacun mangea du pain des forts.
      Il leur envoya des vivres tant qu'ils en voulurent.

26    Puis Dieu déchaîna le vent d'est dans les cieux,
      il força le vent du sud à souffler

27    et fit descendre sur eux de la viande,
      comme un nuage de poussière :
      des oiseaux nombreux comme le sable au bord de la mer.

28    Il les fit tomber au milieu de leur camp,
      tout autour des tentes.

29    Le Seigneur ayant satisfait leurs désirs,
      ils en mangèrent beaucoup, tant qu'ils voulurent.

30    Mais leur appétit n'était pas encore rassasié,
      ils avaient encore la bouche pleine,

31    que la colère de Dieu éclata contre eux.
      Il massacra une partie de l'élite,
      il terrassa les jeunes gens d'Israël.

32    Malgré tout ils commettaient de nouvelles fautes,
      ils ne croyaient pas à ses merveilles.

33    Alors, d'un souffle, il balayait leur existence,
      mettant fin à leur vie par un malheur soudain.

34    Quand Dieu allait les tuer, alors ils le cherchaient,
      ils revenaient et se tournaient vers lui.

35    Ils se rappelaient qu'il était leur rocher,
      que le Dieu très-haut était leur défenseur.

36    Mais ils n'étaient pas sincères,
      ils ne lui disaient pas la vérité,

37    ils ne lui étaient pas fermement attachés,
      ils trahissaient leur engagement envers lui.

38    Mais lui, il leur gardait sa tendresse,
        il pardonnait leurs torts, il renonçait à les exterminer.
        Bien souvent, il retint sa colère et fit taire son indignation,

39    se rappelant qu'ils n'étaient que de simples mortels,
        un souffle qui s'en va pour ne plus revenir.

### Psaume 78 : deuxième partie    *Quoties exacerbaverunt*

40    Que de fois, au désert, ils s'opposèrent à lui
        et le provoquèrent dans ces lieux arides !

41    Ils le mettaient à nouveau au défi,
        ils offensaient le Dieu d'Israël qui est saint.

42    Ils oubliaient ce qu'il avait fait pour eux
        quand il les avait délivrés de l'adversaire.

43    Ils oubliaient les signes impressionnants
        qu'il avait réalisés en Égypte,
        ses prodiges dans la région de Soan :

44    il changea l'eau du Nil en sang
        et les Égyptiens ne pouvaient plus en boire.

45    Les mouches piquantes suçaient leur sang,
        les grenouilles dévastaient tout.

46    Il livra leurs récoltes aux criquets,
        le produit de leur travail aux sauterelles.

47    Il ravagea leurs vignes par la grêle,
        leurs sycomores par des pluies torrentielles.

48    Il détruisit leur bétail par la grêle,
        leurs troupeaux par la foudre.

49    À la fin, Dieu lâcha contre les Égyptiens
        sa colère ardente, sa fureur déchaînée,
        toute une mission d'anges de malheur.

50 Donnant libre cours à sa colère,
   il ne leur envoya pas seulement la mort,
   mais il les soumit tout vivants au pire fléau :

51 dans les familles égyptiennes, chez les descendants de Cham,
   il frappa de mort les fils aînés, le premier produit de leur vigueur.

52 Puis il fit partir son peuple
   comme un troupeau qui sort de la bergerie ;
   il conduisit les siens au désert,
   comme on conduit ses moutons.

53 Il les mena en sûreté, à l'abri de la peur,
   et la mer recouvrit leurs ennemis.

54 Puis il leur fit franchir la frontière du pays qui lui appartient,
   vers la montagne qu'il s'était acquise.

55 Il expulsa devant eux des populations,
   et il leur délimita un héritage ;
   il installa les tribus d'Israël dans leurs tentes.

56 Mais ils mirent au défi le Dieu très-haut
   en s'opposant à lui, en n'observant pas ses instructions.

57 Comme leurs ancêtres, ils furent déserteurs et traîtres,
   décevants comme un arc dont la corde lâche.

58 Ils offensèrent le Seigneur
   en utilisant les lieux consacrés aux divinités ;
   par leurs statuettes de faux dieux,
   ils soulevèrent son indignation.

59 En constatant cela, Dieu se fâcha,
   il rejeta complètement le peuple d'Israël.

60 Il délaissa la demeure de Silo,
   la tente où il demeurait parmi les humains.

61 Le coffre de l'alliance, signe de sa puissance et de sa gloire,
   il le laissa passer en des mains ennemies et partir pour l'exil.

62 Fâché contre ceux qui lui appartenaient,
    il livra son peuple au massacre.

63 Le feu consuma les jeunes gens,
    on ne chanta plus pour les jeunes filles.

64 Les prêtres furent assassinés,
    et il ne resta plus de veuves
    pour faire entendre les lamentations.

65 Alors, comme quelqu'un qui a dormi,
    comme un vaillant guerrier qui n'est plus ivre, le Seigneur s'éveilla.

66 Il frappa ses adversaires en fuite
    et les humilia de manière définitive.

67 Il écarta les descendants de Joseph ;
    ce ne fut pas la tribu d'Éfraïm qu'il choisit,

68 mais la tribu de Juda ;
    la montagne de Sion eut sa préférence.

69 Là, il édifia son sanctuaire, solide comme les cieux,
    comme la terre qu'il a mise en place pour toujours.

70 Il choisit David comme serviteur,
    il alla le chercher dans les enclos à moutons,

71 il le fit venir de derrière son troupeau,
    pour en faire le berger de Jacob son peuple,
    d'Israël son patrimoine.

72 David fut un berger au cœur intègre
    qui les conduisit d'une main experte.

### Seizième jour : Prière du matin

## 79   *Deus, venerunt*

1 Dieu,
    des étrangers ont envahi ton domaine,
    ils ont souillé le temple qui est le tien,
    ils ont fait de Jérusalem un tas de ruines.

2   Ils ont donné en pâture aux vautours les cadavres de tes serviteurs,
    aux bêtes sauvages les corps de ceux qui te sont fidèles.

3   Tout autour de Jérusalem, le sang de ceux qui te sont fidèles a coulé à flots,
    sans personne pour les mettre en terre.

4   Nous voilà insultés par nos voisins, tournés en dérision,
    ridiculisés par ceux qui nous entourent.

5   Jusqu'à quand, Seigneur,
    garderas-tu cette colère incessante contre nous,
    cette passion jalouse qui brûle comme un feu ?

6   Emporte-toi plutôt contre ces gens qui t'ignorent,
    contre ces royaumes où l'on ne te rend aucun culte.

7   Car ils ont pillé Jacob,
    ils ont dévasté son domaine.

8   Ne nous reproche pas les fautes de nos prédécesseurs,
    mais, par amour, fais un pas vers nous.
    Ne tarde pas, car nous sommes à bout de force.

9   Dieu, notre sauveur, viens à notre secours,
    ton honneur est en cause.
    Délivre-nous, pardonne nos torts,
    ta renommée est en cause.

10  Pourquoi les autres peuples demanderaient-ils :
    « Que fait-il donc, leur Dieu ? »
    Qu'ils sachent plutôt, et que nous puissions voir,
    comment tu venges la mort de ceux qui te servent !

11  Avec bienveillance, écoute la plainte des prisonniers.
    Toi qui es si fort, garde en vie les condamnés à mort.

12  Seigneur, les peuples voisins t'ont provoqué ;
    fais-les payer sept fois, en plein cœur, pour leurs insultes.

13  Mais nous qui sommes ton peuple,
    le troupeau dont tu es le berger,
    toujours nous te rendrons grâce ;
    de siècle en siècle, nous célébrerons tes louanges.

## 80 *Qui regis Israel*

2    Ô berger d'Israël, écoute,
       toi qui guides les tribus de Joseph comme un troupeau,
       toi qui as ton trône au-dessus des chérubins,
       manifeste-toi !

3    Sous le regard de tes tribus, Éfraïm, Benjamin et Manassé,
       déploie ta puissance et viens nous sauver.

4    Dieu, rétablis-nous,
       fais briller sur nous la lumière de ta face et nous serons sauvés.

5    Seigneur, Dieu de l'univers,
       jusqu'à quand seras-tu fumant de colère,
       malgré la prière de ceux qui t'appartiennent ?

6    Tu nourris les tiens de pain pétri de larmes,
       tu les enivres de larmes sans mesure.

7    Tu fais de nous l'enjeu des querelles de nos voisins,
       nos ennemis nous tournent en ridicule.

8    Dieu de l'univers, rétablis-nous,
       fais briller sur nous la lumière de ta face et nous serons sauvés.

9    Tu as arraché d'Égypte une vigne,
       tu as chassé des peuples pour la replanter,

10   tu as fait place nette devant elle.
       Alors elle s'enracina, occupa tout le pays :

11   elle couvrit les montagnes de son ombre ;
       ses rameaux grimpèrent sur les plus grands cèdres.

12   Elle étendit ses sarments jusqu'à la mer
       et ses pousses jusqu'au fleuve.

13   Pourquoi as-tu forcé sa clôture ?
       Tu laisses les passants la piller,

14   le sanglier la ravage,
       les animaux sauvages viennent y brouter.

15    Reviens, Dieu de l'univers !
         Du haut des cieux, regarde, vois ce qui arrive,
         et interviens pour cette vigne.

16    Protège ce que tu as toi-même planté,
         cet enfant que tu as fait grandir.

17    Que ceux qui l'ont brûlée et rasée
         disparaissent devant tes menaces.

18    Que ta main reste posée sur celui qui est à ta droite,
         sur celui que tu as fait grandir.

19    Alors nous ne nous écarterons plus de toi,
         tu nous rendras la vie, et c'est toi que nous adorerons.

20    Seigneur, Dieu de l'univers, rétablis-nous,
         fais briller sur nous la lumière de ta face et nous serons sauvés.

## 81    *Exultate Deo*

2    Criez votre joie à Dieu, notre protecteur,
         acclamez le Dieu de Jacob !

3    Entonnez la musique, frappez le tambourin,
         jouez sur la lyre et sur la harpe.

4    Sonnez de la trompette à la nouvelle lune,
         puis à la pleine lune, le jour de notre fête.

5    Car c'est un devoir pour le peuple d'Israël,
         une décision du Dieu de Jacob,

6    la règle qu'il a prescrite à la famille de Joseph,
         quand il s'attaqua à l'Égypte.
         J'entends une voix inconnue me dire :

7    J'ai déchargé tes épaules du fardeau,
         tes mains ont laissé le lourd panier.

8    Quand tu étais dans la détresse,
         tu m'as appelé et je t'ai délivré.

Je t'ai répondu du cœur de l'orage.
À la source de Meriba je t'ai mis à l'épreuve.

9   Mon peuple, écoute-moi, j'ai à t'avertir.
Si seulement tu m'écoutais, Israël !

10  Pas de place chez toi pour un autre dieu !
Pas de culte en l'honneur d'un dieu étranger !

11  Car c'est moi, le Seigneur ton Dieu,
qui t'ai retiré d'Égypte.
Ouvre grand la bouche, et je la remplirai.

12  Mais mon peuple n'a pas écouté mon appel,
Israël n'a plus voulu de moi.

13  Alors je les ai laissés à ce qu'ils avaient délibérément choisi.
Qu'ils agissent donc à leur guise !

14  Si mon peuple, si Israël m'écoutait,
s'il suivait la voie que je lui trace,

15  bientôt je ferais plier ses ennemis,
je dirigerais mes coups sur ses adversaires !

16  Alors les ennemis du Seigneur l'imploreraient,
et Israël aurait du bon temps pour toujours.

17  Le Seigneur le nourrirait du meilleur blé,
il le rassasierait de miel sauvage.

## Seizième jour : Prière du soir

## 82  *Deus stetit*

1   Dieu est là, entouré de son conseil ;
au milieu des dieux il rend la justice :

2   « Jusqu'à quand jugerez-vous avec parti pris,
en acquittant les coupables ?

3   Faites plutôt droit au faible, à l'orphelin,
rendez justice au pauvre, au malheureux.

4    Relâchez le faible et le malheureux,
         arrachez-les aux griffes des méchants.

5    Mais vous ne savez rien, vous ne comprenez rien,
         vous êtes dans l'obscurité la plus totale, avançant à tâtons ;
         les fondements du monde sont ébranlés.

6    Je le dis : Vous êtes des dieux, vous tous,
         des enfants du Dieu très-haut.

7    Pourtant, comme les humains, vous allez mourir,
         comme n'importe quel chef, vous tomberez. »

8    Interviens, mon Dieu, sois le juge du monde,
         car tu es le maître de toute la terre.


**83**    *Deus, quis similis ?*

2    Dieu, ne t'accorde aucun repos,
         ne garde pas le silence, ne reste pas inactif.

3    Voici, tes ennemis s'agitent ;
         ceux qui te haïssent ont relevé la tête.

4    Ils trament un complot contre ceux qui t'appartiennent,
         ils se concertent contre tes protégés.

5    « Allons, disent-ils, faisons-les disparaître comme peuple ;
         qu'on ne se souvienne plus du nom d'Israël ! »

6    Ils se consultent, ils sont tous d'accord
         pour conclure un pacte contre toi.

7    Ce sont les gens d'Édom et d'Ismaël,
         ceux de Moab, d'Agar et de Guébal,

8    les Ammonites et les Amalécites,
         les Philistins, et encore les gens de Tyr.

9    Même les Assyriens se sont joints à eux
         pour prêter main-forte aux descendants de Loth.

10-11     Dieu, traite-les comme Sisra et Yabin au torrent du Quichon ;
           ou comme les Madianites exterminés à la fontaine de Dor,
           laissés comme du fumier sur le sol.

12     Traite leurs princes comme Oreb et Zeb,
         et tous leurs chefs comme Zéba et Salmounna,

13     ces gens qui avaient déclaré :
         « Emparons-nous du domaine de Dieu. »

14     Mon Dieu, fais qu'ils aient le même sort que la graine de chardon
         ou les fétus de paille, emportés par le vent.

15     Comme un feu dévore une forêt,
         comme une flamme embrase les montagnes,

16     lance une tempête à leur poursuite,
         terrifie-les par ton ouragan.

17     Couvre leur visage de honte,
         et qu'ils te cherchent, Seigneur.

18     Qu'ils soient humiliés, épouvantés sans fin,
         que leurs espoirs soient déçus, qu'ils dépérissent !

19     Qu'ils sachent alors qui tu es, Seigneur,
         le seul Dieu très-haut sur toute la terre !

## 84    *Quam dilecta !*

2     Seigneur de l'univers,
         comme j'aime ta maison !

3     Je meurs d'impatience en attendant d'entrer
         dans les cours de ton temple.
         Tout mon être crie sa joie au Dieu vivant.

4     Même le moineau trouve un abri
         et l'hirondelle un nid où mettre ses petits
         près de tes autels, Seigneur de l'univers, mon roi et mon Dieu !

5     Heureux ceux qui habitent dans ta maison,
         ils peuvent t'acclamer sans cesse !

6    Heureux ceux qui trouvent chez toi un refuge,
         ils ont dans leur cœur des chemins tout tracés !

7    Quand ils passent par la vallée des mûriers,
         ils la changent en oasis ;
         même la pluie d'automne la couvre de bénédictions.

8    À mesure qu'ils avancent, ils gagnent des forces
         pour se présenter devant Dieu à Sion.

9    Seigneur, Dieu de l'univers, entends ma prière,
         écoute, Dieu de Jacob !

10   Dieu, regarde notre bouclier,
         accueille celui que tu as mis à part.

11   Oui, un seul jour dans les cours de ton temple
         vaut mieux que mille autres passés ailleurs.
         Plutôt rester au seuil de ta maison, mon Dieu,
         que vivre avec les gens méchants !

12   Le Seigneur Dieu est un soleil et un bouclier ;
         il accorde la bienveillance et la gloire.
         Le Seigneur donne volontiers le bonheur
         à qui mène une vie sans reproche.

13   Seigneur de l'univers,
         heureux celui qui a confiance en toi !

## 85    *Benedixisti, Domine*

2    Seigneur, tu as montré ta faveur au pays qui t'appartient ;
         tu as rétabli les descendants de Jacob.

3    Tu as déchargé ton peuple de sa faute,
         tu as pardonné tous ses manquements.

4    Tu as retenu ta colère,
         tu as renoncé à t'emporter contre nous.

5    Dieu, notre sauveur, reviens à nous,
         cesse de nous en vouloir.

6   Resteras-tu toujours offensé contre nous ?
     Ta colère durera-t-elle de génération en génération ?

7   Ne viendras-tu pas nous ramener à la vie, nous qui sommes ton peuple,
     pour que nous retrouvions en toi la joie ?

8   Seigneur, fais-nous voir ta bonté,
     accorde-nous ton secours.

9   Je veux écouter ce que Dieu dit : le Seigneur parle de paix
     pour ceux qui lui appartiennent, ceux qui lui sont fidèles,
     ceux qui lui font à nouveau confiance.

10  Oui, son aide est toute proche
     pour ceux qui reconnaissent son autorité.
     Sa présence glorieuse habitera bientôt notre pays.

11  La bonté et la vérité se rencontrent,
     la justice et la paix s'embrassent.

12  La vérité germe de la terre,
     la justice descend des cieux.

13  Le Seigneur lui-même donne le bonheur,
     et notre pays donne ses produits.

14  La justice marche devant le Seigneur
     et trace le chemin devant ses pas.

## Dix-septième jour : Prière du matin

## 86   *Inclina, Domine*

1   Seigneur, tends vers moi une oreille attentive,
     réponds-moi, car je suis pauvre et malheureux.

2   Je suis un de ceux qui te sont fidèles, protège-moi.
     Je suis ton serviteur, je compte sur toi,
     sauve-moi, toi qui es mon Dieu.

3   Je passe mes journées à t'appeler,
     Seigneur, accorde-moi ta grâce.

4    Moi qui suis ton serviteur, je me tourne vers toi, Seigneur ;
         je t'en prie, rends-moi la joie.

5    Toi, Seigneur, tu es bon, prêt à pardonner,
         d'une immense bonté pour tous ceux qui t'appellent.

6    Écoute ma prière, Seigneur,
         sois attentif quand je te supplie.

7    Quand je suis dans la détresse,
         je t'appelle, car tu me répondras.

8    Parmi les dieux, aucun n'est comme toi, Seigneur,
         aucun ne ferait ce que tu as fait.

9    Tous les peuples que tu as créés
         viendront se prosterner devant toi
         pour t'apporter leurs hommages, Seigneur.

10   Car tu es grand, tu fais des merveilles,
         toi seul est Dieu.

11   Seigneur, montre-moi le chemin à suivre,
         je veux vivre dans ta fidélité ;
         mets en moi cette seule préoccupation :
         reconnaître ton autorité.

12   Seigneur, mon Dieu, je te louerai de tout mon cœur,
         je t'apporterai mon hommage pour toujours.

13   Ta bonté pour moi est immense :
         tu m'as arraché au gouffre de la mort.

14   Mon Dieu, des insolents se dressent contre moi ;
         une bande de brutes veut ma mort.
         Ils ne tiennent aucun compte de toi.

15   Mais toi, Seigneur,
         Dieu plein de tendresse et de bienveillance,
         lent à la colère, riche en bonté et en vérité,

16     tourne-toi vers moi, accorde-moi ta grâce !
         Je suis ton serviteur, comme l'était déjà ma mère.
         Donne-moi ta force ; sauve-moi !

17     Accorde-moi un signe que tout ira bien.
         Mes ennemis seront couverts de honte quand ils verront
         que toi, Seigneur, tu m'as sauvé et consolé !

## 87    *Fundamenta ejus*

1     Le Seigneur a fondé Jérusalem
         sur les montagnes qui lui appartiennent.

2     Il aime la cité de Sion
         plus que les sanctuaires du territoire de Jacob.

3     Ô cité de Dieu, ce qu'il dit de toi
         est tout chargé de gloire !

4     Devant ceux qui me connaissent, je mentionne
         les gens d'Égypte et de Babylone,
         de Philistie, de Tyr et d'Éthiopie ;
         ils sont nés dans ces pays-là.

5     Mais au sujet de Sion, on doit dire :
         c'est dans cette ville que tout être humain est né !
         Et c'est le Dieu très-haut qui l'a lui-même fondée.

6     Le Seigneur dresse la liste des peuples,
         pour chacun d'eux, il note : « Celui-ci est né à cet endroit. »

7     Les chanteurs et les danseurs s'exclament :
         « Toutes mes sources sont en toi ! »

## 88    *Domine, Deus*

2     Seigneur Dieu, mon sauveur, le jour je crie au secours,
         la nuit je me tiens devant toi.

3     Accueille ma prière avec bienveillance,
         tends une oreille attentive à ma plainte.

4    Oui, j'en ai plus qu'assez des malheurs,
        je suis à deux doigts de la mort.

5    On me compte parmi ceux qui descendent déjà dans la tombe,
        je suis sans force.

6    Ma place est parmi les morts,
        je suis comme les gens assassinés qu'on a couchés dans la tombe.
        Tu ne te souviens plus d'eux et eux sont coupés de toi.

7    Tu m'as mis tout au fond du gouffre,
        dans l'obscurité profonde.

8    Ta fureur s'est abattue sur moi
        en vagues dont tu m'accables.

9    Tu as éloigné de moi les personnes qui me connaissent,
        je suis à leurs yeux un objet de dégoût.
        Me voilà enfermé dans mon malheur,
        impossible d'en sortir !

10   Mes yeux sont usés par le chagrin.
        Chaque jour, Seigneur, je t'appelle au secours,
        je tends les mains vers toi.

11   Feras-tu un miracle pour les morts ?
        Se lèveront-ils pour te louer ?

12   Parle-t-on de ton amour dans une tombe,
        de ta fidélité dans le monde des morts ?

13   Dans la nuit totale, que sait-on de tes miracles ?
        Au pays de l'oubli, a-t-on une idée de ta justice ?

14   Moi, je t'appelle au secours, Seigneur,
        dès le matin, je t'expose ma demande :

15   Pourquoi, Seigneur, m'as-tu rejeté ?
        Pourquoi refuses-tu de me voir ?

16   Depuis mon enfance, je suis malheureux, à deux doigts de la mort ;
        j'endure la terreur que tu m'imposes, je suis complètement désespéré !

17 Le feu de ta colère passe sur moi,
    tes attaques terribles m'anéantissent.

18 Comme des eaux qui me submergent,
    tous les jours, elles m'assaillent de tous côtés.

19 Tu éloignes de moi mes proches, mes amis.
    L'obscurité seule me tient compagnie.

## Dix-septième jour : Prière du soir

# 89

### Première partie     *Misericordias Domini*

2 Je chanterai toujours tes bontés, Seigneur,
    pour toutes les générations à venir,
    je proclamerai ta fidélité.

3 Je le déclare : ta bonté est bâtie pour l'éternité,
    ta fidélité est ancrée dans les cieux.

4 Tu l'as dit : « J'ai conclu une alliance
    avec celui que j'ai choisi, mon serviteur David,
    et je lui ai promis ceci :

5 J'établirai toujours un de tes descendants comme roi après toi.
    Je construirai ainsi ta dynastie pour tous les siècles à venir. »

6 Que les êtres célestes te louent
    pour les merveilles que tu fais, Seigneur,
    et que leur assemblée loue ta fidélité !

7 Seigneur, tu n'as pas ton pareil, là-haut ;
    dans le monde des dieux, personne ne t'égale.

8 Dieu, tu es terrible dans le conseil des êtres célestes,
    redoutable pour ceux qui t'entourent.

9 Seigneur, Dieu de l'univers, qui est comme toi ?
    La force suprême et la fidélité t'accompagnent, Seigneur.

10 C'est toi qui maîtrises la mer orgueilleuse,
    qui apaises ses vagues en colère.

11    C'est toi qui as transpercé le monstre Rahab, qui l'as écrasé ;
      d'une main de fer, tu as éparpillé tes ennemis.

12    À toi les cieux, à toi aussi la terre,
      le monde entier et tout ce qui s'y trouve ;
      c'est toi qui en as posé les bases.

13    C'est toi qui as créé le Nord et le Sud ;
      les montagnes du Tabor et de l'Hermon
      crient de joie en entendant ton nom.

14    C'est toi qui as le bras vigoureux,
      ta main est puissante, ta main droite est levée.

15    La justice et le droit sont les bases de ton règne.
      La bonté et la vérité marchent devant toi.

16    Heureux ceux qui savent t'acclamer, Seigneur !
      Ils marchent à la lumière de ta face.

17    Ils dansent de joie, car tu es leur Dieu,
      tous les jours, ils sont fiers de ta justice.

18    C'est toi qui es leur force éclatante,
      grâce à toi, notre défenseur prend le dessus.

19    Notre protecteur dépend de toi, Seigneur,
      notre roi te doit tout, toi le Dieu d'Israël qui est saint.

## Psaume 89 : deuxième partie    *Tunc locutus es*

20    Un jour, tu as parlé dans une vision,
      tu as dit à ceux qui te sont fidèles :
      « J'ai accordé mon appui à un vaillant guerrier,
      dans le peuple j'ai distingué un jeune homme.

21    J'ai trouvé David pour être mon serviteur,
      je l'ai choisi pour mon service.

22    Je le soutiendrai d'une main ferme,
      ma vigueur fera de lui quelqu'un de fort.

23    L'ennemi ne le surprendra pas,
         le rebelle ne l'humiliera pas.

24    Sous ses yeux, j'écraserai ses adversaires,
         je frapperai ses ennemis.

25    Ma bonté et ma fidélité lui sont assurées,
         c'est moi qui ferai grandir son pouvoir.

26    Je lui donnerai l'autorité sur la mer,
         et la domination sur les fleuves.

27    Voici comment il s'adressera à moi :
         "Tu es mon Père, tu es mon Dieu,
         le rocher où je trouve le salut."

28    Bien plus, je ferai de lui mon fils aîné,
         le plus grand des rois de la terre.

29    Je lui conserverai ma bonté pour toujours,
         et mon alliance lui sera fidèle.


30    Je lui assurerai toujours un descendant,
         sa dynastie durera autant que les cieux.

31    Si ses descendants abandonnent mon enseignement,
         s'ils ne suivent pas mes décisions,

32    s'ils profanent mes ordres,
         et s'ils n'observent pas mes commandements,

33    je prendrai un bâton pour punir leur désobéissance,
         et je leur donnerai des coups pour châtier leur faute.

34    Mais je ne lui retirerai pas ma bonté,
         je ne trahirai pas ma fidélité.

35    Je ne romprai pas mon alliance,
         je ne reviendrai pas sur ce que j'ai promis.

36   J'ai fait ce serment solennel :
         aussi vrai que je suis Dieu,
         jamais je ne serai déloyal à David.

37   Sa descendance continuera toujours, j'y veillerai ;
         sa dynastie se maintiendra aussi longtemps que le soleil,

38   et que la lune, ce fidèle témoin
         qui est toujours là derrière les nuages. »

39   Et pourtant tu as rejeté, tu as repoussé le roi que tu avais mis à part ;
         tu t'es fâché contre lui.

40   Tu as rompu l'alliance que tu avais passée avec ton serviteur ;
         tu as souillé sa couronne en la jetant à terre.

41   Tu as enfoncé tous ses murs de défense,
         tu as démoli ses fortifications.

42   Tous les passants le dépouillent,
         il est devenu la risée de ses voisins.

43   Tu as rendu courage à ses ennemis,
         tu as réjoui ses adversaires.

44   Tu as rendu ses armes inefficaces,
         tu ne l'as pas soutenu dans la bataille.

45   Tu lui as fait perdre sa splendeur,
         tu as renversé son trône à terre.

46   Tu as abrégé les jours de sa jeunesse,
         tu l'as couvert d'humiliation.

47   Seigneur, te cacheras-tu encore longtemps ?
         Jusqu'à quand seras-tu flambant de colère ?

48   Souviens-toi de moi, la vie est si courte !
         On dirait que tu as créé les humains pour les envoyer au néant !

49   Qui donc vivrait sans voir jamais sa fin ?
         Qui arracherait sa propre vie aux griffes de la mort ?

50    Seigneur, où est passé ton premier amour,
        et les promesses que, dans ta fidélité, tu avais faites à David ?

51    Seigneur, souviens-toi du déshonneur
        qui pèse sur ceux qui te servent.
        Souviens-toi que je porte la charge de tous ces gens.

52    Tes ennemis, Seigneur,
        jettent le déshonneur, oui le déshonneur
        sur les pas du roi que tu as mis à part.

53    Béni soit le Seigneur, pour toujours !
        Amen, oui, qu'il en soit ainsi !

# Livre quatre

## Dix-huitième jour : Prière du matin

### 90   *Domine, refugium*

1    Seigneur, de génération en génération,
        c'est toi qui as été notre refuge.

2    Avant que les montagnes naissent,
        avant même que tu enfantes la terre et le monde,
        depuis toujours et pour toujours, tu es Dieu.

3    Tu fais retourner les humains à la poussière,
        tu leur dis : « Retournez d'où vous êtes venus. »

4    Pour toi, mille ans sont aussi brefs
        que la journée d'hier, déjà passée,
        ou quelques heures de la nuit.

5    Tu mets fin à la vie humaine ;
        elle passe comme un court sommeil.
        Elle est comme l'herbe qui pousse :

6    le matin, elle fleurit et grandit ;
        le soir, elle se fane, elle est sèche.

7    Oui, ta colère nous balaie,
       ta fureur nous terrifie.

8    Tu mets nos fautes devant toi,
       nos secrets à la lumière de ta face.

9    Sous l'effet de ta colère, notre vie décline ;
       le temps d'un soupir, elle arrive à sa fin.

10   Notre vie ? Elle dure soixante-dix ans,
       quatre-vingts ans pour les plus vigoureux,
       mais nous n'en retirons que peine et malheur.
       La vie passe vite et nous nous envolons.

11   Qui connaît la force de ta colère,
       et ta fureur qui pousse à reconnaître ton autorité ?

12   Fais-nous comprendre que nos jours sont comptés,
       et nous aurons un cœur sage.

13   Reviens, Seigneur, n'attends plus,
       accorde ta grâce à ceux qui te servent.

14   Dès le matin, comble-nous de ton amour ;
       nous crierons de joie, nous nous réjouirons toute notre vie.

15   Longtemps tu nous as accablés.
       Donne-nous maintenant autant d'années de joie
       que nous en avons eu de malheur.

16   Que nous puissions te voir agir,
       et que nos descendants découvrent ta grandeur !

17   Seigneur notre Dieu,
       accorde-nous ta douceur,
       affermis pour nous l'ouvrage de nos mains,
       oui, affermis l'ouvrage de nos mains !

### 91    *Qui habitat*

1    Celui qui se place à l'abri auprès du Dieu très-haut
       et se met sous la protection du Dieu souverain,

2    celui-là dit au Seigneur :
     « Tu es mon refuge et ma forteresse,
     tu es mon Dieu, j'ai confiance en toi. »

3    C'est le Seigneur qui te délivre
     des pièges que l'on tend devant toi
     et de la peste meurtrière.

4    Il te protégera, tu trouveras chez lui un refuge,
     comme un poussin sous les ailes de sa mère.
     Sa fidélité est un bouclier protecteur, une armure.

5    Tu n'auras rien à redouter :
     ni les dangers terrifiants de la nuit,
     ni la flèche qui vole pendant le jour,

6    ni la peste qui rôde dans l'obscurité,
     ni l'épidémie qui frappe en plein midi.

7    Oui, même si mille personnes tombent près de toi
     et dix mille encore à ta droite, il ne t'arrivera rien.

8    Ouvre seulement les yeux et tu verras
     comment sont payés les méchants.

9    Oui, Seigneur, tu es mon refuge.
     Si tu as fait du Très-Haut ton abri,

10   Aucun mal ne t'atteindra,
     aucun malheur n'approchera de chez toi.

11   Car le Seigneur donnera l'ordre à ses anges
     de te garder où que tu ailles.

12   Ils te porteront sur leurs mains
     pour que ton pied ne heurte pas de pierre.

13   Tu marcheras sans risque sur le lion ou la vipère,
     tu piétineras le fauve ou le serpent.

14   « Il est attaché à moi, dit le Seigneur,
     je le mettrai à l'abri ;
     je le protégerai, parce qu'il sait qui je suis.

15    Il m'appellera au secours et je lui répondrai.
       Je serai à ses côtés dans la détresse,
       je le délivrerai, je lui rendrai son honneur.

16    Je lui donnerai une vie longue et pleine,
       et je lui ferai voir que je suis son sauveur. »

## 92    *Bonum est confiteri*

2    Comme il est bon de te louer, Seigneur,
       de te célébrer en chantant, Dieu très-haut !

3    d'annoncer dès le matin ta bonté,
       et pendant les nuits ta fidélité,

4    au son du luth et de la harpe,
       aux accords de la lyre !

5    Seigneur, tu me réjouis par ce que tu fais.
       Je crie ma joie pour ce que tu réalises.

6    Seigneur, que tes actions sont grandes
       et tes pensées profondes !

7    Celui qui est stupide ne s'en rend pas compte,
       l'insensé n'y comprend rien.

8    Les personnes méchantes poussent comme la mauvaise herbe,
       les gens malfaisants sont tous florissants,
       mais la destruction définitive les attend.

9    Toi, Seigneur, tu domines pour toujours.

10    Et tes ennemis, Seigneur,
       oui tes ennemis, ils périront,
       et ceux qui font le malheur des autres seront tous dispersés.

11    Tu m'as donné la force du buffle,
       tu as versé sur moi de l'huile fraîche.

12    Mes yeux voient mes adversaires,
       mes oreilles entendent mes agresseurs, ils me veulent du mal.

13 Mais le juste pousse droit comme un palmier,
   il s'étend comme un cèdre du Liban.

14 Il est un arbre planté dans la maison du Seigneur,
   il s'épanouit dans les cours du temple de notre Dieu.

15 Même en vieillissant, il porte encore des fruits,
   il reste plein de sève, ses feuilles sont toujours vertes,

16 il est la preuve vivante que le Seigneur est juste
   et sans détour, lui mon rocher.

## Dix-huitième jour : Prière du soir

### 93 *Dominus regnavit*

1 Le Seigneur est roi,
   il est drapé de majesté comme d'un vêtement,
   le Seigneur est entouré de force comme d'une ceinture.
   Le monde est donc ferme, il reste inébranlable.

2 Seigneur, depuis toujours ton trône est solidement établi,
   depuis toujours, tu es Dieu !

3 Les fleuves ont enflé, les fleuves enflent leur voix,
   ils enflent leur grondement.

4 Mais dominant le bruit des flots,
   le fracas des grosses vagues,
   là-haut, le Seigneur est grand !

5 Tes commandements sont parfaitement sûrs.
   La sainteté est la marque de ta maison,
   Seigneur, tant que le monde durera.

### 94 *Deus ultionum*

1 Dieu qui fais justice, Seigneur,
   Dieu qui fais justice, manifeste-toi !

2 Juge de la terre, oppose-toi aux arrogants,
   retourne contre eux le mal qu'ils ont commis.

3    Seigneur, jusqu'à quand les méchants triompheront-ils ?
       Oui, jusqu'à quand ?

4    Ils disent des grossièretés et des insolences, ils font les fanfarons,
       tous ceux qui causent le malheur des autres.

5    Ils oppriment ton peuple, Seigneur,
       ils maltraitent ceux qui t'appartiennent.

6    Ils tuent froidement la veuve et l'immigré,
       ils assassinent les orphelins.

7    Et ils ajoutent : « Le Seigneur ne voit rien,
       le Dieu de Jacob n'y fait pas attention. »

8    Comprenez, gens vraiment stupides !
       Insensés, quand vous mettrez-vous à réfléchir ?

9    Le Seigneur, qui a formé chaque oreille,
       est-il incapable d'entendre ?
       Lui qui a façonné l'œil, est-il incapable de voir ?

10   Lui qui instruit les peuples, est-il incapable de punir ?
       Lui qui apprend aux humains à comprendre,

11   lui, le Seigneur, connaît les projets des humains :
       ce n'est que du vent !

12   Seigneur, heureux celui que tu instruis
       et que tu éduques par ton enseignement !

13   Il restera calme au jour du malheur,
       tandis qu'un piège se creuse pour les méchants.

14   Non, le Seigneur ne rejette pas son peuple,
       il n'abandonne pas ceux qui lui appartiennent.

15   Oui, il y aura de nouveau une justice,
       et tous ceux qui ont le cœur droit l'approuveront.

16   Qui me défendra contre ces gens malfaisants ?
       Qui prendra mon parti contre ces fauteurs de malheur ?

17 Si le Seigneur ne m'avait pas secouru,
   je ne serais pas loin du pays du silence.

18 Chaque fois que je dis « Je ne tiens plus debout ! »,
   ta bonté, Seigneur, me soutient.

19 Et quand j'ai le cœur surchargé de soucis,
   tu me consoles, tu me rends la joie.

20 Seraient-ils tes complices
   ces juges criminels,
   qui créent le malheur au mépris des lois ?

21 Ils s'en prennent à celui qui est juste,
   ils condamnent la personne innocente.

22 Mais le Seigneur est ma forteresse,
   mon Dieu est le rocher où je trouve refuge.

23 Il retourne contre eux leur crime,
   il se sert de leur propre méchanceté pour les réduire à rien,
   lui, le Seigneur notre Dieu.

### Dix-neuvième jour : Prière du matin

## 95  *Venite, exultemus*

1 Venez, crions au Seigneur notre joie,
  acclamons notre rocher, notre sauveur.

2 Présentons-nous devant lui avec reconnaissance,
  acclamons-le en musique !

3 Car le Seigneur est un grand Dieu,
  un grand roi qui domine tous les dieux.

4 Il tient dans sa main les profondeurs de la terre,
  et les sommets des montagnes sont à lui.

5 À lui aussi la mer, puisqu'il l'a faite,
  et la terre, qu'il a façonnée de ses mains.

6       Entrez, courbons-nous, prosternons-nous,
            mettons-nous à genoux devant le Seigneur, notre créateur.

7       Car notre Dieu, c'est lui,
            nous sommes le peuple dont il est le berger,
            le troupeau que sa main conduit.
            Aujourd'hui, puissiez-vous entendre ce qu'il dit :

8       « Ne vous entêtez pas comme à Meriba,
            comme au jour de Massa, dans le désert.

9       Vos ancêtres m'y ont provoqué, ils m'ont poussé à bout,
            même après avoir vu tout ce que j'avais fait.

10      Pendant quarante ans, cette génération
            n'a suscité en moi que du dégoût,
            au point que je pensais : ces gens ont perdu la tête,
            ils n'ont pas compris ce que j'attendais d'eux.

11      Aussi dans ma colère, j'ai fait ce serment :
            ils n'entreront pas dans le lieu où je leur ai préparé le repos. »

## 96      *Cantate Domino*

1       Chantez en l'honneur du Seigneur un chant nouveau ;
            gens du monde entier, chantez pour le Seigneur.

2       Chantez en l'honneur du Seigneur,
            bénissez son nom !
            Jour après jour, annoncez qu'il est le sauveur.

3       Parlez de sa gloire à tous les êtres humains,
            parmi tous les peuples, racontez ses merveilles.

4       Le Seigneur est grand et mérite qu'on l'acclame.
            Il est plus redoutable que tous les dieux.

5       Tous les dieux des autres peuples sont des faux dieux,
            alors que le Seigneur a fait les cieux.

6       Il rayonne de grandeur et de majesté,
            son sanctuaire est rempli de puissance et de splendeur.

7    Familles de toute la terre, venez honorer le Seigneur
         en proclamant sa gloire et sa puissance.

8    Venez proclamer sa gloire,
         entrez dans les cours de son temple en apportant vos dons.

9    Courbez-vous jusqu'à terre devant le Seigneur,
         quand il manifeste qu'il est Dieu,
         tremblez devant lui, gens du monde entier.

10   Dites à toute la terre : « Le Seigneur est roi,
         le monde est donc ferme, il reste inébranlable.
         Il juge les peuples avec droiture. »

11   Que les cieux se réjouissent, que la terre crie de joie,
         que la mer mugisse, et tout ce qu'elle contient !

12   Que la campagne soit en fête, et tout ce qui s'y trouve !
         Que tous les arbres des forêts poussent des cris de joie

13   devant le Seigneur, car il vient,
         il vient pour rendre la justice sur la terre.
         Il jugera le monde avec justice,
         il sera un arbitre sûr pour les peuples.

## 97   *Dominus regnavit*

1    Le Seigneur est roi,
         que la terre entière crie de joie,
         que les populations lointaines se réjouissent !

2    Nuages et brouillard l'environnent.
         La justice et le droit sont les bases de son règne.

3    Un feu le précède,
         qui consume ses ennemis de tous côtés.

4    Ses éclairs illuminent le monde,
         la terre les voit et frémit.

5    Les montagnes fondent comme la cire
         devant le Seigneur,
         devant le Seigneur de toute la terre.

6    Les cieux proclament sa justice
        et tous les peuples contemplent sa gloire.

7    Honte à tous les adorateurs d'idoles,
        à ceux qui sont fiers de ces faux dieux !
        Que tous les dieux se courbent jusqu'au sol devant le Seigneur !

8    Sion l'apprend et s'en réjouit ;
        les villes de Juda crient de joie
        devant les décisions que tu as prises, Seigneur.

9    Car c'est toi, Seigneur,
        qui es le Dieu très-haut sur toute la terre,
        bien au-dessus des dieux.

10   Détestez le mal, vous qui aimez le Seigneur !
        Il protège la vie de ceux qui lui sont fidèles,
        il les délivre des méchants.

11   Une lumière se lève pour le juste,
        il y a de la joie pour les personnes qui mènent une vie droite.

12   Vous qui êtes justes, réjouissez-vous à cause du Seigneur,
        et louez-le en rappelant qu'il est Dieu.

### Dix-neuvième jour : Prière du soir

## 98    *Cantate Domino*

1    Chantez en l'honneur du Seigneur un chant nouveau,
        car il a réalisé des merveilles ;
        son savoir-faire et son pouvoir divin lui ont donné la victoire.

2    À la face du monde, le Seigneur a fait connaître son salut,
        aux yeux de tous il a révélé sa justice :

3    il s'est souvenu de sa bonté et de sa fidélité envers les gens d'Israël.
        Jusqu'au bout de la terre, on a vu que notre Dieu nous a sauvés.

4    Habitants du monde entier, acclamez le Seigneur :
        criez de joie, chantez, célébrez !

5	Célébrez le Seigneur avec la lyre,
	oui, avec la lyre et au son des instruments ;

6	célébrez-le au son des trompettes et du cor,
	acclamez votre roi, le Seigneur.

7	Que la mer mugisse avec tout ce qu'elle contient,
	et la terre ferme avec ses habitants !

8	Que les fleuves applaudissent,
	et qu'à l'unisson, les montagnes crient leur joie

9	devant le Seigneur, car il vient !
	Il vient pour rendre la justice sur terre,
	il jugera le monde avec justice,
	et les peuples avec droiture.


## 99	*Dominus regnavit*

1	Le Seigneur est roi, les peuples tremblent.
	Il a son trône au-dessus des chérubins,
	la terre vacille.

2	Le Seigneur est grand à Sion.
	Oui, il domine tous les peuples.

3	Qu'on loue ton nom, grand et redoutable,
	car il est saint !

4	La force du roi, c'est d'aimer le droit.
	C'est toi qui as fixé les règles,
	c'est toi qui as déterminé le droit et la justice pour Jacob.

5	Proclamez la grandeur du Seigneur, notre Dieu,
	prosternez-vous au pied de son trône royal :
	Oui, le Seigneur est saint !

6	Moïse et Aaron, parmi ses prêtres,
	et Samuel, parmi ceux qui recouraient à lui,
	faisaient appel au Seigneur, et il leur répondait.

7    Dieu parlait dans la colonne de nuée,
       eux respectaient ses instructions
       et les décrets qu'il leur donnait.

8    Seigneur notre Dieu, tu leur répondais toi-même ;
       tu as été pour eux un Dieu qui soutient,
       mais tu les as punis de leurs méfaits.

9    Proclamez la grandeur du Seigneur notre Dieu,
       prosternez-vous face à la montagne qui lui appartient :
       Car le Seigneur, notre Dieu, est saint !

## 100   *Jubilate Deo*

1    Gens du monde entier, acclamez le Seigneur !

2    Servez le Seigneur avec joie,
       présentez-vous à lui avec des cris joyeux !

3    Reconnaissez que c'est le Seigneur qui est Dieu,
       c'est lui qui nous a faits, et nous sommes à lui.
       Nous sommes son peuple,
       le troupeau dont il est le berger.

4    Entrez dans son temple avec reconnaissance,
       dans la cour intérieure, exprimez vos louanges.
       Louez le Seigneur ! Bénissez son nom.

5    Oui, le Seigneur est bon, et son amour dure toujours ;
       de génération en génération, il reste fidèle.

## 101   *Misericordiam et judicium*

1    Je veux chanter la bonté et le respect du droit.
       C'est toi, Seigneur, que je célébrerai par mes chants !

2    Je veux m'appliquer à comprendre
       quelle est la ligne de conduite parfaite.
       Quand viendras-tu jusqu'à moi ?
       Avec ceux qui m'entourent,
       je me conduirai d'un cœur intègre.

3    Je refuserai de m'intéresser à ce qui est destructeur.
         Je déteste les traîtres,
         je n'aurai rien de commun avec eux.

4    Je me tiendrai à distance de ce qui est tortueux,
         je ne veux rien savoir sur le mal.

5    Celui qui calomnie son prochain en secret,
         je le réduirai au silence.
         Celui qui regarde les autres de haut et qui se gonfle d'orgueil,
         je ne le supporterai pas.

6    Dans le pays, je saurai voir qui est digne de confiance,
         pour le faire siéger à mes côtés ;
         la personne qui se conduit de façon intègre sera mon ministre.

7    Parmi ceux qui m'entourent, il n'y a pas de place pour les tricheurs,
         les menteurs ne se tiendront pas devant moi.

8    Chaque matin, je réduirai au silence tous les méchants du pays,
         pour éliminer de la ville du Seigneur
         tous ceux qui font le malheur des autres.

### Vingtième jour : Prière du matin

## 102   *Domine, exaudi*

2    Seigneur, écoute ma prière,
         que mon appel parvienne jusqu'à toi !

3    Ne te détourne pas de moi le jour où je suis dans la détresse.
         Tends vers moi une oreille attentive ;
         le jour où je t'appelle au secours, réponds-moi sans tarder !

4    Car ma vie s'évanouit comme une fumée,
         mes os sont en feu comme un brasier.

5    Comme l'herbe coupée,
         mon cœur se dessèche ;
         j'en oublie de manger.

6    On n'entend que mes gémissements,
         je n'ai plus que la peau sur les os.

7 Je ressemble au hibou du désert,
  je suis comme la chouette des ruines.

8 Je reste éveillé et je suis
  comme un oiseau solitaire sur le toit.

9 Tous les jours, mes ennemis me provoquent ;
  ils me raillent, ils me nomment dans leurs malédictions.

10 Pour me nourrir, je mange de la cendre,
  ce que je bois est mêlé de mes larmes.

11 Ainsi, dans ta fureur et ton indignation,
  tu m'as soulevé et jeté au loin.

12 Ma vie s'étire, comme l'ombre du soir,
  je suis comme l'herbe qui se dessèche.

13 Mais toi, Seigneur, tu demeures pour toujours,
  et ton souvenir reste de génération en génération.

14 Tu vas intervenir, par amour pour Sion.
  Il est temps que tu lui accordes ta grâce,
   oui, il en est grand temps.

15 Nous, tes serviteurs, nous aimons ses pierres,
  nous sommes attachés même à ses décombres.

16 Que les populations étrangères
  reconnaissent l'autorité du Seigneur,
   et tous les rois de la terre sa gloire !

17 Quand le Seigneur rebâtira Sion,
  quand il apparaîtra dans sa gloire,

18 il se tournera vers la prière de ceux qu'on a dépouillés,
  il ne méprisera pas leur prière.

19 Notez cela par écrit pour les générations à venir,
  et le peuple qui sera créé acclamera le Seigneur !

20 Du haut de son sanctuaire, le Seigneur se penche pour regarder.
  Depuis les cieux, il tourne son regard vers la terre

21    pour écouter la plainte du prisonnier
        et détacher les liens des personnes qui sont condamnées à mort.

22    Alors on proclamera dans Sion le nom du Seigneur ;
        on chantera ses louanges à Jérusalem,

23    quand les peuples et les royaumes s'y rassembleront
        pour servir le Seigneur.

24    Il a épuisé mes forces en pleine course, il a abrégé ma vie.

25    C'est pourquoi je m'écrie :
        « Mon Dieu, toi qui subsistes de génération en génération,
        ne me fais pas mourir si tôt ! »

26    Il y a longtemps, tu as fondé la terre,
        les cieux sont ton ouvrage.

27    Tout cela disparaîtra, mais toi, tu demeureras.
        La terre et les cieux tomberont en lambeaux comme de vieux habits,
        et tu les remplaceras comme un vêtement.
        Ils céderont la place,

28    mais toi, tu restes le même,
        ta vie n'a pas de fin.

29    Les enfants de ceux qui te servent s'établiront
        et leurs descendants resteront sous ton regard.

## 103   *Benedic, anima mea*

1    Je veux bénir le Seigneur !
        De tout mon cœur, je veux bénir son nom qui est saint.

2    Oui, je veux bénir le Seigneur,
        sans oublier un seul de ses bienfaits.

3    C'est lui qui pardonne toutes tes fautes,
        qui guérit toutes tes maladies,

4    qui arrache ta vie à la tombe,
        qui te comble de tendresse et de bonté.

5    Il remplit ta vie de bonheur,
       il te donne une nouvelle jeunesse,
       comme un aigle qui prend son envol.

6    Le Seigneur intervient pour redresser les torts,
       il rend justice à tous ceux qu'on opprime.

7    Il a fait connaître ses projets à Moïse,
       ses exploits au peuple d'Israël.

8    Le Seigneur est plein de tendresse et de bienveillance,
       il est lent à la colère et d'une immense bonté.

9    Il ne fait pas constamment des reproches,
       il ne garde pas éternellement rancune.

10    Il ne nous a pas punis comme nous l'aurions mérité,
       il ne nous a pas fait payer le prix de nos fautes.

11    Sa bonté pour ceux qui reconnaissent son autorité
       est immense, immense comme le ciel au-dessus de la terre.

12    Il met entre nous et nos mauvaises actions
       autant de distance qu'entre l'est et l'ouest.

13    Comme un père est tendre avec ses enfants,
       le Seigneur est tendre avec ceux qui reconnaissent son autorité.

14    Il sait bien, lui, de quoi nous sommes faits :
       il se souvient que nous sommes poussière.

15    La vie de l'être humain fait penser à l'herbe :
       comme l'herbe des champs, elle commence à fleurir

16    mais elle périt dès que passe le vent brûlant,
       la voilà disparue sans laisser de trace.

17    Mais la bonté du Seigneur, pour ceux qui reconnaissent son autorité,
       dure depuis toujours, et elle durera toujours.
       Sa justice reste acquise aux enfants de leurs enfants,

18    pour ceux qui gardent son alliance
        et qui se souviennent de mettre en pratique ses exigences.

19    Le Seigneur a établi son trône dans les cieux.
        Il règne sur tout ce qui existe.

20    Bénissez le Seigneur, vous, ses anges,
        qui, de toutes vos forces, faites ce qu'il dit
        et obéissez à sa parole !

21    Bénissez le Seigneur, vous, l'armée de ceux qui le servent,
        qui accomplissez tout ce qu'il désire !

22    Bénissez le Seigneur, vous tous qu'il a créés,
        partout où il gouverne !
        Et moi aussi, je veux dire : « Béni soit le Seigneur ! »

## Vingtième jour : Prière du soir

### 104   *Benedic, anima mea*

1    Je veux bénir le Seigneur !
        Seigneur, mon Dieu, tu es infiniment grand.
        Tu t'habilles de splendeur et de majesté,

2    tu t'enveloppes d'un manteau de lumière.
        Tu as déployé les cieux comme une toile ;

3    tu as placé ta demeure encore plus haut.
        Les nuages te servent de char,
        tu te déplaces sur les ailes du vent.

4    Tu prends les vents comme messagers,
        le feu est à ton service.

5    Tu as fixé la terre sur ses bases ;
        elle est inébranlable pour toujours.

6    Tu l'avais couverte de l'océan comme d'un manteau,
        les eaux montaient jusqu'au sommet des montagnes.

7    Mais tu les as menacées, elles se sont enfuies ;
        au bruit de ton tonnerre, elles ont pris la fuite,

8    grimpant sur les sommets, descendant les vallées
jusqu'à la place que tu leur avais fixée.

9    Tu leur traças une limite à ne pas franchir
pour qu'elles ne viennent plus jamais recouvrir la terre.

10    Tu conduis l'eau des sources dans les torrents,
elle se faufile entre les montagnes.

11    Tous les animaux viennent y boire,
et l'âne sauvage y calme sa soif.

12    À proximité, les oiseaux ont leurs nids
et chantent à l'abri du feuillage.

13    Du haut des cieux, tu arroses les montagnes ;
tu veilles à ce que la terre ait assez d'eau.

14    Tu fais pousser l'herbe pour le bétail,
et les plantes que les humains cultivent.
Ainsi la terre leur fournit de quoi vivre :

15    du vin pour réjouir leur cœur,
de l'huile pour leur donner bonne mine,
et du pain pour leur rendre des forces.

16    Les plus grands arbres sont abreuvés,
comme les cèdres du Liban que tu as plantés, Seigneur.

17    Les petits oiseaux viennent y faire leur nid,
et la cigogne s'installe sur les cyprès.

18    Les hautes montagnes sont pour les bouquetins,
les rochers servent de refuge aux damans.

19    Tu as fait la lune pour fixer les dates,
et le soleil, qui sait l'heure de son coucher.

20    Tu envoies l'obscurité, voici la nuit,
l'heure où s'animent les bêtes des forêts.

21 Les jeunes lions rugissent après leur proie,
　　ils réclament à Dieu leur nourriture.

22 Quand le soleil se lève, ils se retirent
　　et se couchent dans leur tanière.

23 Chacun sort de chez lui
　　pour aller travailler jusqu'au soir.

24 Seigneur, tu as fait tant de choses !
　　Tu les as toutes faites avec sagesse !
　　La terre est remplie de ce que tu as créé.

25 Voici la mer, immense, à perte de vue.
　　Tant d'êtres y remuent, petits et grands,
　　qu'on ne peut les compter.

26 Des navires la parcourent en tous sens,
　　et le dragon marin, le Léviatan ;
　　tu l'as façonné pour jouer avec lui.

27 Tous ces êtres dépendent de toi
　　pour recevoir leur nourriture au bon moment.

28 Si tu la leur donnes, ils la prennent ;
　　si tu ouvres la main, ils ont tout ce qu'il faut.

29 Mais si tu te détournes, les voilà terrifiés ;
　　si tu leur reprends le souffle de vie,
　　ils périssent et redeviennent poussière.

30 Tu leur rends le souffle et les voilà créés,
　　tout devient nouveau à la surface de la terre.

31 Que ta gloire, Seigneur, dure toujours !
　　que le Seigneur se réjouisse de ses œuvres !

32 Tu regardes la terre, et la voilà qui tremble ;
　　tu touches du doigt les montagnes,
　　et les voilà couvertes de fumée.

33    Je veux te chanter toute ma vie, Seigneur ;
       mon Dieu, je te célébrerai par mes chants, tant que j'existerai !

34    Que mon poème te plaise, Seigneur !
       Moi je me réjouis en toi !

35    Que ceux qui se détournent de toi disparaissent de la terre.
       Qu'il n'y ait plus de méchants !
       Oui, je veux bénir le Seigneur.
       Alléluia !

**Vingt-et-unième jour : Prière du matin**

# 105

**Première partie**      *Confitemini Domino*

1    Louez le Seigneur, dites bien haut qui est Dieu,
       annoncez aux autres peuples ses exploits.

2    Chantez pour lui, célébrez-le par vos chants,
       parlez de toutes ses merveilles.

3    Soyez fiers de lui, car il est saint,
       ayez le cœur en joie, vous qui cherchez le Seigneur.

4    Recherchez le Seigneur et sa force,
       cherchez continuellement sa présence.

5-6    Vous qui descendez d'Abraham, son serviteur,
       vous les fils de Jacob qu'il a choisis,
       rappelez-vous les merveilles qu'il a faites,
       rappelez-vous ses prodiges, les jugements qu'il a prononcés.

7    Notre Dieu, c'est lui, le Seigneur ;
       ses jugements concernent la terre entière.

8    Il se souvient de son alliance pour toujours,
       il a donné sa parole pour mille générations :

9    c'est la promesse qu'il a faite à Abraham,
       son serment en faveur d'Isaac ;

10   c'est le décret qu'il a confirmé à Jacob,
         son alliance éternelle en faveur d'Israël,

11   quand il lui a dit : « Je te donne le pays de Canaan,
         c'est la part qui vous est attribuée, à toi et à tes descendants. »

12   Ils n'étaient alors qu'un petit nombre,
         juste quelques immigrés sur ce territoire.

13   Ils allaient d'un pays à un autre,
         d'un royaume à un autre.

14   Mais Dieu ne laissa personne les maltraiter,
         à cause d'eux, il avertit des rois :

15   « Ne touchez pas à ceux que j'ai choisis ;
         Ne faites pas de mal à mes prophètes ! »

16   Il provoqua la famine dans le pays,
         le pain vint à manquer.

17   Mais il envoya un homme qui les précéda :
         c'était Joseph, qui fut vendu comme esclave.

18   On lui imposa des chaînes aux pieds,
         on lui passa le cou dans un collier de fer,

19   jusqu'au moment où la parole qu'il reçut du Seigneur
         prouva son innocence.

20   Le roi donna l'ordre de le libérer,
         le maître des peuples le fit relâcher.

21   Il le nomma chef de son administration,
         et maître de tout ce qu'il possédait,

22   pour éduquer les ministres selon sa volonté,
         pour enseigner la sagesse aux vieux conseillers.

## Psaume 105 : deuxième partie  *Et intravit Israel*

23    Alors Jacob vint en Égypte,
        Israël séjourna au pays de Cham.

24    Dieu rendit son peuple très nombreux,
        plus puissant que ses adversaires.

25    Il changea les sentiments des Égyptiens,
        qui se mirent à haïr son peuple,
        à traiter ses serviteurs de façon odieuse.

26    Il envoya son serviteur Moïse,
        et Aaron, qu'il avait choisi.

27    Chez les Égyptiens, tous deux accomplirent
        les signes impressionnants que Dieu leur ordonnait ;
        au pays de Cham, ils firent des prodiges.

28    Dieu fit venir l'obscurité, et tout fut noyé dans la nuit,
        sans que personne s'oppose à sa parole.

29    Il changea leur eau en sang,
        et fit mourir les poissons.

30    Le pays grouilla de grenouilles,
        jusque dans les chambres de leurs rois.

31    Dieu parla et des mouches piquantes arrivèrent,
        des moustiques sur tout leur territoire.

32    Au lieu de pluie, il envoya la grêle,
        et la foudre qui mit le feu dans leur pays ;

33    il détruisit les vignes et les figuiers,
        il cassa les arbres de leur territoire.

34    Dieu parla et des sauterelles arrivèrent,
        des criquets pèlerins innombrables,

35    qui dévorèrent toute la végétation de leur pays,
        qui dévorèrent tous les fruits de leur terre.

36 Dieu frappa de mort tous les fils aînés du pays,
le plus précieux fruit de leur vigueur.

37 Puis il fit sortir les siens avec de l'argent et de l'or.
Dans leurs tribus, personne ne traînait les pieds.

38 En Égypte, on se réjouit de les voir partir
tant la crainte qu'ils inspiraient était forte.

39 Pour les protéger, le Seigneur déploya une nuée.
La nuit, un feu les éclairait.

40 Mais ils se mirent à réclamer.
Le Seigneur fit alors venir des cailles,
il les rassasia du pain des cieux.

41 Il ouvrit un rocher, l'eau se mit à couler,
traversant le désert comme un fleuve.

42 Car il se rappelait sa propre promesse
qu'il avait faite à son serviteur Abraham.

43 Son peuple avait le cœur en fête quand il le fit sortir,
ceux qui lui appartenaient poussaient des cris de joie.

44 Il leur donna les terres d'autres peuples,
ils héritèrent du travail de ces gens,

45 pour qu'ils observent ses décrets
et gardent ses enseignements.
Alléluia !

### Vingt-et-unième jour : Prière du soir

# 106

### Première partie          *Confitemini Domino*

1 Alléluia !
Louez le Seigneur, car il est bon,
car son amour dure toujours !

2 Qui saura dire les exploits du Seigneur,
et faire entendre toute sa louange ?

3      Heureux ceux qui observent le droit établi par Dieu
         et font toujours ce qui est juste !

4      Souviens-toi de nous, Seigneur, toi qui es bienveillant pour ton peuple.
         Interviens pour nous sauver.

5      Nous ressentirons ainsi le bonheur de ceux que tu as choisis,
         nous participerons à la joie qui anime ton peuple,
         nous partagerons la fierté de ceux qui t'appartiennent.

6      Nous avons commis les mêmes fautes que nos ancêtres ;
         nous avons mal agi, nous avons été coupables.

7      Nos ancêtres en Égypte n'ont pas compris tes actions extraordinaires,
         ils ont oublié tes nombreuses bontés.
         Ils ont été rebelles près de la mer, la mer des Roseaux.

8      Mais il les sauva parce qu'il était Dieu,
         et pour faire connaître sa puissance.

9      Il menaça la mer des Roseaux,
         elle se dessécha aussitôt ;
         il fit marcher les siens au fond de l'abîme,
         comme dans un désert.

10      Il les sauva de la main de ceux qui leur voulaient du mal,
         il les tira des griffes de l'ennemi.

11      Les eaux recouvrirent leurs adversaires,
         aucun d'entre eux n'en réchappa.

12      Ils crurent alors à ce que Dieu avait dit
         et ils le louèrent.

13      Ils oublièrent vite ce qu'il avait fait,
         ils n'attendirent pas qu'il réalise ses projets.

14      Au désert, ils eurent envie de ce qu'ils n'avaient pas,
         et ils mirent Dieu au défi.

15    Dieu leur donna ce qu'ils réclamaient,
       il les rassasia jusqu'à en être écœurés.

16    Au camp, ils furent jaloux de Moïse
       et d'Aaron, lui qui avait été mis à part pour le Seigneur.

17    Ce jour-là, la terre s'entrouvrit, elle engloutit Datan,
       elle recouvrit les complices d'Abiram.

18    Un feu dévora leur bande,
       une flamme consuma ces malfaisants.

## Psaume 106 : deuxième partie    *Et fecerunt vitulum*

19    Au mont Horeb, ils se fabriquèrent un veau,
       ils se prosternèrent devant un bout de métal.

20    Ils remplacèrent Dieu, qui était leur titre de gloire,
       par la statue d'un bœuf, un mangeur d'herbe !

21    Ils oublièrent Dieu, leur sauveur,
       qui avait fait ces grandes choses en Égypte,

22    ces merveilles au pays de Cham,
       ces actes redoutables à la mer des Roseaux.

23    C'est pourquoi Dieu parlait de les exterminer.
       Mais celui qu'il avait choisi, Moïse, s'interposa
       pour le retenir de tout détruire, dans sa colère.

24    Puis ils ne voulurent plus rien savoir du pays de leurs rêves,
       ils ne croyaient plus à la promesse de Dieu.

25    Ils protestèrent sous leurs tentes,
       ils n'écoutaient plus ce que disait le Seigneur.

26    Aussi leva-t-il sa main sur eux
       pour les laisser mourir dans le désert,

27    pour disperser partout leurs descendants
       et les laisser mourir chez les païens.

28  À Péor, ils se livrèrent au culte du dieu Baal,
    et ils mangèrent des viandes offertes en sacrifice à des dieux morts.

29  Ils ont ainsi offensé le Seigneur.
    Un fléau s'abattit alors sur eux.

30  Mais Pinhas était là, il régla l'affaire,
    et le fléau prit fin.

31  Le Seigneur considéra l'acte de Pinhas comme juste,
    de génération en génération pour toujours.

32  Aux sources de Meriba, ils irritèrent le Seigneur,
    et causèrent le malheur de Moïse :

33  exaspéré par eux, il parla sans réfléchir.

34  Ils n'éliminèrent pas les peuples
    dont le Seigneur leur avait parlé.

35  Mais ils se sont mêlés aux païens,
    ils ont appris leurs pratiques,

36  ils ont offert un culte à leurs divinités,
    qui devinrent pour eux un piège.

37  Ils ont même offert leurs fils et leurs filles
    en sacrifice à des faux dieux.

38  Ils ont répandu le sang des innocents,
    le sang de leurs fils et de leurs filles,
    qu'ils ont sacrifiés aux idoles des Cananéens,
    et ces meurtres ont souillé le pays.

39  Par de telles pratiques, ils se sont rendus impurs,
    par de tels actes, ils se sont prostitués.

40  Le Seigneur fit éclater sa colère contre son peuple,
    il prit en horreur ceux qui lui appartenaient.

41  Il les livra aux pays étrangers
    et ils furent dominés par ceux qui les détestaient.

42 Ils subirent l'oppression et l'humiliation
de la part de leurs ennemis.

43 Bien des fois, le Seigneur les délivra,
mais ils restaient obstinément rebelles et enfoncés dans leur faute.

44 Dieu a vu leur détresse, il a entendu leurs plaintes.

45 Il s'est souvenu de son alliance avec eux ;
il est si bon qu'il changea d'avis :

46 il éveilla pour eux la bienveillance
de tous ceux qui les retenaient prisonniers.

47 Seigneur, notre Dieu, sauve-nous,
arrache-nous aux autres peuples et rassemble-nous.
Alors, en te louant, nous prononcerons ton nom qui est saint,
nous nous réjouirons de t'acclamer.

48 Béni soit le Seigneur, le Dieu d'Israël,
depuis toujours et pour toujours !
Et que le peuple entier dise :
« Amen, Alléluia ! »

# Livre cinq

### Vingt-deuxième jour : Prière du matin

## 107

### Première partie     *Confitemini Domino*

1 Louez le Seigneur, car il est bon,
car son amour dure toujours !

2 Voilà ce que disent
ceux que le Seigneur a libérés,
qu'il a rachetés des griffes de l'adversaire

3 et qu'il a rassemblés de toutes les contrées,
de l'est et de l'ouest, du nord et du midi.

4    Certains erraient dans le désert, sur un chemin de solitude,
         sans trouver de lieu habité.

5    Ils mouraient de faim et de soif,
         la vie les abandonnait.

6    Dans leur malheur, ils crièrent vers le Seigneur,
         et il les délivra de leur détresse.

7    Il les mena par un chemin direct
         pour aller vers un lieu habité.

8    Qu'ils louent le Seigneur pour sa bonté,
         pour ses actions extraordinaires en faveur des humains !

9    Car il a donné à boire à l'assoiffé,
         il a comblé de biens l'affamé.

10   D'autres, misérables prisonniers enchaînés,
         habitaient dans un lieu obscur et ténébreux.

11   Ils avaient été rebelles aux paroles de Dieu,
         ils avaient méprisé les conseils du Très-Haut.

12   Il les accabla sous le poids de la peine,
         ils trébuchèrent et personne ne les secourut.

13   Dans leur malheur, ils crièrent vers le Seigneur,
         et il les sauva de leur détresse.

14   Il les fit sortir de l'obscurité et des ténèbres
         et il rompit les liens de leur détention.

15   Qu'ils louent le Seigneur pour sa bonté,
         pour ses actions extraordinaires en faveur des humains !

16   Car il a fracassé les portes de bronze,
         il a brisé les verrous de fer.

17   D'autres avaient perdu la raison
         tant ils se conduisaient mal.
         Par leur faute, ils étaient accablés de tourments.

18    Écœurés par toute nourriture,
         ils avaient déjà un pied dans la tombe.

19    Dans leur malheur, ils crièrent vers le Seigneur,
         et il les sauva de leur détresse.

20    Il envoya sa parole pour les guérir,
         il les arracha à la mort.

21    Qu'ils louent le Seigneur pour sa bonté,
         pour ses actions extraordinaires en faveur des humains !

22    Qu'ils offrent des sacrifices pour le remercier,
         qu'ils racontent ce qu'il a fait en criant leur joie !

23    D'autres s'étaient embarqués sur des navires,
         pour exercer leur métier en pleine mer.

24    Ceux-là ont vu de quoi le Seigneur est capable,
         ses actions extraordinaires en haute mer.

25    D'une parole, il déclencha un vent de tempête
         qui souleva les vagues.

26    Leur bateau était projeté vers les cieux,
         puis il dévalait dans les creux ;
         eux-mêmes étaient pris par l'épouvante,

27    pris de vertige et titubant comme des gens ivres.
         Tout leur savoir-faire était tenu en échec.

28    Dans leur malheur, ils crièrent vers le Seigneur,
         et il les fit sortir de leur détresse.

29    Il changea l'ouragan en brise légère,
         les vagues s'apaisèrent.

30    Ils se réjouirent du calme revenu,
         Dieu les conduisit à bon port.

31    Qu'ils louent le Seigneur pour sa bonté,
         pour ses actions extraordinaires en faveur des humains !

32   Qu'ils proclament sa grandeur dans l'assemblée du peuple,
     qu'ils l'acclament dans le conseil des anciens !

## Psaume 107 : deuxième partie   *Posuit flumina*

33   C'est lui qui change des cours d'eau en désert
     et des oasis en zones arides,

34   ou une terre fertile en terre salée stérile,
     quand ses habitants se comportent mal.

35   Il change aussi un désert en étendue d'eau,
     une terre desséchée en oasis.

36   Là, il fait vivre des affamés qui fondent une ville pour y habiter ;

37   ceux-ci sèment dans les champs, ils plantent des vignes
     et en recueillent les produits.

38   Le Seigneur les bénit, et ils deviennent très nombreux,
     il ne laisse pas dépérir leur bétail.

39   Puis, quand leur nombre diminue
     et qu'ils se courbent sous le poids de la privation, du malheur et de la
     détresse,

40   le Seigneur fait tomber le mépris sur les puissants
     et les laisse s'égarer dans un désert sans routes.

41   Mais il relève les pauvres de la misère,
     il accroît les familles autant que les troupeaux.

42   Que ceux qui mènent une vie droite se réjouissent en voyant tout cela,
     et que toute injustice soit réduite au silence !

43   Si quelqu'un est sage, qu'il tienne compte de ces faits,
     qu'il comprenne que le Seigneur est bon !

## Vingt-deuxième jour : Prière du soir

### 108 *Paratum cor meum*

2    Mon Dieu, me voilà rassuré, vraiment rassuré :
        je veux chanter et te célébrer de tout mon cœur.

3    Éveillez-vous, ma harpe et ma lyre :
        il faut que je réveille l'aurore.

4    Seigneur, je veux te louer parmi les peuples,
        te célébrer par mes chants dans tous les pays,

5    car ta grande bonté monte plus haut que les cieux,
        ta vérité va plus haut que les nuages.

6    Mon Dieu, montre ta grandeur qui dépasse les cieux,
        que ta présence glorieuse brille sur la terre entière !

7    Viens à notre secours et réponds-nous,
        pour que ceux que tu aimes soient sauvés.

8    Dans son lieu saint, Dieu a parlé :
        « À moi la victoire !
        Je partagerai la ville de Sichem,
        je répartirai en lots la vallée de Soukoth.

9    Galaad est à moi, à moi aussi Manassé.
        Mon casque, c'est Éphraïm,
        et mon sceptre, c'est Juda.

10   Moab n'est que la cuvette où je me lave.
        J'ai des droits sur Édom, je jette ma sandale sur lui.
        Contre la Philistie je pousse un cri de guerre ! »

11   Qui me mènera jusqu'en Édom ?
        Qui me livrera sa ville fortifiée,

12   si ce n'est toi, Dieu ? Or tu nous as rejetés,
        tu n'accompagnes plus nos armées.

13   Viens à notre aide contre l'adversaire,
        car les êtres humains n'offrent qu'un secours dérisoire.

14   Avec Dieu nous serons victorieux,
     car, lui, il terrasse nos adversaires.

## 109   *Deus, laudem*

1   Mon Dieu, toi que je loue, ne garde pas le silence,

2   car des gens mauvais et menteurs m'accusent ;
    ils répandent contre moi des calomnies.

3   Leurs discours haineux m'assaillent de tous côtés,
    ils me font la guerre sans raison.

4   Ils répondent à mon amour en m'accusant,
    pourtant, moi, je ne fais que prier ;

5   ils me rendent le mal pour le bien,
    la haine pour l'amour.

6   Ils disent de moi : « Suscite contre lui un méchant,
    et qu'un accusateur se tienne à sa droite !

7   À l'issue de son procès, qu'il soit reconnu coupable,
    et que sa prière soit considérée comme péché !

8   Qu'il ait peu de jours à vivre,
    qu'un autre prenne ses fonctions !

9   Que ses enfants deviennent orphelins, et sa femme veuve !

10  Que ses enfants deviennent vagabonds et mendiants,
    qu'ils mendient parmi les ruines de leur maison !

11  Qu'un créancier mette la main sur tout ce qui est à lui,
    et que des étrangers s'emparent de ses biens !

12  Que personne ne lui montre de loyauté,
    ni ne manifeste de bonté envers les orphelins qu'il laissera !

13  Que sa descendance périsse,
    que son nom disparaisse dès la prochaine génération !

14   Que le Seigneur se souvienne de la faute de ses pères,
        et que le péché de sa mère ne soit pas effacé !

15   Que le Seigneur garde constamment cela devant ses yeux,
        et qu'il retranche de la terre leur souvenir !

16   Car cet individu ne s'est pas soucié d'agir avec bonté,
        mais il a poursuivi une personne pauvre,
        malheureuse, au cœur brisé, afin de l'achever.

17   Il a tant aimé maudire
        que la malédiction est venue sur lui.
        Il a si peu aimé bénir que la bénédiction s'est éloignée de lui.

18   Il s'est revêtu de malédiction comme d'un manteau,
        elle est entrée en lui comme de l'eau,
        comme de l'huile dans ses os.

19   Qu'elle devienne le vêtement dont il se couvre,
        et la ceinture qui l'entoure constamment ! »

20   Voilà comment agissent ceux qui m'accusent auprès du Seigneur,
        et qui disent du mal de moi.

21   Mais toi, Seigneur mon Dieu, agis envers moi
        par fidélité à toi-même.
        Ta bonté fait tant de bien, délivre-moi !

22   Je suis pauvre et malheureux,
        au fond de moi, j'ai le cœur transpercé.

23   Je m'en vais peu à peu, comme l'ombre qui s'étire ;
        on me chasse comme un insecte nuisible.

24   À force de jeûner, je ne tiens plus debout ;
        mon corps s'épuise tant il est maigre.

25   Je suis la cible de leurs moqueries :
        en me voyant, ils secouent la tête.

26   Secours-moi, Seigneur mon Dieu !
        Puisque tu es fidèle, sauve-moi !

27 Que ces gens le sachent : c'est toi qui as agi,
   c'est toi, Seigneur, qui as fait cela pour moi.

28 Ils peuvent maudire, mais toi, tu bénis.
   S'ils s'élèvent, ils seront humiliés,
   mais moi qui suis ton serviteur, je serai plein de joie.

29 Que mes accusateurs soient revêtus de déshonneur,
   qu'ils se couvrent de honte comme d'un manteau !

30 Je veux louer le Seigneur à pleine voix,
   l'acclamer au milieu de la multitude.

31 Car il se tient à la droite du malheureux
   pour le sauver de ceux qui le jugent.

**Vingt-troisième jour : Prière du matin**

## 110 *Dixit Dominus*

Déclaration du Seigneur Dieu à mon roi :

1 « Assieds-toi à ma droite,
   jusqu'à ce que je mette tes ennemis sous tes pieds. »

2 Depuis la ville de Sion,
   que le Seigneur étende au loin ton pouvoir !
   Et toi, domine au milieu de tes ennemis.

3 Ton peuple est volontaire
   en ce jour où tu rassembles ton armée.
   Sur les montagnes de Dieu,
   tes jeunes gens viennent à toi,
   comme la rosée qui naît de l'aurore.

4 Le Seigneur a fait ce serment, il ne reprendra pas sa parole :
   « Tu es prêtre pour toujours, à la manière de Melkisédec. »

5 Le Seigneur est à tes côtés.
   Au jour de sa colère, il écrase des rois,

6   il exerce son jugement sur les peuples,
        il entasse les cadavres,
        il écrase les chefs sur toute l'étendue du pays.

7   En chemin, le roi va boire au torrent,
        c'est pourquoi il relève la tête.

## 111   *Confitebor tibi*

1   Alléluia !
        Je veux louer le Seigneur de tout mon cœur
        parmi les fidèles assemblés.

2   Les œuvres du Seigneur sont grandioses ;
        tous ceux qui trouvent leur plaisir en elles les recherchent.

3   Splendeur et majesté distinguent ses actes.
        Sa justice demeure à jamais.

4   Il veut que l'on se souvienne de ses actions extraordinaires.
        Le Seigneur est bienveillant et plein de tendresse,

5   il donne de la nourriture à celui qui reconnaît qu'il est Dieu,
        il se souvient toujours de son alliance.

6   À son peuple, il a montré sa force en action
        quand il lui donna le pays d'autres peuples.

7   Vérité et justice marquent tout ce qu'il fait.
        Toutes ses décisions sont dignes de confiance,

8   établies pour toujours.
        Vérité et droiture en sont les marques.

9   Il a envoyé la délivrance à son peuple,
        qu'il a lié à lui par une alliance éternelle.
        Il est le Dieu saint et redoutable.

10  Reconnaître l'autorité du Seigneur, c'est le commencement de la sagesse.
        Tous ceux qui s'en inspirent montrent leur bon sens.
        La louange du Seigneur subsiste pour toujours.

## 112  *Beatus vir*

1    Alléluia !
     Heureux celui qui reconnaît l'autorité du Seigneur,
     qui prend plaisir à faire ce qu'il commande !

2    Ses enfants seront puissants dans le pays,
     car Dieu fait du bien à la descendance de celui qui mène une vie droite.

3    Dans sa maison, c'est le bien-être et l'aisance ;
     pour toujours Dieu l'approuve.

4    Quand tout est obscur,
     une lumière se lève pour celui qui a le cœur droit.
     Le juste est bienveillant et plein de tendresse.

5    Heureux celui qui prête avec bienveillance,
     qui gère ses affaires en respectant le droit !

6    Jamais le juste ne sera ébranlé ;
     il laissera un souvenir impérissable.

7    Il n'a pas à craindre les méchantes rumeurs ;
     son cœur est assuré, il fait confiance au Seigneur.

8    Il est confiant, sans peur il attend
     de voir la défaite de ses adversaires.

9    Il donne largement aux malheureux,
     pour toujours Dieu l'approuve.
     Sa force augmente avec sa gloire.

10   Le méchant s'en aperçoit et enrage,
     il grince des dents et perd ses moyens.
     Les désirs des méchants seront réduits à néant.

## 113  *Laudate, pueri*

1    Alléluia !
     Vous qui êtes les serviteurs du Seigneur,
     acclamez le Seigneur, acclamez son nom !

2     Que le nom du Seigneur soit béni
        dès maintenant et pour toujours !

3     Du lieu où le soleil se lève
        jusqu'au lieu où il se couche,
        que tous acclament le nom du Seigneur !

4     Le Seigneur est au-dessus de tous les peuples,
        sa gloire monte plus haut que les cieux.

5     Qui donc ressemble au Seigneur notre Dieu ?
        Lui qui réside tout là-haut,

6     il s'abaisse pour regarder les cieux et la terre.

7     Il remet debout le misérable qui était tombé à terre,
        du tas d'ordures il relève le malheureux

8     pour le mettre au premier rang
        avec les puissants de son peuple.

9     À la femme privée d'enfants il donne une maison ;
        il fait d'elle une mère heureuse au milieu de ses enfants.
        Alléluia !

## Vingt-troisième jour : Prière du soir

## 114   *In exitu Israel*

1     Quand le peuple d'Israël sortit d'Égypte,
        quand les descendants de Jacob
        quittèrent cette population à la langue étrange,

2     Juda devint le sanctuaire du Seigneur
        et Israël son domaine.

3     En les voyant, la mer s'enfuit,
        le Jourdain retourna en arrière.

4     Les montagnes firent des bonds de bélier,
        les collines des sauts de cabri.

5    Mer, qu'as-tu ainsi à t'enfuir,
       et toi, Jourdain, à retourner en arrière ?

6    Vous, montagnes, qu'avez-vous à faire des bonds de bélier,
       et vous, collines, des sauts de cabri ?

7    Terre, sois bouleversée devant le Seigneur,
       devant le Dieu de Jacob,

8    lui qui change le roc en nappe d'eau,
       le granit en source jaillissante.

## 115   *Non nobis, Domine*

1    Non pas à nous, Seigneur,
       non pas à nous, mais à toi revient la gloire,
       pour ta bonté et ta vérité.

2    Pourquoi les autres peuples demandent-ils :
       « Leur Dieu, que fait-il donc ? »

3    Notre Dieu ? Il est dans les cieux,
       il fait tout ce qu'il veut.

4    Leurs idoles d'argent ou d'or
       ne sont que des produits fabriqués par des mains humaines.

5    Elles ont une bouche, mais ne parlent pas.
       Elles ont des yeux, mais n'y voient rien ;

6    des oreilles, mais n'entendent pas,
       un nez, mais ne sentent rien ;

7    elles ont des mains, mais ne touchent pas ;
       des pieds, mais ne marchent pas.
       Et leur gorge n'émet aucun son.

8    Que ceux qui les ont fabriquées deviennent comme elles,
       et toute personne aussi qui met sa confiance en elles !

9    Vous, les tribus d'Israël,
       faites confiance au Seigneur.
       C'est lui votre secours et votre bouclier.

10 Vous, les prêtres, descendants d'Aaron,
    faites confiance au Seigneur.
    C'est lui votre secours et votre bouclier.

11 Vous qui reconnaissez l'autorité du Seigneur,
    faites confiance au Seigneur.
    C'est lui votre secours et votre bouclier.

12 Le Seigneur se souvient de nous, il accorde ses bienfaits.
    Qu'il les accorde aux tribus d'Israël !
    Qu'il les accorde aux descendants d'Aaron !

13 Qu'il accorde ses bienfaits à ceux qui reconnaissent l'autorité du Seigneur,
    les petits et les grands.

14 Que le Seigneur augmente vos familles,
    les vôtres et celles de vos enfants !

15 Soyez comblés de bienfaits par le Seigneur,
    lui qui a créé les cieux et la terre !

16 Les cieux appartiennent au Seigneur, à lui seul,
    mais la terre, il l'a donnée aux humains.

17 Qui acclamera le Seigneur ? Ce ne sont pas les morts,
    ceux qui sont tombés dans le grand silence.

18 Mais nous, nous voulons bénir le Seigneur,
    dès maintenant et pour toujours !
    Alléluia !

## Vingt-quatrième jour : Prière du matin

## 116 *Dilexi, quoniam*

1 J'aime le Seigneur,
    car il entend ma voix quand je le supplie.

2 Il a tendu vers moi une oreille attentive.
    Toute ma vie je l'appellerai.

3   Les liens de la mort m'avaient enserré,
        le monde des morts resserrait sur moi son étreinte ;
        j'étais pris de détresse et d'angoisse.

4   Alors j'ai appelé le Seigneur par son nom :
        « Seigneur, sauve-moi la vie ! »

5   Le Seigneur est bienveillant et juste,
        notre Dieu a le cœur plein d'amour.

6   Le Seigneur garde ceux qui sont ignorants ;
        j'étais à bout de force et il m'a sauvé.

7   Allons, je dois retrouver mon calme,
        car le Seigneur m'a fait du bien.

8   Oui, tu m'as arraché à la mort, Seigneur,
        tu as séché mes larmes, tu as préservé mes pieds du faux pas.

9   Sur cette terre destinée aux vivants,
        je marcherai sous le regard du Seigneur.

10  J'ai gardé la foi, même quand je répétais :
        « Me voilà en bien triste état ! »

11  J'étais si bouleversé que je disais :
        « On ne peut se fier à personne ! »

12  Comment rendre au Seigneur
        tout le bien qu'il m'a fait ?

13  Je lèverai la coupe des délivrances
        et j'appellerai le Seigneur par son nom.

14  Ce que j'ai promis au Seigneur, je l'accomplirai
        en présence de tout son peuple.

15  Aux yeux du Seigneur, la mort de ceux qui lui sont fidèles est douloureuse.

16  Oui, Seigneur, je suis ton serviteur ;
        je suis ton serviteur comme l'était déjà ma mère !
        Tu as défait mes liens.

17  Pour te louer, je t'offrirai un sacrifice,
        je t'appellerai par ton nom, Seigneur.

18  Ce que j'ai promis au Seigneur, je l'accomplirai
        en présence de tout son peuple,

19  dans les cours de la maison du Seigneur,
        au milieu de toi, Jérusalem.
        Alléluia !

## 117  *Laudate Dominum*

1  Acclamez le Seigneur, vous, tous les peuples,
        chantez ses louanges, vous, tous les pays,

2  car sa bonté pour nous est la plus forte !
        La fidélité du Seigneur est éternelle.
        Alléluia !

## 118  *Confitemini Domino*

1  Louez le Seigneur, car il est bon,
        et son amour dure toujours.

2  Tribus d'Israël, à vous de répéter :
        son amour dure toujours.

3  Descendants d'Aaron, à vous de répéter :
        son amour dure toujours.

4  Vous qui reconnaissez qu'il est Dieu, à vous de répéter :
        son amour dure toujours.

5  Du fond de la détresse, j'ai appelé le Seigneur au secours,
        il m'a répondu, il m'a rendu la liberté.

6  Le Seigneur est pour moi, je n'ai peur de rien :
        Que me feraient des êtres humains ?

7  Le Seigneur est pour moi, il me porte secours ;
        je regarde la défaite de ceux qui m'en voulaient.

8    Mieux vaut trouver refuge auprès du Seigneur
        que de compter sur les êtres humains !

9    Mieux vaut trouver refuge auprès du Seigneur
        que de compter sur des gens influents !

10   Les païens m'avaient tous encerclé ;
        au nom du Seigneur, je les ai repoussés.

11   Leur cercle se refermait autour de moi ;
        au nom du Seigneur, je les ai repoussés.

12   Ils m'assaillaient comme un essaim d'abeilles,
        comme un feu de paille ils se sont éteints ;
        au nom du Seigneur, je les ai repoussés.

13   On m'avait bousculé pour me faire tomber,
        mais le Seigneur est venu à mon aide.

14   Ma force et mon chant, c'est le Seigneur,
        il est venu à mon secours.

15   Des cris de joie et de délivrance
        remplissent les tentes des justes :
        « La main droite du Seigneur agit avec force,

16   la main droite du Seigneur est élevée,
        la main droite du Seigneur agit avec force ! »

17   Je ne vais pas mourir, mais je vivrai,
        pour raconter ce que le Seigneur a fait.

18   Le Seigneur m'a corrigé sévèrement,
        mais il ne m'a pas laissé mourir.

19   Ouvrez-moi les portes réservées aux justes,
        et que j'entre pour louer le Seigneur !

20   Voici la porte qui mène auprès du Seigneur :
        que les personnes qui sont justes entrent par là !

21 Je te louerai, Seigneur, car tu m'as répondu,
   tu es venu à mon secours.

22 La pierre dont les bâtisseurs ne voulaient pas
   est maintenant la pierre d'angle.

23 Cela vient du Seigneur ;
   c'est une chose admirable à nos yeux !

24 Ce jour de fête est l'œuvre du Seigneur ;
   crions notre joie, soyons dans l'allégresse !

25 « Nous t'en prions, Seigneur, viens à notre secours !
   Seigneur, donne-nous la victoire, nous t'en prions ! »

26 Que Dieu bénisse celui qui vient au nom du Seigneur !
   Depuis la maison du Seigneur, nous vous bénissons.

27 Le Seigneur est le seul Dieu. Il nous a éclairés de sa lumière !
   Formez le cortège, rameaux en main, jusqu'aux angles de l'autel.

28 Tu es mon Dieu, je veux te louer,
   mon Dieu, je proclamerai ta grandeur :

29 Louez le Seigneur, car il est bon
   et son amour dure toujours !

## Vingt-quatrième jour : Prière du soir

# 119

**Aleph**   *Beati immaculate*

1 Heureuses les personnes qui se conduisent de manière intègre,
  qui mènent leur vie selon l'enseignement du Seigneur !

2 Heureux ceux qui suivent ses instructions
  et le cherchent de tout leur cœur !

3 Ceux-là ne commettent aucune injustice,
  mais vivent comme Dieu le demande.

4     Toi, Seigneur, tu as révélé ce que tu exiges,
          pour qu'on le respecte avec soin.

5     Oui, que je sache me conduire avec fermeté
          en m'appliquant à faire ta volonté !

6     Alors je n'éprouverai aucune honte
          en considérant tous tes commandements.

7     Je te louerai sans arrière-pensées
          en étudiant tes justes décisions.

8     Je m'appliquerai à faire ta volonté ;
          ne cesse jamais de me soutenir !

**Beth**    *In quo corrigit ?*

9     Quand on est jeune, comment garder une conduite pure ?
          En observant ce que tu as dit, Seigneur.

10    De tout mon cœur, je te cherche ;
          ne me laisse pas dévier de ce que tu as commandé.

11    Dans mon cœur, je conserve ce que tu as dit
          pour ne pas pécher contre toi.

12    Béni sois-tu, Seigneur !
          Enseigne-moi ta volonté.

13    Mes lèvres énumèrent
          toutes les décisions que tu as prononcées.

14    Suivre tes ordres me réjouit,
          comme si j'avais une immense richesse.

15    Je veux réfléchir à ce que tu exiges,
          et bien regarder le chemin que tu me traces.

16    Je me délecte de suivre tes directives,
          je n'oublie pas ta parole.

### Ghimel *Retribue servo tuo*

17 Sois bon pour moi qui suis ton serviteur,
   pour que je revive et que j'observe ta parole.

18 Ouvre mes yeux pour que je regarde
   les merveilles de ce que tu enseignes.

19 Je ne suis qu'un immigré sur terre,
   ne me cache pas tes commandements.

20 Je me passionne en tous temps
   pour les décisions que tu as prises.

21 Tu menaces ces maudits insolents
   qui s'égarent loin de ce que tu commandes.

22 Décharge-moi du mépris et des moqueries,
   car je m'applique à suivre tes instructions.

23 Même si des princes complotent contre moi,
   je suis ton serviteur, je médite ta volonté.

24 Tes instructions aussi font mes délices,
   elles sont de bons conseillers pour moi.

### Daleth *Adhæsit pavimento*

25 Me voilà par terre, dans la poussière ;
   rends-moi la vie, comme tu l'as promis.

26 Je t'ai raconté mes cheminements, et tu m'as répondu ;
   enseigne-moi ta volonté.

27 Fais-moi comprendre le sens de ce que tu exiges,
   je méditerai ces merveilles.

28 Le chagrin me fait verser des larmes,
   relève-moi, comme tu l'as promis.

29 Tiens-moi loin des pratiques mensongères,
   accorde-moi la grâce de connaître ton enseignement.

30  J'ai choisi le chemin de la vérité,
        je me conforme à tes décisions.

31  Je m'attache à ce que tu m'as ordonné ;
        Seigneur, ne me laisse pas dans l'humiliation.

32  Je cours sur le chemin que tu m'ordonnes,
        car tu m'as ouvert l'esprit.

## Vingt-cinquième jour : Prière du matin

### Hé     *Legem pone*

33  Montre-moi, Seigneur, le chemin que je dois suivre,
        je m'efforcerai de le suivre jusqu'au bout.

34  Fais-moi comprendre ton enseignement, et je l'observerai,
        je m'y appliquerai de tout mon cœur.

35  Fais-moi suivre le chemin que tu m'ordonnes,
        ce sera un plaisir pour moi.

36  Mets en mon cœur plus d'attrait
        pour tes ordres que pour le profit.

37  Détourne mon regard de ce qui est illusoire,
        et fais-moi vivre à la manière qui te plaît.

38  Réalise, pour moi qui suis ton serviteur,
        ce que tu as promis à ceux qui reconnaissent que tu es Dieu.

39  Préserve-moi du mépris, il me fait peur,
        car ce sont tes décisions qui sont bonnes.

40  Mon vrai désir, c'est de suivre ce que tu exiges ;
        toi qui es juste, rends-moi la vie !

### Waw     *Et veniat super me*

41  Que ta bonté s'étende jusqu'à moi, Seigneur ;
        sauve-moi, comme tu l'as promis.

42 J'aurai de quoi répondre à ceux qui m'insultent,
     puisque je fais confiance à ta parole.

43 Ne me laisse jamais trahir la vérité,
     j'espère en tes décisions.

44 Je veux observer ce que tu enseignes,
     sans relâche et pour toujours.

45 J'avancerai libre dans la vie,
     car je me soucie de ce que tu exiges.

46 Devant les rois, je parlerai de tes instructions,
     sans avoir honte.

47 Je me délecte de tes commandements : je les aime !

48 En te priant, les mains levées vers tes commandements que j'aime,
     je veux réfléchir à ce que tu veux.

**Zain**     *Memor esto verbi tui*

49 Souviens-toi de ce que tu as dit à ton serviteur ;
     cela m'a donné l'espérance.

50 Dans mon malheur, voilà ma consolation :
     c'est que ta parole me fait vivre !

51 Même si des insolents se sont bien moqués de moi,
     je ne me suis pas écarté de ce que tu enseignes.

52 Je me souviens de tes décisions d'autrefois, Seigneur,
     et j'y trouve ma consolation.

53 Je suis pris de rage en voyant les méchants,
     ces gens qui ont abandonné ton enseignement.

54 Pour moi, qui me sens comme en exil,
     ta volonté est devenue le thème de mes chants.

55 Pendant la nuit, je me rappelle qui tu es, Seigneur,
     pour observer ce que tu enseignes.

56    Ce qui m'appartient vraiment,
         c'est de m'appliquer à suivre ce que tu exiges.

**Heth**    *Portio mea, Domine*

57    Je le redis : la part qui me revient, Seigneur,
         c'est de garder tes paroles.

58    De tout mon cœur, j'ai cherché à te plaire,
         accorde-moi ta grâce, comme tu l'as promis !

59    J'ai réfléchi à ma conduite,
         je veux revenir à tes instructions.

60    Sans remettre à plus tard, je me hâte
         d'observer ce que tu as commandé.

61    Les méchants m'ont pris au piège,
         mais je n'oublie pas ce que tu enseignes.

62    En pleine nuit, je me lève et je te loue
         pour les justes décisions que tu as prises.

63    Je suis l'ami de tous ceux qui reconnaissent ton autorité
         et qui respectent ce que tu exiges.

64    Seigneur, ta bonté remplit la terre ;
         enseigne-moi ta volonté !

**Teth**    *Bonitatem fecisti*

65    Seigneur, comme tu l'avais promis,
         tu m'as fait du bien, à moi qui suis ton serviteur.

66    Apprends-moi à bien apprécier et à connaître ta volonté,
         car j'ai toute confiance en ce que tu veux.

67    Avant d'être accablé, je m'égarais,
         mais maintenant j'observe ce que tu as dit.

68    Tu es bon, Seigneur, et tu fais du bien,
         enseigne-moi ta volonté !

69 Des personnes insolentes me salissent avec leurs mensonges,
   mais moi, je prends à cœur ce que tu exiges.

70 Ils ont l'esprit bouché,
   mais moi, je me délecte de ton enseignement !

71 C'est un bien pour moi d'avoir été accablé,
   car j'ai appris quelle est ta volonté.

72 L'enseignement qui sort de ta bouche vaut mieux pour moi
   que des milliers de pièces d'or ou d'argent.

## Vingt-cinquième jour : Prière du soir

### Yod    *Manus tuæ fecerunt me*

73 Tes mains m'ont formé et me maintiennent debout ;
   donne-moi donc du discernement,
   pour que j'apprenne ce que tu commandes.

74 Ceux qui reconnaissent ton autorité sont heureux de voir
   que j'espère en ta parole.

75 Seigneur, je le sais, tes décisions sont justes,
   tu as bien fait de m'accabler.

76 Que ta bonté vienne à présent me consoler,
   comme tu me l'as dit, à moi ton serviteur.

77 Montre-moi ta tendresse, alors je revivrai ;
   ton enseignement fait mes délices.

78 Honte aux insolents, qui m'accablent de mensonges.
   Moi, je médite sur ce que tu exiges.

79 Que ceux qui reconnaissent ton autorité reviennent à moi
   pour connaître tes instructions !

80 De tout mon cœur, je veux faire ta volonté,
   ainsi je n'aurai pas honte devant toi.

### Caph    *Defecit in salutare*

81  Je me fatigue à chercher ton salut,
        j'espère en ta parole.

82  Mes yeux s'épuisent à scruter ta promesse,
        et je demande : « Quand me consoleras-tu ? »

83  Je suis desséché comme une outre exposée à la fumée,
        je n'oublie pourtant pas ta volonté.

84  Combien de jours de vie me donnes-tu encore ?
        Quand exerceras-tu ton jugement contre ceux qui me persécutent ?

85  Des personnes insolentes, sans égard pour ce que tu enseignes,
        creusent une fosse pour moi.

86  Tes commandements sont tous pleins de vérité.
        On me poursuit pour de fausses raisons, secours-moi.

87  J'étais à terre, j'ai vu la mort de près,
        mais je n'ai pas abandonné tes exigences.

88  Selon ta bonté, rends-moi la vie
        pour que j'observe tes ordres !

### Lamed    *In æternum, Domine*

89  Seigneur, ta parole demeurera toujours,
        elle est établie dans les cieux.

90  Ta fidélité subsiste de génération en génération.
        Tu as établi la terre, elle tient bien en place ;

91  tout subsiste aujourd'hui grâce à tes décisions,
        car tout l'univers est à ton service.

92  Sans ton enseignement, qui fait mes délices,
        j'aurais péri dans mon malheur.

93  Jamais je n'oublierai tes exigences,
        car c'est par elles que tu me fais vivre !

94    Je suis à toi, sauve-moi,
        car je me soucie de ce que tu exiges.

95    Des personnes méchantes guettent l'occasion de m'abattre,
        mais je reste attentif à tes instructions.

96    À tout ce qui est parfait, j'ai vu une fin,
        mais ton commandement est sans limites.

**Mem**     *Quomodo dilexi !*

97    Combien j'aime ton enseignement !
        Il occupe mes pensées tous les jours.

98    Ton commandement est à moi pour toujours,
        il me rend plus sage que mes ennemis.

99    Je suis plus avisé que mes maîtres,
        car je pense longuement à tes ordres.

100    J'ai plus de discernement que les gens âgés,
        car je m'efforce de suivre ce que tu exiges.

101    J'ai refusé de suivre le chemin du mal,
        afin d'appliquer ce que tu as dit.

102    J'ai suivi fidèlement tes décisions,
        puisque c'est toi qui me les as enseignées.

103    Quand je savoure tes instructions,
        je leur trouve un goût plus doux que le miel.

104    Mon discernement vient de ce que tu exiges,
        c'est pourquoi je déteste toutes les pratiques mensongères.

**Vingt-sixième jour : Prière du matin**

**Nun**     *Lucerna pedibus meis*

105    Ta parole est une lampe devant mes pas,
        une lumière qui éclaire mon sentier.

106 Je tiendrai la promesse que je t'ai faite
d'appliquer tes justes décisions.

107 J'ai été profondément accablé ;
Seigneur, rends-moi la vie, comme tu l'as promis !

108 Reçois ma prière en offrande, Seigneur,
enseigne-moi ce que tu as décidé.

109 Ma vie est sans cesse exposée au danger,
mais je n'oublie pas ton enseignement.

110 Malgré les pièges que m'ont tendus les méchants,
je ne me suis pas écarté de ce que tu exiges.

111 Tes ordres sont mon héritage pour toujours,
ils réjouissent mon cœur.

112 Je m'applique à faire ta volonté,
c'est ma récompense pour toujours.

**Samech**   *Iniquos odio habui*

113 Je déteste la duplicité,
mais j'aime ton enseignement.

114 Mon abri et mon bouclier, c'est toi !
J'espère en ta parole.

115 Éloignez-vous de moi, gens malfaisants,
j'observerai ce que mon Dieu a commandé.

116 Soutiens-moi pour que je vive, comme tu l'as promis ;
ne déçois pas mon espérance.

117 Reste mon appui, pour que je sois sauvé ;
je ne perdrai pas de vue ta volonté.

118 Tu méprises tous ceux qui ne font pas ta volonté,
car leurs intrigues ne sont que mensonge.

119 Tu jettes comme des déchets tous les méchants de la terre,
    c'est pourquoi j'aime tes instructions.

120 Mon corps frissonne de frayeur devant toi,
    tes décisions me plongent dans la crainte.

### Ain    *Feci judicium*

121 J'ai fait ce qui est juste et droit,
    ne m'abandonne pas aux mains de mes oppresseurs.

122 Garantis le bonheur de ton serviteur ;
    que les personnes insolentes ne m'oppriment plus !

123 Mes yeux s'épuisent à chercher ton secours
    et la justice que tu as promise.

124 Agis envers moi qui suis ton serviteur, selon ta bonté,
    enseigne-moi ta volonté.

125 Moi qui suis ton serviteur, ouvre-moi l'esprit
    pour que je connaisse bien tes instructions.

126 Seigneur, il est temps que tu agisses :
    on a trahi ton enseignement.

127 Voilà pourquoi j'aime tes commandements,
    plus que l'or le plus fin.

128 Toutes tes exigences, je les trouve parfaitement justes,
    je déteste toutes les pratiques mensongères.

### Phé    *Mirabilia*

129 Les ordres que tu as donnés sont admirables,
    c'est pourquoi je m'applique à les suivre.

130 Découvrir ta parole apporte la lumière ;
    elle donne du discernement aux gens ignorants.

131 Je bois avec avidité tes paroles,
    car je suis passionné par tes commandements.

132  Tourne-toi vers moi, accorde-moi ta grâce,
        comme tu l'as décidé pour ceux qui t'aiment.

133  Que ta promesse rende mes pas plus assurés,
        ne laisse aucun mal me dominer.

134  Libère-moi de ceux qui m'oppriment,
        pour que je respecte ce que tu exiges.

135  Fais briller sur moi, ton serviteur, la lumière de ta face ;
        je t'en prie, enseigne-moi ta volonté.

136  Je pleure toutes les larmes de mon corps
        en voyant qu'on n'observe pas ce que tu enseignes.

### Çade    *Justus es, Domine*

137  Tu es juste, Seigneur,
        tu es droit dans tes décisions.

138  Tu as formulé tes instructions avec justice,
        dans une fidélité parfaite.

139  Quand je vois mes adversaires
        oublier ce que tu as dit, je suis pris de colère.

140  Ta parole a vraiment fait ses preuves,
        et je l'aime, moi qui suis ton serviteur.

141  Je suis petit, méprisé,
        mais je n'ai pas oublié ce que tu exiges.

142  Ta justice est une justice éternelle,
        ton enseignement est la vérité.

143  Je suis saisi par la détresse et l'angoisse,
        mais tes commandements font mes délices.

144  Tes ordres sont une justice éternelle ;
        fais-les-moi comprendre, et je vivrai !

### Vingt-sixième jour : Prière du soir

**Qoph**    *Clamavi in toto corde meo*

145 Seigneur, de tout mon cœur je t'appelle,
       réponds-moi, je veux faire ta volonté.

146 Je t'appelle, sauve-moi,
       je veux observer tes instructions.

147 Dès avant l'aurore, je demande ton aide,
       j'espère en ta parole.

148 Avant la fin de la nuit, j'ouvre les yeux
       pour méditer ta promesse.

149 Tu es bon, Seigneur, écoute donc mon appel,
       fais-moi vivre d'après tes décisions.

150 Ils approchent, ceux qui poursuivent le crime ;
       ils sont loin de ton enseignement.

151 Mais toi, tu es proche de moi, Seigneur ;
       dans ce que tu commandes, tout est vérité.

152 Tes instructions, je sais depuis longtemps
       que tu les as établies pour toujours.

**Resh**    *Vide humilitatem*

153 Vois mon malheur et délivre-moi,
       car je n'oublie pas ton enseignement.

154 Prends ma cause en main et défends-moi,
       comme tu l'as promis, rends-moi la vie !

155 Le salut reste loin des gens méchants,
       car ils ne recherchent pas ta volonté.

156 Tu as un cœur plein de tendresse, Seigneur,
       fais-moi vivre en accord avec tes décisions !

157 J'ai beaucoup de persécuteurs et d'adversaires,
   mais je ne m'écarte pas de tes ordres.

158 Je suis écœuré en voyant des traîtres.
   Ces gens n'observent pas ce que tu as dit.

159 Seigneur, vois comme j'aime tes exigences ;
   aussi vrai que tu es bon, rends-moi la vie !

160 Avant tout, ta parole est vérité,
   toutes tes justes décisions sont valables pour toujours.

**Shin**   *Principes persecuti sunt*

161 Des princes me persécutent sans raison,
   mais seules tes paroles éveillent ma crainte.

162 Je me réjouis de ce que tu as dit,
   comme celui qui trouve un grand trésor.

163 Je déteste le mensonge, j'en ai horreur,
   mais ton enseignement, je l'aime.

164 Sept fois par jour, je te loue
   pour tes justes décisions.

165 Ceux qui aiment ton enseignement éprouvent un grand bonheur,
   ils ne risquent pas de trébucher.

166 Tu me sauveras, Seigneur, c'est mon espoir,
   j'accomplis ce que tu commandes.

167 De tout mon être, j'observe tes instructions,
   je les aime profondément.

168 Oui, je respecte tes exigences et tes instructions ;
   tout ce que je fais, tu peux le voir.

**Taw**   *Appropinquet deprecatio*

169 Seigneur, accueille ma plainte avec bienveillance ;
   selon ce que tu as dit, donne-moi du discernement.

170   Que ma supplication arrive jusqu'à toi ;
        comme tu l'as promis, libère-moi.

171   Que mes lèvres proclament ta louange,
        car tu m'enseignes ta volonté.

172   Que ma langue célèbre ta parole,
        car tes commandements sont tous justes.

173   Que ta main soit là pour me secourir,
        car j'ai choisi ce que tu exiges.

174   Seigneur, mon grand désir, c'est que tu me sauves,
        ton enseignement fait mes délices.

175   Que je vive pour te louer,
        que tes décisions me soient une aide !

176   Je suis errant, comme une brebis égarée ;
        viens me chercher, moi qui suis ton serviteur,
        car je n'oublie pas tes commandements.

## Vingt-septième jour : Prière du matin

## 120   *Ad Dominum*

1   Quand j'étais dans la détresse,
        j'ai appelé le Seigneur, et il m'a répondu.

2   « Seigneur, délivre-moi des gens qui mentent,
        ils ont une langue trompeuse ! »

3   Que te donne, que te rapporte ta langue trompeuse ?

4   Eh bien, des flèches d'un vaillant guerrier,
        aiguisées avec des braises de genêt !

5   Quel malheur pour moi de séjourner à Méchek en immigré,
        et de demeurer parmi les tentes du Quédar !

6   J'ai habité trop longtemps
        parmi ceux qui détestent la paix.

7    Moi, je parle de paix,
    eux, ils choisissent la guerre !

## 121 *Levavi oculos*

1    Je regarde vers les montagnes :
    Qui viendra me secourir ?

2    Pour moi, le secours vient du Seigneur,
    qui a fait les cieux et la terre.

3    Qu'il te préserve des faux pas,
    qu'il te garde sans se relâcher !

4    Voici, il ne somnole pas, il ne dort pas, celui qui garde Israël.

5    Le Seigneur est celui qui te garde,
    le Seigneur est une ombre protectrice à tes côtés.

6    Pendant le jour, le soleil ne te frappera pas,
    ni la lune pendant la nuit.

7    Le Seigneur préservera ta vie,
    il te gardera de tout mal !

8    Oui, le Seigneur te gardera de ton départ jusqu'à ton retour,
    dès maintenant et toujours !

## 122 *Lætatus sum*

1    Quelle joie, quand on m'a dit :
    « Nous allons à la maison du Seigneur ! »

2    Nos pas s'arrêtent enfin à tes portes, Jérusalem !

3    Jérusalem, tu es bâtie comme une ville qui forme un ensemble uni.

4    C'est chez toi que les tribus, les tribus du Seigneur,
    montent pour louer le Seigneur.
    Telle est la règle en Israël.

5    Chez toi se trouve le trône du descendant de David,
    où il siège pour rendre la justice.

6	Demandez la paix pour Jérusalem :
	« Que ceux qui t'aiment, Jérusalem,
	jouissent de la tranquillité !

7	Que la paix règne dans tes murs,
	et la tranquillité dans tes belles maisons !

8	Pour l'amour de mes amis, de mes proches,
	je veux dire : la paix soit sur toi !

9	Pour l'amour de la maison du Seigneur notre Dieu,
	je demande pour toi le bonheur ! »

## 123	*Ad te levavi oculos meos*

1	Je tiens les yeux levés vers toi
	qui as ton trône dans les cieux.

2	Comme des serviteurs ont le regard fixé sur la main de leur maître,
	comme une servante ne quitte pas des yeux la main de sa maîtresse,
	ainsi nous levons nos regards vers le Seigneur notre Dieu,
	jusqu'à ce qu'il nous accorde sa grâce.

3	Accorde-nous ta grâce, Seigneur, oui, accorde-nous ta grâce !
	Car nous n'en pouvons plus d'être méprisés ;

4	nous en avons plus qu'assez de l'ironie des insolents,
	du mépris des arrogants !

## 124	*Nisi quia Dominus*

1	Si le Seigneur n'avait pas été pour nous...
	qu'Israël répète :

2	« Si le Seigneur n'avait pas été pour nous »,
	quand nos ennemis se sont dressés contre nous,

3	quand s'enflamma leur colère contre nous,
	ils nous auraient engloutis tout vivants.

4	Alors le courant nous aurait emportés,
	le torrent nous aurait submergés.

5   Alors les eaux bouillonnantes seraient passées sur nous.

6    Béni soit le Seigneur de ne pas nous avoir laissés
         comme une proie entre leurs dents !

7   Nous nous en sommes tirés,
         comme un oiseau échappe au filet du chasseur :
         le filet s'est rompu, et nous nous sommes échappés.

8   Notre secours vient du Seigneur lui-même,
         qui a fait les cieux et la terre !

## 125   *Qui confidunt*

1   Ceux qui ont confiance dans le Seigneur
         sont comme la montagne de Sion,
         qui sera toujours là, inébranlable.

2   Jérusalem est entourée de montagnes ;
         de même le Seigneur entoure son peuple,
         dès maintenant et pour toujours !

3   Un gouvernement indigne
         ne se maintiendra pas dans le pays des justes,
         de peur qu'ils soient tentés de prendre part au mal.

4   Seigneur, montre-toi bon
         pour ceux que tu trouves bons,
         pour ceux qui ont le cœur droit.

5   Mais les personnes qui font le mal en suivant des chemins tortueux,
         que le Seigneur les chasse avec ceux qui font le malheur des autres !
         Que la paix soit donnée à Israël !

## Vingt-septième jour : Prière du soir

## 126   *In convertendo*

1   Quand le Seigneur a rétabli Sion,
         nous pensions rêver.

2       Nous ne cessions de rire et de lancer des cris de joie !
            Chez les autres peuples, on disait :
            « Le Seigneur a fait de grandes choses pour eux ! »

3       Oui, le Seigneur a fait de grandes choses pour nous,
            et nous étions tout heureux !

4       Seigneur, rétablis notre situation,
            comme tu ranimes les ruisseaux asséchés.

5       Celui qui a semé dans les larmes moissonne dans la joie.

6       Il part dans les pleurs, en portant le sac de semences ;
            il revient dans la joie, en portant ses gerbes de blé.

## 127  *Nisi Dominus*

1       Si le Seigneur ne bâtit pas la maison,
            les maçons se donnent du mal en vain.
            Si le Seigneur ne veille pas sur la ville,
            les veilleurs montent la garde en vain.

2       En vain, vous aussi, vous vous levez tôt,
            et vous vous couchez tard,
            en vain vous peinez à gagner votre pain.
            Le Seigneur en donne autant
            à celui qu'il aime pendant qu'il dort.

3       Des enfants, voilà le véritable héritage,
            la récompense que donne le Seigneur !

4       Les fils que l'on a dans sa jeunesse
            sont comme des flèches dans la main d'un guerrier.

5       Heureux celui qui en remplit son carquois !
            Il ne risque pas d'être humilié
            quand il discutera avec ses ennemis à la porte de la ville.

## 128  *Beati omnes*

1       Heureux tous ceux qui reconnaissent qui est Dieu,
            et qui suivent le chemin qu'il a tracé !

2    Le résultat de ton travail, c'est toi qui en profiteras.
        Heureux seras-tu ! Tout ira bien pour toi !

3    Chez toi, ta femme sera comme une vigne généreuse,
        tes fils, autour de ta table, seront comme de jeunes oliviers.

4    Voilà comment sera béni celui qui reconnaît qui est Dieu.

5    Que le Seigneur te bénisse depuis Sion !
        Aussi longtemps que tu vivras,
        tu jouiras du bonheur de Jérusalem

6    et tu verras les enfants de tes enfants.
        Que la paix soit donnée à Israël !

## 129  *Sæpe expugnaverunt*

1    On m'a fait beaucoup de mal depuis ma jeunesse…
        qu'Israël répète :

2    « On m'a fait beaucoup de mal depuis ma jeunesse »,
        mais on n'a pas pu en finir avec moi.

3    On a tracé de longs sillons sur mon dos,
        comme si on labourait un champ.

4    Mais le Seigneur est juste :
        il a coupé les cordes imposées par les méchants.

5    Qu'ils soient honteux, tous ceux qui détestent Sion !
        Qu'ils rebroussent chemin !

6    Qu'ils aient le sort de l'herbe des toits,
        desséchée avant qu'on l'arrache !

7    Celui qui la coupe n'en saisit pas même une poignée,
        celui qui la ramasse n'en fait pas même une gerbe.

8    Et les passants ne leur disent pas :
        « Que le Seigneur vous bénisse ! »
        Nous vous bénissons au nom du Seigneur !

## 130  *De profundis*

1    Du fond de la détresse, je crie vers toi, Seigneur !

2    Écoute ma voix,
        sois attentif quand je te supplie !

3    Si tu voulais épier nos fautes,
        Seigneur, qui pourrait survivre ?

4    Mais le pardon se trouve auprès de toi,
        c'est pourquoi l'on reconnaît ton autorité.

5    De tout mon être, je compte sur le Seigneur,
        et j'attends ce qu'il va dire.

6    Je compte sur le Seigneur,
        plus qu'un veilleur n'attend le matin ;
        oui, plus qu'un veilleur n'attend le matin.

7    Peuple d'Israël, compte sur le Seigneur, car il est bon,
        il a mille moyens de te délivrer.

8    C'est lui qui délivrera Israël de toutes ses fautes !

## 131  *Domine, non est*

1    Seigneur, je ne suis pas orgueilleux,
        mon regard ne manifeste pas d'ambition.
        Je ne recherche pas des choses trop grandes pour moi,
        ni trop extraordinaires.

2    Au contraire, je reste calme et tranquille,
        comme un jeune enfant apaisé près de sa mère.
        Comme cet enfant, je suis apaisé.

3    Israël, compte sur le Seigneur, dès maintenant et toujours !

## 132   *Memento, Domine*

1   Seigneur, souviens-toi de David
  et de tout son tourment.

2   C'est David qui fit ce serment au Seigneur,
  cette promesse au Dieu fort de Jacob :

3   « Je m'interdis d'entrer chez moi,
  de m'étendre sur mon lit,

4   de laisser mes yeux se fermer
  ni de prendre le moindre sommeil,

5   tant que je n'aurai pas trouvé une place pour le Seigneur,
  une demeure pour le Dieu fort de Jacob ! »

6   Oui, nous l'avons entendu dire : le coffre de l'alliance est à Éfrata,
  nous l'avons trouvé aux environs de Yaar.

7   Entrons dans la demeure du Seigneur,
  et prosternons-nous au pied de son trône.

8   Seigneur, lève-toi, accompagne le coffre de l'alliance où réside ta puissance,
  et viens en ce lieu destiné à ton repos !

9   Que tes prêtres soient revêtus de justice
  et que ceux qui te sont fidèles crient leur joie !

10  Pour l'amour de ton serviteur David,
  ne repousse pas le roi que tu as mis à part.

11  Le Seigneur a fait ce serment à David ;
  il ne reviendra pas sur ce qu'il a promis :

12  « C'est un de tes fils que je mettrai sur ton trône.
  Si tes fils respectent mon alliance
  et les instructions que je leur donne,
  alors leurs fils aussi siègeront sur ton trône
  et ce sera ainsi pour toujours ! »

13 En effet, le Seigneur a choisi Sion,
   il a désiré y faire sa résidence.

14 Il a déclaré : « Voilà pour toujours le lieu de mon repos ;
   c'est ici que je désire habiter !

15 Oui, je ferai du bien à Sion, en lui procurant de quoi vivre,
   je donnerai à ses pauvres tout le pain dont ils ont envie.

16 Je revêtirai de salut ses prêtres,
   ceux qui lui sont fidèles crieront leur joie.

17 À Sion, je ferai naître une descendance puissante à David.
   Je préparerai une lampe pour le roi que j'ai mis à part.

18 Je revêtirai de honte ses ennemis,
   mais sa couronne royale étincellera sur son front. »

## 133 *Ecce, quam bonum !*

1 Oui, il est bon, il est agréable
   pour des frères d'être ensemble !

2 C'est comme le parfum de l'huile précieuse
   versée sur la tête du grand-prêtre Aaron ;
   elle descend sur sa barbe,
   puis jusqu'au col de son vêtement.

3 C'est comme la rosée
   qui descend du mont Hermon sur les montagnes de Sion.
   Car c'est là, à Sion, que le Seigneur
   donne sa bénédiction, la vie, pour toujours !

## 134 *Ecce nunc*

1 Oui, bénissez le Seigneur, vous tous qui le servez,
   qui vous tenez dans sa maison pendant les heures de la nuit !

2 Élevez vos mains vers le lieu saint,
   bénissez le Seigneur !

3 Oui, que depuis Sion, le Seigneur vous bénisse,
   lui qui a fait les cieux et la terre !

**135**  *Laudate nomen*

1   Alléluia !
        Acclamez le Seigneur,
        acclamez-le, vous qui le servez,

2   qui vous tenez dans le temple du Seigneur,
        dans les cours de la maison de notre Dieu !

3   Alléluia, car le Seigneur est bon ;
        célébrez-le par vos chants, car il est digne d'être aimé.

4   Le Seigneur s'est choisi Jacob,
        il a fait d'Israël le peuple qui lui appartient.

5   Oui, je le sais : le Seigneur est grand ;
        notre maître surpasse tous les dieux !

6   Le Seigneur réalise tout ce qu'il veut,
        dans les cieux et sur la terre,
        sur les mers ou dans leurs profondeurs.

7   Il fait monter les nuages de l'horizon,
        il lance des éclairs pour déclencher la pluie,
        et il lâche la bride aux vents.

8   C'est lui qui, en Égypte,
        a frappé de mort les premiers-nés,
        tant chez les humains que parmi le bétail.

9   Au milieu de toi, Égypte, il envoya des signes impressionnants et des
    prodiges
        contre le pharaon et tous ses serviteurs.

10  Il a frappé de nombreux peuples,
        il a fait succomber des rois puissants :

11  c'étaient Sihon, roi des Amorites, Og, roi du Bachan,
        et tous les rois de Canaan.

12  Il a donné leur pays en patrimoine,
        en patrimoine à Israël, son peuple.

13 Seigneur, ton nom subsistera pour toujours,
     ton souvenir demeure de génération en génération.

14 Oui, le Seigneur rend justice à son peuple,
     il est sensible au sort de ceux qui le servent.

15 Les idoles des autres peuples, qu'elles soient d'argent ou d'or,
     ne sont qu'un produit fabriqué par des mains humaines.

16 Elles ont une bouche, mais ne parlent pas.
     Elles ont des yeux, mais n'y voient rien ;

17 des oreilles, mais n'entendent pas.
     Et il n'y a pas le moindre souffle dans leur bouche !

18 Que ceux qui les ont fabriquées deviennent comme elles,
     ainsi que les personnes qui mettent leur confiance en elles !

19 Vous, les tribus d'Israël, bénissez le Seigneur !
     Vous, les prêtres, descendants d'Aaron, bénissez le Seigneur !

20 Vous, les lévites, bénissez le Seigneur !
     Vous qui reconnaissez l'autorité du Seigneur, bénissez le Seigneur !

21 Que de Jérusalem monte une bénédiction pour le Seigneur,
     qui a sa demeure sur la montagne de Sion.
     Alléluia !

## Vingt-huitième jour : Prière du soir

### 136 *Confitemini*

1 Louez le Seigneur, car il est bon,
     et son amour dure toujours.

2 Louez le Dieu des dieux,
     car son amour dure toujours.

3 Louez le Seigneur des seigneurs,
     car son amour dure toujours.

4      Lui seul fait de grandes merveilles,
         car son amour dure toujours.

5      Il est l'artiste qui a fait les cieux,
         car son amour dure toujours.

6      Il a disposé la terre au-dessus des mers,
         car son amour dure toujours.

7      Il a fait les grands astres :
         car son amour dure toujours,

8      le soleil pour présider au jour,
         car son amour dure toujours,

9      les étoiles et la lune pour présider à la nuit,
         car son amour dure toujours.

10     Il fit mourir les fils aînés des Égyptiens,
         car son amour dure toujours.

11     Il fit sortir d'Égypte Israël, son peuple,
         car son amour dure toujours,

12     grâce à sa puissance irrésistible et à sa force,
         car son amour dure toujours.

13     Il coupa en deux la mer des Roseaux,
         car son amour dure toujours,

14     pour y faire passer le peuple d'Israël,
         car son amour dure toujours,

15     mais il y fit tomber pharaon et son armée,
         car son amour dure toujours.

16     Il accompagna son peuple au désert,
         car son amour dure toujours.

17     Il frappa de grands rois,
         car son amour dure toujours,

18  il massacra des rois puissants,
        car son amour dure toujours :

19  Sihon, roi des Amorites,
        car son amour dure toujours,

20  et Og, roi du Bachan,
        car son amour dure toujours.

21  Il donna leur pays en patrimoine,
        car son amour dure toujours,

22  en patrimoine à Israël, son serviteur,
        car son amour dure toujours.

23  Dans notre malheur, il s'est souvenu de nous,
        car son amour dure toujours,

24  il nous a délivrés de nos adversaires,
        car son amour dure toujours.

25  Il donne à manger à toutes les créatures,
        car son amour dure toujours.

26  Louez le Dieu des cieux,
        car son amour dure toujours !

## 137  *Super flumina*

1  Assis au bord des fleuves de Babylone,
        nous pleurions en pensant à Sion.

2  Nous laissions nos harpes
        suspendues aux saules de la rive.

3  Là, ceux qui nous avaient exilés
        nous ont demandé des cantiques
        et nos persécuteurs des chants joyeux :
        « Chantez-nous, disaient-ils, un des cantiques de Sion ! »

4  Mais comment chanterions-nous un cantique du Seigneur
        sur une terre étrangère ?

5   Ô Jérusalem, si jamais je t'oublie,
       eh bien, que ma main droite se paralyse !

6   Si je cesse de penser à toi,
       si je ne fais pas de toi ma suprême joie,
       eh bien, que ma langue se colle à mon palais !

7   Seigneur, souviens-toi de ce qu'ont fait les Édomites
       le jour où Jérusalem fut prise :
       « Rasez la ville, criaient-ils, rasez-la jusqu'à ses fondations ! »

8   Toi, Babylone, qui seras bientôt ravagée,
       heureux ceux qui te rendront le mal que tu nous as fait !

9   Heureux ceux qui saisiront tes jeunes enfants
       pour les écraser contre le rocher !

## 138   *Confitebor tibi*

1   Seigneur, je veux te louer de tout mon cœur !
       Devant les puissances des cieux,
       je te célébrerai par mes chants,

2   et je m'inclinerai devant le temple qui est le tien.
       Je louerai ton nom à cause de ta bonté et de ta vérité,
       car tu as fait plus que tenir ta promesse, plus que ce que l'on attendait
       de toi.

3   Quand je t'ai appelé, tu m'as répondu ;
       tu m'as rempli de courage et de force.

4   Seigneur, tous les rois de la terre te loueront
       quand ils auront entendu ce que tu dis !

5   Ils célébreront tes actions en chantant :
       « La gloire du Seigneur est immense !

6   Si haut que soit le Seigneur, il voit les personnes qui sont humbles,
       de loin il reconnaît l'orgueilleux. »

7   Si je marche au cœur de la détresse,
       tu me rendras la vie malgré la colère de mes ennemis,
       tu étendras la main, et ta main droite me sauvera.

8    Seigneur, tu fais tout pour moi.
         Toi dont l'amour dure toujours,
         n'abandonne pas maintenant
         ceux que tu as créés de tes propres mains !

## Vingt-neuvième jour : Prière du matin

### 139    *Domine, probasti*

1    Seigneur, tu regardes jusqu'au fond de mon cœur,
         et tu sais tout de moi :

2    Tu sais si je m'assieds ou si je me lève ;
         longtemps d'avance, tu connais mes pensées.

3    Tu sais si je suis dehors ou chez moi,
         tu es au courant de tout ce que je fais.

4    La parole n'est pas encore arrivée à mes lèvres
         que déjà tu sais tout ce que je vais dire.

5    Tu es derrière moi, devant aussi,
         tu poses ta main sur moi.

6    Une connaissance aussi prodigieuse me dépasse,
         elle est trop élevée pour que je la comprenne.

7    Où aller loin de toi ?
         Où fuir loin de ta présence ?

8    Si je monte dans les cieux, tu es là ;
         si je me couche parmi les morts, t'y voici !

9    Si j'emprunte les ailes de l'aurore pour m'établir au-delà des mers,

10   même là ta main me guide,
         ta main droite me saisit.

11   Si je dis « Que l'obscurité m'engloutisse,
         qu'autour de moi le jour se fasse nuit ! »,

12   pour toi, même l'obscurité n'est pas obscure,
         la nuit est claire comme le jour,
         les ténèbres sont comme la lumière !

13 C'est toi qui as créé ma conscience,
   qui m'as tissé dans le ventre de ma mère.

14 Je te loue d'avoir fait de moi une aussi grande merveille !
   Ce que tu réalises est prodigieux, je le reconnais bien !

15 Mon corps n'avait pas de secret pour toi,
   quand tu me façonnais en cachette,
   quand tu me tissais dans le ventre de ma mère.

16 Quand j'étais encore informe, tu me voyais ;
   dans ton livre, tu avais déjà noté
   toutes les journées que tu prévoyais pour moi,
   sans qu'aucune d'elles ait pourtant existé.

17 Qu'il m'est difficile de saisir tes pensées, mon Dieu ;
   quel effort pour en considérer la somme !

18 Si je voulais les compter, il y en aurait plus que de grains de sable.
   Même si j'arrivais au bout de mon calcul,
   je n'aurais pas fini de te comprendre.

19 Mon Dieu, si tu tuais les méchants,
   si tu chassais loin de moi ces meurtriers !

20 Ils parlent de toi pour comploter,
   ils prononcent ton nom pour mentir.

21 Seigneur, je déteste les personnes qui te détestent.
   J'ai du dégoût pour ceux qui s'opposent à toi.

22 Oui, je les déteste totalement,
   ils sont pour moi des ennemis personnels.

23 Mon Dieu, regarde jusqu'au fond de mon cœur,
   et connais tout de moi !
   Mets-moi à l'épreuve, reconnais mes préoccupations profondes.

24 Vois bien que je n'ai pas adoré de faux dieu,
   et conduis-moi sur le chemin de l'éternité !

## 140 *Eripe me, Domine*

2     Seigneur, délivre-moi des méchants,
        préserve-moi des gens violents !

3     Ils ne pensent qu'à faire le mal,
        chaque jour, ils préparent des guerres.

4     Comme des serpents, ils aiguisent leur langue,
        ils ont sous les lèvres un venin de vipère.

5     Garde-moi de tomber aux mains des méchants ;
        Seigneur, préserve-moi des gens violents,
        qui ne pensent qu'à me faire trébucher.

6     Des arrogants m'ont préparé un piège ;
        pour me prendre, ils ont tendu des cordes et des filets
        et placé leurs embûches au bord du sentier.

7     Mais je dis au Seigneur : « Tu es mon Dieu !
        Seigneur, sois attentif quand je te supplie.

8     Seigneur Dieu, toi tu es la force qui me sauve,
        tu protèges ma tête au moment du combat.

9-10  Ne donne pas à ces méchants ce qu'ils désirent,
        Seigneur, ne laisse pas leurs projets réussir, car ils feraient les fiers. »
        Ceux qui m'encerclent se montrent pleins d'audace ;
        ils m'ont souhaité du malheur :
        que ce malheur les atteigne eux-mêmes !

11    Que des charbons enflammés leur tombent dessus ;
        que Dieu les fasse dégringoler dans le feu,
        dans un gouffre dont ils ne remonteront pas !

12    Que celui qui recourt à la calomnie
        ne subsiste pas dans le pays ;
        que le malheur poursuive sans répit
        la personne qui use de violence !

13    Tu rends justice aux pauvres, Seigneur, je le sais,
        tu fais droit aux malheureux.

14     Oui, les justes te loueront,
        ceux qui mènent une vie droite resteront en ta présence.

## Vingt-neuvième jour : Prière du soir

### 141   *Domine, clamavi*

1     Seigneur, je t'appelle, viens vite à mon aide,
        entends mon appel quand je m'adresse à toi !

2     Que ma prière monte tout droit vers toi, comme la fumée de l'encens,
        que mes mains levées soient comme l'offrande du soir.

3     Seigneur, monte la garde devant ma bouche,
        surveille la porte de mes lèvres.

4     Empêche-moi de me laisser aller
        à dire une parole mauvaise, à faire un geste méchant,
        comme font ceux qui causent le malheur des autres.
        Préserve-moi de manger de ce pain-là.

5     Si une personne juste me reprend ou me corrige,
        c'est un geste d'amitié que je ne veux pas refuser.
        Mais les méfaits des méchants ne feront pas taire ma prière.

6     Quand leurs juges seront jetés contre un rocher,
        alors ils entendront que mes paroles sont agréables.

7     Comme une fente s'ouvre dans la terre,
        le monde des morts ouvrira sa gueule
        pour avaler leurs ossements dispersés.

8     Oui, mes yeux sont tournés vers toi, Seigneur mon Dieu,
        je trouve refuge en toi. Garde-moi en vie !

9     Préserve-moi du piège qu'on me tend,
        des embûches de ces personnes malfaisantes.

10     Que ces méchants tombent dans leur propre piège,
        tandis que moi, j'y échapperai !

## 142 *Voce mea ad Dominum*

2  J'appelle à grands cris le Seigneur,
      j'implore à grands cris le Seigneur !

3  Je lui expose ma plainte,
      je lui fais part de ma détresse.

4  Quand la vie m'abandonne, toi, tu sais où je vais.
      Sur la route où j'avance, on m'a tendu un piège.

5  Regarde à ma droite, et constate-le :
      personne ne me reconnaît ;
      je n'ai plus aucun lieu où me réfugier,
      personne ne se soucie de moi.

6  Je crie vers toi, Seigneur, je te dis :
      C'est toi qui es mon abri, mon trésor sur cette terre des vivants.

7  Sois attentif à ma plainte, car me voilà à bout de force.
      Délivre-moi de mes persécuteurs, ils sont trop forts pour moi.

8  Fais-moi sortir de ma prison, pour que je puisse te louer !
      Les personnes qui sont justes viendront m'entourer quand tu m'auras
      fait du bien.

## 143 *Domine, exaudi*

1  Seigneur, écoute ma prière,
      sois attentif quand je te supplie.
      Toi qui es fidèle et juste, réponds-moi !

2  Je suis ton serviteur, ne me fais pas de procès,
      car personne n'est reconnu juste devant toi.

3  J'ai un ennemi qui me persécute ;
      il m'a jeté à terre pour me piétiner,
      il me fait habiter dans l'obscurité
      comme ceux qui sont morts depuis longtemps.

4  La vie m'abandonne,
      au fond de moi, mon cœur est ravagé.

5      Je me souviens des jours d'autrefois,
          je pense à tout ce que tu as fait,
          je médite ce que tu as réalisé.

6      En suppliant, je tends les mains vers toi,
          je me sens devant toi comme une terre assoiffée.

7      Seigneur, je suis à bout de souffle, réponds-moi sans tarder !
          Ne te détourne pas de moi,
          sinon je serai pareil à ceux qui descendent dans la tombe.

8      Dès le matin, fais-moi entendre ta bonté,
          car je mets ma confiance en toi ;
          fais-moi connaître le chemin que je dois suivre,
          car je me tourne vers toi.

9      Seigneur, délivre-moi de mes ennemis ;
          près de toi je suis à l'abri.

10    Apprends-moi à faire ta volonté, car tu es mon Dieu.
          Que ton Esprit me guide avec bienveillance
          sur un terrain sans obstacle.

11    Puisque tu es le Seigneur, rends-moi la vie.
          Au nom de ta justice, tire-moi de la détresse !

12    Au nom de ta bonté, anéantis mes ennemis,
          détruis tous mes adversaires, car je suis ton serviteur.

## Trentième jour : Prière du matin

### 144   *Benedictus Dominus*

1      Béni soit le Seigneur, mon rocher,
          lui qui m'entraîne à la bataille et me prépare au combat.

2      Il est mon allié et mon refuge,
          ma forteresse, mon libérateur, le bouclier qui m'abrite.
          C'est lui qui met des peuples à mes pieds.

3      Pourtant, Seigneur, qu'est-ce qu'un être humain
          pour que tu t'intéresses à lui ?
          Qu'est-il pour que tu tiennes compte de lui ?

4    L'être humain n'est qu'un souffle,
        sa vie n'est qu'une ombre qui passe.

5    Seigneur, incline tes cieux et descends ;
        touche les montagnes pour qu'elles s'embrasent.

6    Lance des éclairs dans toutes les directions,
        envoie tes flèches en tous sens.

7    Étends ta main du haut des cieux,
        délivre-moi, arrache-moi au danger,
        au flot puissant des populations étrangères ;

8    leur bouche est menteuse
        et leur main trahit le serment qu'elle a fait.

9    Mon Dieu, je veux chanter pour toi un chant nouveau,
        te célébrer sur la harpe à dix cordes :

10   « C'est Dieu qui donne la victoire aux rois,
        qui délivre David son serviteur. »

11   De l'épée cruelle, délivre-moi ;
        arrache-moi à ces peuples étrangers ;
        leur bouche est menteuse
        et leur main trahit le serment qu'elle a fait.

12   Que nos fils soient comme des plantes
        qui ont poussé tout droit depuis leur jeunesse !
        Que nos filles soient aussi belles
        que les colonnes sculptées qui ornent les palais !

13   Que nos greniers regorgent de provisions de toutes sortes !
        Que notre petit bétail dans les campagnes
        soit mille fois, dix mille fois plus nombreux !

14   Que notre gros bétail prospère !
        Que nous soient épargnés l'invasion et l'exil,
        les cris déchirants sur les places publiques !

15   Heureux le peuple à qui tout cela est donné,
        heureux le peuple qui a le Seigneur comme Dieu !

## 145  *Exaltabo te, Deus*

1   Mon Dieu, toi le roi, je veux proclamer ta grandeur,
    et bénir ton nom pour toujours.

2   Je te bénirai chaque jour,
    je t'acclamerai sans fin !

3   Le Seigneur est grand, infiniment digne d'être loué ;
    sa grandeur est sans limites.

4   Que chaque génération annonce à la suivante ce que tu as fait
    et lui raconte tes exploits !

5   Je veux parler de ta majesté, de ta gloire, de ta splendeur.
    Moi, je veux méditer tes merveilles.

6   Ils parleront de ta puissance redoutable.
    Moi, je raconterai ta grandeur.

7   Que l'on rappelle tes grands bienfaits,
    et que l'on proclame avec joie ta justice !

8   Le Seigneur est bienveillant et plein de tendresse,
    il est lent à la colère et riche en bonté.

9   Le Seigneur est bon pour tous,
    son amour s'étend à toutes ses œuvres.

10  Que toutes tes œuvres te louent, Seigneur,
    que ceux qui te sont fidèles te bénissent !

11  Qu'ils parlent de ton règne glorieux,
    qu'ils disent de quoi tu es capable !

12  Ils apprendront aux humains tes exploits
    et la glorieuse majesté de ton règne.

13  Ton règne est un règne éternel,
    ton pouvoir dure à travers tous les siècles.
    Le Seigneur tient fidèlement ses promesses,
    il est plein d'amour dans tout ce qu'il fait.

14    Le Seigneur soutient toutes les personnes qui sont tombées,
       il remet debout tous ceux qui fléchissent.

15    Tous ont les regards fixés sur toi,
       espérant que tu leur donnes à manger au moment voulu.

16    C'est toi qui ouvres ta main
       et qui satisfais les besoins de tout ce qui vit.

17    Le Seigneur est juste dans tout ce qu'il entreprend,
       il montre son amour dans tout ce qu'il fait.

18    Le Seigneur est proche de tous ceux qui l'appellent,
       de tous ceux qui l'appellent avec sincérité.

19    Il accomplit le désir de ceux qui reconnaissent son autorité,
       il les sauve dès qu'il entend leurs appels.

20    Le Seigneur protège tous ceux qui l'aiment,
       mais il élimine tous les méchants.

21    Que ma bouche proclame la louange du Seigneur,
       que tout être bénisse son nom qui est saint pour toujours !

## 146 *Lauda, anima mea*

1    Alléluia !
       Je veux louer le Seigneur !

2    Je veux l'acclamer toute ma vie,
       célébrer mon Dieu par mes chants tant que j'existerai.

3    Ne comptez pas sur les gens influents :
       ce ne sont que des êtres humains, ils sont impuissants à sauver.

4    Dès qu'ils rendent leur dernier souffle,
       dès qu'ils retournent à la terre,
       leurs projets périssent avec eux.

5    Heureux celui qui a pour secours le Dieu de Jacob
       et qui met son espoir dans le Seigneur son Dieu !

6   Il a fait les cieux et la terre,
        la mer, avec tout ce qui s'y trouve.
        Il est l'éternel gardien de la vérité.

7   Il rend justice aux opprimés, il donne du pain aux affamés.
        Le Seigneur libère ceux qui sont enchaînés,

8   le Seigneur rend la vue aux aveugles,
        le Seigneur remet debout ceux qui fléchissent,
        le Seigneur aime les justes.

9   Le Seigneur protège les réfugiés, il soutient la veuve et l'orphelin,
        mais il fait échouer les projets des méchants.

10  Le Seigneur règnera pour toujours.
        Il est ton Dieu, Sion, de siècle en siècle !
        Alléluia !

## Trentième jour : Prière du soir

### 147  *Laudate Dominum*

1   Alléluia !
        Qu'il est bon de célébrer notre Dieu par nos chants,
        qu'il est agréable d'entonner sa louange !

2   Le Seigneur rebâtit Jérusalem,
        il rassemble les exilés d'Israël.

3   Il guérit les personnes qui ont le cœur brisé,
        il soigne leurs blessures.

4   C'est lui qui compte le nombre des étoiles ;
        à chacune d'elles, il attribue un nom.

5   Notre Seigneur est grand, sa force est immense,
        son intelligence est sans limite !

6   Le Seigneur aide les humbles à se relever,
        mais il abaisse les méchants jusqu'à terre.

7   Chantez votre reconnaissance au Seigneur,
        célébrez notre Dieu au son de la lyre.

8    C'est lui qui couvre les cieux de nuages ;
     il prépare la pluie pour la terre.
     Il fait pousser l'herbe sur les montagnes ;

9    il assure la nourriture du bétail
     et des petits du corbeau, quand ils crient de faim.

10   La vigueur du cheval le laisse indifférent,
     il ne s'intéresse pas aux exploits du coureur,

11   il s'intéresse à ceux qui le reconnaissent comme Dieu,
     à ceux qui comptent sur sa bonté.

12   Jérusalem, célèbre le Seigneur !
     Sion, acclame ton Dieu,

13   car il renforce ta sécurité,
     chez toi, il fait du bien à tous tes enfants.

14   Dans ton territoire, il assure ton bien-être,
     il te donne en suffisance le meilleur blé.

15   Il envoie des ordres sur la terre,
     sa parole s'élance à toute vitesse.

16   Il fait tomber la neige ; on dirait de blancs flocons de laine.
     Il répand le givre comme une fine couche de cendre.

17   Il lance ses glaçons comme des miettes ;
     personne ne résiste devant le gel qu'il provoque.

18   Dès qu'il envoie sa parole, c'est le dégel ;
     il fait souffler son vent, les eaux s'écoulent.

19   Il communique sa parole à Jacob,
     ses décrets et ses jugements à Israël.

20   Il n'a rien fait de tel pour aucun autre peuple,
     aucun ne connaît ses jugements.
     Alléluia !

## 148 *Laudate Dominum*

1   Alléluia !
      Du haut des cieux, acclamez le Seigneur,
      acclamez-le, vous qui êtes là-haut !

2   Acclamez-le, vous tous ses anges,
      acclamez-le, vous toutes ses troupes.

3   Acclamez-le, soleil et lune,
      acclamez-le, vous toutes, étoiles brillantes.

4   Acclamez-le, espaces les plus élevés des cieux,
      et vous aussi, masses d'eau plus hautes encore.

5   Que tous acclament le Seigneur,
      car il a commandé
      et tous furent créés.

6   Il les a établis pour toujours,
      il leur a fixé une loi à ne pas enfreindre.

7   Depuis la terre, acclamez le Seigneur,
      acclamez-le, océans et monstres marins ;

8   vous aussi, feu et grêle, neige et brouillard,
      vent de tempête, qui es soumis à sa parole.

9   Acclamez-le, montagnes et collines,
      arbres fruitiers, et tous les cèdres,

10  animaux sauvages ou domestiques,
      oiseaux et reptiles.

11  Acclamez-le, rois de la terre,
      et vous aussi, tous les peuples,
      les princes, les dirigeants de la terre.

12  Garçons et filles, jeunes et vieux, acclamez-le !

13  Acclamez le Seigneur, car lui seul porte un grand nom,
      sa majesté s'étend sur la terre et les cieux.

14    Il a rendu force et fierté à son peuple.
      C'est un titre de gloire pour ceux qui lui sont fidèles,
      pour tous les membres d'Israël, le peuple qui est proche de lui.
      Alléluia !

## 149  *Cantate Domino*

1    Alléluia !
      Chantez au Seigneur un chant nouveau !
      Louez le Seigneur dans l'assemblée de ceux qui lui sont fidèles !

2    Israël, réjouis-toi : il est ton créateur ;
      habitants de Sion, exultez ! Il est votre roi.

3    Louez le Seigneur par des danses,
      célébrez-le au rythme du tambourin
      et au son de la lyre !

4    Car le Seigneur trouve son bonheur dans son peuple,
      il honore les personnes qui sont humbles en les sauvant.

5    Que ceux qui lui sont fidèles soient en fête et rendent gloire à Dieu !
      Qu'ils crient de joie, même pendant la nuit !

6    Qu'ils aient à la bouche des louanges pour Dieu,
      à la main l'épée à deux tranchants !

7    Ils tireront vengeance des autres peuples,
      ils leur administreront une correction méritée.

8    Ils enchaîneront leurs rois
      et mettront aux fers leurs ministres.

9    Ils exécuteront contre eux
      le jugement de Dieu, tel qu'il est écrit.
      C'est un honneur pour tous ceux qui lui sont fidèles.
      Alléluia !

## 150  *Laudate Dominum*

1    Alléluia !
      Acclamez Dieu dans son lieu saint,
      acclamez-le sous la puissante voûte des cieux !

2     Acclamez-le pour ses exploits,
         acclamez-le pour sa grandeur infinie !

3     Acclamez-le en sonnant de la trompette,
         acclamez-le au son de la harpe et de la lyre !

4     Acclamez-le avec le tambourin et la danse,
         acclamez-le avec la guitare et la flûte !

5     Acclamez-le avec les cymbales sonores,
         acclamez-le avec les cymbales éclatantes !

6     Que tout ce qui respire acclame le Seigneur !
         Alléluia !

# Prières et actions de grâces

## Prières et actions de grâces

### Prières

#### Prières pour le monde

1. Pour la joie devant la création de Dieu
2. Pour les hommes et les femmes de toutes conditions
3. Pour la famille humaine
4. Pour la paix
5. Pour la paix entre les nations
6. Pour nos ennemis

#### Prières pour l'Église

7. Pour l'Église
8. Pour la mission de l'Église
9. Pour le clergé et les fidèles
10. Pour le diocèse
11. Pour la paroisse
12. Pour un synode
13. Pour l'élection d'évêques ou d'autres membres du clergé
14. Pour l'unité de l'Église
15. Pour les personnes qui vont être baptisées ou qui vont renouveler l'alliance de leur baptême
16. Pour les ordres monastiques et les vocations
17. Pour les musiciennes et musiciens et les artistes d'église

*Les prières pour le ministère ordonné se trouvent aux pages [184] et [232].*

*Prières pour la vie de la nation*

18. Pour notre patrie
19. Pour le Président ou la Présidente des États-Unis et toutes les autorités civiles
20. Pour le Congrès ou une assemblée législative
21. Pour les tribunaux
22. Pour un gouvernement juste
23. Pour les autorités locales
24. Pour une élection
25. Pour les membres des forces armées de notre pays
26. Pour les personnes qui souffrent par devoir de conscience

*Prières pour l'ordre social*

27. Pour la justice sociale
28. Pour les périodes de conflit
29. Pour l'agriculture
30. Pour les personnes sans emploi
31. Pour les établissements scolaires
32. Pour un bon usage des loisirs
33. Pour les villes
34. Pour les campagnes
35. Pour les personnes pauvres et délaissées
36. Pour les personnes opprimées
37. Pour les établissements pénitentiaires
38. Pour un bon usage des dons de Dieu
39. Pour les personnes qui influencent l'opinion publique

*Les prières pour l'industrie et le travail se trouvent aux pages [186], [189], [234] et [237].*

*Prières pour la nature*

40. Pour mieux connaître la création de Dieu
41. Pour la préservation des ressources naturelles
42. Pour des récoltes et des pêches abondantes
43. Pour la pluie
44. Pour l'avenir de l'espèce humaine

## Prières pour la famille et la vie personnelle

45. Pour les familles
46. Pour la protection des enfants
47. Pour les jeunes
48. Pour les personnes qui vivent seules
49. Pour les personnes âgées
50. Pour un anniversaire
51. Pour un anniversaire
52. Pour les personnes absentes
53. Pour les personnes qui voyagent
54. Pour les personnes qui nous sont chères
55. Pour une personne en difficulté ou en deuil
56. Pour les victimes de dépendance
57. Pour être guidé·e
58. Pour être guidé·e
59. Pour obtenir une assurance tranquille
60. Pour être protégé·e
61. Prière de dévouement à Dieu
62. Prière de saint François d'Assise

*Les prières pour les malades se trouvent aux pages [420] à [423].*

*Les prières pour les personnes mourantes se trouvent aux pages [425] à [427].*

*Les prières pour les personnes défuntes se trouvent aux pages [181], [229], [441] et [456].*

## Autres prières

63. Pour le soir
64. Avant un office
65. Pour une réponse à nos prières
66. Avant de communier
67. Après avoir communié
68. Après un office
69. Pour le dimanche
70. Bénédicités

*Les prières pour le vendredi, le samedi et le dimanche, ainsi que pour le matin et le soir, se trouvent aux pages [51], [63], [89] et [110].*

## Actions de grâces

*Actions de grâces générales*

1. Action de grâces générale
2. Litanie d'action de grâces

*L'Action de grâces générale se trouve aux pages [54] et [91].*

*Actions de grâces pour l'Église*

3. Pour la mission de l'Église
4. Pour les saints et saintes et les fidèles disparus

*Actions de grâces pour la vie de la nation*

5. Pour la patrie
6. Pour un service héroïque

*Action de grâces pour l'ordre social*

7. Pour la diversité des races et des cultures

*Actions de grâces pour la nature*

8. Pour la beauté de la terre
9. Pour les récoltes

*Actions de grâces pour la famille et la vie personnelle*

10. Pour l'arrivée d'un·e enfant
11. Pour le rétablissement de la santé

*Les actions de grâces pour les personnes défuntes se trouvent aux pages [441] à [442] et [456] à [457].*

*Dans les pages suivantes, l'expression « Diverses occasions » fait référence aux collectes numérotées rassemblées à partir des pages [179] et [227].*

# Prières et actions de grâces

## Prières

*À utiliser après les collectes de la Prière du matin ou du soir ou séparément.*

*Les prières rédigées en langage traditionnel n'ont pas été modernisées. Cependant, à l'exception de certaines prières classiques qui ne se prêtent pas à la modernisation, les pronoms et les verbes ont été mis en italique pour que l'on puisse les rendre dans un vocabulaire plus contemporain.*

### Prières pour le monde

*1. Pour la joie devant la création de Dieu*

Ô Père céleste, toi qui as rempli le monde de beauté : ouvre nos yeux pour que nous puissions contempler ta main bienveillante dans toutes tes œuvres et qu'ainsi, nous réjouissant de toute ta création, nous apprenions à te servir avec joie ; pour l'amour de celui par qui toute chose a été faite, ton Fils Jésus Christ, notre Seigneur. *Amen.*

*2. Pour les hommes et les femmes de toutes conditions*

Ô Dieu, toi qui as créé l'humanité tout entière et qui ne cesses de la protéger, nous t'implorons humblement au nom des hommes et des femmes de toutes sortes et de toutes conditions : daigne leur faire connaître tes voies, ton salut pour toutes les nations. En particulier, nous prions pour ta sainte Église universelle : que ton Esprit la guide et la gouverne, afin que quiconque se déclare chrétien ou chrétienne soit amenée sur le chemin de la vérité et préserve la foi dans l'unité de l'esprit, par le lien de la paix et la droiture de son existence. Enfin, nous confions à ta bonté paternelle toutes les personnes qui souffrent dans leur corps ou leur esprit, ou qui rencontrent des difficultés matérielles [en particulier celles pour lesquelles il nous est demandé de prier] : daigne les réconforter et les soulager selon leurs besoins, leur accordant la patience de supporter leurs souffrances et un heureux dénouement à leurs tourments. Nous t'en supplions pour l'amour de Jésus Christ. *Amen.*

### 3. *Pour la famille humaine*

Ô Dieu, tu nous as créés à ton image et tu nous as rachetés par Jésus, ton Fils : regarde avec compassion toute la famille humaine. Retire l'arrogance et la haine qui infectent nos cœurs ; abats les murs qui nous séparent ; unis-nous par des liens d'amour ; et sers-toi de nos luttes et de nos doutes pour accomplir tes intentions sur la terre ; afin que, lorsque tu le jugeras bon, toutes les nations et toutes les races te servent à l'unisson autour de ton trône céleste ; par Jésus Christ, notre Seigneur. *Amen.*

### 4. *Pour la paix*

*Voir aussi, dans les Collectes pour diverses occasions, le nº 18.*

Dieu éternel, dans ton royaume parfait la seule épée que l'on tire est l'épée de la justice, et la seule force que l'on connaisse est la force de l'amour : répands d'autorité ton Esprit afin que tous les peuples puissent se rallier à la bannière du Prince de la Paix, comme les enfants d'un même Père, celui à qui reviennent la souveraineté et la gloire pour les siècles des siècles. *Amen.*

### 5. *Pour la paix entre les nations*

Dieu tout-puissant, notre Père céleste, guide les nations de ce monde sur le chemin de la justice et de la vérité. Et établis entre elles cette paix qui est le fruit de la justice, afin qu'elles deviennent le royaume de notre Seigneur et Sauveur Jésus Christ. *Amen.*

### 6. *Pour nos ennemis*

Ô Dieu, Père de l'humanité, ton Fils nous a commandé d'aimer nos ennemis : conduis-les, avec nous, des préjugés à la vérité ; délivre-les, avec nous, de la haine, de la cruauté et de la vengeance ; et, quand tu le jugeras bon, accorde-nous de toutes et tous nous présenter réconciliés devant toi, par Jésus Christ, notre Seigneur. *Amen.*

## Prières pour l'Église

### 7. *Pour l'Église*

Père bienveillant, nous prions pour ta sainte Église catholique. Remplis-la de toute vérité, en toute vérité et en toute paix. Purifie-la lorsqu'elle est corrompue, corrige-la lorsqu'elle se trompe, réforme-la lorsqu'il y a quelque chose d'inconvenant. Affermis-la lorsqu'elle a raison, pourvois à ses besoins lorsqu'elle est en manque, unifie-la lorsqu'elle est divisée. Pour l'amour de Jésus Christ, ton Fils, notre Sauveur. *Amen.*

### 8. *Pour la mission de l'Église*

*Voir aussi les prières pour la mission de l'Église aux pages [54], [90] et [91], et, dans les Collectes pour diverses occasions, le nᵒ 16.*

Dieu éternel, toi qui veux que tout le monde vienne à toi par ton Fils Jésus Christ : aide-nous à lui rendre témoignage, afin que le monde entier connaisse la puissance de son pardon et l'espérance de sa résurrection ; lui qui vit et règne avec toi et le Saint-Esprit, un seul Dieu, pour les siècles des siècles. *Amen.*

### 9. *Pour le clergé et les fidèles*

Dieu éternel et tout-puissant, toi dont provient tout ce qui est bon et parfait : fais descendre l'Esprit vivifiant de ta grâce sur nos évêques, sur les autres membres du clergé et sur les congrégations qui leur sont confiées ; et, pour qu'ils et elles puissent vraiment te plaire, envoie-leur continuellement la rosée de ta bénédiction. Seigneur, accorde-le-nous en l'honneur de notre défenseur et médiateur, Jésus Christ. *Amen.*

## 10. Pour le diocèse

Ô Dieu, par ta grâce, tu nous as appelés à former une belle communauté de foi dans ce diocèse. Bénis notre (nos) évêque(s) N. [et N.], les autres membres du clergé et tous les fidèles. Que ta Parole soit parfaitement prêchée et parfaitement entendue, et tes Sacrements fidèlement administrés et fidèlement reçus. Par ton Esprit, modèle nos vies selon l'exemple de ton Fils, et accorde-nous de manifester la puissance de ton amour à toutes les personnes qui nous entourent ; par Jésus Christ, notre Seigneur. *Amen.*

## 11. Pour la paroisse

Dieu éternel et tout-puissant, toi qui règnes sur toutes choses dans le ciel et sur la terre, exauce nos prières pour cette famille paroissiale. Affermis les fidèles, réveille les personnes négligentes et ramène les pénitentes. Accorde-nous tout ce qui est nécessaire à notre vie commune, et amène-nous tous et toutes à l'unité de cœur et d'esprit au sein de ta sainte Église ; par Jésus Christ, notre Seigneur. *Amen.*

## 12. Pour un synode

*Voir aussi, dans les Collectes pour diverses occasions, le n° 13.*

Dieu éternel et tout-puissant, source de toute sagesse et de toute intelligence, demeure auprès de nos frères et sœurs qui se concertent [à _____] pour le renouveau et la mission de ton Église. Apprends-nous à rechercher d'abord ton honneur et ta gloire en toutes choses. Guide-nous pour que nous percevions ce qui est juste, et donne-nous le courage de le rechercher et la grâce de l'accomplir ; par Jésus Christ, notre Seigneur. *Amen.*

## 13. Pour l'élection d'évêques ou d'autres membres du clergé

Dieu tout-puissant, toi dont provient tout don parfait : regarde ton Église avec bonté, et guide l'intelligence des personnes qui choisiront un ou une évêque pour ce diocèse (ou une rectrice ou un recteur pour cette paroisse), afin que nous puissions recevoir un ou une pasteur·e fidèle qui prendra soin de ton peuple et qui nous formera pour nos ministères ; par Jésus Christ, notre Seigneur. *Amen.*

## 14. *Pour l'unité de l'Église*

*Voir aussi, dans les Collectes pour diverses occasions, le n° 14 et le n° 6 (page [231]).*

Ô Dieu le Père de notre Seigneur Jésus Christ, notre unique Sauveur, le Prince de la Paix : accorde-nous la grâce de prendre conscience des grands dangers que nous courons par nos divisions malheureuses ; fais disparaître toute haine et tout préjugé, et tout ce qui peut empêcher l'union et la concorde que tu veux pour nous ; afin que, de même qu'il n'y a qu'un seul Corps et un seul Esprit – une seule espérance à laquelle tu nous appelles – un seul Seigneur, une seule foi, un seul baptême – un seul Dieu, le Père de tous les êtres humains –, nous formions ensemble un seul cœur et une seule âme, unis par le lien unique et saint de la vérité et de la paix, dans la foi et la charité, et que nous puissions te glorifier d'un seul esprit et d'une seule voix ; par Jésus Christ, notre Seigneur. *Amen.*

## 15. *Pour les personnes qui vont être baptisées ou qui vont renouveler l'alliance de leur baptême*

Seigneur, tu as préparé tes disciples à la venue de l'Esprit par les enseignements de ton Fils Jésus Christ : dispose le cœur et l'esprit de tes servantes et serviteurs à recevoir la bénédiction du Saint-Esprit, afin de les remplir de la force de sa présence ; par Jésus Christ, notre Seigneur. *Amen.*

*Pour les personnes qui vont être ordonnées, voir le n° 15 dans les Collectes pour diverses occasions.*

## 16. *Pour les ordres monastiques et les vocations*

Seigneur Jésus Christ, tu t'es fait pauvre pour nous, pour que nous devenions riches de ta pauvreté : nous t'en prions, guide et sanctifie les hommes et les femmes que tu appelles à te suivre en s'engageant à la pauvreté, à la chasteté et à l'obéissance, afin que leur prière et leur service enrichissent ton Église, et que leur vie et leur adoration glorifient ton Nom ; car tu règnes avec le Père et le Saint-Esprit, un seul Dieu, pour les siècles des siècles. *Amen.*

### 17. *Pour les musiciennes et musiciens et les artistes d'église*

Ô Dieu, toi que les anges et les saints et saintes se réjouissent d'adorer dans les cieux : demeure toujours auprès de tes servantes et serviteurs qui cherchent à parfaire par l'art et la musique les louanges offertes par ton peuple sur la terre. Accorde-leur dès à présent d'entrevoir ta beauté, et rends-les dignes, au dernier jour, de la contempler dans sa perfection pour l'éternité ; par Jésus Christ, notre Seigneur. *Amen.*

**Prières pour la vie de la nation**

### 18. *Pour notre patrie*

*Voir aussi, dans les Collectes pour diverses occasions, le n° 17.*

Dieu tout-puissant, toi qui nous as donné cette bonne terre en héritage, nous t'implorons humblement : fais de nous un peuple toujours conscient de tes bienfaits et heureux de faire ta volonté. Bénis notre pays par une industrie honnête, une éducation solide et des manières sans défaut. Libère-nous de la violence, de la discorde et de la confusion. Garde-nous de l'orgueil, de l'arrogance et de toute mauvaise voie. Défends nos libertés et transforme en un peuple uni les foules arrivées ici de tant d'horizons différents. Accorde l'esprit de sagesse à celles et ceux à qui nous confions le pouvoir de gouverner en ton Nom, afin que la justice et la paix règnent parmi nous, et que, obéissant à ta loi, nous chantions tes louanges aux nations de la terre. Emplis nos cœurs de gratitude dans la prospérité, et ne laisse pas notre confiance en toi nous faire défaut au jour de la détresse. Nous te demandons tout cela par Jésus Christ, notre Seigneur. *Amen.*

### 19. Pour le Président ou la Présidente des États-Unis et toutes les autorités civiles

Seigneur, toi qui nous gouvernes et dont la gloire s'étend dans le monde entier : nous confions cette nation à ta bienveillance, afin que, guidés par ta Providence, nous puissions demeurer en sécurité dans ta paix. Accorde *(au Président)(à la Présidente)* des États-Unis, *(au)(à la)* Gouverneur·e de cet État (*ou* de ce Commonwealth) et à toutes les autorités civiles la sagesse et la force de connaître et d'accomplir ta volonté. Remplis-les de l'amour de la vérité et de la justice, et veille à ce qu'ils et elles aient toujours conscience de leur vocation à servir ce peuple dans ta crainte ; par Jésus Christ, notre Seigneur, qui vit et règne avec toi et le Saint-Esprit, un seul Dieu, pour les siècles des siècles. *Amen.*

### 20. Pour le Congrès ou une assemblée législative

Ô Dieu, source de sagesse, ta volonté est bonté et bienveillance, et ta loi, vérité : nous t'implorons de guider et de bénir les membres de notre Sénat et de notre Chambre des représentants réunis en Congrès (*ou* en assemblée législative dans notre État *ou* Commonwealth), afin qu'ils et elles puissent promulguer des lois qui te plairont, à la gloire de ton Nom et pour le bien de notre peuple, par Jésus Christ, notre Seigneur. *Amen.*

### 21. Pour les tribunaux

Dieu tout-puissant, toi qui juges en toute justice depuis le trône où tu sièges : nous t'implorons humblement de bénir les tribunaux et les magistrats et magistrates de ce pays. Accorde-leur l'esprit de sagesse et d'intelligence afin d'établir la vérité et d'appliquer la loi avec impartialité, dans la crainte de toi seul ; par celui qui viendra pour nous juger, ton Fils Jésus Christ, notre Sauveur. *Amen.*

## 22. Pour un gouvernement juste

*Les réponses en italique peuvent être omises.*

Seigneur notre Gouverneur, bénis les hommes et les femmes qui dirigent notre pays, afin que nous soyons un peuple en paix entre nous et une bénédiction pour les autres nations de la terre.
*Seigneur, garde ce pays sous ta protection.*

*(Au Président)(À la Présidente)*, à ses ministres, aux gouverneurs des États, aux maires et à toutes les personnes qui détiennent une autorité administrative, accorde sagesse et grâce dans l'exercice de leurs fonctions.
*Accorde ta grâce à tes servantes et serviteurs, Seigneur.*

Aux membres du Sénat et de la Chambre des représentants, ainsi qu'aux femmes et aux hommes qui élaborent les lois dans nos États, nos villes et nos villages, accorde le courage, la sagesse et la prévoyance nécessaires pour répondre aux besoins de toute la population et pour s'acquitter de leurs obligations dans le concert des nations.
*Accorde ta grâce à tes servantes et serviteurs, Seigneur.*

Aux juges et aux employés de nos tribunaux, accorde la compréhension et l'intégrité nécessaires pour protéger les droits de la personne et rendre la justice.
*Accorde ta grâce à tes servantes et serviteurs, Seigneur.*

Et enfin, apprends à notre peuple à compter sur ta force et à accepter ses responsabilités envers ses compatriotes, afin qu'il puisse élire des responsables dignes de confiance et prendre des décisions avisées pour le bien de notre société. Ainsi pourrons-nous te servir fidèlement dans notre génération et honorer ton saint Nom.
*Car le règne est à toi, Seigneur, le souverain maître de tous les êtres. Amen.*

## 23. Pour les autorités locales

Dieu tout-puissant, notre Père céleste, envoie l'esprit de sagesse, de charité et de justice aux femmes et aux hommes qui exercent une charge dans cet État (Commonwealth, ville, comté, village, _____) afin qu'ils et elles puissent s'acquitter fidèlement de leurs fonctions au bien-être de toute la population ; par Jésus Christ, notre Seigneur. *Amen.*

## 24. *Pour une élection*

Dieu tout-puissant, toi devant qui nous devons répondre de tous nos pouvoirs et privilèges, guide le peuple des États-Unis (*ou* cette communauté) dans l'élection des personnes qui l'administrent ou qui *(le)(la)* représentent ; afin que, par leur gestion fidèle et leurs lois sages, elles protègent les droits de tous les êtres humains et donnent à notre pays les moyens d'accomplir tes finalités ; par Jésus Christ, notre Seigneur. *Amen.*

## 25. *Pour les membres des forces armées de notre pays*

Dieu tout-puissant, nous confions à ta douceur les hommes et les femmes de nos forces armées engagés à l'intérieur et à l'extérieur de nos frontières. Défends-les jour après jour par ta grâce céleste, fortifie-les dans leurs épreuves et leurs tentations, donne-leur le courage d'affronter les périls qui les assaillent et accorde-leur le sens de ta présence constante en n'importe quel lieu, par Jésus Christ, notre Seigneur. *Amen.*

## 26. *Pour les personnes qui souffrent par devoir de conscience*

Ô Dieu notre Père, toi dont le Fils a pardonné à ses ennemis alors qu'il endurait la honte et la mort : affermis les personnes qui souffrent par devoir de conscience ; garde-les de la haine face aux accusations ; garde-les de l'amertume face au rejet ; garde-les du désespoir face à l'emprisonnement ; et à nous qui te servons, accorde la grâce de respecter leur témoignage et d'établir la vérité, afin d'assainir et de fortifier notre société. Nous te le demandons pour l'amour de Jésus Christ, qui viendra nous juger avec miséricorde et justice. *Amen.*

## Prières pour l'ordre social

### 27. *Pour la justice sociale*

*Voir aussi, dans les Collectes pour diverses occasions, le n° 21.*

Ô Dieu, envoie ton vivifiant Esprit saint toucher le cœur de chaque être humain [en particulier dans notre pays] afin de faire tomber les barrières qui nous divisent, de dissiper les suspicions, de mettre fin aux haines et de guérir nos divisions, et ainsi nous permettre de vivre dans la justice et la paix ; par Jésus Christ, notre Seigneur. *Amen.*

### 28. *Pour les périodes de conflit*

Ô Dieu, tu nous as unis pour que nous vivions ensemble. Dans nos combats pour la justice et la vérité, aide-nous à nous confronter les uns aux autres sans haine ni amertume, et à travailler de concert dans la tolérance et le respect mutuels ; par Jésus Christ, notre Seigneur. *Amen.*

### 29. *Pour l'agriculture*

*Voir aussi, dans les Collectes pour diverses occasions, le n° 19.*

Dieu tout-puissant, nous te remercions de rendre la terre féconde pour qu'elle produise ce dont nous avons besoin pour vivre : bénis les personnes qui travaillent dans les champs, accorde-nous un temps clément, et permets à tous les êtres humains de recevoir leur part des fruits de la terre, en se réjouissant de ta bonté ; par Jésus Christ, notre Seigneur. *Amen.*

*Pour les prières pour l'industrie et le travail, voir les n° 19, 24 et 25 dans les Collectes pour diverses occasions.*

### 30. *Pour les personnes sans emploi*

Père céleste, nous nous souvenons devant toi des personnes qui, faute de travail, souffrent du manque et de l'anxiété. Guide la population de notre pays pour que les richesses personnelles et collectives permettent à chacun et chacune de trouver un emploi adapté et gratifiant et de recevoir une juste rémunération pour son travail ; par Jésus Christ, notre Seigneur. *Amen.*

### 31. Pour les établissements scolaires

Dieu éternel, bénis les écoles, les collèges, les lycées et les universités [en particulier _____], afin que ces établissements soient des centres vivants d'apprentissage, de découverte et de quête de la sagesse. Et accorde aux personnes qui y enseignent ou qui y étudient de trouver en toi la source de toute vérité ; par Jésus Christ, notre Seigneur. *Amen.*

*Pour l'éducation, voir le n° 23 dans les Collectes pour diverses occasions.*

### 32. Pour un bon usage des loisirs

Ô Dieu, accorde-nous des temps de rafraîchissement et de paix durant cette vie bien remplie ; et donne-nous d'utiliser nos loisirs de façon à régénérer notre corps, à renouveler notre intelligence et à ouvrir notre esprit à la bonté de ta création ; par Jésus Christ, notre Seigneur. *Amen.*

### 33. Pour les villes

Père céleste, tu nous as donné par ta Parole une vision de la Cité sainte à laquelle les nations du monde apportent leur gloire ; nous t'en prions, regarde et visite les villes de la terre. Renouvelle les liens d'estime mutuelle qui cimentent notre vie civique. Envoie des personnes honnêtes et compétentes pour nous diriger. Donne-nous la force et les moyens d'éliminer la pauvreté, les préjugés et l'oppression, pour que la paix règne avec la justice, et la justice avec l'ordre, et pour que des femmes et des hommes aux cultures différentes et aux talents variés puissent s'épanouir ensemble dans leur humanité ; par Jésus Christ, notre Seigneur. *Amen.*

### 34. Pour les campagnes

Christ Seigneur, quand tu es venu parmi nous, tu as annoncé le royaume de Dieu dans des petites villes, des villages et des lieux isolés : fais connaître ta présence et ta puissance dans tout notre pays. Prends pitié de tous ceux et toutes celles qui vivent et travaillent à la campagne [en particulier _____]. Accorde à la population de notre pays de te rendre grâces pour sa nourriture, sa boisson et toutes les nécessités de son existence ; qu'elle respecte les personnes qui travaillent pour les produire, et qu'elle honore la terre et l'eau qui ont permis ces bienfaits. Nous te le demandons en ton saint Nom. *Amen.*

## 35. *Pour les personnes pauvres et délaissées*

Dieu tout-puissant et plein de miséricorde, nous nous souvenons devant toi de toutes les personnes pauvres et délaissées qu'il nous serait facile d'oublier : les sans-abri, les démunies, les personnes âgées, les malades, celles et ceux qui n'ont personne pour prendre soin d'eux ou d'elles. Aide-nous à guérir nos frères et sœurs dont le corps ou l'esprit est brisé, et à changer leur chagrin en joie. Accorde-le-nous, Père, pour l'amour de ton Fils qui s'est fait pauvre pour nous, Jésus Christ, notre Seigneur. *Amen.*

## 36. *Pour les personnes opprimées*

Père céleste, pose un regard plein de pitié sur nos compatriotes qui ont l'injustice, la terreur, la maladie et la mort pour compagnie de tous les instants. Prends pitié de nous. Aide-nous à faire cesser notre cruauté envers nos prochains. Fortifie celles et ceux qui consacrent leur vie à instaurer l'égalité des chances et une protection égale de la loi pour tous les êtres humains. Et accorde à chacun, chacune d'entre nous, de bénéficier d'une part équitable des richesses de ce pays, par Jésus Christ, notre Seigneur. *Amen.*

## 37. *Pour les établissements pénitentiaires*

Seigneur Jésus, c'est pour nous que tu as été condamné comme un criminel : viens manifester ta miséricorde et ton jugement dans nos prisons et nos centres pénitentiaires. Souviens-toi de toutes les personnes incarcérées, conduis les coupables à se repentir et à corriger leur vie selon ta volonté, et accorde à ces hommes et à ces femmes de l'espérance pour leur avenir. Libère les personnes détenues injustement. Pardonne-nous et apprends-nous à améliorer notre justice. Souviens-toi des employés de ces établissements, préserve leur humanité et leur compassion, et empêche-les de verser dans la brutalité ou l'insensibilité. Et puisque ce que nous faisons pour les détenus, nous le faisons pour toi, Seigneur, incite-nous à améliorer leur sort. Nous te demandons tout cela au nom de ta miséricorde. *Amen.*

## 38. *Pour un bon usage des dons de Dieu*

Dieu tout-puissant, toi dont la main aimante nous a donné tout ce que nous possédons : accorde-nous la grâce de t'honorer de nos biens et, au souvenir des comptes que nous devrons un jour te rendre, d'être des intendants et intendantes fidèles de ta générosité, par Jésus Christ, notre Seigneur. *Amen.*

## 39. *Pour les personnes qui influencent l'opinion publique*

Dieu tout-puissant, en tout temps tu passes par de multiples porte-paroles pour proclamer ta vérité. Nous t'en prions, guide aujourd'hui les voix que tout le monde écoute et les plumes que tout le monde lit ; qu'elles contribuent à nous rendre plus sages de cœur, plus avisés dans nos réflexions et plus justes dans nos volontés ; pour l'honneur de Jésus Christ, notre Seigneur. *Amen.*

*Pour l'action sociale, voir le nᵒ 22 dans les Collectes pour diverses occasions.*

## Prières pour la nature

## 40. *Pour mieux connaître la création de Dieu*

Dieu éternel et tout-puissant, tu as créé l'univers selon son ordre merveilleux, avec ses atomes, ses mondes et ses galaxies, et la complexité infinie des êtres vivants : accorde-nous de mieux te connaître lorsque nous sondons les mystères de ta création, et ainsi de mieux accomplir notre rôle dans ton dessein éternel ; au nom de Jésus Christ, notre Seigneur. *Amen.*

### 41. Pour la préservation des ressources naturelles

*Voir aussi, dans les Collectes pour diverses occasions, le n° 19.*

Dieu tout-puissant, en nous laissant dominer la terre, tu as fait de nous des collaborateurs et des collaboratrices de ta création. Donne-nous la sagesse et la révérence nécessaires pour exploiter les ressources de la nature sans que personne souffre de nos excès, afin que les générations à venir puissent continuer à te louer pour ta générosité, par Jésus Christ, notre Seigneur. *Amen.*

### 42. Pour des récoltes et des pêches abondantes

Père très bon, tu ouvres ta main et satisfais les besoins de tout ce qui vit : bénis les terres et les eaux, et multiplie les récoltes et les pêches à travers le monde ; envoie ton Esprit renouveler la face de la terre ; manifeste ta bonté aimante afin que nos terres prospèrent ; et garde-nous de profiter égoïstement de ce que tu nous donnes, afin que partout les hommes et les femmes te rendent grâces ; par le Christ, notre Seigneur. *Amen.*

### 43. Pour la pluie

Ô Dieu, Père céleste, toi qui par ton Fils Jésus Christ as promis de pourvoir à tous les besoins de quiconque cherche ton royaume et sa justice : nous t'en supplions, en ces temps difficiles, envoie-nous les pluies et les averses modérées qui nous permettront de récolter les fruits de la terre, pour notre consolation et pour ton honneur ; par Jésus Christ, notre Seigneur. *Amen.*

### 44. Pour l'avenir de l'espèce humaine

Ô Dieu notre Père céleste, tu nous as bénis en nous laissant dominer toute la terre : accrois notre respect du mystère de la vie ; donne-nous de mieux comprendre tes intentions pour l'espèce humaine, et accorde-nous une sagesse et une détermination nouvelles pour assurer son avenir comme tu le souhaites ; par Jésus Christ, notre Seigneur. *Amen.*

## Prières pour la famille et la vie personnelle

### 45. Pour les familles

Dieu tout-puissant, notre Père céleste, toi qui procures une famille aux solitaires : nous confions à ta bonté constante le foyer de tes fidèles. Déracine, nous t'en supplions, l'amertume, le désir de vanité et l'orgueil des biens matériels. Fais fleurir la foi, la vertu, le savoir, la tempérance, la patience et la piété. Tisse des liens d'affection indéfectibles entre les femmes et les hommes qui sont devenus une seule chair par les liens sacrés du mariage. Tourne le cœur des parents vers leurs enfants, et le cœur des enfants vers leurs parents ; et fais naître entre nous une charité fervente, afin que nous éprouvions toujours une affection profonde les uns envers les autres ; par Jésus Christ, notre Seigneur. *Amen.*

*Une prière pour les parents est fournie à la page [407].*

### 46. Pour la protection des enfants

Dieu tout-puissant, notre Père céleste, tu nous as donné le bonheur d'élever des enfants : accorde-nous une force tranquille et une sagesse pleine de patience pour les élever, afin que nous puissions leur apprendre à aimer tout ce qui est juste, vrai et bon, en suivant l'exemple de notre Sauveur Jésus Christ. *Amen.*

### 47. Pour les jeunes

Dieu notre Père, toi qui vois tes enfants grandir dans un monde instable et confus : montre-leur que tes chemins apportent plus de vie que les chemins du monde, et qu'il vaut mieux te suivre que de poursuivre des fins égoïstes. Aide-les à considérer l'échec comme une occasion de recommencer plutôt qu'un jugement de leur valeur. Donne-leur la force de garder leur foi en toi et leur joie devant ta création ; par Jésus Christ notre Seigneur. *Amen.*

### 48. Pour les personnes qui vivent seules

Dieu tout-puissant, toi dont le Fils n'avait pas d'endroit où reposer sa tête : accorde aux personnes qui vivent seules de ne pas souffrir de la solitude, mais, en suivant les traces de Jésus, de s'épanouir en t'aimant et en aimant leur prochain ; par Jésus Christ, notre Seigneur. *Amen.*

### 49. *Pour les personnes âgées*

Dieu notre Père, regarde avec miséricorde les hommes et les femmes qui, l'âge venant, se retrouvent dans la faiblesse, la détresse ou l'isolement. Accorde-leur un foyer où règnent la dignité et la paix, ainsi que l'aide de personnes compréhensives. Donne-leur d'accepter cette aide et, lorsque leurs forces déclinent, fais croître leur foi et leur assurance de ton amour. Nous te le demandons au nom de Jésus Christ, notre Seigneur. *Amen.*

### 50. *Pour un anniversaire*

Ô Dieu, nos vies sont entre tes mains : pose un regard favorable, nous t'en prions, sur *(ta servante)(ton serviteur)* N. qui commence une nouvelle année de sa vie. Accorde-lui de grandir en sagesse et en grâce, et affermis sa confiance en ta bonté tous les jours de sa vie, par Jésus Christ, notre Seigneur. *Amen.*

### 51. *Pour un anniversaire*

Seigneur, veille sur ton enfant qui grandit ; bénis-*(le)(la)* et guide-*(le)(la)* partout où *(il)(elle)* va. Soutiens-*(le)(la)* dans ses projets, réconforte-*(le)(la)* dans ses moments de découragement ou de tristesse, et relève-*(le)(la)* quand *(il)(elle)* tombe. Que ta paix qui dépasse l'entendement demeure en son cœur tous les jours de sa vie ; par Jésus Christ, notre Seigneur. *Amen.*

### 52. *Pour les personnes absentes*

Ô Dieu, toi dont les attentions paternelles s'étendent jusqu'aux confins de la terre : nous t'implorons humblement de visiter et bénir les personnes absentes qui nous sont chères. Défends-les contre les périls de l'âme et du corps, et accorde-leur, comme à nous, de nous rapprocher de toi, afin que ton amour nous unisse à la communion de ton Esprit saint et à la compagnie de tes saints et saintes, par Jésus Christ, notre Seigneur. *Amen.*

### 53. *Pour les personnes qui voyagent*

Ô Dieu, notre Père céleste, toi dont la gloire remplit toute la création, et dont la présence nous accompagne partout où nous allons : préserve les personnes qui voyagent [en particulier _____] ; entoure-les de ton attention aimante ; protège-les de tout danger ; et conduis-les en toute sécurité jusqu'au terme de leur voyage, par Jésus Christ, notre Seigneur. *Amen.*

### 54. *Pour les personnes qui nous sont chères*

Dieu tout-puissant, nous confions à ton amour et à tes attentions constantes toutes les personnes qui nous sont chères, dans cette vie et dans la vie à venir, sachant que tu leur apportes bien plus que ce que nous pouvons désirer ou prier ; par Jésus Christ, notre Seigneur. *Amen.*

### 55. *Pour une personne en difficulté ou en deuil*

Père de miséricorde, ta sainte Parole nous a appris que tu n'imposais jamais volontiers l'affliction et le chagrin aux enfants de l'humanité : regarde avec pitié les souffrances de *(ta servante) (ton serviteur)* pour qui nous t'offrons nos prières. Souviens-toi *(d'elle)(de lui)*, Seigneur, dans ta miséricorde ; nourris-*(la)(le)* de patience ; réconforte-*(la)(le)* en lui faisant ressentir ta bonté ; montre-lui ta bienveillance ; et accorde-lui la paix, par Jésus Christ, notre Seigneur. *Amen.*

*Les prières pour les malades se trouvent aux pages [420] à [423]. Voir aussi, dans les Collectes pour diverses occasions, le n° 20.*

### 56. *Pour les victimes de dépendance*

Seigneur béni, tu as soigné toutes les personnes qui sont venues à toi : pose un regard compatissant sur nos frères et sœurs qui ont perdu la santé et la liberté à cause de la dépendance. Rends-leur l'assurance de ton indéfectible miséricorde ; éloigne d'eux et d'elles les craintes qui les assaillent ; fortifie-les dans leur travail de rétablissement ; et accorde aux personnes qui les soignent une compréhension pleine de patience et un amour persévérant. *Amen.*

### 57. *Pour être guidé·e*

Seigneur, guide-nous de ta grâce dans toutes nos actions, et aide-nous constamment, afin que nous puissions glorifier ton saint Nom dans toutes les œuvres que nous commençons, poursuivons et terminons en toi, et, au dernier jour, que nous puissions obtenir la vie éternelle par ta miséricorde, par Jésus Christ, notre Seigneur. *Amen.*

### 58. *Pour être guidé·e*

Ô Dieu, tu guides les humbles dans leur jugement et tu éclaires les âmes pieuses dans les ténèbres : accorde-nous la grâce, chaque fois que nous hésitons ou doutons, de te demander ce que tu voudrais que nous fassions, afin que l'Esprit de sagesse nous garde de toute erreur de jugement, que nous puissions voir clair à ta lumière, et que nous évitions de trébucher sur ton droit chemin ; par Jésus Christ, notre Seigneur. *Amen.*

### 59. *Pour obtenir une assurance tranquille*

Ô Dieu de paix, tu nous as enseigné qu'en revenant et en nous reposant nous serons sauvés, et que la tranquillité et la confiance feront notre force : nous t'en prions, par la puissance de ton Esprit, élève-nous jusqu'à toi, là où nous pourrons nous arrêter et savoir que tu es Dieu, par Jésus Christ, notre Seigneur. *Amen.*

### 60. *Pour être protégé·e*

Seigneur, que ta miséricorde nous vienne en aide dans nos supplications et nos prières. Accorde à tes servantes et serviteurs de prendre le chemin du salut éternel, afin qu'à chaque tour et détour de cette vie mortelle, ils et elles puissent toujours compter sur le secours de ton aide immédiate et bienveillante, par Jésus Christ, notre Seigneur. *Amen.*

## 61. Prière de dévouement à Dieu

Dieu éternel et tout-puissant, attire à toi notre cœur, guide notre esprit, remplis notre imagination et contrôle notre volonté, afin que nous te soyons totalement et entièrement dévoués. Alors, nous t'en prions, utilise-nous à ta guise, toujours pour ta gloire et pour le bien de ton peuple ; par notre Seigneur et Sauveur Jésus Christ. *Amen.*

## 62. Prière de saint François d'Assise

Seigneur, fais de nous des instruments de ta paix.
Où est la haine, que nous mettions l'amour.
Où est l'offense, que nous mettions le pardon.
Où est la discorde, que nous mettions l'union.
Où est l'erreur, que nous mettions la vérité.
Où est le doute, que nous mettions la foi.
Où est le désespoir, que nous mettions l'espérance.
Où sont les ténèbres, que nous mettions la lumière.
Où est la tristesse, que nous mettions la joie.
Ô Seigneur, que nous ne cherchions pas tant
à être consolés qu'à consoler,
à être compris qu'à comprendre,
à être aimés qu'à aimer.
Car c'est en se donnant qu'on reçoit,
c'est en s'oubliant qu'on se retrouve,
c'est en pardonnant qu'on est pardonné,
c'est en mourant qu'on ressuscite à l'éternelle vie. *Amen.*

### Autres prières

*Les prières pour le vendredi, le samedi et le dimanche, ainsi que pour le matin et le soir, se trouvent aux pages [51], [63], [89] et [110].*

## 63. Pour le soir

Seigneur, soutiens-nous tout au long du jour, jusqu'à ce que les ombres s'allongent, que le soir tombe, que le monde affairé fasse silence, que nos vies trépidantes se calment et que notre travail soit terminé. Alors, dans ta miséricorde, accorde-nous un toit sûr, un saint repos et la paix au dernier jour. *Amen.*

## 64. *Avant un office*

Dieu tout-puissant, toi qui répands l'esprit de grâce et de supplication sur toutes les personnes qui le désirent : délivre-nous de la froideur du cœur et des vagabondages de l'esprit lorsque nous nous approchons de toi, afin que, par des pensées droites et des sentiments enflammés, nous puissions t'adorer en esprit et en vérité ; par Jésus Christ, notre Seigneur. *Amen.*

## 65. *Pour une réponse à nos prières*

Dieu tout-puissant, tu as promis d'entendre les requêtes qui te parviendront au nom de ton Fils : nous t'implorons de prêter une oreille miséricordieuse aux prières et aux supplications que nous venons de t'adresser. Accorde-nous de recevoir ce que nous te demandons avec foi, selon ta volonté, afin que la satisfaction de nos besoins contribue à manifester ta gloire, par Jésus Christ, notre Seigneur. *Amen.*

## 66. *Avant de communier*

*Voir aussi la Prière d'humilité à la page [303].*

Viens, ô Jésus, notre grand Prêtre, sois présent comme tu l'as été avec tes disciples, et fais-toi connaître à nous dans le partage du pain, toi qui vis et règnes avec le Père et le Saint-Esprit, pour les siècles des siècles. *Amen.*

## 67. *Après avoir communié*

Seigneur Jésus Christ, toi qui nous as laissé dans un merveilleux Sacrement un mémorial de ta passion : nous t'en supplions, accorde-nous de vénérer les mystères sacrés de ton Corps et de ton Sang afin que nous percevions toujours en nous le fruit de ta rédemption ; toi qui vis et règnes avec le Père et le Saint-Esprit, un seul Dieu, pour les siècles des siècles. *Amen.*

## 68. *Après un office*

Dieu tout-puissant, accorde-nous que les paroles que nos oreilles ont captées aujourd'hui germent dans nos cœurs par ta grâce, afin qu'elles portent en nous le fruit d'une vie bonne, en l'honneur et à la gloire de ton Nom ; par Jésus Christ, notre Seigneur. *Amen.*

## 69. *Pour le dimanche*

Ô Dieu notre Roi, par la résurrection de ton Fils Jésus Christ le premier jour de la semaine, tu as vaincu le péché, mis la mort en fuite, et tu nous as donné l'espérance de la vie éternelle : rachète nos vies par cette victoire ; pardonne nos péchés, bannis nos craintes, donne-nous l'audace de te louer et d'accomplir ta volonté ; et arme-nous de patience pour attendre la consommation de ton royaume au glorieux dernier jour ; par ce même Jésus Christ, notre Seigneur. *Amen.*

## 70. *Bénédicités*

Notre Père, donne-nous un cœur reconnaissant pour toutes tes bontés, et apprends-nous à penser aux besoins des autres ; par Jésus Christ, notre Seigneur. *Amen.*

*ou ceci :*

Seigneur, bénis les bienfaits dont tu nous fais don et bénis-nous qui te servons, pour l'amour du Christ. *Amen.*

*ou ceci :*

Béni sois-tu, Seigneur Dieu, Roi de l'Univers, car tu nous donnes de quoi manger pour vivre et pour égayer notre cœur ; par Jésus Christ, notre Seigneur. *Amen.*

*ou ceci :*

Pour tout ceci et pour toutes ses miséricordes, que le saint Nom de Dieu soit béni et loué, par Jésus Christ, notre Seigneur. *Amen.*

# Actions de grâces

## Actions de grâces générales

### 1. *Action de grâces générale*

Seigneur, accepte nos remerciements et nos louanges pour tout ce que tu as fait pour nous. Nous te rendons grâces pour la splendeur de la création tout entière, pour la beauté de ce monde, pour le miracle de la vie et pour le mystère de l'amour.

Nous te rendons grâces pour la bénédiction que sont notre famille et nos amis, et pour l'attention aimante qui nous entoure de toutes parts.

Nous te rendons grâces de nous confier des tâches qui exigent le meilleur de nous-mêmes, et de nous amener à des réalisations qui font notre satisfaction et notre joie.

Nous te rendons grâces également pour les déceptions et les échecs qui nous poussent à reconnaître notre dépendance envers toi seul.

Par-dessus tout, nous te rendons grâces pour ton Fils Jésus Christ ; pour la vérité de sa Parole et l'exemple de sa vie ; pour l'obéissance inébranlable avec laquelle il a vaincu la tentation ; pour sa mort, par laquelle il a vaincu la mort ; et pour sa résurrection, par laquelle nous sommes ressuscités à la vie dans ton royaume.

Accorde-nous le don de ton Esprit, afin que nous puissions le connaître et le faire connaître ; et que par lui, en tout temps et en tout lieu, nous puissions te rendre grâces en toutes choses. *Amen.*

### 2. *Litanie d'action de grâces*

*Peut être utilisée le jour de l'Action de grâces (*Thanksgiving)*, à la place des Prières des fidèles pendant l'Eucharistie, tout au long de l'année après les collectes de la Prière du matin ou du soir, ou séparément.*

Rendons grâces à Dieu notre Père pour tous les dons qu'il nous a accordés avec tant de générosité.

Pour la beauté et le miracle de ta création, sur terre, dans le ciel et sous l'eau,
*Nous te rendons grâces, Seigneur.*

Pour tout ce qui est beau dans la vie des femmes et des hommes, révélant l'image du Christ,
*Nous te rendons grâces, Seigneur.*

Pour ce que nous buvons et mangeons chaque jour, pour nos maisons, nos familles, nos amis,
*Nous te rendons grâces, Seigneur.*

Pour nos esprits qui réfléchissent, nos cœurs qui aiment, nos mains qui rendent service,
*Nous te rendons grâces, Seigneur.*

Pour la santé et la force de travailler, pour le loisir de nous reposer et de jouer,
*Nous te rendons grâces, Seigneur.*

Pour les personnes braves et courageuses, qui se montrent patientes dans la souffrance et fidèles dans l'adversité,
*Nous te rendons grâces, Seigneur.*

Pour toutes les personnes qui recherchent vaillamment la vérité, la liberté et la justice,
*Nous te rendons grâces, Seigneur.*

Pour la communion des saints et saintes en tout temps et en tout lieu,
*Nous te rendons grâces, Seigneur.*

Par-dessus tout, nous te rendons grâces pour les grandes bontés et les promesses qui nous ont été accordées en notre Seigneur Jésus Christ ;
*À lui soient la louange et la gloire, ainsi qu'à toi, Père, et au Saint-Esprit, pour les siècles des siècles. Amen.*

*Voir aussi l'Action de grâces générale qui se trouve aux pages [54] et [91].*

## Actions de grâces pour l'Église

### 3. *Pour la mission de l'Église*

Dieu tout-puissant, tu as envoyé ton Fils Jésus Christ réconcilier le monde avec toi : nous te louons et te bénissons pour les hommes et les femmes que tu as envoyés prêcher l'Évangile à toutes les nations dans la puissance de l'Esprit. Nous te rendons grâces qu'une communauté d'amour se soit formée partout dans le monde à la suite de leurs prières et travaux, et qu'en tout lieu tes servantes et serviteurs invoquent ton Nom ; car c'est à toi qu'appartiennent le règne, la puissance et la gloire pour les siècles des siècles. *Amen.*

### 4. *Pour les saints et saintes et les fidèles disparus*

*Voir aussi la prière « Ô Dieu, Roi de ceux et celles qui t'appartiennent », pages [447] et [461].*

Nous te rendons grâces, Seigneur notre Dieu, pour tous les témoins qui t'ont servi autrefois : pour Abraham, père des croyants et des croyantes, et sa femme Sara ; pour Moïse, le législateur, et le prêtre Aaron ; pour Myriam et Josué, Déborah et Gédéon, Samuel et sa mère Hannah ; pour Ésaïe et l'ensemble des prophètes et prophétesses ; pour Marie, la mère de notre Seigneur ; pour Pierre, Paul et l'ensemble des apôtres ; pour Marie et Marthe, et Marie de Magdala ; pour Étienne, le premier martyr, et la foule des martyrs, des saints et des saintes de tous les temps et de tous les pays. Dans ta miséricorde, Seigneur notre Dieu, donne-nous l'espérance du salut et la promesse de la vie éternelle que tu leur as accordées ; par Jésus Christ, notre Seigneur, le premier-né d'entre les morts. *Amen.*

## Actions de grâces pour la vie de la nation

### 5. *Pour la patrie*

Dieu tout-puissant, toi qui accordes tout ce qui est bon : nous te rendons grâces pour la majesté et la beauté naturelles de cette terre. Elles nous restaurent, même si nous les détruisons souvent. *Guéris-nous.*

Nous te rendons grâces pour la richesse des ressources de cette nation. Elles nous enrichissent, même si nous les exploitons souvent.
*Pardonne-nous.*

Nous te rendons grâces pour les femmes et les hommes qui ont fait la force de ce pays. Ce sont des modèles pour nous, même si nous n'arrivons pas souvent à leur hauteur.
*Inspire-nous.*

Nous te rendons grâces pour le flambeau de la liberté qui a été allumé dans ce pays. Il a attiré des gens de toutes les nations, même si nous nous sommes souvent cachés de sa lumière.
*Éclaire-nous.*

Nous te rendons grâces pour la foi dont nous avons hérité dans toutes ses richesses variées. Elle nous maintient en vie, même si nous avons bien souvent été infidèles.
*Renouvelle-nous.*

Seigneur, aide-nous à achever les bonnes œuvres commencées ici. Affermis nos efforts pour éliminer l'ignorance et les préjugés et pour abolir la pauvreté et la criminalité. Et hâte le jour où notre peuple, formant dans la multitude de ses voix un chœur à l'unisson, glorifiera ton saint Nom. *Amen.*

## 6. *Pour un service héroïque*

Ô Juge des nations, nos cœurs reconnaissants se souviennent devant toi des hommes et des femmes de notre pays qui, le jour où il a fallu choisir, ont tout risqué pour les libertés dont nous bénéficions aujourd'hui. Accorde-nous de ne pas trouver le repos tant que chaque habitant ou habitante de ce pays ne profitera pas des bienfaits de la vraie liberté et n'en acceptera pas les contraintes avec joie. Nous te le demandons au Nom de Jésus Christ, notre Seigneur. *Amen.*

## Action de grâces pour l'ordre social

### 7. *Pour la diversité des races et des cultures*

Ô Dieu, toi qui as créé tous les peuples à ton image, nous te rendons grâces pour la merveilleuse diversité des races et des cultures dans ce monde. Enrichis nos vies en élargissant sans cesse le cercle de notre communion. Et manifeste-toi à nous dans les personnes qui nous ressemblent le moins, jusqu'à ce que notre connaissance de ton amour soit rendue parfaite par notre amour pour tes enfants ; par Jésus Christ, notre Seigneur. *Amen.*

## Actions de grâces pour la nature

### 8. *Pour la beauté de la terre*

Nous te rendons grâces, Dieu de bonté, pour la beauté de la terre, du ciel et de la mer ; pour la richesse des montagnes, des plaines et des fleuves ; pour le chant des oiseaux et la beauté des fleurs. Nous te louons pour ces bienfaits, et nous prions de pouvoir les préserver pour notre postérité. Accorde-nous de continuer à grandir dans l'appréciation reconnaissante de ton abondante création, en l'honneur et à la gloire de ton Nom, pour les siècles des siècles. *Amen.*

### 9. *Pour les récoltes*

Dieu de bonté, toi dont le savoir fait éclater les abîmes et descendre des nuages la rosée : nous te rendons grâces et louanges de tout cœur pour le retour des semailles et des moissons, pour la fécondité de la terre et la récolte de ses fruits, et pour toutes les autres bénédictions de ta bienveillante providence à l'égard de notre nation et de son peuple. Nous t'en supplions, donne-nous de percevoir à leur juste valeur les grandes miséricordes qui peuvent se manifester dans notre vie lorsque nous marchons tous les jours devant toi avec humilité, sainteté et obéissance ; par Jésus Christ, notre Seigneur. Car c'est à lui, à toi et au Saint-Esprit que reviennent tout honneur et toute gloire pour les siècles des siècles. *Amen.*

**Actions de grâces pour la famille et la vie personnelle**

*10. Pour l'arrivée d'un·e enfant*

*Voir aussi l'Action de grâces pour un·e enfant à la page [403].*

Père céleste, tu as envoyé ton propre Fils dans ce monde. Nous te rendons grâces pour la vie de N., cet·te enfant que tu confies à nos bons soins. Aide-nous à nous rappeler que nous sommes tous et toutes tes enfants, et à l'aimer et l'élever pour qu'*(elle)(il)* atteigne la pleine mesure qui lui est réservée dans ton royaume éternel ; pour l'amour de ton Fils bien-aimé, Jésus Christ, notre Seigneur. *Amen.*

*11. Pour le rétablissement de la santé*

Dieu tout-puissant et Père céleste, nous te rendons humblement grâces, car il t'a plu de délivrer de sa maladie *(ton serviteur)* *(ta servante)* N., au nom de qui nous bénissons et adorons ton Nom. Père très bon, accorde-lui, avec ton aide, de vivre selon ta volonté dans ce monde et, le moment venu, d'avoir part à la gloire éternelle dans le monde à venir ; par Jésus Christ, notre Seigneur. *Amen.*

*Les actions de grâces pour les personnes défuntes se trouvent aux pages [441] à [443] et [456] à [458].*

# Exposé de la foi

# Introduction au catéchisme

Ce catéchisme, qui expose les grandes lignes de l'enseignement religieux, est avant tout destiné aux prêtres, aux diacres et aux catéchistes laïques dans nos paroisses. Bien qu'il s'agisse d'un commentaire des symboles de la foi, il ne doit pas pour autant être considéré comme un énoncé exhaustif des croyances et des pratiques. Il est plutôt appelé à servir de point de départ aux catéchistes. Pour que l'on puisse le consulter facilement, il est présenté sous la forme traditionnelle de questions-réponses.

En deuxième lieu, ce catéchisme vise à offrir un résumé des enseignements de l'Église aux personnes étrangères qui ouvriraient un Livre de prières par curiosité.

Il peut également être employé pour célébrer un office simple. Une utilisation sélective est possible, les thèmes étant classés par rubriques. La personne qui célèbre pourra introduire des prières et des hymnes en fonction des besoins.

# Exposé de la foi
communắment appelé le Catéchisme

**La nature humaine**

Q. Que sommes-nous par nature ?

R. Nous faisons partie de la création de Dieu, et nous sommes créés à son image.

Q. Que signifie « être créés à l'image de Dieu » ?

R. Cela signifie que nous sommes libres de faire des choix, comme aimer, créer, raisonner et vivre en harmonie avec la création et avec Dieu.

Q. Pourquoi alors menons-nous une existence séparée de Dieu et de la création ?

R. Dès le départ, les êtres humains ont abusé de leur liberté et fait de mauvais choix.

Q. Pourquoi n'utilisons-nous pas notre liberté comme il le faudrait ?

R. Parce que nous nous révoltons contre Dieu et que nous nous mettons à sa place.

Q. De quelle aide disposons-nous ?

R. Notre aide se trouve en Dieu.

Q. Comment Dieu nous a-t-il aidés au début ?

R. Au début, Dieu nous a aidés en se révélant et en révélant sa volonté, par l'intermédiaire de la nature et de l'histoire, par l'intermédiaire d'une foule de personnes saintes ou visionnaires, et en particulier par l'intermédiaire des prophètes et prophétesses d'Israël.

## Dieu le Père

Q. Que nous apprend la révélation à Israël à propos de Dieu en tant que créateur ?

R. Elle nous apprend qu'il n'y a qu'un seul Dieu, le Père tout-puissant, créateur du ciel et de la terre, de toutes les choses visibles et invisibles.

Q. Qu'est-ce que cela signifie ?

R. Cela signifie que l'univers est bon et qu'il est l'œuvre d'un Dieu unique et aimant qui le crée, le soutient et le dirige.

Q. Qu'est-ce que cela nous apprend à propos de notre place dans l'univers ?

R. Cela nous apprend que le monde appartient à son créateur, et que nous sommes appelés à en profiter et à en prendre soin conformément aux intentions de Dieu.

Q. Qu'est-ce que cela nous apprend à propos de la vie humaine ?

R. Cela nous apprend que tous les êtres humains sont dignes de respect et d'honneur, parce que tous sont créés à l'image de Dieu et tous peuvent répondre à l'amour de Dieu.

Q. Comment cette révélation nous a-t-elle été transmise ?

R. Cette révélation nous a été transmise par une communauté issue d'une alliance avec Dieu.

## L'Ancienne Alliance

Q. Qu'entend-on par « alliance avec Dieu » ?

R. Une alliance est une relation initiée par Dieu à laquelle un groupe de personnes répond par la foi.

Q. Qu'est-ce que l'Ancienne Alliance ?

R. L'Ancienne Alliance est l'alliance que Dieu a conclue avec le peuple hébreu.

Q. Qu'est-ce que Dieu a promis ?

R. Dieu a promis que le peuple hébreu serait son peuple et qu'il amènerait à Dieu toutes les nations du monde.

Q. Qu'est-ce que Dieu a demandé en retour au peuple élu ?

R. Dieu a demandé au peuple élu d'être fidèle, d'aimer agir avec justice, de faire preuve de miséricorde et de suivre avec humilité le chemin de son Dieu.

Q. Où peut-on trouver cette Ancienne Alliance ?

R. L'alliance avec le peuple hébreu se trouve dans les livres que l'on appelle l'Ancien Testament.

Q. Dans l'Ancien Testament, où peut-on voir très clairement ce que Dieu veut pour nous ?

R. Ce que Dieu veut pour nous est montré très clairement dans les Dix Commandements.

## Les Dix Commandements

*Voir pages [292] et [322].*

Q. Qu'est-ce que les Dix Commandements ?

R. Les Dix Commandements sont les lois données à Moïse et au peuple d'Israël.

Q. Que nous apprennent ces commandements ?

R. Ils nous apprennent deux choses : nos devoirs envers Dieu et nos devoirs envers nos prochains.

Q. Quels sont nos devoirs envers Dieu ?

R. Nos devoirs sont de croire en Dieu et d'avoir confiance en lui ;

    I   D'aimer Dieu, de lui obéir et d'amener les autres à le connaître ;

    II  De ne rien mettre à la place de Dieu ;

    III De montrer du respect à Dieu dans nos pensées, nos paroles et nos actes ;

    IV Et de réserver des moments réguliers pour l'adoration, la prière et l'étude des chemins de Dieu.

Q. Quels sont nos devoirs envers nos prochains ?

R. Nos devoirs envers nos prochains sont de les aimer comme nous-mêmes, et de faire pour les autres ce que nous voudrions qu'ils ou elles fassent pour nous ;

V D'aimer, d'honorer et d'aider nos parents et notre famille ; d'honorer les personnes qui détiennent l'autorité et de nous plier à leurs justes exigences ;

VI De respecter la vie que Dieu nous a donnée ; de travailler et de prier pour la paix ; de ne pas nourrir d'intention malveillante, de préjugés ou de haine dans notre cœur ; et de manifester de la bonté envers toutes les créatures de Dieu ;

VII D'utiliser tous nos désirs corporels comme Dieu l'a voulu ;

VIII D'être honnêtes et justes dans nos relations ; de rechercher la justice, la liberté et la satisfaction des besoins vitaux pour toute l'humanité ; et d'utiliser nos talents et nos biens en personnes qui doivent en répondre devant Dieu ;

IX De dire la vérité et de ne pas tromper les autres par notre silence ;

X De résister aux tentations de l'envie, de la cupidité et de la jalousie ; de nous réjouir des dons et des grâces des autres ; et de faire notre devoir pour l'amour de Dieu, lui qui nous a appelés à être en communion avec lui.

Q. À quoi servent les Dix Commandements ?

R. Les Dix Commandements nous ont été donnés pour codifier nos relations avec Dieu et avec nos prochains.

Q. Étant donné que nous ne les respectons pas entièrement, sont-ils vraiment utiles ?

R. C'est parce que nous ne les respectons pas entièrement que nous nous apercevons plus clairement de notre péché et de notre besoin de rédemption.

## Le péché et la rédemption

Q.  Qu'est-ce que le péché ?

R.  Le péché désigne la recherche de notre propre volonté au lieu de celle de Dieu, ce qui déforme nos relations avec Dieu, avec les autres et avec toute la création.

Q.  D'où vient le pouvoir du péché sur nous ?

R.  Le péché nous tient en son pouvoir parce que nous perdons notre liberté lorsque notre relation avec Dieu est déformée.

Q.  Qu'est-ce que la rédemption ?

R.  La rédemption désigne l'acte par lequel Dieu nous libère du pouvoir du mal, du péché et de la mort.

Q.  Comment Dieu nous a-t-il préparés à la rédemption ?

R.  Dieu a envoyé des prophètes et des prophétesses pour nous rappeler à lui, pour nous montrer notre besoin de rédemption et pour annoncer la venue du Messie.

Q.  Qu'est-ce que le Messie ?

R.  Le Messie désigne quelqu'un que Dieu a envoyé pour nous libérer du pouvoir du péché, afin qu'avec l'aide de Dieu nous puissions vivre en harmonie avec lui, avec nous-mêmes, avec nos prochains et avec toute la création.

Q.  Qui, selon nous, est le Messie ?

R.  Le Messie, ou Christ, est Jésus de Nazareth, le Fils unique de Dieu.

## Dieu le Fils

Q.  Que voulons-nous dire quand nous déclarons que Jésus est le Fils unique de Dieu ?

R.  Nous voulons dire que Jésus est la seule image parfaite du Père et qu'il nous montre la nature de Dieu.

Q.  Quelle est la nature de Dieu révélée en Jésus ?

R.  Dieu est amour.

Q. Que voulons-nous dire quand nous déclarons que Jésus s'est incarné par le Saint-Esprit en la Vierge Marie ?

R. Nous voulons dire que c'est par un acte de Dieu lui-même que son divin Fils a reçu notre nature humaine de la Vierge Marie, sa mère.

Q. Pourquoi a-t-il pris notre nature humaine ?

R. Le Fils divin est devenu humain afin que les êtres humains puissent être adoptés en lui comme enfants de Dieu et qu'ils puissent hériter du royaume de Dieu.

Q. Pourquoi la souffrance et la mort de Jésus ont-elles tant d'importance ?

R. Par son obéissance, qui est allée jusqu'à la souffrance et la mort, Jésus a fait l'offrande que nous ne pouvions pas faire ; en lui, nous sommes libérés du pouvoir du péché et réconciliés avec Dieu.

Q. Que signifie la résurrection de Jésus ?

R. Par sa résurrection, Jésus a vaincu la mort et nous a ouvert le chemin de la vie éternelle.

Q. Que voulons-nous dire quand nous déclarons qu'il est descendu aux enfers ?

R. Nous voulons dire qu'il est allé dans le monde des défunts et des défuntes pour leur offrir également les avantages de la rédemption.

Q. Que voulons-nous dire quand nous déclarons qu'il est monté aux cieux et qu'il siège à la droite du Père ?

R. Nous voulons dire que Jésus a emporté notre nature humaine au ciel, où il règne maintenant avec le Père et où il intercède pour nous.

Q. Comment pouvons-nous prendre part à sa victoire sur le péché, la souffrance et la mort ?

R. Nous prenons part à sa victoire lorsque nous devenons des membres vivants du Christ par notre baptême dans la Nouvelle Alliance.

## La Nouvelle Alliance

Q.   Qu'est-ce que la Nouvelle Alliance ?

R.   La Nouvelle Alliance est la relation nouvelle que Dieu a offerte par Jésus Christ, le Messie, aux apôtres et, par leur intermédiaire, à toutes les personnes qui croient en lui.

Q.   Qu'est-ce que le Messie a promis dans la Nouvelle Alliance ?

R.   Le Christ a promis de nous faire entrer dans le royaume de Dieu et de nous donner la vie en abondance.

Q.   Qu'est-ce que le Christ a demandé en retour ?

R.   Le Christ nous a ordonné de croire en lui et de garder ses commandements.

Q.   Quels sont les commandements que le Christ a enseignés ?

R.   Le Christ nous a enseigné le résumé de la Loi et nous a donné un nouveau commandement.

Q.   Qu'est-ce que le résumé de la Loi ?

R.   « "Tu aimeras le Seigneur ton Dieu de tout ton cœur, de tout ton être, de toute ta pensée et de toute ta force." C'est là le commandement le plus grand et le plus important. Et voici le second commandement, qui est d'une importance semblable : "Tu aimeras ton prochain comme toi-même." »

Q.   Quel est le nouveau commandement ?

R.   Le nouveau commandement est que nous devons nous aimer les uns les autres comme le Christ nous a aimés.

Q.   Où peut-on trouver ce que les personnes chrétiennes croient à propos du Christ ?

R.   Ce que les personnes chrétiennes croient à propos du Christ se trouve dans les Écritures et est résumé dans les confessions de foi.

## Les confessions de foi

*Voir pages [38], [71], [304], [305] et [864].*

Q.   Qu'est-ce que les confessions de foi ?

R.   Les confessions de foi sont des synthèses de nos croyances fondamentales sur Dieu.

Q.   Combien de confessions de foi l'Église épiscopale utilise-t-elle dans ses offices ?

R.   L'Église épiscopale utilise deux confessions de foi : le « Symbole des apôtres » et le « Symbole de Nicée ».

Q.   Qu'est-ce que le « Symbole des apôtres » ?

R.   Le « Symbole des apôtres » est l'ancienne confession de foi du Baptême. Il est récité dans les offices quotidiens de l'Église pour rappeler l'alliance de notre baptême.

Q.   Qu'est-ce que le « Symbole de Nicée » ?

R.   Le « Symbole de Nicée » est la confession de foi de l'Église universelle. Il est récité pendant l'Eucharistie.

Q.   Mais alors, qu'est-ce que le « Symbole d'Athanase » ?

R.   Le « Symbole d'Athanase » est un très vieux document qui proclame la nature de l'Incarnation et du Dieu Trinité.

Q.   Qu'est-ce que la Trinité ?

R.   La Trinité est un seul et même Dieu : le Père, le Fils et le Saint-Esprit.

## Le Saint-Esprit

Q.   Qu'est-ce que le Saint-Esprit ?

R.   Le Saint-Esprit est la troisième Personne de la Trinité : Dieu à l'œuvre dans le monde et dans l'Église, encore aujourd'hui.

Q.   Comment le Saint-Esprit est-il révélé dans l'Ancienne Alliance ?

R.   Le Saint-Esprit est révélé dans l'Ancienne Alliance comme Celui qui donne la vie et qui a parlé par les prophètes.

Q. Comment le Saint-Esprit est-il révélé dans la Nouvelle Alliance ?

R. Le Saint-Esprit est révélé comme le Seigneur qui nous conduit dans toute vérité et qui nous permet de grandir à la ressemblance du Christ.

Q. Comment reconnaît-on la présence du Saint-Esprit dans nos vies ?

R. La présence du Saint-Esprit se reconnaît lorsque nous confessons Jésus Christ comme Seigneur et que nous sommes amenés à l'amour et à l'harmonie avec Dieu, avec nous-mêmes, avec nos prochains et avec toute la création.

Q. Comment reconnaît-on les vérités enseignées par le Saint-Esprit ?

R. Les vérités enseignées par le Saint-Esprit se reconnaissent à leur conformité aux Écritures.

## Les Saintes Écritures

Q. Qu'est-ce que les Saintes Écritures ?

R. Les Saintes Écritures, que l'on appelle « la Bible » dans le langage courant, désignent les livres de l'Ancien et du Nouveau Testament. D'autres livres, que l'on appelle « les apocryphes », sont souvent inclus dans la Bible.

Q. Qu'est-ce que l'Ancien Testament ?

R. L'Ancien Testament est constitué de livres écrits par le peuple de l'Ancienne Alliance, sous l'inspiration du Saint-Esprit, pour montrer Dieu à l'œuvre dans la nature et dans l'histoire.

Q. Qu'est-ce que le Nouveau Testament ?

R. Le Nouveau Testament est constitué de livres écrits par le peuple de la Nouvelle Alliance, sous l'inspiration du Saint-Esprit, pour présenter la vie et les enseignements de Jésus et pour proclamer au monde entier la Bonne Nouvelle du Royaume.

Q. Qu'est-ce que les apocryphes ?

R. Les apocryphes sont un recueil de livres supplémentaires écrits par des personnes de l'Ancienne Alliance et utilisés dans les Églises chrétiennes.

Q. Pourquoi dit-on que les Saintes Écritures sont la Parole de Dieu ?

R. Nous disons qu'elles sont la Parole de Dieu parce que Dieu a inspiré leurs auteurs humains et parce que Dieu nous parle encore à travers la Bible.

Q. Comment comprend-on ce que veut dire la Bible ?

R. Nous comprenons ce que veut dire la Bible avec l'aide du Saint-Esprit, qui guide l'Église dans l'interprétation véritable des Écritures.

## L'Église

Q. Qu'est-ce que l'Église ?

R. L'Église est la communauté de la Nouvelle Alliance.

Q. Comment l'Église est-elle décrite dans la Bible ?

R. L'Église est décrite comme le Corps dont Jésus Christ est la Tête et dont toutes les personnes baptisées sont les membres. Elle est appelée le peuple de Dieu, la Nouvelle Israël, une nation sainte, une communauté royale de prêtres, et la colonne et le soutien de la vérité.

Q. Comment l'Église est-elle décrite dans les confessions de foi ?

R. L'Église est décrite comme une, sainte, catholique et apostolique.

Q. Pourquoi l'Église est-elle dite une ?

R. L'Église est une, parce qu'elle forme un seul corps, avec une seule tête, notre Seigneur Jésus Christ.

Q. Pourquoi l'Église est-elle dite sainte ?

R. L'Église est sainte, parce que le Saint-Esprit l'habite, consacre ses membres et les guide dans l'accomplissement de l'œuvre de Dieu.

Q. Pourquoi l'Église est-elle dite catholique ?

R. L'Église est catholique, parce qu'elle proclame la Foi tout entière à tous les peuples, jusqu'à la fin des temps.

Q. Pourquoi l'Église est-elle dite apostolique ?

R. L'Église est apostolique, parce qu'elle perpétue l'enseignement et la communion fraternelle des apôtres et parce qu'elle est envoyée pour accomplir la mission du Christ auprès de tous les peuples.

Q. Quelle est la mission de l'Église ?

R. La mission de l'Église consiste à ramener tous les peuples à l'unité avec Dieu et les uns avec les autres, en Christ.

Q. Comment l'Église poursuit-elle sa mission ?

R. L'Église poursuit sa mission en priant et en célébrant des offices, en proclamant l'Évangile et en œuvrant en faveur de la justice, de la paix et de l'amour.

Q. Par l'intermédiaire de qui l'Église accomplit-elle sa mission ?

R. L'Église accomplit sa mission par l'intermédiaire du ministère de tous ses membres.

## Le ministère

Q. Qui fait partie du ministère de l'Église ?

R. Le ministère de l'Église englobe les personnes laïques, les évêques, les prêtres et les diacres.

Q. Quel est le ministère des personnes laïques ?

R. Le ministère des personnes laïques consiste à représenter le Christ et son Église ; à lui rendre témoignage partout où elles se trouvent ; à poursuivre l'œuvre de réconciliation du Christ dans le monde selon les dons qu'elles ont reçus ; et à prendre leur place dans la vie, le culte et la gouvernance de l'Église.

Q. Quel est le ministère des évêques ?

R. Le ministère des évêques consiste à représenter le Christ et son Église, plus particulièrement comme apôtres, prêtres

en chef et pasteures ou pasteurs d'un diocèse ; à garder la
foi, l'unité et la discipline de toute l'Église ; à proclamer
la Parole de Dieu ; à agir au nom du Christ pour la
réconciliation du monde et l'édification de l'Église ; et à
ordonner d'autres personnes pour poursuivre le ministère du
Christ.

Q. Quel est le ministère des prêtres ou presbytres ?
R. Le ministère des prêtres consiste à représenter le Christ et son
Église, plus particulièrement comme pasteures ou pasteurs
auprès des fidèles ; à partager avec l'évêque la supervision de
l'Église ; à proclamer l'Évangile ; à administrer les sacrements ;
et à bénir ou à accorder le pardon au nom de Dieu.

Q. Quel est le ministère des diacres ?
R. Le ministère des diacres consiste à représenter le Christ et
son Église, plus particulièrement en se mettant au service des
personnes dans le besoin ; et à aider les évêques et les prêtres
à proclamer l'Évangile et à administrer les sacrements.

Q. Quel est le devoir de toute personne chrétienne ?
R. Toute personne chrétienne a pour devoir de suivre le
Christ ; de participer chaque semaine à un culte collectif ; de
travailler, de prier et de faire des dons pour la propagation du
royaume de Dieu.

**Prière et adoration**
Q. Qu'est-ce qu'une prière ?
R. Une prière est une réponse à Dieu, par la pensée et par les
actes, avec ou sans paroles.

Q. Qu'est-ce que la prière chrétienne ?
R. La prière chrétienne est une réponse à Dieu le Père, par Jésus
Christ, par la puissance du Saint-Esprit.

Q. Quelle prière le Christ nous a-t-il enseignée ?
R. Notre Seigneur nous a donné un modèle de prière connu sous
le nom de « Notre Père ».   *Voir page [332].*

Q. Quelles sont les principales formes de prière ?

R. Les principales formes de prière sont l'adoration, la louange, l'action de grâces, la pénitence, l'offrande, l'intercession et la supplication.

Q. Qu'est-ce que l'adoration ?

R. L'adoration consiste à élever son cœur et son esprit vers Dieu, en ne demandant rien d'autre que de profiter de la présence de Dieu.

Q. Pourquoi louons-nous Dieu ?

R. Nous louons Dieu non pas pour obtenir quelque chose, mais parce que l'être de Dieu suscite nos louanges.

Q. Pourquoi offrons-nous des actions de grâces ?

R. Nous offrons des actions de grâces à Dieu pour toutes les bénédictions de cette vie, pour notre rédemption et pour tout ce qui nous rapproche de Dieu.

Q. Qu'est-ce que la pénitence ?

R. La pénitence consiste à confesser nos péchés et à réparer les torts causés lorsque c'est possible, dans l'intention de corriger notre vie.

Q. Qu'est-ce que la prière d'offrande ?

R. Il s'agit d'une offrande de nous-mêmes, de notre vie et de notre travail, en union avec le Christ, pour accomplir les intentions de Dieu.

Q. Que sont l'intercession et la supplication ?

R. Une intercession présente à Dieu les besoins des autres ; dans une supplication, nous présentons nos propres besoins, afin que la volonté de Dieu puisse s'accomplir.

Q. Qu'est-ce qu'un culte collectif ?

R. Dans un culte collectif, nous nous unissons aux autres pour reconnaître la sainteté de Dieu, écouter sa Parole, offrir nos prières et administrer les sacrements.

## Les sacrements

Q.  Qu'est-ce que les sacrements ?

R.  Les sacrements sont des signes visibles extérieurs de la grâce spirituelle intérieure qui sont accordés par le Christ comme des moyens sûrs et certains de recevoir cette grâce.

Q.  Qu'est-ce que la grâce ?

R.  La grâce désigne la bienveillance injustifiée et non méritée de Dieu à notre égard : dans sa grâce, Dieu pardonne nos péchés, éclaire notre esprit, éveille notre cœur et affermit notre volonté.

Q.  Quels sont les deux grands sacrements évangéliques ?

R.  Les deux grands sacrements donnés par le Christ à son Église sont le saint Baptême et la sainte Eucharistie.

## Le Saint Baptême

Q.  Qu'est-ce que le saint Baptême ?

R.  Le saint Baptême est le sacrement par lequel Dieu nous adopte comme ses enfants et fait de nous des membres du Corps du Christ, l'Église, et des héritiers et héritières du royaume de Dieu.

Q.  Quel est le signe visible extérieur du Baptême ?

R.  Le signe visible extérieur du Baptême est l'eau dans laquelle la personne est baptisée au nom du Père, du Fils et du Saint-Esprit.

Q.  Quelle est la grâce spirituelle intérieure du Baptême ?

R.  La grâce spirituelle intérieure du Baptême est l'union au Christ dans sa mort et sa résurrection, la naissance dans la famille de Dieu qu'est l'Église, le pardon des péchés et la vie nouvelle dans l'Esprit saint.

Q.  Que nous demande-t-on au Baptême ?

R.  Il nous est demandé de renoncer à Satan, de nous repentir de nos péchés et d'accepter Jésus comme notre Seigneur et Sauveur.

Q. Pourquoi alors baptise-t-on des nourrissons ?

R. Les nourrissons sont baptisés pour leur permettre de faire partie de l'Alliance, de devenir membres du Christ et de recevoir la rédemption de Dieu.

Q. Comment les promesses faites pour les nourrissons sont-elles exprimées puis respectées ?

R. Les promesses sont dites par les parents, le parrain et la marraine, qui assurent que les enfants seront élevés dans l'Église et apprendront à connaître le Christ pour pouvoir le suivre.

## La sainte Eucharistie

Q. Qu'est-ce que la sainte Eucharistie ?

R. La sainte Eucharistie est le sacrement que le Christ a ordonné d'accomplir pour entretenir le souvenir de sa vie, de sa mort et de sa résurrection, jusqu'à son retour.

Q. Pourquoi dit-on que l'Eucharistie est un sacrifice ?

R. Parce que l'Eucharistie, sacrifice de louange et d'action de grâces de l'Église, est le moyen par lequel le sacrifice du Christ est rendu présent, et par lequel il nous unit à son unique offrande de lui-même.

Q. Quels autres noms donne-t-on à cette célébration ?

R. La sainte Eucharistie est aussi appelée Repas du Seigneur, sainte Cène ou sainte Communion. Elle est aussi connue sous le nom de divine liturgie, de messe et de grande offrande.

Q. Quel est le signe visible extérieur de l'Eucharistie ?

R. Les signes visibles extérieurs de l'Eucharistie sont le pain et le vin, donnés et reçus selon le commandement du Christ.

Q. Quelle est la grâce spirituelle intérieure que confère l'Eucharistie ?

R. La grâce spirituelle intérieure que confère la sainte Communion, ce sont le Corps et le Sang du Christ donnés à son peuple et reçus avec foi.

Q. Quels sont les bienfaits que nous procure le Repas du Seigneur ?

R. Les bienfaits que nous recevons sont le pardon de nos péchés, le renforcement de notre union au Christ et entre nous, et un avant-goût du banquet céleste qui est notre nourriture dans la vie éternelle.

Q. Que nous demande-t-on quand nous prenons part à l'Eucharistie ?

R. Il nous est demandé d'examiner notre vie, de nous repentir de nos péchés et de faire preuve d'amour et de charité envers tout le monde.

## Autres rites sacramentels

Q. Quels autres rites sacramentels se sont développés au sein de l'Église sous l'inspiration du Saint-Esprit ?

R. Parmi les autres rites sacramentels qui se sont développés au sein de l'Église, on peut citer la confirmation, l'ordination, le mariage, la réconciliation et l'onction.

Q. En quoi ces rites sont-ils différents des deux sacrements évangéliques ?

R. Bien qu'ils soient des moyens de grâce, ils ne sont pas nécessaires à chaque personne humaine comme le sont le Baptême et l'Eucharistie.

Q. Qu'est-ce que la confirmation ?

R. La confirmation est le rite au cours duquel nous exprimons notre engagement réfléchi à suivre le Christ et recevons la force de l'Esprit saint par la prière et par l'imposition des mains de l'évêque.

Q. Que faut-il pour recevoir la confirmation ?

R. Pour recevoir la confirmation, il faut être baptisé·e, avoir reçu une instruction suffisante sur la foi chrétienne, se repentir de ses péchés et être prêt·e à confesser Jésus Christ comme Sauveur et Seigneur.

Q. Qu'est-ce que l'ordination ?

R. L'ordination est le rite par lequel Dieu confère l'autorité et la grâce du Saint-Esprit aux hommes et aux femmes qui deviennent évêques, prêtres ou diacres par la prière et par l'imposition des mains des évêques.

Q. Qu'est-ce que le mariage ?

R. Le mariage est une union chrétienne dans laquelle une femme et un homme s'engagent pour la vie, prononcent leurs vœux devant Dieu et l'Église, et reçoivent la grâce et la bénédiction de Dieu pour les aider à respecter leurs vœux.

Q. Qu'est-ce que la réconciliation des pénitents et pénitentes ?

R. La réconciliation des pénitents et pénitentes, ou pénitence, est le rite par lequel les personnes qui se repentent de leurs péchés peuvent les confesser à Dieu en présence d'un·e prêtre et recevoir l'assurance du pardon et la grâce de l'absolution.

Q. Qu'est-ce que l'onction des malades ?

R. L'onction est le rite qui consiste à appliquer de l'huile sur des malades, ou à leur imposer les mains, et par lequel la grâce de Dieu leur est donnée pour la guérison de l'esprit, de l'âme et du corps.

Q. L'activité de Dieu se limite-t-elle à ces rites ?

R. Dieu ne se limite pas à ces rites. Ce sont des exemples parmi tant d'autres de la manière dont Dieu se sert de choses matérielles pour s'adresser à nous.

Q. Quel est le rapport entre les sacrements et notre espérance chrétienne ?

R. Les sacrements soutiennent notre espérance actuelle et anticipent sa future réalisation.

## L'espérance chrétienne

Q. Qu'est-ce que l'espérance chrétienne ?

R. L'espérance chrétienne consiste à vivre en toute confiance dans le renouveau et la plénitude de la vie, ainsi qu'à attendre la venue du Christ dans la gloire et l'accomplissement des projets de Dieu pour le monde.

Q. Qu'entend-on par la venue du Christ dans la gloire ?

R. La venue du Christ dans la gloire signifie que le Christ viendra en montrant non pas sa faiblesse, mais sa puissance, et qu'il fera toutes choses nouvelles.

Q. Qu'entend-on par le ciel et l'enfer ?

R. Le ciel désigne la vie éternelle par notre jouissance de Dieu ; et l'enfer, la mort éternelle par notre rejet de Dieu.

Q. Pourquoi prions-nous pour les personnes défuntes ?

R. Nous prions pour elles, parce que nous éprouvons toujours de l'amour pour elles, et parce que nous croyons qu'en présence de Dieu, les personnes qui ont décidé de le servir grandiront dans son amour au point de pouvoir un jour le voir tel qu'il est.

Q. Qu'entend-on par le jugement dernier ?

R. Nous croyons que le Christ viendra dans la gloire et qu'il jugera les vivants et les morts.

Q. Qu'entend-on par la résurrection des corps ?

R. Cela signifie que Dieu nous ressuscitera de la mort dans la plénitude de notre être, afin que nous puissions vivre avec le Christ dans la communion des saints et des saintes.

Q. Qu'est-ce que la communion des saints ?

R. La communion des saints et des saintes désigne la famille entière de Dieu, les personnes vivantes et les mortes, celles que nous aimons et celles que nous blessons, qui sont liées en Christ par le sacrement, la prière et la louange.

Q. Qu'entend-on par la vie éternelle ?

R. La vie éternelle désigne une nouvelle existence, dans laquelle nous sommes unis à tout le peuple de Dieu, dans la joie de connaître et d'aimer pleinement Dieu et les autres.

Q. De quoi les personnes chrétiennes sont-elles certaines, alors ?

R. Le fait d'être chrétienne ou chrétien nous assure que rien, pas même la mort, ne nous séparera de l'amour de Dieu qui est dans le Christ Jésus, notre Seigneur. Amen.

# Documents
# historiques
# de l'Église

## Définition de l'union des natures divine et humaine en la personne du Christ

*Acte V du concile de Chalcédoine (451)*

Suivant donc les saints Pères, nous enseignons tous unanimement que nous confessons un seul et même Fils, notre Seigneur Jésus Christ, le même parfait en divinité, et le même parfait en humanité, le même vraiment Dieu et vraiment homme (composé) d'une âme raisonnable et d'un corps, consubstantiel au Père selon la divinité et le même consubstantiel à nous selon l'humanité, en tout semblable à nous sauf le péché, avant les siècles engendré du Père selon la divinité, et aux derniers jours le même (engendré) pour nous et pour notre salut de la Vierge Marie, Mère de Dieu selon l'humanité, un seul et même Christ, Fils, Seigneur, l'unique engendré, reconnu en deux natures, sans confusion, sans changement, sans division et sans séparation, la différence des natures n'étant nullement supprimée à cause de l'union, la propriété de l'une et l'autre nature étant bien plutôt sauvegardée et concourant à une seule personne et une seule hypostase, un Christ ne se fractionnant ni se divisant en deux personnes, mais un seul et même Fils, unique engendré, Dieu Verbe, Seigneur Jésus Christ, selon que depuis longtemps les prophètes l'ont enseigné de lui, que Jésus Christ lui-même nous l'a enseigné et que le Symbole des Pères nous l'a transmis.

## Quicunque Vult, *communément appelé Symbole de saint Athanase*

Quiconque veut être sauvé doit, avant tout, tenir la foi catholique ; s'il ne la garde pas entière et pure, il périra sans aucun doute pour l'éternité. Voici la foi catholique : nous vénérons un Dieu dans la Trinité et la Trinité dans l'Unité, sans confondre les Personnes ni diviser la substance : autre est en effet la Personne du Père, autre celle du Fils, autre celle du Saint-Esprit ; mais une est la divinité du Père, du Fils et du Saint-Esprit, égale la gloire, coéternelle la majesté. Comme est le Père, tel est le Fils, tel est aussi le Saint-Esprit : incréé est le Père, incréé le Fils, incréé le Saint-Esprit ; infini est le Père, infini le Fils, infini le Saint-Esprit ; éternel est le Père, éternel le Fils, éternel le Saint-Esprit ; et cependant, ils ne sont pas trois éternels, mais un éternel ; tout comme ils ne sont pas trois incréés, ni trois infinis, mais un incréé et un infini. De même, tout-puissant est le Père, tout-puissant le Fils, tout-puissant le Saint-Esprit ; et cependant ils ne sont pas trois tout-puissants, mais un tout-puissant.

Ainsi le Père est Dieu, le Fils est Dieu, le Saint-Esprit est Dieu ; et cependant ils ne sont pas trois Dieux, mais un Dieu. Ainsi le Père est Seigneur, le Fils est Seigneur, le Saint-Esprit est Seigneur ; et cependant ils ne sont pas trois Seigneurs, mais un Seigneur ; car, de même que la vérité chrétienne nous oblige à confesser que chacune des personnes en particulier est Dieu et Seigneur, de même la religion catholique nous interdit de dire qu'il y a trois Dieux ou trois Seigneurs. Le Père n'a été fait par personne et il n'est ni créé ni engendré ; le Fils n'est issu que du Père, il n'est ni fait, ni créé, mais engendré ; le Saint-Esprit vient du Père et du Fils, il n'est ni fait, ni créé, ni engendré, mais il procède. Il n'y a donc qu'un Père, non pas trois Pères ; un Fils, non pas trois Fils ; un Saint-Esprit, non pas trois Saint-Esprit. Et dans cette Trinité, il n'est rien qui ne soit avant ou après, rien qui ne soit plus grand ou plus petit, mais les Personnes sont toutes trois également éternelles et semblablement égales. Si bien qu'en tout, comme on l'a déjà dit plus haut, on doit vénérer et l'Unité dans la Trinité, et la Trinité dans l'Unité. Qui donc veut être sauvé, qu'il croie cela de la Trinité.

Mais il est nécessaire au salut éternel de croire fidèlement aussi en l'incarnation de notre Seigneur Jésus Christ. C'est donc la foi droite que de croire et de confesser que notre Seigneur Jésus Christ, Fils de Dieu, est Dieu et homme. Il est Dieu, de la substance du Père, engendré avant les siècles, et il est homme, de la substance de sa mère, né dans le temps ; Dieu parfait, homme parfait composé d'une âme raisonnable et de chair humaine, égal au Père selon la divinité, inférieur au Père selon l'humanité. Bien qu'il soit Dieu et homme, il n'y a pas cependant deux Christ, mais un Christ ; un, non parce que la divinité a été transformée en la chair, mais parce que l'humanité a été assumée en Dieu ; un absolument, non par un mélange de substance, mais par l'unité de la personne. Car, de même que l'âme raisonnable et le corps font un homme, de même Dieu et l'homme font un Christ. Il a souffert pour notre salut, il est descendu aux enfers, le troisième jour il est ressuscité des morts, il est monté aux cieux, il siège à la droite du Père, d'où il viendra juger les vivants et les morts. À sa venue, tous les hommes ressusciteront avec leurs corps et rendront compte de leurs propres actes : ceux qui ont bien agi iront dans la vie éternelle, ceux qui ont mal agi, au feu éternel. Telle est la foi catholique : si quelqu'un n'y croit pas fidèlement et fermement, il ne pourra être sauvé.

## Préface du premier Livre de la prière commune (1549)

Il n'y a jamais rien eu de si bien conçu ni de si sagement établi par le génie de l'homme qui ne se soit plus ou moins détérioré avec le temps. On en trouve, entre autres, un exemple bien évident dans les prières communes de l'Église que l'on appelle l'Office divin. Si l'on en recherche l'origine et le fondement dans les anciens Pères, on trouvera qu'il fut institué dans le but excellent de favoriser la piété. Il fut en effet organisé de telle sorte qu'on pût lire toute la Bible, ou du moins la plus grande partie, dans le courant de chaque année ; afin que la fréquente lecture et la méditation de la Parole de Dieu portassent le clergé, et particulièrement les ministres des communautés chrétiennes, à vivre saintement eux-mêmes, et qu'elles les rendissent plus propres à instruire les autres par une saine doctrine et à confondre les ennemis de la vérité. Et en même temps, afin que le peuple, entendant lire tous les jours à l'église la Sainte Écriture, fît continuellement de nouveaux progrès dans la connaissance de Dieu et fût embrasé de plus en plus de l'amour de la vraie religion.

Mais depuis un grand nombre d'années, ce saint et bel ordre des anciens Pères a été tellement altéré, mutilé et négligé par l'insertion d'histoires incertaines, de légendes, de répons, de versets et de vaines répétitions, de commémoraisons et de statuts synodaux, que lorsqu'on avait commencé la lecture de la Bible, on l'abandonnait avant d'en avoir lu plus de trois ou quatre chapitres. C'est ainsi que l'on commençait à lire le livre d'Ésaïe en Avent, et celui de la Genèse à la Septuagésime, mais on ne faisait que les commencer sans jamais les finir. On faisait de même avec les autres livres de l'Écriture Sainte. De plus, bien que saint Paul ait ordonné de parler dans l'église une langue que le peuple pût entendre et qui l'édifiât, pendant bien des années, l'office s'est fait dans l'Église d'Angleterre en latin, langue que le peuple ne comprend pas. De sorte qu'il n'entendait que de ses oreilles, son cœur, son âme et son esprit n'en pouvant rien recevoir. En outre, quoique les anciens Pères eussent divisé les Psaumes en sept parties, dont chacune portait le nom de « nocturne », on se contentait depuis un certain temps d'en dire seulement un petit nombre chaque jour (et souvent de les répéter) et on omettait entièrement le reste. Enfin, le grand nombre et l'obscurité des règles, appelées « Pie », ainsi que la multitude des changements qui survenaient pendant l'office, faisaient qu'il y avait souvent plus de peine et d'embarras à tourner seulement les pages du livre pour trouver ce qu'on devait lire qu'il n'y en avait à le lire quand on l'avait trouvé.

Après avoir considéré toutes ces défectuosités, on a institué le présent ordre qui y remédie, et pour y apporter d'autant plus de facilité, on y a joint un calendrier clair, simple et fort aisé à comprendre, où l'on a indiqué d'une manière aussi précise que possible comment il faut lire la Sainte Écriture ; afin que tout se fasse avec ordre, sans interruption et sans rien tronquer. C'est pourquoi on a retranché les antiennes, répons, invitatoires et autres choses semblables qui ne faisaient qu'interrompre le cours de la lecture de l'Écriture.

Cependant, comme il n'est pas possible de se passer entièrement de règles, on en donne ici quelques-unes, mais celles-ci sont simples, peu nombreuses et aisées à comprendre. De sorte que vous avez ici un ordre pour la lecture de l'Écriture Sainte qui répond parfaitement à l'intention des anciens Pères, et beaucoup plus utile et plus commode que celui que l'on observait auparavant. Il est plus utile, parce que l'on a retranché beaucoup de choses dont les unes étaient fausses, d'autres incertaines et d'autres vaines et superstitieuses ; et que l'on y ordonne de ne rien lire que la très pure Parole de Dieu, les Saintes Écritures, ou ce qui lui est parfaitement conforme, et cela dans un langage et un ordre simples et à la portée de l'auditeur comme du lecteur. Il est aussi plus commode, tant à cause de sa brièveté et de sa simplicité que par le petit nombre et la facilité des règles qu'on y donne. De plus, en suivant cet ordre, les pasteurs n'auront besoin d'aucun autre livre pour leur office public que la Bible et celui-ci ; ce qui soulagera le peuple de la charge de livres qu'il avait à supporter par le passé.

Enfin, alors qu'auparavant il y avait dans les églises de ce royaume une grande diversité quant à la manière de réciter et de chanter (les uns suivant l'usage de Salisbury, d'autres celui d'Hereford, d'autres encore celui de Bangor, celui d'York ou de Lincoln), il n'y aura plus désormais qu'un seul usage dans tout le royaume. Et si quelqu'un juge pénible cette nouvelle manière, parce qu'il lui faut suivre dans un livre alors qu'auparavant, à force de l'avoir tant répété, il connaissait tout par cœur, qu'il compare cet effort avec la connaissance qu'il acquerra chaque jour en lisant le livre, et il ne refusera pas de souffrir en considération du profit qu'il en retirera par la suite.

Et parce qu'il n'y a point de règle si clairement exprimée qu'il ne s'y rencontre de difficulté lorsqu'on la met en pratique, pour lever les différences qui pourraient surgir et résoudre tous les doutes concernant la manière de comprendre et de mettre en pratique tout ce qui est contenu dans ce livre, il faudra que les personnes qui pourront avoir là-dessus des doutes ou des divergences d'interprétation s'adressent à l'évêque de leur diocèse. Celui-ci saura avec prudence résoudre les difficultés et faire cesser les doutes, sans rien ordonner qui soit contraire à ce qui est prescrit dans ce livre.

Bien qu'il soit ordonné dans la préface ci-dessus que tout ce qui se lit et se chante dans l'église doit l'être en langue vulgaire, afin que toute l'assemblée en soit édifiée, cela ne signifie pas que ceux qui disent en privé les matines ou les vêpres ne puissent le faire dans une langue qu'ils comprennent. De même, nul n'est tenu à réciter ces prières, sauf à le faire régulièrement dans les cathédrales, les collégiales et les églises paroissiales ou dans les chapelles qui en dépendent, pour le bien de la communauté qui y participe.

## Articles de religion

*Établis par les évêques, le clergé et les laïques de l'Église protestante épiscopale des États-Unis d'Amérique, réunis en convention, le douzième jour de septembre de l'an de notre Seigneur 1801.*

## I. De la foi en la Sainte Trinité

Il n'y a qu'un seul Dieu vivant et vrai, éternel, sans corps, ni parties, ni passions ; d'une puissance, d'une sagesse et d'une bonté infinies ; Créateur et Conservateur de toutes les choses visibles et invisibles. Et dans l'unité de cette divinité, il y a trois Personnes, d'une même substance, d'une même puissance et d'une même éternité, le Père, le Fils et le Saint-Esprit.

## II. De la Parole, ou du Fils de Dieu, qui a été fait vrai homme

Le Fils, qui est la Parole du Père, engendré de toute éternité du Père, le vrai et éternel Dieu, d'une même substance avec le Père, a pris, dans le sein de la bienheureuse Vierge, et de sa substance, la nature humaine, de telle sorte que deux natures entières et parfaites, à savoir la divinité et l'humanité, ont été jointes ensemble en une Personne, pour n'être jamais divisées ; d'où résulte un seul Christ, vrai Dieu et vrai homme, qui a véritablement souffert, qui a été crucifié, qui est mort et qui a été enseveli, pour réconcilier son Père avec nous et pour être un sacrifice, non seulement pour le péché originel, mais aussi pour les péchés actuels des hommes.

### III. De la descente du Christ aux enfers

Comme le Christ est mort pour nous et a été enseveli, il convient aussi de croire qu'il est descendu aux enfers.

### IV. De la résurrection du Christ

Le Christ est véritablement ressuscité de la mort, et il a repris son corps avec chair, os et toutes les choses qui appartiennent à la perfection de la nature humaine, avec laquelle il est monté au ciel ; et il y est assis, jusqu'à ce qu'il revienne au dernier jour pour juger tous les hommes.

### V. Du Saint-Esprit

Le Saint-Esprit, procédant du Père et du Fils, est d'une même substance, d'une même majesté et d'une même gloire avec le Père et avec le Fils, vrai et éternel Dieu.

### VI. De la suffisance des Saintes Écritures pour le salut

L'Écriture sainte contient toutes les choses nécessaires pour le salut. De sorte que l'on ne peut exiger de croire comme un article de la foi ni estimer requis ou nécessaire au salut ce qui ne s'y lit point ou qui ne peut être prouvé par elle. Par Écriture sainte, nous entendons les livres canoniques de l'Ancien et du Nouveau Testament dont l'Église n'a jamais mis en doute l'autorité.

### Noms et nombre des livres canoniques

| | | |
|---|---|---|
| Genèse, | Premier livre de Samuel, | Livre d'Esther, |
| Exode, | Deuxième livre de Samuel, | Livre de Job, |
| Lévitique, | Premier livre des Rois, | Psaumes, |
| Nombres, | Deuxième livre des Rois, | Proverbes, |
| Deutéronome, | Premier livre des Chroniques, | Ecclésiaste ou Qohéleth, |
| Josué, | Deuxième livre des Chroniques, | Cantique des Cantiques, |
| Juges, | Premier livre d'Esdras, | Les quatre prophètes majeurs, |
| Ruth, | Deuxième livre d'Esdras, | Les douze prophètes mineurs. |

Et pour les autres Livres (comme le dit Jérôme), l'Église les lit bien pour la conduite de la vie et pour l'instruction des mœurs ; mais elle ne s'en sert pas pour autant pour établir une doctrine. Ce sont les livres suivants :

| | |
|---|---|
| Troisième livre d'Esdras, | Livre de Tobie, |
| Quatrième livre d'Esdras, | Livre de Judith, |
| Cantique des trois enfants, | Livre de Jésus, fils de Sirach (Siracide), |
| Histoire de Suzanne, | Baruch le Prophète, |
| Bel et le Dragon, | Prière de Manassé, |
| Reste du livre d'Esther, | Premier livre des Maccabées, |
| Livre de la Sagesse, | Deuxième livre des Maccabées. |

Nous recevons tous les livres du Nouveau Testament tels qu'ils sont communément reçus, et nous les tenons pour canoniques.

## VII.  De l'Ancien Testament

L'Ancien Testament n'est pas contraire au Nouveau, car, tant dans l'Ancien que dans le Nouveau Testament, la vie éternelle est offerte au genre humain par le Christ, qui est le seul Médiateur entre Dieu et l'homme, étant Dieu et homme tout ensemble. C'est pourquoi ceux qui se figurent que les anciens Pères n'avaient en vue que des promesses passagères ne doivent pas être écoutés. Bien que la Loi donnée de Dieu à Moïse, à l'égard des cérémonies et des rites, ne lie point les chrétiens ; et bien que les commandements politiques qu'elle contient ne doivent pas nécessairement être reçus dans les cités, il n'en demeure pas moins qu'aucun chrétien n'est dispensé d'obéir aux commandements qualifiés de moraux.

## VIII.  Des Symboles de la foi

Le Symbole de Nicée et celui qui est appelé communément le Symbole des apôtres doivent être entièrement reçus et crus, car ils peuvent être prouvés par des autorités très certaines de l'Écriture Sainte.

*[L'article original, qui a reçu la sanction royale en 1571 et a été confirmé en 1662, était intitulé « Des trois symboles », et commençait ainsi : « Les trois Confessions de foi, le Symbole*

*de Nicée, le Symbole d'Athanase et celui que l'on appelle*
*communément le Symbole des apôtres... »]*

## IX. Du péché originel

Le péché originel ne consiste pas à imiter Adam (comme les
pélagiens le disent vainement), mais c'est par la faute et la
corruption de la nature de chaque homme, qui est naturellement
engendré de la postérité d'Adam, que l'homme s'est fort éloigné
de la justice originelle et est enclin au mal de sa propre nature ;
au point que la chair convoite toujours contre l'Esprit. C'est
pourquoi le péché attire sur tout homme qui vient au monde
la colère de Dieu et la condamnation. Et cette corruption de la
nature demeure, même en ceux qui sont régénérés : ce qui fait
que l'appétit de la chair, appelé en grec φρόνημα σαρκός (que
certains appellent la sagesse, d'autres la sensualité, d'autres encore
l'affection, le désir de la chair), n'est point assujetti à la Loi de
Dieu. Et bien qu'il n'y ait point de condamnation pour ceux qui
croient et qui sont baptisés, l'Apôtre confesse toutefois que la
convoitise et l'appétit déréglé ont en soi la nature du péché.

## X. Du libre arbitre

La condition de l'homme après la chute d'Adam est telle qu'il
ne peut ni se convertir ni se préparer lui-même, par ses propres
forces naturelles et par ses bonnes œuvres, à la foi et à l'invocation
de Dieu. C'est pourquoi nous n'avons pas le pouvoir de faire de
bonnes œuvres qui soient agréables à Dieu sans la grâce de Dieu
par le Christ, laquelle nous prévient, afin que nous puissions avoir
une bonne volonté, et laquelle opère avec nous, quand nous avons
cette bonne volonté.

## XI. De la justification de l'homme

Nous sommes réputés justes devant Dieu seulement par les mérites
de notre Seigneur et Sauveur Jésus Christ ; par la foi, et non point
à cause de nos propres œuvres ou mérites. C'est pourquoi la
doctrine qui affirme que nous sommes justifiés par la foi seulement

est très saine et très consolatrice, comme il est plus amplement expliqué dans l'Homélie de la justification.

## XII. Des bonnes œuvres

Bien que les bonnes œuvres, qui sont les fruits de la foi et qui suivent la justification, ne puissent ni ôter nos péchés ni soutenir la sévérité du jugement de Dieu, elles lui sont cependant agréables et acceptables en Christ, et elles procèdent nécessairement d'une vraie et vive foi, d'autant plus que par elles on peut connaître une foi vive aussi évidemment qu'un arbre est discerné par son fruit.

## XIII. Des œuvres avant la justification

Les œuvres accomplies avant la grâce du Christ et l'inspiration de son Esprit ne sont point agréables à Dieu, attendu qu'elles ne procèdent point de la foi en Christ ; elles ne disposent pas non plus l'homme à recevoir la grâce ; et elles ne méritent point la grâce par congruité (comme disent les scolastiques). Au contraire, parce qu'elles ne sont point faites selon la volonté et selon les commandements de Dieu, nous ne doutons point qu'elles n'aient la nature du péché.

## XIV. Des œuvres de surérogation

On ne peut enseigner sans arrogance ni impiété qu'il y ait des œuvres volontaires, au-delà et au-dessus des commandements de Dieu, que l'on appelle œuvres de surérogation. Car par là les hommes déclarent qu'ils ne rendent pas seulement à Dieu autant qu'ils sont tenus de lui rendre, mais qu'ils font, pour l'amour de lui, plus qu'ils ne sont obligés de faire. Or, le Christ dit expressément : « Quand vous avez fait tout ce qui vous a été ordonné, dites : Nous sommes des serviteurs inutiles. »

## XV. Du Christ, qui est seul sans péché

Le Christ ayant pris véritablement notre nature, il a été fait semblable à nous en toutes choses, excepté seulement le péché, dont il a été tout à fait exempt, tant dans sa chair que dans son esprit. Il est venu pour être un Agneau sans tache qui, après s'être offert une fois en sacrifice, devait ôter les péchés du monde ; et en lui (comme le dit saint Jean), il n'y avait point de péché. Mais nous tous, bien que nous soyons baptisés et régénérés en Christ, nous péchons pourtant en plusieurs choses ; et si nous disons que nous n'avons point de péché, nous nous égarons nous-mêmes, et la vérité n'est point en nous.

## XVI. Du péché après le baptême

Tout péché mortel commis volontairement après le Baptême n'est pas le péché contre le Saint-Esprit, et n'est pas irrémissible. C'est pourquoi il ne faut pas nier que ceux qui tombent dans le péché après le Baptême soient capables de repentance. Quand nous avons reçu le Saint-Esprit, nous pouvons déchoir de la grâce qui nous a été donnée, et tomber dans le péché ; et, par la grâce de Dieu, nous pouvons nous relever de nouveau et nous amender. C'est pourquoi il convient de condamner ceux qui disent qu'ils ne peuvent plus pécher tant qu'ils sont en cette vie, ou qui nient qu'il y ait rémission des péchés pour ceux qui se repentent véritablement.

## XVII. De la prédestination et de l'élection

La prédestination à la vie est le propos éternel de Dieu, par lequel (avant la fondation du monde) il a fermement arrêté, par son conseil qui nous est caché, de délivrer de la malédiction et de la condamnation ceux qu'il a élus du genre humain en Christ, et de les amener par le Christ au salut éternel, comme des vases d'honneur. C'est pourquoi ceux qui ont reçu un si excellent bienfait de Dieu sont appelés, selon son décret, par son Esprit qui opère en temps et en heure. Ils obéissent par la grâce à la vocation ; ils sont justifiés gratuitement ; ils sont faits enfants de Dieu par adoption ; ils sont faits semblables à son Fils unique, Jésus Christ ; ils marchent religieusement dans les bonnes œuvres ; et enfin, par la miséricorde de Dieu, ils arrivent à la béatitude éternelle.

La pieuse méditation de la prédestination et de notre élection en Christ est pleine d'une douce, agréable et inexprimable consolation pour les personnes pieuses, et pour celles qui sentent en elles-mêmes l'opération de l'Esprit du Christ, qui mortifie les œuvres de la chair et leurs membres terrestres, et qui élève leurs pensées aux choses sublimes et célestes, tant parce qu'elle établit et confirme puissamment leur foi dans le salut éternel, dont elles doivent avoir la jouissance par le Christ, que parce qu'elle les embrase d'un ardent amour pour Dieu. De même, il est certain aussi que d'avoir continuellement devant les yeux l'arrêt de la prédestination divine est pour les personnes curieuses et charnelles, dénuées de l'Esprit du Christ, un très dangereux précipice d'où le Diable les pousse ou dans le désespoir, ou dans la condition misérable d'une vie mauvaise et impure, qui n'est pas moins dangereuse que le désespoir.

De plus, nous devons recevoir les promesses de Dieu comme elles nous sont généralement annoncées dans l'Écriture Sainte. Et dans nos actions, nous devons suivre cette volonté de Dieu qui nous est expressément déclarée dans la Parole.

## XVIII. De l'acquisition du salut éternel par le seul Nom du Christ

Méritent aussi d'être tenus pour exécrables ceux qui ont la témérité de dire que l'on sera sauvé par la loi, ou par la secte dont on fait profession, pourvu que l'on ait soin de conformer sa vie à cette loi, et à la lumière de la Nature ; car l'Écriture Sainte ne nous propose que le seul Nom de Jésus Christ par lequel les hommes doivent être sauvés.

## XIX. De l'Église

L'Église visible du Christ est une assemblée de fidèles où la pure Parole de Dieu est prêchée et où les Sacrements sont dûment administrés selon l'ordonnance du Christ, dans toutes les choses qui y sont nécessairement requises.

Comme les Églises de Jérusalem, d'Alexandrie et d'Antioche ont erré, de même l'Église de Rome a aussi erré, non seulement dans la conduite de la vie et dans la forme des cérémonies, mais aussi en matière de foi.

## XX.  De l'autorité de l'Église

L'Église a le pouvoir d'établir des règlements ou des cérémonies ; elle a aussi autorité dans les controverses de la foi. Toutefois, il ne lui est pas permis d'ordonner quoi que ce soit de contraire à la Parole de Dieu écrite. Elle ne peut pas non plus expliquer un passage de l'Écriture de telle manière qu'il soit inconciliable avec un autre passage. C'est pourquoi, bien que l'Église soit le témoin et la gardienne de l'Écriture Sainte, comme elle ne doit rien ordonner qui y soit contraire, elle ne doit pas non plus, outre l'Écriture, imposer quoi que ce soit qu'il faudrait croire comme nécessaire au salut.

## XXI.  De l'autorité des conciles généraux

[Le vingt et unième de ces articles est omis, parce qu'il est en partie d'une nature locale et civile ; quant au reste, il y est pourvu dans d'autres articles.]

*Le texte original de cet article, présent dans les versions de 1571 et 1662 et omis dans la version de 1801, était formulé ainsi : « Les conciles généraux ne peuvent être réunis sans le commandement et la volonté des princes. Et leur rassemblement étant un rassemblement d'hommes qui ne se placent pas tous sous la conduite de l'Esprit et de la Parole de Dieu, ils peuvent se tromper, comme cela leur est parfois arrivé, même dans les choses qui concernent Dieu. C'est pourquoi les choses qu'ils ordonnent comme nécessaires au salut n'ont ni force ni autorité, à moins qu'il ne soit déclaré qu'elles sont tirées de la Sainte Écriture. »*

## XXII. Du purgatoire

La doctrine de Rome touchant le purgatoire, les pardons, la vénération et l'adoration tant des images que des reliques et pareillement l'invocation des Saints est une chose folle, vainement inventée ; elle n'est fondée sur aucune autorité de l'Écriture, mais est plutôt contraire à la Parole de Dieu.

## XXIII. Des fonctions des ministres dans l'église

Il n'est permis à personne de prendre l'office de la prédication publique, et d'administrer les Sacrements dans l'église, avant d'avoir été légitimement appelé, et d'avoir reçu sa mission à cet effet. Et nous devons juger comme légitimement appelés et envoyés ceux qui sont élus et appelés à cette œuvre par les personnes qui ont été publiquement autorisées dans l'Église pour appeler et pour envoyer des ministres dans la vigne du Seigneur.

## XXIV. Qu'il faut parler dans l'église une langue entendue du peuple

C'est une chose qui contrevient entièrement à la Parole de Dieu et à l'usage de l'Église primitive que de faire des prières publiques dans l'église ou d'administrer les Sacrements dans une langue non entendue du peuple.

## XXV. Des Sacrements

Les Sacrements que le Christ a institués ne sont pas seulement des symboles et des marques de la profession des chrétiens, mais ce sont plutôt des témoignages certains et assurés, et des signes efficaces de la grâce et de la bonne volonté de Dieu envers nous, par lesquels il opère invisiblement au dedans de nous, et par lesquels il ne vivifie pas seulement, mais aussi fortifie et confirme la foi que nous avons en lui.

Il y a deux Sacrements que le Christ notre Seigneur a institués dans l'Évangile, à savoir le Baptême et la Cène du Seigneur.

Les cinq sacrements, comme on les appelle communément, c'est-à-dire la confirmation, la pénitence, les ordres, le mariage et l'extrême-onction, ne doivent pas être tenus pour Sacrements de l'Évangile : les uns provenant d'une imitation corrompue des

Apôtres, les autres étant des conditions de vie approuvées dans les Écritures, mais n'ayant pas pour autant la même nature de Sacrements que le Baptême et la Cène du Seigneur, puisqu'ils n'ont aucun signe visible ni cérémonial que Dieu ait ordonné.

Le Christ n'a point institué les Sacrements pour repaître les yeux, ou pour être portés çà et là, mais afin que nous en usions convenablement. Et ce n'est qu'en ceux qui les reçoivent dignement qu'ils ont un effet ou une opération salutaires. Quant à ceux qui les reçoivent indignement, ils attirent sur eux la condamnation, comme le dit saint Paul.

## XXVI. De l'indignité des ministres, qui n'empêche point l'effet des Sacrements

Dans l'Église visible, les méchants sont toujours mêlés avec les bons, et quelquefois les méchants y ont la principale autorité dans la prédication de la Parole et l'administration des Sacrements. Néanmoins, comme ce n'est pas en leur propre nom qu'ils agissent, mais en celui du Christ, par son autorité et en vertu de sa commission, nous pouvons user de leur ministère, tant pour ce qui est de l'écoute de la Parole de Dieu que pour ce qui est de la participation aux Sacrements. Leur méchanceté n'anéantit point l'efficacité de l'institution du Christ, et ne diminue point la grâce des dons de Dieu en ceux qui reçoivent avec foi, et d'une manière convenable, les Sacrements qui leur sont administrés ; lesquels sont efficaces à cause de l'institution et de la promesse du Christ, bien qu'ils soient administrés par des méchants.

Néanmoins, il est de la discipline de l'Église qu'elle soit avertie des ministres dépravés, et qu'ils soient accusés par les personnes qui ont connaissance de leurs crimes ; et qu'étant trouvés coupables, ils soient enfin déposés par un juste jugement.

## XXVII. Du Baptême

Le Baptême n'est pas seulement un signe de profession et une marque de différence par lesquels les chrétiens sont distingués de ceux qui ne sont point baptisés. C'est aussi un signe de régénération ou de naissance nouvelle par lequel, comme par un instrument, ceux qui reçoivent convenablement le Baptême sont admis dans l'Église : les promesses de la rémission des péchés et de notre adoption pour être enfants de Dieu par le Saint-Esprit sont visiblement signées et scellées ; la foi est confirmée, et la grâce augmentée, par la force de la prière faite à Dieu.

Le Baptême des petits enfants doit absolument être retenu dans l'Église comme très conforme à l'institution du Christ.

## XXVIII. De la Cène du Seigneur

La Cène du Seigneur n'est pas seulement un signe de charité que les chrétiens doivent avoir entre eux, les uns pour les autres ; c'est plutôt un Sacrement de notre rédemption par la mort du Christ : de telle sorte qu'à ceux qui le reçoivent convenablement, dignement et avec foi, le Pain que nous rompons est une participation au Corps du Christ, et la Coupe de bénédiction est de même une participation au Sang du Christ.

La transsubstantiation (ou le changement de la substance du pain et du vin) dans la Cène du Seigneur ne saurait être prouvée par l'Écriture Sainte ; mais elle est contraire aux paroles expresses de l'Écriture ; elle renverse la nature d'un Sacrement, et elle a donné occasion à beaucoup de superstitions.

Le Corps du Christ est donné, pris et mangé dans la Cène, seulement d'une manière céleste et spirituelle ; et le moyen par lequel le Corps du Christ est reçu et mangé dans la Cène, c'est la foi. Ce n'est point par l'ordonnance du Christ que le Sacrement de la Cène du Seigneur est gardé, porté en procession, élevé, adoré.

## XXIX. Des méchants, qui ne mangent point le Corps du Christ en recevant la Cène du Seigneur

Bien qu'ils pressent charnellement et visiblement de leurs dents le Sacrement du Corps et du Sang de Christ (comme le dit Saint Augustin), les méchants et ceux qui sont dénués d'une foi vive ne sont pourtant en aucune façon participants du Christ. Au contraire, ils mangent et boivent, pour leur condamnation, le signe ou le Sacrement d'une si grande chose.

## XXX. Des deux Espèces

La Coupe du Seigneur ne doit point être refusée aux laïques ; car, par l'institution et par le commandement du Christ, les deux parties du Sacrement du Seigneur doivent être administrées à tous les chrétiens également.

## XXXI. De l'unique oblation du Christ faite sur la Croix

L'oblation du Christ, qui a été une fois faite, est la parfaite rédemption, propitiation et satisfaction de tous les péchés de tout le monde, tant pour le péché originel que pour les péchés actuels : et il n'est point d'autre satisfaction du péché que celle-là. C'est pourquoi les sacrifices de la messe, durant lesquels on disait communément que le prêtre offrait le Christ pour les vivants et pour les morts, pour leur obtenir la rémission de la peine ou du péché, étaient des fables blasphématoires et des séductions dangereuses.

## XXXII. Du mariage des prêtres

Dans la Loi de Dieu, il n'est point commandé aux évêques, ni aux prêtres, ni aux diacres, de faire vœu de célibat ou de s'abstenir du mariage ; c'est pourquoi il leur est permis à tous, aussi bien qu'à tous les chrétiens, de se marier, à leur discrétion, selon qu'ils le jugeront le plus utile à la piété.

## XXXIII. Que l'on doit éviter les personnes excommuniées

Celui qui, par la dénonciation publique de l'Église, est légitimement retranché du corps de l'Église et excommunié doit être regardé par tous les fidèles comme un païen et un péager, jusqu'à ce qu'il soit publiquement réconcilié par la pénitence, et reçu dans l'Église par un juge qui en ait l'autorité.

## XXXIV. Des traditions de l'Église

Il n'est pas nécessaire que les traditions et les cérémonies soient partout les mêmes ou complètement semblables ; car elles ont été diverses en tout temps ; et elles peuvent être changées, selon la diversité des pays, des temps et des mœurs des hommes, pourvu que rien ne soit ordonné contre la Parole de Dieu. Quiconque, par son propre jugement, volontairement et de propos délibéré, viole publiquement les traditions et les cérémonies de l'Église, qui ne sont point contraires à la Parole de Dieu et qui sont établies et approuvées par l'autorité publique, doit être repris publiquement (afin que les autres craignent d'agir de même), comme une personne qui viole l'ordre public de l'Église, qui choque l'autorité du magistrat et qui blesse les consciences des frères infirmes.

Toute Église particulière ou nationale a autorité pour établir, changer et abolir les cérémonies et les rites de l'Église qui n'ont été établis que par l'autorité des hommes, pourvu que toutes choses se fassent pour l'édification.

## XXXV. Des Homélies

Le second Livre des Homélies, dont nous avons mis les titres après cet Article, contient une doctrine pieuse et salutaire, et qui est nécessaire pour ce temps-ci ; il en est de même pour le premier Livre des Homélies qui fut publié du temps d'Édouard VI. C'est pourquoi nous trouvons à propos qu'elles soient lues dans les Églises par les ministres, soigneusement et distinctement, afin qu'elles puissent être entendues du peuple.

### Noms des Homélies

1. Du droit usage de l'Église.
2. Contre le péril de l'idolâtrie.
3. De la réparation des églises et du soin qu'il faut avoir de les tenir propres.
4. Des bonnes œuvres et premièrement du jeûne.
5. Contre la gourmandise et contre l'ivrognerie.
6. Contre la superfluité des habits.
7. De la prière.
8. Du lieu et du temps de la prière.
9. Que les prières publiques se doivent faire et que les Sacrements

doivent être administrés dans une langue entendue.

10. De l'estime et du respect qu'on doit avoir pour la Parole de Dieu.
11. De l'aumône.
12. De la naissance du Christ.
13. De la passion du Christ.
14. De la résurrection du Christ.
15. De la manière de participer dignement au Sacrement du Corps et du Sang du Christ.
16. Des dons du Saint-Esprit.
17. Pour les jours des Rogations.
18. De l'état du mariage.
19. De la repentance.
20. Contre la paresse.
21. Contre la rébellion.

[L'Église épiscopale n'admet cet Article que dans la mesure où elle considère le Livre des Homélies uniquement comme une explication de la doctrine chrétienne, et comme propre à instruire dans la piété et la morale. Mais tout ce qui a rapport à la constitution et aux lois d'Angleterre ne convient pas à la situation de cette Église. Aussi ajourne-t-on l'ordre de lire lesdites Homélies dans les églises jusqu'à ce que, par une soigneuse révision, on y ait corrigé les mots et les phrases hors d'usage ainsi que ce qui a trait aux circonstances locales.]

## XXXVI. De la consécration des évêques et des prêtres

Le Livre de la consécration des évêques et de l'ordination des prêtres et des diacres, publié par la Convention générale de cette Église en 1792, contient toutes les choses qui sont nécessaires à cette consécration et à cette ordination, et il n'y a rien dans ce Livre-là qui soit superstitieux ou impie. C'est pourquoi, tous ceux qui ont reçu la consécration et l'ordination selon ladite forme, nous déclarons qu'ils sont tous consacrés et tous ordonnés comme il faut, selon l'ordre, et légitimement.

*Le texte original de cet article, présent dans les versions de 1571 et 1662, était formulé ainsi : « Le Livre de la consécration des archevêques et des évêques et de l'ordination des prêtres et des diacres, récemment établi sous le règne d'Édouard VI, et confirmé à la même époque par l'autorité du Parlement, contient toutes les choses qui sont nécessaires à cette consécration et à cette ordination ; et il n'y a rien dans ce Livre-là qui soit superstitieux ou impie. C'est pourquoi tous ceux qui ont reçu la consécration et l'ordination selon les rites de ce Livre, depuis la deuxième année du règne dudit roi Édouard jusqu'à ce jour, nous déclarons qu'ils sont tous consacrés et tous ordonnés comme il faut, selon l'ordre, et légitimement. »*

## XXXVII.  Du pouvoir des magistrats civils

Le pouvoir du magistrat civil s'étend à tous les hommes, tant ecclésiastiques que laïques, dans toutes les choses temporelles ; mais il n'a point d'autorité dans les choses spirituelles. Et nous croyons qu'il est du devoir de tous les hommes qui professent l'Évangile de rendre une obéissance respectueuse au pouvoir civil dûment et légitimement constitué.

*Le texte original de cet article, dans les versions de 1571 et 1662, était formulé ainsi : « Sa Majesté le Roi détient le pouvoir suprême au Royaume d'Angleterre et dans les autres pays qui dépendent de sa couronne, et c'est à lui qu'appartient le gouvernement suprême de tous les états de ce Royaume, qu'ils soient ecclésiastiques ou laïques, par rapport à toutes sortes de causes. De plus, il n'est ni ne doit être assujetti à une quelconque juridiction étrangère. Lorsque nous attribuons à Sa Majesté le Roi le pouvoir suprême, ce dont nous apprenons que certaines personnes médisantes s'offensent, nous n'accordons à nos Princes ni l'administration de la Parole de Dieu ni celle des Sacrements, comme en font très expressément foi les injonctions publiées depuis peu par notre Souveraine Élisabeth ; mais nous leur octroyons seulement la prérogative que nous voyons que Dieu lui-même a toujours donnée dans les Saintes Écritures à tous les princes pieux, à savoir de gouverner tous les états et tous les ordres de la société, aussi bien ecclésiastiques que laïques, dont Dieu leur a commis la charge, et de réprimer par le glaive civil les rebelles et les malfaiteurs.*

*L'évêque de Rome n'a point de juridiction au Royaume d'Angleterre.*

*Les lois du Royaume peuvent punir de mort les chrétiens pour des crimes graves et odieux.*

*Il est permis aux chrétiens de porter les armes et de servir à la guerre, sur commandement du magistrat. »*

## XXXVIII. Des biens des chrétiens, qui ne sont point communs

Les chrétiens ne possèdent point leurs richesses et leurs biens en commun, à l'égard du droit et du titre qu'ils y ont, ainsi que certains anabaptistes osent le prétendre faussement. Néanmoins, chacun doit, autant qu'il est en son pouvoir, faire libéralement l'aumône aux pauvres des choses qu'il possède.

## XXXIX. Du serment d'un chrétien

Comme nous confessons que les serments vains et téméraires sont défendus aux chrétiens par notre Seigneur Jésus Christ et par Jacques, son apôtre, nous estimons aussi que la religion chrétienne ne défend point de jurer, lorsque le magistrat le requiert, dans une cause de foi et de charité ; pourvu que cela se fasse, selon que le Prophète l'enseigne, en justice, en jugement et en vérité.

# Quadrilatère de Chicago-Lambeth (1886, 1888)

*Adopté par la Chambre des évêques*
*Chicago, 1886*

Nous, évêques de l'Église protestante épiscopale des États-Unis d'Amérique, réunis en concile en tant qu'évêques de l'Église de Dieu, déclarons solennellement ce qui suit à toutes les personnes intéressées, et en particulier à nos frères chrétiens de diverses confessions installés dans ce pays qui, dans leurs différents milieux, ont combattu pour la religion du Christ :

1. Nous désirons de tout cœur que s'accomplisse rapidement, dans son sens le plus profond et le plus vrai, la prière du Sauveur : « que tous soient un ».

2. Nous sommes convaincus que quiconque a dûment reçu le baptême de l'eau au nom du Père et du Fils et du Saint-Esprit est membre de la Sainte Église catholique.

3. Pour tout règlement ou choix humain relatif aux formes de culte et de discipline ou aux coutumes traditionnelles, notre Église est prête, dans un esprit d'humilité et d'amour, à abandonner toutes les préférences qui sont les siennes.

4. Notre Église ne cherche aucunement à absorber les autres confessions, mais plutôt à coopérer avec elles, sur la base d'une foi et d'une ordonnance communes, afin d'écarter les schismes, de guérir les blessures du Corps du Christ et de promouvoir la charité qui est la première des grâces chrétiennes et la manifestation visible du Christ dans le monde.

Mais surtout, nous affirmons ici que l'unité chrétienne [...] ne peut être restaurée que par le retour de toutes les communautés chrétiennes aux principes d'unité dont l'Église catholique indivise des premiers siècles fut l'exemple. Nous croyons que ces principes sont le dépôt substantiel de la foi et de l'ordonnance chrétiennes, dépôt que le Christ et ses apôtres ont confié à l'Église jusqu'à la fin des temps et qui ne peut donc être altéré ou abandonné par ceux qui ont été ordonnés pour être ses intendants et ses gardiens pour le bien commun de toute l'humanité placée sur un pied d'égalité.

Font partie intégrante de ce dépôt sacré, et sont donc, à ce titre, essentiels au rétablissement de l'unité entre les branches de la chrétienté divisée, les éléments suivants :

1. La Sainte Écriture de l'Ancien et du Nouveau Testament, en tant que Parole de Dieu révélée.

2. Le Symbole de Nicée en tant qu'exposé suffisant de la foi chrétienne.

3. Les deux Sacrements, le Baptême et le Repas du Seigneur, administrés en respectant fidèlement les paroles d'institution du Christ et les éléments qu'il a ordonnés.

4. L'épiscopat historique, qui adapte localement ses méthodes d'administration aux besoins divers des peuples et des nations que Dieu appelle dans l'unité de son Église.

En outre, profondément peinés par les tristes divisions qui entachent l'Église du Christ dans notre propre pays, nous affirmons notre désir et notre disposition à entrer en discussion fraternelle avec tout groupe chrétien qui cherche à rétablir l'unité organique de l'Église, aussitôt qu'une réponse autorisée sera faite à cette déclaration, en vue d'étudier attentivement les conditions dans lesquelles une telle bénédiction pourrait se produire.

*Note : Bien que la formule ci-dessus ait été adoptée par la Chambre des évêques, elle n'a pas été votée par la Chambre des députés ; on a préféré l'incorporer dans un plan général qui a été confié pour examen et décision à un Comité mixte pour la réunion des chrétiens créé à cet effet.*

## Conférence de Lambeth (1888)
### Résolution II

De l'avis de cette Conférence, les articles suivants offrent une base d'approche qui favorise la réunification du christianisme avec la bénédiction de Dieu :

a) La Sainte Écriture de l'Ancien et du Nouveau Testament, qui contient « toutes les choses nécessaires pour le salut » et qui est la règle et la norme ultime de la foi.

b) Le Symbole des apôtres, qui est le symbole baptismal, et le Symbole de Nicée, qui est l'exposé suffisant de la foi chrétienne.

c) Les deux Sacrements institués par le Christ lui-même, le Baptême et la Cène du Seigneur, administrés en respectant fidèlement les paroles d'institution du Christ et les éléments qu'il a ordonnés.

d) L'épiscopat historique, qui adapte localement ses méthodes d'administration aux besoins divers des peuples et des nations que Dieu appelle dans l'unité de son Église.

# Tables
# pour déterminer
# la date de Pâques
# et des jours saints

# Tables et règles pour déterminer la date de Pâques

## Règles pour déterminer la date de Pâques

Pâques est toujours fêté le dimanche suivant la pleine lune qui tombe le 21 mars ou peu après, une date établie selon un calcul ecclésiastique ancien qui ne correspond pas toujours à l'équinoxe astronomique. Cette pleine lune peut se produire n'importe quand entre le 21 mars et le 18 avril inclus. Si la pleine lune tombe un dimanche, Pâques est fêté le dimanche suivant. Cependant, il a toujours lieu entre le 22 mars et le 25 avril.

Pour trouver la date de Pâques d'une année donnée, il est nécessaire de disposer de deux points de repère : le nombre d'or et la lettre des dimanches de l'année en question.

1. **Le nombre d'or** indique la date de la pleine lune qui suit l'équinoxe de printemps (le 21 mars), selon un cycle de dix-neuf ans. Ce nombre est indiqué dans le calendrier pour les dates allant du 22 mars au 18 avril inclus. Les nombres donnés dans le présent calendrier sont valables de l'an 1900 à 2099, après quoi ils changeront.

2. **La lettre des dimanches** indique les jours de l'année correspondant à un dimanche. Après chaque date du calendrier est indiquée une lettre, qui va de A à g. Ainsi, si le 1er janvier est un dimanche, la lettre des dimanches de l'année est le A, et chaque date du calendrier marquée d'un A est un dimanche. Si le 2 janvier est un dimanche, chaque date du calendrier marquée d'un b est un dimanche, et ainsi de suite pour les sept lettres.

Attention cependant : lors d'une année bissextile, la lettre des dimanches change le 1er mars. Ces années-là, si la lettre des dimanches est le A, cela ne s'applique qu'aux dimanches de janvier et février. Ensuite, c'est le g qui devient la lettre des dimanches pour le reste de l'année. Ou si la lettre des dimanches est le d, c'est le c qui prendra la suite à partir du 1er mars.

## Pour trouver le nombre d'or

Le nombre d'or d'une année se calcule comme suit : prenez la valeur numérique de l'année, ajoutez 1, puis divisez le résultat par 19. Le nombre d'or correspond au reste de l'opération, s'il y en a un. S'il n'y en a pas, alors le nombre d'or est le 19.

## Pour trouver la lettre des dimanches

La table suivante permet de retrouver rapidement la lettre des dimanches de n'importe quelle année comprise entre 1900 et 2099. Elle se trouve sur la ligne des centaines, au-dessus de la colonne contenant les autres chiffres de l'année. Pour les années bissextiles, la lettre au-dessus du nombre marqué d'un astérisque est la lettre des dimanches pour janvier et février, et la lettre au-dessus du nombre seul est celle du reste de l'année.

## Centaines

| | | | | | | | |
|---|---|---|---|---|---|---|---|
| 1900 | | g | f | e | d | c | b | A |
| 2000 | b | A | g | f | e | d | c | b |

## Années en plus des centaines

| | | | | | | | |
|---|---|---|---|---|---|---|---|
| 00* | 00 | 01 | 02 | 03 | 04* | 04 | 05 |
| | 06 | 07 | 08* | 08 | 09 | 10 | 11 |
| | 12* | 12 | 13 | 14 | 15 | 16* | 16 |
| | 17 | 18 | 19 | 20* | 20 | 21 | 22 |
| | 23 | 24* | 24 | 25 | 26 | 27 | 28* |
| | 28 | 29 | 30 | 31 | 32* | 32 | 33 |
| | 34 | 35 | 36* | 36 | 37 | 38 | 39 |
| | 40* | 40 | 41 | 42 | 43 | 44* | 44 |
| | 45 | 46 | 47 | 48* | 48 | 49 | 50 |
| | 51 | 52* | 52 | 53 | 54 | 55 | 56* |
| | 56 | 57 | 58 | 59 | 60* | 60 | 61 |
| | 62 | 63 | 64* | 64 | 65 | 66 | 67 |
| | 68* | 68 | 69 | 70 | 71 | 72* | 72 |
| | 73 | 74 | 75 | 76* | 76 | 77 | 78 |
| | 79 | 80* | 80 | 81 | 82 | 83 | 84* |
| | 84 | 85 | 86 | 87 | 88* | 88 | 89 |
| | 90 | 91 | 92* | 92 | 93 | 94 | 95 |
| | 96* | 96 | 97 | 98 | 99 | | |

## Pour déterminer le jour de Pâques

Une fois obtenus le nombre d'or et la lettre des dimanches pour une année donnée, la date de Pâques peut être trouvée dans le calendrier des pages [19] et [20] en procédant comme suit :

1. Le nombre d'or associé à un jour du mois de mars ou d'avril dans le calendrier indique la date de la pleine lune cette année-là.

2. Pâques aura lieu à la prochaine date portant la lettre des dimanches de l'année. Mais lorsque le nombre d'or d'une année donnée et la lettre des dimanches de l'année sont associés au même jour, Pâques est fêté la semaine suivante. (Par exemple, si le nombre d'or est 19 – associé au 27 mars dans le calendrier – et la lettre des dimanches le d, alors Pâques sera fêté le 29 mars cette

année-là. Si le nombre d'or est 10 et la lettre des dimanches le A, alors Pâques sera fêté le 9 avril. Mais si le nombre d'or est 19 et la lettre des dimanches le b, alors Pâques sera fêté une semaine plus tard, à savoir le 3 avril.)

# Table pour déterminer le jour de Pâques

| Nb d'or | Année | Pâques | Année | Pâques | Année | Pâques | Année | Pâques |
|---|---|---|---|---|---|---|---|---|
| 1 | 1938 | 17 avril | 1976* | 18 avril | 2014 | 20 avril | 2052* | 21 avril |
| 2 | 1939 | 9 avril | 1977 | 10 avril | 2015 | 5 avril | 2053 | 6 avril |
| 3 | 1940* | 24 mars | 1978 | 26 mars | 2016* | 27 mars | 2054 | 29 mars |
| 4 | 1941 | 13 avril | 1979 | 15 avril | 2017 | 16 avril | 2055 | 18 avril |
| 5 | 1942 | 5 avril | 1980* | 6 avril | 2018 | 1er avril | 2056* | 2 avril |
| 6 | 1943 | 25 avril | 1981 | 19 avril | 2019 | 21 avril | 2057 | 22 avril |
| 7 | 1944* | 9 avril | 1982 | 11 avril | 2020* | 12 avril | 2058 | 14 avril |
| 8 | 1945 | 1er avril | 1983 | 3 avril | 2021 | 4 avril | 2059 | 30 mars |
| 9 | 1946 | 21 avril | 1984* | 22 avril | 2022 | 17 avril | 2060* | 18 avril |
| 10 | 1947 | 6 avril | 1985 | 7 avril | 2023 | 9 avril | 2061 | 10 avril |
| 11 | 1948* | 28 mars | 1986 | 30 mars | 2024* | 31 mars | 2062 | 26 mars |
| 12 | 1949 | 17 avril | 1987 | 19 avril | 2025 | 20 avril | 2063 | 15 avril |
| 13 | 1950 | 9 avril | 1988* | 3 avril | 2026 | 5 avril | 2064* | 6 avril |
| 14 | 1951 | 25 mars | 1989 | 26 mars | 2027 | 28 mars | 2065 | 29 mars |
| 15 | 1952* | 13 avril | 1990 | 15 avril | 2028* | 16 avril | 2066 | 11 avril |
| 16 | 1953 | 5 avril | 1991 | 31 mars | 2029 | 1er avril | 2067 | 3 avril |
| 17 | 1954 | 18 avril | 1992* | 19 avril | 2030 | 21 avril | 2068* | 22 avril |
| 18 | 1955 | 10 avril | 1993 | 11 avril | 2031 | 13 avril | 2069 | 14 avril |
| 19 | 1956* | 1er avril | 1994 | 3 avril | 2032* | 28 mars | 2070 | 30 mars |
| | | | | | | | | |
| 1 | 1957 | 21 avril | 1995 | 16 avril | 2033 | 17 avril | 2071 | 19 avril |
| 2 | 1958 | 6 avril | 1996* | 7 avril | 2034 | 9 avril | 2072* | 10 avril |
| 3 | 1959 | 29 mars | 1997 | 30 mars | 2035 | 25 mars | 2073 | 26 mars |
| 4 | 1960* | 17 avril | 1998 | 12 avril | 2036* | 13 avril | 2074 | 15 avril |
| 5 | 1961 | 2 avril | 1999 | 4 avril | 2037 | 5 avril | 2075 | 7 avril |
| 6 | 1962 | 22 avril | 2000* | 23 avril | 2038 | 25 avril | 2076* | 19 avril |
| 7 | 1963 | 14 avril | 2001 | 15 avril | 2039 | 10 avril | 2077 | 11 avril |
| 8 | 1964* | 29 mars | 2002 | 31 mars | 2040* | 1er avril | 2078 | 3 avril |
| 9 | 1965 | 18 avril | 2003 | 20 avril | 2041 | 21 avril | 2079 | 23 avril |
| 10 | 1966 | 10 avril | 2004* | 11 avril | 2042 | 6 avril | 2080* | 7 avril |
| 11 | 1967 | 26 mars | 2005 | 27 mars | 2043 | 29 mars | 2081 | 30 mars |
| 12 | 1968* | 14 avril | 2006 | 16 avril | 2044* | 17 avril | 2082 | 19 avril |
| 13 | 1969 | 6 avril | 2007 | 8 avril | 2045 | 9 avril | 2083 | 4 avril |
| 14 | 1970 | 29 mars | 2008* | 23 mars | 2046 | 25 mars | 2084* | 26 mars |
| 15 | 1971 | 11 avril | 2009 | 12 avril | 2047 | 14 avril | 2085 | 15 avril |
| 16 | 1972* | 2 avril | 2010 | 4 avril | 2048* | 5 avril | 2086 | 31 mars |
| 17 | 1973 | 22 avril | 2011 | 24 avril | 2049 | 18 avril | 2087 | 20 avril |
| 18 | 1974 | 14 avril | 2012* | 8 avril | 2050 | 10 avril | 2088* | 11 avril |
| 19 | 1975 | 30 mars | 2013 | 31 mars | 2051 | 2 avril | 2089 | 3 avril |

*Les années marquées d'un astérisque sont des années bissextiles.*

# Tables pour déterminer les fêtes et les jours saints mobiles

| Pâques | Dim. de l'Épiphanie* | Mercredi des Cendres† | Ascension | Pentecôte | Propre du 2ᵉ dim. après la Pentecôte‡ | Dimanche de l'Avent |
|---|---|---|---|---|---|---|
| 22 mars | 4 | 4 février | 30 avril | 1ᵉʳ mai | Nᵒ 3 | 29 novembre |
| 23 mars | 4 | 5 février | 1ᵉʳ mai | 11 mai | Nᵒ 3 | 30 novembre |
| 24 mars | 5 | 6 février | 2 mai | 12 mai | Nᵒ 3 | 1ᵉʳ décembre |
| 25 mars | 5 | 7 février | 3 mai | 13 mai | Nᵒ 3 | 2 décembre |
| 26 mars | 5 | 8 février | 4 mai | 14 mai | Nᵒ 3 | 3 décembre |
| 27 mars | 5 | 9 février | 5 mai | 15 mai | Nᵒ 4 | 27 novembre |
| 28 mars | 5 | 10 février | 6 mai | 16 mai | Nᵒ 4 | 28 novembre |
| 29 mars | 5 | 11 février | 7 mai | 17 mai | Nᵒ 4 | 29 novembre |
| 30 mars | 5 | 12 février | 8 mai | 18 mai | Nᵒ 4 | 30 novembre |
| 31 mars | 5 | 13 février | 9 mai | 19 mai | Nᵒ 4 | 1ᵉʳ décembre |
| 1ᵉʳ avril | 6 | 14 février | 10 mai | 20 mai | Nᵒ 4 | 2 décembre |
| 2 avril | 6 | 15 février | 11 mai | 21 mai | Nᵒ 4 | 3 décembre |
| 3 avril | 6 | 16 février | 12 mai | 22 mai | Nᵒ 5 | 27 novembre |
| 4 avril | 6 | 17 février | 13 mai | 23 mai | Nᵒ 5 | 28 novembre |
| 5 avril | 6 | 18 février | 14 mai | 24 mai | Nᵒ 5 | 29 novembre |
| 6 avril | 6 | 19 février | 15 mai | 25 mai | Nᵒ 5 | 30 novembre |
| 7 avril | 6 | 20 février | 16 mai | 26 mai | Nᵒ 5 | 1ᵉʳ décembre |
| 8 avril | 7 | 21 février | 17 mai | 27 mai | Nᵒ 5 | 2 décembre |
| 9 avril | 7 | 22 février | 18 mai | 28 mai | Nᵒ 5 | 3 décembre |
| 10 avril | 7 | 23 février | 19 mai | 29 mai | Nᵒ 6 | 27 novembre |
| 11 avril | 7 | 24 février | 20 mai | 30 mai | Nᵒ 6 | 28 novembre |
| 12 avril | 7 | 25 février | 21 mai | 31 mai | Nᵒ 6 | 29 novembre |
| 13 avril | 7 | 26 février | 22 mai | 1ᵉʳ juin | Nᵒ 6 | 30 novembre |
| 14 avril | 7 | 27 février | 23 mai | 2 juin | Nᵒ 6 | 1ᵉʳ décembre |
| 15 avril | 8 | 28 février | 24 mai | 3 juin | Nᵒ 6 | 2 décembre |
| 16 avril | 8 | 1ᵉʳ mars | 25 mai | 4 juin | Nᵒ 6 | 3 décembre |
| 17 avril | 8 | 2 mars | 26 mai | 5 juin | Nᵒ 7 | 27 novembre |
| 18 avril | 8 | 3 mars | 27 mai | 6 juin | Nᵒ 7 | 28 novembre |
| 19 avril | 8 | 4 mars | 28 mai | 7 juin | Nᵒ 7 | 29 novembre |
| 20 avril | 8 | 5 mars | 29 mai | 8 juin | Nᵒ 7 | 30 novembre |
| 21 avril | 8 | 6 mars | 30 mai | 9 juin | Nᵒ 7 | 1ᵉʳ décembre |
| 22 avril | 9 | 7 mars | 31 mai | 10 juin | Nᵒ 7 | 2 décembre |
| 23 avril | 9 | 8 mars | 1ᵉʳ juin | 11 juin | Nᵒ 7 | 3 décembre |
| 24 avril | 9 | 9 mars | 2 juin | 12 juin | Nᵒ 8 | 27 novembre |
| 25 avril | 9 | 10 mars | 3 juin | 13 juin | Nᵒ 8 | 28 novembre |

---

*Lors d'une année bissextile, le nombre de dimanches après l'Épiphanie est le même que si Pâques tombait un jour plus tard que dans la table ci-dessus.

†Lors d'une année bissextile, la date du mercredi des Cendres tombe un jour plus tard en février que dans la table ci-dessus.

‡Indique le numéro du propre à utiliser le dimanche suivant le dimanche de la Trinité. Les propres sont ensuite utilisés dans l'ordre.

# Lectionnaire commun révisé

# Introduction au Lectionnaire commun révisé

Un lectionnaire est un tableau des textes de l'Écriture dont la lecture est prescrite pour les cultes publics. Le lectionnaire (daté de 1969 et révisé en 1981) élaboré par l'Église catholique romaine après Vatican II prévoyait un cycle de lectures dominicales sur trois ans. Ce lectionnaire romain a servi de base au lectionnaire de l'édition 1979 du Livre de la prière commune, ainsi qu'aux lectionnaires élaborés par de nombreuses autres confessions.

En 1983 est paru le Lectionnaire commun, un projet œcuménique porté par plusieurs confessions des États-Unis et du Canada qui recherchaient l'unité de l'Église et désiraient vivre une expérience commune de l'Écriture. Il s'agissait d'une harmonisation des approches confessionnelles différentes à l'égard du lectionnaire triennal.

Le Lectionnaire commun révisé a été publié en 1992 et officiellement adopté par l'Église épiscopale en 2006. Il tient compte des critiques constructives sur le Lectionnaire commun qui ont été formulées lors de l'évaluation de son utilisation à titre d'essai. Comme le lectionnaire actuel, il s'agit d'un cycle de lectures en trois ans pour l'Eucharistie des dimanches. Matthieu, Marc et Luc sont lus à tour de rôle pendant une année, intercalés de passages de Jean.

# Introduction au lectionnaire

Le Lectionnaire des dimanches est organisé selon un cycle de trois ans, dans lequel l'année A commence toujours le premier dimanche de l'Avent durant les années divisibles par trois. (Par exemple, 1977 divisé par 3 fait 659, sans reste. L'année A commence donc le dimanche de l'Avent de cette année-là.)

Les psaumes et les leçons prescrits pour les dimanches et les autres grandes fêtes doivent être utilisés à tous les offices publics ces jours-là, sauf si la même assemblée assiste à deux offices ou plus. Ainsi, les mêmes leçons doivent être lues lors de l'office principal du matin, que la liturgie de la Parole prenne la forme donnée dans la sainte Eucharistie ou celle de l'office quotidien.

Lorsque la même assemblée assiste à la prière du matin ou du soir en plus de l'Eucharistie, les leçons de l'office peuvent être choisies dans l'une des autres années du cycle triennal des dimanches, ou dans le Lectionnaire des offices quotidiens. Habituellement, les psaumes pour ces offices sont ceux indiqués dans le Lectionnaire de l'office. Mais, si on le souhaite, ils peuvent être remplacés par le psaume indiqué dans le Propre du dimanche choisi.

Dans ce lectionnaire, les passages du Psautier sont souvent donnés dans une version plus ou moins longue reprenant en général le même psaume. La version longue est particulièrement adaptée à une lecture pendant l'office, et la version courte lorsque le psaume est chanté entre les leçons de l'Eucharistie. Les sélections peuvent être allongées ou raccourcies à discrétion.

Lorsqu'une autre leçon est indiquée, elle est parfois identique à une leçon prescrite le même jour dans le lectionnaire des offices quotidiens.

Dans les premiers versets des leçons, le lecteur ou la lectrice peut ne pas lire les conjonctions initiales qui renvoient uniquement à ce qui a précédé, remplacer les pronoms par des noms lorsqu'ils ne sont pas clairs, ou encore commencer la lecture par une introduction telle que « N. a dit (à N.). »

Toute lecture peut être allongée à discrétion. Les extensions suggérées sont indiquées entre parenthèses.

# Lectionnaire commun révisé

## Année A

| | Psaume | Leçons |
|---|---|---|
| 1ᵉʳ dimanche de l'Avent | 122 | Ésaïe 2.1-5<br>Romains 13.11-14<br>Matthieu 24.36-44 |
| 2ᵉ dimanche de l'Avent | 72.1-7,18-19 | Ésaïe 11.1-10<br>Romains 15.4-13<br>Matthieu 3.1-12 |
| 3ᵉ dimanche de l'Avent | 146.4-9<br>*ou* Cantique 3 *ou* 15 | Ésaïe 35.1-10<br>Jacques 5.7-10<br>Matthieu 11.2-11 |
| 4ᵉ dimanche de l'Avent | 80.1-7,16-18<br>*ou* 24.1-7 | Ésaïe 7.10-16<br>Romains 1.1-7<br>Matthieu 1.18-25 |
| 1ᵉʳ jour de Noël | 96 | Ésaïe 9.2-7<br>Tite 2.11-14<br>Luc 2.1-14(15-20) |
| 2ᵉ jour de Noël | 97 | Ésaïe 62.6-12<br>Tite 3.4-7<br>Luc 2.(1-7)8-20 |
| 3ᵉ jour de Noël | 98 | Ésaïe 52.7-10<br>Hébreux 1.1-4(5-12)<br>Jean 1.1-14 |
| 1ᵉʳ dimanche après Noël | 147 *ou* 147.13-21 | Ésaïe 61.10–62.3<br>Galates 3.23-25 ; 4.4-7<br>Jean 1.1-18 |
| Saint Nom de Jésus<br>*1ᵉʳ janvier* | 8 | Nombres 6.22-27<br>Galates 4.4-7<br>*ou* Philippiens 2.5-11<br>Luc 2.15-21 |
| 2ᵉ dimanche après Noël | 84 *ou* 84.1-8 | Jérémie 31.7-14<br>Éphésiens 1.3-6,15-19a<br>Matthieu 2.13-15,19-23<br>*ou* Luc 2.41-52<br>*ou* Matthieu 2.1-12 |

| | Psaume | Leçons |
|---|---|---|
| **Épiphanie**<br>*6 janvier* | 72.1-7,10-14 | Ésaïe 60.1-6<br>Éphésiens 3.1-12<br>Matthieu 2.1-12 |

## Temps de l'Épiphanie (temps ordinaire)

| | | |
|---|---|---|
| **1ᵉʳ dimanche après l'Épiphanie** | 29 | Ésaïe 42.1-9<br>Actes 10.34-43<br>Matthieu 3.13-17 |
| **2ᵉ dimanche après l'Épiphanie** | 40.1-12 | Ésaïe 49.1-7<br>1 Corinthiens 1.1-9<br>Jean 1.29-42 |
| **3ᵉ dimanche après l'Épiphanie** | 27.1,5-13 | Ésaïe 9.1-4<br>1 Corinthiens 1.10-18<br>Matthieu 4.12-23 |
| **4ᵉ dimanche après l'Épiphanie** | 15 | Michée 6.1-8<br>1 Corinthiens 1.18-31<br>Matthieu 5.1-12 |
| **5ᵉ dimanche après l'Épiphanie** | 112.1-9(10) | Ésaïe 58.1-9a(9b-12)<br>1 Corinthiens 2.1-12(13-16)<br>Matthieu 5.13-20 |
| **6ᵉ dimanche après l'Épiphanie** | 119.1-8 | Deutéronome 30.15-20<br>*ou* Siracide 15.15-20<br>1 Corinthiens 3.1-9<br>Matthieu 5.21-37 |
| **7ᵉ dimanche après l'Épiphanie** | 119.33-40 | Lévitique 19.1-2,9-18<br>1 Corinthiens 3.10-11,16-23<br>Matthieu 5.38-48 |
| **8ᵉ dimanche après l'Épiphanie** | 131 | Ésaïe 49.8-16a<br>1 Corinthiens 4.1-5<br>Matthieu 6.24-34 |
| **Dernier dimanche après l'Épiphanie** | 2 *ou* 99 | Exode 24.12-18<br>2 Pierre 1.16-21<br>Matthieu 17.1-9 |
| **Mercredi des Cendres** | 103 *ou* 103.8-14 | Joël 2.1-2,12-17<br>*ou* Ésaïe 58.1-12<br>2 Corinthiens 5.20b–6.10<br>Matthieu 6.1-6,16-21 |

|  | Psaume | Leçons |
|---|---|---|
| 1er dimanche de Carême | 32 | Genèse 2.15-17 ; 3.1-7<br>Romains 5.12-19<br>Matthieu 4.1-11 |
| 2e dimanche de Carême | 121 | Genèse 12.1-4a<br>Romains 4.1-5,13-17<br>Jean 3.1-17 |
| 3e dimanche de Carême | 95 | Exode 17.1-7<br>Romains 5.1-11<br>Jean 4.5-42 |
| 4e dimanche de Carême | 23 | 1 Samuel 16.1-13<br>Éphésiens 5.8-14<br>Jean 9.1-41 |
| 5e dimanche de Carême | 130 | Ézékiel 37.1-14<br>Romains 8.6-11<br>Jean 11.1-45 |

## Dimanche des Rameaux

| | | |
|---|---|---|
| Liturgie des Rameaux | 118.1-2,19-29 | Matthieu 21.1-11 |
| Liturgie de la Parole | 31.9-16 | Ésaïe 50.4-9a<br>Philippiens 2.5-11<br>Matthieu 26.14–27.66<br>*ou* Matthieu 27.11-54 |
| Lundi saint | 36.5-11 | Ésaïe 42.1-9<br>Hébreux 9.11-15<br>Jean 12.1-11 |
| Mardi saint | 71.1-14 | Ésaïe 49.1-7<br>1 Corinthiens 1.18-31<br>Jean 12.20-36 |
| Mercredi saint | 70 | Ésaïe 50.4-9a<br>Hébreux 12.1-3<br>Jean 13.21-32 |
| Jeudi saint | 116.1,10-17 | Exode 12.1-4(5-10)11-14<br>1 Corinthiens 11.23-26<br>Jean 13.1-17,31b-35 |
| Vendredi saint | 22 | Ésaïe 52.13–53.12<br>Hébreux 10.16-25<br>*ou* Hébreux 4.14-16 ; 5.7-9<br>Jean 18.1–19.42 |

| | Psaume | Leçons |
|---|---|---|
| Samedi saint | 31.1-4,15-16 | Job 14.1-14<br>*ou* Lamentations 3.1-9,19-24<br>1 Pierre 4.1-8<br>Matthieu 27.57-66<br>*ou* Jean 19.38-42 |

## Pâques

Grande Vigile

*On lit au moins deux des leçons suivantes, dont celle tirée de l'Exode. Après chaque leçon, on peut chanter le psaume ou le cantique indiqué, ou un autre psaume, cantique ou hymne approprié. Un temps de silence peut être observé, puis l'on peut dire les collectes proposées aux pages [269] à [270], ou une autre collecte appropriée. Il est recommandé d'utiliser la première collecte de la page [269] après la leçon de Baruc ou des Proverbes.*

| | | |
|---|---|---|
| | 136.1-9,23-26 | Genèse 1.1–2.4a |
| | 46 | Genèse 7.1-5,11-18 ; 8.6-18 ;<br>9.8-13 |
| | 16 | Genèse 22.1-18 |
| | Cantique 8 | Exode 14.10-31 ; 15.20-21 |
| | Cantique 9 | Ésaïe 55.1-11 |
| | 19 | Baruc 3.9-15,32–4.4<br>*ou* Proverbes 8.1-8,19-21 ;<br>9.4b-6 |
| | 42 et 43 | Ézékiel 36.24-28 |
| | 143 | Ézékiel 37.1-14 |
| | 98 | Sophonie 3.14-20 |
| | 114 | Romains 6.3-11 |
| | | Matthieu 28.1-10 (Année A)<br>Marc 16.1-8 (Année B)<br>Luc 24.1-12 (Année C) |
| Office principal | 118.1-2,14-24 *ou*<br>118.14-17,22-24 | Actes 10.34-43 *ou*<br>Jérémie 31.1-6<br>Colossiens 3.1-4 *ou*<br>Actes 10.34-43<br>Jean 20.1-18 *ou*<br>Matthieu 28.1-10 |

|  | Psaume | Leçons |
|---|---|---|
| Office du soir | 114 | Ésaïe 25.6-9<br>1 Corinthiens 5.6b-8<br>Luc 24.13-49 |
| Lundi de Pâques | 16.8-11<br>ou 118.19-24 | Actes 2.14,22b-32<br>Matthieu 28.9-15 |
| Mardi de Pâques | 33.18-22<br>ou 118.19-24 | Actes 2.36-41<br>Jean 20.11-18 |
| Mercredi de Pâques | 105.1-8<br>ou 118.19-24 | Actes 3.1-10<br>Luc 24.13-35 |
| Jeudi de Pâques | 8<br>ou 114<br>ou 118.19-24 | Actes 3.11-26<br>Luc 24.36b-48 |
| Vendredi de Pâques | 116.1-8<br>ou 118.19-24 | Actes 4.1-12<br>Jean 21.1-14 |
| Samedi de Pâques | 118.14-18 ou 118.19-24 | Actes 4.13-21<br>Marc 16.9-15,20 |
| 2e dimanche de Pâques | 16 | Actes 2.14a,22-32<br>1 Pierre 1.3-9<br>Jean 20.19-31 |
| 3e dimanche de Pâques | 116.1-3,10-17 | Actes 2.14a,36-41<br>1 Pierre 1.17-23<br>Luc 24.13-35 |
| 4e dimanche de Pâques | 23 | Actes 2.42-47<br>1 Pierre 2.19-25<br>Jean 10.1-10 |
| 5e dimanche de Pâques | 31.1-5,15-16 | Actes 7.55-60<br>1 Pierre 2.1-10<br>Jean 14.1-14 |
| 6e dimanche de Pâques | 66.7-18 | Actes 17.22-31<br>1 Pierre 3.13-22<br>ou Actes 14.15-21<br>Jean 15.1-8 |
| Ascension | 47 ou 93 | Actes 1.1-11<br>Éphésiens 1.15-23<br>Luc 24.44-53 |
| 7e dimanche de Pâques | 68.1-10,33-36 | Actes 1.1-6<br>1 Pierre 4.12-14 ; 5.6-11<br>Jean 17.1-11 |

| | Psaume | Leçons |
|---|---|---|

## Jour de la Pentecôte

| | | |
|---|---|---|
| Vigile ou premier office | 33.12-22 | Genèse 11.1-9 |
| | Cantique 2 *ou* 13 | *ou* Exode 19.1-9a,16-20a ; 20.18-20 |
| | 130 | *ou* Ézékiel 37.1-14 |
| | Cantique 9 | *ou* Joël 2.28-32 |
| | 104.25-32 | Actes 2.1-11 *ou* Romains 8.14-17,22-27 |
| | | Jean 7.37-39a |
| Office principal | 104.25-35,37 | Actes 2.1-2 1 *ou* Nombres 11.24-30 |
| | | 1 Corinthiens 12.3b-13 *ou* Actes 2.1-21 |
| | | Jean 20.19-23 *ou* Jean 7.37-39 |

*Pendant les jours de semaine qui suivent, on utilise le propre numéroté le plus proche de la date de la Pentecôte pour l'année en question. Voir page [140].*

| | | |
|---|---|---|
| **Dimanche de la Trinité** | 8 *ou* Cantique 2 *ou* 13 | Genèse 1.1–2.4a 2 Corinthiens 13.11-13 Matthieu 28.16-20 |

*Pendant les jours de semaine qui suivent, on utilise le propre numéroté le plus proche de la date du dimanche de la Trinité.*

## Temps ordinaire

*Ce lectionnaire propose deux règles de lecture de l'Ancien Testament pendant le temps ordinaire qui suit la Pentecôte, à partir du Propre n° 4. Dans la première règle, les lectures de l'Ancien Testament présentent un lien étroit avec les lectures de l'Évangile le dimanche. Dans l'autre, l'Ancien Testament est lu de façon semi-continue durant cette période, et les lectures ne sont pas associées à l'Évangile du dimanche. Les congrégations peuvent choisir chaque année d'utiliser la lecture semi-continue de l'Ancien Testament ou les lectures liées à l'Évangile, accompagnées du psaume correspondant à leur choix. Elles devront cependant se tenir à cette règle pendant toute l'année et pourront en changer l'année suivante.*

| | Leçons et psaumes de l'Ancien Testament | Leçons du Nouveau Testament |
|---|---|---|
| **Propre n° 1**<br>*Le plus proche du 11 mai* | Deutéronome 30.15-20<br>*ou* Siracide 15.15-20<br>Psaume 119.1-8 | 1 Corinthiens 3.1-9<br>Matthieu 5.21-37 |
| **Propre n° 2**<br>*Le plus proche du 18 mai* | Lévitique 19.1-2,9-18<br>Psaume 119.33-40 | 1 Corinthiens 3.10-11,16-23<br>Matthieu 5.38-48 |
| **Propre n° 3**<br>*Le plus proche du 25 mai* | Ésaïe 49.8-16a<br>Psaume 131 | 1 Corinthiens 4.1-5<br>Matthieu 6.24-34 |
| **Propre n° 4**<br>*Le plus proche du 1er juin* | Genèse 6.9-11 ; 7.24 ; 8.14-19<br>Psaume 46<br>―――――――――<br>*ou* Deutéronome 11.18-21,26-28<br>Psaume 31.1-5,19-24 | Romains 1.16-17 ;<br>3.22b-28(29-31)<br>Matthieu 7.21-29 |
| **Propre n° 5**<br>*Le plus proche du 8 juin* | Genèse 12.1-9<br>Psaume 33.1-12<br>―――――――――<br>*ou* Osée 5.15–6.6<br>Psaume 50.7-15 | Romains 4.13-25<br>Matthieu 9.9-13,18-26 |
| **Propre n° 6**<br>*Le plus proche du 15 juin* | Genèse 18.1-15(21.1-7)<br>Psaume 116.10-17<br>―――――――――<br>*ou* Exode 19.2-8a<br>Psaume 100 | Romains 5.1-8<br>Matthieu<br>9.35–10.8(9-23) |
| **Propre n° 7**<br>*Le plus proche du 22 juin* | Genèse 21.8-21<br>Psaume 86.1-10,16-17<br>―――――――――<br>*ou* Jérémie 20.7-13<br>Psaume 69.8-11(12-17)18-20 | Romains 6.1b-11<br>Matthieu 10.24-39 |
| **Propre n° 8**<br>*Le plus proche du 29 juin* | Genèse 22.1-14<br>Psaume 13<br>―――――――――<br>*ou* Jérémie 28.5-9<br>Psaume 89.1-4,15-18 | Romains 6.12-23<br>Matthieu 10.40-42 |
| **Propre n° 9**<br>*Le plus proche du 6 juillet* | Genèse 24.34-38,42-49,58-67<br>Psaume 45.11-18<br>*ou* Cantique des Cantiques 2.8-13*<br>―――――――――<br>*ou* Zacharie 9.9-12<br>Psaume 145.8-15 | Romains 7.15-25a<br>Matthieu 11.16-19,25-30 |

| | Leçons et psaumes de l'Ancien Testament | Leçons du Nouveau Testament |
|---|---|---|
| **Propre n° 10** <br> *Le plus proche* <br> *du 13 juillet* | Genèse 25.19-34 <br> Psaume 119.105-112 | Romains 8.1-11 *ou* <br> Matthieu 13.1-9,18-23 |
| | Ésaïe 55.10-13 <br> Psaume 65.(1-8)9-14 | |
| **Propre n° 11** <br> *Le plus proche* <br> *du 20 juillet* | Genèse 28.10-19a <br> Psaume 129.1-11,22-23 <br> *ou* Sagesse 12.13,16-19* | Romains 8.12-25 <br> Matthieu 13.24-30,36-43 |
| | *ou* Ésaïe 44.6-8 | |
| **Propre n° 12** <br> *Le plus proche* <br> *du 27 juillet* | Genèse 29.15-28 <br> Psaume 105.1-11,45b *ou* 128 | Romains 8.26-39 <br> Matthieu 13.31-33,44-52 |
| | *ou* 1 Rois 3.5-12 <br> Psaume 119.129-136 | |
| **Propre n° 13** <br> *Le plus proche* <br> *du 3 août* | Genèse 32.22-31 <br> Psaume 17.1-7,16 | Romains 9.1-5 <br> Matthieu 14.13-21 |
| | *ou* Ésaïe 55.1-5 <br> Psaume 145.8-9,15-22 | |
| **Propre n° 14** <br> *Le plus proche* <br> *du 10 août* | Genèse 37.1-4,12-28 <br> Psaume 105.1-6,16-22,45b | Romains 10.5-15 <br> Matthieu 14.22-33 |
| | *ou* 1 Rois 19.9-18 <br> Psaume 85.8-13 | |
| **Propre n° 15** <br> *Le plus proche* <br> *du 17 août* | Genèse 45.1-15 <br> Psaume 133 | Romains 11.1-2a,29-32 <br> Matthieu 15.(10-20)21-28 |
| | *ou* Ésaïe 56.1,6-8 <br> Psaume 67 | |
| **Propre n° 16** <br> *Le plus proche* <br> *du 24 août* | Exode 1.8–2.10 <br> Psaume 124 | Romains 12.1-8 <br> Matthieu 16.13-20 |
| | *ou* Ésaïe 51.1-6 <br> Psaume 138 | |
| **Propre n° 17** <br> *Le plus proche* <br> *du 31 août* | Exode 3.1-15 <br> Psaume 105.1-6,23-26,45c | Romains 12.9-21 <br> Matthieu 16.21-28 |
| | *ou* Jérémie 15.15-21 <br> Psaume 26.1-8 | |

| | Leçons et psaumes de l'Ancien Testament | Leçons du Nouveau Testament |
|---|---|---|
| **Propre n° 18** *Le plus proche du 7 septembre* | Exode 12.1-14 Psaume 149 | Romains 13.8-14 Matthieu 18.15-20 |
| | *ou* Ézékiel 33.7-11 119.33-40 | |
| **Propre n° 19** *Le plus proche du 14 septembre* | Exode 14.19-31 Psaume 114 *ou* Exode 15.1b-11,20-21* | Romains 14.1-12 Matthieu 18.21-35 |
| | *ou* Genèse 50.15-21 Psaume 103.(1-7)8-13 | |
| **Propre n° 20** *Le plus proche du 21 septembre* | Exode 16.2-15 Psaume 105.1-6,37-45 | Philippiens 1.21-30 Matthieu 20.1-16 |
| | *ou* Jonas 3.10–4.11 Psaume 145.1-8 | |
| **Propre n° 21** *Le plus proche du 28 septembre* | Exode 17.1-7 Psaume 78.1-4,12-16 | Philippiens 2.1-13 Matthieu 21.23-32 |
| | *ou* Ézékiel 18.1-4,25-32 Psaume 25.1-8 | |
| **Propre n° 22** *Le plus proche du 5 octobre* | Exode 20.1-4,7-9,12-20 Psaume 19 | Philippiens 3.3b-14 Matthieu 21.33-43 |
| | *ou* Ésaïe 5.1-7 Psaume 80.7-14 | |
| **Propre n° 23** *Le plus proche du 12 octobre* | Exode 32.1-14 Psaume 106.1-6,19-23 | Philippiens 4.1-9 Matthieu 22.1-14 |
| | *ou* Ésaïe 25.1-9 Psaume 23 | |
| **Propre n° 24** *Le plus proche du 19 octobre* | Exode 33.12-23 Psaume 99 | 1 Thessaloniciens 1.1-10 Matthieu 22.15-22 |
| | *ou* Ésaïe 45.1-7 Psaume 96.1-9 | |
| **Propre n° 25** *Le plus proche du 26 octobre* | Deutéronome 34.1-12 Psaume 90.1-6,13-17 | 1 Thessaloniciens 2.1-8 Matthieu 22.34-46 |
| | *ou* Lévitique 19.1-2,15-18 Psaume 1 | |

| | Leçons et psaumes de l'Ancien Testament | Leçons du Nouveau Testament |
|---|---|---|
| **Propre n° 26**<br>*Le plus proche*<br>*du 2 novembre* | Josué 3.7-17<br>Psaume 107.1-7,33-37 | 1 Thessaloniciens 2.9-13<br>Matthieu 23.1-12 |
| | *ou* Michée 3.5-12<br>Psaume 43 | |
| **Propre n° 27**<br>*Le plus proche*<br>*du 9 novembre* | Josué 24.1-3a,14-25<br>Psaume 78.1-7 | 1 Thessaloniciens 4.13-18<br>Matthieu 25.1-13 |
| | *ou* Sagesse 6.12-16<br>*ou* Amos 5.18-24<br>Sagesse 6.17-20*<br>*ou* Psaume 70 | |
| **Propre n° 28**<br>*Le plus proche*<br>*du 16 novembre* | Juges 4.1-7<br>Psaume 123 | 1 Thessaloniciens 5.1-11<br>Matthieu 25.14-30 |
| | *ou* Sophonie 1.7,12-18<br>Psaume 90.1-8(9-11)12 | |
| **Propre n° 29**<br>**Christ Roi**<br>*Le plus proche*<br>*du 23 novembre* | Ézékiel 34.11-16,20-24<br>Psaume 100 | Éphésiens 1.15-23<br>Matthieu 25.31-46 |
| | *ou* Ézékiel 34.11-16,20-24<br>Psaume 95.1-7a | |

\* *Comme cantique*

# Année B

| | Psaume | Leçons |
|---|---|---|
| 1er dimanche de l'Avent | 80.1-7,16-18 | Ésaïe 64.1-9<br>1 Corinthiens 1.3-9<br>Marc 13.24-37 |
| 2e dimanche de l'Avent | 85.1-2,8-13 | Ésaïe 40.1-11<br>2 Pierre 3.8-15a<br>Marc 1.1-8 |
| 3e dimanche de l'Avent | 126<br>*ou* Cantique 3 *ou* 15 | Ésaïe 61.1-4,8-11<br>1 Thessaloniciens 5.16-24<br>Jean 1.6-8,19-28 |
| 4e dimanche de l'Avent | Cantique 3 *ou* 15<br>*ou* 89.1-4,19-26 | 2 Samuel 7.1-11,16<br>Romains 16.25-27<br>Luc 1.26-38 |
| 1er jour de Noël | 96 | Ésaïe 9.2-7<br>Tite 2.11-14<br>Luc 2.1-14(15-20) |
| 2e jour de Noël | 97 | Ésaïe 62.6-12<br>Tite 3.4-7<br>Luc 2.(1-7)8-20 |
| 3e jour de Noël | 98 | Ésaïe 52.7-10<br>Hébreux 1.1-4(5-12)<br>Jean 1.1-14 |
| 1er dimanche après Noël | 147 *ou* 147.13-21 | Ésaïe 61.10–62.3<br>Galates 3.23-25 ; 4.4-7<br>Jean 1.1-18 |
| Saint Nom de Jésus<br>*1er janvier* | 8 | Nombres 6.22-27<br>Galates 4.4-7<br>*ou* Philippiens 2.5-11<br>Luc 2.15-21 |
| 2e dimanche après Noël | 84 *ou* 84.1-8 | Jérémie 31.7-14<br>Éphésiens 1.3-6,15-19a<br>Matthieu 2.13-15,19-23<br>*ou* Luc 2.41-52<br>*ou* Matthieu 2.1-12 |
| Épiphanie<br>*6 janvier* | 72.1-7,10-14 | Ésaïe 60.1-6<br>Éphésiens 3.1-12<br>Matthieu 2.1-12 |

|  | Psaume | Leçons |
|---|---|---|
| **Temps de l'Épiphanie (temps ordinaire)** | | |
| 1er dimanche après l'Épiphanie | 29 | Genèse 1.1-5<br>Actes 19.1-7<br>Marc 1.4-11 |
| 2e dimanche après l'Épiphanie | 139.1-5,12-17 | 1 Samuel 3.1-10(11-20)<br>1 Corinthiens 6.12-20<br>Jean 1.43-51 |
| 3e dimanche après l'Épiphanie | 62.6-14 | Jonas 3.1-5,10<br>1 Corinthiens 7.29-31<br>Marc 1.14-20 |
| 4e dimanche après l'Épiphanie | 111 | Deutéronome 18.15-20<br>1 Corinthiens 8.1-13<br>Marc 1.21-28 |
| 5e dimanche après l'Épiphanie | 147.1-12,21c | Ésaïe 40.21-31<br>1 Corinthiens 9.16-23<br>Marc 1.29-39 |
| 6e dimanche après l'Épiphanie | 30 | 2 Rois 5.1-14<br>1 Corinthiens 9.24-27<br>Marc 1.40-45 |
| 7e dimanche après l'Épiphanie | 41 | Ésaïe 43.18-25<br>2 Corinthiens 1.18-22<br>Marc 2.1-12 |
| 8e dimanche après l'Épiphanie | 103.1-13,22 | Osée 2.14-20<br>2 Corinthiens 3.1-6<br>Marc 2.13-22 |
| Dernier dimanche après l'Épiphanie | 50.1-6 | 2 Rois 2.1-12<br>2 Corinthiens 4.3-6<br>Marc 9.2-9 |
| Mercredi des Cendres | 103<br>*ou* 103.8-14 | Joël 2.1-2,12-17<br>*ou* Ésaïe 58.1-12<br>2 Corinthiens 5.20b–6.10<br>Matthieu 6.1-6,16-21 |
| 1er dimanche de Carême | 25.1-9 | Genèse 9.8-17<br>1 Pierre 3.18-22<br>Marc 1.9-15 |
| 2e dimanche de Carême | 22.22-30 | Genèse 17.1-7,15-16<br>Romains 4.13-25<br>Marc 8.31-38 |

|  | Psaume | Leçons |
|---|---|---|
| 3e dimanche de Carême | 19 | Exode 20.1-17<br>1 Corinthiens 1.18-25<br>Jean 2.13-22 |
| 4e dimanche de Carême | 107.1-3,17-22 | Nombres 21.4-9<br>Éphésiens 2.1-10<br>Jean 3.14-21 |
| 5e dimanche de Carême | 51.1-3<br>*ou* 119.9-16 | Jérémie 31.31-34<br>Hébreux 5.5-10<br>Jean 12.20-33 |

## Dimanche des Rameaux

|  |  |  |
|---|---|---|
| Liturgie des Rameaux | 118.1-2,19-29 | Marc 11.1-11<br>*ou* Jean 12.12-16 |
| Liturgie de la Parole | 31.9-16 | Ésaïe 50.4-9a<br>Philippiens 2.5-11<br>Marc 14.1–15.47<br>*ou* Marc 15.1-39(40-47) |
| **Lundi saint** | 36.5-11 | Ésaïe 42.1-9<br>Hébreux 9.11-15<br>Jean 12.1-11 |
| **Mardi saint** | 71.1-14 | Ésaïe 49.1-7<br>1 Corinthiens 1.18-31<br>Jean 12.20-36 |
| **Mercredi saint** | 70 | Ésaïe 50.4-9a<br>Hébreux 12.1-3<br>Jean 13.21-32 |
| **Jeudi saint** | 116.1,10-17 | Exode 12.1-4(5-10)11-14<br>1 Corinthiens 11.23-26<br>Jean 13.1-17,31b-35 |
| **Vendredi saint** | 22 | Ésaïe 52.13–53.12<br>Hébreux 10.16-25<br>*ou* Hébreux 4.14-16 ; 5.7-9<br>Jean 18.1–19.42 |
| **Samedi saint** | 31.1-4,15-16 | Job 14.1-14<br>*ou* Lamentations 3.1-9,19-24<br>1 Pierre 4.1-8<br>Matthieu 27.57-66<br>*ou* Jean 19.38-42 |

|  | Psaume | Leçons |
|---|---|---|

## Pâques

| | Psaume | Leçons |
|---|---|---|
| Grande Vigile | *Voir page [893].* | |
| Office principal | 118.1-2,14-24 | Actes 10.34-43<br>*ou* Ésaïe 25.6-9<br>1 Corinthiens 15.1-11<br>*ou* Actes 10.34-43<br>Jean 20.1-18<br>*ou* Marc 16.1-8 |
| Office du soir | 114 | Ésaïe 25.6-9<br>1 Corinthiens 5.6b-8<br>Luc 24.13-49 |
| **Lundi de Pâques** | 16.8-11<br>*ou* 118.19-24 | Actes 2.14,22b-32<br>Matthieu 28.9-15 |
| **Mardi de Pâques** | 33.18-22<br>*ou* 118.19-24 | Actes 2.36-41<br>Jean 20.11-18 |
| **Mercredi de Pâques** | 105.1-8<br>*ou* 118.19-24 | Actes 3.1-10<br>Luc 24.13-35 |
| **Jeudi de Pâques** | 8<br>*ou* 114<br>*ou* 118.19-24 | Actes 3.11-26<br>Luc 24.36b-48 |
| **Vendredi de Pâques** | 116.1-8<br>*ou* 118.19-24 | Actes 4.1-12<br>Jean 21.1-14 |
| **Samedi de Pâques** | 118.14-18<br>*ou* 118.19-24 | Actes 4.13-21<br>Marc 16.9-15,20 |
| **2ᵉ dimanche de Pâques** | 133 | Actes 4.31-35<br>1 Jean 1.1–2.2<br>Jean 20.19-31 |
| **3ᵉ dimanche de Pâques** | 4 | Actes 3.12-19<br>1 Jean 3.1-7<br>Luc 24.36b-48 |
| **4ᵉ dimanche de Pâques** | 23 | Actes 4.5-12<br>1 Jean 3.16-24<br>Jean 10.11-18 |
| **5ᵉ dimanche de Pâques** | 22.24-30 | Actes 8.26-40<br>1 Jean 4.7-21<br>Jean 15.1-8 |

|  | Psaume | Leçons |
|---|---|---|
| 6ᵉ dimanche de Pâques | 98 | Actes 10.44-48<br>1 Jean 5.1-6<br>Jean 15.9-17 |
| Ascension | 47 *ou* 93 | Actes 1.1-11<br>Éphésiens 1.15-23<br>Luc 24.44-53 |
| 7ᵉ dimanche de Pâques | 1 | Actes 1.15-17,21-26<br>1 Jean 5.9-13<br>Jean 17.6-19 |

## Jour de la Pentecôte

| Vigile ou premier office | 33.12-22 | Genèse 11.1-9 |
|---|---|---|
|  | Cantique 2 *ou* 13 | *ou* Exode 19.1-9a,16-20a ;<br>20.18-20 |
|  | 130 | *ou* Ézékiel 37.1-14 |
|  | Cantique 9 | *ou* Joël 2.28-32 |
|  | 104.25-32 | Actes 2.1-11<br>*ou* Romains 8.14-17,22-27<br>Jean 7.37-39a |
| Office principal | 104.25-35,37 | Actes 2.1-21<br>*ou* Ézékiel 37.1-14<br><br>Romains 8.22-27<br>*ou* Actes 2.1-21<br><br>Jean 15.26-27 ; 16.4b-15 |

*Pendant les jours de semaine qui suivent, on utilise le propre numéroté le plus proche de la date de la Pentecôte pour l'année en question. Voir page [140].*

| Dimanche de la Trinité | 29<br>*ou* Cantique 2 *ou* 13 | Ésaïe 6.1-8<br>Romains 8.12-17<br>Jean 3.1-17 |
|---|---|---|

*Pendant les jours de semaine qui suivent, on utilise le propre numéroté le plus proche de la date du dimanche de la Trinité.*

# Temps ordinaire

| | Psaume | Leçons |
|---|---|---|

*Les consignes relatives à l'utilisation des propres qui suivent se trouvent à la page [896].*

| | | |
|---|---|---|
| **Propre n° 1** *Le plus proche du 11 mai* | 2 Rois 5.1-14 Psaume 30 | 1 Corinthiens 9.24-27 Marc 1.40-45 |
| **Propre n° 2** *Le plus proche du 18 mai* | Ésaïe 43.18-25 Psaume 41 | 2 Corinthiens 1.18-22 Marc 2.1-12 |
| **Propre n° 3** *Le plus proche du 25 mai* | Osée 2.14-20 Psaume 103.1-13,22 | 2 Corinthiens 3.1-6 Marc 2.13-22 |
| **Propre n° 4** *Le plus proche du 1er juin* | 1 Samuel 3.1-10(11-20) Psaume 139.1-5,2-17 *ou* Deutéronome 5.12-15 Psaume 81.1-10 | 2 Corinthiens 4.5-12 Marc 2.23–3.6 |
| **Propre n° 5** *Le plus proche du 8 juin* | 1 Samuel 8.4-11(12-15)16-20 ; (11.14-15) Psaume 138 *ou* Genèse 3.8-15 Psaume 130 | 2 Corinthiens 4.13–5.1 Marc 3.20-35 |
| **Propre n° 6** *Le plus proche du 15 juin* | 1 Samuel 15.34–16.13 Psaume 20 *ou* Ézékiel 17.22-24 Psaume 92.1-4,11-14 | 2 Corinthiens 5.6-10(11-13)14-1 Marc 4.26-34 |
| **Propre n° 7** *Le plus proche du 22 juin* | 1 Samuel 17.(1a,4-11,19-23)32-49 Psaume 9.9-20 *ou* 1 Samuel 17.57–18.5,10-16 *ou* Job 38.1-11 Psaume 107.1-3,23-32 | 2 Corinthiens 6.1-13 Marc 4.35-41 |

|  | Psaume | Leçons |
|---|---|---|
| **Propre n° 8**<br>*Le plus proche*<br>*du 29 juin* | 2 Samuel 1.1,7-27<br>Psaume 130 | 2 Corinthiens 8.7-15<br>Marc 5.21-43 |
|  | *ou* Sagesse 1.13-15 ;<br>2.23-24<br>Lamentations 3.21-33*<br>*ou* Psaume 30 |  |
| **Propre n° 9**<br>*Le plus proche*<br>*du 6 juillet* | 2 Samuel 5.1-5,9-10<br>Psaume 48 | 2 Corinthiens 12.2-10<br>Marc 6.1-13 |
|  | *ou* Ézékiel 2.1-5<br>Psaume 123 |  |
| **Propre n° 10**<br>*Le plus proche*<br>*du 13 juillet* | 2 Samuel 6.1-5,12b-19<br>Psaume 24 | Éphésiens 1.3-14<br>Marc 6.14-29 |
|  | *ou* Amos 7.7-15<br>Psaume 85.8-13 |  |
| **Propre n° 11**<br>*Le plus proche*<br>*du 20 juillet* | 2 Samuel 7.1-14a<br>Psaume 89.20-37 | Éphésiens 2.11-22<br>Marc 6.30-34,53-56 |
|  | *ou* Jérémie 23.1-6<br>Psaume 23 |  |
| **Propre n° 12**<br>*Le plus proche*<br>*du 27 juillet* | 2 Samuel 11.1-15<br>Psaume 14 | Éphésiens 3.14-21<br>Jean 6.1-21 |
|  | *ou* 2 Rois 4.42-44<br>Psaume 145.10-19 |  |
| **Propre n° 13**<br>*Le plus proche*<br>*du 3 août* | 2 Samuel 11.26–12.13a<br>Psaume 51.1-13 | Éphésiens 4.1-16<br>Jean 6.24-35 |
|  | *ou* Exode 16.2-4,9-15<br>Psaume 78.23-29 |  |
| **Propre n° 14**<br>*Le plus proche*<br>*du 10 août* | 2 Samuel<br>18.5-9,15,31-33<br>Psaume 130 | Éphésiens 4.25–5.2<br>Jean 6.35,41-51 |
|  | *ou* 1 Rois 19.4-8<br>Psaume 34.1-8 |  |

|  | Psaume | Leçons |
|---|---|---|
| **Propre n° 15**<br>*Le plus proche*<br>*du 17 août* | 1 Rois 2.10-12 ; 3.3-14<br>Psaume 111 | Éphésiens 5.15-20<br>Jean 6.51-58 |
|  | *ou* Proverbes 9.1-6<br>Psaume 34.9-14 |  |
| **Propre n° 16**<br>*Le plus proche*<br>*du 24 août* | 1 Rois 8.(1,6,10-11),<br>22-30,41-43<br>Psaume 84 | Éphésiens 6.10-20<br>Jean 6.56-69 |
|  | *ou* Josué 24.1-2a,14-18<br>Psaume 34.15-22 |  |
| **Propre n° 17**<br>*Le plus proche*<br>*du 31 août* | Cantique des<br>Cantiques 2.8-13<br>Psaume 45.1-2,7-10 | Jacques 1.17-27<br>Marc 7.1-8,14-15,21-23 |
|  | *ou* Deutéronome 4.1-<br>2,6-9<br>Psaume 15 |  |
| **Propre n° 18**<br>*Le plus proche*<br>*du 7 septembre* | Proverbes 22.1-2,8-<br>9,22-23<br>Psaume 125 | Jacques 2.1-10(11-13)14-17<br>Marc 7.24-37 |
|  | *ou* Ésaïe 35.4-7a<br>Psaume 146 *ou* 146.4-9 |  |
| **Propre n° 19**<br>*Le plus proche*<br>*du 14 septembre* | Proverbes 1.20-33<br>Psaume 19<br>*ou* Sagesse 7.26–8.1* | Jacques 3.1-12<br>Marc 8.27-38 |
|  | Psaume 116.1-8 |  |
| **Propre n° 20**<br>*Le plus proche*<br>*du 21 septembre* | Proverbes 31.10-31<br>Psaume 1<br>*ou* Sagesse 1.16–2.1,<br>12-22 | Jacques 3.13–4.3,7-8a<br>Marc 9.30-37 |
|  | *ou* Jérémie 11.18-20<br>Psaume 54 |  |
| **Propre n° 21**<br>*Le plus proche*<br>*du 28 septembre* | Esther 7.1-6,9-10 ;<br>9.20-22<br>Psaume 124 | Jacques 5.13-20<br>Marc 9.38-50 |
|  | *ou* Nombres 11.4-6,10-<br>16,24-29<br>Psaume 19.7-14 |  |

|  | Psaume | Leçons |
|---|---|---|
| **Propre n° 22**<br>*Le plus proche*<br>*du 5 octobre* | Job 1.1 ; 2.1-10<br>Psaume 26 | Hébreux 1.1-4 ; 2.5-12<br>Marc 10.2-16 |
|  | *ou* Genèse 2.18-24<br>Psaume 8 |  |
| **Propre n° 23**<br>*Le plus proche*<br>*du 12 octobre* | Job 23.1-9,16-17<br>Psaume 22.1-15 | Hébreux 4.12-16<br>Marc 10.17-31 |
|  | *ou* Amos 5.6-7,10-15<br>Psaume 90.12-17 |  |
| **Propre n° 24**<br>*Le plus proche*<br>*du 19 octobre* | Job 38.1-7(34-41)<br>Psaume 104.1-9,25,37b | Hébreux 5.1-10<br>Marc 10.35-45 |
|  | *ou* Ésaïe 53.4-12<br>Psaume 91.9-16 |  |
| **Propre n° 25**<br>*Le plus proche*<br>*du 26 octobre* | Job 42.1-6,10-17<br>Psaume 34.1-8(19-22) | Hébreux 7.23-28<br>Marc 10.46-52 |
|  | *ou* Jérémie 31.7-9<br>Psaume 126 |  |
| **Propre n° 26**<br>*Le plus proche*<br>*du 2 novembre* | Ruth 1.1-18<br>Psaume 146 *ou*<br>Deutéronome 6.1-9 | Hébreux 9.11-14<br>Marc 12.28-34 |
|  | Psaume 119.1-8 |  |
| **Propre n° 27**<br>*Le plus proche*<br>*du 9 novembre* | Ruth 3.1-5 ; 4.13-17<br>Psaume 127 | Hébreux 9.24-28<br>Marc 12.38-44 |
|  | *ou* 1 Rois 17.8-16<br>Psaume 146 |  |
| **Propre n° 28**<br>*Le plus proche*<br>*du 16 novembre* | 1 Samuel 1.4-20<br>1 Samuel 2.1-10* | Hébreux<br>10.11-14(15-18)19-25<br>Marc 13.1-8 |
|  | *ou* Daniel 12.1-3<br>Psaume 16 |  |
| **Propre n° 29**<br>*Le plus proche*<br>*du 23 novembre* | 2 Samuel 23.1-7<br>Psaume 132.1-13(14-19) | Apocalypse 1.4b-8<br>Jean 18.33-37<br>*ou* Marc 11.1-11 |
|  | *ou* Daniel 7.9-10,13-14<br>Psaume 93 |  |

*\* Comme cantique*

# Année C

| | Psaume | Leçons |
|---|---|---|
| **1er dimanche de l'Avent** | 25.1-9 | Jérémie 33.14-16<br>1 Thessaloniciens 3.9-13<br>Luc 21.25-36 |
| **2e dimanche de l'Avent** | Cantique 4 *ou* 16 | Baruc 5.1-9<br>*ou* Malachie 3.1-4<br>Philippiens 1.3-11<br>Luc 3.1-6 |
| **3e dimanche de l'Avent** | Cantique 9 | Sophonie 3.14-20<br>Philippiens 4.4-7<br>Luc 3.7-18 |
| **4e dimanche de l'Avent** | Cantique 3 *ou* 15<br>*ou* Psaume 80.1-7 | Michée 5.2-5a<br>Hébreux 10.5-10<br>Luc 1.39-45(46-55) |
| **1er jour de Noël** | | Ésaïe 9.2-7<br>Tite 2.11-14<br>Luc 2.1-14(15-20) |
| **2e jour de Noël** | 97 | Ésaïe 62.6-12<br>Tite 3.4-7<br>Luc 2.(1-7)8-20 |
| **3e jour de Noël** | 98 | Ésaïe 52.7-10<br>Hébreux 1.1-4(5-12)<br>Jean 1.1-14 |
| **1er dimanche après Noël** | 147 *ou* 147.13-21 | Ésaïe 61.10–62.3<br>Galates 3.23-25 ; 4.4-7<br>Jean 1.1-18 |
| **Saint Nom de Jésus**<br>*1er janvier* | 8 | Nombres 6.22-27<br>Galates 4.4-7<br>*ou* Philippiens 2.5-11<br>Luc 2.15-21 |
| **2e dimanche après Noël** | 84 *ou* 84.1-8 | Jérémie 31.7-14<br>Éphésiens 1.3-6,15-19a<br>Matthieu 2.13-15,19-23<br>*ou* Luc 2.41-52<br>*ou* Matthieu 2.1-12 |
| **Épiphanie**<br>*6 janvier* | 72.1-7,10-14 | Ésaïe 60.1-6<br>Éphésiens 3.1-12<br>Matthieu 2.1-12 |

|  | Psaume | Leçons |
|---|---|---|

## Temps de l'Épiphanie (temps ordinaire)

| | Psaume | Leçons |
|---|---|---|
| 1er dimanche après l'Épiphanie | 29 | Ésaïe 43.1-7<br>Actes 8.14-17<br>Luc 3.15-17,21-22 |
| 2e dimanche après l'Épiphanie | 36.5-10 | Ésaïe 62.1-5<br>1 Corinthiens 12.1-11<br>Jean 2.1-11 |
| 3e dimanche après l'Épiphanie | 19 | Néhémie 8.1-3,5-6,8-10<br>1 Corinthiens 12.12-31a<br>Luc 4.14-21 |
| 4e dimanche après l'Épiphanie | 71.1-6 | Jérémie 1.4-10<br>1 Corinthiens 13.1-13<br>Luc 4.21-30 |
| 5e dimanche après l'Épiphanie | 138 | Ésaïe 6.1-9(9-13)<br>1 Corinthiens 15.1-11<br>Luc 5.1-11 |
| 6e dimanche après l'Épiphanie | 1 | Jérémie 17.5-10<br>1 Corinthiens 15.12-20<br>Luc 6.17-26 |
| 7e dimanche après l'Épiphanie | 37.1-12,41-42 | Genèse 45.3-11,15<br>1 Corinthiens 15.35-38,42-50<br>Luc 6.27-38 |
| 8e dimanche après l'Épiphanie | 92.1-4,11-14 | Siracide 27.4-7<br>ou Ésaïe 55.10-13<br>1 Corinthiens 15.51-58<br>Luc 6.39-49 |
| Dernier dimanche après l'Épiphanie | 99 | Exode 34.29-35<br>2 Corinthiens 3.12–4.2<br>Luc 9.28-36(37-43a) |
| Mercredi des Cendres | 103 ou 103.8-14 | Joël 2.1-2,12-17<br>ou Ésaïe 58.1-12<br>2 Corinthiens 5.20b–6.10<br>Matthieu 6.1-6,16-21 |
| 1er dimanche de Carême | 91.1-2,9-16 | Deutéronome 26.1-11<br>Romains 10.8b-13<br>Luc 4.1-13 |

|  | Psaume | Leçons |
|---|---|---|
| 2ᵉ dimanche de Carême | 27 | Genèse 15.1-12,17-18<br>Philippiens 3.17–4.1<br>Luc 13.31-35 |
| 3ᵉ dimanche de Carême | 63.1-8 | Exode 3.1-15<br>1 Corinthiens 10.1-13<br>Luc 13.1-9 |
| 4ᵉ dimanche de Carême | 32 | Josué 5.9-12<br>2 Corinthiens 5.16-21<br>Luc 15.1-3,11b-32 |
| 5ᵉ dimanche de Carême | 126 | Ésaïe 43.16-21<br>Philippiens 3.4b-14<br>Jean 12.1-8 |

## Dimanche des Rameaux

|  | Psaume | Leçons |
|---|---|---|
| Liturgie des Rameaux | 118.19-29 | Luc 19.28-40 |
| Liturgie de la Parole | 31.9-16 | Ésaïe 50.4-9a<br>Philippiens 2.5-11<br>Luc 22.14–23.56<br>*ou* Luc 23.1-49 |
| Lundi saint | 36.5-11 | Ésaïe 42.1-9<br>Hébreux 9.11-15<br>Jean 12.1-11 |
| Mardi saint | 71.1-14 | Ésaïe 49.1-7<br>1 Corinthiens 1.18-31<br>Jean 12.20-36 |
| Mercredi saint | 70 | Ésaïe 50.4-9a<br>Hébreux 12.1-3<br>Jean 13.21-32 |
| Jeudi saint | 116.1,10-17 | Exode 12.1-4(5-10)11-14<br>1 Corinthiens 11.23-26<br>Jean 13.1-17,31b-35 |
| Vendredi saint | 22 | Ésaïe 52.13–53.12<br>Hébreux 10.16-25<br>*ou* Hébreux 4.14-16 ; 5.7-9<br>Jean 18.1–19.42 |
| Samedi saint | 31.1-4,15-16 | Job 14.1-14<br>*ou* Lamentations 3.1-9,19-24<br>1 Pierre 4.1-8<br>Matthieu 27.57-66<br>*ou* Jean 19.38-42 |

|  | Psaume | Leçons |
|---|---|---|
| **Pâques** | | |
| Grande Vigile | *Voir page [893].* | |
| Office principal | 118.1-2,14-24 | Actes 10.34-43<br>*ou* Ésaïe 65.17-25<br>1 Corinthiens 15.19-26<br>*ou* Actes 10.34-43<br>Jean 20.1-18<br>*ou* Luc 24.1-12 |
| Office du soir | 114 | Ésaïe 25.6-9<br>1 Corinthiens 5.6b-8<br>Luc 24.13-49 |
| **Lundi de Pâques** | 16.8-11<br>*ou* 118.19-24 | Actes 2.14,22b-32<br>Matthieu 28.9-15 |
| **Mardi de Pâques** | 33.18-22<br>*ou* 118.19-24 | Actes 2.36-41<br>Jean 20.11-18 |
| **Mercredi de Pâques** | 105.1-8<br>*ou* 118.19-24 | Actes 3.1-10<br>Luc 24.13-35 |
| **Jeudi de Pâques** | 8<br>*ou* 114<br>*ou* 118.19-24 | Actes 3.11-26<br>Luc 24.36b-48 |
| **Vendredi de Pâques** | 116.1-8<br>*ou* 118.19-24 | Actes 4.1-12<br>Jean 21.1-14 |
| **Samedi de Pâques** | 118.14-18<br>*ou* 118.19-24 | Actes 4.13-21<br>Marc 16.9-15,20 |
| **2ᵉ dimanche de Pâques** | 118.14-18<br>*ou* 118.19-24 | Actes 5.27-32<br>Apocalypse 1.4-8<br>Jean 20.19-31 |
| **3ᵉ dimanche de Pâques** | 30 | Actes 9.1-6(7-20)<br>Apocalypse 5.11-14<br>Jean 21.1-19 |
| **4ᵉ dimanche de Pâques** | 23 | Actes 9.36-43<br>Apocalypse 7.9-17<br>Jean 10.22-30 |
| **5ᵉ dimanche de Pâques** | 148 | Actes 11.1-18<br>Apocalypse 21.1-6<br>Jean 13.31-35 |

|  | Psaume | Leçons |
|---|---|---|
| 6ᵉ dimanche de Pâques | 67 | Actes 16.9-15<br>Apocalypse 21.10,22–22.5<br>Jean 14.23-29<br>*ou* Jean 5.1-9 |
| Ascension | 47<br>*ou* 93 | Actes 1.1-11<br>Éphésiens 1.15-23<br>Luc 24.44-53 |
| 7ᵉ dimanche de Pâques | 97 | Actes 16.16-34<br>Apocalypse 22.12-14,16-17,20-21<br>Jean 17.20-26 |

## Jour de la Pentecôte

| | | |
|---|---|---|
| Vigile ou premier office | 33.12-22 | Genèse 11.1-9 |
| | Cantique 2 *ou* 13 | *ou* Exode 19.1-9a,16-20a ; 20.18-20 |
| | 130 | *ou* Ézékiel 37.1-14 |
| | Cantique 9 | *ou* Joël 2.28-32 |
| | 104.25-37 | Actes 2.1-11<br>*ou* Romains 8.14-17,22-27 |
| | | Jean 7.37-39a |
| Office principal | 104.25-35,37 | Actes 2.1-21<br>*ou* Genèse 11.1-9 |
| | | Romains 8.14-17<br>*ou* Actes 2.1-21 |
| | | Jean 14.8-17(25-27) |

*Pendant les jours de semaine qui suivent, on utilise le propre numéroté le plus proche de la date de la Pentecôte pour l'année en question. Voir page [140].*

| | | |
|---|---|---|
| **Dimanche de la Trinité** | 8<br>*ou* Cantique 2 *ou* 13 | Proverbes 8.1-4,22-31<br>Romains 5.1-5<br>Jean 16.12-15 |

*Pendant les jours de semaine qui suivent, on utilise le propre numéroté le plus proche de la date du dimanche de la Trinité.*

# Temps ordinaire

| | Psaume | Leçons |
|---|---|---|

*Les consignes relatives à l'utilisation des propres qui suivent se trouvent à la page [896].*

| | Psaume | Leçons |
|---|---|---|
| **Propre n° 1** <br> *Le plus proche* <br> *du 11 mai* | Jérémie 17.5-10 <br> Psaume 1 | 1 Corinthiens 15.12-20 <br> Luc 6.17-26 |
| **Propre n° 2** <br> *Le plus proche* <br> *du 18 mai* | Genèse 45.3-11,15 <br> Psaume 37.1-12,41-42 | 1 Corinthiens 15.35-38,42-50 <br> Luc 6.27-38 |
| **Propre n° 3** <br> *Le plus proche* <br> *du 25 mai* | Siracide 27.4-7 <br> *ou* Ésaïe 55.10-13 <br> Psaume 92.1-4,11-14 | 1 Corinthiens 15.51-58 <br> Luc 6.39-49 |
| **Propre n° 4** <br> *Le plus proche* <br> *du 1er juin* | 1 Rois 18.20-21(22-29)30-29 <br> Psaume 96 <br><br> *ou* 1 Rois 8.22-23,41-43 <br> Psaume 96.1-9 | Galates 1.1-12 <br> Luc 7.1-10 |
| **Propre n° 5** <br> *Le plus proche* <br> *du 8 juin* | 1 Rois 17.8-16(17-24) <br> Psaume 146 <br><br> *ou* 1 Rois 17.17-24 <br> Psaume 30 | Galates 1.11-24 <br> Luc 7.11-17 |
| **Propre n° 6** <br> *Le plus proche* <br> *du 15 juin* | 1 Rois 21.1-10(11-14)15-21a <br> Psaume 5.1-8 <br><br> *ou* 2 Samuel 11.26–12.10,13-15 <br> Psaume 32 | Galates 2.15-21 <br> Luc 7.36–8.3 |
| **Propre n° 7** <br> *Le plus proche* <br> *du 22 juin* | 1 Rois 19.1-4(5-7)8-15a <br> Psaume 42 *et* 43 <br><br> *ou* Ésaïe 65.1-9 <br> Psaume 22.18-27 | Galates 3.23-29 <br> Luc 8.26-39 |
| **Propre n° 8** <br> *Le plus proche* <br> *du 29 juin* | 2 Rois 2.1-2,6-14 <br> Psaume 77.1-2,11-20 <br><br> *ou* 1 Rois 19.15-16,19-21 <br> Psaume 16 | Galates 5.1,13-25 <br> Luc 9.51-62 |

|  | Psaume | Leçons |
|---|---|---|
| **Propre n° 9**<br>*Le plus proche*<br>*du 6 juillet* | 2 Rois 5.1-14<br>Psaume 30 | Galates 6.(1-6)7-16<br>Luc 10.1-11,16-20 |
|  | *ou* Ésaïe 66.10-14<br>Psaume 66.1-8 |  |
| **Propre n° 10**<br>*Le plus proche*<br>*du 13 juillet* | Amos 7.7-17<br>Psaume 82 | Colossiens 1.1-14<br>Luc 10.25-37 |
|  | *ou* Deutéronome 30.9-14<br>Psaume 25.1-9 |  |
| **Propre n° 11**<br>*Le plus proche*<br>*du 20 juillet* | Amos 8.1-12<br>Psaume 52 | Colossiens 1.15-28<br>Luc 10.38-42 |
|  | *ou* Genèse 18.1-10a<br>Psaume 15 |  |
| **Propre n° 12**<br>*Le plus proche*<br>*du 27 juillet* | Osée 1.2-10<br>Psaume 85 | Colossiens 2.6-15(16-19)<br>Luc 11.1-13 |
|  | *ou* Genèse 18.20-32<br>Psaume 138 |  |
| **Propre n° 13**<br>*Le plus proche*<br>*du 3 août* | Osée 11.1-11<br>Psaume 107.1-9,43 | Colossiens 3.1-11<br>Luc 12.13-21 |
|  | *ou* Ecclésiaste 1.2,12-14 ;<br>2.18-23<br>Psaume 49.1-11 |  |
| **Propre n° 14**<br>*Le plus proche*<br>*du 10 août* | Ésaïe 1.1,10-20<br>Psaume 50.1-8,23-24 | Hébreux 11.1-3,8-16<br>Luc 12.32-40 |
|  | *ou* Genèse 15.1-6<br>Psaume 33.12-22 |  |
| **Propre n° 15**<br>*Le plus proche*<br>*du 17 août* | Ésaïe 5.1-7<br>Psaume 80.1-2,8-18 | Hébreux 11.29–12.2<br>Luc 12.49-56 |
|  | *ou* Jérémie 23.23-29<br>Psaume 82 |  |
| **Propre n° 16**<br>*Le plus proche*<br>*du 24 août* | Jérémie 1.4-10<br>Psaume 71.1-6 | Hébreux 12.18-29<br>Luc 13.10-17 |
|  | *ou* Ésaïe 58.9b-14<br>Psaume 103.1-8 |  |

| | Psaume | Leçons |
|---|---|---|
| **Propre n° 17**<br>*Le plus proche*<br>*du 31 août* | Jérémie 2.4-13<br>Psaume 81.1,10-16 | Hébreux 13.1-8,15-16<br>Luc 14.1,7-14 |
| | *ou* Siracide 10.12-18<br>*ou* Proverbes 25.6-7<br>Psaume 112 | |
| **Propre n° 18**<br>*Le plus proche*<br>*du 7 septembre* | Jérémie 18.1-11<br>Psaume 139.1-5,12-17 | Philémon 1-21<br>Luc 14.25-33 |
| | *ou* Deutéronome 30.15-20<br>Psaume 1 | |
| **Propre n° 19**<br>*Le plus proche*<br>*du 14 septembre* | Jérémie 4.11-12,22-28<br>Psaume 14 | 1 Timothée 1.12-17<br>Luc 15.1-10 |
| | *ou* Exode 32.7-14<br>Psaume 51.1-11 | |
| **Propre n° 20**<br>*Le plus proche*<br>*du 21 septembre* | Jérémie 8.18–9.1<br>Psaume 79.1-9 | 1 Timothée 2.1-7<br>Luc 16.1-13 |
| | *ou* Amos 8.4-7<br>Psaume 113 | |
| **Propre n° 21**<br>*Le plus proche*<br>*du 28 septembre* | Jérémie 32.1-3a,6-15<br>Psaume 91.1-6,14-16 | 1 Timothée 6.6-19<br>Luc 16.19-31 |
| | *ou* Amos 6.1a,4-7<br>Psaume 146 | |
| **Propre n° 22**<br>*Le plus proche*<br>*du 5 octobre* | Lamentations 1.1-6<br>Lamentations 3.19-26*<br>*ou* Psaume 137 | 2 Timothée 1.1-14<br>Luc 17.5-10 |
| | *ou* Habacuc 1.1-4 ; 2.1-4<br>Psaume 37.1-10 | |
| **Propre n° 23**<br>*Le plus proche*<br>*du 12 octobre* | Jérémie 29.1,4-7<br>Psaume 66.1-11 | 2 Timothée 2.8-15<br>Luc 17.11-19 |
| | *ou* 2 Rois 5.1-3,7-15c<br>Psaume 111 | |
| **Propre n° 24**<br>*Le plus proche*<br>*du 19 octobre* | Jérémie 31.27-34<br>Psaume 119.97-104 | 2 Timothée 3.14–4.5<br>Luc 18.1-8 |
| | *ou* Genèse 32.22-31<br>Psaume 121 | |

| | Psaume | Leçons |
|---|---|---|
| **Propre n° 25**<br>*Le plus proche*<br>*du 26 octobre* | Joël 2.23-32<br>Psaume 65 | 2 Timothée 4.6-8,16-18<br>Luc 18.9-14 |
| | *ou* Siracide 35.12-17<br>*ou* Jérémie 14.7-10,19-22<br>Psaume 84.1-6 | |
| **Propre n° 26**<br>*Le plus proche*<br>*du 2 novembre* | Habacuc 1.1-4 ; 2.1-4<br>Psaume 119.137-144 | 2 Thessaloniciens 1.1-4,11-12<br>Luc 19.1-10 |
| | *ou* Ésaïe 1.10-18<br>Psaume 32.1-8 | |
| **Propre n° 27**<br>*Le plus proche*<br>*du 9 novembre* | Aggée 1.15b–2.9<br>Psaume 145.1-5,18-22<br>*ou* 98 | 2 Thessaloniciens 2.1-5,13-17<br>Luc 20.27-38 |
| | *ou* Job 19.23-27a<br>Psaume 17.1-9 | |
| **Propre n° 28**<br>*Le plus proche*<br>*du 16 novembre* | Ésaïe 65.17-25<br>Cantique 9 | 2 Thessaloniciens 3.6-13<br>Luc 21.5-19 |
| | *ou* Malachie 4.1-2a<br>Psaume 98 | |
| **Propre n° 29**<br>*Le plus proche*<br>*du 23 novembre* | Jérémie 23.1-6<br>Cantique 4 *ou* 16 | Colossiens 1.11-20<br>Luc 23.33-43 |
| | *ou* Jérémie 23.1-6<br>Psaume 46 | |

\* *Comme cantique*

# Sanctoral

| | Psaume | Leçons |
|---|---|---|
| **Saint André**<br>*30 novembre* | 19 *ou* 19.1-6 | Deutéronome 30.11-14<br>Romains 10.8b-18<br>Matthieu 4.18-22 |
| **Saint Thomas**<br>*21 décembre* | 126 | Habacuc 2.1-4<br>Hébreux 10.35–11.1<br>Jean 20.24-29 |
| **Saint Étienne**<br>*26 décembre* | 31 *ou* 31.1-5 | Jérémie 26.1-9,12-15<br>Actes 6.8–7.2a,51c-60<br>Matthieu 23.34-39 |
| **Saint Jean**<br>*27 décembre* | 92 *ou* 92.1-4,11-14 | Exode 33.18-23<br>1 Jean 1.1-9<br>Jean 21.9b-24 |
| **Saints Innocents**<br>*28 décembre* | 124 | Jérémie 31.15-17<br>Apocalypse 21.1-7<br>Matthieu 2.13-18 |
| **Confession de saint Pierre**<br>*18 janvier* | 23 | Actes 4.8-13<br>1 Pierre 5.1-4<br>Matthieu 16.13-19 |
| **Conversion de saint Paul**<br>*25 janvier* | 67 | Actes 26.9-21<br>Galates 1.11-24<br>Matthieu 10.16-22 |
| **Présentation du Christ au Temple**<br>*2 février* | 84 *ou* 24.7-10 | Malachie 3.1-4<br>Hébreux 2.14-18<br>Luc 2.22-40 |
| **Saint Matthias**<br>*24 février* | 15 | Actes 1.15-26<br>Philippiens 3.13b-21<br>Jean 15.1,6-16 |
| **Saint Joseph**<br>*19 mars* | 89.1-29 *ou* 89.1-4,26-29 | 2 Samuel 7.4,8-16<br>Romains 4.13-18<br>Luc 2.41-52 |
| **Annonciation**<br>*25 mars* | 45<br>*ou* 40.5-10<br>*ou* Cantique 3 *ou* 15 | Ésaïe 7.10-14<br>Hébreux 10.4-10<br>Luc 1.26-38 |
| **Saint Marc**<br>*25 avril* | 2 *ou* 2.7-10 | Ésaïe 52.7-10<br>Éphésiens 4.7-8,11-16<br>Marc 1.1-15<br>*ou* Marc 16.15-20 |

|  | Psaume | Leçons |
|---|---|---|
| **Saint Philippe**<br>**et saint Jacques**<br>*1er mai* | 119.33-40 | Ésaïe 30.18-21<br>2 Corinthiens 4.1-6<br>Jean 14.6-14 |
| **Visitation**<br>*31 mai* | 113 | 1 Samuel 2.1-10<br>Romains 12.9-16b<br>Luc 1.39-57 |
| **Saint Barnabé**<br>*11 juin* | 112 | Ésaïe 42.5-12<br>Actes 11.19-30 ; 13.1-3<br>Matthieu 10.7-16 |
| **Nativité de saint**<br>**Jean-Baptiste**<br>*24 juin* | 85 *ou* 85.7-13 | Ésaïe 40.1-11<br>Actes 13.14b-26<br>Luc 1.57-80 |
| **Saint Pierre**<br>**et saint Paul**<br>*29 juin* | 87 | Ézékiel 34.11-16<br>2 Timothée 4.1-8<br>Jean 21.15-19 |
| **Fête nationale**<br>*4 juillet* | 145 *ou* 145.1-9 | Deutéronome 10.17-21<br>Hébreux 11.8-16<br>Matthieu 5.43-48 |

*Il est possible d'utiliser à la place le psaume et la collecte « Pour la Patrie »,*
*à la page [930].*

|  | | |
|---|---|---|
| **Sainte Marie-Madeleine**<br>*22 juillet* | 42.1-7 | Judith 9.1,11-14<br>2 Corinthiens 5.14-18<br>Jean 20.11-18 |
| **Saint Jacques**<br>*25 juillet* | 7.1-10 | Jérémie 45.1-5<br>Actes 11.27–12.3<br>Matthieu 20.20-28 |
| **Transfiguration**<br>*6 août* | 99 *ou* 99.5-9 | Exode 34.29-35<br>2 Pierre 1.13-21<br>Luc 9.28-36 |
| **Sainte Vierge Marie**<br>*15 août* | 34 *ou* 34.1-9 | Ésaïe 61.10-11<br>Galates 4.4-7<br>Luc 1.46-55 |
| **Saint Barthélemy**<br>*24 août* | 91 *ou* 91.1-4 | Deutéronome 18.15-18<br>1 Corinthiens 4.9-15<br>Luc 22.24-30 |

|  | Psaume | Leçons |
|---|---|---|
| **Fête de la sainte-Croix**<br>*14 septembre* | 98 *ou* 98.1-4 | Ésaïe 45.21-25<br>Philippiens 2.5-11<br>*ou* Galates 6.14-18<br>Jean 12.31-36a |
| **Saint Matthieu**<br>*21 septembre* | 119.33-40 | Proverbes 3.1-6<br>2 Timothée 3.14-17<br>Matthieu 9.9-13 |
| **Saint Michel<br>et tous les anges**<br>*29 septembre* | 103 *ou* 103.19-22 | Genèse 28.10-17<br>Apocalypse 12.7-12<br>Jean 1.47-51 |
| **Saint Luc**<br>*18 octobre* | 147 *ou* 147.1-7 | Ecclésiaste 38.1-4,6-10,12-14<br>2 Timothée 4.5-13<br>Luc 4.14-21 |
| **Saint Jacques<br>de Jérusalem**<br>*23 octobre* | 1 | Actes 15.12-22a<br>1 Corinthiens 15.1-11<br>Matthieu 13.54-58 |
| **Saint Simon<br>et saint Jude**<br>*28 octobre* | 119.89-96 | Deutéronome 32.1-4<br>Éphésiens 2.13-22<br>Jean 15.17-27 |

## Toussaint

*1er novembre*

|  | | |
|---|---|---|
| Année A | 34.1-10,22 | Apocalypse 7.9-17<br>1 Jean 3.1-3<br>Matthieu 5.1-12 |
| Année B | 24 | Sagesse 3.1-9<br>*ou* Ésaïe 25.6-9<br>Apocalypse 21.1-6a<br>Jean 11.32-44 |
| Année C | 149 | Daniel 7.1-3,15-18<br>Éphésiens 1.11-23<br>Luc 6.20-31 |

|  | Psaume | Leçons |
|---|---|---|

## Jour de l'Action de grâces (*Thanksgiving*)

| | Psaume | Leçons |
|---|---|---|
| Année A | 65 | Deutéronome 8.7-18<br>2 Corinthiens 9.6-15<br>Luc 17.11-19 |
| Année B | 126 | Joël 2.21-27<br>1 Timothée 2.1-7<br>Matthieu 6.25-33 |
| Année C | 100 | Deutéronome 26.1-11<br>Philippiens 4.4-9<br>Jean 6.25-35 |

# Commun des saints et saintes

|  | Psaume | Leçons |
|---|---|---|
| Pour un·e martyr·e I | 126<br>*ou* 121 | 2 Esdras 2.42-48<br>1 Pierre 3.14-18,22<br>Matthieu 10.16-22 |
| Pour un·e martyr·e II | 116 *ou* 116.1-8 | Ecclésiaste 51.1-12<br>Apocalypse 7.13-17<br>Luc 12.2-12 |
| Pour un·e martyr·e III | 124 *ou* 31.1-5 | Jérémie 15.15-21<br>1 Pierre 4.12-19<br>Marc 8.34-38 |
| Pour un·e missionnaire I | 96 *ou* 96.1-7 | Ésaïe 52.7-10<br>Actes 1.1-9<br>Luc 10.1-9 |
| Pour un·e missionnaire II | 98 *ou* 98.1-4 | Ésaïe 49.1-6<br>Actes 17.22-31<br>Matthieu 28.16-20 |
| Pour un·e pasteur·e I | 23 | Ézékiel 34.11-16<br>1 Pierre 5.1-4<br>Jean 21.15-17 |
| Pour un·e pasteur·e II | 84 *ou* 84.7-11 | Actes 20.17-35<br>Éphésiens 3.14-21<br>Matthieu 24.42-47 |
| Pour un·e théologien·ne,<br>un·e enseignant·e I | 119.97-104 | Sagesse 7.7-14<br>1 Corinthiens 2.6-10,13-16<br>Jean 17.18-23 |
| Pour un·e théologien·ne,<br>un·e enseignant·e II | 119.89-96 | Proverbes 3.1-7<br>1 Corinthiens 3.5-11<br>Matthieu 13.47-52 |
| Pour un·e religieux·se I | 34 *ou* 34.1-8 | Cantique des Cantiques 8.6-7<br>Philippiens 3.7-15<br>Luc 12.33-37<br>*ou* Luc 9.57-62 |
| Pour un·e religieux·se II | 133 *ou* 119.161-168 | Actes 2.42-47a<br>2 Corinthiens 6.1-10<br>Matthieu 6.24-33 |
| Pour un·e saint·e I | 15 | Michée 6.6-8<br>Hébreux 12.1-2<br>Matthieu 25.31-40 |

|  | Psaume | Leçons |
|---|---|---|
| **Pour un·e saint·e II** | 34 *ou* 34.15-22 | Sagesse 3.1-9<br>Philippiens 4.4-9<br>Luc 6.17-23 |
| **Pour un·e saint·e III** | 1 | Ecclésiaste 2.7-11<br>1 Corinthiens 1.26-31<br>Matthieu 25.1-13 |

# Occasions diverses

|   |   | Psaume | Leçons |
|---|---|--------|--------|
| 1. | Pour la Sainte Trinité | 29 | Exode 3.11-15<br>Romains 11.33-36<br>Matthieu 28.18-20 |
| 2. | Pour le Saint-Esprit | 139.1-17 *ou* 139.1-9 | Ésaïe 61.1-3<br>1 Corinthiens 12.4-14<br>Luc 11.9-13 |
| 3. | Pour les saints anges | 148 *ou* 103.19-22 | Daniel 7.9-10a<br>*ou* 2 Rois 6.8-17<br>Apocalypse 5.11-14<br>Jean 1.47-51 |
| 4. | Pour l'Incarnation | 111 *ou* 132.11-19 | Ésaïe 11.1-10<br>*ou* Genèse 17.1-8<br>1 Jean 4.1-11<br>*ou* 1 Timothée 3.14-16<br>Luc 1.26-33(34-38)<br>*ou* Luc 11.27-28 |
| 5. | Pour la sainte Eucharistie | 34 *ou* 116.10-17 | Deutéronome 8.2-3<br>Apocalypse 19.1-2a,4-9<br>*ou* 1 Corinthiens 10.1-4,16-17<br>*ou* 1 Corinthiens 11.23-29<br>Jean 6.47-58 |
| 6. | Pour la sainte-Croix | 40.1-11 *ou* 40.5-11 | Ésaïe 52.13-15 ; 53.10-12<br>1 Corinthiens 1.18-24<br>Jean 12.23-33 |
| 7. | Pour toutes les personnes chrétiennes baptisées | 16.5-11 | Jérémie 17.7-8<br>*ou* Ézékiel 36.24-28<br>Romains 6.3-11<br>Marc 10.35-45 |
| 8. | Pour les défunts et défuntes | 116 *ou* 103.13-22<br>*ou* 130 | Ésaïe 25.6-9<br>*ou* Sagesse 3.1-9<br>1 Corinthiens 15.50-58<br>Jean 5.24-27<br>*ou* Jean 6.37-40<br>*ou* Jean 11.21-27 |

*Il est possible d'utiliser à la place les psaumes et leçons indiqués pour l'Inhumation des défunts et défuntes (version traditionnelle ou contemporaine).*

|   |   | Psaume | Leçons |
|---|---|--------|--------|
| 9. | Pour le Règne du Christ | 93 *ou* Cantique 18 | Daniel 7.9-14 Colossiens 1.11-20 Jean 18.33-37 |

*Il est possible d'utiliser à la place les psaumes et leçons du Propre n° 29 (version traditionnelle ou contemporaine).*

| 10. | Pour un baptême | 15 *ou* 23 *ou* 27 *ou* 42.1-7 *ou* 84 *ou* Cantique 9 | Ézékiel 36.24-28* Romains 6.3-5 *ou* Romains 8.14-17 *ou* 2 Corinthiens 5.17-20 Marc 1.9-11 *ou* Marc 10.13-16 *ou* Jean 3.1-6 |

*\* Il est possible d'utiliser à la place les leçons de l'Ancien Testament prévues pour la Vigile pascale.*

| 11. | Pour une confirmation | 1 *ou* 139.1-9 | Ésaïe 61.1-9 *ou* Jérémie 31.31-34 *ou* Ézékiel 37.1-10 Romains 8.18-27 *ou* Romains 12.1-8 *ou* Galates 5.16-25 *ou* Éphésiens 4.7,11-16 Matthieu 5.1-12 *ou* Matthieu 16.24-27 *ou* Luc 4.16-22 *ou* Jean 14.15-21 |
| 12. | Pour l'anniversaire de la dédicace d'une église | 84 *ou* 84.1-6 | 1 Rois 8.22-30 *ou* Genèse 28.10-17 1 Pierre 2.1-5,9-10 Matthieu 21.12-16 |
| 13. | Pour un synode ecclésial | 19.7-14 | Ésaïe 55.1-13 2 Corinthiens 4.1-10 Jean 15.1-11 |
| 14. | Pour l'unité de l'Église | 122 | Ésaïe 35.1-10 Éphésiens 4.1-6 Jean 17.6a,15-23 |
| 15. | Pour le ministère I | 99 *ou* 27.1-9 | Nombres 11.16-17,24-29 1 Corinthiens 3.5-11 Jean 4.31-38 |

|     |                              | Psaume                        | Leçons                        |
| --- | ---------------------------- | ----------------------------- | ----------------------------- |
| 15. | Pour le ministère II         | 63.1-8                        | 1 Samuel 3.1-10<br>Éphésiens 4.11-16<br>Matthieu 9.35-38 |
| 15. | Pour le ministère III        | 15                            | Exode 19.3-8<br>1 Pierre 4.7-11<br>Matthieu 16.24-27 |
| 16. | Pour la mission de l'Église I | 96 *ou* 96.1-7               | Ésaïe 2.2-4<br>Éphésiens 2.13-22<br>Luc 10.1-9 |
| 16. | Pour la mission de l'Église II | 67                          | Ésaïe 49.5-13<br>Éphésiens 3.1-12<br>Matthieu 28.16-20 |
| 17. | Pour la patrie               | 47                            | Ésaïe 26.1-8<br>Romains 13.1-10<br>Marc 12.13-17 |

*Il est possible d'utiliser à la place les psaumes et leçons pour la Fête nationale.*

|     |                              | Psaume                        | Leçons                        |
| --- | ---------------------------- | ----------------------------- | ----------------------------- |
| 18. | Pour la paix                 | 85.7-13                       | Michée 4.1-5<br>Éphésiens 2.13-18<br>*ou* Colossiens 3.12-15<br>Jean 16.23-33<br>*ou* Matthieu 5.43-48 |
| 19. | Pour les jours des Rogations I | 147 *ou* 147.1-13           | Deutéronome 11.10-15<br>*ou* Ézékiel 47.6-12<br>*ou* Jérémie 14.1-9<br>Romains 8.18-25<br>Marc 4.26-32 |
| 19. | Pour les jours des Rogations II | 107.1-9                    | Ecclésiaste 38.27-32<br>1 Corinthiens 3.10-14<br>Matthieu 6.19-24 |
| 19. | Pour les jours des Rogations III | 104.25-37<br>*ou* 104.1,13-15, 25-32 | Job 38.1-11,16-18<br>1 Timothée 6.7-10,17-19<br>Luc 12.13-21 |

*Il est possible d'utiliser à la place les psaumes et leçons prescrits pour le ministère des malades.*

|     |                                          | Psaume                    | Leçons                                                                   |
| --- | ---------------------------------------- | ------------------------- | ----------------------------------------------------------------------- |
| 21. | Pour la justice sociale                  | 72 *ou* 72.1-4,12-14      | Ésaïe 42.1-7<br>Jacques 2.5-9,12-17<br>Matthieu 10.32-42                 |
| 22. | Pour l'action sociale                    | 146 *ou* 22.22-27         | Zacharie 8.3-12,16-17<br>1 Pierre 4.7-11<br>Marc 10.42-52               |
| 23. | Pour l'éducation                         | 78,1-7                    | Deutéronome 6.4-9,20-25<br>2 Timothée 3.14–4.5<br>Matthieu 11.25-30     |
| 24. | Pour la vocation dans nos tâches quotidiennes | 8                    | Ecclésiaste 3.1,9-13<br>1 Pierre 2.11-17<br>Matthieu 6.19-24            |
| 25. | Pour la fête du Travail                   | 107.1-9 *ou*<br>90.1-2,16-17 | Ecclésiaste 38.27-32<br>1 Corinthiens 3.10-14<br>Matthieu 6.19-24   |

# Lectionnaire
# des offices
# quotidiens

# Introduction au lectionnaire
## des offices quotidiens

Le lectionnaire des offices quotidiens est organisé selon un cycle de deux ans. L'année I commence le premier dimanche de l'Avent qui précède les années impaires, et l'année II commence le premier dimanche de l'Avent qui précède les années paires. (Ainsi, le premier dimanche de l'Avent 1976 marque le début du lectionnaire de l'Année I.)

Trois lectures sont prévues pour les dimanches et les jours de semaine de ces deux années. Il est possible d'utiliser deux lectures le matin et une le soir. Si l'office n'est lu qu'une seule fois dans la journée, les trois lectures peuvent être utilisées à cette occasion. Lorsque l'office est lu deux fois dans la journée, il est suggéré d'employer la lecture de l'Évangile le soir pendant l'année I et le matin pendant l'année II. Si deux lectures sont souhaitées pour les deux offices, on utilise la lecture de l'Ancien Testament de l'autre année comme première lecture pour la prière du soir.

Lorsque plusieurs lectures sont utilisées lors d'un office, la première est toujours tirée de l'Ancien Testament (ou des apocryphes).

Lorsqu'une grande fête interrompt la suite des lectures, celles-ci peuvent être réorganisées en allongeant, en combinant ou en laissant de côté certaines d'entre elles, afin d'assurer une continuité ou d'éviter les répétitions.

Toute lecture peut être allongée à discrétion. Les extensions suggérées sont indiquées entre parenthèses.

Dans ce lectionnaire, à l'exception des périodes allant du quatrième dimanche de l'Avent au dimanche de l'Épiphanie et du dimanche des Rameaux au deuxième dimanche de Pâques, les Psaumes sont arrangés selon un cycle de sept semaines qui se répète tout au long de l'année, sauf pour les variations appropriées du Carême et du temps de Pâques.

Les Psaumes sont indiqués en donnant d'abord ceux du matin, puis ceux du soir. Toutefois, la personne qui officie peut décider d'employer les psaumes du jour indifféremment le matin ou le soir. De même, les psaumes prescrits pour un jour donné peuvent être utilisés n'importe quel autre jour de la même semaine, sauf lors de jours saints.

Des parenthèses et des crochets sont utilisés pour indiquer les psaumes ou versets de psaumes qui peuvent être omis (crochets dans le cas de psaumes entiers, parenthèses pour des versets). Dans certains cas, toute la partie du Psautier prescrite pour un office donné est mise entre crochets, et une autre psalmodie est proposée. Les personnes qui souhaitent réciter le Psautier en entier utiliseront systématiquement les Psaumes entre crochets plutôt que les autres propositions.

Avec les psaumes et les cantiques bibliques, il est possible d'utiliser des antiennes tirées des psaumes eux-mêmes, des versets d'introduction proposés dans les offices ou d'autres passages des Écritures. Ces antiennes peuvent être chantées ou dites au début et à la fin de chaque psaume ou cantique, ou utilisées comme refrain après chaque verset ou groupe de versets.

Pour les occasions particulières, la personne qui officie peut choisir des psaumes et des lectures appropriés.

# Année I

## 1re semaine de l'Avent

| Dimanche | 146,147 ❖ 111,112,113 |
|---|---|
| | Ésaïe 1.1-9    2 Pi 3.1-10    Matt 25.1-13 |
| Lundi | 1,2,3 ❖ 4,7 |
| | Ésaïe 1.10-20    1 Thess 1.1-10    Luc 20.1-8 |
| Mardi | 5,6 ❖ 10,11 |
| | Ésaïe 1.21-31    1 Thess 2.1-12    Luc 20.9-18 |
| Mercredi | 119.1-24 ❖ 12,13,14 |
| | Ésaïe 2.1-11    1 Thess 2.13-20    Luc 20.19-26 |
| Jeudi | 18.1-20 ❖ 18.21-50 |
| | Ésaïe 2.12-22    1 Thess 3.1-13    Luc 20.27-40 |
| Vendredi | 16,17 ❖ 22 |
| | Ésaïe 3.8-15    1 Thess 4.1-12    Luc 20.41-21.4 |
| Samedi | 20,21.1-7(8-14) ❖ 110.1-5(6-7),116,117 |
| | Ésaïe 4.2-6    1 Thess 4.13-18    Luc 21.5-19 |

## 2e semaine de l'Avent

| Dimanche | 148,149,150 ❖ 114,115 |
|---|---|
| | Ésaïe 5.1-7    2 Pi 3.11-18    Luc 7.28-35 |
| Lundi | 25 ❖ 9,15 |
| | Ésaïe 5.8-12,18-23    1 Thess 5.1-11    Luc 21.20-28 |
| Mardi | 26,28 ❖ 36,39 |
| | Ésaïe 5.13-17,24-25    1 Thess 5.12-28    Luc 21.29-38 |
| Mercredi | 38 ❖ 119.25-48 |
| | Ésaïe 6.1-13    2 Thess 1.1-12    Jean 7.53–8.11 |
| Jeudi | 37.1-18 ❖ 37.19-42 |
| | Ésaïe 7.1-9    2 Thess 2.1-12    Luc 22.1-13 |
| Vendredi | 31 ❖ 35 |
| | Ésaïe 7.10-25    2 Thess 2.13–3.5    Luc 22.14-30 |
| Samedi | 30,32 ❖ 42,43 |
| | Ésaïe 8.1-15    2 Thess 3.6-18    Luc 22.31-38 |

## 3e semaine de l'Avent

| Dimanche | 63.1-8(9-11),98 ❖ 103 |
| | Ésaïe 13.6-13  Hébr 12.18-29  Jean 3.22-30 |
| Lundi | 41,52 ❖ 44 |
| | Ésaïe 8.16–9.1  2 Pi 1.1-11  Luc 22.39-53 |
| Mardi | 45 ❖ 47,48 |
| | Ésaïe 9.1-7  2 Pi 1.12-21  Luc 22.54-69 |
| Mercredi | 119.49-72 ❖ 49,[53] |
| | Ésaïe 9.8-17  2 Pi 2.1-10a  Marc 1.1-8 |
| Jeudi | 50 ❖ [59,60] ou 33 |
| | Ésaïe 9.18–10.4  2 Pi 2.10b-16  Matt 3.1-12 |
| Vendredi | 40,54 ❖ 51 |
| | Ésaïe 10.5-19  2 Pi 2.17-22  Matt 11.2-15 |
| Samedi | 55 ❖ 138,139.1-17(18-23) |
| | Ésaïe 10.20-27  Jude 17-25  Luc 3.1-9 |

## 4e semaine de l'Avent

| Dimanche | 24,29 ❖ 8,84 |
| | Ésaïe 42.1-12  Éph 6.10-20  Jean 3.16-21 |
| Lundi | 61,62 ❖ 112,115 |
| | Ésaïe 11.1-9  Apoc 20.1-10  Jean 5.30-47 |
| Mardi | 66,67 ❖ 116,117 |
| | Ésaïe 11.10-16  Apoc 20.11–21.8  Luc 1.5-25 |
| Mercredi | 72 ❖ 111,113 |
| | Ésaïe 28.9-22  Apoc 21.9-21  Luc 1.26-38 |
| Jeudi | 80 ❖ 146,147 |
| | Ésaïe 29.13-24  Apoc 21.22–22.5  Luc 1.39-48a(48b-56) |
| Vendredi | 93,96 ❖ 148,150 |
| | Ésaïe 33.17-22  Apoc 22.6-11,18-20  Luc 1.57-66 |
| 24 déc. | 45,46 ❖ —— |
| | Ésaïe 35.1-10  Apoc 22.12-17,21  Luc 1.67-80 |
| Veille de Noël | —— ❖ 89.1-29 |
| | Ésaïe 59.15b-21  Phil 2.5-11 |

## Noël et jours suivants

| | | | |
|---|---|---|---|
| *Noël* | 2,85 ❖ | 110.1-5(6-7),132 | |
| | Zach 2.10-13 | 1 Jean 4.7-16 | Jean 3.31-26 |
| *Premier dimanche après Noël* | 93,96 ❖ | 34 | |
| | Ésaïe 62.6-7,10-12 | Hébr 2.10-18 | Matt 1.18-25 |
| *29 déc.* | 18.1-20 ❖ | 18.21-50* | |
| | Ésaïe 12.1-6 | Apoc 1.1-8 | Jean 7.37-52 |
| *30 déc.* | 20,21.1-7(8-14) ❖ | 23,27 | |
| | Ésaïe 25.1-9 | Apoc 1.9-20 | Jean 7.53–8.11 |
| *31 déc.* | 46,48 ❖ | —— | |
| | Ésaïe 26.1-9 | 2 Cor 5.16–6.2 | Jean 8.12-19 |
| *Veille du Saint Nom* | —— ❖ | 90 | |
| | Ésaïe 65.15b-25 | Apoc 21.1-6 | |
| *Saint Nom de Jésus* | 103 ❖ | 148 | |
| | Gen 17.1-12a,15-16 | Col 2.6-12 | Jean 16.23b-30 |
| *Deuxième dimanche après Noël* | 66,67 ❖ | 145 | |
| | Eccl 3.3-9,14-17 | 1 Jean 2.12-17 | Jean 6.41-47 |
| *2 janv.* | 34 ❖ | 33 | |
| | Gen 12.1-7 | Hébr 11.1-12 | Jean 6.35-42,48-51 |
| *3 janv.* | 68 ❖ | 72** | |
| | Gen 28.10-22 | Hébr 11.13-22 | Jean 10.7-17 |
| *4 janv.* | 85,87 ❖ | 89.1-29 ** | |
| | Ex 3.1-12 | Hébr 11.23-31 | Jean 14.6-14 |
| *5 janv.* | 2,110.1-5(6-7) ❖ | —— | |
| | Josué 1.1-9 | Hébr 11.32–12.2 | Jean 15.1-16 |
| *Veille de l'Épiphanie* | —— ❖ 29,98 | | |
| | Ésaïe 66.18-23 | Rom 15.7-13 | |

*S'il s'agit d'un samedi, utilisez les psaumes 23 et 27 pour la prière du soir.*
**S'il s'agit d'un samedi, utilisez le psaume 136 pour la prière du soir.*

## Épiphanie et jours suivants

| Épiphanie | 46,97 ❖ 96,100 | | |
| --- | --- | --- | --- |
| | Ésaïe 52.7-10 | Apoc 21.22-27 | Matt 12.14-21 |
| 7 janv.* | 103 ❖ 114,115 | | |
| | Ésaïe 52.3-6 | Apoc 2.1-7 | Jean 2.1-11 |
| 8 janv. | 117,118 ❖ 112,113 | | |
| | Ésaïe 59.15-21 | Apoc 2.8-17 | Jean 4.46-54 |
| 9 janv. | 121,122,123 ❖ 131,132 | | |
| | Ésaïe 63.1-5 | Apoc 2.18-29 | Jean 5.1-15 |
| 10 janv. | 138,139.1-17(18-23) ❖ 147 | | |
| | Ésaïe 65.1-9 | Apoc 3.1-6 | Jean 6.1-14 |
| 11 janv. | 148,150 ❖ 91,92 | | |
| | Ésaïe 65.13-16 | Apoc 3.7-13 | Jean 6.15-27 |
| 12 janv. | 98,99,[100] ❖ —— | | |
| | Ésaïe 66.1-2,22-23 | Apoc 3.14-22 | Jean 9.1-12,35-38 |
| Veille du 1er dimanche | —— ❖ 104 | | |
| | Ésaïe 61.1-9 | Gal 3.23-29 ; 4.4-7 | |

## 1re semaine de l'Épiphanie

| Dimanche | 146,147 ❖ 111,112,113 | | |
| --- | --- | --- | --- |
| | Ésaïe 40.1-11 | Hébr 1.1-12 | Jean 1.1-7,19-20,29-34 |
| Lundi | 1,2,3 ❖ 4,7 | | |
| | Ésaïe 40.12-23 | Éph 1.1-14 | |
| Mardi | 5,6 ❖ 10,11 | | |
| | Ésaïe 40.25-31 | Éph 1.15-23 | Marc 1.14-28 |
| Mercredi | 119.1-24 ❖ 12,13,14 | | |
| | Ésaïe 41.1-16 | Éph 2.1-10 | Marc 1.29-45 |
| Jeudi | 18.1-20 ❖ 18.21-50 | | |
| | Ésaïe 41.17-29 | Éph 2.11-22 | Marc 2.1-12 |
| Vendredi | 16,17 ❖ 22 | | |
| | Ésaïe 42.(1-9)10-17 | Éph 3.1-13 | Marc 2.13-22 |
| Samedi | 20,21.1-7(8-14) ❖ 110.1-5(6-7),116,117 | | |
| | Ésaïe 43.1-13 | Éph 3.14-21 | Marc 2.23–3.6 |

*Les psaumes et les lectures des dates qui suivent l'Épiphanie ne sont utilisés que jusqu'au samedi soir suivant.*

## 2ᵉ semaine de l'Épiphanie

| Dimanche | 148,149,150 ❖ 114,115 |
|---|---|
| | Ésaïe 43.14–44.5    Hébr 6.17–7.10    Jean 4.27-42 |
| Lundi | 25 ❖ 9,15 |
| | Ésaïe 44.6-8,21-23    Éph 4.1-16    Marc 3.7-19a |
| Mardi | 26,28 ❖ 36,39 |
| | Ésaïe 44.9-20    Éph 4.17-32    Marc 3.19b-35 |
| Mercredi | 38 ❖ 119.25-48 |
| | Ésaïe 44.24–45.7    Éph 5.1-14    Marc 4.1-20 |
| Jeudi | 37.1-18 ❖ 37.19-42 |
| | Ésaïe 45.5-17    Éph 5.15-33    Marc 4.21-34 |
| Vendredi | 31 ❖ 35 |
| | Ésaïe 45.18-25    Éph 6.1-9    Marc 4.35-41 |
| Samedi | 30,32 ❖ 42,43 |
| | Ésaïe 46.1-13    Éph 6.10-24    Marc 5.1-20 |

## 3ᵉ semaine de l'Épiphanie

| Dimanche | 63.1-8(9-11),98 ❖ 103 |
|---|---|
| | Ésaïe 47.1-15    Hébr 10.19-31    Jean 5.2-18 |
| Lundi | 41,52 ❖ 44 |
| | Ésaïe 48.1-11    Gal 1.1-17    Marc 5.21-43 |
| Mardi | 45 ❖ 47,48 |
| | Ésaïe 48.12-21    Gal 1.18–2.10    Marc 6.1-13 |
| Mercredi | 119.49-72 ❖ 49,[53] |
| | Ésaïe 49.1-12    Gal 2.11-21    Marc 6.13-29 |
| Jeudi | 50 ❖ [59,60] ou 118 |
| | Ésaïe 49.13-23    Gal 3.1-14    Marc 6.30-46 |
| Vendredi | 40,54 ❖ 51 |
| | Ésaïe 50.1-11    Gal 3.15-22    Marc 6.47-56 |
| Samedi | 55 ❖ 138,139.1-17(18-23) |
| | Ésaïe 51.1-8    Gal 3.23-29    Marc 7.1-23 |

## 4ᵉ semaine de l'Épiphanie

| Dimanche | 24,29 ❖ 8,84 |
|---|---|
| | Ésaïe 51.9-16  Hébr 11.8-16  Jean 7.14-31 |

| Lundi | 56,57,[58] ❖ 64,65 |
|---|---|
| | Ésaïe 51.17-23  Gal 4.1-11  Marc 7.24-37 |

| Mardi | 61,62 ❖ 68.1-20(21-23)24-36 |
|---|---|
| | Ésaïe 52.1-12  Gal 4.12-20  Marc 8.1-10 |

| Mercredi | 72 ❖ 119.73-96 |
|---|---|
| | Ésaïe 54.1-10(11-17)  Gal 4.21-31  Marc 8.11-26 |

| Jeudi | [70],71 ❖ 74 |
|---|---|
| | Ésaïe 55.1-13  Gal 5.1-15  Marc 8.27–9.1 |

| Vendredi | 69.1-23(24-30)31-38 ❖ 73 |
|---|---|
| | Ésaïe 56.1-8  Gal 5.16-24  Marc 9.2-13 |

| Samedi | 75,76 ❖ 23,27 |
|---|---|
| | Ésaïe 57.3-13  Gal 5.25–6.10  Marc 9.14-29 |

## 5ᵉ semaine de l'Épiphanie

| Dimanche | 93,96 ❖ 34 |
|---|---|
| | Ésaïe 57.14-21  Hébr 12.1-6  Jean 7.37-46 |

| Lundi | 80 ❖ 77,[79] |
|---|---|
| | Ésaïe 58.1-12  Gal 6.11-18  Marc 9.30-41 |

| Mardi | 78.1-39 ❖ 78.40-72 |
|---|---|
| | Ésaïe 59.1-15a  2 Tim 1.1-14  Marc 9.42-50 |

| Mercredi | 119.97-120 ❖ 81,82 |
|---|---|
| | Ésaïe 59.15b-21  2 Tim 1.15–2.13  Marc 10.1-16 |

| Jeudi | [83] ou 146,147 ❖ 85,86 |
|---|---|
| | Ésaïe 60.1-17  2 Tim 2.14-26  Marc 10.17-31 |

| Vendredi | 88 ❖ 91,92 |
|---|---|
| | Ésaïe 61.1-9  2 Tim 3.1-17  Marc 10.32-45 |

| Samedi | 87,90 ❖ 136 |
|---|---|
| | Ésaïe 61.10–62.5  2 Tim 4.1-8  Marc 10.46-52 |

## 6<sup>e</sup> semaine de l'Épiphanie

| Dimanche | 66,67 ❖ 19,46 | | |
|---|---|---|---|
| | Ésaïe 62.6-12 | 1 Jean 2.3-11 | Jean 8.12-19 |
| Lundi | 89.1-18 ❖ 89.19-52 | | |
| | Ésaïe 63.1-6 | 1 Tim 1.1-17 | Marc 11.1-11 |
| Mardi | 97,99,[100] ❖ 94,[95] | | |
| | Ésaïe 63.7-14 | 1 Tim 1.18–2.8 | Marc 11.12-26 |
| Mercredi | 101,109.1-4(5-19)20-30 ❖ 119.121-144 | | |
| | Ésaïe 63.15–64.9 | 1 Tim 3.1-16 | Marc 11.27–12.12 |
| Jeudi | 105.1-22 ❖ 105.23-45 | | |
| | Ésaïe 65.1-12 | 1 Tim 4.1-16 | Marc 12.13-27 |
| Vendredi | 102 ❖ 107.1-32 | | |
| | Ésaïe 65.17-25 | 1 Tim 5.17-22(23-25) | Marc 12.28-34 |
| Samedi | 107.33-43,108.1-6(7-13) ❖ 33 | | |
| | Ésaïe 66.1-6 | 1 Tim 6.6-21 | Marc 12.35-44 |

## 7<sup>e</sup> semaine de l'Épiphanie

| Dimanche | 118 ❖ 145 | | |
|---|---|---|---|
| | Ésaïe 66.7-14 | 1 Jean 3.4-10 | Jean 10.7-16 |
| Lundi | 106.1-18 ❖ 106.19-48 | | |
| | Ruth 1.1-14 | 2 Cor 1.1-11 | Matt 5.1-12 |
| Mardi | [120],121,122,123 ❖ 124,125,126,[127] | | |
| | Ruth 1.15-22 | 2 Cor 1.12-22 | Matt 5.13-20 |
| Mercredi | 119.145-176 ❖ 128,129,130 | | |
| | Ruth 2.1-13 | 2 Cor 1.23–2.17 | Matt 5.21-26 |
| Jeudi | 131,132,[133] ❖ 134,135 | | |
| | Ruth 2.14-23 | 2 Cor 3.1-18 | Matt 5.27-37 |
| Vendredi | 140,142 ❖ 141,143.1-11(12) | | |
| | Ruth 3.1-18 | 2 Cor 4.1-12 | Matt 5.38-48 |
| Samedi | 137.1-6(7-9),144 ❖ 104 | | |
| | Ruth 4.1-17 | 2 Cor 4.13–5.10 | Matt 6.1-6 |

## 8ᵉ semaine de l'Épiphanie

| Dimanche | 146,147 | ❖ | 111,112,113 | |
|---|---|---|---|---|
| | Deut 4.1-9 | 2 Tim 4.1-8 | Jean 12.1-8 | |
| Lundi | 1,2,3 | ❖ | 4,7 | |
| | Deut 4.9-14 | 2 Cor 10.1-18 | Matt 6.7-15 | |
| Mardi | 5,6 | ❖ | 10,11 | |
| | Deut 4.15-24 | 2 Cor 11.1-21a | Matt 6.16-23 | |
| Mercredi | 119.1-24 | ❖ | 12,13,14 | |
| | Deut 4.25-31 | 2 Cor 11.21b-33 | Matt 6.24-34 | |
| Jeudi | 18.1-20 | ❖ | 18.21-50 | |
| | Deut 4.32-40 | 2 Cor 12.1-10 | Matt 7.1-12 | |
| Vendredi | 16,17 | ❖ | 22 | |
| | Deut 5.1-22 | 2 Cor 12.11-21 | Matt 7.13-21 | |
| Samedi | 20,21.1-7(8-14) | ❖ | 110.1-5(6-7),116,117 | |
| | Deut 5.22-33 | 2 Cor 13.1-14 | Matt 7.22-29 | |

## Dernière semaine de l'Épiphanie

| Dimanche | 148,149,150 | ❖ | 114,115 | |
|---|---|---|---|---|
| | Deut 6.1-9 | Hébr 12.18-29 | Jean 12.24-32 | |
| Lundi | 25 | ❖ | 9,15 | |
| | Deut 6.10-15 | Hébr 1.1-14 | Jean 1.1-18 | |
| Mardi | 26,28 | ❖ | 36,39 | |
| | Deut 6.16-25 | Hébr 2.1-10 | Jean 1.19-28 | |
| Mercredi des Cendres | 95* et 32,143 | ❖ | 102,130 | |
| | Jonas 3.1–4.11 | Hébr 12.1-14 | Luc 18.9-14 | |
| Jeudi | 37.1-18 | ❖ | 37.19-42 | |
| | Deut 7.6-11 | Tite 1.1-16 | Jean 1.29-34 | |
| Vendredi | 95* et 31 | ❖ | 35 | |
| | Deut 7.12-16 | Tite 2.1-15 | Jean 1.35-42 | |
| Samedi | 30,32 | ❖ | 42,43 | |
| | Deut 7.17-26 | Tite 3.1-15 | Jean 1.43-51 | |

*Pour l'invitation*

## 1ʳᵉ semaine de Carême

| Dimanche | 63.1-8(9-11),98 ❖ 103 | | |
| --- | --- | --- | --- |
| | Deut 8.1-10 | 1 Cor 1.17-31 | Marc 2.18-22 |
| Lundi | 41,52 ❖ 44 | | |
| | Deut 8.11-20 | Hébr 2.11-18 | Jean 2.1-12 |
| Mardi | 45 ❖ 47,48 | | |
| | Deut 9.4-12 | Hébr 3.1-11 | Jean 2.13-22 |
| Mercredi | 119.49-72 ❖ 49,[53] | | |
| | Deut 9.13-21 | Hébr 3.12-19 | Jean 2.23–3.15 |
| Jeudi | 50 ❖ [59,60] ou 19,46 | | |
| | Deut 9.23–10.5 | Hébr 4.1-10 | Jean 3.16-21 |
| Vendredi | 95* et 40,54 ❖ 51 | | |
| | Deut 10.12-22 | Hébr 4.11-16 | Jean 3.22-36 |
| Samedi | 55 ❖ 138,139.1-17(18-23) | | |
| | Deut 11.18-28 | Hébr 5.1-10 | Jean 4.1-26 |

## 2ᵉ semaine de Carême

| Dimanche | 24,29 ❖ 8,84 | | |
| --- | --- | --- | --- |
| | Jér 1.1-10 | 1 Cor 3.11-23 | Marc 3.31–4.9 |
| Lundi | 56,57,[58] ❖ 64,65 | | |
| | Jér 1.11-19 | Rom 1.1-15 | Jean 4.27-42 |
| Mardi | 61,62 ❖ 68.1-20(21-23)24-36 | | |
| | Jér 2.1-13 | Rom 1.16-25 | Jean 4.43-54 |
| Mercredi | 72 ❖ 119.73-96 | | |
| | Jér 3.6-18 | Rom 1.28–2.11 | Jean 5.1-18 |
| Jeudi | [70],71 ❖ 74 | | |
| | Jér 4.9-10,19-28 | Rom 2.12-24 | Jean 5.19-29 |
| Vendredi | 95* et 69.1-23(24-30)31-38 ❖ 73 | | |
| | Jér 5.1-9 | Rom 2.25–3.18 | Jean 5.30-47 |
| Samedi | 75,76 ❖ 23,27 | | |
| | Jér 5.20-31 | Rom 3.19-31 | Jean 7.1-13 |

* Pour l'invitation

## 3e semaine de Carême

| Dimanche | 93,96 ❖ 34 |
|---|---|
| | Jér 6.9-15    1 Cor 6.12-20    Marc 5.1-20 |
| Lundi | 80 ❖ 77,[79] |
| | Jér 7.1-15    Rom 4.1-12    Jean 7.14-36 |
| Mardi | 78.1-39 ❖ 78.40-72 |
| | Jér 7.21-34    Rom 4.13-25    Jean 7.37-52 |
| Mercredi | 119.97-120 ❖ 81,82 |
| | Jér 8.18–9.6    Rom 5.1-11    Jean 8.12-20 |
| Jeudi | [83] ou 42,43 ❖ 85,86 |
| | Jér 10.11-24    Rom 5.12-21    Jean 8.21-32 |
| Vendredi | 95* et 88 ❖ 91,92 |
| | Jér 11.1-8,14-20    Rom 6.1-11    Jean 8.33-47 |
| Samedi | 87,90 ❖ 136 |
| | Jér 13.1-11    Rom 6.12-23    Jean 8.47-59 |

## 4e semaine de Carême

| Dimanche | 66,67 ❖ 19,46 |
|---|---|
| | Jér 14.1-9,17-22    Gal 4.21–5.1    Marc 8.11-21 |
| Lundi | 89.1-18 ❖ 89.19-52 |
| | Jér 16.10-21    Rom 7.1-12    Jean 6.1-15 |
| Mardi | 97,99,[100] ❖ 94,[95] |
| | Jér 17.19-27    Rom 7.13-25    Jean 6.16-27 |
| Mercredi | 101,109.1-4(5-19)20-30 ❖ 119.121-144 |
| | Jér 18.1-11    Rom 8.1-11    Jean 6.27-40 |
| Jeudi | 69.1-23(24-30)31-38 ❖ 73 |
| | Jér 22.13-23    Rom 8.12-27    Jean 6.41-51 |
| Vendredi | 95* et 102 ❖ 107.1-32 |
| | Jér 23.1-8    Rom 8.28-39    Jean 6.52-59 |
| Samedi | 107.33-43,108.1-6(7-13) ❖ 33 |
| | Jér 23.9-15    Rom 9.1-18    Jean 6.60-71 |

* Pour l'invitation

## 5ᵉ semaine de Carême

| | | | |
|---|---|---|---|
| *Dimanche* | 118 ❖ 145 | | |
| | Jér 23.16-32 | 1 Cor 9.19-27 | Marc 8.31–9.1 |
| *Lundi* | 31 ❖ 35 | | |
| | Jér 24.1-10 | Rom 9.19-33 | Jean 9.1-17 |
| *Mardi* | [120],121,122,123 ❖ 124,125,126,[127] | | |
| | Jér 25.8-17 | Rom 10.1-13 | Jean 9.18-41 |
| *Mercredi* | 119.145-176 ❖ 128,129,130 | | |
| | Jér 25.30-38 | Rom 10.14-21 | Jean 10.1-18 |
| *Jeudi* | 131,132,[133] ❖ 140,142 | | |
| | Jér 26.1-16 | Rom 11.1-12 | Jean 10.19-42 |
| *Vendredi* | 95* et 22 ❖ 141,143.1-11(12) | | |
| | Jér 29.1,4-13 | Rom 11.13-24 | Jean 11.1-27 *ou* 12.1-10 |
| *Samedi* | 137.1-6(7-9),144 ❖ 42,43 | | |
| | Jér 31.27-34 | Rom 11.25-36 | Jean 11.28-44 *ou* 12.37-50 |

## Semaine sainte

| | | | |
|---|---|---|---|
| *Dimanche des Rameaux* | 24,29 ❖ 103 | | |
| | Zach 9.9-12** | 1 Tim 6.12-16** | |
| | Zach 12.9-11 ; 13.1,7-9*** | | Matt 21.12-17*** |
| *Lundi* | 51.1-18(19-20) ❖ 69.1-23 | | |
| | Jér 12.1-16 | Phil 3.1-14 | Jean 12.9-19 |
| *Mardi* | 6,12 ❖ 94 | | |
| | Jér 15.10-21 | Phil 3.15-21 | Jean 12.20-26 |
| *Mercredi* | 55 ❖ 74 | | |
| | Jér 17.5-10,14-17 | Phil 4.1-13 | Jean 12.27-36 |
| *Jeudi saint* | 102 ❖ 142,143 | | |
| | Jér 20.7-11 | 1 Cor 10.14-17 ; 11.27-32 | Jean 17.1-11(12-26) |
| *Vendredi saint* | 95* et 22 ❖ 40.1-14(15-19),54 | | |
| | Sag 1.16–2.1,12-22 | 1 Pi 1.10-20 | Jean 13.36-38** |
| | *ou* Gen 22.1-14 | Jean 19.38-42*** | |
| *Samedi saint* | 95** et 88 ❖ 27 | | |
| | Job 19.21-27a | Hébr 4.1-16** | Rom 8.1-11*** |

*Pour l'invitation*    ** *Pour le matin*    *** *Pour le soir*

## Semaine de Pâques

| Pâques | 148,149,150 ❖ 113,114 *ou* 118 |
|---|---|
| | Ex 12.1-14** ——— Jean 1.1-18** |
| | Ésaïe 51.9-11*** Luc 24.13-35 *ou* Jean 20.19-23*** |

| Lundi | 93,98 ❖ 66 |
|---|---|
| | Jonas 2.1-9 Actes 2.14,22-32* Jean 14.1-14 |

| Mardi | 103 ❖ 111,114 |
|---|---|
| | Ésaïe 30.18-21 Actes 2.36-41(42-47)* Jean 14.15-31 |

| Mercredi | 97,99 ❖ 115 |
|---|---|
| | Michée 7.7-15 Actes 3.1-10* Jean 15.1-11 |

| Jeudi | 146,147 ❖ 148,149 |
|---|---|
| | Ézék 37.1-14 Actes 3.11-26* Jean 15.12-27 |

| Vendredi | 136 ❖ 118 |
|---|---|
| | Dan 12.1-4,13 Actes 4.1-12* Jean 16.1-15 |

| Samedi | 145 ❖ 104 |
|---|---|
| | Ésaïe 25.1-9 Actes 4.13-21(22-31)* Jean 16.16-33 |

## 2ᵉ semaine de Pâques

| Dimanche | 146,147 ❖ 111,112,113 |
|---|---|
| | Ésaïe 43.8-13 1 Pi 2.2-10 Jean 14.1-7 |

| Lundi | 1,2,3 ❖ 4,7 |
|---|---|
| | Dan 1.1-21 1 Jean 1.1-10 Jean 17.1-11 |

| Mardi | 5,6 ❖ 10,11 |
|---|---|
| | Dan 2.1-16 1 Jean 2.1-11 Jean 17.12-19 |

| Mercredi | 119.1-24 ❖ 12,13,14 |
|---|---|
| | Dan 2.17-30 1 Jean 2.12-17 Jean 17.20-26 |

| Jeudi | 18.1-20 ❖ 18.21-50 |
|---|---|
| | Dan 2.31-49 1 Jean 2.18-29 Luc 3.1-14 |

| Vendredi | 16,17 ❖ 134,135 |
|---|---|
| | Dan 3.1-18 1 Jean 3.1-10 Luc 3.15-22 |

| Samedi | 20,21.1-7(8-14) ❖ 110.1-5(6-7),116,117 |
|---|---|
| | Dan 3.19-30 1 Jean 3.11-18 Luc 4.1-13 |

*Reprend les premières leçons de l'Eucharistie. Il est possible de les remplacer par les lectures de l'année II.*

** *Pour le matin* *** *Pour le soir*

## 3ᵉ semaine de Pâques

| Dimanche | 148,149,150 ❖ 114,115 |
| --- | --- |
| | Dan 4.1-18    1 Pi 4.7-11    Jean 21.15-25 |
| Lundi | 25 ❖ 9,15 |
| | Dan 4.19-27    1 Jean 3.19–4.6    Luc 4.14-30 |
| Mardi | 26,28 ❖ 36,39 |
| | Dan 4.28-37    1 Jean 4.7-21    Luc 4.31-37 |
| Mercredi | 38 ❖ 119.25-48 |
| | Dan 5.1-12    1 Jean 5.1-12    Luc 4.38-44 |
| Jeudi | 37.1-18 ❖ 37.19-42 |
| | Dan 5.13-30    1 Jean 5.13-20(21)    Luc 5.1-11 |
| Vendredi | 105.1-22 ❖ 105.23-45 |
| | Dan 6.1-15    2 Jean 1-13    Luc 5.12-26 |
| Samedi | 30,32 ❖ 42,43 |
| | Dan 6.16-28    3 Jean 1-15    Luc 5.27-39 |

## 4ᵉ semaine de Pâques

| Dimanche | 63.1-8(9-11),98 ❖ 103 |
| --- | --- |
| | Sag 1.1-15    1 Pi 5.1-11    Matt 7.15-29 |
| Lundi | 41,52 ❖ 44 |
| | Sag 1.16–2.11,21-24    Col 1.1-14    Luc 6.1-11 |
| Mardi | 45 ❖ 47,48 |
| | Sag 3.1-9    Col 1.15-23    Luc 6.12-26 |
| Mercredi | 119.49-72 ❖ 49,[53] |
| | Sag 4.16–5.8    Col 1.24–2.7    Luc 6.27-38 |
| Jeudi | 50 ❖ [59,60] ou 114,115 |
| | Sag 5.9-23    Col 2.8-23    Luc 6.39-49 |
| Vendredi | 40,54 ❖ 51 |
| | Sag 6.12-23    Col 3.1-11    Luc 7.1-17 |
| Samedi | 55 ❖ 138,139.1-17(18-23) |
| | Sag 7.1-14    Col 3.12-17    Luc 7.18-28(29-30)31-35 |

## 5ᵉ semaine de Pâques

| Dimanche | 24,29 ❖ | 8,84 | | |
|---|---|---|---|---|
| | Sag 7.22–8.1 | 2 Thess 2.13-17 | Matt 7.7-14 | |

| Lundi | 56,57,[58] ❖ | 64,65 | | |
|---|---|---|---|---|
| | Sag 9.1,7-18 | Col (3.18–4.1)2-18 | Luc 7.36-50 | |

| Mardi | 61,62 ❖ | 68.1-20(21-23)24-36 | | |
|---|---|---|---|---|
| | Sag 10.1-4(5-12)13-21 | Rom 12.1-21 | Luc 8.1-15 | |

| Mercredi | 72 ❖ | 119.73-96 | | |
|---|---|---|---|---|
| | Sag 13.1-9 | Rom 13.1-14 | Luc 8.16-25 | |

| Jeudi | [70],71 ❖ | 74 | | |
|---|---|---|---|---|
| | Sag 14.27–15.3 | Rom 14.1-12 | Luc 8.26-39 | |

| Vendredi | 106.1-18 ❖ | 106.19-48 | | |
|---|---|---|---|---|
| | Sag 16.15–17.1 | Rom 14.13-23 | Luc 8.40-56 | |

| Samedi | 75,76 ❖ | 23,27 | | |
|---|---|---|---|---|
| | Sag 19.1-8,18-22 | Rom 15.1-13 | Luc 9.1-17 | |

## 6ᵉ semaine de Pâques

| Dimanche | 93,96 ❖ | 34 | | |
|---|---|---|---|---|
| | Eccl 43.1-12,27-32 | 1 Tim 3.14–4.5 | Matt 13.24-34a | |

| Lundi | 80 ❖ | 77,[79] | | |
|---|---|---|---|---|
| | Deut 8.1-10 | Jacq 1.1-15 | Luc 9.18-27 | |

| Mardi | 78.1-39 ❖ | 78.40-72 | | |
|---|---|---|---|---|
| | Deut 8.11-20 | Jacq 1.16-27 | Luc 11.1-13 | |

| Mercredi | 119.97-120 ❖ | —— | | |
|---|---|---|---|---|
| | Baruc 3.24-37 | Jacq 5.13-18 | Luc 12.22-31 | |

| Veille de l'Ascension | —— ❖ | 68.1-20 | | |
|---|---|---|---|---|
| | 2 Rois 2.1-15 | Apoc 5.1-14 | | |

| Jeudi de l'Ascension | 8,47 ❖ | 24,96 | | |
|---|---|---|---|---|
| | Ézék 1.1-14,24-28b | Hébr 2.5-18 | Matt 28.16-20 | |

| Vendredi | 85,86 ❖ | 91,92 | | |
|---|---|---|---|---|
| | Ézék 1.28–3.3 | Hébr 4.14–5.6 | Luc 9.28-36 | |

| Samedi | 87,90 ❖ | 136 | | |
|---|---|---|---|---|
| | Ézék 3.4-17 | Hébr 5.7-14 | Luc 9.37-50 | |

## 7ᵉ semaine de Pâques

| | | | |
|---|---|---|---|
| *Dimanche* | 66,67 ❖ | 19,46 | |
| | Ézék 3.16-27 | Éph 2.1-10 | Matt 10.24-33,40-42 |
| *Lundi* | 89.1-18 ❖ | 89.19-52 | |
| | Ézék 4.1-17 | Hébr 6.1-12 | Luc 9.51-62 |
| *Mardi* | 97,99,[100] ❖ | 94,[95] | |
| | Ézék 7.10-15,23b-27 | Hébr 6.13-20 | Luc 10.1-17 |
| *Mercredi* | 101,109.1-4(5-19)20-30 ❖ | 119.121-144 | |
| | Ézék 11.14-25 | Hébr 7.1-17 | Luc 10.17-24 |
| *Jeudi* | 105.1-22 ❖ | 105.23-45 | |
| | Ézék 18.1-4,19-32 | Hébr 7.18-28 | Luc 10.25-37 |
| *Vendredi* | 102 ❖ | 107.1-32 | |
| | Ézék 34.17-31 | Hébr 8.1-13 | Luc 10.38-42 |
| *Samedi* | 107.33-43,108.1-6(7-13) ❖ | —— | |
| | Ézék 43.1-12 | Hébr 9.1-14 | Luc 11.14-23 |
| *Veille de la* *Pentecôte* | —— ❖ | 33 | |
| | Ex 19.3-8a,16-20 | 1 Pi 2.4-10 | |
| *Dimanche* *de la Pentecôte* | 118 ❖ | 145 | |
| | Ésaïe 11.1-9 | 1 Cor 2.1-13 | Jean 14.21-29 |

*Pendant les jours de semaine qui suivent, on prend les lectures prescrites pour le propre numéroté (de 1 à 6) le plus proche de la date de la Pentecôte.*

| | | | |
|---|---|---|---|
| *Veille* *du dimanche* *de la Trinité* | —— ❖ | 104 | |
| | Eccl 42.15-25 | Éph 3.14-21 | |
| *Dimanche* *de la Trinité* | 146,147 ❖ | 111,112,113 | |
| | Eccl 43.1-12(27-33) | Éph 4.1-16 | Jean 1.1-18 |

*Pendant les jours de semaine qui suivent, on prend les lectures prescrites pour le propre numéroté (de 2 à 7) le plus proche de la date de la Pentecôte.*

# Temps ordinaire

*Les consignes relatives à l'utilisation des propres qui suivent se trouvent à la page [140].*

**Propre n° 1**    *Dimanche le plus proche du 11 mai*

| | |
|---|---|
| *Lundi* | 106.1-18    ❖    106.19-48 <br> Ésaïe 63.7-14    2 Tim 1.1-14    Luc 11.24-36 |
| *Mardi* | [120],121,122,123    ❖    124,125,126,[127] <br> Ésaïe 63.15–64.9    2 Tim 1.15–2.13    Luc 11.37-52 |
| *Mercredi* | 119.145-176    ❖    128,129,130 <br> Ésaïe 65.1-12    2 Tim 2.14-26    Luc 11.53–12.12 |
| *Jeudi* | 131,132,[133]    ❖    134,135 <br> Ésaïe 65.17-25    2 Tim 3.1-17    Luc 12.13-31 |
| *Vendredi* | 140,142    ❖    141,143.1-11(12) <br> Ésaïe 66.1-6    2 Tim 4.1-8    Luc 12.32-48 |
| *Samedi* | 137.1-6(7-9),144    ❖    104 <br> Ésaïe 66.7-14    2 Tim 4.9-22    Luc 12.49-59 |

**Propre n° 2**    *Dimanche le plus proche du 18 mai*

| | |
|---|---|
| *Lundi* | 1,2,3    ❖    4,7 <br> Ruth 1.1-18    1 Tim 1.1-17    Luc 13.1-9 |
| *Mardi* | 5,6    ❖    10,11 <br> Ruth 1.19–2.13    1 Tim 1.18–2.8    Luc 13.10-17 |
| *Mercredi* | 119.1-24    ❖    12,13,14 <br> Ruth 2.14-23    1 Tim 3.1-16    Luc 13.18-30 |
| *Jeudi* | 18.1-20    ❖    18.21-50 <br> Ruth 3.1-18    1 Tim 4.1-16    Luc 13.31-35 |
| *Vendredi* | 16,17    ❖    22 <br> Ruth 4.1-17    1 Tim 5.17-22(23-25)    Luc 14.1-11 |
| *Samedi* | 20,21.1-7(8-14)    ❖    110.1-5(6-7),116,117 <br> Deut 1.1-8    1 Tim 6.6-21    Luc 14.12-24 |

**Propre n° 3**   *Dimanche le plus proche du 25 mai*

| Dimanche | 148,149,150   ❖   114,115 |
|---|---|
| | Deut 4.1-9   Apoc 7.1-4,9-17   Matt 12.33-45 |
| Lundi | 25   ❖   9,15 |
| | Deut 4.9-14   2 Cor 1.1-11   Luc 14.25-35 |
| Mardi | 26,28   ❖   36,39 |
| | Deut 4.15-24   2 Cor 1.12-22   Luc 15.1-10 |
| Mercredi | 38   ❖   119.25-48 |
| | Deut 4.25-31   2 Cor 1.23–2.17   Luc 15.1-2,11-32 |
| Jeudi | 37.1-18   ❖   37.19-42 |
| | Deut 4.32-40   2 Cor 3.1-18   Luc 16.1-9 |
| Vendredi | 31   ❖   35 |
| | Deut 5.1-22   2 Cor 4.1-12   Luc 16.10-17(18) |
| Samedi | 30,32   ❖   42,43 |
| | Deut 5.22-33   2 Cor 4.13–5.10   Luc 16.19-31 |

**Propre n° 4**   *Dimanche le plus proche du 1ᵉʳ juin*

| Dimanche | 63.1-8(9-11),98   ❖   103 |
|---|---|
| | Deut 11.1-12   Apoc 10.1-11   Matt 13.44-58 |
| Lundi | 41,52   ❖   44 |
| | Deut 11.13-19   2 Cor 5.11–6.2   Luc 17.1-10 |
| Mardi | 45   ❖   47,48 |
| | Deut 12.1-122   Cor 6.3-13(14–7.1)   Luc 17.11-19 |
| Mercredi | 119.49-72   ❖   49,[53] |
| | Deut 13.1-11   2 Cor 7.2-16   Luc 17.20-37 |
| Jeudi | 50   ❖   [59,60] *ou* 8,84 |
| | Deut 16.18-20 ; 17.14-20   2 Cor 8.1-16   Luc 18.1-8 |
| Vendredi | 40,54   ❖   51 |
| | Deut 26.1-11   2 Cor 8.16-24   Luc 18.9-14 |
| Samedi | 55   ❖   138,139.1-17(18-23) |
| | Deut 29.2-15   2 Cor 9.1-15   Luc 18.15-30 |

**Propre n° 5**   *Dimanche le plus proche du 8 juin*

| Dimanche | 24,29 ❖ 8,84 |
| --- | --- |
| | Deut 29.16-29    Apoc 12.1-12    Matt 15.29-39 |
| Lundi | 56,57,[58] ❖ 64,65 |
| | Deut 30.1-10    2 Cor 10.1-18    Luc 18.31-43 |
| Mardi | 61,62 ❖ 68.1-20(21-23)24-36 |
| | Deut 30.11-20    2 Cor 11.1-21a    Luc 19.1-10 |
| Mercredi | 72 ❖ 119.73-96 |
| | Deut 31.30–32.14    2 Cor 11.21b-33    Luc 19.11-27 |
| Jeudi | [70],71 ❖ 74 |
| | Eccl 44.19–45.5    2 Cor 12.1-10    Luc 19.28-40 |
| Vendredi | 69.1-23(24-30)31-38 ❖ 73 |
| | Eccl 45.6-16    2 Cor 12.11-21    Luc 19.41-48 |
| Samedi | 75,76 ❖ 23,27 |
| | Eccl 46.1-10    2 Cor 13.1-14    Luc 20.1-8 |

**Propre n° 6**   *Dimanche le plus proche du 15 juin*

| Dimanche | 93,96 ❖ 34 |
| --- | --- |
| | Eccl 46.11-20    Apoc 15.1-8    Matt 18.1-14 |
| Lundi | 80 ❖ 77,[79] |
| | 1 Sam 1.1-20    Actes 1.1-14    Luc 20.9-19 |
| Mardi | 78.1-39 ❖ 78.40-72 |
| | 1 Sam 1.21–2.11    Actes 1.15-26    Luc 20.19-26 |
| Mercredi | 119.97-120 ❖ 81,82 |
| | 1 Sam 2.12-26    Actes 2.1-21    Luc 20.27-40 |
| Jeudi | [83] *ou* 34 ❖ 85,86 |
| | 1 Sam 2.27-36    Actes 2.22-36    Luc 20.41–21.4 |
| Vendredi | 88 ❖ 91,92 |
| | 1 Sam 3.1-21    Actes 2.37-47    Luc 21.5-19 |
| Samedi | 87,90 ❖ 136 |
| | 1 Sam 4.1b-11    Actes 4.32–5.11    Luc 21.20-28 |

**Propre n° 7** *Dimanche le plus proche du 22 juin*

| Dimanche | 66,67 ❖ 19,46 | | |
|---|---|---|---|
| | 1 Sam 4.12-22 | Jacq 1.1-18 | Matt 19.23-30 |

| Lundi | 89.1-18 ❖ 89.19-52 | | |
|---|---|---|---|
| | 1 Sam 5.1-12 | Actes 5.12-26 | Luc 21.29-36 |

| Mardi | 97,99,[100] ❖ 94,[95] | | |
|---|---|---|---|
| | 1 Sam 6.1-16 | Actes 5.27-42 | Luc 21.37–22.13 |

| Mercredi | 101,109.1-4(5-19)20-30 ❖ 119.121-144 | | |
|---|---|---|---|
| | 1 Sam 7.2-17 | Actes 6.1-15 | Luc 22.14-23 |

| Jeudi | 105.1-22 ❖ 105.23-45 | | |
|---|---|---|---|
| | 1 Sam 8.1-22 | Actes 6.15–7.16 | Luc 22.24-30 |

| Vendredi | 102 ❖ 107.1-32 | | |
|---|---|---|---|
| | 1 Sam 9.1-14 | Actes 7.17-29 | Luc 22.31-38 |

| Samedi | 107.33-43,108.1-6(7-13) ❖ 33 | | |
|---|---|---|---|
| | 1 Sam 9.15–10.1 | Actes 7.30-43 | Luc 22.39-51 |

**Propre n° 8** *Dimanche le plus proche du 29 juin*

| Dimanche | 118 ❖ 145 | | |
|---|---|---|---|
| | 1 Sam 10.1-16 | Rom 4.13-25 | Matt 21.23-32 |

| Lundi | 106.1-18 ❖ 106.19-48 | | |
|---|---|---|---|
| | 1 Sam 10.17-27 | Actes 7.44–8.1a | Luc 22.52-62 |

| Mardi | [120],121,122,123 ❖ 124,125,126,[127] | | |
|---|---|---|---|
| | 1 Sam 11.1-15 | Actes 8.1-13 | Luc 22.63-71 |

| Mercredi | 119.145-176 ❖ 128,129,130 | | |
|---|---|---|---|
| | 1 Sam 12.1-6,16-25 | Actes 8.14-25 | Luc 23.1-12 |

| Jeudi | 131,132,[133] ❖ 134,135 | | |
|---|---|---|---|
| | 1 Sam 13.5-18 | Actes 8.26-40 | Luc 23.13-25 |

| Vendredi | 140,142 ❖ 141,143.1-11(12) | | |
|---|---|---|---|
| | 1 Sam 13.19–14.15 | Actes 9.1-9 | Luc 23.26-31 |

| Samedi | 137.1-6(7-9),144 ❖ 104 | | |
|---|---|---|---|
| | 1 Sam 14.16-30 | Actes 9.10-19a | Luc 23.32-43 |

**Propre n° 9**   *Dimanche le plus proche du 6 juillet*

| Dimanche | 146,147   ❖   111,112,113 |
|---|---|
| | 1 Sam 14.36-45      Rom 5.1-11      Matt 22.1-14 |
| Lundi | 1,2,3   ❖   4,7 |
| | 1 Sam 15.1-3,7-23      Actes 9.19b-31      Luc 23.44-56a |
| Mardi | 5,6   ❖   10,11 |
| | 1 Sam 15.24-35      Actes 9.32-43      Luc 23.56b–24.11 |
| Mercredi | 119.1-24   ❖   12,13,14 |
| | 1 Sam 16.1-13      Actes 10.1-16      Luc 24.12-35 |
| Jeudi | 18.1-20   ❖   18.21-50 |
| | 1 Sam 16.14–17.11      Actes 10.17-33      Luc 24.36-53 |
| Vendredi | 16,17   ❖   22 |
| | 1 Sam 17.17-30      Actes 10.34-48      Marc 1.1-13 |
| Samedi | 20,21.1-7(8-14)   ❖   110.1-5(6-7),116,117 |
| | 1 Sam 17.31-49      Actes 11.1-18      Marc 1.14-28 |

**Propre n° 10**   *Dimanche le plus proche du 13 juillet*

| Dimanche | 148,149,150   ❖   114,115 |
|---|---|
| | 1 Sam 17.50–18.4      Rom 10.4-17      Matt 23.29-39 |
| Lundi | 25   ❖   9,15 |
| | 1 Sam 18.5-16,27b-30      Actes 11.19-30      Marc 1.29-45 |
| Mardi | 26,28   ❖   36,39 |
| | 1 Sam 19.1-18      Actes 12.1-17      Marc 2.1-12 |
| Mercredi | 38   ❖   119.25-48 |
| | 1 Sam 20.1-23      Actes 12.18-25      Marc 2.13-22 |
| Jeudi | 37.1-18   ❖   37.19-42 |
| | 1 Sam 20.24-42      Actes 13.1-12      Marc 2.23–3.6 |
| Vendredi | 31   ❖   35 |
| | 1 Sam 21.1-15      Actes 13.13-25      Marc 3.7-19a |
| Samedi | 30,32   ❖   42,43 |
| | 1 Sam 22.1-23      Actes 13.26-43      Marc 3.19b-35 |

**Propre n° 11**   *Dimanche le plus proche du 20 juillet*

| Dimanche | 63.1-8(9-11),98 ❖ 103 | | |
|---|---|---|---|
| | 1 Sam 23.7-18 | Rom 11.33–12.2 | Matt 25.14-30 |
| Lundi | 41,52 ❖ 44 | | |
| | 1 Sam 24.1-22 | Actes 13.44-52 | Marc 4.1-20 |
| Mardi | 45 ❖ 47,48 | | |
| | 1 Sam 25.1-22 | Actes 14.1-18 | Marc 4.21-34 |
| Mercredi | 119.49-72 ❖ 49,[53] | | |
| | 1 Sam 25.23-44 | Actes 14.19-28 | Marc 4.35-41 |
| Jeudi | 50 ❖ [59,60] *ou* 66,67 | | |
| | 1 Sam 28.3-20 | Actes 15.1-11 | Marc 5.1-20 |
| Vendredi | 40,54 ❖ 51 | | |
| | 1 Sam 31.1-13 | Actes 15.12-21 | Marc 5.21-43 |
| Samedi | 55 ❖ 138,139.1-17(18-23) | | |
| | 2 Sam 1.1-16 | Actes 15.22-35 | Marc 6.1-13 |

**Propre n° 12**   *Dimanche le plus proche du 27 juillet*

| Dimanche | 24,29 ❖ 8,84 | | |
|---|---|---|---|
| | 2 Sam 1.17-27 | Rom 12.9-21 | Matt 25.31-46 |
| Lundi | 56,57,[58] ❖ 64,65 | | |
| | 2 Sam 2.1-11 | Actes 15.36–16.5 | Marc 6.14-29 |
| Mardi | 61,62 ❖ 68.1-20(21-23)24-36 | | |
| | 2 Sam 3.6-21 | Actes 16.6-15 | Marc 6.30-46 |
| Mercredi | 72 ❖ 119.73-96 | | |
| | 2 Sam 3.22-39 | Actes 16.16-24 | Marc 6.47-56 |
| Jeudi | [70],71 ❖ 74 | | |
| | 2 Sam 4.1-12 | Actes 16.25-40 | Marc 7.1-23 |
| Vendredi | 69.1-23(24-30)31-38 ❖ 73 | | |
| | 2 Sam 5.1-12 | Actes 17.1-15 | Marc 7.24-37 |
| Samedi | 75,76 ❖ 23,27 | | |
| | 2 Sam 5.22–6.11 | Actes 17.16-34 | Marc 8.1-10 |

**Propre n° 13**   *Dimanche le plus proche du 3 août*

| Dimanche | 93,96 ❖ 34 | | |
|---|---|---|---|
| | 2 Sam 6.12-23 | Rom 4.7-12 | Jean 1.43-51 |
| Lundi | 80 ❖ 77,[79] | | |
| | 2 Sam 7.1-17 | Actes 18.1-11 | Marc 8.11-21 |
| Mardi | 78.1-39 ❖ 78.40-72 | | |
| | 2 Sam 7.18-29 | Actes 18.12-28 | Marc 8.22-33 |
| Mercredi | 119.97-120 ❖ 81,82 | | |
| | 2 Sam 9.1-13 | Actes 19.1-10 | Marc 8.34–9.1 |
| Jeudi | [83] *ou* 145 ❖ 85,86 | | |
| | 2 Sam 11.1-27 | Actes 19.11-20 | Marc 9.2-13 |
| Vendredi | 88 ❖ 91,92 | | |
| | 2 Sam 12.1-14 | Actes 19.21-41 | Marc 9.14-29 |
| Samedi | 87,90 ❖ 136 | | |
| | 2 Sam 12.15-31 | Actes 20.1-16 | Marc 9.30-41 |

**Propre n° 14**   *Dimanche le plus proche du 10 août*

| Dimanche | 66,67 ❖ 19,46 | | |
|---|---|---|---|
| | 2 Sam 13.1-22 | Rom 15.1-13 | Jean 3.22-36 |
| Lundi | 89.1-18 ❖ 89.19-52 | | |
| | 2 Sam 13.23-39 | Actes 20.17-38 | Marc 9.42-50 |
| Mardi | 97,99,[100] ❖ 94,[95] | | |
| | 2 Sam 14.1-20 | Actes 21.1-14 | Marc 10.1-16 |
| Mercredi | 101,109.1-4(5-19)20-30 ❖ 119.121-144 | | |
| | 2 Sam 14.21-33 | Actes 21.15-26 | Marc 10.17-31 |
| Jeudi | 105.1-22 ❖ 105.23-45 | | |
| | 2 Sam 15.1-18 | Actes 21.27-36 | Marc 10.32-45 |
| Vendredi | 102 ❖ 107.1-32 | | |
| | 2 Sam 15.19-37 | Actes 21.37–22.16 | Marc 10.46-52 |
| Samedi | 107.33-43,108.1-6(7-13) ❖ 33 | | |
| | 2 Sam 16.1-23 | Actes 22.17-29 | Marc 11.1-11 |

**Propre n° 15**   *Dimanche le plus proche du 17 août*

| | | | | |
|---|---|---|---|---|
| *Dimanche* | 118 ❖ 145 | | | |
| | 2 Sam 17.1-23 | Gal 3.6-14 | Jean 5.30-47 | |
| *Lundi* | 106.1-18 ❖ 106.19-48 | | | |
| | 2 Sam 17.24–18.8 | Actes 22.30–23.11 | Marc 11.12-26 | |
| *Mardi* | [120],121,122,123 ❖ 124,125,126,[127] | | | |
| | 2 Sam 18.9-18 | Actes 23.12-24 | Marc 11.27–12.12 | |
| *Mercredi* | 119.145-176 ❖ 128,129,130 | | | |
| | 2 Sam 18.19-23 | Actes 23.23-35 | Marc 12.13-27 | |
| *Jeudi* | 131,132,[133] ❖ 134,135 | | | |
| | 2 Sam 19.1-23 | Actes 24.1-23 | Marc 12.28-34 | |
| *Vendredi* | 140,142 ❖ 141,143.1-11(12) | | | |
| | 2 Sam 19.24-43 | Actes 24.24–25.12 | Marc 12.35-44 | |
| *Samedi* | 137.1-6(7-9),144 ❖ 104 | | | |
| | 2 Sam 23.1-17,13-17 | Actes 25.13-27 | Marc 13.1-13 | |

**Propre n° 16**   *Dimanche le plus proche du 24 août*

| | | | | |
|---|---|---|---|---|
| *Dimanche* | 146,147 ❖ 111,112,113 | | | |
| | 2 Sam 24.1-2,10-25 | Gal 3.23–4.7 | Jean 8.12-20 | |
| *Lundi* | 1,2,3 ❖ 4,7 | | | |
| | 1 Rois 1.5-31 | Actes 26.1-23 | Marc 13.14-27 | |
| *Mardi* | 5,6 ❖ 10,11 | | | |
| | 1 Rois 1.38–2.4 | Actes 26.24–27.8 | Marc 13.28-37 | |
| *Mercredi* | 119.1-24 ❖ 12,13,14 | | | |
| | 1 Rois 3.1-15 | Actes 27.9-26 | Marc 14.1-11 | |
| *Jeudi* | 18.1-20 ❖ 18.21-50 | | | |
| | 1 Rois 3.16-28 | Actes 27.27-44 | Marc 14.12-26 | |
| *Vendredi* | 16,17 ❖ 22 | | | |
| | 1 Rois 5.1–6.1,7 | Actes 28.1-16 | Marc 14.27-42 | |
| *Samedi* | 20,21.1-7(8-14) ❖ 110.1-5(6-7),116,117 | | | |
| | 1 Rois 7.51–8.21 | Actes 28.17-31 | Marc 14.43-52 | |

**Propre n° 17**  *Dimanche le plus proche du 31 août*

| | | | |
|---|---|---|---|
| *Dimanche* | 148,149,150 ❖ 114,115 | | |
| | 1 Rois 8.22-30(31-40) | 1 Tim 4.7b-16 | Jean 8.47-59 |
| *Lundi* | 25 ❖ 9,15 | | |
| | 2 Chron 6.32–7.7 | Jacq 2.1-13 | Marc 14.53-65 |
| *Mardi* | 26,28 ❖ 36,39 | | |
| | 1 Rois 8.65–9.9 | Jacq 2.14-26 | Marc 14.66-72 |
| *Mercredi* | 38 ❖ 119.25-48 | | |
| | 1 Rois 9.24–10.13 | Jacq 3.1-12 | Marc 15.1-11 |
| *Jeudi* | 37.1-18 ❖ 37.19-42 | | |
| | 1 Rois 11.1-13 | Jacq 3.13–4.12 | Marc 15.12-21 |
| *Vendredi* | 31 ❖ 35 | | |
| | 1 Rois 11.26-43 | Jacq 4.13–5.6 | Marc 15.22-32 |
| *Samedi* | 30,32 ❖ 42,43 | | |
| | 1 Rois 12.1-20 | Jacq 5.7-12,19-20 | Marc 15.33-39 |

**Propre n° 18**  *Dimanche le plus proche du 7 septembre*

| | | | |
|---|---|---|---|
| *Dimanche* | 63.1-8(9-11),98 ❖ 103 | | |
| | 1 Rois 12.21-33 | Actes 4.18-31 | Jean 10.31-42 |
| *Lundi* | 41,52 ❖ 44 | | |
| | 1 Rois 13.1-10 | Phil 1.1-11 | Marc 15.40-47 |
| *Mardi* | 45 ❖ 47,48 | | |
| | 1 Rois 16.23-34 | Phil 1.12-30 | Marc 16.1-8(9-20) |
| *Mercredi* | 119.49-72 ❖ 49,[53] | | |
| | 1 Rois 17.1-24 | Phil 2.1-11 | Matt 2.1-12 |
| *Jeudi* | 50 ❖ [59,60] *ou* 93,96 | | |
| | 1 Rois 18.1-19 | Phil 2.12-30 | Matt 2.13-23 |
| *Vendredi* | 40,54 ❖ 51 | | |
| | 1 Rois 18.20-40 | Phil 3.1-16 | Matt 3.1-12 |
| *Samedi* | 55 ❖ 138,139.1-17(18-23) | | |
| | 1 Rois 18.41–19.8 | Phil 3.17–4.7 | Matt 3.13-17 |

**Propre nº 19**   *Dimanche le plus proche du 14 septembre*

| *Dimanche* | 24,29 ❖ 8,84 | |
|---|---|---|
| | 1 Rois 19.8-21    Actes 5.34-42    Jean 11.45-47 | |

| *Lundi* | 56,57,[58] ❖ 64,65 | |
|---|---|---|
| | 1 Rois 21.1-16    1 Cor 1.1-19    Matt 4.1-11 | |

| *Mardi* | 61,62 ❖ 68.1-20(21-23)24-36 | |
|---|---|---|
| | 1 Rois 21.17-29    1 Cor 1.20-31    Matt 4.12-17 | |

| *Mercredi* | 72 ❖ 119.73-96 | |
|---|---|---|
| | 1 Rois 22.1-28    1 Cor 2.1-13    Matt 4.18-25 | |

| *Jeudi* | [70],71 ❖ 74 | |
|---|---|---|
| | 1 Rois 22.29-45    1 Cor 2.14–3.15    Matt 5.1-10 | |

| *Vendredi* | 69.1-23(24-30)31-38 ❖ 73 | |
|---|---|---|
| | 2 Rois 1.2-17    1 Cor 3.16-23    Matt 5.11-16 | |

| *Samedi* | 75,76 ❖ 23,27 | |
|---|---|---|
| | 2 Rois 2.1-18    1 Cor 4.1-7    Matt 5.17-20 | |


**Propre nº 20**   *Dimanche le plus proche du 21 septembre*

| *Dimanche* | 93,96 ❖ 34 | |
|---|---|---|
| | 2 Rois 4.8-37    Actes 9.10-31    Luc 3.7-18 | |

| *Lundi* | 80 ❖ 77,[79] | |
|---|---|---|
| | 2 Rois 5.1-19    1 Cor 4.8-21    Matt 5.21-26 | |

| *Mardi* | 78.1-39 ❖ 78.40-72 | |
|---|---|---|
| | 2 Rois 5.19-27    1 Cor 5.1-8    Matt 5.27-37 | |

| *Mercredi* | 119.97-120 ❖ 81,82 | |
|---|---|---|
| | 2 Rois 6.1-23    1 Cor 5.9–6.8    Matt 5.38-48 | |

| *Jeudi* | [83] *ou* 146,147 ❖ 85,86 | |
|---|---|---|
| | 2 Rois 9.1-16    1 Cor 6.12-20    Matt 6.1-6,16-18 | |

| *Vendredi* | 88 ❖ 91,92 | |
|---|---|---|
| | 2 Rois 9.17-37    1 Cor 7.1-9    Matt 6.7-15 | |

| *Samedi* | 87,90 ❖ 136 | |
|---|---|---|
| | 2 Rois 11.1-20a    1 Cor 7.10-24    Matt 6.19-24 | |

**Propre n° 21**  *Dimanche le plus proche du 28 septembre*

| Dimanche | 66,67 ❖ 19,46 | | |
|---|---|---|---|
| | 2 Rois 17.1-18 | Actes 9.36-43 | Luc 5.1-11 |
| Lundi | 89.1-18 ❖ 89.19-52 | | |
| | 2 Rois 17.24-41 | 1 Cor 7.25-31 | Matt 6.25-34 |
| Mardi | 97,99,[100] ❖ 94,[95] | | |
| | 2 Chron 29.1-3 | 1 Cor 7.32-40 | Matt 7.1-12 ;<br>30.1(2-9)10-27 |
| Mercredi | 101,109.1-4(5-19)20-30 ❖ 119.121-144 | | |
| | 2 Rois 18.9-25 | 1 Cor 8.1-13 | Matt 7.13-21 |
| Jeudi | 105.1-22 ❖ 105.23-45 | | |
| | 2 Rois 18.28-37 | 1 Cor 9.1-15 | Matt 7.22-29 |
| Vendredi | 102 ❖ 107.1-32 | | |
| | 2 Rois 19.1-20 | 1 Cor 9.16-27 | Matt 8.1-17 |
| Samedi | 107.33-43,108.1-6(7-13) ❖ 33 | | |
| | 2 Rois 19.21-36 | 1 Cor 10.1-13 | Matt.8.18-27 |

**Propre n° 22**  *Dimanche le plus proche du 5 octobre*

| Dimanche | 118 ❖ 145 | | |
|---|---|---|---|
| | 2 Rois 20.1-21 | Actes 12.1-17 | Luc 7.11-17 |
| Lundi | 106.1-18 ❖ 106.19-48 | | |
| | 2 Rois 21.1-18 | 1 Cor 10.14–11.1 | Matt 8.28-34 |
| Mardi | [120],121,122,123 ❖ 124,125,126,[127] | | |
| | 2 Rois 22.1-13 | 1 Cor 11.2,17-22 | Matt 9.1-8 |
| Mercredi | 119.145-176 ❖ 128,129,130 | | |
| | 2 Rois 22.14–23.3 | 1 Cor 11.23-34 | Matt 9.9-17 |
| Jeudi | 131,132,[133] ❖ 134,135 | | |
| | 2 Rois 23.4-25 | 1 Cor 12.1-11 | Matt 9.18-26 |
| Vendredi | 140,142 ❖ 141,143.1-11(12) | | |
| | 2 Rois 23.36–24.17 | 1 Cor 12.12-26 | Matt 9.27-34 |
| Samedi | 137.1-6(7-9),144 ❖ 104 | | |
| | Jér 35.1-19 | 1 Cor 12.27–13.3 | Matt 9.35–10.4 |

**Propre n° 23**  *Dimanche le plus proche du 12 octobre*

| Dimanche | 146,147 ❖ 111,112,113 |
|---|---|
| | Jér 36.1-10    Actes 14.8-18    Luc 7.36-50 |

| Lundi | 1,2,3 ❖ 4,7 |
|---|---|
| | Jér 36.11-26    1 Cor 13.(1-3)4-13    Matt 10.5-15 |

| Mardi | 5,6 ❖ 10,11 |
|---|---|
| | Jér 36.27–37.2    1 Cor 14.1-12    Matt 10.16-23 |

| Mercredi | 119.1-24 ❖ 12,13,14 |
|---|---|
| | Jér 37.3-21    1 Cor 14.13-25    Matt 10.24-33 |

| Jeudi | 18.1-20 ❖ 18.21-50 |
|---|---|
| | Jér 38.1-13    1 Cor 14.26-33a,37-40    Matt 10.34-42 |

| Vendredi | 16,17 ❖ 22 |
|---|---|
| | Jér 38.14-28    1 Cor 15.1-11    Matt 11.1-6 |

| Samedi | 20,21.1-7(8-14) ❖ 110.1-5(6-7),116,117 |
|---|---|
| | 2 Rois 25.8-12,22-26    1 Cor 15.12-29    Matt 11.7-15 |

**Propre n° 24**  *Dimanche le plus proche du 19 octobre*

| Dimanche | 148,149,150 ❖ 114,115 |
|---|---|
| | Jér 29.1,4-14    Actes 16.6-15    Luc 10.1-12,17-20 |

| Lundi | 25 ❖ 9,15 |
|---|---|
| | Jér 44.1-14    1 Cor 15.30-41    Matt 11.16-24 |

| Mardi | 26,28 ❖ 36,39 |
|---|---|
| | Lam 1.1-5(6-9)10-12    1 Cor 15.41-50    Matt 11.25-30 |

| Mercredi | 38 ❖ 119.25-48 |
|---|---|
| | Lam 2.8-15    1 Cor 15.51-58    Matt 12.1-14 |

| Jeudi | 37.1-18 ❖ 37.19-42 |
|---|---|
| | Esdras 1.1-11    1 Cor 16.1-9    Matt 12.15-21 |

| Vendredi | 31 ❖ 35 |
|---|---|
| | Esdras 3.1-13    1 Cor 16.10-24    Matt 12.22-32 |

| Samedi | 30,32 ❖ 42,43 |
|---|---|
| | Esdras 4.7,11-24    Phm 1-25    Matt 12.33-42 |

**Propre n° 25**  *Dimanche le plus proche du 26 octobre*

| Dimanche | 63.1-8(9-11),98 ❖ 103 |
|---|---|
| | Aggée 1.1–2.9   Actes 18.24–19.7   Luc 10.25-37 |

| Lundi | 41,52 ❖ 44 |
|---|---|
| | Zach 1.7-17   Apoc 1.4-20   Matt 12.43-50 |

| Mardi | 45 ❖ 47,48 |
|---|---|
| | Esdras 5.1-17   Apoc 4.1-11   Matt 13.1-9 |

| Mercredi | 119.49-72 ❖ 49,[53] |
|---|---|
| | Esdras 6.1-22   Apoc 5.1-10   Matt 13.10-17 |

| Jeudi | 50 ❖ [59,60] ou 33 |
|---|---|
| | Néh 1-1.11   Apoc 5.11–6.11   Matt 13.18-23 |

| Vendredi | 40,54 ❖ 51 |
|---|---|
| | Néh 2.1-20   Apoc 6.12–7.4   Matt 13.24-30 |

| Samedi | 55 ❖ 138,139.1-17(18-23) |
|---|---|
| | Néh 4.1-23   Apoc 7.(4-8)9-17   Matt 13.31-35 |

**Propre n° 26**  *Dimanche le plus proche du 2 novembre*

| Dimanche | 24,29 ❖ 8,84 |
|---|---|
| | Néh 5.1-19   Actes 20.7-12   Luc 12.22-31 |

| Lundi | 56,57,[58] ❖ 64,65 |
|---|---|
| | Néh 6.1-19   Apoc 10.1-11   Matt 13.36-43 |

| Mardi | 61,62 ❖ 68.1-20(21-23)24-36 |
|---|---|
| | Néh 12.27-31a,42b-47   Apoc 11.1-19   Matt 13.44-52 |

| Mercredi | 72 ❖ 119.73-96 |
|---|---|
| | Néh 13.4-22   Apoc 12.1-12   Matt 13.53-58 |

| Jeudi | [70],71 ❖ 74 |
|---|---|
| | Esdras 7.(1-10)11-26   Apoc 14.1-13   Matt 14.1-12 |

| Vendredi | 69.1-23(24-30)31-38 ❖ 73 |
|---|---|
| | Esdras 7.27-28 ; 8.21-36   Apoc 15.1-8   Matt 14.13-21 |

| Samedi | 75,76 ❖ 23,27 |
|---|---|
| | Esdras 9.1-15   Apoc 17.1-14   Matt 14.22-36 |

**Propre n° 27**   *Dimanche le plus proche du 9 novembre*

| | | | |
|---|---|---|---|
| *Dimanche* | 93,96  ❖  34 | | |
| | Esdras 10.1-17 | Actes 24.10-21 | Luc 14.12-24 |
| *Lundi* | 80  ❖  77,[79] | | |
| | Néh 9.1-15(16-25) | Apoc 18.1-8 | Matt 15.1-20 |
| *Mardi* | 78.1-39  ❖  78.40-72 | | |
| | Néh 9.26-38 | Apoc 18.9-20 | Matt 15.21-28 |
| *Mercredi* | 119.97-120  ❖  81,82 | | |
| | Néh 7.73b–8.3,5-18 | Apoc 18.21-24 | Matt 15.29-39 |
| *Jeudi* | [83] *ou* 23,27  ❖  85,86 | | |
| | 1 Mac 1.1-28 | Apoc 19.1-10 | Matt 16.1-12 |
| *Vendredi* | 88  ❖  91,92 | | |
| | 1 Mac 1.41-63 | Apoc 19.11-16 | Matt 16.13-20 |
| *Samedi* | 87,90  ❖  136 | | |
| | 1 Mac 2.1-28 | Apoc 20.1-6 | Matt 16.21-28 |

**Propre n° 28**   *Dimanche le plus proche du 16 novembre*

| | | | |
|---|---|---|---|
| *Dimanche* | 66,67  ❖  19,46 | | |
| | 1 Mac 2.29-43,49-50 | Actes 28.14b-23 | Luc 16.1-13 |
| *Lundi* | 89.1-18  ❖  89.19-52 | | |
| | 1 Mac 3.1-24 | Apoc 20.7-15 | Matt 17.1-13 |
| *Mardi* | 97,99,[100]  ❖  94,[95] | | |
| | 1 Mac 3.25-41 | Apoc 21.1-8 | Matt 17.14-21 |
| *Mercredi* | 101,109.1-4(5-19)20-30  ❖  119.121-144 | | |
| | 1 Mac 3.42-60 | Apoc 21.9-21 | Matt 17.22-27 |
| *Jeudi* | 105.1-22  ❖  105.23-45 | | |
| | 1 Mac 4.1-25 | Apoc 21.22–22.5 | Matt 18.1-9 |
| *Vendredi* | 102  ❖  107.1-32 | | |
| | 1 Mac 4.36-59 | Apoc 22.6-13 | Matt 18.10-20 |
| *Samedi* | 107.33-43,108.1-6(7-13)  ❖  33 | | |
| | Ésaïe 65.17-25 | Apoc 22.14-21 | Matt 18.21-35 |

**Propre n° 29**   *Dimanche le plus proche du 23 novembre*

| | | | |
|---|---|---|---|
| *Dimanche* | 118 ❖ 145 | | |
| | Ésaïe 19.19-25 | Rom 15.5-13 | Luc 19.11-27 |
| *Lundi* | 106.1-18 ❖ 106.19-48 | | |
| | Joël 3.1-2,9-17 | 1 Pi 1.1-12 | Matt 19.1-12 |
| *Mardi* | [120],121,122,123 ❖ 124,125,126,[127] | | |
| | Nahoum 1.1-13 | 1 Pi 1.13-25 | Matt 19.13-22 |
| *Mercredi* | 119.145-176 ❖ 128,129,130 | | |
| | Abdias 1.15-21 | 1 Pi 2.1-10 | Matt 19.23-30 |
| *Jeudi* | 131,132,[133] ❖ 134,135 | | |
| | Soph 3.1-13 | 1 Pi 2.11-25 | Matt 20.1-16 |
| *Vendredi* | 140,142 ❖ 141,143.1-11(12) | | |
| | Ésaïe 24.14-23 | 1 Pi 3.13–4.6 | Matt 20.17-28 |
| *Samedi* | 137.1-6(7-9),144 ❖ 104 | | |
| | Michée 7.11-20 | 1 Pi 4.7-19 | Matt 20.29-34 |

# Année II

## 1re semaine de l'Avent

| Dimanche | 146,147 ❖ 111,112,113 |
|---|---|
| | Amos 1.1-5,13–2.8    1 Thess 5.1-11    Luc 21.5-19 |
| Lundi | 1,2,3 ❖ 4,7 |
| | Amos 2.6-16    2 Pi 1.1-11    Matt 21.1-11 |
| Mardi | 5,6 ❖ 10,11 |
| | Amos 3.1-11    2 Pi 1.12-21    Matt 21.12-22 |
| Mercredi | 119.1-24 ❖ 12,13,14 |
| | Amos 3.12–4.5    2 Pi 3.1-10    Matt 21.23-32 |
| Jeudi | 18.1-20 ❖ 18.21-50 |
| | Amos 4.6-13    2 Pi 3.11-18    Matt 21.33-46 |
| Vendredi | 16,17 ❖ 22 |
| | Amos 5.1-17    Jude 1-16    Matt 22.1-14 |
| Samedi | 20,21.1-7(8-14) ❖ 110.1-5(6-7),116,117 |
| | Amos 5.18-27    Jude 17-25    Matt 22.15-22 |

## 2e semaine de l'Avent

| Dimanche | 148,149,150 ❖ 114,115 |
|---|---|
| | Amos 6.1-14    1 Thess 5.1-12    Luc 1.57-68 |
| Lundi | 25 ❖ 9,15 |
| | Amos 7.1-9    Apoc 1.1-8    Matt 22.23-33 |
| Mardi | 26,28 ❖ 36,39 |
| | Amos 7.10-17    Apoc 1.9-16    Matt 22.34-46 |
| Mercredi | 38 ❖ 119.25-48 |
| | Amos 8.1-14    Apoc 1.17–2.7    Matt 23.1-12 |
| Jeudi | 37.1-18 ❖ 37.19-42 |
| | Amos 9.1-10    Apoc 2.8-17    Matt 23.13-26 |
| Vendredi | 31 ❖ 35 |
| | Aggée 1.1-15    Apoc 2.18-29    Matt 23.27-39 |
| Samedi | 30,32 ❖ 42,43 |
| | Aggée 2.1-9    Apoc 3.1-6    Matt 24.1-14 |

## 3ᵉ semaine de l'Avent

| Dimanche | 63.1-8(9-11),98 | ❖ | 103 | |
|---|---|---|---|---|
| | Amos 9.11-15 | | 2 Thess 2.1-3,13-17 | Jean 5.30-47 |
| Lundi | 41,52 | ❖ | 44 | |
| | Zach 1.7-17 | | Apoc 3.7-13 | Matt 24.15-31 |
| Mardi | 45 | ❖ | 47,48 | |
| | Zach 2.1-13 | | Apoc 3.14-22 | Matt 24.32-44 |
| Mercredi | 119.49-72 | ❖ | 49,[53] | |
| | Zach 3.1-10 | | Apoc 4.1-8 | Matt 24.45-51 |
| Jeudi | 50 | ❖ | [59,60] *ou* 33 | |
| | Zach 4.1-14 | | Apoc 4.9–5.5 | Matt 25.1-13 |
| Vendredi | 40,54 | ❖ | 51 | |
| | Zach 7.8–8.8 | | Apoc 5.6-14 | Matt 25.14-30 |
| Samedi | 55 | ❖ | 138,139.1-17(18-23) | |
| | Zach 8.9-17 | | Apoc 6.1-17 | Matt 25.31-46 |

## 4ᵉ semaine de l'Avent

| Dimanche | 24,29 | ❖ | 8,84 | |
|---|---|---|---|---|
| | Gen 3.18-15 | | Apoc 12.1-10 | Jean 3.16-21 |
| Lundi | 61,62 | ❖ | 112,115 | |
| | Soph 3.14-20 | | Tite 1.1-16 | Luc 1.1-25 |
| Mardi | 66,67 | ❖ | 116,117 | |
| | 1 Sam 2.1b-10 | | Tite 2.1-10 | Luc 1.26-38 |
| Mercredi | 72 | ❖ | 111,113 | |
| | 2 Sam 7.1-17 | | Tite 2.11–3.8a | Luc 1.39-48a(48b-56) |
| Jeudi | 80 | ❖ | 146,147 | |
| | 2 Sam 7.18-29 | | Gal 3.1-14 | Luc 1.57-66 |
| Vendredi | 93,96 | ❖ | 148,150 | |
| | Baruc 4.21-29 | | Gal 3.15-22 | Luc 1.67-80 *ou* Matt 1.1-17 |
| 24 déc. | 45,46 | ❖ | —— | |
| | Baruc 4.36–5.9 | | Gal 3.23–4.7 | Matt 1.18-25 |
| Veille de Noël | —— | ❖ | 89.1-29 | |
| | Ésaïe 59.15b-21 | | Phil 2.5-11 | |

## Noël et jours suivants

| | | | |
|---|---|---|---|
| *Noël* | 2,85 ❖ 110.1-5(6-7),132 | | |
| | Michée 4.1-5 ; 5.2-4 | 1 Jean 4.7-16 | Jean 3.31-36 |
| *Premier dimanche après Noël* | 93,96 ❖ 34 | | |
| | 1 Sam 1.1-2,7b-28 | Col 1.9-20 | Luc 2.22-40 |
| *29 déc.* | 18.1-20 ❖ 18.21-50* | | |
| | 2 Sam 23.13-17b | 2 Jean 1-13 | Jean 2.1-11 |
| *30 déc.* | 20,21.1-7(8-14) ❖ 23,27 | | |
| | 1 Rois 17.17-24 | 3 Jean 1-15 | Jean 4.46-54 |
| *31 déc.* | 46,48 ❖ —— | | |
| | 1 Rois 3.5-14 | Jacq 4.13-17 ; 5.7-11 | Jean 5.1-15 |
| *Veille du Saint Nom* | —— ❖ 90 | | |
| | Ésaïe 65.15b-25 | Apoc 21.1-6 | |
| *Saint Nom de Jésus* | 103 ❖ 148 | | |
| | Ésaïe 62.1-5,10-12 | Apoc 19.11-16 | Matt 1.18-25 |
| *Deuxième dimanche après Noël* | 66,67 ❖ 145 | | |
| | Sag 7.3-14 | Col 3.12-17 | Jean 6.41-47 |
| *2 janv.* | 34 ❖ 33 | | |
| | 1 Rois 19.1-8 | Éph 4.1-16 | Jean 6.1-14 |
| *3 janv.* | 68 ❖ 72** | | |
| | 1 Rois 19.9-18 | Éph 4.17-32 | Jean 6.15-27 |
| *4 janv.* | 85,87 ❖ 89.1-29 ** | | |
| | Josué 3.14–4.7 | Éph 5.1-20 | Jean 9.1-12,35-38 |
| *5 janv.* | 2,110.1-5(6-7) ❖ —— | | |
| | Jonas 2.2-9 | Éph 6.10-20 | Jean 11.17-27,38-44 |
| *Veille de l'Épiphanie* | —— ❖ 29,98 | | |
| | Ésaïe 66.18-23 | Rom 15.7-13 | |

\* *S'il s'agit d'un samedi, utilisez les psaumes 23 et 27 pour la prière du soir.*
\*\* *S'il s'agit d'un samedi, utilisez le psaume 136 pour la prière du soir.*

## Épiphanie et jours suivants

| Épiphanie | 46,97 ❖ | 96,100 | |
|---|---|---|---|
| | Ésaïe 49.1-7 | Apoc 21.22-27 | Matt 12.14-21 |
| 7 janv.* | 103 ❖ | 114,115 | |
| | Deut 8.1-3 | Col 1.1-14 | Jean 6.30-33,48-51 |
| 8 janv. | 117,118 ❖ | 112,113 | |
| | Ex 17.1-7 | Col 1.15-23 | Jean 7.37-52 |
| 9 janv. | 121,122,123 ❖ | 131,132 | |
| | Ésaïe 45.14-19 | Col 1.24–2.7 | Jean 8.12-19 |
| 10 janv. | 138,139.1-17(18-23) ❖ | 147 | |
| | Jér 23.1-8 | Col 2.8-23 | Jean 10.7-17 |
| 11 janv. | 148,150 ❖ | 91,92 | |
| | Ésaïe 55.3-9 | Col 3.1-17 | Jean 14.6-14 |
| 12 janv. | 98,99,[100] ❖ | —— | |
| | Gen 49.1-2,8-12 | Col 3.18–4.6 | Jean 15.1-16 |
| Veille | —— ❖ | 104 | |
| du 1er dimanche | Ésaïe 61.1-9 | Gal 3.23-29 ; 4.4-7 | |

## 1re semaine de l'Épiphanie

| Dimanche | 146,147 ❖ | 111,112,113 | |
|---|---|---|---|
| | Gen 1.1–2.3 | Éph 1.3-14 | Jean 1.29-34 |
| Lundi | 1,2,3 ❖ | 4,7 | |
| | Gen 2.4-9(10-15)16-25 | Hébr 1.1-14 | Jean 1.1-18 |
| Mardi | 5,6 ❖ | 10,11 | |
| | Gen 3.1-24 | Hébr 2.1-10 | Jean 1.19-28 |
| Mercredi | 119.1-24 ❖ | 12,13,14 | |
| | Gen 4.1-16 | Hébr 2.11-18 | Jean 1.(29-34)35-42 |
| Jeudi | 18.1-20 ❖ | 18.21-50 | |
| | Gen 4.17-26 | Hébr 3.1-11 | Jean 1.43-51 |
| Vendredi | 16,17 ❖ | 22 | |
| | Gen 6.1-8 | Hébr 3.12-19 | Jean 2.1-12 |
| Samedi | 20,21.1-7(8-14) ❖ | 110.1-5(6-7),116,117 | |
| | Gen 6.9-22 | Hébr 4.1-13 | Jean 2.13-22 |

*Les psaumes et les lectures des dates qui suivent l'Épiphanie ne sont utilisés que jusqu'au samedi soir suivant.*

## 2ᵉ semaine de l'Épiphanie

| Dimanche | 148,149,150 ❖ 114,115<br>Gen 7.1-10,17-23    Éph 4.1-16    Marc 3.7-19 |
| --- | --- |
| Lundi | 25 ❖ 9,15<br>Gen 8.6-22    Hébr 4.14–5.6    Jean 2.23–3.15 |
| Mardi | 26,28 ❖ 36,39<br>Gen 9.1-17    Hébr 5.7-14    Jean 3.16-21 |
| Mercredi | 38 ❖ 119.25-48<br>Gen 9.18-29    Hébr 6.1-12    Jean 3.22-36 |
| Jeudi | 37.1-18 ❖ 37.19-42<br>Gen 11.1-9    Hébr 6.13-20    Jean 4.1-15 |
| Vendredi | 31 ❖ 35<br>Gen 11.27–12.8    Hébr 7.1-17    Jean 4.16-26 |
| Samedi | 30,32 ❖ 42,43<br>Gen 12.9–13.1    Hébr 7.18-28    Jean 4.27-42 |

## 3ᵉ semaine de l'Épiphanie

| Dimanche | 63.1-8(9-11),98 ❖ 103<br>Gen 13.2-18    Gal 2.1-10    Marc 7.31-37 |
| --- | --- |
| Lundi | 41,52 ❖ 44<br>Gen 14.(1-7)8-24    Hébr 8.1-13    Jean 4.43-54 |
| Mardi | 45 ❖ 47,48<br>Gen 15.1-11,17-21    Hébr 9.1-14    Jean 5.1-18 |
| Mercredi | 119.49-72 ❖ 49,[53]<br>Gen 16.1-14    Hébr 9.15-28    Jean 5.19-29 |
| Jeudi | 50 ❖ [59,60] ou 118<br>Gen 16.15–17.14    Hébr 10.1-10    Jean 5.30-47 |
| Vendredi | 40,54 ❖ 51<br>Gen 17.15-27    Hébr 10.11-25    Jean 6.1-15 |
| Samedi | 55 ❖ 138,139.1-17(18-23)<br>Gen 18.1-16    Hébr 10.26-39    Jean 6.16-27 |

## 4ᵉ semaine de l'Épiphanie

| | | | |
|---|---|---|---|
| *Dimanche* | 24,29 ❖ | 8,84 | |
| | Gen 18.16-33 | Gal 5.13-25 | Marc 8.22-30 |
| *Lundi* | 56,57,[58] ❖ | 64,65 | |
| | Gen 19.1-17(18-23)24-29 | Hébr 11.1-12 | Jean 6.27-40 |
| *Mardi* | 61,62 ❖ | 68.1-20(21-23)24-36 | |
| | Gen 21.1-21 | Hébr 11.13-22 | Jean 6.41-51 |
| *Mercredi* | 72 ❖ | 119.73-96 | |
| | Gen 22.1-18 | Hébr 11.23-31 | Jean 6.52-59 |
| *Jeudi* | [70],71 ❖ | 74 | |
| | Gen 23.1-20 | Hébr 11.32–12.2 | Jean 6.60-71 |
| *Vendredi* | 69.1-23(24-30)31-38 ❖ | 73 | |
| | Gen 24.1-27 | Hébr 12.3-11 | Jean 7.1-13 |
| *Samedi* | 75,76 ❖ | 23,27 | |
| | Gen 24.28-38,49-51 | Hébr 12.12-29 | Jean 7.14-36 |

## 5ᵉ semaine de l'Épiphanie

| | | | |
|---|---|---|---|
| *Dimanche* | 93,96 ❖ | 34 | |
| | Gen 24.50-67 | 2 Tim 2.14-21 | Marc 10.13-22 |
| *Lundi* | 80 ❖ | 77,[79] | |
| | Gen 25.19-34 | Hébr 13.1-16 | Jean 7.37-52 |
| *Mardi* | 78.1-39 ❖ | 78.40-72 | |
| | Gen 26.1-6,12-33 | Hébr 13.17-25 | Jean 7.53–8.11 |
| *Mercredi* | 119.97-120 ❖ | 81,82 | |
| | Gen 27.1-29 | Rom 12.1-8 | Jean 8.12-20 |
| *Jeudi* | [83] *ou* 146,147 ❖ | 85,86 | |
| | Gen 27.30-45 | Rom 12.9-21 | Jean 8.21-32 |
| *Vendredi* | 88 ❖ | 91,92 | |
| | Gen 27.46–28.4,10-22 | Rom 13.1-14 | Jean 8.33-47 |
| *Samedi* | 87,90 ❖ | 136 | |
| | Gen 29.1-20 | Rom 14.1-23 | Jean 8.47-59 |

## 6ᵉ semaine de l'Épiphanie

| Dimanche | 66,67 ❖ | 19,46 | |
|---|---|---|---|
| | Gen 29.20-35 | 1 Tim 3.14–4.10 | Marc 10.23-31 |

| Lundi | 89.1-18 ❖ | 89.19-52 | |
|---|---|---|---|
| | Gen 30.1-24 | 1 Jean 1.1-10 | Jean 9.1-17 |

| Mardi | 97,99,[100] ❖ | 94,[95] | |
|---|---|---|---|
| | Gen 31.1-24 | 1 Jean 2.1-11 | Jean 9.18-41 |

| Mercredi | 101,109.1-4(5-19)20-30 ❖ | 119.121-144 | |
|---|---|---|---|
| | Gen 31.25-50 | 1 Jean 2.12-17 | Jean 10.1-18 |

| Jeudi | 105.1-22 ❖ | 105.23-45 | |
|---|---|---|---|
| | Gen 32.3-21 | 1 Jean 2.18-29 | Jean 10.19-30 |

| Vendredi | 102 ❖ | 107.1-32 | |
|---|---|---|---|
| | Gen 32.22–33.17 | 1 Jean 3.1-10 | Jean 10.31-42 |

| Samedi | 107.33-43,108.1-6(7-13) ❖ | 33 | |
|---|---|---|---|
| | Gen 35.1-20 | 1 Jean 3.11-18 | Jean 11.1-16 |

## 7ᵉ semaine de l'Épiphanie

| Dimanche | 118 ❖ | 145 | |
|---|---|---|---|
| | Prov 1.20-33 | 2 Cor 5.11-21 | Marc 10.35-45 |

| Lundi | 106.1-18 ❖ | 106.19-48 | |
|---|---|---|---|
| | Prov 3.11-20 | 1 Jean 3.18–4.6 | Jean 11.17-29 |

| Mardi | [120],121,122,123 ❖ | 124,125,126,[127] | |
|---|---|---|---|
| | Prov 4.1-27 | 1 Jean 4.7-21 | Jean 11.30-44 |

| Mercredi | 119.145-176 ❖ | 128,129,130 | |
|---|---|---|---|
| | Prov 6.1-19 | 1 Jean 5.1-12 | Jean 11.45-54 |

| Jeudi | 131,132,[133] ❖ | 134,135 | |
|---|---|---|---|
| | Prov 7.1-27 | 1 Jean 5.13-21 | Jean 11.55–12.8 |

| Vendredi | 140,142 ❖ | 141,143.1-11(12) | |
|---|---|---|---|
| | Prov 8.1-21 | Phm 1-25 | Jean 12.9-19 |

| Samedi | 137.1-6(7-9),144 ❖ | 104 | |
|---|---|---|---|
| | Prov 8.22-36 | 2 Tim 1.1-14 | Jean 12.20-26 |

## 8ᵉ semaine de l'Épiphanie

| Dimanche | 146,147 ❖ 111,112,113 |
|---|---|
| | Prov 9.1-12    2 Cor 9.6b-15    Marc 10.46-52 |

| Lundi | 1,2,3 ❖ 4,7 |
|---|---|
| | Prov 10.1-12    2 Tim 1.15–2.13    Jean 12.27-36a |

| Mardi | 5,6 ❖ 10,11 |
|---|---|
| | Prov 15.16-33    2 Tim 2.14-26    Jean 12.36b-50 |

| Mercredi | 119.1-24 ❖ 12,13,14 |
|---|---|
| | Prov 17.1-20    2 Tim 3.1-17    Jean 13.1-20 |

| Jeudi | 18.1-20 ❖ 18.21-50 |
|---|---|
| | Prov 21.30–22.6    2 Tim 4.1-8    Jean 13.21-30 |

| Vendredi | 16,17 ❖ 22 |
|---|---|
| | Prov 23.19-21,29–24.2    2 Tim 4.9-22    Jean 13.31-38 |

| Samedi | 20,21.1-7(8-14) ❖ 110.1-5(6-7),116,117 |
|---|---|
| | Prov 25.15-28    Phil 1.1-11    Jean 18.1-14 |

## Dernière semaine de l'Épiphanie

| Dimanche | 148,149,150 ❖ 114,115 |
|---|---|
| | Eccl 48.1-11    2 Cor 3.7-18    Luc 9.18-27 |

| Lundi | 25 ❖ 9,15 |
|---|---|
| | Prov 27.1-6,10-12    Phil 2.1-13    Jean 18.15-18,25-27 |

| Mardi | 26,28 ❖ 36,39 |
|---|---|
| | Prov 30.1-4,24-33    Phil 3.1-11    Jean 18.28-38 |

| Mercredi des Cendres | 95* et 32,143 ❖ 102,130 |
|---|---|
| | Amos 5.6-15    Hébr 12.1-14    Luc 18.9-14 |

| Jeudi | 37.1-18 ❖ 37.19-42 |
|---|---|
| | Hab 3.1-10(11-15)16-18    Phil 3.12-21    Jean 17.1-8 |

| Vendredi | 95* et 31 ❖ 35 |
|---|---|
| | Ézék 18.1-4,25-32    Phil 4.1-9    Jean 17.9-19 |

| Samedi | 30,32 ❖ 42,43 |
|---|---|
| | Ézék 39.21-29    Phil 4.10-20    Jean 17.20-26 |

*Pour l'invitation*

## 1re semaine de Carême

| Dimanche | 63.1-8(9-11),98 ❖ 103 | | |
| --- | --- | --- | --- |
| | Dan 9.3-10 | Hébr 2.10-18 | Jean 12.44-50 |
| Lundi | 41,52 ❖ 44 | | |
| | Gen 37.1-11 | 1 Cor 1.1-19 | Marc 1.1-13 |
| Mardi | 45 ❖ 47,48 | | |
| | Gen 37.12-24 | 1 Cor 1.20-31 | Marc 1.14-28 |
| Mercredi | 119.49-72 ❖ 49,[53] | | |
| | Gen 37.25-36 | 1 Cor 2.1-13 | Marc 1.29-45 |
| Jeudi | 50 ❖ [59,60] ou 19,46 | | |
| | Gen 39.1-23 | 1 Cor 2.14-3.15 | Marc 2.1-12 |
| Vendredi | 95* et 40,54 ❖ 51 | | |
| | Gen 40.1-23 | 1 Cor 3.16-23 | Marc 2.13-22 |
| Samedi | 55 ❖ 138,139.1-17(18-23) | | |
| | Gen 41.1-13 | 1 Cor 4.1-7 | Marc 2.23–3.6 |

## 2e semaine de Carême

| Dimanche | 24,29 ❖ 8,84 | | |
| --- | --- | --- | --- |
| | Gen 41.14-45 | Rom 6.3-14 | Jean 5.19-24 |
| Lundi | 56,57,[58] ❖ 64,65 | | |
| | Gen 41.46-57 | 1 Cor 4.8-20(21) | Marc 3.7-19a |
| Mardi | 61,62 ❖ 68.1-20(21-23)24-36 | | |
| | Gen 42.1-17 | 1 Cor 5.1-8 | Marc 3.19b-35 |
| Mercredi | 72 ❖ 119.73-96 | | |
| | Gen 42.18-28 | 1 Cor 5.9–6.8 | Marc 4.1-20 |
| Jeudi | [70],71 ❖ 74 | | |
| | Gen 42.29-38 | 1 Cor 6.12-20 | Marc 4.21-34 |
| Vendredi | 95* et 69.1-23(24-30)31-38 ❖ 73 | | |
| | Gen 43.1-15 | 1 Cor 7.1-9 | Marc 4.35-41 |
| Samedi | 75,76 ❖ 23,27 | | |
| | Gen 43.16-34 | 1 Cor 7.10-24 | Marc 5.1-20 |

* Pour l'invitation

### 3ᵉ semaine de Carême

| Dimanche | 93,96 ❖ | 34 | |
|---|---|---|---|
| | Gen 44.1-17 | Rom 8.1-10 | Jean 5.25-29 |
| Lundi | 80 ❖ | 77,[79] | |
| | Gen 44.18-34 | 1 Cor 7.25-31 | Marc 5.21-43 |
| Mardi | 78.1-39 ❖ | 78.40-72 | |
| | Gen 45.1-15 | 1 Cor 7.32-40 | Marc 6.1-13 |
| Mercredi | 119.97-120 ❖ | 81,82 | |
| | Gen 45.16-28 | 1 Cor 8.1-13 | Marc 6.13-29 |
| Jeudi | [83] ou 42,43 ❖ | 85,86 | |
| | Gen 46.1-7,28-34 | 1 Cor 9.1-15 | Marc 6.30-46 |
| Vendredi | 95* et 88 ❖ | 91,92 | |
| | Gen 47.1-26 | 1 Cor 9.16-27 | Marc 6.47-56 |
| Samedi | 87,90 ❖ | 136 | |
| | Gen 47.27-48.7 | 1 Cor 10.1-13 | Marc 7.1-23 |

### 4ᵉ semaine de Carême

| Dimanche | 66,67 ❖ | 19,46 | |
|---|---|---|---|
| | Gen 48.8-22 | Rom 8.11-25 | Jean 6.27-40 |
| Lundi | 89.1-18 ❖ | 89.19-52 | |
| | Gen 49.1-28 | 1 Cor 10.14–11.1 | Marc 7.24-37 |
| Mardi | 97,99,[100] ❖ | 94,[95] | |
| | Gen 49.29–50.14 | 1 Cor 11.17-34 | Marc 8.1-10 |
| Mercredi | 101,109.1-4(5-19)20-30 ❖ | 119.121-144 | |
| | Gen 50.15-26 | 1 Cor 12.1-11 | Marc 8.11-26 |
| Jeudi | 69.1-23(24-30)31-38 ❖ | 73 | |
| | Ex 1.6-22 | 1 Cor 12.12-26 | Marc 8.27–9.1 |
| Vendredi | 95* et 102 ❖ | 107.1-32 | |
| | Ex 2.1-22 | 1 Cor 12.27–13.3 | Marc 9.2-13 |
| Samedi | 107.33-43,108.1-6(7-13) ❖ | 33 | |
| | Ex 2.23–3.15 | 1 Cor 13.1-13 | Marc 9.14-29 |

*Pour l'invitation*

## 5e semaine de Carême

| Dimanche | 118 ❖ 145 |
| --- | --- |
| | Ex 3.16–4.12    Rom 12.1-21    Jean 8.46-59 |
| Lundi | 31 ❖ 35 |
| | Ex 4.10-20(21-26)27-31    1 Cor 14.1-19    Marc 9.30-41 |
| Mardi | [120],121,122,123 ❖ 124,125,126,[127] |
| | Ex 5.1–6.1    1 Cor 14.20-33a,39-40    Marc 9.42-50 |
| Mercredi | 119.145-176 ❖ 128,129,130 |
| | Ex 7.8-24    2 Cor 2.14–3.6    Marc 10.1-16 |
| Jeudi | 131,132,[133] ❖ 140,142 |
| | Ex 7.25–8.19    2 Cor 3.7-18    Marc 10.17-31 |
| Vendredi | 95* et 22 ❖ 141,143.1-11(12) |
| | Ex 9.13-35    Ex 9.13-35    Marc 10.32-45 |
| Samedi | 137.1-6(7-9),144 ❖ 42,43 |
| | Ex 10.21–11.8    2 Cor 4.13-18    Marc 10.46-52 |

## Semaine sainte

| Dimanche | 24,29 ❖ 103 |
| --- | --- |
| des Rameaux | Zach 9.9-12**    1 Tim 6.12-16** |
| | Zach 12.9-11 ; 13.1,7-9***    Luc 19.41-48*** |
| Lundi | 51.1-18(19-20) ❖ 69.1-23 |
| | Lam 1.1-2,6-12    2 Cor 1.1-7    Marc 11.12-25 |
| Mardi | 6,12 ❖ 94 |
| | Lam 1.17-22    2 Cor 1.8-22    Marc 11.27-33 |
| Mercredi | 55 ❖ 74 |
| | Lam 2.1-9    2 Cor 1.23–2.11    Marc 12.1-11 |
| Jeudi saint | 102 ❖ 142,143 |
| | Lam 2.10-18    1 Cor 10.14-17 ; 11.27-32    Marc 14.12-25 |
| Vendredi saint | 95* et 22 ❖ 40.1-14(15-19),54 |
| | Lam 3.1-9,19-33    1 Pi 1.10-20    Jean 13.36-38** |
| | | Jean 19.38-42*** |
| Samedi saint | 95** et 88 ❖ 27 |
| | Lam 3.37-58    Hébr 4.1-16**    Rom 8.1-11*** |

*Pour l'invitation    **Pour le matin    ***Pour le soir

## Semaine de Pâques

| Pâques | 148,149,150 ❖ | 113,114 *ou* 118 | |
|---|---|---|---|
| | Ex 12.1-14** | —— Jean 1.1-18** | |
| | Ésaïe 51.9-11*** | Luc 24.13-35 *ou* Jean 20.19-23*** | |

| Lundi | 93,98 ❖ | 66 | |
|---|---|---|---|
| | Ex 12.14-27 | 1 Cor 15.1-11 | Marc 16.1-8 |

| Mardi | 103 ❖ | 111,114 | |
|---|---|---|---|
| | Ex 12.28-39 | 1 Cor 15.12-28 | Marc 16.9-20 |

| Mercredi | 97,99 ❖ | 115 | |
|---|---|---|---|
| | Ex 12.40-51 | 1 Cor 15.(29)30-41 | Matt 28.1-16 |

| Jeudi | 146,147 ❖ | 148,149 | |
|---|---|---|---|
| | Ex 13.3-10 | 1 Cor 15.41-50 | Matt 28.16-20 |

| Vendredi | 136 ❖ | 118 | |
|---|---|---|---|
| | Ex 13.1-2,11-16 | 1 Cor 15.51-58 | Luc 24.1-12 |

| Samedi | 145 ❖ | 104 | |
|---|---|---|---|
| | Ex 13.17–14.4 | 2 Cor 4.16–5.10 | Marc 12.18-27 |

## 2ᵉ semaine de Pâques

| Dimanche | 146,147 ❖ | 111,112,113 | |
|---|---|---|---|
| | Ex 14.5-22 | 1 Jean 1.1-7 | Jean 14.1-7 |

| Lundi | 1,2,3 ❖ | 4,7 | |
|---|---|---|---|
| | Ex 14.21-31 | 1 Pi 1.1-12 | Jean 14.(1-7)8-17 |

| Mardi | 5,6 ❖ | 10,11 | |
|---|---|---|---|
| | Ex 15.1-21 | 1 Pi 1.13-25 | Jean 14.18-31 |

| Mercredi | 119.1-24 ❖ | 12,13,14 | |
|---|---|---|---|
| | Ex 15.22–16.10 | 1 Pi 2.1-10 | Jean 15.1-11 |

| Jeudi | 18.1-20 ❖ | 18.21-50 | |
|---|---|---|---|
| | Ex 16.10-22 | 1 Pi 2.11-25 | Jean 15.12-27 |

| Vendredi | 16,17 ❖ | 134,135 | |
|---|---|---|---|
| | Ex 16.23-36 | 1 Pi 3.13–4.6 | Jean 16.1-15 |

| Samedi | 20,21.1-7(8-14) ❖ | 110.1-5(6-7),116,117 | |
|---|---|---|---|
| | Ex 17.1-16 | 1 Pi 4.7-19 | Jean 16.16-33 |

*\*\* Pour le matin*     *\*\*\* Pour le soir*

## 3ᵉ semaine de Pâques

| Dimanche | 148,149,150 ❖ 114,115 | | |
|---|---|---|---|
| | Ex 18.1-12 | 1 Jean 2.7-17 | Marc 16.9-20 |
| Lundi | 25 ❖ 9,15 | | |
| | Ex 18.13-27 | 1 Pi 5.1-14 | Matt (1.1-17) ; 3.1-6 |
| Mardi | 26,28 ❖ 36,39 | | |
| | Ex 19.1-16 | Col 1.1-14 | Matt 3.7-12 |
| Mercredi | 38 ❖ 119.25-48 | | |
| | Ex 19.16-25 | Col 1.15-23 | Matt 3.13-17 |
| Jeudi | 37.1-18 ❖ 37.19-42 | | |
| | Ex 20.1-21 | Col 1.24–2.7 | Matt 4.1-11 |
| Vendredi | 105.1-22 ❖ 105.23-45 | | |
| | Ex 24.1-18 | Col 2.8-23 | Matt 4.12-17 |
| Samedi | 30,32 ❖ 42,43 | | |
| | Ex 25.1-22 | Col 3.1-17 | Matt 4.18-25 |

## 4ᵉ semaine de Pâques

| Dimanche | 63.1-8(9-11),98 ❖ 103 | | |
|---|---|---|---|
| | Ex 28.1-4,30-38 | 1 Jean 2.18-29 | Marc 6.30-44 |
| Lundi | 41,52 ❖ 44 | | |
| | Ex 32.1-20 | Col 3.18–4.6(7-18) | Matt 5.1-10 |
| Mardi | 45 ❖ 47,48 | | |
| | Ex 32.21-34 | 1 Thess 1.1-10 | Matt 5.11-16 |
| Mercredi | 119.49-72 ❖ 49,[53] | | |
| | Ex 33.1-23 | 1 Thess 2.1-12 | Matt 5.17-20 |
| Jeudi | 50 ❖ [59,60] ou 114,115 | | |
| | Ex 34.1-17 | 1 Thess 2.13-20 | Matt 5.21-26 |
| Vendredi | 40,54 ❖ 51 | | |
| | Ex 34.18-35 | 1 Thess 3.1-13 | Matt 5.27-37 |
| Samedi | 55 ❖ 138,139.1-17(18-23) | | |
| | Ex 40.18-38 | 1 Thess 4.1-12 | Matt 5.38-48 |

## 5ᵉ semaine de Pâques

| Dimanche | 24,29 ❖ 8,84 | | |
| | Lév 8.1-13,30-36 | Hébr 12.1-14 | Luc 4.16-30 |
| Lundi | 56,57,[58] ❖ 64,65 | | |
| | Lév 16.1-19 | 1 Thess 4.13-18 | Matt 6.1-6,16-18 |
| Mardi | 61,62 ❖ 68.1-20(21-23)24-36 | | |
| | Lév 16.20-34 | 1 Thess 5.1-11 | Matt 6.7-15 |
| Mercredi | 72 ❖ 119.73-96 | | |
| | Lév 19.1-18 | 1 Thess 5.12-28 | Matt 6.19-24 |
| Jeudi | [70],71 ❖ 74 | | |
| | Lév 19.26-37 | 2 Thess 1.1-12 | Matt 6.25-34 |
| Vendredi | 106.1-18 ❖ 106.19-48 | | |
| | Lév 23.1-22 | 2 Thess 2.1-17 | Matt 7.1-12 |
| Samedi | 75,76 ❖ 23,27 | | |
| | Lév 23.23-44 | 2 Thess 3.1-18 | Matt 7.13-21 |

## 6ᵉ semaine de Pâques

| Dimanche | 93,96 ❖ 34 | | |
| | Lév 25.1-17 | Jacq 1.2-8,16-18 | Luc 12.13-21 |
| Lundi | 80 ❖ 77,[79] | | |
| | Lév 25.35-55 | Col 1.9-14 | Matt 13.1-16 |
| Mardi | 78.1-39 ❖ 78.40-72 | | |
| | Lév 26.1-20 | 1 Tim 2.1-6 | Matt 13.18-23 |
| Mercredi | 119.97-120 ❖ —— | | |
| | Lév 26.27-42 | Éph 1.1-10 | Matt 22.41-46 |
| Veille | —— ❖ 68.1-20 | | |
| de l'Ascension | 2 Rois 2.1-15 | Apoc 5.1-14 | |
| Jeudi | 8,47 ❖ 24,96 | | |
| de l'Ascension | Dan 7.9-14 | Hébr 2.5-18 | Matt 28.16-20 |
| Vendredi | 85,86 ❖ 91,92 | | |
| | 1 Sam 2.1-10 | Éph 2.1-10 | Matt 7.22-27 |
| Samedi | 87,90 ❖ 136 | | |
| | Nomb 11.16-17,24-29 | Éph 2.11-22 | Matt 7.28–8.4 |

## 7ᵉ semaine de Pâques

| | | | |
|---|---|---|---|
| *Dimanche* | 66,67 ❖ | 19,46 | |
| | Ex 3.1-12 | Hébr 12.18-29 | Luc 10.17-24 |
| *Lundi* | 89.1-18 ❖ | 89.19-52 | |
| | Josué 1.1-9 | Éph 3.1-13 | Matt 8.5-17 |
| *Mardi* | 97,99,[100] ❖ | 94,[95] | |
| | 1 Sam 16.1-13a | Éph 3.14-21 | Matt 8.18-27 |
| *Mercredi* | 101,109.1-4(5-19)20-30 ❖ | 119.121-144 | |
| | Ésaïe 4.2-6 | Éph 4.1-16 | Matt 8.28-34 |
| *Jeudi* | 105.1-22 ❖ | 105.23-45 | |
| | Zach 4.1-14 | Éph.4.17-32 | Matt 9.1-8 |
| *Vendredi* | 102 ❖ | 107.1-32 | |
| | Jér 31.27-34 | Éph 5.1-20 | Matt 9.9-17 |
| *Samedi* | 107.33-43,108.1-6(7-13) ❖ | —— | |
| | Ézék 36.22-27 | Éph 6.10-24 | Matt 9.18-26 |
| *Veille*<br>*de la Pentecôte* | —— ❖ | 33 | |
| | Ex 19.3-8a,16-20 | 1 Pi 2.4-10 | |
| *Dimanche*<br>*de la Pentecôte* | 118 ❖ | 145 | |
| | Deut 16.9-12 | Actes 4.18-21,23-33 | Jean 4.19-26 |

*Pendant les jours de semaine qui suivent, on prend les lectures prescrites pour le propre numéroté (de 1 à 6) le plus proche de la date de la Pentecôte.*

| | | | |
|---|---|---|---|
| *Veille*<br>*du dimanche*<br>*de la Trinité* | —— ❖ | 104 | |
| | Eccl 42.15-25 | Éph 3.14-21 | |
| *Dimanche*<br>*de la Trinité* | 146,147 ❖ | 111,112,113 | |
| | Job 38.1-11 ; 42.1-5 | Apoc 19.4-16 | Jean 1.29-34 |

*Pendant les jours de semaine qui suivent, on prend les lectures prescrites pour le propre numéroté (de 2 à 7) le plus proche de la date de la Pentecôte.*

# Temps ordinaire

*Les consignes relatives à l'utilisation des propres qui suivent se trouvent à la page [140].*

**Propre n° 1**   *Dimanche le plus proche du 11 mai*

| | | | |
|---|---|---|---|
| *Lundi* | 106.1-18 ❖ | 106.19-48 | |
| | Ézék 33.1-11 | 1 Jean 1.1-10 | Matt 9.27-34 |
| *Mardi* | [120],121,122,123 ❖ | 124,125,126,[127] | |
| | Ézék 33.21-33 | 1 Jean 2.1-11 | Matt 9.35–10.4 |
| *Mercredi* | 119.145-176 ❖ | 128,129,130 | |
| | Ézék 34.1-16 | 1 Jean 2.12-17 | Matt 10.5-15 |
| *Jeudi* | 131,132,[133] ❖ | 134,135 | |
| | Ézék 37.21b-28 | 1 Jean 2.18-29 | Matt 10.16-23 |
| *Vendredi* | 140,142 ❖ | 141,143.1-11(12) | |
| | Ézék 39.21-29 | 1 Jean 3.1-10 | Matt 10.24-33 |
| *Samedi* | 137.1-6(7-9),144 ❖ | 104 | |
| | Ézék 47.1-12 | 1 Jean 3.11-18 | Matt 10.34-42 |

**Propre n° 2**   *Dimanche le plus proche du 18 mai*

| | | | |
|---|---|---|---|
| *Lundi* | 1,2,3 ❖ | 4,7 | |
| | Prov 3.11-20 | 1 Jean 3.18–4.6 | Matt 11.1-6 |
| *Mardi* | 5,6 ❖ | 10,11 | |
| | Prov 4.1-27 | 1 Jean 4.7-21 | Matt 11.7-15 |
| *Mercredi* | 119.1-24 ❖ | 12,13,14 | |
| | Prov 6.1-19 | 1 Jean 5.1-12 | Matt 11.16-24 |
| *Jeudi* | 18.1-20 ❖ | 18.21-50 | |
| | Prov 7.1-27 | 1 Jean 5.13-21 | Matt 11.25-30 |
| *Vendredi* | 16,17 ❖ | 22 | |
| | Prov 8.1-21 | 2 Jean 1-13 | Matt 12.1-14 |
| *Samedi* | 20,21.1-7(8-14) ❖ | 110.1-5(6-7),116,117 | |
| | Prov 8.22-36 | 3 Jean 1-15 | Matt 12.15-21 |

**Propre n° 3**  *Dimanche le plus proche du 25 mai*

| Dimanche | 148,149,150 ❖ 114,115 | | |
|---|---|---|---|
| | Prov 9.1-12 | Actes 8.14-25 | Luc 10.25-28,38-42 |
| Lundi | 25 ❖ 9,15 | | |
| | Prov 10.1-12 | 1 Tim 1.1-17 | Matt 12.22-32 |
| Mardi | 26,28 ❖ 36,39 | | |
| | Prov 15.16-33 | 1 Tim 1.18–2.8 | Matt 12.33-42 |
| Mercredi | 38 ❖ 119.25-48 | | |
| | Prov 17.1-20 | 1 Tim 3.1-16 | Matt 12.43-50 |
| Jeudi | 37.1-18 ❖ 37.19-42 | | |
| | Prov 21.30–22.6 | 1 Tim 4.1-16 | Matt 13.24-30 |
| Vendredi | 31 ❖ 35 | | |
| | Prov 23.19-21,29–24.2 | 1 Tim 5.17-22(23-25) | Matt 13.31-35 |
| Samedi | 30,32 ❖ 42,43 | | |
| | Prov 25.15-28 | 1 Tim 6.6-21 | Matt 13.36-43 |

**Propre n° 4**  *Dimanche le plus proche du 1ᵉʳ juin*

| Dimanche | 63.1-8(9-11),98 ❖ 103 | | |
|---|---|---|---|
| | Eccl 1.1-11 | Actes 8.26-40 | Luc 11.1-13 |
| Lundi | 41,52 ❖ 44 | | |
| | Eccl 2.1-15 | Gal 1.1-17 | Matt 13.44-52 |
| Mardi | 45 ❖ 47,48 | | |
| | Eccl 2.16-26 | Gal 1.18–2.10 | Matt 13.53-58 |
| Mercredi | 119.49-72 ❖ 49,[53] | | |
| | Eccl 3.1-15 | Gal 2.11-21 | Matt 14.1-12 |
| Jeudi | 50 ❖ [59,60] ou 8,84 | | |
| | Eccl 3.16–4.3 | Gal 3.1-14 | Matt 14.13-21 |
| Vendredi | 40,54 ❖ 51 | | |
| | Eccl 5.1-7 | Gal 3.15-22 | Matt 14.22-36 |
| Samedi | 55 ❖ 138,139.1-17(18-23) | | |
| | Eccl 5.8-20 | Gal 3.23–4.11 | Matt 15.1-20 |

**Propre n° 5**    *Dimanche le plus proche du 8 juin*

| Dimanche | 24,29 ❖ 8,84 |
| --- | --- |
| | Eccl 6.1-12      Actes 10.9-23      Luc 12.32-40 |
| Lundi | 56,57,[58] ❖ 64,65 |
| | Eccl 7.1-14      Gal 4.12-20      Matt 15.21-28 |
| Mardi | 61,62 ❖ 68.1-20(21-23)24-36 |
| | Eccl 8.14–9.10      Gal 4.21-31      Matt 15.29-39 |
| Mercredi | 72 ❖ 119.73-96 |
| | Eccl 9.11-18      Gal 5.1-15      Matt 16.1-12 |
| Jeudi | [70],71 ❖ 74 |
| | Eccl 11.1-8      Gal 5.16-24      Matt 16.13-20 |
| Vendredi | 69.1-23(24-30)31-38 ❖ 73 |
| | Eccl 11.9–12.14      Gal 5.25–6.10      Matt 16.21-28 |
| Samedi | 75,76 ❖ 23,27 |
| | Nomb 3.1-13      Gal 6.11-18      Matt 17.1-13 |

**Propre n° 6**    *Dimanche le plus proche du 15 juin*

| Dimanche | 93,96 ❖ 34 |
| --- | --- |
| | Nomb 6.22-27      Actes 13.1-12      Luc 12.41-48 |
| Lundi | 80 ❖ 77,[79] |
| | Nomb 9.15-23 ; 10.29-36      Rom 1.1-15      Matt 17.14-21 |
| Mardi | 78.1-39 ❖ 78.40-72 |
| | Nomb 11.1-23      Rom 1.16-25      Matt 17.22-27 |
| Mercredi | 119.97-120 ❖ 81,82 |
| | Nomb 11.24-33(34-35)      Rom 1.28–2.11      Matt 18.1-9 |
| Jeudi | [83] *ou* 34 ❖ 85,86 |
| | Nomb 12.1-16      Rom 2.12-24      Matt 18.10-20 |
| Vendredi | 88 ❖ 91,92 |
| | Nomb 13.1-3,21-30      Rom 2.25–3.8      Matt 18.21-35 |
| Samedi | 87,90 ❖ 136 |
| | Nomb 13.31–14.25      Rom 3.9-20      Matt 19.1-12 |

**Propre n° 7**   *Dimanche le plus proche du 22 juin*

| Dimanche | 66,67 ❖ 19,46 |
|---|---|
| | Nomb 14.26-45   Actes 15.1-12   Luc 12.49-56 |
| Lundi | 89.1-18 ❖ 89.19-52 |
| | Nomb 16.1-19   Rom 3.21-31   Matt 19.13-22 |
| Mardi | 97,99,[100] ❖ 94,[95] |
| | Nomb 16.20-35   Rom 4.1-12   Matt 19.23-30 |
| Mercredi | 101,109.1-4(5-19)20-30 ❖ 119.121-144 |
| | Nomb 16.36-50   Rom 4.13-25   Matt 20.1-16 |
| Jeudi | 105.1-22 ❖ 105.23-45 |
| | Nomb 17.1-11   Rom 5.1-11   Matt 20.17-28 |
| Vendredi | 102 ❖ 107.1-32 |
| | Nomb 20.1-13   Rom 5.12-21   Matt 20.29-34 |
| Samedi | 107.33-43,108.1-6(7-13) ❖ 33 |
| | Nomb 20.14-29   Rom 6.1-11   Matt 21.1-11 |

**Propre n° 8**   *Dimanche le plus proche du 29 juin*

| Dimanche | 118 ❖ 145 |
|---|---|
| | Nomb 21.4-9,21-35   Actes 17.(12-21)22-34   Luc 13.10-17 |
| Lundi | 106.1-18 ❖ 106.19-48 |
| | Nomb 22.1-21   Rom 6.12-23   Matt 21.12-22 |
| Mardi | [120],121,122,123 ❖ 124,125,126,[127] |
| | Nomb 22.1-21   Rom 7.1-12   Matt 21.23-32 |
| Mercredi | 119.145-176 ❖ 128,129,130 |
| | Nomb 22.41–23.12   Rom 7.13-25   Matt 21.33-46 |
| Jeudi | 131,132,[133] ❖ 134,135 |
| | Nomb 23.11-26   Rom 8.1-11   Matt 22.1-14 |
| Vendredi | 140,142 ❖ 141,143.1-11(12) |
| | Nomb 24.1-13   Rom 8.12-17   Matt 22.15-22 |
| Samedi | 137.1-6(7-9),144 ❖ 104 |
| | Nomb 24.12-25   Rom 8.18-25   Matt 22.23-40 |

**Propre n° 9**   *Dimanche le plus proche du 6 juillet*

| Dimanche | 146,147 ❖ 111,112,113 |
|---|---|
| | Nomb 27.12-23   Actes 19.11-20   Marc 1.14-20 |
| Lundi | 1,2,3 ❖ 4,7 |
| | Nomb 32.1-6,16-27   Rom 8.26-30   Matt 23.1-12 |
| Mardi | 5,6 ❖ 10,11 |
| | Nomb 35.1-3,9-15,30-34   Rom 8.31-39   Matt 23.13-26 |
| Mercredi | 119.1-24 ❖ 12,13,14 |
| | Deut 1.1-18   Rom 9.1-18   Matt 23.27-39 |
| Jeudi | 18.1-20 ❖ 18.21-50 |
| | Deut 3.18-28   Rom 9.19-33   Matt 24.1-14 |
| Vendredi | 16,17 ❖ 22 |
| | Deut 31.7-13,24–32.4   Rom 10.1-13   Matt 24.15-31 |
| Samedi | 20,21.1-7(8-14) ❖ 110.1-5(6-7),116,117 |
| | Deut 34.1-12   Rom 10.14-21   Matt 24.32-51 |

**Propre n° 10**   *Dimanche le plus proche du 13 juillet*

| Dimanche | 148,149,150 ❖ 114,115 |
|---|---|
| | Josué 1.1-18   Actes 21.3-15   Marc 1.21-27 |
| Lundi | 25 ❖ 9,15 |
| | Josué 2.1-14   Rom 11.1-12   Matt 25.1-13 |
| Mardi | 26,28 ❖ 36,39 |
| | Josué 2.15-24   Rom 11.13-24   Matt 25.14-30 |
| Mercredi | 38 ❖ 119.25-48 |
| | Josué 3.1-13   Rom 11.25-36   Matt 25.31-46 |
| Jeudi | 37.1-18 ❖ 37.19-42 |
| | Josué 3.14–4.7   Rom 12.1-8   Matt 26.1-16 |
| Vendredi | 31 ❖ 35 |
| | Josué 4.19–5.1,10-15   Rom 12.9-21   Matt 26.17-25 |
| Samedi | 30,32 ❖ 42,43 |
| | Josué 6.1-14   Rom 13.1-7   Matt 26.26-35 |

**Propre n° 11**   *Dimanche le plus proche du 20 juillet*

| Dimanche | 63.1-8(9-11),98 ❖ 103 |
|---|---|
| | Josué 6.15-27   Actes 22.30–23.11   Marc 2.1-12 |

| Lundi | 41,52 ❖ 44 |
|---|---|
| | Josué 7.1-13   Rom 13.8-14   Matt 26.36-46 |

| Mardi | 45 ❖ 47,48 |
|---|---|
| | Josué 8.1-22   Rom 14.1-12   Matt 26.47-56 |

| Mercredi | 119.49-72 ❖ 49,[53] |
|---|---|
| | Josué 8.30-35   Rom 14.13-23   Matt 26.57-68 |

| Jeudi | 50 ❖ [59,60] *ou* 66,67 |
|---|---|
| | Josué 9.3-21   Rom 15.1-13   Matt 26.69-75 |

| Vendredi | 40,54 ❖ 51 |
|---|---|
| | Josué 9.22–10.15   Rom 15.14-24   Matt 27.1-10 |

| Samedi | 55 ❖ 138,139.1-17(18-23) |
|---|---|
| | Josué 23.1-16   Rom 15.25-33   Matt 27.11-23 |

**Propre n° 12**   *Dimanche le plus proche du 27 juillet*

| Dimanche | 24,29 ❖ 8,84 |
|---|---|
| | Josué 24.1-15   Actes 28.23-31   Marc 2.23-28 |

| Lundi | 56,57,[58] ❖ 64,65 |
|---|---|
| | Josué 24.16-33   Rom 16.1-16   Matt 27.24-31 |

| Mardi | 61,62 ❖ 68.1-20(21-23)24-36 |
|---|---|
| | Juges 2.1-5,11-23   Rom 16.17-27   Matt 27.32-44 |

| Mercredi | 72 ❖ 119.73-96 |
|---|---|
| | Juges 3.12-30   Actes 1.1-14   Matt 27.45-54 |

| Jeudi | [70],71 ❖ 74 |
|---|---|
| | Juges 4.4-23   Actes 1.15-26   Matt 27.55-66 |

| Vendredi | 69.1-23(24-30)31-38 ❖ 73 |
|---|---|
| | Juges 5.1-18   Actes 2.1-21   Matt 28.1-10 |

| Samedi | 75,76 ❖ 23,27 |
|---|---|
| | Juges 5.19-31   Actes 2.22-36   Matt 28.11-20 |

**Propre n° 13**   *Dimanche le plus proche du 3 août*

| Dimanche | 93,96 ❖ 34 |
| --- | --- |
| | Juges 6.1-24    2 Cor 9.6-15    Marc 3.20-30 |
| Lundi | 80 ❖ 77,[79] |
| | Juges 6.25-40    Actes 2.37-47    Jean 1.1-18 |
| Mardi | 78.1-39 ❖ 78.40-72 |
| | Juges 7.1-18    Actes 3.1-11    Jean 1.19-28 |
| Mercredi | 119.97-120 ❖ 81,82 |
| | Juges 7.19–8.12    Actes 3.12-26    Jean 1.29-42 |
| Jeudi | [83] *ou* 145 ❖ 85,86 |
| | Juges 8.22-35    Actes 4.1-12    Jean 1.43-51 |
| Vendredi | 88 ❖ 91,92 |
| | Juges 9.1-16,19-21    Actes 4.13-31    Jean 2.1-12 |
| Samedi | 87,90 ❖ 136 |
| | Juges 9.22-25,50-57    Actes 4.32–5.11    Jean 2.13-25 |

**Propre n° 14**   *Dimanche le plus proche du 10 août*

| Dimanche | 66,67 ❖ 19,46 |
| --- | --- |
| | Juges 11.1-11,29-40    2 Cor 11.21b-31    Marc 4.35-41 |
| Lundi | 89.1-18 ❖ 89.19-52 |
| | Juges 12.1-7    Actes 5.12-26    Jean 3.1-21 |
| Mardi | 97,99,[100] ❖ 94,[95] |
| | Juges 13.1-15    Actes 5.27-42    Jean 3.22-36 |
| Mercredi | 101,109.1-4(5-19)20-30 ❖ 119.121-144 |
| | Juges 13.15-24    Actes 6.1-15    Jean 4.1-26 |
| Jeudi | 105.1-22 ❖ 105.23-45 |
| | Juges 14.1-19    Actes 6.15–7.16    Jean 4.27-42 |
| Vendredi | 102 ❖ 107.1-32 |
| | Juges 14.20–15.20    Actes 7.17-29    Jean 4.43-54 |
| Samedi | 107.33-43,108.1-6(7-13) ❖ 33 |
| | Juges 16.1-14    Actes 7.30-43    Jean 5.1-18 |

**Propre n° 15**  *Dimanche le plus proche du 17 août*

| Dimanche | 118 ❖ 145 |
| --- | --- |
| | Juges 16.15-31    2 Cor 13.1-11    Marc 5.25-34 |

| Lundi | 106.1-18 ❖ 106.19-48 |
| --- | --- |
| | Juges 17.1-13    Actes 7.44–8.1a    Jean 5.19-29 |

| Mardi | [120],121,122,123 ❖ 124,125,126,[127] |
| --- | --- |
| | Juges 18.1-15    Actes 8.1-13    Jean 5.30-47 |

| Mercredi | 119.145-176 ❖ 128,129,130 |
| --- | --- |
| | Juges 18.16-31    Actes 8.14-25    Jean 6.1-15 |

| Jeudi | 131,132,[133] ❖ 134,135 |
| --- | --- |
| | Job 1.1-22    Actes 8.26-40    Jean 6.16-27 |

| Vendredi | 140,142 ❖ 141,143.1-11(12) |
| --- | --- |
| | Job 2.1-13    Actes 9.1-9    Jean 6.27-40 |

| Samedi | 137.1-6(7-9),144 ❖ 104 |
| --- | --- |
| | Job 3.1-26    Actes 9.10-19a    Jean 6.41-51 |

**Propre n° 16**  *Dimanche le plus proche du 24 août*

| Dimanche | 146,147 ❖ 111,112,113 |
| --- | --- |
| | Job 4.1-6,12-21    Apoc 4.1-11    Marc 6.1-6a |

| Lundi | 1,2,3 ❖ 4,7 |
| --- | --- |
| | Job 4.1,5.1-11,17-21,26-27    Actes 9.19b-31    Jean 6.52-59 |

| Mardi | 5,6 ❖ 10,11 |
| --- | --- |
| | Job 6.1-4,8-15,21    Actes 9.32-43    Jean 6.60-71 |

| Mercredi | 119.1-24 ❖ 12,13,14 |
| --- | --- |
| | Job 6.1 ; 7.1-21    Actes 10.1-16    Jean 7.1-13 |

| Jeudi | 18.1-20 ❖ 18.21-50 |
| --- | --- |
| | Job 6.1 ; 7.1-21    Actes 10.17-33    Jean 7.14-36 |

| Vendredi | 16,17 ❖ 22 |
| --- | --- |
| | Job 9.1-15,32-35    Actes 10.34-48    Jean 7.37-52 |

| Samedi | 20,21.1-7(8-14) ❖ 110.1-5(6-7),116,117 |
| --- | --- |
| | Job 9.1 ; 10.1-9,16-22    Actes 11.1-18    Jean 8.12-20 |

**Propre n° 17**   *Dimanche le plus proche du 31 août*

| Dimanche | 148,149,150 ❖ 114,115<br>Job 11.1-9,13-20   Apoc 5.1-14   Matt 5.1-12 |
|---|---|
| Lundi | 25 ❖ 9,15<br>Job 12.1-6,13-25   Actes 11.19-30   Jean 8.21-32 |
| Mardi | 26,28 ❖ 36,39<br>Job 12.1 ; 13.3-17,21-27   Actes 12.1-17   Jean 8.33-47 |
| Mercredi | 38 ❖ 119.25-48<br>Job 12.1 ; 14.1-22   Actes 12.18-25   Jean 8.47-59 |
| Jeudi | 37.1-18 ❖ 37.19-42<br>Job 16.16-22 ; 17.1,13-16   Actes 13.1-12   Jean 9.1-17 |
| Vendredi | 31 ❖ 35<br>Job 19.1-7,14-27   Actes 13.13-25   Jean 9.18-41 |
| Samedi | 30,32 ❖ 42,43<br>Job 22.1-4,21–23.7   Actes 13.26-43   Jean 10.1-18 |

**Propre n° 18**   *Dimanche le plus proche du 7 septembre*

| Dimanche | 63.1-8(9-11),98 ❖ 103<br>Job 25.1-6 ; 27.1-6   Apoc 14.1-7,13   Matt 5.13-20 |
|---|---|
| Lundi | 41,52 ❖ 44<br>Job 32.1-10,19–33.1,19-28   Actes 13.44-52   Jean 10.19-30 |
| Mardi | 45 ❖ 47,48<br>Job 29.1-20   Actes 14.1-18   Jean 10.31-42 |
| Mercredi | 119.49-72 ❖ 49,[53]<br>Job 29.1 ; 30.1-2,16-31   Actes 14.19-28   Jean 11.1-16 |
| Jeudi | 50 ❖ [59,60] *ou* 93,96<br>Job 29.1 ; 31.1-23   Actes 15.1-11   Jean 11.17-29 |
| Vendredi | 40,54 ❖ 51<br>Job 29.1 ; 31.24-40   Actes 15.12-21   Jean 11.30-44 |
| Samedi | 55 ❖ 138,139.1-17(18-23)<br>Job 38.1-17   Actes 15.22-35   Jean 11.45-54 |

**Propre n° 19**    *Dimanche le plus proche du 14 septembre*

| | | | |
|---|---|---|---|
| *Dimanche* | 24,29 ❖ 8,84 | | |
| | Job 38.1,18-41 | Apoc 18.1-8 | Matt 5.21-26 |
| *Lundi* | 56,57,[58] ❖ 64,65 | | |
| | Job 40.1-24 | Actes 15.36–16.5 | Jean 11.55–12.8 |
| *Mardi* | 61,62 ❖ 68.1-20(21-23)24-36 | | |
| | Job 40.1 ; 41.1-11 | Actes 16.6-15 | Jean 12.9-19 |
| *Mercredi* | 72 ❖ 119.73-96 | | |
| | Job 42.1-17 | Actes 16.16-24 | Jean 12.20-26 |
| *Jeudi* | [70],71 ❖ 74 | | |
| | Job 28.1-28 | Actes 16.25-40 | Jean 12.27-36a |
| *Vendredi* | 69.1-23(24-30)31-38 ❖ 73 | | |
| | Esther 1.1-4,10-19* | Actes 17.1-15 | Jean 12.36b-43 |
| *Samedi* | 75,76 ❖ 23,27 | | |
| | Esther 2.5-8,15-23* | Actes 17.16-34 | Jean 12.44-50 |

**Propre n° 20**    *Dimanche le plus proche du 21 septembre*

| | | | |
|---|---|---|---|
| *Dimanche* | 93,96 ❖ 34 | | |
| | Esther 3.1–4.3* | Jacq 1.19-27 | Matt 6.1-6,16-18 |
| *Lundi* | 80 ❖ 77,[79] | | |
| | Esther 4.4-17* | Actes 18.1-11 | Luc (1.1-4) ; 3.1-14 |
| *Mardi* | 78.1-39 ❖ 78.40-72 | | |
| | Esther 5.1-14* | Actes 18.12-28 | Luc 3.15-22 |
| *Mercredi* | 119.97-120 ❖ 81,82 | | |
| | Esther 6.1-14* | Actes 19.1-10 | Luc 4.1-13 |
| *Jeudi* | [83] *ou* 146,147 ❖ 85,86 | | |
| | Esther 7.1-10* | Actes 19.11-20 | Luc 4.14-30 |
| *Vendredi* | 88 ❖ 91,92 | | |
| | Esther 8.1-8,15-17* | Actes 19.21-41 | Luc 4.31-37 |
| *Samedi* | 87,90 ❖ 136 | | |
| | Osée 1.1–2.1 | Actes 20.1-16 | Luc 4.38-44 |

*\* Il est possible de lire Judith à la place d'Esther :*

| | | | |
|---|---|---|---|
| *Ve 4.1-15* | *Di 5.22–6.4,10-21* | *Ma 8.9-17 ; 9.1,7-10* | *Je 12.1-20* |
| *Sa 5.1-21* | *Lu 7.1-7,19-32* | *Me 10.1-23* | *Ve 13.1-20* |

**Propre n° 21**   *Dimanche le plus proche du 28 septembre*

| Dimanche | 66,67 ❖ 19,46 |
| --- | --- |
| | Osée 2.2-14    Jacq 3.1-13    Matt 13.44-52 |
| Lundi | 89.1-18 ❖ 89.19-52 |
| | Osée 2.14-23    Actes 20.17-38    Luc 5.1-11 |
| Mardi | 97,99,[100] ❖ 94,[95] |
| | Osée 4.1-10    Actes 21.1-14    Luc 5.12-26 |
| Mercredi | 101,109.1-4(5-19)20-30 ❖ 119.121-144 |
| | Osée 4.11-19    Actes 21.15-26    Luc 5.27-39 |
| Jeudi | 105.1-22 ❖ 105.23-45 |
| | Osée 5.8–6.6    Actes 21.27-36    Luc 6.1-11 |
| Vendredi | 102 ❖ 107.1-32 |
| | Osée 10.1-15    Actes 21.37–22.16    Luc 6.12-26 |
| Samedi | 107.33-43,108.1-6(7-13) ❖ 33 |
| | Osée 11.1-9    Actes 22.17-29    Luc 6.27-38 |

**Propre n° 22**   *Dimanche le plus proche du 5 octobre*

| Dimanche | 118 ❖ 145 |
| --- | --- |
| | Osée 13.4-14    1 Cor 2.6-16    Matt 14.1-12 |
| Lundi | 106.1-18 ❖ 106.19-48 |
| | Osée 14.1-9    Actes 22.30–23.11    Luc 6.39-49 |
| Mardi | [120],121,122,123 ❖ 124,125,126,[127] |
| | Michée 1.1-9    Actes 23.12-24    Luc 7.1-17 |
| Mercredi | 119.145-176 ❖ 128,129,130 |
| | Michée 2.1-13    Actes 23.23-35    Luc 7.18-35 |
| Jeudi | 131,132,[133] ❖ 134,135 |
| | Michée 3.1-8    Actes 24.1-23    Luc 7.36-50 |
| Vendredi | 140,142 ❖ 141,143.1-11(12) |
| | Michée 3.9–4.5    Actes 24.24–25.12    Luc 8.1-15 |
| Samedi | 137.1-6(7-9),144 ❖ 104 |
| | Michée 5.1-4,10-15    Actes 25.13-27    Luc 8.16-25 |

**Propre n° 23**   *Dimanche le plus proche du 12 octobre*

| *Dimanche* | 146,147 ❖ 111,112,113 | |
| | Michée 6.1-8 | 1 Cor 4.9-16 | Matt 15.21-28 |

| *Lundi* | 1,2,3 ❖ 4,7 | |
| | Michée 7.1-7 | Actes 26.1-23 | Luc 8.26-39 |

| *Mardi* | 5,6 ❖ 10,11 | |
| | Jonas 1.1-17a | Actes 26.24–27.8 | Luc 8.40-56 |

| *Mercredi* | 119.1-24 ❖ 12,13,14 | |
| | Jonas 1.17–2.10 | Actes 27.9-26 | Luc 9.1-17 |

| *Jeudi* | 18.1-20 ❖ 18.21-50 | |
| | Jonas 3.1–4.11 | Actes 27.27-44 | Luc 9.18-27 |

| *Vendredi* | 16,17 ❖ 22 | |
| | Eccl 1.1-10,18-27 | Actes 28.1-16 | Luc 9.28-36 |

| *Samedi* | 20,21.1-7(8-14) ❖ 110.1-5(6-7),116,117 | |
| | Eccl 3.17-31 | Actes 28.17-31 | Luc 9.37-50 |

**Propre n° 24**   *Dimanche le plus proche du 19 octobre*

| *Dimanche* | 148,149,150 ❖ 114,115 | |
| | Eccl 4.1-10 | 1 Cor 10.1-13 | Matt 16.13-20 |

| *Lundi* | 25 ❖ 9,15 | |
| | Eccl 4.20–5.7 | Apoc 7.1-8 | Luc 9.51-62 |

| *Mardi* | 26,28 ❖ 36,39 | |
| | Eccl 6.5-17 | Apoc 7.9-17 | Luc 10.1-16 |

| *Mercredi* | 38 ❖ 119.25-48 | |
| | Eccl 7.4-14 | Apoc 8.1-13 | Luc 10.17-24 |

| *Jeudi* | 37.1-18 ❖ 37.19-42 | |
| | Eccl 10.1-18 | Apoc 9.1-12 | Luc 10.25-37 |

| *Vendredi* | 31 ❖ 35 | |
| | Eccl 11.2-20 | Apoc 9.13-21 | Luc 10.38-42 |

| *Samedi* | 30,32 ❖ 42,43 | |
| | Eccl 15.9-20 | Apoc 10.1-11 | Luc 11.1-13 |

**Propre n° 25**   *Dimanche le plus proche du 26 octobre*

| | | | |
|---|---|---|---|
| *Dimanche* | 63.1-8(9-11),98 ❖ 103 | | |
| | Eccl 18.19-33 | 1 Cor 10.15-24 | Matt 18.15-20 |
| *Lundi* | 41,52 ❖ 44 | | |
| | Eccl 19.4-17 | Apoc 11.1-14 | Luc 11.14-26 |
| *Mardi* | 45 ❖ 47,48 | | |
| | Eccl 24.1-12 | Apoc 11.14-19 | Luc 11.27-36 |
| *Mercredi* | 119.49-72 ❖ 49,[53] | | |
| | Eccl 28.14-26 | Apoc 12.1-6 | Luc 11.37-52 |
| *Jeudi* | 50 ❖ [59,60] *ou* 33 | | |
| | Eccl 31.12-18,25–32.2 | Apoc 12.7-17 | Luc 11.53–12.12 |
| *Vendredi* | 40,54 ❖ 51 | | |
| | Eccl 34.1-8,18-22 | Apoc 13.1-10 | Luc 12.13-31 |
| *Samedi* | 55 ❖ 138,139.1-17(18-23) | | |
| | Eccl 35.1-17 | Apoc 13.11-18 | Luc 12.32-48 |

**Propre n° 26**   *Dimanche le plus proche du 2 novembre*

| | | | |
|---|---|---|---|
| *Dimanche* | 24,29 ❖ 8,84 | | |
| | Eccl 36.1-17 | 1 Cor 12.27–13.13 | Matt 18.21-35 |
| *Lundi* | 56,57,[58] ❖ 64,65 | | |
| | Eccl 38.24-34 | Apoc 14.1-13 | Luc 12.49-59 |
| *Mardi* | 61,62 ❖ 68.1-20(21-23)24-36 | | |
| | Eccl 43.1-22 | Apoc 14.14–15.8 | Luc 13.1-9 |
| *Mercredi* | 72 ❖ 119.73-96 | | |
| | Eccl 43.23-33 | Apoc 16.1-11 | Luc 13.10-17 |
| *Jeudi* | [70],71 ❖ 74 | | |
| | Eccl 44.1-15 | Apoc 16.12-21 | Luc 14.18-30 |
| *Vendredi* | 69.1-23(24-30)31-38 ❖ 73 | | |
| | Eccl 50.1,11-24 | Apoc 17.1-18 | Luc 13.31-35 |
| *Samedi* | 75,76 ❖ 23,27 | | |
| | Eccl 51.1-12 | Apoc 18.1-14 | Luc 14.1-11 |

**Propre n° 27**   *Dimanche le plus proche du 9 novembre*

| | | | |
|---|---|---|---|
| *Dimanche* | 93,96   ❖   34 | | |
| | Eccl 51.13-22 | 1 Cor 14.1-12 | Matt 20.1-16 |
| *Lundi* | 80   ❖   77,[79] | | |
| | Joël 1.1-13 | Apoc 18.15-24 | Luc 14.12-24 |
| *Mardi* | 78.1-39   ❖   78.40-72 | | |
| | Joël 1.15–2.2(3-11) | Apoc 19.1-10 | Luc 14.25-35 |
| *Mercredi* | 119.97-120   ❖   81,82 | | |
| | Joël 2.12-19 | Apoc 19.11-21 | Luc 15.1-10 |
| *Jeudi* | [83] *ou* 23,27   ❖   85,86 | | |
| | Joël 2.21-27 | Jacq 1.1-15 | Luc 15.1-2,11-32 |
| *Vendredi* | 88   ❖   91,92 | | |
| | Joël 2.28–3.8 | Jacq 1.16-27 | Luc 16.1-9 |
| *Samedi* | 87,90   ❖   136 | | |
| | Joël 3.9-17 | Jacq 2.1-13 | Luc 16.10-17(18) |

**Propre n° 28**   *Dimanche le plus proche du 16 novembre*

| | | | |
|---|---|---|---|
| *Dimanche* | 66,67   ❖   19,46 | | |
| | Hab 1.1-4(5-11)12–2.1 | Phil 3.13–4.1 | Matt 23.13-24 |
| *Lundi Mardi* | 89.1-18   ❖   89.19-52 | | |
| | Hab 2.1-4,9-20 | Jacq 2.14-26 | Luc 16.19-31 |
| *Mardi* | 97,99,[100]   ❖   94,[95] | | |
| | Hab 3.1-10(11-15)16-18 | Jacq 3.1-12 | Luc 17.1-10 |
| *Mercredi* | 101,109.1-4(5-19)20-30   ❖   119.121-144 | | |
| | Mal 1.1,6-14 | Jacq 3.13–4.12 | Luc 17.11-19 |
| *Jeudi* | 105.1-22   ❖   105.23-45 | | |
| | Mal 2.1-16 | Jacq 4.13–5.6 | Luc 17.20-37 |
| *Vendredi* | 102   ❖   107.1-32 | | |
| | Mal 3.1-12 | Jacq 5.7-12 | Luc 18.1-8 |
| *Samedi* | 107.33-43,108.1-6(7-13)   ❖   33 | | |
| | Mal 3.13–4.6 | Jacq 5.13-20 | Luc 18.9-14 |

**Propre n° 29**   *Dimanche le plus proche du 23 novembre*

| Dimanche | 118 ❖ 145 | | |
| | Zach 9.9-16 | 1 Pi 3.13-22 | Matt 21.1-13 |
| Lundi | 106.1-18 ❖ 106.19-48 | | |
| | Zach 10.1-12 | Gal 6.1-10 | Luc 18.15-30 |
| Mardi | [120],121,122,123 ❖ 124,125,126,[127] | | |
| | Zach 11.4-17 | 1 Cor 3.10-23 | Luc 18.31-43 |
| Mercredi | 119.145-176 ❖ 128,129,130 | | |
| | Zach 12.1-10 | Éph 1.3-14 | Luc 19.1-10 |
| Jeudi | 131,132,[133] ❖ 134,135 | | |
| | Zach 13.1-9 | Éph 1.15-23 | Luc 19.11-27 |
| Vendredi | 140,142 ❖ 141,143.1-11(12) | | |
| | Zach 14.1-11 | Rom 15.7-13 | Luc 19.28-40 |
| Samedi | 137.1-6(7-9),144 ❖ 104 | | |
| | Zach 14.12-21 | Phil 2.1-11 | Luc 19.41-48 |

# Sanctoral

| | Prière du matin | Prière du soir |
|---|---|---|
| **Saint André** | 34 | 96,100 |
| *30 novembre* | Ésaïe 49.1-6 | Ésaïe 55.1-5 |
| | 1 Corinthiens 4.1-16 | Jean 1.35-42 |
| **Saint Thomas** | 23,121 | 27 |
| *21 décembre* | Job 42.1-6 | Ésaïe 43.8-13 |
| | 1 Pierre 1.3-9 | Jean 14.1-7 |
| **Saint Étienne** | 28,30 | 118 |
| *26 décembre* | 2 Chroniques 24.17-22 | Sagesse 4.7-15 |
| | Actes 6.1-7 | Actes 7.59–8.8 |
| **Saint Jean** | 97,98 | 145 |
| *27 décembre* | Proverbes 8.22-30 | Ésaïe 44.1-8 |
| | Jean 13.20-35 | 1 Jean 5.1-12 |
| **Saints Innocents** | 2,26 | 19,126 |
| *28 décembre* | Ésaïe 49.13-23 | Ésaïe 54.1-13 |
| | Matthieu 18.1-14 | Marc 10.13-16 |
| **Confession de saint Pierre** | 66,67 | 118 |
| *18 janvier* | Ézékiel 3.4-11 | Ézékiel 34.11-16 |
| | Actes 10.34-44 | Jean 21.15-22 |
| **Conversion de saint Paul** | 19 | 119.89-112 |
| *25 janvier* | Ésaïe 45.18-25 | Ecclésiaste 39.1-10 |
| | Philippiens 3.4b-11 | Actes 9.1-22 |
| **Veille de la Présentation au Temple** | | 113,122 |
| | | 1 Samuel 1.20-28a |
| | | Romains 8.14-21 |
| **Présentation au Temple** | 42,43 | 48,87 |
| *2 février* | 1 Samuel 2.1-10 | Aggée 2.1-9 |
| | Jean 8.31-36 | 1 Jean 3.1-8 |

| | Prière du matin | Prière du soir |
|---|---|---|
| **Saint Matthias** *24 février* | 80 1 Samuel 16.1-13 1 Jean 2.18-25 | 33 1 Samuel 12.1-5 Actes 20.17-35 |
| **Saint Joseph** *19 mars* | 132 Ésaïe 63.7-16 Matthieu 1.18-25 | 34 2 Chroniques 6.12-17 Éphésiens 3.14-21 |
| **Veille de l'Annonciation** | | 8,138 Genèse 3.1-15 Romains 5.12-21 *ou* Galates 4.1-7 |
| **Annonciation** *25 mars* | 85,87 Ésaïe 52.7-12 Hébreux 2.5-10 | 110.1-5(6-7),132 Sagesse 9.1-12 Jean 1.9-14 |
| **Saint Marc** *25 avril* | 145 Ecclésiaste 2.1-11 Actes 12.25–13.3 | 67,96 Ésaïe 62.6-12 2 Timothée 4.1-11 |
| **Saint Philippe et saint Jacques** *1ᵉʳ mai* | 119.137-160 Job 23.1-12 Jean 1.43-51 | 139 Proverbes 4.7-18 Jean 12.20-26 |
| **Veille de la Visitation** | | 132 Ésaïe 11.1-10 Hébreux 2.11-18 |
| **Visitation** *31 mai* | 72 1 Samuel 1.1-20 Hébreux 3.1-6 | 146,147 Zacharie 2.10-13 Jean 3.25-30 |
| **Saint Barnabé** *11 juin* | 15,67 Ecclésiaste 31.3-11 Actes 4.32-37 | 19,146 Job 29.1-16 Actes 9.26-31 |

|  | Prière du matin | Prière du soir |
| --- | --- | --- |
| **Veille de la Saint-Jean-Baptiste** | | 103<br>Ecclésiaste 48.1-11<br>Luc 1.5-23 |
| **Nativité de saint Jean-Baptiste**<br>*24 juin* | 82,98<br>Malachie 3.1-5<br>Jean 3.22-30 | 80<br>Malachie 4.1-6<br>Matthieu 11.2-19 |
| **Saint Pierre et saint Paul**<br>*29 juin* | 66<br>Ézékiel 2.1-7<br>Actes 11.1-18 | 97,138<br>Ésaïe 49.1-6<br>Galates 2.1-9 |
| **Fête nationale**<br>*4 juillet* | 33<br>Ecclésiaste 10.1-8,12-18<br>Jacques 5.7-10 | 107.1-32<br>Michée 4.1-5<br>Apocalypse 21.1-7 |
| **Sainte Marie-Madeleine**<br>*22 juillet* | 116<br>Sophonie 3.14-20<br>Marc 15.47–16.7 | 30,149<br>Exode 15.19-21<br>2 Corinthiens 1.3-7 |
| **Saint Jacques**<br>*25 juillet* | 34<br>Jérémie 16.14-21<br>Marc 1.14-20 | 33<br>Jérémie 26.1-15<br>Matthieu 10.16-32 |
| **Veille de la Transfiguration** | | 84<br>1 Rois 19.1-12<br>2 Corinthiens 3.1-9,18 |
| **Transfiguration**<br>*6 août* | 2,24<br>Exode 24.12-18<br>2 Corinthiens 4.1-6 | 72<br>Daniel 7.9-10,13-14<br>Jean 12.27-36a |
| **Sainte Vierge Marie**<br>*15 août* | 113,115<br>1 Samuel 2.1-10<br>Jean 2.1-12 | 45 *ou* 138,149<br>Jérémie 31.1-14<br>*ou* Zacharie 2.10-13<br>Jean 19.23-27<br>*ou* Actes 1.6-14 |

|  | Prière du matin | Prière du soir |
|---|---|---|
| **Saint Barthélemy**<br>*24 août* | 86<br>Genèse 28.10-17<br>Jean 1.43-51 | 15,67<br>Ésaïe 66.1-2,18-23<br>1 Pierre 5.1-11 |
| **Veille de la Sainte-Croix** |  | 46,87<br>1 Rois 8.22-30<br>Éphésiens 2.11-22 |
| **Fête de la Sainte-Croix**<br>*14 septembre* | 66<br>Nombres 21.4-9<br>Jean 3.11-17 | 118<br>Genèse 3.1-15<br>1 Pierre 3.17-22 |
| **Saint Matthieu**<br>*21 septembre* | 119.41-64<br>Ésaïe 8.11-20<br>Romains 10.1-15 | 19,112<br>Job 28.12-28<br>Matthieu 13.44-52 |
| **Saint Michel**<br>**et tous les anges**<br>*29 septembre* | 8,148<br>Job 38.1-7<br>Hébreux 1.1-14 | 34,150 *ou* 104<br>Daniel 12.1-3<br>*ou* 2 Rois 6.8-17<br>Marc 13.21-27<br>*ou* Apocalypse 5.1-14 |
| **Saint Luc**<br>*18 octobre* | 103<br>Ézékiel 47.1-12<br>Luc 1.1-4 | 67,96<br>Ésaïe 52.7-10<br>Actes 1.1-8 |
| **Saint Jacques**<br>**de Jérusalem**<br>*23 octobre* | 119.145-168<br>Jérémie 11.18-23<br>Matthieu 10.16-22 | 122,125<br>Ésaïe 65.17-25<br>Hébreux 12.12-24 |
| **Saint Simon et saint Jude**<br>*28 octobre* | 66<br>Ésaïe 28.9-16<br>Éphésiens 4.1-16 | 116,117<br>Ésaïe 4.2-6<br>Jean 14.15-31 |
| **Veille de la Toussaint** |  | 34<br>Sagesse 3.1-9<br>Apocalypse 19.1,4-10 |

|  | Prière du matin | Prière du soir |
|---|---|---|
| **Toussaint** <br> *1ᵉʳ novembre* | 111,112 <br> 2 Esdras 2.42-47 <br> Hébreux 11.32–12.2 | 148,150 <br> Sagesse 5.1-5,14-16 <br> Apocalypse <br> 21.1-4,22–22.5 |
| **Jour de l'Action** <br> **de grâces** <br> *(Thanksgiving)* | 147 <br> Deutéronome 26.1-11 <br> Jean 6.26-35 | 145 <br> Joël 2.21-27 <br> 1 Thessaloniciens 5.12-24 |

# Occasions particulières

|  | Prière du matin | Prière du soir |
|---|---|---|
| Veille de la dédicace | | 48,122<br>Aggée 2.1-9<br>1 Corinthiens 3.9-17 |
| Anniversaire de la dédicace d'une église | 132<br>1 Rois 8.1-13<br>Jean 10.22-30 | 29,46<br>1 Rois 8.54-62<br>Hébreux 10.19-25 |
| Veille de la fête patronale | | 27 ou 116,117<br>Ésaïe 49.1-13<br>ou Ecclésiaste 51.6b-12<br>Éphésiens 4.1-13<br>ou Apocalypse 7.9-17<br>ou Luc 10.38-42 |
| Fête patronale | 92,93 ou 148,149<br>Ésaïe 52.7-10<br>ou Job 5.8-21<br>Actes 4.5-13<br>ou Luc 12.1-12 | 96,97 ou 111,112<br>Jérémie 31.10-14<br>ou Ecclésiaste 2.7-18<br>Romains 12.1-21<br>ou Luc 21.10-19 |
| Veilles d'apôtres ou d'évangélistes | | 48,122 ou 84,150<br>Ésaïe 43.10-15*<br>ou Ésaïe 52.7-10**<br>Apocalypse 21.1-4,9-14<br>ou Matthieu 9.35–10.4 |

* Sauf la veille de la Saint-Thomas
** Sauf la veille de la Saint-Marc et de la Saint-Luc